W0348760

Économie

c o l l e c t i o n
a i d e - m é m o i r e

> *Droit des affaires*
B. Hess-Fallon, A.-M. Simon

> *Droit du travail*
B. Hess-Fallon, A.-M. Simon

> *Économie*
A. Beitone, E. Buisson-Fenet, C. Dollo

> *Management et économie des entreprises*
G. Bressy, C. Konkuyt

> *Droit civil*
B. Hess-Fallon, A.-M. Simon

> *Droit administratif*
A. Maurin

> *Institutions juridictionnelles*
A. Héraud, A. Maurin

> *Droit de la famille*
B. Hess-Fallon, A.-M. Simon, H. Hess

> *Droit constitutionnel*
E. Oliva

> *Droit fiscal*
Ch. Aimé, M. Rochedy

> *Sciences sociales*
A. Beitone, C. Dollo, J. Gervasoni, C. Rodrigues

> *Droit pénal. Procédure pénale*
J. Borricand, A.-M. Simon

> *Droit de l'Union européenne*
R. Ghévontian

> *Finances publiques*
E. Oliva

a i d e - m é m o i r e

Économie

Alain Beitone
Emmanuel Buisson-Fenet
Christine Dollo
Professeurs agrégés de sciences sociales

SIREY

5e édition 2012

Éditions DALLOZ
31-35 rue Froidevaux, 75685 Paris Cedex 14

ISBN : 978-2-247-08488-3
978-2-247-10966-1

Sommaire

chapitre 4
Les revenus

chapitre 5
La consommation des ménages

chapitre 6
Épargne et patrimoine

chapitre 7
Capital et investissement

chapitre 8
Monnaie et financement

chapitre 9
Inflation, désinflation, déflation

chapitre 10
La population active

chapitre 11
Marché du travail et chômage

chapitre 12
Entreprise et système productif

chapitre 13
Éléments de microéconomie

chapitre 14
Marchés et prix

chapitre 15
État et économie

chapitre 16
Politiques économiques

chapitre 17
La balance des paiements

chapitre 18
Commerce international

chapitre 19
Multinationales et mondialisation

chapitre 20
Les relations monétaires internationales

chapitre 21
La globalisation financière

chapitre 22
L'intégration économique

chapitre 23
La croissance économique

chapitre 24
Fluctuations et crises

chapitre 25
Économie du développement

chapitre 26
Mondialisation et gouvernance mondiale

chapitre 1

Épistémologie et histoire de la science économique

La définition de la science économique (ou de l'économie politique), ainsi que la réflexion sur les méthodes à mettre en œuvre dans la production des connaissances économiques alimentent des débats très vifs parmi les économistes.

Nous retiendrons en première approche que selon **E. Malinvaud** : « *L'économie est la science qui étudie comment des ressources rares sont employées pour la satisfaction des besoins des hommes vivant en société ; elle s'intéresse, d'une part, aux opérations essentielles que sont la production, la distribution et la consommation des biens, d'autre part, aux institutions et aux activités ayant pour objet de faciliter ces opérations* » (*Leçons de théorie microéconomiques*, 1986).

Cette définition ne fait pas l'unanimité, les notions de rareté et de besoin, par exemple, sont contestées, mais elle a le mérite de tenter une synthèse entre plusieurs approches et de prendre en compte l'importance des institutions.

Le statut scientifique de la science économique est lui aussi l'objet de débats : faut-il adopter les mêmes règles de scientificité que les sciences de la nature ? Faut-il, au contraire, dénoncer la prétention des économistes à « faire science » et la domination sans partage du discours économique dans le débat social ?

La science économique est caractérisée par l'existence de diverses théories, paradigmes ou programmes de recherche. Ces approches, parfois contradictoires, parfois complémentaires, sont le produit d'une longue évolution au cours de laquelle la discipline économique se constitue et s'autonomise, non sans traverser un certain nombre de crises. Pour autant, la science économique produit un savoir qui est, au moins partiellement, cumulatif. Nous comprenons mieux aujourd'hui la croissance économique, le fonctionnement des marchés financiers, la nature de l'entreprise, etc.

> I
L'épistémologie économique

Selon **M. Grawitz** : « *L'épistémologie, au sens strict, est une étude critique faite a posteriori, axée sur la validité des sciences, considérées comme des réalités que l'on observe, décrit, analyse* » (*Méthodes des sciences sociales*, 2000). L'épistémologie économique n'est rien d'autre que l'application à une discipline particulière – la science économique – de la réflexion sur les conditions de production des connaissances scientifiques.

Économie politique, doctrines économiques, science(s) économique(s)

- À la suite d'**A. de Montchrétien** (1576-1621), ceux qui s'efforcent de comprendre les phénomènes économiques désignent d'abord leur discipline par le terme « économie politique ». Ce terme est utilisé par **K. Marx** (1818-1883), **J.-B. Say** (1767-1832), **V. Pareto** (1848-1923) ou **A. Marshall** (1842-1924) et plus récemment par **E. Phelps** (prix Nobel 2006). Progressivement le terme « science économique » s'est imposé dans le but de mieux affirmer le caractère scientifique du savoir économique.
- Certains économistes hétérodoxes ont vu dans ce déclin du terme « économie politique » un signe de l'hégémonie de conceptions qui négligent les dimensions sociales et historiques de la vie économique. Une Association française d'économie politique a été créée en 2009 parallèlement à l'Association française de sciences économiques.
- Le terme « science (s) économique (s) » soulève lui aussi un problème : doit-on l'employer au singulier ou au pluriel ? Y a-t-il une science économique (au sein de laquelle cohabitent divers paradigmes) ou plusieurs sciences économiques ? La majorité des économistes penchent aujourd'hui pour le singulier : il y a une science économique, comme il y a une sociologie, une science politique, etc. Ce qui n'est pas contradictoire avec le fait que ces disciplines sont caractérisées par un pluralisme théorique et méthodologique.
- Pendant longtemps les économistes ont distingué les **théories économiques** (visant à une connaissance positive des réalités économiques) et les **doctrines économiques** (qui avaient un contenu normatif et faisaient référence à des jugements de valeur ou à des préférences politiques). On parlait ainsi des doctrines socialistes ou de la doctrine sociale de l'Église catholique. Cette distinction théorie/doctrine est tombée en désuétude, mais on a assisté au développement d'une économie normative (qui s'intéresse par exemple aux critères de la justice sociale).

> A Qu'est-ce que la science économique ?

Plusieurs définitions de la science économique ont été utilisées au cours de l'histoire de cette discipline et exercent une influence dans les débats contemporains.

a › L'approche classique

Les économistes classiques considèrent que l'**économie politique** est la science qui étudie la production des marchandises, la répartition des revenus et la consommation. **J.-B. Say** indique par exemple « *L'économie politique enseigne comment se forment, se distribuent et se consomment les richesses qui satisfont aux besoins des sociétés* » (*Traité d'économie politique*, 1803).
Pour les classiques, il s'agit de construire une connaissance objective de la réalité économique et donc de formuler des lois. La perspective adoptée est macrodynamique et macrosociale, elle met l'accent sur la question de la reproduction du système économique, sur l'accumulation du capital, sur la détermination de la valeur et des prix ainsi que sur la répartition des revenus entre les classes sociales.

b › L'approche marxiste

K. Marx s'efforce de construire une « critique de l'économie politique » dont l'objectif est de formuler les lois qui président au fonctionnement du mode de production capitaliste (Voir « Les systèmes économiques »). Si Marx rend hommage à l'œuvre scientifique des économistes classiques (et en particulier à Ricardo), il considère que ces derniers ne sont pas allés jusqu'au bout de leurs investigations parce qu'ils restaient prisonniers de la vision du monde de la bourgeoisie. En particulier, les classiques ont présenté comme des lois naturelles et universelles, des propositions qui ne sont relatives qu'au mode de production capitaliste. De même, les économistes classiques n'ont pas appliqué la théorie de la valeur travail à la force de travail et n'ont donc pas mis en évidence le phénomène de l'exploitation. Pour Marx, la critique de l'économie politique est la science des conditions sociales (contradictoires) de la production.

c › L'approche marginaliste

Les économistes néo-classiques et les économistes autrichiens développent, à partir des années 1870, une approche souvent qualifiée d'individualiste. À la différence des classiques et de Marx, ils ne partent pas des rapports sociaux ou des contraintes de la reproduction du système économique. Pour eux, la vie économique résulte de l'agrégation de comportements individuels rationnels. Les agents cherchent à maximiser leur satisfaction s'ils sont consommateurs ou leur profit s'ils sont producteurs. Ces comportements individuels sont coordonnés par le marché. Dès lors la science économique est la science du choix rationnel.

Dans cette perspective, **L. Robbins** (1898-1984) a donné une définition célèbre : « *L'économie est la science qui étudie le comportement humain en tant que relation entre des fins et des moyens rares à usages alternatifs* » (*La nature et la signification de la science économique,* 1932).

Le concept de **rareté** est essentiel dans cette définition. En effet, on considère que les hommes ont des besoins illimités et des ressources limitées. Pour **L. Walras**, c'est la rareté qui permet de définir la richesse : « *J'appelle richesse sociale l'ensemble des choses matérielles ou immatérielles [...] qui sont rares, c'est-à-dire qui, d'une part, nous sont utiles, et qui, d'autre part, n'existent à notre disposition qu'en quantité limitée* » (*Éléments d'économie politique pure,* 1874).

Économie pure, économie appliquée, économie sociale

- Dans sa réflexion sur la définition de l'économie politique, **L. Walras** (1834-1910) distingue :
  - l'**économie pure**, qui est une discipline déductive comparable à la physique et à la chimie. Une science observe, expose, explique : son critère est le vrai ;
  - l'**économie appliquée** qui est un art. Elle conseille, prescrit, dirige : son critère est l'utile.
  - l'**économie sociale** qui concerne la répartition de la richesse sociale, c'est une science morale, son critère est le bien (ou la justice sociale).
- Pour Walras, les diverses approches sont complémentaires. Il a d'ailleurs publié un ouvrage sur chacun des trois domaines, même si ce sont ses travaux d'économie politique pure qui ont surtout retenu l'attention des économistes.

> B Les querelles des méthodes en sciences économiques

a › Le statut scientifique de la science économique

Les classiques aussi bien que **Marx** ou les néo-classiques avaient l'intention clairement affichée de produire une connaissance scientifique des phénomènes économiques. En dépit de leurs divergences, ils adhéraient au monisme épistémologique, c'est-à-dire qu'ils considéraient que les règles du travail scientifique sont les mêmes dans le domaine des sciences de l'homme et dans le domaine des sciences de la nature. Formuler des hypothèses, construire des modèles, tester empiriquement des propositions sont des démarches qui ont cours dans toutes les disciplines scientifiques. Aujourd'hui encore de nombreux économistes s'inscrivent dans cette perspective et s'inspirent notamment des conceptions épistémologiques de **G. Bachelard** (1884-1962) et de **K. Popper** (1902-1994), ils considèrent que les économistes doivent produire des propositions réfutables (ou falsifiables).

Les partisans du dualisme épistémologique, que l'on peut faire remonter aux travaux de **W. Dilthey** (1833-1911) considèrent au contraire que les sciences de la nature et les sciences de la culture obéissent à des registres épistémologiques différents, notamment parce que l'expérimentation ne serait pas possible dans les sciences sociales et qu'il serait impossible d'y distinguer jugement de fait et jugement de valeur. Un tel point de vue est aujourd'hui minoritaire parmi les économistes.

Le monisme épistémologique ne doit cependant pas conduire au scientisme pour lequel la science économique (ou la physique) produit des connaissances définitives et indiscutables. L'épistémologie contemporaine considère au contraire que toute proposition scientifique (y compris en économie) est à la fois une connaissance approchée et une connaissance provisoire.

F. Hayek contre le scientisme

On considère souvent à tort que les économistes libéraux se réclament du modèle des sciences de la nature, alors que les économistes hétérodoxes sont des adeptes du dualisme épistémologique. Cette vision est trop simpliste. **F. Hayek** (1899-1992) s'est livré à une vive critique du « scientisme » (*Scientisme et sciences sociales*, 1952). Il considère en effet que, dans les sciences de la nature, la connaissance du réel permet de le transformer à partir de projets conscients (c'est notamment la tâche des ingénieurs). Pour Hayek, une telle attitude n'est pas acceptable dans le domaine des sciences sociales. L'ordre social est en effet un ordre spontané et toute tentative de le modifier de façon discrétionnaire est vouée à l'échec.

L'économie expérimentale

On a longtemps admis que la science économique ne pouvait pas mettre en œuvre une démarche d'expérimentation contrôlée, c'est-à-dire dans des conditions « de laboratoire » où les expérimentateurs contrôlent toutes les variables en jeu. L'attribution du prix Nobel d'économie 2002 à **D. Kahneman** et **V. L. Smith** a permis de souligner l'essor de l'économie expérimentale à partir des années 1980. Ce champ disciplinaire est désormais fortement institutionnalisé (revues, manuels, association professionnelle). L'économie expérimentale consiste à tester en laboratoire (c'est-à-dire dans un environnement contrôlé) un certain nombre de propositions théoriques relatives notamment aux choix individuels et aux interactions entre acteurs. Par exemple de nombreuses expériences ont porté sur la théorie des jeux afin d'analyser les comportements de passager clandestin. Pour tester l'illusion monétaire on peut construire une expérience consistant à demander à des individus de comparer la situation de deux salariés à partir de données sur l'évolution de leur salaire nominal et l'évolution de l'inflation : la majorité des sujets sont victimes d'illusion monétaire. L'économie expérimentale est aussi utilisée dans le cadre d'activités pédagogiques afin d'entraîner les élèves ou les étudiants à pratiquer des raisonnements économiques. L'un des précurseurs de l'usage pédagogique de l'économie expérimentale a été **E. Chamberlin** (1899-1967) qui simulait dans sa classe le fonctionnement d'un marché dans le but de montrer les limites du modèle de concurrence parfaite et de faire percevoir l'intérêt de son hypothèse de concurrence monopolistique. L'économie expérimentale est aussi utilisée comme procédure d'aide à la décision notamment dans le domaine du ***Market Design***. Il

s'agit dans ce cas de tester expérimentalement diverses structures de marché et diverses procédures d'enchères afin de choisir dans chaque cas particulier le fonctionnement de marché le mieux adapté.
L'économie expérimentale a permis de mettre en évidence les limites de certaines hypothèses du modèle néo-classique standard, notamment le fait que les agents font preuve de biais de rationalité par rapport aux hypothèses microéconomiques de base. Par exemple, certaines expériences ont montré qu'ils accordaient plus de valeur à un bien qu'ils détiennent plutôt que s'ils ont à l'acquérir sur le marché (c'est l'**effet de dotation**).
Les économistes recourent également à des méthodes économétriques lorsqu'une expérience contrôlée est impossible, ce qu'on appelle des **expériences naturelles** qui consistent à trouver une situation où deux populations présentant des caractéristiques similaires ne sont pas affectées par le même événement. On peut alors mesurer l'effet de cet événement sur le groupe de référence et le comparer à la situation du groupe de contrôle qui n'a pas été touché, de manière à évaluer l'impact de l'événement en question. Certains travaux d'expérimentation ont connu récemment un écho important à travers les travaux d'**E. Duflo** en économie du développement. Il s'agit de mettre en œuvre le même type de démarche que celle qui est utilisée dans la recherche médicale. On applique une mesure de politique économique ou sociale à un groupe de la population et on compare ensuite les effets sur ce groupe par comparaison à un groupe test. L'important est de choisir les deux groupes de façon aléatoire afin que le traitement statistique des données soit significatif.

b › Méthode déductive et méthode inductive

Les économistes classiques (et notamment **Ricardo** et ses disciples) utilisent une **méthode déductive.** Ils partent d'hypothèses simplificatrices (la recherche de son intérêt personnel par un individu rationnel, l'immobilité internationale des facteurs de production, etc.) et ils construisent des modèles qui visent à rendre compte du réel (modèle de la main invisible de Smith, tendance vers l'état stationnaire de Ricardo, etc.). Cette démarche est donc abstraite et les exemples tirés du réel n'ont qu'une fonction d'illustration. Il faut noter que **Marx** fait lui aussi l'éloge de l'abstraction et que *Le Capital* (1867) suit une méthode déductive (on part d'une économie marchande simple avant de construire le modèle d'une économie capitaliste).
Cette méthode va être mise en cause par l'**École historique allemande**. Des auteurs comme **F. List** (1789-1846), **W. Roscher** (1817-1894), **G. Schmöller** (1838-1917) dénoncent le « cosmopolitisme » de l'école anglaise qui néglige les spécificités nationales. Ils considèrent qu'il faut adopter en économie une démarche historique et inductive, c'est-à-dire partir de l'observation des faits et ne formuler des lois que par généralisation (par exemple la **loi de Wagner**).
En réponse à ces critiques la tradition ricardienne va proposer une « méthode déductive enrichie » qui comporte trois phases :
- une phase inductive qui permet de tirer de l'observation les prémices de l'analyse économique ;
- une phase déductive (qui est l'étape décisive) qui permet de formuler des lois par déduction à partir des prémices ;
- une nouvelle phase inductive qui permet de vérifier les conclusions théoriques.

En fait, dans la méthode déductive enrichie, il n'y a pas vraiment de phase inductive (au sens d'observation sans concept théorique) mais un aller-retour entre élaboration théorique et confrontation au réel. Ce qui est très proche de ce que l'on nomme aujourd'hui « **méthode hypothético-déductive** ».

Le débat se développe à nouveau dans le dernier tiers du XIXe siècle. Il oppose cette fois les économistes de l'École autrichienne aux membres de l'École historique allemande et aux institutionnalistes américains. Pour **C. Menger** (1840-1921), le fondateur du marginalisme autrichien, l'École historique est condamnée à multiplier les descriptions, sans accéder à une véritable connaissance scientifique. Menger considère que l'on ne peut faire œuvre scientifique qu'en formulant des propositions générales logiquement déduites d'hypothèses explicites.

Ce débat sur la place respective de l'induction et de la déduction se poursuit aujourd'hui. On reproche parfois aux économistes (ou à certains d'entre eux) de se complaire dans des modèles abstraits sans manifester le souci de l'investigation empirique. La plupart des économistes font cependant observer que toute étude des faits suppose la formulation préalable d'hypothèses théoriques et la référence à la **méthode hypothético-déductive** est très générale chez les économistes.

L. von Mises et l'apriorisme

Il ne faut pas confondre la méthode hypothético-déductive (ou les prémices sont des conjectures) et l'apriorisme qui considère que les prémices sont des évidences tirées de l'introspection.

- **L. von Mises** (1881-1973), par exemple, développe une conception aprioriste. Il considère que l'on peut connaître par introspection les caractères du comportement individuel rationnel et que, partant de propositions qui s'imposent avec la force de l'évidence, on peut déduire des propositions qui sont universellement vraies et qui n'ont pas besoin d'être vérifiées.

- La méthode hypothético-déductive considère que les propositions (postulats, hypothèses) qui servent de point de départ au raisonnement sont conjecturales, que l'on doit en déduire des propositions empiriquement testables et que si le test est défavorable, il faut modifier les postulats de départs.

La méthode hypothético-déductive accorde une grande importance à la déduction, mais toute démarche déductive n'est pas aprioriste.

c › Économie littéraire et économie mathématique

Les premiers travaux des économistes (**A. Smith**, **D. Ricardo**, etc.) ont une forme littéraire. **K. Marx** est sans doute l'un des premiers auteurs à utiliser des éléments d'une formalisation mathématique. Cependant, c'est avec le développement du courant néo-classique que le recours à la formalisation et/ou à des présentations géométriques vont se développer. **L. Walras** et **V. Pareto** (1848-1923), vont jouer un rôle important dans ce processus. Cette utilisation des

mathématiques fait l'objet de vives résistances y compris parmi les économistes libéraux français et autrichiens, mais elle va progressivement s'imposer.
En suivant **B. Walliser** et **Ch. Prou** on peut présenter ainsi les apports de la formalisation mathématique à l'analyse économique :
« *La formalisation est d'abord un langage d'exposition précis et rigoureux qui permet, dans un cadre cohérent, de définir les concepts de façon si possible unique et d'énoncer les propositions sous une forme souvent ramassée.* [...] *La formalisation est ensuite un instrument puissant de démonstration et de calcul, qui permet de mieux cerner les conditions de validité logique des énoncés théoriques et d'engendrer progressivement des propositions nouvelles.* [...] *La formalisation est également un outil efficace de rapprochement entre deux théories, voire de construction d'une théorie synthétique.* [...] *La formalisation est enfin un support utile pour confronter les théories aux observations* ». (*La science économique*, 1988)
Cependant des économistes (dont certains sont d'excellents mathématiciens comme **W. Leontiev**, **M. Allais** ou **E. Malinvaud**) craignent que l'élégance formelle ne soit privilégiée au détriment de la pertinence empirique.
Par ailleurs, les approches sociologique, historique et institutionnelle (souvent plus littéraires) sont complémentaires des approches formalisées. Ce qui serait inquiétant ce serait la domination sans partage d'une norme unique de la production scientifique en économie.

d › Le débat sur le réalisme des hypothèses

Le débat sur le réalisme des hypothèses prend naissance très tôt en économie politique. Le modèle de l'*homo œconomicus* est dénoncé car il est trop réducteur. De même, certains soulignent que l'on ne rencontre jamais dans la réalité les conditions de la concurrence parfaite. Pendant longtemps les économistes ont invoqué le droit de construire des modèles très simplifiés qu'ils se proposaient d'enrichir (et donc de rendre plus « réalistes »). Mais dans un article publié en 1953 (*La méthodologie de l'économie positive*), **M. Friedman** (prix Nobel 1976) défend le point de vue selon lequel une hypothèse ne doit pas être jugée en fonction de son réalisme, mais en fonction de la qualité des prévisions qu'elle permet de réaliser. À la limite, une hypothèse a d'autant plus de chances d'être féconde qu'elle est moins réaliste (puisqu'on considère souvent comme réaliste une hypothèse qui est conforme au sens commun).
Ce point de vue conventionnaliste est vivement critiqué par **P. A. Samuelson** (prix Nobel 1970). Pour lui on ne peut pas déduire logiquement une proposition empiriquement vraie à partir d'hypothèses fausses. Les économistes doivent donc travailler à élaborer des modèles reposant sur des hypothèses aussi réalistes que possible.
Ce débat n'a rien perdu de son actualité. Certains économistes recherchent un plus grand réalisme en introduisant les hypothèses de rationalité limitée des agents, de concurrence imparfaite, d'asymétrie d'information, etc. D'autres au contraire développent des recherches qui ne reposent pas sur le réalisme des

hypothèses mais sur la qualité des prévisions et des interprétations rendues possibles par le modèle (analyses de **G. Becker** sur la famille ou la délinquance par exemple). Ce type de travaux étend en fait le modèle de l'analyse des comportements économiques d'agents rationnels soumis à diverses contraintes à des domaines très éloignés des questions usuellement considérées comme relevant de la sphère économique (productions, échanges et répartition des revenus), pour s'appliquer à d'autres objets. Selon l'expression d'**E. Lazear**, on peut considérer qu'il s'agit d'un « impérialisme économique », qui pose le problème des relations entre les diverses sciences sociales.

e › Science économique et sciences sociales

On oppose parfois la science économique aux sciences sociales. Cette opposition n'est guère pertinente, dans la mesure où la science économique (comme la sociologie, la psychologie sociale, l'ethnologie...) est une science sociale. Les sciences sociales, comme les sciences de la nature, sont marquées par un processus de spécialisation qui conduit à un découpage disciplinaire de plus en plus fin. Certes le social forme un tout inextricablement économique, politique, religieux etc. mais chaque discipline se dote de son propre point de vue, découpe et construit son objet. L'entreprise, par exemple, peut être étudiée par le sociologue, par l'économiste, par le politologue (étude des politiques publiques relatives aux entreprises). Il n'y a donc pas des faits économiques par nature étudiés par la science économique et des faits sociaux étudiés par les autres sciences sociales. Le social forme un tout, ce qui n'est pas incompatible avec l'existence de plusieurs disciplines, dont la science économique, qui rendent compte, chacune de son point de vue, du même objet.

Anthropologie économique, sociologie économique, ethnographie économique

Le terme « économie » désigne une composante de la réalité, un sous-ensemble des activités sociales par lesquelles les hommes produisent, répartissent et consomment des biens et des services. L'économie politique (ou science économique, ou analyse économique) est un discours qui vise à rendre compte de cette réalité. Il ne faut donc pas confondre l'objet d'étude (l'économie comme composante du réel) et le discours relatif à cet objet (l'économie comme discipline de recherche et d'enseignement). Toute discipline scientifique peut s'emparer, sur la base de ses concepts, de ses problématiques et de sa méthodologie, de n'importe quel objet. La science économique n'a donc pas le monopole de l'étude des comportements économiques.

Dans l'histoire des sciences sociales c'est au sein de l'**anthropologie sociale** que l'on a d'abord assisté à l'analyse des phénomènes économiques. Les travaux de **B. Malinovski** sur la kula aux îles Trobriand, de **M. Mauss** sur le don, de **E. Evans-Pritchard** sur les Nuer, de **M. Godelier** sur la monnaie de sel chez les Baruya constituent autant d'exemples de travaux qui visent à rendre compte de l'articulation entre les comportements économiques et les autres sphères de la vie sociale (politique, religieuse, familiale). Le développement de l'anthropologie économique s'est parfois appuyé sur les analyses de **Marx** (travaux de **M. Godelier**, **M. Sahlins**) et parfois sur ceux de **K. Polanyi** qui distingue les sociétés traditionnelles où l'économie est encastrée dans le social et les sociétés modernes marquées par

le désencastrement de l'économie. Ces dernières années, l'anthropologie économique a cessé de se cantonner aux sociétés traditionnelles pour étudier des objets caractéristiques des sociétés modernes : la bourse de Shanghai, les consultants internationaux, le trafic d'organes, etc.
S'agissant de la sociologie économique on distingue souvent l'ancienne sociologie économique illustrée par les travaux de **E. Durkheim** (1858-1917), **M. Weber** (1864-1920) et **V. Pareto** (1848-1923) et la nouvelle sociologie économique qui se développe à partir des années 1970 liée notamment aux travaux de **M. Granovetter** et de **V. Zelizer**.
Pour **M. Granovetter** et **R. Swedberg** (*The Sociology of Economic Life*, 1992) la sociologie économique repose sur trois propositions fondamentales :
- L'action économique représente une forme d'action sociale.
- L'action économique est socialement située.
- Les institutions économiques sont des constructions sociales.

Le terme ethnographie économique a été avancé récemment par **C. Dufy** et **F. Weber** (*L'ethnographie économique*, 2007). Il s'agit dans leur esprit de renouveler l'approche anthropologique de l'économie qui est entrée en crise sous le triple effet de l'extension du champ de l'analyse économique (économie de la famille avec **G. Becker**), de l'effondrement du marxisme et de l'essor de la nouvelle sociologie économique. Pour C. Dufy et F. Weber il s'agit d'appliquer à des objets économiques la méthode ethnographique qui repose notamment sur le comparatisme et sur un travail d'observation reposant sur des concepts universels. L'ethnographie économique ne postule pas l'existence d'un *homo oeconomicus*, mais elle vise à rendre compte des « *façons de faire et de penser dans leur diversité* ». L'accent mis sur la méthode ethnographique s'inscrit dans une démarche épistémologique qui ne remet pas en cause l'existence et la légitimité d'autres approches (en particulier de la science économique) mais qui vise à instaurer entre les diverses approches de la réalité économique un dialogue exigeant et rigoureux.

> II
L'histoire de la pensée économique

> A
Le mercantilisme, l'État et le commerce exclusif

On regroupe sous l'étiquette « mercantilistes » des auteurs très différents dont l'œuvre et l'action politique s'étalent sur près de trois siècles (de 1450 à 1750 environ).
On distingue plusieurs courants nationaux : un mercantilisme espagnol (souvent qualifié de « bullioniste » en raison de son intérêt exclusif pour les métaux précieux) ; un mercantilisme allemand (connu sous le nom de caméralisme) qui s'intéresse surtout à l'État et à son financement ; un mercantilisme anglais centré sur les questions de commerce extérieur et sur les questions monétaires ; un mercantilisme français au sein duquel s'illustrent notamment **J. Bodin** (1530-1596) et **J.-B. Colbert** (1619-1683).

Au-delà de ces clivages, trois idées importantes caractérisent le courant mercantiliste.

- **Le populationnisme.** J. Bodin est l'auteur de la formule célèbre : « *Il n'est de richesse ni de force que d'hommes* ». Les mercantilistes se préoccupent de la grandeur des princes et de la puissance des États-nations et ils considèrent qu'une population nombreuse est un facteur de puissance et de richesse.
- **La question de la « *balance du commerce* » et du « *commerce exclusif* ».** Les mercantilistes considèrent qu'un pays s'enrichit si sa balance commerciale est excédentaire et s'il bénéficie de ce fait d'entrées d'or et d'argent en provenance de l'étranger. Pour bénéficier de cette « balance du commerce » favorable, l'État peut accorder des privilèges à des compagnies de commerce pour le commerce avec les colonies (« commerce exclusif »).
- **La question de la monnaie et de l'inflation. J. Bodin** dans sa *Réponse aux paradoxes de M. de Malestroict* (1568) élabore l'une des premières formes de la théorie quantitative de la monnaie : la hausse des prix s'explique par une augmentation de la quantité de métaux précieux et donc de monnaie en circulation (voir « Monnaie et financement »).

> B
Les physiocrates et le circuit économique

Les physiocrates constituent une véritable école qui a un chef, **F. Quesnay** (1694-1774), des disciples (**Mirabeau**, **P. Dupont de Nemours**...), un texte de référence (Le *Tableau économique* publié en 1758). Quesnay jette les bases d'une analyse en termes de circuit. Selon lui, l'agriculture est seule à même de faire naître un « ***produit net*** » grâce à un « ***don gratuit de la nature*** ». Le revenu ainsi créé circule dans l'économie : il permet de verser des rentes aux propriétaires fonciers qui achètent des marchandises aux agriculteurs, mais aussi à la « *classe improductive* » des artisans. Lesquels répondent aussi à la demande des agriculteurs et leur achètent en retour des produits. Quesnay représente donc l'économie comme un ensemble de flux qui circulent entre les trois classes de la société. En ce sens, il préfigure les analyses de **Marx** et de **J.-M. Keynes** ainsi que les modèles de la comptabilité nationale.

> C'est un proche de l'École des physiocrates, **V. de Gournay** (1712-1759), qui lance la formule « *laissez-faire les hommes, laissez-passer les marchandises* ». Les physiocrates sont favorables au libre jeu de l'initiative individuelle et à la libre circulation des marchandises.

J. Turgot, économiste et homme politique

Contemporain des physiocrates et proche de leurs idées, **J. Turgot** (1727-1781) est un administrateur et un homme politique (Contrôleur général des finances de 1774 à 1776). Il s'efforce, en vain, d'instaurer la liberté du commerce des grains et de supprimer les corporations. Turgot est aussi l'auteur de nombreux textes dans lesquels il plaide notamment pour le libre jeu de la concurrence : « *La liberté générale d'acheter et de vendre est donc le seul moyen d'assurer, d'un côté, au vendeur, un prix capable d'encourager la production; de l'autre, au consommateur, la meilleure marchandise au plus bas prix* » (*Éloge de Vincent de Gournay*, 1759).

> C Les classiques et la naissance de l'économie politique

C'est **Marx** qui donne son nom à ce courant, mais il ne rend hommage qu'aux fondateurs (**Smith** et surtout **Ricardo**), il appelle au contraire « économistes vulgaires » les successeurs comme J.-B. **Say** (1767-1832).

a › Adam Smith (1723-1790)

A. Smith est considéré comme le « père de l'économie politique » en tant que discipline autonome. Il publie en 1776 son livre « *Enquête sur la nature et les causes de la richesse des nations* ». Ses contributions portent notamment sur :

- **La théorie de la valeur et des prix.** Smith adopte une **théorie de la valeur travail** : « *Le travail est le fondement et l'essence des richesses* ». Il distingue la **valeur d'usage** (qui est liée à l'utilité des biens) et la **valeur d'échange** qui exprime le pouvoir d'acheter d'autres biens. C'est la valeur d'échange qui détermine le **prix naturel** des marchandises, c'est-à-dire le prix qui permet de payer le revenu des facteurs utilisés pour produire le bien. Le **prix de marché** est déterminé par la confrontation de l'offre et de la demande et il fluctue autour du prix naturel (donc de la valeur d'échange).
- **La théorie de la main invisible.** Pour Smith les hommes sont guidés par la recherche de leur intérêt personnel, mais dans le cadre de la concurrence, le mécanisme des prix conduit chacun à concourir à la satisfaction de l'intérêt général. Le marché est donc autorégulateur.
- **La théorie de la division du travail.** À travers l'exemple de la manufacture d'épingles, Smith montre que la division du travail permet d'accroître la productivité. Cela conduit à un cercle vertueux car plus une économie est riche plus elle peut pratiquer la division du travail et plus elle pratique la division du travail, plus elle s'enrichit.

Cependant, Smith est conscient des effets néfastes sur les travailleurs de la division du travail : « *un homme qui passe toute sa vie à remplir un petit nombre d'opérations simples [...] perd donc naturellement l'habitude de déployer ou d'exercer ses facultés et devient, en général, aussi stupide et aussi ignorant qu'il soit possible à une créature humaine de le devenir* » (*Recherches sur les causes et la nature de la richesse des nations*, 1776).

- **L'intervention de l'État.** Pour Smith, la prospérité d'une économie suppose la paix, des taxes modérées et « *une administration tolérable de la justice* ». Il est donc favorable à une intervention de l'État limitée aux fonctions régaliennes (police, justice, défense, diplomatie). Il note cependant que l'État doit intervenir pour construire les équipements publics et produire les services (éducation des pauvres) pour lesquels le marché se révèle inefficient (voir « L'État et l'économie »).
- **La théorie du commerce international.** Smith dénonce le mercantilisme, le commerce exclusif et l'existence des colonies. Il se montre favorable à la liberté du commerce international et à une division internationale du travail qu'il explique par la théorie des avantages absolus (voir « Commerce international »).

b › Thomas Robert Malthus (1766-1834)

Th. R. Malthus a été un économiste influent de son temps. De ses nombreuses contributions on peut retenir notamment :

- **Le problème de la demande.** Malthus s'oppose à la loi des débouchés de **J.-B. Say** acceptée par **Ricardo** et considère pour sa part qu'une épargne excessive constitue un danger pour l'économie (insuffisance des débouchés). C'est donc le problème du sous-emploi qui est posé (voir « Fluctuations et crises »).
- **La loi de population.** Dans son *Essai sur le principe de population* (1798) Malthus formule sa « loi de population » selon laquelle la population tend s'accroître selon une progression géométrique alors que les subsistances s'accroissent selon une progression arithmétique. Il y a donc une tendance permanente à la **surpopulation**. Malthus préconise la « *contrainte morale* » (chasteté et mariage tardif) pour limiter le nombre des naissances. Il défend aussi l'école gratuite et obligatoire car, pour lui, les lumières apportées au peuple sont la meilleure façon de lutter contre la pauvreté.
- **Les lois sur les pauvres.** Malthus développe une analyse en termes d'effets pervers : la pauvreté découle de l'excès de population, or l'aide aux pauvres leur permet d'avoir plus d'enfants (voire les y incite) et conduit donc à aggraver la situation. Il propose l'abrogation des lois sur les pauvres et notamment de l'**Acte de Speenhamland** (1795).

c › David Ricardo (1772-1823)

D. Ricardo est sans conteste l'auteur majeur de l'École classique. Il publie son principal ouvrage, *Principes de l'économie politique et de l'impôt*, en 1817.

On retiendra de ses analyses :

- **La théorie de la valeur travail.** Pour Ricardo, « *Toutes les marchandises sont le produit du travail et n'auraient aucune valeur sans le travail dépensé à les produire* ». Pour Ricardo, la valeur d'échange est liée au travail incorporé dans la marchandise par l'activité de production. Il introduit une distinction entre les **biens reproductibles** dont la valeur dépend du travail et les **biens non reproductibles** (vin de qualité, œuvre d'art...) dont la valeur dépend de la rareté.
- **La théorie de la rente différentielle.** La rente est le revenu qui est payé au propriétaire foncier pour avoir le droit d'exploiter sa terre. Elle est déterminée par des mécanismes de marché en fonction de la différence de rendement des terres exploitées. Ricardo intègre son analyse de la rente dans une analyse d'ensemble de la répartition des revenus (voir « Les revenus »). Cette analyse de la répartition conduit Ricardo à penser que l'économie tend vers un état stationnaire (voir « La croissance économique »).
- **La théorie du commerce international.** Généralisant le modèle d'**A. Smith**, Ricardo propose une justification du libre échange reposant sur la **théorie des avantages comparatifs** (voir « Le commerce international »).
- **La théorie monétaire.** Ricardo considère que la hausse des prix est liée à l'excès d'émission monétaire rendue possible par l'inconvertibilité des billets en or qui avait été instaurée en Grande-Bretagne en 1797. À l'issue d'un important débat public, la Grande-Bretagne restaurera la convertibilité en 1844 en même temps qu'elle réformera la Banque d'Angleterre pour séparer l'octroi de crédit et l'émission de monnaie assurant ainsi une victoire posthume des idées de Ricardo (voir « Monnaie et financement »).

d › Jean-Baptiste Say (1767-1832)

Say est connu comme le vulgarisateur des thèses d'**A. Smith**, mais sur certains points il se sépare de son maître. Il publie en 1803 son *Traité d'Économie politique* et en 1817 son *Catéchisme d'économie politique*. De ses nombreuses analyses on retiendra notamment :

- **La théorie de la valeur.** Say adopte une position éclectique : il insiste sur le rôle du coût de production comme déterminant de la valeur, mais il souligne également l'importance de l'utilité. « *Il n'y a donc véritablement production de richesse que là où il y a création ou augmentation d'utilité* ». Cette position le conduit, contrairement à l'avis de Smith, à considérer que les services ont un caractère productif de valeur.
- **La loi des débouchés.** Pour J.-B. Say, « *un produit terminé offre, dès cet instant, un débouché pour la production* ». On résume souvent sa thèse en disant que l'offre crée sa propre demande. Pour Say la monnaie est comparable à « *l'huile qui adoucit les mouvements d'une machine compliquée* », elle ne joue donc pas un rôle essentiel et les produits s'échangent contre des produits. La loi des débou-

chés (ou loi de Say) conduit donc à mettre l'accent sur l'offre et conduit à considérer que, dans les conditions de la concurrence il ne peut pas y avoir de crise générale et durable de surproduction. La loi des débouchés a fait l'objet de nombreuses critiques notamment de la part de Malthus et de **Marx**. Ce dernier écrit par exemple : « *Personne ne peut vendre sans qu'un autre achète; mais personne n'a besoin d'acheter immédiatement parce qu'il a vendu* » (*Le capital*, 1867).

• **L'intervention de l'État. Say** est hostile à l'intervention de l'État, il s'inquiète en particulier des effets négatifs du prélèvement fiscal et des réglementations ou monopoles publics. Cependant il justifie le financement public de la recherche et de l'éducation par un argument qui préfigure la théorie des effets externes : puisque les effets de la recherche et de l'éducation bénéficient à tous, il n'est pas inéquitable de faire participer tous les contribuables à leur financement (voir « L'État et l'économie »).

> D
Karl Marx et la critique de l'économie politique

K. Marx (1818-1883) a publié un nombre important de livres et d'articles dans de nombreux domaines (économie, histoire, politique, mathématiques, philosophie, etc.). Il est à l'origine d'un mouvement politique qui a profondément marqué l'histoire du xxe siècle. Nous ne retiendrons ici que quelques éléments de ses analyses économiques.

a › La théorie de la valeur et l'exploitation de la force de travail

• **La théorie de la valeur travail.** Marx adopte une théorie de la valeur-travail, c'est-à-dire que la valeur d'une marchandise se mesure par le temps de travail moyen (ou social) nécessaire à sa production. Comme les classiques, Marx distingue la valeur d'échange (qui a une base objective) et la valeur d'usage (qui dépend de l'utilité et qui est donc subjective). Seule la valeur travail peut servir de base à la détermination des rapports d'échange entre les marchandises.

• **La théorie de l'exploitation.** Cette loi de la valeur travail s'applique à toutes les marchandises, y compris à la force de travail, qui, dans une économie capitaliste est une marchandise vendue par les travailleurs et achetée par les capitalistes. Comme toute marchandise, la **force de travail** a donc une valeur égale à la quantité de travail socialement nécessaire à sa production, c'est-à-dire le temps que requiert la production de biens de subsistance nécessaires à sa reconstitution. Mais si la force de travail est une marchandise parmi les autres, elle n'est pas, pour Marx, une marchandise comme les autres. En effet, lorsque le capitaliste achète une quantité déterminée de force de travail à son prix de marché (soit *v*, le **capital variable** qui correspond à la valeur de la force de travail) et qu'il met en œuvre cette force de travail, l'usage de cette dernière fait naître une valeur additionnelle (la **plus-value** ou **survaleur**, notée habituellement *pl*). Marx appelle **taux de plus value** le rapport pl/v.

b › La dynamique du capitalisme

Pour Marx, le mode de production capitaliste est caractérisé par des contradictions qui conduisent, à terme, à sa disparition.

• **La paupérisation ouvrière. Marx** considère, comme **Ricardo**, que le **taux de salaire** est déterminé par les conditions sociales de la production. Il ne peut pas être durablement inférieur à la valeur de la force de travail. Mais l'accumulation du capital conduit à augmenter la part relative du capital constant (c) utilisé pour acheter des machines, par rapport au capital variable (v) utilisé pour l'achat de la force de travail. Le rapport c/v (que Marx nomme **composition organique du capital**) augmente et engendre inévitablement à terme une offre excédentaire chronique de la force de travail. C'est l'armée de réserve industrielle qui exerce une pression à la baisse sur les salaires conduisant à une paupérisation de la classe ouvrière.

• **La baisse tendancielle du taux de profit.** L'augmentation de la composition organique du capital, conduit, selon Marx, à une tendance à la baisse du taux de profit. Le **taux de profit** est égal au rapport entre la plus-value et la totalité du capital : $pl/(c + v)$. Si on divise chaque terme du rapport par v, on obtient :

$$\text{taux de profit} = \frac{\frac{pl}{v}}{\frac{c}{v} + \frac{v}{v}} = \frac{\frac{pl}{v}}{\frac{c}{v} + 1}$$

Pour Marx, la composition organique (c/v) augmente plus vite que le taux de plus-value (pl/v) ce qui provoque une tendance à la baisse du taux de profit.

• **Les crises du capitalisme.** Les crises résultent donc d'un double mécanisme : le blocage de l'accumulation qui découle de la baisse du taux de profit et un problème de débouchés qui résulte de la paupérisation et conduit à la surproduction de valeur d'échange.

> E

Les néo-classiques, la concurrence et l'optimum

Vers 1870, trois auteurs vont, de façon indépendante, contribuer à faire naître une nouvelle approche de l'économie il s'agit de :

- **S. Jevons** (1835-1882), *Théorie de l'Économie politique* en 1871 ;
- **C. Menger** (1840-1921), *Fondements de l'Économie politique* en 1871 ;
- **L. Walras** (1834-1910), *Éléments d'Économie politique pure* en 1874.

Ils utilisent en effet le raisonnement à la marge (utilité marginale par exemple) et on parle parfois d'une « **révolution marginaliste** » dans l'histoire de la pensée économique.

⇨ Le marginalisme donne naissance à deux courants de l'analyse économique : le courant néo-classique (qui regroupe des auteurs comme **L. Walras**, **V. Pareto** ou **A. Marshall**) et l'École autrichienne (avec notamment **C. Menger**, **E. von Böhm-Bawerk**, **F. Hayek**).

Le courant néo-classique opère une rupture avec la théorie classique sur deux points essentiels :
- l'abandon de la théorie de la valeur travail et l'adoption d'une **théorie de la valeur utilité** ;
- l'adoption d'une méthodologie individualiste qui abandonne les aspects macroéconomiques et macrosociaux de l'approche classique.

a › Léon Walras (1834-1910) : concurrence et équilibre général

L. Walras élabore un **modèle d'équilibre général** et cherche à démontrer qu'il existe un système de prix relatifs tels que tous les marchés interdépendants d'une économie concurrentielle sont simultanément en équilibre. La fixation du prix sur chaque marché résulte de la confrontation de l'offre et de la demande par un commissaire priseur (ou arbitre de marché) qui recherche, par tâtonnement, le prix d'équilibre (voir « Marchés et prix »).

b › Vilfredo Pareto (1848-1923) et la théorie de l'optimum

V. Pareto, successeur de **Walras** à l'université de Lausanne, développe la formulation mathématique de l'équilibre général et introduit le concept d'optimum. Une situation économique est un **optimum** s'il n'est pas possible d'améliorer la situation d'un agent économique sans dégrader la situation d'un autre. Un équilibre général walrasien est un optimum au sens de Pareto (voir « Marchés et prix »).

c › Alfred Marshall (1842-1924) : équilibre partiel et économie industrielle

A. Marshall s'efforce de concilier l'approche classique et l'approche néoclassique. En ce qui concerne la théorie de la valeur, Marshall considère que le coût de production (y compris le coût en travail) et l'utilité contribuent conjointement à la détermination de la valeur des marchandises. À la différence de **Walras**, Marshall raisonne en **équilibre partiel** : il étudie la détermination de l'équilibre sur un marché particulier. Par ailleurs, Marshall jette les bases de l'économie industrielle en s'intéressant aux effets externes, au rendement croissant, à la situation de monopole. Il fait aussi progresser l'analyse de la demande en introduisant les concepts d'élasticité et de surplus du consommateur (voir « Éléments de microéconomie »).

> F Les Autrichiens, le temps et l'information

La tradition autrichienne se caractérise par une méthodologie strictement individualiste, une conception du marché comme processus de découverte et par une grande importance accordée à la question du temps et de l'information.

a › Eugen von Böhm-Bawerk (1851-1914) et la théorie du capital

Böhm-Bawerk a apporté une contribution décisive à la **théorie du capital**. Pour lui, les hommes produisent des biens destinés à satisfaire leurs besoins. Ce qui n'est évidemment pas le cas des biens d'équipement. Ces derniers n'ont d'utilité qu'indirecte : ils permettent d'obtenir une plus grande quantité de biens de consommation pour une moindre dépense. Réaliser un investissement net, et donc accroître le stock capital, c'est allonger le détour entre l'effort réalisé par l'investisseur (ou l'épargne qu'il réalise) et la satisfaction finale qu'il obtiendra. La formation du capital est donc liée à l'**arbitrage intertemporel** : pour obtenir une satisfaction plus importante dans le futur, il faut réduire sa satisfaction dans l'immédiat afin de produire des biens de production et accroître ainsi le stock de capital (voir « Capital et investissement »).

b › Ludwig von Mises (1881-1973) : un individualisme radical

L. von Mises affirme la nécessité de construire une science générale de l'action humaine qui est « *nécessairement toujours rationnelle* ». Cette science est la **praxélologie** dont la catallactique (terme que Mises préfère à économie) n'est qu'un sous-ensemble. La **catallactique** est donc l'étude des actions des hommes dans la mesure où ces actions concernent la formation des prix et les échanges sur les marchés. Mises considère que le libre jeu du marché est le seul moyen de coordonner les actions humaines en respectant les libertés individuelles. Il affirme qu'il n'existe pas de voie moyenne entre l'économie de marché et le socialisme et s'oppose à l'intervention de l'État dans l'économie. Il considère de plus que le calcul économique est impossible sous le socialisme et que l'inégalité des fortunes et des revenus est inhérente à l'économie de marché.

c › Friedrich Hayek (1899-1992) : temps, monnaie, ordre social

La réflexion économique de **F. Hayek** (prix Nobel 1974) est centrée sur la monnaie, les cycles économiques, les échanges internationaux et la croissance. Il a apporté aussi une contribution importante à la philosophie politique.

Le thème central de l'œuvre de Hayek est la défense de la régulation par le marché. Mais il rejette l'hypothèse de concurrence parfaite. Dans la réalité l'information est presque toujours imparfaite et les représentations de chaque individu, qui influeront sur ses choix, sont marquées par cette imperfection de l'information. Mais c'est de cette imperfection de la circulation de l'information que naît la supériorité du marché en tant que mode d'organisation sociale. Le marché est efficace parce qu'il permet la meilleure gestion possible de l'information.

Hayek développe une théorie des crises qui s'inspire à la fois de la théorie du capital de **Böhm-Bawerk** et de la théorie monétaire de **K. Wicksell** (1851-1926). Pour Hayek la monnaie n'est pas neutre et une émission excessive de monnaie conduit à un allongement injustifié du détour de production (surinvestissement) et, à terme, un retour brutal à un stock de capital compatible avec les arbitrages inter temporels des agents (voir « Fluctuations et crises »).

Hayek s'oppose aussi à toute intervention de l'État, c'est-à-dire à toute tentative d'un pilotage conscient de l'économie : l'ordre social est un **ordre spontané** qui ne doit pas être perturbé.

Classiques, néo-classiques et libéraux

Il ne faut pas confondre les termes « classiques » et « néo-classiques » qui désignent des courants théoriques et le terme « libéral » qui désigne une orientation doctrinale. **A. Smith** et **D. Ricardo** sont des économistes classiques et ils sont aussi indiscutablement libéraux dans la mesure où ils considèrent qu'il faut accorder à la régulation par le marché la plus grande place possible. **Marx**, qui est lui aussi un théoricien du marché, est parfois classé parmi les économistes classiques et il n'est certainement pas libéral. **L. Walras** est un néo-classique, mais il accepte dans sa correspondance qu'on le considère comme socialiste et il est favorable à la nationalisation de la terre et des chemins de fer. Par ailleurs, il ne faut pas confondre les économistes néo-classiques et les économistes autrichiens. Ces derniers sont libéraux, mais leur conception du marché est très différente de celle des néo-classique. Enfin, il importe de distinguer le **libéralisme économique** et le **libéralisme politique**. **V. Pareto** est libéral d'un point de vue économique, mais il est conservateur d'un point de vue politique, quant à **Keynes**, si ses conceptions doctrinales l'opposent au libéralisme économique, il est indiscutablement libéral du point de vue politique.

> G

John Maynard Keynes (1883-1946) et la contestation du marché autorégulateur

J.-M. Keynes a exercé une influence considérable tout au long du XXe siècle. Il devient célèbre en contestant le Traité de Versailles (1919), il joue un rôle important à la conférence de Bretton Woods (1944) et ses idées dominent la pensée économique pendant les Trente Glorieuses. Formé par **A. Marshall** et **A.-C. Pigou**, Keynes rompt progressivement avec l'orthodoxie pour développer une analyse originale. Il a publié de nombreux articles et ouvrages, le principal étant la *Théorie générale de l'emploi de l'intérêt et de la monnaie* (1936).

a › Le refus de la neutralité de la monnaie

Keynes rejette la loi des débouchés, il considère que la monnaie n'est pas neutre et qu'elle est demandée pour elle-même. Dès lors, les comportements de thésaurisation peuvent conduire à une insuffisance de la demande adressée à l'économie. Par ailleurs, la monnaie est un pont entre le présent et l'avenir, elle concerne donc les arbitrages intertemporels d'agents qui prennent leurs décisions dans l'incertitude (voir « Monnaie et financement »).

b › L'équilibre de sous-emploi

Keynes donne une grande importance au **principe de la demande effective**. C'est la demande globale anticipée (demande de biens de consommation et demande de biens de production) par les entrepreneurs qui détermine le niveau de la production, donc le niveau de l'emploi. Aucun mécanisme ne peut assurer que cette demande effective se fixe à un niveau compatible avec le plein emploi (voir « Emploi et chômage »).

c › L'intervention de l'État

Les analyses de **J.-M. Keynes** le conduisent à constater « *La fin du laissez-faire* ». L'économie ne peut plus, selon lui, fonctionner sur la base de mécanismes automatiques. Le marché n'est pas (ou n'est plus) autorégulateur. Une intervention discrétionnaire de l'État est donc nécessaire pour maintenir l'économie au voisinage de l'équilibre de plein emploi (voir « L'État et l'économie » et « Fluctuations et crises »).

> H
Joseph Schumpeter (1883-1950) et l'évolution économique

J. Schumpeter a apporté de nombreuses contributions à la science économique, notamment en ce qui concerne la théorie des crises, la théorie monétaire, l'analyse des systèmes économiques. Il est aussi l'auteur d'une « *Histoire de l'analyse économique* » (1954). Sa contribution principale concerne la dynamique du capitalisme. Pour Schumpeter, l'**entrepreneur** joue un rôle essentiel car c'est lui qui réalise les **innovations** et qui est à l'origine du processus de **destruction créatrice**. Or le capitalisme est caractérisé par un processus de concentration économique et par l'influence croissante de la bureaucratie.

Cette évolution conduit au « *crépuscule de la fonction d'entrepreneur* » (*Capitalisme, socialisme et démocratie*, 1942). Ainsi le capitalisme est destiné à disparaitre, du fait de ses succès (croissance de la production, progrès technique etc.).
L'intérêt de Schumpeter pour la dimension sociale et institutionnelle de l'économie, son analyse en termes de circuit, l'importance qu'il accorde à la dynamique de long terme expliquent l'influence qu'il a conservée dans l'analyse économique.

> I

Vers des synthèses contemporaines ?

La science économique est caractérisée par une pluralité de **paradigmes** (ou de programmes de recherches), on assiste cependant à des tentatives de synthèse ou au développement de nouveaux courants qui s'inspirent de plusieurs paradigmes.

a › La synthèse néo-classique

Dès les années 1950-1960 se développe la **synthèse néo-classique**. Inspirée des travaux de **J.-R. Hicks** (1904-1989) et **A.-H. Hansen** (1887-1975) (**schéma IS-LM**), cette approche se propose de faire la synthèse entre l'approche néo-classique (en termes de marché) et l'approche keynésienne (régulation de la demande globale). C'est la synthèse néo-classique, dont l'un des représentants les plus éminents est **P.-A. Samuelson** (prix Nobel 1970), qui inspire les politiques dites keynésiennes des Trente Glorieuses (voir « Les politiques économiques »).
La synthèse néo-classique a fait l'objet d'une double critique.

- Certains économistes libéraux (et notamment monétaristes) lui reprochent de justifier un interventionnisme excessif de l'État et de favoriser l'inflation.
- Les économistes post-keynésiens ou les théoriciens du circuit monétaire de production lui reprochent de donner une interprétation de Keynes qui fait l'impasse sur l'hétérodoxie de l'auteur de la *Théorie générale de l'emploi de l'intérêt et de la monnaie.*

b › La théorie des équilibres à prix fixes (ou théorie du déséquilibre)

À partir des années 1970, un certain nombre d'économistes (**A. Leijonhufvud, R. Clower, E. Malinvaud**) vont proposer une approche qui constitue d'une part un retour à Keynes et d'autre part une tentative d'intégrer dans un cadre théorique commun les approches « classique » et « keynésienne ». La **théorie des**

équilibres à prix fixes se propose en effet d'élaborer une micro-économie non walrasienne, dans laquelle les marchés sont interdépendants mais où ils ne sont pas tous simultanément en équilibre du fait de la lenteur d'ajustement des prix relatifs. Des échanges se déroulent donc à des prix qui ne sont pas des prix d'équilibre et certains agents sont rationnés (ils ne peuvent pas acheter ou vendre tout ce qu'ils souhaiteraient au prix qui existe sur le marché). À côté des ajustements instantanés par les prix de l'univers néo-classique, il existe donc des situations d'ajustement par les quantités qui se traduisent par des offres ou des demandes excédentaires. Cette analyse permet notamment d'envisager des situations de **chômage classique** (résultant d'une rentabilité insuffisante) et de **chômage keynésien** (résultant d'une demande globale insuffisante) (voir « Emploi et chômage »).

c › Nouveaux classiques et nouveaux keynésiens

À partir des années 1970, on assiste au développement de deux courants de l'analyse économique qui remettent en cause le clivage des années 1960 entre microéconomie néo-classique et macroéconomie keynésienne.

- Les **nouveaux classiques** se fondent notamment sur l'hypothèse d'**anticipations rationnelles** et reformulent la loi des débouchés des économistes classiques. Ce courant ne se limite plus à une approche microéconomique, mais propose une nouvelle macroéconomie : **théorie des cycles réels, théorie de la croissance endogène** (voir « La croissance économique » et « Fluctuations et crises »).
- Les **nouveaux keynésiens** retrouvent les conclusions de Keynes sur l'équilibre de sous-emploi et la nécessité de l'intervention de l'État, mais en leur donnant un fondement microéconomique. Par exemple, la rigidité à court terme du taux de salaire nominal est expliquée par le comportement rationnel des agents (voir « Emploi et chômage »). De même, l'équilibre de sous-emploi peut être expliqué par le rationnement du crédit qui résulte de l'asymétrie d'information (les banques évaluent mal la solvabilité de leurs clients et elles accordent de ce fait un volume de crédit sous-optimal).

⇨ Ce développement d'une macroéconomie (néo)classique et d'une microéconomie keynésienne, conduit certains économistes à considérer que l'opposition entre ces deux courants n'est plus pertinente.

d › La théorie de la régulation

La **théorie de la régulation** (ou école de la régulation) s'est développée en France puis au niveau international à partir des années 1970. Cette théorie emprunte à la fois aux traditions marxiste, schumpéterienne, keynésienne, institutionnaliste. Les contributions majeures de ce courant portent sur la dynamique du capitalisme, la croissance et les crises, la monnaie et la finance, les relations économiques internationales. Pour **R. Boyer** la régulation est une « *conjonction de mécanismes concourant à la reproduction d'ensemble compte tenu des structures économiques et des formes sociales en vigueur* » (*La théorie de la régulation : une analyse critique*, 1986). L'histoire du capitalisme est interprétée comme la succession de modes de régulation qui entrent tour à tour en crise. Un **mode de régulation** est la combinaison d'un **régime d'accumulation** et de **formes institutionnelles** qui codifient les rapports sociaux. Cette perspective permet d'articuler une réflexion sur la reproduction (continuité) et sur le changement (ruptures). Conçue au départ au départ pour rendre compte de l'évolution à long terme des économies capitalistes industrialisées, cette problématique a été appliquée aux pays en voie de développement et aux économies de type soviétique (voir « Les systèmes économiques »).

⇨ D'un certain point de vue, toute théorie économique est une théorie de la régulation (régulation par le marché chez **Smith** et **Walras**, régulation conjoncturelle par la politique économique chez **Keynes** etc.). Il ne faut donc pas confondre le sens général du terme régulation, avec la signification spécifique à la théorie de la régulation.

e › Coordination : marchés, hiérarchie, institutions, conventions

De nombreuses recherches en sciences économiques ont pour objet de comprendre les procédures qui permettent à des agents prenant des décisions de façon décentralisée de se coordonner. Pendant longtemps, les économistes n'ont mis en avant qu'une procédure de **coordination** : le marché. Cependant, on a mis en évidence l'existence de défaillances du marché et la nécessité d'interventions correctrices de l'État (Voir « Marchés et prix » et « État et économie »). Plus généralement, les travaux de **R. Coase** (Prix Nobel, 1991) ont montré qu'il existe deux types de coordination : le marché et la hiérarchie (voir « Entreprise et système productif »). On a souligné aussi que le marché comme l'entreprise sont des **institutions** et que leur fonctionnement suppose l'existence de règles et de conventions qui permettent aux agents de gérer les asymétries d'information et les conséquences des comportements stratégiques. Ce dernier point permet de comprendre pourquoi la théorie des jeux occupe une place croissante dans l'analyse économique.

1 › L'économie institutionnelle

Selon **B. Chavance** (*L'économie institutionnelle*, 2007), l'économie institutionnelle regroupe différents courants hétérodoxes de l'analyse économique qui, en dépit de leurs divergences, ont en commun de considérer que les institutions constituent un objet essentiel de l'analyse économique. Ce point de vue s'oppose à celui d'autres auteurs qui considèrent que l'analyse des institutions relève d'autres sciences sociales que l'économie (psychologie sociale, science

politique, sociologie). Pour B. Chavance, l'école historique allemande (**G. Schmöller**), l'institutionnalisme américain (**Th. Veblen** et **R. Commons**), l'école autrichienne (**C. Menger**, **F. Hayek**), la nouvelle économie institutionnelle (**O. Williamson**, **D. North**), la théorie de la régulation (**R. Boyer**) et l'économie des conventions relèvent de l'économie institutionnelle.
Ces courants ont en commun de mettre l'accent sur la diversité des institutions et sur leur importance dans la régulation des activités économiques. À la différence du modèle standard, les approches institutionnalistes ne limitent donc pas la régulation au marché et au mécanisme des prix.
Les définitions du concept d'**institution** sont variables au sein de ces divers courants, mais ces définitions ont en commun de mettre l'accent sur le caractère durable des institutions et sur le fait qu'elles sont des règles (formelles ou informelles), des habitudes, des normes, des contraintes, au sein desquelles se déroulent les actions individuelles. Il existe donc un cadre institutionnel de la vie sociale (la famille, le marché, le droit, la morale, etc.) au sein duquel se mettent en place des organisations et, se nouent des interactions sociales.
Selon **D. North**, « *les institutions sont des contraintes établies par les hommes qui structurent les interactions humaines. Elles se composent de contraintes formelles (comme les règles, les lois, les constitutions), de contraintes informelles (comme des normes de comportement, des conventions, des codes de conduite auto-imposées) et des caractéristiques de leur application* ». Pour lui « *si les institutions sont les règles du jeu, les organisations et leurs entrepreneurs sont les joueurs* ».

2 › Concurrence des paradigmes et cumulativité

Pour conclure, la science économique est caractérisée par l'existence de courants théoriques divers. Cette situation est souvent mal perçue par l'opinion et par les décideurs politiques qui s'irritent du désaccord des économistes sur des questions jugées essentielles (chômage, développement économique, etc.). Sur le plan scientifique, cependant, il faut souligner que :

- la concurrence des paradigmes est féconde. Chaque courant théorique doit répondre aux critiques des autres et se trouve donc contraint de préciser ses analyses, d'approfondir ses investigations ;
- il existe une cumulativité partielle, c'est-à-dire un ensemble de références, de techniques de recherches, de concepts etc. qui sont communs aux économistes et qui servent de cadre commun aux débats scientifiques.

Pour en savoir plus :

Initiation

- Chavance B. (2007), *L'économie institutionnelle*, La Découverte, Coll. Repères.
- Colliard J.-E. et Travers E. (2009), *Les prix Nobel d'économie*, La Découverte, Coll. Repères.
- Combemale P. (2010), *Introduction à Marx*, La Découverte, Coll. Repères.
- Dufy C. et Weber F. (2007), *L'ethnographie économique*, La Découverte, Coll. Repères.
- Duménil G. et Lévy D. (2003), *Économie marxiste du capitalisme*, La Découverte, Coll. Repères.
- Eber N. et Willinger M. (2005), *L'économie expérimentale*, La Découverte, Coll. Repères.
- Henry G. M. (2009), *Histoire de la pensée économique*, A. Colin, Coll. U.
- Lavoie M. (2004), *L'économie postkeynésienne*, La Découverte, Coll. Repères.
- Ménard C. (2004), *L'économie des organisations*, La Découverte, Coll. Repères.
- Poulon F. (2011), *La pensée économique de Keynes*, Dunod, Coll. Topos.
- Steiner Ph. (2011), *La sociologie économique*, La Découverte, Coll. Repères.

Approfondissement

- Aréna R. (et al.) (2011), *L'économie, une science qui nous gouverne ?*, Actes sud.
- Berthelot J.-M. (éd.) (2001), *Épistémologie des sciences sociales*, PUF, Coll. Premier Cycle.
- Blaug M. (1999), *La méthodologie économique*, Économica.
- Blaug M. (1999), *La pensée économique*, Économica.
- Cœurderoy R. (2007), *Économie des organisations*, Vuibert.
- Daniel J.M. (2010), *Histoire vivante de la pensée économique*, Pearson.
- Deleplace G. (2009), *Histoire de la pensée économique*, Dunod.
- Frézal S. (2010), *Modèles et mesures. Éléments d'épistémologie économique*, Ellipses.
- Greffe X., Lallement J. et De Vroey M. (dir.) (2002), *Dictionnaire des grandes œuvres économiques*, Dalloz.
- Menger C. (1883/2011), *Recherches sur la méthode dans les sciences sociales et en économie politique en particulier*, éditions de l'EHESS.
- Snowdon B., Vane H., Wynarczyk P. (1997), *La pensée économique moderne*, Ediscience international.
- Steiner Ph. et Vatin F. (éd.) : *Traité de sociologie économique*, PUF, Coll. Quadrige.
- Walliser C. (2011), *Comment raisonnent les économistes*, Odile Jacob.

chapitre **2**

Les systèmes économiques

Un **système** est un ensemble d'éléments interdépendants. Ces éléments ne sont pas simplement juxtaposés, le système est doté d'un mécanisme de régulation qui tend, sauf crise majeure, à assurer sa reproduction, c'est-à-dire à la fois sa stabilité et son dynamisme. Un système est tel que, si on modifie l'un des éléments ou l'une des relations entre les éléments, on affecte le fonctionnement de l'ensemble.

Un **système économique** concerne les relations entre la production, la répartition et la consommation des biens et des services. On peut distinguer différentes typologies des systèmes économiques. Par exemple, **B. Hildebrand** (1812-1878) distingue « économie de troc », « économie monétaire » et « économie de crédit ». On peut considérer que le concept de mode de production de **K. Marx** (1818-1883) est assez proche de celui de système économique. Marx distingue : le « mode de production esclavagiste », le « mode de production féodal », le « mode production capitaliste », mais il prend en compte aussi la spécificité d'un « mode de production asiatique ».

R. Heilbroner distingue trois grands principes de fonctionnement des systèmes économiques : la tradition, l'autorité et le marché. Lorsque les agents sont soumis à la tradition ils ont des comportements routiniers et se soumettent aux normes en vigueur, lorsque l'autorité prévaut (dans l'empire Inca comme dans le système soviétique) on est en présence d'une économie de

commandement gérée centralement, enfin, la régulation par le marché assure la compatibilité de décisions décentralisées.
Un système économique n'est pas séparable de l'ensemble plus vaste que constitue le **système social** : les relations de parenté ou de pouvoir, les croyances et les pratiques religieuses ne sont jamais totalement séparables de la sphère économique et dans certains cas, ces structures sociales jouent un rôle essentiel dans la régulation des activités économiques.
Un système économique est donc un type-idéal, une construction théorique. Dans la réalité on observe des économies concrètes qui sont souvent des combinaisons de divers systèmes économiques ou des formes singulières d'un système économique. On parle parfois pour désigner ces objets concrets de **régime économique**, Marx pour sa part utilise l'expression **formation sociale**.

> I Le système capitaliste

> A Qu'est-ce que le capitalisme ?

La définition du **capitalisme** est problématique. Comme l'écrivait **F. Perroux** (1903-1987) : « *Capitalisme est un mot de combat* ». Selon **F. Braudel** (1902-1985), ce n'est qu'en 1902, avec la publication du livre de **W. Sombart** (1863-1841) « *Le capitalisme moderne* » que le terme commence à se répandre.
On peut, en simplifiant, distinguer trois grandes approches du capitalisme en tant que système économique.
– La première approche, inspirée de **Marx** considère que le capitalisme est un mode de production dont le rapport social fondamental est le **salariat**. On est en présence du capitalisme lorsqu'une partie de la population (les prolétaires) ne peut subsister qu'en vendant sa force de travail sur le marché. C'est la transformation de la force de travail en marchandise qui est au cœur du capitalisme. Pour Marx toute économie marchande n'est pas capitaliste : il peut y avoir échange marchand entre des producteurs individuels indépendants qui mettent en œuvre leur force de travail pour leur propre compte. Le capitalisme est généralement caractérisé par la domination de rapports marchands, mais on peut concevoir une économie fondée sur le salariat dans laquelle les rapports marchands ne joueraient qu'un rôle mineur. Certains marxistes considèrent par exemple que le système soviétique était en fait un système capitaliste. Pour Marx le capitalisme est un **mode de production** qui assure un

développement important des forces productives, mais dont l'existence est menacée à long terme en raison de ses contradictions (baisse tendancielle du taux de profit notamment).

⇨ **J. Schumpeter** (1883-1950) s'inspire de façon critique de **Marx**. Il met l'accent, pour sa part, sur le rôle central de l'entrepreneur et des innovations dans la définition du capitalisme.

Max Weber et l'esprit du capitalisme

Pour le sociologue **M. Weber** (1864-1920), il importe d'étudier « l'**esprit du capitalisme** », qu'il définit par la recherche rationnelle d'un gain légitime par l'exercice d'une profession. Weber se demande pourquoi la recherche du gain, longtemps réprouvée dans divers types de sociétés traditionnelles, est devenue légitime en Europe à l'époque moderne. Pour rendre compte de cette singularité, il souligne les affinités électives entre l'éthique protestante (concept de « beruf » (profession-vocation) chez Luther, doctrine de la prédestination chez Calvin) et l'esprit du capitalisme. Il souligne en particulier l'importance de l'**ascétisme intramondain** (c'est-à-dire la pratique des vertus chrétiennes au sein même du monde profane) qui favorise l'épargne et donc l'accumulation du capital et qui conduit à considérer l'activité économique comme un moyen de servir la communauté.

– La seconde approche identifie le capitalisme et l'**économie de marché**. Dans les institutions internationales on désigne souvent par le terme Pays Développés à Économie de Marché (PDEM), les pays que certains nomment capitalistes. De nombreux économistes libéraux définissent le capitalisme par la propriété privée du capital et de l'ensemble des instruments de production, la liberté d'entreprise, le droit de transmettre son patrimoine par héritage, la régulation par le marché. Le capitalisme (ou économie de marché) est donc caractérisé par son caractère décentralisé (chaque agent décide librement de sa contribution à la production, de ses choix de consommation etc.) et ce sont les mécanismes automatiques du marché qui assurent la compatibilité des décisions individuelles notamment à travers les signaux véhiculés par le système des prix. Dans cette perspective, la liberté individuelle, l'efficacité et l'efficience sont simultanément assurées.
– La troisième approche, développée notamment par **J. Baechler**, met davantage l'accent sur les facteurs culturels et politiques qui sont considérés comme premiers par rapport aux facteurs économiques. Pour Baechler les expressions « développement économique » et « capitalisme » sont équivalentes, c'est le régime politique démocratique (ou en voie de démocratisation) qui explique le capitalisme, car ce sont les mêmes principes qui sous-tendent les deux modes d'organisation : liberté individuelle, respect des droits (et en particulier du droit de propriété), etc. Dans cette approche le libéralisme politique et le libéralisme économique sont indissociables et ils sont au fondement du capitalisme.

> B La grande transformation

Selon la définition du capitalisme que l'on adopte, on n'a pas la même vision de la dynamique du capitalisme.

Pour **F. Braudel**, il existe trois étages (ou trois strates) de la vie économique : le premier niveau est celui de la vie matérielle qui correspond aux activités domestiques, à l'autoconsommation, les échanges y jouent un rôle mineur. Le second niveau est celui de l'économie de marché, c'est-à-dire des artisans, des commerçants, des marchés locaux, des colporteurs. Le troisième niveau est celui du capitalisme, c'est le niveau du commerce lointain, du rassemblement de capitaux pour lancer des aventures commerciales puis plus tard industrielles. Les trois niveaux existent au moins depuis le Moyen Âge, mais la vie matérielle est longtemps dominante, ce n'est que progressivement que l'économie de marché, puis le capitalisme, prennent leur essor, sans que la sphère domestique ne perde de son importance.

Pour **Braudel**, le capitalisme n'est donc pas un système économique, mais un type de rapport économique présent dans de nombreux systèmes.

Pour **Marx** par contre, le capitalisme en tant que mode de production est une réalité spécifique qui s'impose à partir de la fin du XVIIIe siècle à travers le processus d'accumulation primitive du capital. Certains auteurs qui s'inspirent de Marx considèrent cependant que l'on observe, bien avant la période de la Révolution industrielle, un **capitalisme commercial** et un **capitalisme bancaire**. Ils parlent donc d'un **capitalisme industriel** pour désigner la période d'étude privilégiée de Marx, celle du XIXe siècle.

Une contribution majeure à l'étude de la dynamique du capitalisme a été apportée par **K. Polanyi** (1886-1964) dans son livre « *La grande transformation* » (1944). Pour Polanyi, qui s'appuie principalement sur l'exemple de la Grande-Bretagne, le marché s'est imposé au début du XIXe siècle lorsque la logique marchande a triomphé dans la gestion des relations de travail (abrogation de l'**Acte de Speenhamland** en 1834) et dans la gestion de la monnaie. Cette domination ouvre une période qualifiée de « Paix de cent ans » (1815-1914) qui se caractérise notamment par l'essor des relations marchandes au plan international. Ce règne de l'économie de marché n'a été possible qu'en raison du processus de « **désencastrement** » de l'économie : la sphère économique a été progressivement pensée et pratiquée comme autonome par rapport aux domaines politique ou religieux par exemple. Mais, comme le montre Polanyi, aucune économie ne peut fonctionner durablement sous l'empire exclusif du marché, car celui-ci ne suffit pas à fonder le lien social. La période de l'entre-deux-guerres est celle de la « grande transformation », c'est-à-dire une période au cours de laquelle les forces du marché sont, pour partie, mises sous le contrôle de l'État et de la société (interventions structurelles et conjoncturelles de l'État, développement de la protection sociale et de la législation du travail etc.). Ainsi le marché n'apparaît comme forme dominante de régulation que dans un contexte historique singulier. Pour Polanyi, l'évolution doit se poursuivre et l'avenir de l'humanité est dans un socialisme démocratique.

⇨ Pour **Polanyi** : « *Permettre au mécanisme du marché de diriger seul le sort des êtres humains et de leur milieu naturel, et même, en fait, du montant et de l'utilisation du pouvoir d'achat, cela aurait pour résultat de détruire la société* » (*La grande transformation*, 1944).

Démocratie, marché et capitalisme

Un certain nombre d'économistes ont engagé ces dernières années une réflexion sur les relations entre économie de marché, capitalisme et démocratie. Cette réflexion suppose que l'on distingue économie de marché et capitalisme. L'économie de marché est une modalité de coordination de décisions décentralisées des agents de l'économie notamment à travers le mécanisme des prix. Le capitalisme est, selon **M. Fleurbaey** (*Capitalisme ou démocratie ?*, 2006), « *une forme particulière de l'économie de marché dans laquelle l'organisation de la production est placée sous le pouvoir ultime des apporteurs de capitaux* ». Dans cette perspective, on peut à la fois considérer que la régulation par le marché a un caractère indépassable et que le capitalisme peut être remis en cause par un mouvement de démocratisation qui pousserait d'une part à réduire fortement les inégalités produites par le marché et d'autre part à introduire les procédures de décisions démocratiques à tous les niveaux de la vie économique (et notamment dans l'entreprise). Pour M. Fleurbaey : « *le grand chantier de l'avenir, pour l'extension de la démocratie, c'est l'économie* ».
De son côté **J.-P. Fitoussi** (*La démocratie et le marché*, 2004) souligne que des études convergentes (**A. Sen**, **D. Rodrik** et **P. Lindert** notamment) conduisent à penser que la démocratie est le régime politique le mieux adapté à la croissance économique et au fonctionnement de l'économie de marché. Il insiste sur le fait que le marché fonctionne sur la base d'une logique individualiste et inégalitaire alors que la démocratie repose sur l'existence d'un espace public et d'un principe égalitaire. Au sein des « **démocraties de marché** », il existe donc une tension entre les deux principes et la nécessité de trouver un compromis entre les deux logiques.

> C
Un capitalisme ou des capitalismes ?

Si l'on passe de l'idéal-type du capitalisme à ses formes concrètes on constate une grande diversité des capitalismes.

a › L'évolution des capitalismes

Au cours de l'histoire, lorsque le capitalisme (dans sa forme industrielle) devient dominant en Europe et aux États-Unis notamment, on parle fréquemment du capitalisme sauvage caractérisé par la misère et la précarité ouvrière comme par la brutalité de la concurrence entre entreprise et l'impact des crises périodiques de surproduction. À ce capitalisme on oppose, dans les années 1960, un **néo-capitalisme** caractérisé par l'action régulatrice de l'État, l'amélioration des conditions de vie ouvrière, l'absence de fluctuations importantes.

On peut aussi opposer un capitalisme concurrentiel qui caractérise la fin du XVIIIe et le XIXe siècles à un capitalisme des grandes unités qui prend naissance aux États-Unis à la fin du XIXe siècle (loi anti-trust : *Sherman Act* 1890). Pour **V.I. Lénine** (1870-1924) ce capitalisme de monopole conduit à l'**impérialisme** qui constitue le stade suprême du capitalisme.

b › Les modes de régulation du capitalisme

La théorie de la régulation (voir « Épistémologie et histoire des sciences économiques ») a mis l'accent sur le fait qu'au sein du mode de production capitaliste, plusieurs modes de régulation peuvent fonctionner. Un **mode de régulation** résulte de la combinaison d'un régime d'accumulation et de formes institutionnelles.

Par **régime d'accumulation** on entend la façon dont s'organise l'accumulation du capital, son financement, le degré de concentration des entreprises etc.

Une **forme institutionnelle** est la codification des rapports sociaux fondamentaux (rapport salarial, contrainte monétaire, intervention de l'État, mode d'insertion dans l'économie mondiale).

Sur la base de ces concepts, les auteurs de ce courant, distinguent deux grands modes de régulation qui ont caractérisé l'histoire du capitalisme.

- Le **mode de régulation concurrentiel**, dans lequel le rapport salarial est principalement individuel, la contrainte monétaire prend une forme métallique, l'intervention de l'État est limitée et l'ouverture internationale relativement faible. La régulation prend la forme de crises périodiques qui permettent (par la dévalorisation d'une partie du capital et la baisse du taux de salaire) d'augmenter les taux de profits. Ce mode de régulation fonctionne du XIXe siècle à 1914 (avec des différences de chronologie selon les pays)
- Le **mode de régulation monopoliste**, dans lequel le mode de régulation est institutionnalisé, la monnaie prend la forme de monnaie de crédit, l'intervention de l'État est importante (État providence), l'ouverture internationale est croissante en ce qui concerne le commerce mais avec maintien du contrôle des mouvements de capitaux. La régulation se réalise par le biais de la politique macroéconomique de l'État (régulation consciente) et grâce à l'inflation (qui allège les dettes et favorise l'investissement). Ce mode de régulation est aussi appelé fordiste car sa dynamique est liée au **compromis fordiste** : les salariés acceptent l'intensification du travail (taylorisme, travail à la chaîne) mais en contrepartie ils obtiennent une hausse régulière de leur pouvoir d'achat. Celle-ci stimule la demande de consommation, donc l'investissement et la croissance. L'augmentation du stock de capital (associée à l'intensification du travail) permet des gains de productivité, qui alimentent la hausse des salaires, etc. Ce mode de régulation a fonctionné pour l'essentiel entre 1945 et 1975.

La théorie de la régulation permet de distinguer les « *petites crises* » qui ont une fonction régulatrice et les « *grandes crises* » qui manifestent l'épuisement d'un mode de régulation et constituent une période de gestation d'un nouveau mode de régulation (voir « Fluctuations et crises »). La période de l'entre-deux-guerres (marquée notamment par le krach de 1929) manifeste à la fois l'impossibilité pour le mode de régulation concurrentiel de continuer à fonctionner (pas de rétablissement de l'étalon-or par exemple) et le fait que les nouvelles formes institutionnelles ne sont pas encore mises en place (pour la gestion du SMI, il faut attendre la conférence de Bretton Woods en 1944). La période 1975-2000 peut être interprétée comme une grande crise qui marque l'épuisement de la régulation monopoliste et à travers laquelle se met en place un nouveau régime international (globalisation), un nouveau rapport salarial (plus flexible), une nouvelle forme d'intervention de l'État (plus structurelle), un nouveau régime d'accumulation caractérisé à la fois par l'importance de la finance (**capitalisme patrimonial**) et par un nouvel ordre productif (informatique, biotechnologies, société de l'information, etc.).

C › Le capitalisme diversifié contemporain

Le capitalisme contemporain est diversifié. La théorie de la régulation insiste sur les spécificités nationales des modes de régulation. Par exemple, le rapport salarial est moins socialisé aux États-Unis qu'en Europe continentale et il l'est davantage dans les pays scandinaves que dans les pays du sud de l'Europe. De même, le Japon a mis en place des formes spécifiques de régulation (aujourd'hui en crise) caractérisées par la forte imbrication entre l'État et les grandes firmes et par un fort dualisme du marché du travail. Sur cette base, le Japon a réalisé des performances remarquables à l'exportation des années 1960 aux années 1980 tout en conservant un marché intérieur relativement protégé.

M. Albert, quant à lui, a opposé un **capitalisme anglo-saxon** dans lequel le marché joue un rôle important et où la rentabilité à court terme est privilégiée à un **capitalisme rhénan** où l'État est beaucoup plus actif et dans lequel les banques et les groupes industriels jouent davantage la carte du long terme et de la cohésion sociale. Cette distinction doit être relativisée car, sous l'effet de la globalisation financière, la même logique de capitalisme actionnarial (centrée sur la production de valeur pour l'actionnaire) s'impose dans l'ensemble des pays capitaliste.

Les cinq capitalismes

Dans son livre *Les cinq capitalismes* (2005), **B. Amable** construit une typologie à partir de « *cinq secteurs institutionnels fondamentaux* » : la concurrence sur le marché des produits, le secteur d'intermédiation financière et les modalités de la gouvernance d'entreprise, la protection sociale et le système éducatif. Sur la base d'un important travail empirique permettant de mettre en évidence les « complémentarités institutionnelles » qui les caractérisent, il distingue les cinq formes du capitalisme suivantes :

- le modèle fondé sur le marché (États-Unis, Australie, Canada, Royaume-Uni)
- le modèle social-démocrate (Danemark, Finlande, Suède)
- le modèle européen continental (France, Allemagne, Pays-Bas, Belgique, Autriche, Norvège)
- le modèle méditerranéen (Grèce, Italie, Portugal, Espagne)
- le modèle asiatique (Japon, Corée du sud)

Chaque modèle du capitalisme présente une configuration particulière des divers secteurs institutionnels. Par exemple, le modèle libéral de marché se caractérise par un marché des produits dérégulé, une flexibilité du marché du travail, un système financier fondé sur le marché, un modèle libéral de protection sociale, un système éducatif concurrentiel. À l'inverse, le système social démocrate se caractérise par des marchés des produits et du travail réglementés, un système financier à base de banques, une protection sociale universelle, un système éducatif public.

Les analyses relatives à la **variété des capitalismes** (*Variety of Capitalism* VOC) sont relativement anciennes notamment au sein de la tradition marxiste où Lénine analyse les spécificités du capitalisme en Russie. De même, certaines analyses du sous-développement mettent l'accent sur l'existence d'un « capitalisme périphérique » dont les intérêts s'opposeraient à ceux du capitalisme du Centre. Mais c'est à partir des années 1990 que des travaux sont publiés afin de rendre compte de la diversité des trajectoires des pays développés à économie de marché face à la rupture de croissance de 1974-1979. Il s'agit aussi d'expliquer les différences de performance en matière de compétitivité, d'emploi, de cohésion sociale, etc.

En 1991 M. Albert publie son livre ***Capitalisme contre capitalisme*** dans lequel il distingue un capitalisme anglo-saxon fondé principalement sur le marché et un capitalisme « rhénan » caractérisé par une plus forte intégration sociale et un rôle plus important de l'État. En 1994, **L. Thurow** distingue un capitalisme individualiste et un capitalisme communautaire. L'ouvrage fondateur de ce courant est celui de **P.A. Hall** et **D. Soskice** paru en 2001 : *Varieties of Capitalism : The Institutional Fundation of Comparative Advantage*. Les auteurs s'appuient sur les outils conceptuels de la théorie néo-institutionnaliste (théorie des contrats, théorie des jeux, etc.). Ils partent d'un raisonnement microéconomique et considèrent que pour coordonner leurs activités les entreprises peuvent soit faire appel au marché soit avoir recours à des formes de coordination hors marché. Selon les pays et selon les époques des structures institutionnelles différentes se mettent en place ce qui conduit les auteurs à distinguer deux types idéaux : les **économies de marché libérales** (EML) et les **économies de marché coordonnées** (EMC).

Dans une analyse critique des thèses de la VOC, **R. Boyer** (*Une théorie du capitalisme est-elle possible*, 2004) distingue quatre grands principes de coordination dont l'articulation permet de comprendre la diversité des formes institutionnelles et des modes de régulation. Ces principes sont : le marché, l'État, la firme et la société civile. Leur combinaison permet de définir quatre types de régulation : marchande, méso-corporatiste, publique-intégrationniste, social-démocrate.

Les travaux de **G. Esping-Andersen** sur la typologie des États-providence, contribuent aussi à nourrir cette réflexion sur la diversité des capitalismes (voir « État et économie »).

Le capitalisme financiarisé et sa crise
La crise de 2007-2012, est considérée par de nombreux observateurs comme une crise majeure du capitalisme sous hégémonie financière qui s'est mis en place à partir du début des années 1980. La crise des subprimes, les faillites bancaires, les crises monétaires et boursières, les crises des dettes publiques, la crise de la zone euro, sont autant de conséquences d'une finance mondialisée et peu ou mal régulée. Pour certains observateurs, cette crise marque un tournant dans l'histoire du capitalisme et le début d'un retour du balancier vers plus d'intervention régulatrice des États et plus de coordination des politiques économiques à l'échelle mondiale.

> II
Le système socialiste

> A
Socialisme utopique, socialisme scientifique, socialisme réellement existant

a › Du socialisme utopique au socialisme scientifique

Le **socialisme** est d'abord une doctrine économique qui se développe pour l'essentiel au XIXe siècle, même si l'on peut trouver des précurseurs comme **Th. More** (*L'utopie*, 1516) ou **T. Campanella** (1568-1639). Les socialistes utopiques (qualification péjorative utilisée par **K. Marx** et **F. Engels** mais largement reprise ensuite) se consacrent en général à la description d'une organisation sociale idéale à travers laquelle ils expriment leur refus du système économique dans lequel ils vivent. **Ch. Fourier** (1772-1837) décrit l'organisation du **phalanstère**, communauté de travail et de vie qui doit pratiquer la polygamie, l'éducation en commun des enfants, l'épanouissement de la capacité productive de chacun. **R. Owen** (1771-1858) qui fait faillite comme industriel pour avoir voulu améliorer les conditions de travail, tente sans succès de mettre en place des communautés communistes aux États-Unis, mais inspirera durablement le mouvement coopératif. **C.-H. de Saint Simon** (1760-1825) développe un point de vue industrialiste. Il imagine une société fondée sur le travail et la coopération dans laquelle les savants et les ingénieurs exerceront le pouvoir. De nombreux disciples de Saint-Simon exerceront une influence sur le capitalisme français (notamment sous le Second Empire).

K. Marx (1818-1883) et **F. Engels** (1820-1895) se montrent très critiques à l'égard de ces utopistes. Pour eux le socialisme ne résultera pas d'un projet imaginé mais découlera de la dynamique du capitalisme lui-même. C'est donc à l'étude du fonctionnement réel du capitalisme qu'ils se consacrent en tentant de mettre en évidence ses contradictions et les lois d'évolution qui le caractérisent. Pour Marx et Engels deux contradictions majeures caractérisent le capitalisme et conduisent au socialisme.

- La contradiction entre le capital et le travail. En effet le prolétariat est de plus en plus nombreux, de plus en plus concentré dans des espaces de production de taille croissante, de plus en plus organisé. De ce fait, dans le cadre de la lutte des classes (lutte pour les revenus, les conditions de travail etc.) il prend conscience de ses intérêts historiques et revendique le pouvoir détenu par une bourgeoisie de plus en plus isolée socialement.
- La contradiction entre la propriété privée et la socialisation des forces productives. Le capitalisme organise la socialisation des forces productives (augmentation de la taille des entreprises, interdépendance croissante entre les différents capitaux etc.). Mais, face à cette socialisation, la propriété reste individuelle et conduit donc à l'anarchie du marché. Le socialisme doit permettre une gestion collective, au niveau de l'ensemble de la société, des forces productives qui sont elles-mêmes de plus en plus sociales.

Le socialisme de **Marx** et d'**Engels** se veut scientifique dans la mesure où il ne résulte pas d'une aspiration diffuse à un monde meilleur, mais où il repose sur une analyse scientifique du capitalisme. Le socialisme apparaît alors comme une nécessité historique résultant des lois de l'évolution qui président à la succession des modes de production.

⇨ Le socialisme, dans ses variantes utopistes ou marxistes, exercera tout au long des XIXe et XXe siècles une influence politique considérable notamment à travers la constitution de partis ouvriers dans la plupart des pays industrialisés. Le mouvement socialiste va se diviser progressivement entre un courant réformiste qui entend introduire des changements au sein même du capitalisme et ne passer que graduellement à la société socialiste et un courant révolutionnaire qui juge incontournable une rupture radicale avec le capitalisme.

Socialisme et communisme

En tant que doctrine économique le **socialisme** désigne un courant de pensée qui conteste la propriété privée des moyens de production, la logique du profit et la régulation par le marché. En tant que système économique, le socialisme a connu des formes diverses : planification étatique, autogestion (Yougoslavie), socialisme de marché (Hongrie dans les années 1980), etc.

On a coutume de considérer que le socialisme est une étape intermédiaire entre le capitalisme et le communisme. Le **communisme** est une société dans laquelle l'État, le salariat, la monnaie auront disparu et où l'on pourra appliquer la maxime « de chacun selon son travail, à chacun selon ses besoins ». Une telle société est fondée sur l'abondance qui résulte du niveau élevé de développement des forces productives, de la coopération entre les producteurs et du libre épanouissement des capacités productives de chacun.
Aucune société connue n'est donc une société communiste. Les pays de l'Est de l'Europe avant 1989, la Chine aujourd'hui, qui sont parfois qualifiés d'États communistes sont, au mieux des États socialistes (caractérisés par le salariat, la monnaie, une présence massive de l'État). Ces systèmes n'ont pas conduit au communisme mais à un retour vers le capitalisme, y compris en Chine où l'on assiste à une combinaison originale de libre jeu du marché et de l'accumulation dans le cadre d'un système de parti unique utilisant une phraséologie marxiste.

> B Le fonctionnement des économies centralement planifiées

a › Peut-on parler d'économies socialistes ?

Les systèmes économiques dits socialistes sont des résultats d'évolutions historiques contingentes. La terminologie utilisée pour les désigner est significative des problèmes d'interprétation que posent ces expériences historiques. L'usage du terme « socialisme » est contesté car de nombreux économistes et historiens pensent que ces sociétés ne correspondent pas à l'idéal de la doctrine socialiste et qu'elles ne sont même pas conformes à la conception du socialisme de **Marx**. Pour ce dernier en effet, le socialisme devait se mettre en place sur la base d'un très haut niveau de développement des forces productives résultant de la dynamique du capitalisme lui-même. Or, loin de se mettre en place en Allemagne ou en Grande-Bretagne, le socialisme prend naissance en Russie, pays dont le développement capitaliste est loin d'être achevé en 1917. La mise en place de systèmes se réclamant du socialisme en Chine, à Cuba, au Vietnam renforce ce paradoxe. Le terme d'État communiste a plutôt une signification politique, car dans aucun de ces pays on n'a vu disparaître l'État, la monnaie et le salariat. C'est pourquoi de nombreux économistes utilisent des expressions qui se veulent descriptives : Économies de type soviétique, économies centralement planifiées, etc.

b › Le modèle soviétique

En Russie, après la révolution de 1917, se construit par tâtonnement un système économique qui se met en place définitivement avec la victoire politique de **J. Staline** en 1928-1929. La collectivisation des moyens de production (y compris dans l'agriculture) est totale. L'économie est gérée par un plan central qui fixe à chaque unité de production les quantités de biens à produire et qui lui alloue les moyens de production correspondant (main d'œuvre, machines, produits intermédiaires). Les prix sont fixés par le planificateur central et le système bancaire (lui aussi centralisé) n'est qu'un moyen d'enregistrer les règlements entre entreprises et la conformité de ces règlements au plan. La stratégie de développement choisie est celle de la priorité aux industries lourdes et les plans sont « tendus » c'est-à-dire que l'on cherche à obtenir la croissance de la production la plus rapide possible. Ce modèle soviétique sera, à des degrés divers, appliqué dans les pays de l'Est après 1945 et dans les pays du Tiers-monde (dont la Chine).

Cette économie de commandement est appuyée sur un régime politique très autoritaire : parti unique, propagande intensive, contrôle total de la presse et des moyens d'information par le parti et l'État, culte de la personnalité des dirigeants, etc. Ce système politique, parfois qualifié de totalitaire, est aussi un instrument de mobilisation de la population au service des objectifs économiques.

La controverse Mises/Lange

Pour l'économiste autrichien **L. von Mises** (1881-1973), l'absence de marché, donc d'un système de prix révélant à la fois les préférences des agents et les raretés relatives des ressources rend tout calcul économique rationnel impossible sous le socialisme. Mises s'attaque ainsi au cœur de l'argumentation socialiste selon laquelle la planification, dans la mesure où elle repose sur la recherche d'un équilibre ex ante, permet une gestion plus rationnelle que « l'anarchie du marché » génératrice de gaspillages.

Pour **O. Lange** (1905-1965) au contraire, le planificateur central peut jouer le rôle du commissaire-priseur walrasien : le plan permet, par interaction entre le centre et les entreprises, de découvrir le système de prix qui assure l'équilibre entre les ressources disponibles et les divers usages possibles de ces ressources. La position de Lange suppose donc un certain degré de décentralisation de la planification et l'utilisation des prix comme véhicule d'information. Or, dans la plupart des pays centralement planifiés, les prix sont restés rigides et n'ont pas évolué en fonction de la rareté relative des biens. C'est donc une régulation par les quantités qui a fonctionné, c'est-à-dire une « *économie de la pénurie* » (**J. Kornaï**).

C › Les tentatives de réforme

Les dysfonctionnements du modèle soviétique sont nombreux et souvent dénoncés à l'intérieur du système lui-même, y compris par ses dirigeants. De nombreuses tentatives de réformes seront mises en œuvre. En URSS, à partir de la fin des années 1950 et du début des années 1960, on assiste à une réforme de l'agriculture (sous l'impulsion de **N. Krouchtchev**), puis, après l'arrivée au pouvoir de **L. Brejnev** et **N. Kossyguine** à la mise en place des réformes Liberman (du nom de l'économiste **E. Liberman**) dans l'industrie (rôle plus important du marché et du profit dans la régulation des entreprises).

Ces réformes seront globalement des échecs et déboucheront sur une nouvelle centralisation de l'activité économique. Les tentatives de réforme dans les pays de l'Europe de l'Est (Hongrie, Pologne, Tchécoslovaquie) se compliquent de difficultés politiques : l'URSS craint en effet que l'introduction de mécanismes de marché ne conduise a un rapprochement avec l'Occident. C'est ainsi que le « Printemps de Prague » (1968) conduit à une intervention des troupes du Pacte de Varsovie.

> C
Crise des économies de type soviétique et transition au marché

En fin de compte, en dépit de la tentative de **M. Gorbatchev** de mettre en œuvre une « refonte » du système (**Perestroïka** entre 1985 et 1991), le système économique soviétique s'effondre et ouvre une période de transition chaotique vers l'économie de marché qui affecte aussi les pays de l'Est de l'Europe (réunification allemande en 1989 notamment).
Comment expliquer ce bouleversement majeur ? Trois types de facteurs, interdépendants, ont joué.

- Des facteurs géo-politiques. Confrontés à des tensions avec la Chine comme avec les États-Unis (Programme de « guerre des étoiles » lancé par **R. Reagan**), l'URSS s'est épuisée dans la course aux armements. L'intervention militaire en Afghanistan a été très coûteuse militairement et politiquement. La présence en Europe de l'Est était globalement défavorable à l'URSS en termes économiques.
- Des facteurs politiques et idéologiques. Le maintien de régimes politiques non démocratiques a été de plus en plus difficile. On a vu se développer l'action des dissidents en URSS, le mouvement de Solidarnosc en Pologne n'a pas pu être écrasé comme l'avait été la révolte hongroise, le mouvement en faveur des droits de l'homme a été de plus en plus fort. Selon un paradoxe analysé par **A. de Tocqueville** (1805-1859) dès le XIXe siècle, l'assouplissement d'un régime autoritaire rend les contraintes de plus en plus difficiles à supporter et renforce la contestation. C'est ce qui s'est produit en URSS et dans les pays de l'Est au moment de la Perestroïka.
- Des facteurs économiques. La spectaculaire croissance de l'URSS stalinienne reposait sur une dynamique extensive. Elle était très coûteuse en facteurs de production. Mais les ressources en matière première et en main-d'œuvre étaient abondantes et la production de biens d'équipement était prioritaire. La poursuite à très long terme d'un tel mode de croissance était évidemment impossible. Lorsque les autorités soviétiques ont voulu passer à une croissance

intensive (par accroissement de la productivité du travail) elles se sont trouvées confrontées au dilemme suivant : on ne pouvait convaincre les salariés de travailler de façon plus intensive que si l'on était en mesure de leur fournir plus de biens de consommation. Or, l'appareil productif était tourné vers la production de biens de production et non vers la production de biens de consommation. Pour changer cet état de fait, il aurait fallu que les salariés acceptent de travailler de façon plus intensive. Le système était donc bloqué et s'est enfoncé dans des difficultés croissantes (absentéisme de la main d'œuvre, marché noir, corruption, alcoolisme etc.). La crise totale était telle qu'à la fin de l'ère Brejnev on a vu, fait sans précédent dans un pays industrialisé, l'espérance de vie reculer.

➪ On peut relever que, contrairement aux thèses d'**H. Carrère d'Encausse**, le système soviétique s'est écroulé à la suite d'une déstabilisation du centre et non à la suite de l'explosion des nationalismes dans les républiques périphériques.

La Chine : un socialisme de marché ?

La réforme de l'économie chinoise s'engage à partir de 1978 sous l'impulsion de Deng Xiaoping. Le processus de réforme est lent. En 1984, le Parti Communiste chinois affirme sa volonté de mettre en place un système mixte où coexistent le plan et le marché. En 1992, après une pause des réformes entre 1988 et 1991, c'est l'idée d'économie socialiste de marché qui est mise en avant. À partir de 1993-1994 de nombreuses réformes conduisent à des privatisations, à la réforme de la gestion des entreprises d'État, à une réforme bancaire, à une dévaluation du Yuan et à la mise en place d'un taux de change unique. En décembre 2001, la Chine est devenue membre de l'OMC. Cependant, l'augmentation du poids du secteur privé n'est pas linéaire, et depuis la crise de 2007 le secteur public voit à nouveau son poids augmenter.

Sur la période 1985-2008 la Chine connaît (selon l'OCDE) un taux de croissance annuel moyen de 9,5 %. Par ailleurs la Chine est devenue en 2009 le premier exportateur mondial de marchandises. Ces performances (qui servent à légitimer le régime) s'accompagnent de nombreuses difficultés caractéristiques des économies en transition. L'articulation entre secteur étatique et secteur privé donne lieu bien souvent à une socialisation des pertes et une privatisation des profits, le développement inégal des régions pose des problèmes d'unité politique (tensions entre autorités provinciales et gouvernement central), les droits de propriété sont mal définis etc. Par ailleurs, la Chine reste marquée par un système de parti unique et la démocratie comme l'État de droit, sont loin d'être assurés même si des évolutions se produisent.

> III
Une troisième voie ?

> A
La convergence des systèmes

a › Vers une convergence du capitalisme et du socialisme

Tout au long des années 1950 et 1960, un important débat a eu lieu au niveau international à propos de la convergence des systèmes économiques. **J. Tinbergen** (1903-1994), en particulier, considérait que l'on pouvait définir un système optimal combinant marché et planification vers lequel convergeaient les systèmes concrets de l'Est et de l'Ouest.

À l'appui de cette thèse de la convergence on faisait remarquer d'une part que dans les pays capitalistes on assistait à une intervention croissante de l'État (planification indicative, entreprises publiques, contrôle des prix, protection sociale...) et d'autre part que dans les pays de l'Est, les réformes conduisaient à un recours au marché et au profit, à l'ouverture au commerce avec l'Ouest, etc. Il y avait donc dans cette perspective une convergence vers une troisième voie, ni capitalisme intégralement libéral, ni socialisme intégralement étatisé. On pouvait penser que les systèmes économiques et sociaux mis en place par les gouvernements sociaux-démocrates scandinaves étaient à l'avant-garde de ce processus de convergence. On faisait observer que la social-démocratie allemande avait renoncé à remettre en cause l'économie de marché et que les démocrates chrétiens, à travers l'**économie sociale de marché** définissaient eux aussi une troisième voie (autant de marché que possible, autant de planification que nécessaire). Même les États-Unis sous les présidences de **J.F. Kennedy** et **L.B. Johnson** semblait se situer dans cette perspective avec une politique active de soutien de la demande, la mise en place de mécanismes de protection sociale, la lutte contre la pauvreté et le pilotage par l'État de grands programmes industriels (conquête spatiale).

b › Le triomphe du capitalisme ?

Les années 1980 semblent remettre en cause de façon radicale cette approche en termes de convergence.

D'une part, en effet, les systèmes socialistes s'effondrent (URSS et Europe de l'Est) ou se transforment de façon radicale sur le plan économique (Chine). Il ne s'agit plus de trouver une voie moyenne, mais d'une transition vers le capitalisme.

D'autre part, en Occident, la résurgence des idées libérales conduit à un désengagement de l'État (voir « L'État et l'économie ») : privatisations, libéralisation des marchés financiers, abandon de fait de la planification indicative, critiques de plus en plus vigoureuses adressées à l'État providence, remettent en cause le modèle économique et social construit pendant les Trente Glorieuses.

Le modèle de la convergence a-t-il pour autant perdu toute pertinence ? S'il s'agit de trouver la bonne articulation entre libre jeu du marché et régulation publique certainement pas. Les difficultés de la transition à l'Est confirment que le marché ne peut pas fonctionner sans un cadre législatif et sans un encadrement social. L'absence de système de protection sociale, l'impossibilité d'assurer correctement les rentrées fiscales, l'insuffisance de la législation en matière de respect des contrats et de qualité des produits etc. : tout confirme qu'un État faible n'est pas favorable au bon fonctionnement de l'économie de marché.

Par ailleurs, comme l'a montré notamment **J.-P. Fitoussi**, la cohésion sociale n'est pas contradictoire avec les performances économiques. Bien au contraire elle en est la condition. Le démantèlement des services publics de santé ou d'éducation, la remise en cause des mécanismes de redistribution pourraient bien se révéler une politique à courte vue.

L'avenir du capitalisme

Le capitalisme est sorti vainqueur de sa confrontation avec le socialisme soviétique. Certains ont pu parler de la fin de l'histoire (**F. Fukuyama**) en ce sens qu'il n'y aurait plus d'alternative au capitalisme. Mais ce système économique est confronté à des défis redoutables. La mondialisation pose le problème d'une gouvernance mondiale (voir « Mondialisation et gouvernance mondiale ») pour faire face notamment aux inégalités de développement et aux problèmes écologiques. On peut se demander par ailleurs si les institutions internationales permettront de conserver au capitalisme sa diversité. Comme le souligne **A. Sen** (prix Nobel 1998) le choix de l'économie de marché est compatible avec une grande diversité de mode d'organisation sociale. Chaque pays peut, en particulier, choisir comment il entend répartir les richesses produites et organiser sa cohésion sociale.

> B
L'économie sociale : une alternative ?

La dialectique État/marché n'épuise pas les débats relatifs à l'organisation des systèmes économiques. On assiste aujourd'hui à un regain d'intérêt pour ce que l'on nomme parfois le **tiers-secteur**, c'est-à-dire un ensemble d'activités qui ne relèvent ni de la logique du profit, ni de l'État. Ce secteur se trouve à l'articulation des activités marchandes et des activités non marchandes. Il comporte notamment les activités qui relèvent de l'économie sociale et celles qui relèvent de l'économie solidaire.

Le terme **économie sociale** désigne à la fois une doctrine économique et un sous-ensemble du système économique.

En tant que doctrine économique, l'économie sociale est un courant de pensée, inspiré du christianisme social et du socialisme non-marxiste, qui refuse à la fois le capitalisme et l'étatisation de l'économie. En France, l'économiste **Ch. Gide** (1874-1932) a été une figure marquante de l'économie sociale.
Au sein d'un système économique, l'économie sociale regroupe les activités exercées par des coopératives, des mutuelles et des associations qui ont pour finalité de rendre des services à la collectivité et/ou à leurs membres et non de faire du profit. Les entreprises de l'économie sociale se caractérisent par leur autonomie de gestion, par le fait que les décisions prises en leur sein obéissent à un principe démocratique et par le fait qu'elles privilégient le travail et les personnes dans la répartition des revenus. L'économie sociale relève donc pour l'essentiel du secteur marchand : les coopératives de consommation sont en concurrence avec la grande distribution capitaliste et les mutuelles d'assurance le sont avec les groupes multinationaux du secteur.
L'**économie solidaire** recouvre des activités qui relèvent d'une logique non marchande et qui reposent sur des relations de réciprocité et de proximité. Les relations au sein des unités domestiques (prêts ou dons, échanges de services...) ou les relations de voisinage relèvent de l'économie solidaire. De façon plus générale, on considère qu'il existe des services de proximité qui seraient nécessaires à la cohésion sociale et dont la demande n'est pas solvable : le développement de l'économie solidaire, en solvabilisant ce type de demande, pourrait donc permettre à la fois d'améliorer la situation économique (prise en charge des personnes âgées à domicile par exemple) et la cohésion sociale. Une partie de l'**économie souterraine** (ou **économie informelle**) relève donc de l'économie solidaire, il s'agit en particulier de tout ce qui concerne l'activité domestique (autoproduction et autoconsommation).
La réflexion sur le **Tiers secteur** conduit à une nouvelle vision des systèmes économiques, il ne s'agirait plus de choisir entre des systèmes capitalistes ou planifiés, mais de faire coexister au sein d'un même espace économique des sphères régies par des logiques différentes :
- une logique marchande articulée à la maximisation du profit pour le secteur capitaliste;
- une logique non marchande fondée sur la production de services collectifs et la redistribution pour le secteur étatique;
- une logique marchande ou non marchande fondée sur le refus du profit, la recherche de l'épanouissement individuel et collectif pour le Tiers secteur.

Dans cette perspective, l'État (et donc le politique) retrouvent leur place éminente dans la mesure où ils sont le garant de la pérennité de chaque sphère : ils doivent veiller en particulier à ce que l'ensemble de la société ne soit pas soumis à la logique du marché et du profit.

Le poids de l'économie sociale

L'**économie sociale** n'est pas simple à définir et son importance dans l'économie est difficile à mesurer en dépit de l'élaboration par les comptables nationaux d'un compte satellite de l'économie sociale (voir « La comptabilité nationale »). On peut définir l'économie sociale comme l'ensemble des entreprises qui ont la forme de groupements de personnes (et non de capitaux) : les mutuelles (notamment dans le domaine de la santé et de la prévoyance), les coopératives (de producteurs, de consommateurs) et les associations gestionnaires (qui interviennent notamment dans le domaine caritatif, dans la lutte contre l'exclusion, dans l'aide sociale aux personnes âgées ou handicapées, etc.). Pour s'en tenir à des ordres de grandeur, on considère qu'il y a en France environ 164 000 établissements de l'économie sociale qui emploient environ 2 260 000 personnes soit presque 10 % de l'emploi salarié total. 30 millions de personnes sont couvertes par des mutuelles de santé ou de prévoyance. Les mutuelles d'assurance assurent une automobile sur deux et deux habitations sur trois. Au sein du système bancaire, les banques coopératives jouent un rôle très important (Caisses d'épargne, Banques populaires, Crédit agricole, Crédit mutuel, etc.).

Pour en savoir plus

Initiation

- Beaud M. (2010), *Histoire du capitalisme 1500-2010*, Seuil, Coll. Points.
- Baechler J. (1995), *Le capitalisme*, Gallimard, Coll. Folio.
- Boyer R. (2011), *Les financiers détruiront-ils le capitalisme ?*, Économica.
- Braquet L. et Biasuti J.-P. (2010), *Comprendre le capitalisme*, Bréal.
- Braudel F. (1985), *La dynamique du capitalisme*, Arthaud (rééd. Flammarion, Coll. Champs).
- Cahiers français (2009), *Le capitalisme : mutations et diversité*, La Documentation française.
- Chavance B. (2009), *Marx et le capitalisme*, A. Colin, Coll. Cursus.
- Draperi J.-F. (2007), *Comprendre l'économie sociale, Dunod.*
- Fitoussi J.-P. (2004), *La démocratie et le marché*, Grasset (rééd. Le livre de poche).
- Jessua C. (2010), *Le capitalisme*, PUF, Coll. Que sais je ?
- Plihon D. (2009), *Le nouveau capitalisme*, La Découverte, Coll. Repères.
- Steiner Ph. (2011), *La sociologie économique*, La Découverte, Coll. Repères.

Approfondissement

- Amable B. (2005), *Les cinq capitalismes*, Seuil.
- Boltanski L., Chiappello E. (1999), *Le nouvel esprit du capitalisme*, Gallimard (rééd. Coll. Tel).
- Boyer R. (2004), *Une théorie du capitalisme est-elle possible ?*, Odile Jacob.
- Cercle des économistes (2008), *La guerre des capitalismes aura lieu*, Perrin.
- Fleurbaey M. (2006), *Capitalisme ou démocratie ? L'alternative du XXIe siècle*, Grasset.
- François P. (2008), *Sociologie des marchés*, A. Colin, Coll. U.
- Granovetter M. (2008), *Sociologie économique*, Seuil.
- Mattick P. (1969/2010), *Marx et Keynes. Les limites de l'économie mixte*, Gallimard, Coll. Tel.
- Polanyi K. (1944/1983), *La grande transformation*, Gallimard (rééd. Coll. Tel).
- Polanyi K. (2011), *La subsistance de l'homme. La place de l'économie dans l'histoire et dans la société*, Flammarion.
- Polanyi K. (2008), *Essais*, Seuil.

chapitre 3

La comptabilité nationale

La **comptabilité nationale** présente les relations macroéconomiques entre les différents agents d'une économie, afin de quantifier et synthétiser ces relations dans un cadre comptable.

La comptabilité nationale est née après-guerre des besoins de la politique économique, qui nécessitait une analyse approfondie des économies nationales. Jusqu'en 1976, la France développe un système comptable original, puis elle adopte à cette date les normes internationales fixées par l'ONU, et précisées dans le cadre européen du Système Européen de Compte (SEC) : c'est le Système Élargi de Comptabilité Nationale (SECN). L'harmonisation s'est poursuivie dans un cadre international et européen, sous l'égide de l'ONU (Système de Comptabilité Nationale défini en 1993, ou SCN 93), puis adapté à l'Europe en 1995 : c'est le **SEC 95**. Cette réforme était indispensable car le SEC 95 sert de base au calcul du budget de l'Union européenne, suivant des règles comptables identiques dans tous les pays de la zone. L'INSEE présente les comptes de la Nation avec les nouvelles règles depuis 1998.

Une nouvelle base comptable est utilisée depuis 2011, prenant pour référence l'année 2005 : une **base** est un ensemble de concepts, de nomenclatures et de méthodes fixé par l'INSEE, pour préciser l'approche comptable, et adapter l'enregistrement des données à l'évolution économique. Comme à chaque changement de base, l'année 2005 sert désormais de référence pour les séries statistiques.

> I Les principes de la comptabilité nationale

> A Comptabilité nationale et circuit économique

Outil d'inspiration keynésienne, la comptabilité nationale s'appuie sur une représentation macro-économique des relations entre agents. Les relations prises en compte sont des **flux**, c'est-à-dire la variation annuelle d'une grandeur comptabilisée sous forme monétaire. Les flux sont mesurés ex post, une fois l'année achevée. L'INSEE utilise de multiples sources pour évaluer ces flux, principalement des données fiscales et administratives, ainsi que les résultats des recensements et de diverses enquêtes.
Il existe aussi des comptes de **stocks**, tels les comptes de patrimoines, qui décrivent l'accumulation d'actifs ou de biens durables au cours du temps.
Les flux entre les différents agents forment un **circuit économique**, que montre le schéma simplifié suivant.

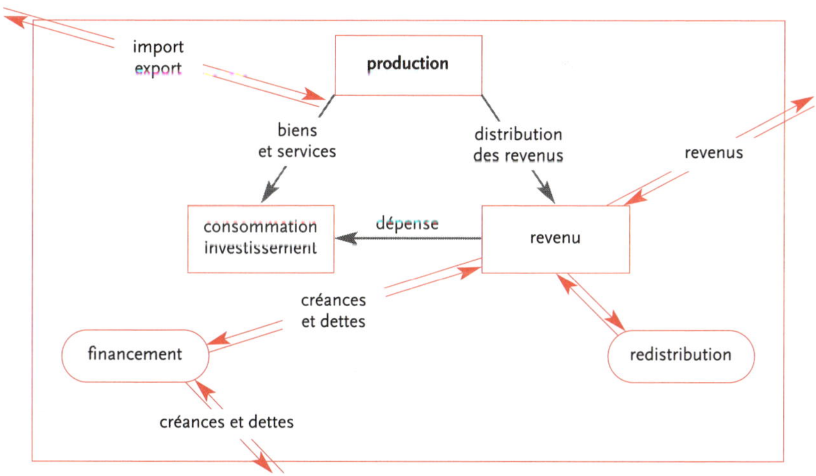

Source : d'après J.-P. Piriou, *La comptabilité nationale*, La Découverte, coll. « Repères », 2001.
Légende : L'intérieur du *rectangle* représente l'économie nationale, l'extérieur le reste du monde.

La comptabilité nationale décrit la production et la circulation des richesses. La **production** est la création de biens ou services qui s'échangent sur un marché, et/ou nécessitent l'usage de facteurs de production s'échangeant sur le marché.

On parle de **production marchande** si le prix d'un bien ou d'un service est « économiquement significatif » et couvre au moins 50 % de son coût de production. La production marchande est évaluée aux **prix de base** et non aux **prix de marché** : c'est le prix perçu effectivement par le producteur et non le prix de vente au consommateur.
Avec la **base 2005**, l'INSEE a revu ses méthodes pour intégrer à la mesure de la production marchande, les activités non observées, c'est-à-dire la production dissimulée par les firmes légales et celle des entités non déclarées (comme l'emploi clandestin des ménages). Ces productions sont notamment estimées par l'utilisation des données des contrôles fiscaux. C'est indispensable pour assurer la justesse des comptes nationaux, les activités non observées donnant lieu à circulation de revenus et de produits. Elles sont estimées à 3,7 % du PIB en 2008.

Prix de base = prix de marché + subventions à la production
– impôts sur les produits (dont TVA).

La **production non-marchande** regroupe des services gratuits ou vendus à un prix « non économiquement significatif », car il couvre moins de 50 % de leur coût de production (il s'agit principalement de la production des services publics). La valeur des services non-marchands pose un problème de mesure puisqu'ils ne sont pas vendus : par convention, on considère donc que la valeur de la production non-marchande est déterminée par son coût de production, c'est-à-dire le coût des facteurs nécessaires pour l'obtenir (salaires, dépenses en capital, etc.).

⇨ Mesurer la valeur de la production non-marchande par les coûts de production associés rend délicate l'interprétation des variations de cet indicateur. Par exemple, il est soumis à des effets de structure : si l'âge moyen des fonctionnaires augmente, cela augmente leur rémunération globale (qui dépend largement de l'ancienneté), donc la valeur de la production non-marchande.

L'INSEE définit aussi la **production pour emploi final propre** : c'est la production réalisée par une unité institutionnelle pour son propre usage. Elle représente moins de 10 % du PIB et regroupe pour l'essentiel les loyers imputés fictivement aux propriétaires (on estime ainsi la production de services de logement qu'ils consomment), ainsi que la production réalisée par le personnel domestique, la production agricole autoconsommée ou les actifs fixes réalisés par les entreprises pour leurs propres besoins d'investissement (logiciels, bâtiments, etc.).

> B
Les agents de la comptabilité nationale

L'élément de base en comptabilité nationale est l'**unité institutionnelle.** C'est un centre de décision autonome dans l'exercice de sa fonction principale : un ménage décide de sa consommation, une entreprise de sa production par exemple. Elle est résidente si elle est présente sur le **territoire économique** de la France depuis plus d'un an, quelle que soit sa nationalité. Le territoire économique français regroupe la métropole et les départements d'Outre-mer.
L'**économie nationale** regroupe l'ensemble des unités institutionnelles résidentes. Cela inclut donc les filiales d'entreprises étrangères installées en France, ou les travailleurs immigrés.
Pour présenter les comptes de l'économie nationale, on regroupe les unités institutionnelles qui ont un comportement économique similaire dans un même **secteur institutionnel** (SI). Les critères retenus pour les distinguer sont le caractère marchand ou non-marchand de leur production, leur statut privé ou public, leur fonction économique principale et la résidence. Il existe six secteurs institutionnels.

- Les **sociétés non financières** (SNF) produisent des biens ou services marchands. Les SNF peuvent être publiques ou privées.
- Les **sociétés financières** (SF) participent au financement de l'économie ; cela inclut les banques, les compagnies d'assurance, et les « auxiliaires financiers » (courtiers, sociétés de bourse, etc.).
- Les **administrations publiques** (APU) ont une production non-marchande ou participent à la redistribution des revenus. Elles incluent les administrations centrales et locales, ainsi que les administrations de sécurité sociale.
- Les **institutions sans but lucratif au service des ménages** (ISBLSM) sont des établissements privés dont la production est non-marchande et les ressources formées de contributions volontaires (par exemple les associations, les syndicats, ou les Églises).
- Le secteur institutionnel des **ménages** comprend les personnes partageant une même résidence principale, mais aussi les entreprises individuelles (comme les artisans) dont les comptes ne sont pas séparables des ménages. Sa fonction principale est la consommation.
- Le **reste du monde** (RDM) rassemble les agents qui ne résident pas sur le territoire économique de la France. Ainsi une vente à un touriste étranger séjournant en France est une opération avec le RDM, mais pas la vente à une filiale d'entreprise étrangère installée en France.

> C
Le classement des opérations

Les flux sont rassemblés dans différentes catégories selon la nature des opérations concernées, ce qui permet à l'INSEE de construire ensuite des tableaux de synthèse pour chaque type d'opération.

- Les **opérations sur les produits** concernent la création et l'utilisation des biens et services marchands ou non-marchands. Les relations entre les différentes activités productives sont synthétisées dans le Tableau Entrées-Sorties (TES).
- Les **opérations de répartition** décrivent l'origine, la distribution et l'utilisation finale des revenus primaires issus de la production, ainsi que la redistribution des revenus de transfert. Ces opérations sont détaillées pour chaque secteur institutionnel dans le Tableau économique d'ensemble (TEE).
- Les **opérations financières** comprennent d'une part l'évaluation des moyens de paiement acquis ou cédés par les agents, en contrepartie des opérations sur les produits ou des opérations de répartition. Et d'autre part des opérations proprement financières de créances et de dettes entre les agents (emprunt, titres, etc.). Ces opérations sont synthétisées dans le **Tableau des opérations financières** (TOF).

> D
La méthode comptable

Les flux sont enregistrés dans des comptes emplois-ressources, selon le principe de la comptabilité en partie double : chaque opération est inscrite dans deux comptes, en **ressources** de l'agent qui reçoit un montant et en **emplois** de l'agent qui le dépense. C'est la raison pour laquelle les comptes sont toujours équilibrés, la somme des emplois étant égale à la somme des ressources.
Par ailleurs, chaque opération est comptabilisée de deux points de vue, économique (l'achat d'un bien) et financier (la variation de ses créances ou de ses dettes). Ainsi, chaque opération donne lieu à quatre écritures comptables.

Exemple : Enregistrement d'un salaire de 2 000 €

Société non financière		Ménages	
emplois	ressources	emplois	ressources
salaire versé 2 000 €			salaire reçu 2 000 €
créances	dettes	créances	dettes
encaisse monétaire – 2 000 €		encaisse monétaire + 2 000 €	

La monnaie étant une créance détenue par un agent sur celui qui l'a créé, elle est toujours inscrite à l'actif du compte de l'agent (voir « Monnaie et financement »).

Les principes comptables présentés ici décrivent le cadre d'analyse de la comptabilité nationale : ils ne signifient pas que chaque opération est toujours enregistrée ainsi, car les sources utilisées sont très hétérogènes (sources bancaires, fiscales, enquêtes de l'INSEE, etc.). Au final, la vérification des grandes égalités comptables entre emplois et ressources, la cohérence entre les soldes des opérations financières et les soldes des opérations économiques permettent de vérifier la qualité de la description de l'économie française brossée par les comptables nationaux.

> II Les comptes de production

> A La circulation des produits dans l'économie

a › Les ressources et emplois des produits

Un produit en circulation dans l'économie a pour origine, ou **ressource** en comptabilité nationale, soit la production (P) d'une unité résidente, soit l'importation (M), quand il est produit par une unité non-résidente.
Tout produit peut être utilisé à différents **emplois** alternatifs :

- la **consommation intermédiaire** (CI) est l'utilisation d'un produit au cours du processus de production, par exemple une matière première ou un service de conseil informatique;
- la **consommation finale** (CF) recouvre la consommation des ménages et celle des administrations, supposées consommer les services non marchands qu'elles produisent. On définit également la CF individualisable et la CF effective (voir le chapitre « La consommation ») ;
- la **formation brute de capital fixe** (FBCF) correspond à l'investissement matériel, et à certains investissements immatériels (les logiciels). La FBCF des ménages est limitée à l'achat de logements;
- la **variation des stocks** (VS) signifie qu'un produit peut être stocké d'une année à l'autre; elle peut donc être négative (déstockage) ;
- l'**exportation** (X) d'un produit est la vente à une unité non-résidente.

b › L'équilibre comptable du produit

La somme des ressources disponibles, pour un produit donné, est égale par définition à la somme de ses emplois, c'est-à-dire à l'ensemble de ses différents usages possibles. On obtient donc l'équilibre comptable suivant :

P + M = CI + CF + FBCF + VS + X

Cette formulation est simplifiée : la production étant évaluée aux prix de base, et les biens ou services étant eux payés aux prix de marché par leurs utilisateurs finals, il faut déduire de la production les impôts sur les produits et les subventions à la production pour compléter l'équilibre entre ressources et emplois. À la valeur de la production, on doit aussi ajouter les marges commerciales (MC) et de transport (MT) car ces deux services sont comptabilisés à part dans le SEC 95 :

P + impôts – subventions + MC + MT + M = CI + CF + FBCF + VS + X

⇨ Pour certains produits, il faut tenir compte des acquisitions/cessions d'objets de valeur (bijoux par ex.), que l'on distingue de la consommation finale. On peut alors définir la **Formation brute de capital** (FBC) :

FBC = FBCF + acquisitions/cessions d'objets de valeur + VS.

⇨ Il ne faut pas confondre **équilibre comptable** et **équilibre économique**. L'équilibre comptable est toujours vérifié, car c'est une simple identité découlant de la définition même des différentes grandeurs. L'équilibre économique n'est pas automatique : il nécessite que les décisions des agents offreurs et demandeurs soient compatibles entre elles. Le marché automobile par exemple est toujours en équilibre comptable, même si aucune voiture n'est vendue (on a alors une consommation nulle de véhicules et une augmentation de la variation des stocks). Il est en équilibre au sens économique seulement si les véhicules mis en production par les entrepreneurs correspondent à la demande des consommateurs.

c › De la production à la valeur ajoutée

Les entreprises doivent utiliser des consommations intermédiaires afin de produire. Pour déterminer la valeur que chaque entreprise ajoute aux produits qu'elle a consommés dans le processus de production, on calcule la **valeur ajoutée brute** (VAB) :

Valeur ajoutée brute = Valeur de la production – Valeur des consommations intermédiaires

La VAB mesure donc la richesse effectivement générée par l'activité économique d'un agent, la valeur « ajoutée » aux consommations intermédiaires utilisées.
En comptabilité nationale, la valeur ajoutée est mesurée aux prix de base, comme la production. Elle est « brute » car on ne déduit pas l'amortissement. Un agrégat est **net** lorsqu'on enlève la **consommation de capital fixe** nécessaire à sa production, c'est-à-dire les dépenses d'amortissement qui viennent compenser l'usure normale du capital fixe.
On peut calculer la VAB d'une unité de production, d'une branche entière ou encore de l'ensemble de l'économie.

d › L'équilibre ressources-emplois de l'économie

Pour évaluer les richesses disponibles dans l'ensemble de l'économie nationale et leur utilisation finale, il suffit d'additionner les équilibres ressources-emplois de la totalité des produits. On en déduit l'équilibre ressources-emplois de l'économie nationale :

$$\underbrace{\text{VAB + impôts − subventions + M}}_{\text{VAB aux prix du marché ou Produits intérieurs bruts (PIB)}} = \text{CF + FBC + X}$$

⇨ La VAB est mesurée aux prix de base. Si on lui ajoute les impôts sur les produits (comme la TVA) et qu'on lui soustrait les subventions versées aux producteurs, on obtient alors la VAB aux prix de marché, ce qui est la définition du PIB.

> B Les principaux agrégats

Les **agrégats** sont des grandeurs synthétiques, qui mesurent le résultat de l'activité économique pour l'économie nationale dans son ensemble. Ce sont donc des indicateurs de performance économique, utiles pour les comparaisons dans le temps ou entre nations. L'agrégat le plus utilisé est le PIB.

a › Le Produit intérieur brut (PIB)

Le **PIB** est un agrégat mesurant les richesses produites durant l'année par les unités institutionnelles résidentes. Il existe trois manières de calculer le PIB, ce qui s'avère très utile pour évaluer la fiabilité de cet agrégat, car ces trois modes de calcul utilisent des sources statistiques différentes :

- Le PIB correspond à la somme des valeurs ajoutées brutes aux prix de marché (voir la formule précédente). En effet, la valeur ajoutée mesure par définition la création de richesses ; d'autre part l'utilisation des prix de marché est nécessaire, car ce sont les prix payés effectivement par les agents pour acquérir les richesses en circulation dans l'économie.

⇨ Ne pas confondre la somme des VAB et la somme des produits réalisés dans une économie. Cette dernière n'est pas un indicateur pertinent de la richesse nationale car les consommations intermédiaires sont alors comptées deux fois, comme résultat de certaines activités, et à travers la composition d'autres produits (on ne peut ajouter la valeur de la production de bois et celle de meubles).

- Le PIB peut également se définir comme la somme des emplois finals moins les importations :

PIB = CF + FBC + X – M

Cette définition découle de l'équilibre emplois-ressources de l'économie nationale : elle signifie que toutes les richesses créées ont été utilisées soit à l'intérieur du pays, soit au commerce avec le reste du monde.

- Le PIB est égal à la somme des revenus primaires distribués dans l'économie pour rémunérer la participation des agents à la production. C'est en fait la somme des emplois inscrits dans le compte d'exploitation, donc le résultat du **partage de la valeur ajoutée** entre les salariés, les entreprises et l'État :

PIB = rémunérations des salariés + Excédent Brut d'Exploitation (EBE)
+ impôts sur la production et les importations – subventions.

On constate que la somme des valeurs ajoutées (PIB) se partage entre les salariés, les entreprises (EBE) et l'État (impôts nets de subventions).

b › Les autres agrégats

Différents agrégats viennent compléter le PIB :

- Le **Revenu national brut** (RNB) se définit comme le PIB auquel :
  - on ajoute les revenus primaires reçus du reste du monde (RDM),
  - on retire les revenus versés au RDM.

C'est en fait l'équivalent d'un agrégat appelé avant le SEC 95 « produit national brut » ou PNB. La différence entre PIB et RNB est peu sensible dans les pays développés (inférieure à 1 % en France). Elle peut être très sensible dans les pays en développement, en raison de l'importance des transferts de revenus avec le RDM, du fait de l'immigration ou du rapatriement des dividendes par les filiales d'entreprises étrangères.

- Le **Revenu national brut disponible** est identique au RNB auquel on ajoute les transferts courants reçus du RDM, et enlève les transferts courants versés au RDM (par exemple les aides internationales).

C › Les limites du PIB

Le PIB (ou le RNB) est très souvent utilisé dans les comparaisons internationales pour mesurer les performances des différentes économies. Comme toute convention comptable, il présente cependant différentes limites.

- Dans le calcul du PIB, la valeur de la production des administrations publiques est évaluée à partir de leurs coûts de production, ce qui est très discutable, car cela ne donne aucune idée de la qualité du service rendu à la population (une administration publique moins efficace et qui dépense plus augmente le PIB).
- Le PIB est délicat à utiliser pour les comparaisons internationales, en raison des variations de change (voir « Économie du développement »), et du fait de sa sensibilité à la « monétarisation » des relations sociales. Puisque le travail domestique et le travail non déclaré ne sont pas ou mal comptabilisés, le PIB est donc peu pertinent dans les pays où l'économie non officielle est importante.
- Plus généralement, le PIB ne tient pas compte des effets négatifs engendrés par une hausse de la production, c'est-à-dire des **externalités** négatives. Ainsi une hausse de la production d'énergie augmente le PIB mais également la pollution. Certains économistes comme **J. Tinbergen** (1903-1994) ont proposé dès les années 1970 de passer du PIB à un indicateur du « bonheur national brut » tenant compte des nuisances engendrées par la croissance. Les débats contemporains sur le développement durable mettent en évidence les insuffisances d'agrégats comme le PIB. Outre l'absence de prise en compte des externalités négatives ou positives sur l'environnement, le PIB néglige l'impact de l'activité sur le **capital naturel** (qui désigne à la fois les ressources naturelles renouvelables ou non renouvelables, et les services gratuits que les écosystèmes nous rendent), et enfin il intègre les **dépenses défensives** (dépenses visant simplement à réparer l'environnement ou à éviter sa dégradation, comme la lutte contre la pollution) alors qu'il serait préférable de ne pas les comptabiliser (un été où se multiplient les incendies augmente le PIB à cause de l'activité supplémentaire des pompiers).
- Plus largement, la notion même de richesse fait l'objet de débats, pour préciser la nature de sa relation avec les objectifs poursuivis par une société. Cette interrogation est portée par exemple par la philosophe **D. Meda**, qui propose une critique plus large de l'idée de richesse sur laquelle s'appuie le PIB. Selon elle, un agrégat de biens et services est incapable de mesurer la véritable richesse d'une société, qui repose sur la nature de son projet civilisationnel.

– Pour ces différentes raisons, il est nécessaire de disposer d'autres indicateurs plus adaptés que le PIB à l'évaluation des écarts de développement entre Nations, comme l'indicateur de développement humain ou IDH (voir « Économie du développement »). L'introduction de cet indicateur par le PNUD en 1990, a ouvert un vaste débat sur la prise en compte de variables environnementales et sociales dans l'évaluation du développement et de la croissance économique. Selon l'OCDE (2002), on comptabilise plus d'une trentaine d'indicateurs synthétiques nationaux ou internationaux intégrant ces variables. Ces nouveaux indicateurs de richesse tentent de dépasser les limites du PIB en évaluant l'impact négatif de l'activité économique sur l'environnement, et sur la situation sociale des plus modestes. Ils quantifient au contraire l'impact positif, mais non monétaire et donc non présent dans le PIB, de certaines activités comme le travail domestique. Cette logique inspire par exemple le calcul **d'indices de bien être économique durable**, initié par **H. Daly** et **J. Cobb** en 1989. Leur principe est de corriger le PIB en utilisant les sources comptables pour estimer les dépenses qu'il faut lui retrancher (comme les dépenses défensives) et celles qu'il faut ajouter (comme les externalités positives), afin d'intégrer des préoccupations environnementales mais aussi sociales (par exemple l'effet négatif de la hausse des inégalités sur le bien-être collectif). Ces indices demeurent hétérogènes et partiels aujourd'hui, et il n'existe pas encore de mode de calcul qui se soit imposé.

La commission Stiglitz-Sen-Fitoussi

Mise en place en 2008 par le gouvernement français, la Commission sur la mesure de la performance économique et du progrès social (dite **Commission Stiglitz-Sen-Fitoussi**) a remis son rapport en septembre 2009.
Cette commission visait à mieux prendre en compte dans la production et l'exploitation des données statistiques les questions relatives au bien-être, à la qualité de la vie, à l'environnement et à la soutenabilité.
La commission a formulé un certain nombre de recommandations organisées en trois axes :

– **La nécessité de ne pas se limiter au PIB**

Ce dernier est une mesure de la production et non du bien-être. La commission recommande de se placer prioritairement du point des ménages et de prendre en compte, au côté de la production, la mesure du revenu et du patrimoine. Elle propose aussi de mieux mesurer la répartition des revenus ainsi que la contribution des activités non marchande à la formation du revenu.

– **La qualité de la vie**

La commission recommande d'améliorer la production de données statistiques en matière de santé, d'éducation, de relations sociales, de participation à la vie politique, etc. Elle préconise de plus de mieux connaître les liens entre les divers aspects de la qualité de la vie et de tenir compte de l'appréciation subjective de la qualité de la vie par les agents.

– **Le développement durable et l'environnement**

La commission souhaite la réalisation de travaux statistiques relatifs à l'évaluation de la soutenabilité. Elle souhaite que l'on mesure les « stocks » qui conditionnent le bien-être

(ressources naturelles, etc.). Elle propose d'analyser les aspects environnementaux de la soutenabilité à partir d'une batterie d'indicateurs physiques.
L'INSEE a engagé de nombreux travaux pour prendre en compte les recommandations de la commission. Mais l'impact des travaux de la commission n'a pas été limité à la France. Eurostat s'est engagé dans la même direction et l'OCDE a publié en mai 2011 un indicateur de bien-être interactif (*Better Life Index*) que chacun peut modifier sur leur site internet.

> C Le Tableau Entrées-Sorties (TES)

a › La construction du TES

Le tableau entrées-sorties est un tableau de synthèse, dont l'objectif est de décrire les relations entre les branches d'une économie, et l'emploi final des produits réalisés par chaque branche.
Une **branche** est un ensemble d'unités de production homogènes ; les différents établissements d'une entreprise peuvent être classés dans plusieurs branches. Elles sont définies par référence à une nomenclature des produits, la NAF (nomenclature des activités françaises), a des niveaux plus ou moins agrégés (5 à 116 branches).

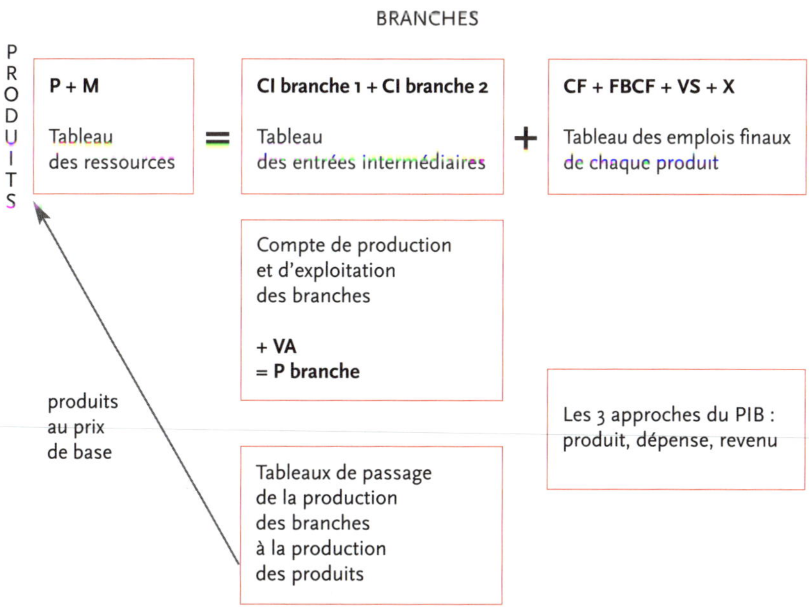

Chaque branche fournit aux autres des consommations intermédiaires : elles sont donc interdépendantes. Dans le TES, on trouve en ligne l'équilibre comptable de chaque produit (la première ligne du schéma page précédente), et en colonne les comptes de chaque branche. Le tableau des entrées intermédiaires situé au croisement des lignes et des colonnes fournit, pour chaque branche, les produits nécessaires en consommations intermédiaires.

b › L'utilisation du TES dans la prévision économique

Le TES permet d'étudier les répercussions sur l'ensemble des branches de la variation des besoins pour un produit donné, il fait donc apparaître les rigidités propres au système productif. Si l'État décide par exemple d'une mesure fiscale favorable au bâtiment, cela entraînera une hausse de la production de toutes les branches lui fournissant des consommations intermédiaires (y compris le bâtiment lui-même !), et éventuellement une hausse des importations si l'économie nationale ne peut satisfaire ces nouveaux besoins. Le TES est donc un outil de prévision des conséquences macroéconomiques de décisions privées ou publiques.
L'économiste russe **W. Leontief** (1906-1999) a le premier utilisé un tableau regroupant les consommations intermédiaires des branches dans un but prévisionnel.
Il définit un **coefficient technique** comme le rapport entre la quantité de CI d'un produit donné et la production de la branche considérée :

$$\text{Coefficient technique } ij = \frac{\text{Achat produit } j \text{ par la branche } i}{\text{production de la branche } j}$$

Leontief a construit une matrice grâce à l'ensemble des coefficients techniques. Si on suppose les coefficients techniques rigides à court terme (avec progrès technique constant) alors cette matrice permet de calculer les répercussions sur l'ensemble de l'économie d'une modification de l'environnement économique.

⇨ Pour répondre à la hausse de la demande finale d'un bien, il faut une augmentation de la production supérieure à la variation initiale. Par les besoins en consommations intermédiaires qu'elle entraîne, toute hausse de la production d'une branche se répercute sur l'ensemble des branches.

> III De la production au financement de l'économie

> A Les comptes des secteurs institutionnels

Chaque secteur institutionnel (SI) dispose de ressources, tirées de sa participation directe ou indirecte à l'activité économique : production, travail rémunéré, revenus sociaux, etc. Ces ressources peuvent être employées à différents usages, suivant les choix d'épargne, de consommation ou d'investissement des agents.

Les comptes des secteurs institutionnels décrivent les ressources dont ils disposent et les choix des agents pour les employer. Les comptables nationaux ont choisi de distinguer plusieurs comptes avec un double objectif : rapprocher des opérations de nature similaire dans un même compte (par exemple l'ensemble des revenus primaires versés ou reçus), et faire apparaître des soldes significatifs pour chaque compte. Le **solde** est la différence entre les ressources et les emplois d'un compte, il est inscrit en emploi s'il est positif de façon à équilibrer les deux colonnes. La valeur ajoutée est par exemple le solde du compte de production, différence entre la production et l'emploi de consommations intermédiaires.

Les comptes sont ensuite enchaînés pour former un ensemble cohérent : le solde d'un compte est inscrit en ressource du compte suivant. De plus, les comptes sont toujours équilibrés puisque les soldes sont calculés de telle façon qu'ils égalisent les ressources et les emplois de chaque compte.

La définition des comptes est identique pour tous les secteurs, toutefois ils ne sont pas tous concernés par chaque opération : seul l'État par exemple reçoit des impôts sur la production, mais différents secteurs paient des impôts, indiqués en emplois.

Les principaux comptes sont les suivants.

- Le **compte de production** décrit la formation de la valeur ajoutée brute (VAB), qui en est le solde. Pour les ménages, il retrace l'activité des entreprises individuelles.
- Le **compte d'exploitation** décrit le partage de la VAB entre les différents agents, les salariés, l'État et les entreprises qui perçoivent le solde du compte appelé excédent brut d'exploitation (EBE) ou Revenu mixte pour les ménages. Ce solde correspond au profit brut en comptabilité nationale.
- Le **compte d'affectation des revenus primaires** présente l'ensemble des revenus primaires reçus ou versés par chaque secteur institutionnel ; les

principales opérations sont la rémunération des salariés, les revenus de la propriété (intérêts, dividendes, loyers, etc.) et les recettes fiscales (revenu primaire de l'État). Ce compte permet de calculer le **solde des revenus primaires**.

- Le **compte de distribution secondaire du revenu** présente les opérations de redistribution, pour l'essentiel les prestations sociales, les cotisations sociales et les impôts sur les différents revenus. Le solde de ce compte est le **revenu disponible brut** (RDB). Son interprétation est différente d'un SI à l'autre : revenu disponible après impôt pour les ménages, et profit non distribué après impôt pour les entreprises.

Afin de mieux évaluer les services rendus par l'État aux ménages, il existe aussi des comptes faisant apparaître la consommation finale effective (voir « La consommation »).

- Le **compte d'utilisation du revenu disponible** décrit les arbitrages des secteurs institutionnels dans l'utilisation de leur revenu disponible, entre la consommation finale (CF) et l'épargne brute (EB), qui est le solde de ce compte. Par définition l'épargne brute de certains secteurs institutionnels est égale à leur revenu disponible brut, car ils n'ont pas de consommation finale (c'est le cas des SNF ou des SF).
- Le **compte des acquisitions des actifs non-financiers** était appelé avant le SEC 95 « compte de capital ». Il décrit les choix faits par les SI dans l'utilisation de leur épargne, principalement entre l'investissement (FBCF), l'acquisition d'objets de valeur et d'actifs non financiers non produits (terrains, actifs incorporels comme des brevets...), et les placements financiers. Ces derniers se traduisent par une **capacité de financement** en solde du compte. Les SI ayant davantage de besoins en capitaux qu'ils n'effectuent de placements financiers présentent alors un solde négatif, appelé **besoin de financement**. La capacité ou le besoin de financement traduit donc les relations de financement entre les différents SI (voir « Monnaie et financement »).

L'enchaînement des comptes n'a rien de « temporel » : les entreprises ne produisent pas, par exemple, « avant » de prendre la décision d'investir. En effet, les comptes rassemblent tous les flux observés au cours d'une année, sans distinction de calendrier.

Le détail des différents comptes est repris dans le tableau suivant :

emplois	ressources
Compte de production	
Consommation intermédiaire **Valeur ajoutée brute/nette au prix de base**	Production au prix de base
Compte d'exploitation	
Rémunération des salariés Autres impôts sur la production – Subventions d'exploitation **Excédent brut/net d'exploitation/Revenu mixte**	Valeur ajoutée brute/nette

<table>
<tr><th colspan="4">Compte d'affectation des revenus primaires</th></tr>
<tr><td colspan="2">

Revenus de la propriété
Solde brut/net des revenus primaires</td><td colspan="2">Excédent brut/net d'exploitation/Revenu mixte
Rémunération des salariés
Impôts sur la production et les importations
– Subventions
Revenus de la propriété</td></tr>
<tr><th colspan="4">Compte de distribution secondaire du revenu</th></tr>
<tr><td colspan="2">Impôts courant sur le revenu et le patrimoine
Cotisations sociales
Prestations sociales en espèces

Autres transferts courants
Revenu disponible brut/net</td><td colspan="2">Solde brut/net des revenus primaires
Impôts courant sur le revenu et le patrimoine
Cotisations sociales
Prestations sociales en espèce

Autres transferts courants</td></tr>
<tr><th colspan="4">Compte de redistribution du revenu en nature</th></tr>
<tr><td colspan="2">Transferts sociaux en nature
Revenu disponible brut/net ajusté</td><td colspan="2">Revenu disponible brut/net
Transferts sociaux en nature</td></tr>
<tr><th colspan="4">Compte d'utilisation du revenu…</th></tr>
<tr><td colspan="2">… disponible</td><td colspan="2">… disponible ajusté</td></tr>
<tr><td>Dépense de consommation finale
Épargne brute/nette</td><td>Revenu disponible brut/net</td><td>Consommation finale effective
Épargne brute/nette</td><td>Revenu disponible brut/net</td></tr>
<tr><th colspan="4">Compte des variations de la valeur nette dues à l'épargne et aux transferts de capital</th></tr>
<tr><td colspan="2">Variation de la valeur nette due à l'épargne et aux transferts de capital</td><td colspan="2">Épargne nette

Transferts en capital reçus
– Transferts en capital versés</td></tr>
<tr><th colspan="4">Compte des acquisitions d'actifs non financiers</th></tr>
<tr><td colspan="2">Formation brute de capital fixe

– Consommation de capital fixe
Variations des stocks
Acquisitions moins cessions d'objets de valeur
Acquisitions moins cessions d'actifs non financiers non produits
Capacité (+)/Besoin (–) de financement</td><td colspan="2">Variation de la valeur nette due à l'épargne et aux transferts en capital</td></tr>
</table>

Source : d'après INSEE, *Économie et statistiques*, n° 321-322, 1999.

> B Le tableau économique d'ensemble (TEE)

Le TEE présente une synthèse des comptes des secteurs institutionnels dans un tableau unique : on y trouve en colonnes les différents secteurs institutionnels, et en lignes les comptes décrits ci-dessus.
Le principal intérêt du TEE est de montrer les relations qui existent entre les secteurs institutionnels : par exemple les relations de financement entre les SI dégageant une capacité de financement comme les ménages, et les SI ayant au contraire des besoins de financement. Le TEE étant construit selon les principes de la comptabilité en parties doubles, il est toujours équilibré. Cela signifie en particulier que la somme des capacités et des besoins de financement est nulle car ces soldes se compensent mutuellement.

Les comptes satellites, un outil d'adaptation de la comptabilité nationale à de nouveaux besoins

La rigidité et la complexité du cadre comptable d'ensemble interdisent d'intégrer aisément de nouvelles préoccupations, ou de répondre aux besoins de disposer d'informations plus précises dans un domaine particulier. L'INSEE a donc développé pour pallier ces difficultés des comptes satellites, qui utilisent les mêmes principes que la comptabilité nationale générale, mais se focalisent sur un domaine particulier. Il existe ainsi un compte satellite pour l'environnement, pour l'éducation, pour la santé ou encore pour la protection sociale. Chacun de ces comptes dresse une présentation cohérente, en termes comptables, du domaine considéré, mais certaines des grandeurs ou des opérations enregistrées dans un tel compte n'apparaissent pas, par construction, dans les grands tableaux de synthèse.

> C Les principaux ratios

À partir du TEE, l'INSEE calcule des ratios significatifs, c'est-à-dire des rapports économiquement pertinents, généralement en pourcentage, entre différentes opérations ou agrégats :

⇨ Les ratios sont calculés soit pour l'ensemble de l'économie nationale (comme le taux d'investissement par exemple), soit pour un secteur institutionnel donné (taux d'épargne des ménages par exemple).

Ratio	Formule (%)	Interprétation	Taux 2011
Taux d'investissement	FBCF / PIB	Part de la production nationale investie	20,1 %
Taux d'exportation	X / PIB	Part de la production nationale exportée	20,1 %

Taux d'importation	M / PIB	Rapport entre les importations et la production nationale	29,8 %
Taux d'épargne (ménages)	EB / RDB	Part du revenu disponible des ménages épargnée	16,1 %
Taux d'épargne financière (ménages)	Capacité de financement/ RDB	Part du revenu disponible des ménages consacrée aux placements financiers	6,8 %
Taux de marge (SNF)	EBE / VAB	Part de la valeur ajoutée conservée par les entreprises ; elle diminue si la part des salaires augmente	28,6 %
Taux d'autofinancement (SNF)	EB / FBCF	Capacité des entreprises à financer leur FBCF : elles doivent trouver des capitaux si ce ratio est inférieur à 100 %	67,2 %

Pour en savoir plus

Initiation

- Davoine L. (2012), *Économie du bonheur*, La Découverte, Coll. Repères.
- Piriou J.-P. et Bournay J. (2012), *La comptabilité nationale*, La Découverte, Coll. Repères, 16e éd.

Approfondissement

- Archambault E. (2003), *Comptabilité nationale*, Économica.
- Desrosières A. (1999), *La politique des grands nombres*, La Découverte.
- Gadrey J., Jany-Catrice F. (2010), *Les nouveaux indicateurs de richesse*, La Découverte, Coll. Repères.
- Meda D. (2000), *Qu'est-ce que la richesse ?*, Flammarion, Coll. Champs.
- Vanoli A. (2002), *Une histoire de la comptabilité nationale*, La Découverte, Coll. Manuels Repères.

chapitre 4

Les revenus

Selon **J. R. Hicks** (1904-1989) le **revenu** est ce qu'un agent économique peut consommer, au cours d'une période donnée, sans s'appauvrir, c'est-à-dire sans entamer la valeur de son patrimoine. Le revenu est donc un flux, alors que le patrimoine est un stock. Le revenu peut être consommé ou épargné (voir « La consommation des ménages » et « Épargne et patrimoine »).

Il existe différents types de revenus et les économistes se sont efforcés d'expliquer la formation des différents revenus.

La répartition des revenus, qui est liée à celle des patrimoines, soulève la question centrale des inégalités et donc celle de la justice sociale.

> I
Des revenus primaires au revenu disponible des ménages

Selon l'INSEE, au niveau de la nation, la masse des ressources disponibles de l'ensemble des ménages est mesurée par le **revenu disponible brut** des ménages (RDB). Ce dernier prend en compte l'ensemble des revenus d'activité et de la propriété (le revenu primaire des ménages), duquel on soustrait les prélèvements (impôts et cotisations) et auquel on ajoute les prestations sociales. On calcule aussi un **revenu disponible ajusté** qui est égal au RDB auquel on ajoute les transferts sociaux en nature qui correspondent à des consommations collectives individualisables incluses dans les dépenses des administrations publiques et des ISBLSM (voir « La consommation »).
Au niveau macroéconomique, l'INSEE, à la suite des recommandations de la commission Stiglitz-Sen-Fitoussi, accorde une importance croissante au **Revenu national brut** (RNB). Ce dernier est calculé en retranchant du PIB les revenus primaires versés au reste du monde et en ajoutant les revenus primaires reçus du reste du monde. En 2011, le PIB de la France était de 1 996,6 milliards d'euros et le RNB de 2 034,2 milliards d'euros, ce qui montre que le solde des échanges de revenus primaires avec le reste du monde est positif pour la France.

> A
Les revenus primaires

Les **revenus primaires** sont les revenus perçus en contrepartie de la participation aux activités productives. On distingue généralement les salaires (revenus du travail), et les revenus de la propriété.

a › Les salaires

Les salaires sont la plus grande partie des revenus primaires : en France, la rémunération des salariés représentait 72,2 % du revenu primaire brut en 2010 (contre 61,2 % en 1960 et 71,2 % en 1990).
Les salaires au sens strict résultent d'un contrat de travail entre un salarié et une entreprise. Ils peuvent être fixés à la tâche (proportionnel au rendement du travailleur), mais ils sont le plus souvent fixés au temps (généralement au mois). Au salaire de base s'ajoute un nombre variable d'éléments complémen-

taires de rémunération : des majorations pour heures supplémentaires; des primes (de rendement, de travail de nuit...); des indemnités de transport ou de congés payés; des gratifications (13e mois...), des avantages en nature (nourriture, logement...). Le **salaire net** perçu par le salarié doit être distingué du **coût salarial** qui contient en outre les cotisations sociales, salariales et patronales, ainsi que les impôts assis sur les salaires (taxe sur les salaires, taxe d'apprentissage...).

On distingue généralement les **salaires** au sens strict qui concernent les salariés du secteur privé et les **traitements** constituant la rémunération des agents de l'État et des collectivités territoriales.

C'est surtout par la réglementation dont ils sont entourés que les salaires au sens strict diffèrent des traitements des agents publics. Les salaires du secteur privé sont en général fixés dans le cadre de **conventions collectives** conclues entre organisations syndicales représentatives et organisations patronales au niveau des branches professionnelles. Des accords d'entreprises peuvent prévoir des conditions plus favorables. Le salaire minimum interprofessionnel (SMIC) est fixé par une décision gouvernementale.

Les traitements des fonctionnaires, civils ou militaires, de l'État et des agents des collectivités territoriales ainsi que de la fonction publique hospitalière sont soumis à une toute autre réglementation : le traitement de chacun est déterminé par un indice numérique correspondant à la place de l'agent sur une grille hiérarchique. L'indice est fonction de la catégorie (A, B, ou C) de fonctionnaires à laquelle appartient l'agent, de son corps de rattachement à l'intérieur de cette catégorie, de son grade dans le corps, et enfin de l'échelon atteint dans le grade. Le traitement du fonctionnaire est alors obtenu comme multiplication de son indice (indice nouveau majoré) par la valeur du point d'indice, elle-même fixée par décret après négociation avec les organisations représentatives des fonctionnaires.

⇨ Il faut distinguer le salaire du **taux de salaire**. Ce dernier est la rémunération unitaire du travail. Il s'agit donc d'un prix alors que le salaire est un flux de revenu. Le salaire est égal au produit du taux de salaire par le temps de travail. Ainsi, pour un taux de salaire donné, le salaire peut être faible en raison d'un faible temps de travail.

Le SMIC

- Le **SMIG** (salaire minimum interprofessionnel garanti), institué en 1950 avait pour objectif d'assurer un minimum vital dont le pouvoir d'achat était garanti par une procédure d'indexation sur l'évolution des prix à la consommation.
- En 1970, le SMIG a été remplacé par le **SMIC** (salaire minimum interprofessionnel de croissance), actuellement en vigueur, dont la finalité est non seulement de garantir le pouvoir d'achat des plus bas salaires, mais aussi leur progression, de façon à « assurer aux salariés dont les rémunérations sont les plus faibles une participation au développement économique de la nation » (loi du 2 janvier 1970).

Trois mécanismes sont prévus à cet effet :
– le SMIC est indexé sur l'indice des prix à la consommation de l'INSEE,
– au 1er janvier de chaque année (à partir de 2010), son niveau est réajusté, après avis de la commission nationale de la négociation collective, compte tenu du « développement économique général », la hausse de son pouvoir d'achat devant au minimum être égal à la moitié de celle du salaire moyen ouvrier. Au 1er janvier 2012, le SMIC horaire brut s'élevait à 9,22 euros soit un SMIC mensuel brut de 1 398,37 euros pour 151,67 heures de travail.
Il est également revalorisé à chaque hausse d'au moins 2 % de l'indice des prix (hors tabac).
Lle gouvernement peut enfin décider de relever le SMIC au-delà de ce minimum légal, accordant ainsi ce qu'il est convenu d'appeler un « coup de pouce ». C'est ainsi que, le 1er juillet 2012, après l'élection du président F. Hollande, le SMIC horaire brut est passé à 9,40 euros, soit un SMIC mensuel brut de 1 425,67 €.
Des salaires minima peuvent être fixés par conventions ou accords collectifs. S'ils sont plus favorables que le SMIC, ils s'imposent à l'employeur.

b › Les revenus de la propriété

Les revenus de la propriété résultent, selon l'INSEE, « *du prêt ou de la location d'actifs financiers ou de terrains* » : dividendes, intérêts et revenus fonciers (loyers, fermages).

⇨ On y ajoute le montant des loyers fictifs des ménages propriétaires du logement qu'ils occupent, puisque ces ménages sont supposés produire des services de logement qu'ils consomment. Au total, en France, les revenus de la propriété des ménages représentaient, en 2010, 8,7 % du revenu primaire brut (contre 5,1 % en 1960 et 8,5 % en 1990).

⇨ On parle aussi de revenus du patrimoine pour désigner les revenus de la propriété.

⇨ Depuis 2004, on observe en France un creusement des inégalités de revenus « par le haut », c'est-à-dire que les revenus des ménages qui se trouvent parmi les 10 % de ménages ayant les revenus les plus élevés augmentent plus vite que l'ensemble des revenus (et plus vite encore que les revenus moyens ou faibles). Dans ce creusement des inégalités, le rôle des revenus du patrimoine est essentiel : ils augmentent plus vite que les autres revenus et sont concentrés en faveur des titulaires des plus hauts revenus. D'après une étude de la DREES (juillet 2011), en 2008, les revenus du patrimoine représentent 29 % du revenu total des 10 % des ménages qui ont les revenus les plus élevés. Ils ne représentent que 4 % du revenu moyen des 10 % des ménages qui ont les revenus les plus faibles.

⇨ Certains individus, les entrepreneurs individuels, perçoivent, de façon indissociable, des revenus rémunérant à la fois leur travail (et éventuellement celui des membres de leur famille) et le capital apporté dans leur entreprise. On parle alors de **revenus mixtes**. Ils correspondent au solde du compte d'exploitation des entreprises individuelles (voir « La comptabilité nationale »). Ces revenus représentaient 19 % du revenu primaire brut des ménages en France en 2010 (contre 33,7 % en 1960 et 20,3 % en 1990).

Le revenu brut ou net, nominal ou réel

La distinction brut/net n'a pas le même sens lorsqu'on considère le salaire et l'ensemble des revenus.

- Le salaire brut (sur lequel portent en général les négociations salariales) est égal au salaire net (que perçoit le salarié) plus les cotisations sociales à la charge des salariés, la **contribution sociale généralisée CSG** et le **remboursement de la dette sociale RDS**. Le coût salarial est égal au salaire brut plus les cotisations sociales à la charge de l'employeur.
- Le **revenu net** est égal au **revenu brut** moins l'amortissement (ou consommation de capital fixe). Par exemple, le revenu net disponible est égal au revenu brut disponible moins l'amortissement.
- Un **revenu nominal** (ou un salaire nominal) est exprimé aux prix courants. Lorsqu'on veut mesurer l'évolution du revenu au cours du temps, il est nécessaire de corriger cette mesure de l'effet de l'inflation. On calcule alors un revenu à prix constants (ou revenu réel ou **pouvoir d'achat**) en déflatant la série statistique :

Indice du revenu réel (ou du pouvoir d'achat) = indice du revenu courant/indice des prix

> B Prélèvements obligatoires, revenus de transferts et revenu disponible

a › La formation du revenu disponible

Les revenus primaires perçus par les ménages font l'objet de **prélèvements obligatoires** (impôts et cotisations sociales). Les ménages bénéficient par ailleurs du versement de prestations sociales. On passe ainsi du revenu primaire au **revenu disponible** :

Revenu primaire + prestations sociales – (cotisations sociales + impôts directs) = revenu disponible

Les **prestations sociales** sont versées par les institutions de protection sociale pour aider de manière collective les personnes à surmonter une baisse de revenu (chômage, vieillesse, maladie, handicap…) ou à faire face à un accroissement des charges (dépenses de maladie, prise en charge d'enfants, etc.).

Les prestations sociales représentaient 28,9 % du revenu primaire brut en France en 2010, contre 15,4 % en 1960 et 25,1 % en 1990. Cet accroissement de la part des revenus de transferts traduit l'effort accompli par les institutions publiques pour compenser les conséquences du ralentissement de la croissance et de la montée du chômage de masse.

Les objectifs du système redistributif
On peut distinguer trois grands objectifs à la redistribution des revenus : – objectif d'assurance : mise en place par les États d'une procédure obligatoire de couverture des risques (en matière de santé par exemple) ; – objectif d'étalement dans le temps (retraites) ; – objectif de correction des revenus afin de lutter contre la pauvreté et les inégalités (RMI, minimum vieillesse, etc.) (voir « État et Économie »).

Certains économistes distinguent la **redistribution pure**, qui s'applique aux situations où l'équilibre de marché est optimal au sens de Pareto, c'est-à-dire où il est impossible de réorganiser la production et l'allocation des ressources de façon à ce que tout le monde y gagne, mais où des considérations de pure justice sociale peuvent conduire à une redistribution des individus les mieux dotés vers ceux qui le sont moins. Cette question se pose donc en fonction de préférences de la société et non de motifs économiques. La **redistribution efficace** correspond aux situations où des imperfections du marché sont constatées, et où l'existence d'interventions directes dans le processus de production, via la redistribution, permet à la fois d'améliorer l'allocation des ressources et l'équité de leur redistribution. Par exemple, la redistribution peut améliorer la croissance, générer des externalités positives, etc.

Revenu disponible brut des ménages

	2011 (en milliards d'euros)
Rémunération des salariés	1 077,6
salaires et traitements bruts	*790,3*
cotisations employeurs	*287,3*
Revenu mixte brut	**121,1**
Excédent brut d'exploitation	158,2
Revenus nets de la propriété	127,7
Consommation finale de Sifim	*9,6*
Revenus primaires	**1 484,6**
Impôts courants sur le revenu et le patrimoine	175,1
Cotisations	424,0
dont cotisations salariales	*108,5*
Prestations sociales en espèce	428,7
Transferts divers nets reçus	9,4
Revenu disponible brut	**1 323,5**
Prestations sociales en nature	361,8

Revenu disponible ajusté	**1 685,4**
Dépense de consommation finale	1 471,9
Épargne brute	**213,4**
Formation brute de capital fixe	120,0
Impôts en capital	8,7
Autres opérations	5,0
Capacité de financement	**89,8**

Source : INSEE France Portrait social 2011.

On parle de **niveau de vie** pour désigner le revenu disponible d'un ménage par unité de consommation (l'échelle de l'OCDE compte ainsi 1 UC pour le premier adulte du ménage ; 0,5 UC pour les autres personnes de 14 ans ou plus ; 0,3 UC pour les enfants de moins de 14 ans).

b › La politique des bas-revenus : du RMI au RSA

La persistance de la pauvreté et du chômage de masse a conduit à une évolution majeure du système redistributif français. À côté des dispositions fondées sur l'assurance sociale, des prestations reposant sur une logique non contributive ont été mises en place afin de servir de « filet de sécurité ».
La loi sur le Revenu minimum d'insertion (RMI) a été votée le 1er décembre 1988 et renouvelée le 23 juillet 1992. Elle garantissait un revenu minimum à toute personne d'au moins 25 ans dont les ressources n'atteignaient pas un certain montant. L'allocation versée était alors égale à la différence entre le plafond calculé selon la composition de la famille et l'ensemble des revenus perçus par le foyer.
L'inconvénient principal de cette disposition était qu'elle avait un fort effet désincitatif, puisque tout allocataire du RMI qui se mettait à exercer une activité perdait sur le RMI, 100 % du revenu d'activité qu'il obtenait. De plus le volet « insertion » du RMI fonctionnait mal. À partir du 1er janvier 2004, un revenu minimum d'activité (RMA), est venu compléter le dispositif du RMI. Le RMA était un contrat de travail à temps partiel, 20 heures minimum par semaine, d'une durée de 6 mois proposé aux allocataires du RMI dans le but de les inciter à une reprise d'emploi. Afin d'éviter les effets de seuil, les membres d'un foyer bénéficiaire du RMI conservaient le bénéfice de cette prestation, ainsi que la couverture maladie universelle et l'exonération de la taxe d'habitation.
Sur la base de propositions formulées par **M. Hirsch**, une loi de décembre 2008 (entrée en vigueur en juin 2009) a mis en place un nouveau dispositif, le Revenu de solidarité active (RSA), qui se substitue au RMI et l'Allocation de parent isolé (API). Ce dispositif est conçu pour favoriser le retour à l'emploi dans la mesure où les bénéficiaires peuvent (dans la limite d'un plafond)

cumuler le RSA socle (celui qui est perçu par les personnes sans revenus d'activité) et 62 % de leur revenu d'activité. Certains allocataires reçoivent donc le RSA socle seul (équivalent de l'ancien RMI), d'autre le RSA activité seul (complément de revenu pour les travailleurs pauvres), d'autres cumulent les deux au sein d'un foyer où certains sont actifs et d'autres pas. De plus, la loi sur le RSA prévoit un renforcement de l'aide aux bénéficiaires en prévoyant à la fois un accompagnement social et un accompagnement au retour à l'emploi.
Les évaluations réalisées à la fin de l'année 2011 sont assez peu favorables :

- d'une part, de nombreuses personnes éligibles au dispositif n'ont pas formulé de demande (en raison notamment de la complexité des démarches et du calcul du montant de la prestation) ;
- d'autre part, l'effet sur le retour à l'emploi se révèle très faible dans un contexte de montée du chômage et d'activité économique déprimée par la crise.

> II
Trois approches de la répartition

> A
La répartition fonctionnelle des revenus

La présentation fonctionnelle (ou factorielle) de la répartition décrit le partage du revenu entre les différents facteurs de production. On s'intéresse particulièrement au partage des revenus entre le facteur travail et le facteur capital. Mais la mesure de cette répartition est relativement complexe sur le plan statistique. Il faut affecter une part des revenus mixtes au travail et une autre au capital. Par ailleurs, on peut se demander si une part des salaires versés aux dirigeants salariés des sociétés n'est pas constituée de revenus du capital plus que de revenus du travail.
Un indicateur souvent utilisé pour étudier la répartition fonctionnelle des revenus est le partage de la valeur ajoutée. On calcule, à partir du compte d'exploitation, la part des salaires dans la valeur ajoutée et la part de l'excédent brut d'exploitation dans la valeur ajoutée (**taux de marge**). En France on constate que la part des salaires dans la valeur ajoutée est restée à peu près stable en moyenne de 1950 au premier choc pétrolier (environ 70 %). Elle augmente entre 1974 et 1982 en raison, d'une part, du ralentissement de la croissance et, d'autre part, du maintien des règles antérieures de fixation des salaires pour atteindre 76 % environ. La politique de désindexation des salaires et de désin-

flation compétitive qui est menée à partir de 1984 conduit à une baisse de la part des salaires dans la valeur ajoutée et à une hausse du taux de marge des entreprises. La part des salaires dans la valeur ajoutée se stabilise ensuite à un niveau inférieur de 3 à 4 points par rapport à la situation antérieure à 1974. Au total donc, on assiste bien à une relative stabilité en longue période du partage de la valeur ajoutée (2/3 pour les salaires, 1/3 pour les profits) mais avec des fluctuations de moyen terme et une grande hétérogénéité des situations au niveau des entreprises et des branches. (voir « Les politiques économiques » et « Inflation, déflation, désinflation »).

> B La répartition personnelle des revenus

Cette approche ne s'intéresse qu'au partage de la masse totale des revenus entre des individus (ou des ménages) sans les différencier autrement que par le niveau de leur revenu. Elle fait donc abstraction du rôle et de la place des agents dans la société ainsi que de la nature des revenus qu'ils reçoivent.
On analyse en particulier la **dispersion** des salaires ou des revenus. Dans ce but on classe la population étudiée (ensemble des ménages dans une économie ou ensemble des salariés au niveau de la nation, de la branche ou de l'entreprise) en définissant un certain nombre de fractiles ou quantiles (**quartiles**, **déciles**, **centiles**) et on calcule ensuite des ratios qui permettent de mesurer la dispersion ou la concentration des revenus (voir « Épargne et patrimoine »).
Par exemple, on classe les salariés en dix groupes d'effectifs égaux, le premier groupe rassemblant les salariés les moins payés et le dixième les salariés les mieux payés. Le premier décile est le salaire au-dessous duquel se trouvent les 10 % de salariés les moins payés (noté D1) et le neuvième décile est le salaire au-dessus duquel se trouvent les 10 % de salariés les mieux payés (noté D9). On appelle **rapport interdécile** le ratio D9/D1.

Distribution du revenu salarial annuel par sexe ou catégorie socioprofessionnelle sur l'ensemble des salariés (en 2009, en euros courants)

Décile	Ensemble	Femmes	Hommes	Cadres*	Professions intermédiaires	Employés	Ouvriers
1er décile (D1)	2 400	1 990	2 930	12 310	5 970	1 470	1 850
1er quartile (Q1)	9 390	7 830	11 790	24 210	15 600	5 940	7 340

Médiane (D5)	17300	15640	18870	33120	21760	13840	15410
3e quartile (Q3)	24290	21920	26600	45220	27210	18400	19680
9e décile (D9)	34410	29780	39020	64620	33010	22750	23890
D9/D1	14,3	15,0	13,3	5,2	5,5	15,4	12,9
Moyenne	19270	16430	21870	38430	21450	13050	14320

* y compris chefs d'entreprise salariés.
Champ : France métropolitaine, ensemble des salariés des secteurs public et privé hors salariés agricoles et apprentis-stagiaires.
Source : Insee, DADS 2009 définitif et fichiers de paie des agents de l'État, exploitation au 1/12.

Lecture : en 2009, 10 % de l'ensemble des salariés ont perçu un revenu salarial inférieur ou égal à 2400 €. Par ailleurs, le rapport interdécile (D9/D1) indique qu'en 2009 les 10 % des salariés « les mieux payés » perçoivent un revenu salarial annuel au moins 14,3 fois plus élevé que les 10 % des salariés « les moins bien payés ».

> C La répartition sociale des revenus

Dans ce cadre, la répartition est analysée par groupes d'agents, unis par des similitudes de rôles, de positions sociales, d'intérêts et de comportements économiques. On peut, par exemple, comparer le revenu des agriculteurs ou des médecins à celui de l'ensemble de la population. Pour conduire une telle analyse, on utilise souvent la nomenclature des Professions et Catégories Socioprofessionnelles. Par exemple, en 2009 selon L'INSEE, le salaire annuel moyen des cadres et professions intellectuelles supérieures était de 38430 euros, celui des employés était de 13050 euros.
Selon une étude de l'INSEE parue en 2012, le revenu moyen des femmes non salariées est inférieur de 27 % à celui des hommes. Chez les salariés cet écart est de 25 % sur le salaire annuel moyen, mais de 20 % seulement sur le salaire horaire. Une partie des différences de salaire s'explique donc par une durée de travail plus faible des femmes (qui est en partie subie dans la mesure où certaines ne se voient proposer que des emplois à temps partiel ou à durée déterminée).
L'écart de salaires entre hommes et femmes s'explique aussi par des différences de qualification des emplois occupés, par des différences de salaires entre les branches (les femmes travaillent plus souvent dans les services par exemple). Au total, lorsqu'on fait intervenir tous ces facteurs, il reste une part inexpliquée qui résulte de discriminations à l'encontre des femmes.

> III
Les théories de la répartition

> A
L'approche classique et la question de l'état stationnaire

a › A. Smith, salaire naturel et fonds de salaire

Pour **A. Smith** (1723-1790), il existe un **salaire naturel** qui correspond au revenu qui est nécessaire au travailleur pour assurer sa subsistance et celle de sa famille dans des conditions sociales données. Le salaire courant peut être momentanément différent du salaire naturel, mais les mécanismes de marché tendent à faire coïncider les deux. En effet, si le taux de marché s'élève au-dessus du taux naturel, les travailleurs auront tendance à avoir plus d'enfants ce qui conduira à une hausse de l'offre de travail et donc à une baisse du salaire de marché qui retombera au niveau du salaire naturel.

⇨ Bien qu'il accorde un rôle essentiel aux mécanismes de marché, Smith ne néglige pas l'importance des rapports sociaux. Il souligne que les salaires sont l'enjeu d'un rapport de force entre les salariés et les employeurs et que ces derniers sont dans une situation privilégiée. Smith met en évidence un « *complot permanent* » des maîtres pour faire pression à la baisse sur les salaires.

Smith considère aussi que les salaires versés aux travailleurs correspondent à une partie du capital avancé par les entrepreneurs (une autre partie de ce capital est utilisée pour acheter les machines et les matières premières). Ce capital avancé constitue le **fonds de salaire** qui est partagé entre les travailleurs. Pour Smith, les salaires ne peuvent augmenter que si le fonds de salaire augmente, c'est-à-dire si le capital augmente. C'est donc l'accumulation du capital qui est à la source de l'augmentation des salaires.

b › D. Ricardo, répartition des revenus et état stationnaire

D. Ricardo (1772-1823), considère lui aussi qu'il existe un **prix naturel du travail** autour duquel fluctue le taux de marché. Ricardo analyse de plus la répartition globale du revenu entre rente (revenu de la terre), profit (revenu du capital) et salaire (revenu du travail).
La **rente** est déterminée par la différence de rendement entre les terres mises en culture. Le prix du blé doit être tel qu'il couvre les frais de production de la moins fertile des terres mises en culture, les propriétaires des terres plus fer-

tiles encaissent donc un revenu qui est supérieur à leurs frais de production. Ce revenu est la **rente différentielle**. Ricardo considère que sous l'effet de la pression démographique, il faut mettre en culture de nouvelles terres de moins en moins fertiles, le prix du blé augmente et avec lui la **rente foncière**, c'est-à-dire la part du revenu global qui bénéficie aux propriétaires fonciers.
Pour Ricardo les salaires et la rente sont déterminés par des mécanismes de marché, le profit (qui rémunère les entrepreneurs capitalistes) est donc un résidu qui subit une pression à la baisse. Cette tendance à la baisse du profit est défavorable à l'accumulation du capital qui est seule à même d'assurer la croissance de l'économie. Cette dernière tend donc vers une situation d'**état stationnaire**, c'est-à-dire de stagnation.

On trouve donc chez **Ricardo** les fondements d'une analyse des rapports entre répartition, accumulation et croissance qui sera reprise sous des formes diverses par de nombreux économistes.

> B Marx et l'exploitation

Pour **K. Marx** (1818-1883) la **force de travail** est une marchandise ; son prix est déterminé, comme celui de toutes les marchandises, par le temps de travail nécessaire à sa production. Sur la base de cette analyse, Marx met en évidence l'**exploitation** (appropriation de la **plus-value** par les capitalistes) et la **baisse tendancielle du taux de profit** (voir « Épistémologie et histoire des sciences économiques »). Marx établit donc, lui aussi, un lien entre répartition, accumulation et croissance.

Salaire et taux de salaire

- Il est fréquent de lire sous la plume des classiques et de **Marx** (comme de leurs commentateurs actuels) que « le salaire est le prix du travail » ou « de la force de travail ». En toute rigueur ces formulations ne sont pas satisfaisantes mêmes si elles ont été utilisées par les pères fondateurs de l'économie politique.
- Le langage actuel des économistes distingue :
  - le **taux de salaire** qui est un prix (c'est la rémunération unitaire du travail : salaire horaire ou mensuel par exemple),
  - le salaire qui est un revenu (égal au produit du taux de salaire par le temps de travail).

> C
La théorie néo-classique de la répartition

La théorie néo-classique de la répartition s'appuie sur cinq hypothèses principales :

- La production est réalisée à l'aide de deux facteurs (le travail et le capital). La fonction de production s'écrit : Q = F(K, L) dans laquelle Q désigne les quantités produites (en unités physiques), qui dépendent des quantités utilisées de travail et de capital.
- L'économie fonctionne en concurrence pure et parfaite : cette hypothèse implique que les prix des biens s'établissent au coût marginal, et que les facteurs de productions sont rémunérés à leur productivité marginale en valeur.
- Les rendements d'échelle sont constants : la fonction de production est telle que si l'on accroît simultanément et dans la même proportion l'emploi des deux facteurs, la production augmente dans la même proportion.
- Les facteurs de production sont homogènes, c'est-à-dire qualitativement identiques. Cette hypothèse néglige donc les différences de qualification du travail, la variété des éléments constitutifs du capital (différences de générations de machines par exemple), ainsi que l'hétérogénéité des ressources naturelles (fertilité des terres, richesse des gisements, etc.).
- Les facteurs de production sont substituables : le capital peut être combiné, en quantité quelconque avec n'importe quelle quantité de travail. Pour obtenir un volume de production donné, il existe une infinité de combinaisons efficientes.

Sur la base de ces hypothèses, plusieurs résultats fondamentaux ont été présentés par les néo-classiques :

- Il y a **épuisement du produit**, c'est-à-dire que l'intégralité de la valeur de la production (notée Q) est distribuée sous forme de salaire et de profit :

$$Q = wL + rK$$

  Avec, Q = production en valeur, w = taux de salaire, L = quantité de travail, r = taux de profit et K = quantité de capital.
- Les parts relatives des différents revenus dépendent de la seule proportion d'utilisation des facteurs. Elles sont donc indépendantes du volume de la production.

⇨ L'analyse néo-classique met l'accent sur le lien entre répartition des revenus et équilibre. En effet, les facteurs de production étant parfaitement substituables et homogènes, supposons que la quantité de travail augmente au sein de l'économie considérée. Le travail devenant plus abondant, le taux de salaire diminue ce qui conduit à une augmentation du prix relatif du capital et donc à une substitution du travail au capital. Un phénomène symétrique se produira si le capital devient plus abondant. La théorie néo-classique prédit en conséquence que le partage salaire – profit est d'une grande stabilité, puisque la hausse de la rémunération d'un facteur est compensée par la baisse relative de son utilisation. À long terme, on constate en effet une grande stabilité dans le partage salaire – profit, mais elle n'est pas vérifiée à court terme.

La rémunération des facteurs à la productivité marginale

Dans le modèle néo-classique, la rémunération des facteurs à la productivité marginale résulte des mécanismes de marché. Prenons l'exemple du capital : il existe un marché du capital sur lequel se détermine un prix unique de ce facteur (le taux de profit qui correspond au taux d'intérêt). Lorsqu'un entrepreneur fait l'acquisition d'une unité de capital, il paie ce prix et cette unité à une productivité marginale physique. Si le taux de profit est supérieur à la productivité marginale, le producteur fait l'acquisition d'une seconde unité de capital, dont la productivité marginale est plus faible que la précédente (hypothèse de la rémunération à la productivité marginale des facteurs). Le processus se poursuit jusqu'au moment où la productivité de la dernière unité de capital acquise est exactement égale au taux de profit. Le même phénomène se produit pour l'ensemble des producteurs et pour le travail comme pour le capital, de sorte qu'à l'équilibre il y a bien égalité entre le prix des facteurs et la productivité marginale. Comme la productivité marginale mesure la contribution des facteurs à la production, on en déduit que chaque facteur reçoit une rémunération correspondant à sa contribution productive.

> D

La répartition chez Keynes et les post-keynésiens

a › La relation salaire/emploi chez Keynes

On ne trouve pas chez **J.-M. Keynes** (1883-1946) de véritable théorie de la répartition. En effet, il s'intéresse essentiellement à la question de l'emploi. Sur ce point, Keynes introduit une distinction capitale entre le comportement des employeurs dont la demande de travail dépend du **taux de salaire réel** et le comportement des salariés dont le comportement d'offre de travail dépend du **taux de salaire nominal**. Les salariés sont en effet victimes d'**illusion monétaire** (voir « Monnaie et financement »). Par ailleurs, Keynes souligne qu'il existe une rigidité à la baisse du taux de salaire nominal qui résulte à la fois du contexte institutionnel (accords de salaire) et de la résistance des salariés et des syndicats à la baisse des salaires nominaux. Cette rigidité du taux de salaire nominal n'est pas contradictoire avec la flexibilité du taux de salaire réel, c'est pourquoi Keynes considère que, dans certains cas, il est préférable de favoriser une hausse des prix (plutôt qu'une baisse du salaire nominal) pour réduire le taux de salaire réel.

Keynes considère de plus qu'il n'existe pas de véritable marché du travail, au sens d'une interdépendance régulatrice entre prix et quantités (voir « Marché du travail et chômage »). Pour lui, c'est la demande effective (donc les anticipations des entrepreneurs) qui détermine le niveau de l'emploi et c'est ce dernier qui détermine le niveau du taux salaire nominal.

b › La critique cambridgienne du modèle néo-classique

Les économistes réunis autour de Keynes à Cambridge (Grande-Bretagne), en particulier **P. Sraffa** (1898-1983), **N. Kaldor** (1908-1986) et **J. Robinson** (1903-1983) ont adressé des critiques sévères à la théorie néo-classique de la répartition. Pour eux, il est impossible d'expliquer le partage des revenus à partir de la productivité marginale des facteurs. En effet, le capital étant composé de biens physiquement hétérogènes, il est impossible de construire une mesure agrégée du capital en terme physique. La seule mesure possible du capital est donc une mesure en valeur ; or le prix des diverses unités de capital est lié à la rentabilité. On est donc confronté à un raisonnement circulaire : pour déterminer le taux de profit il faut mesurer la valeur du capital, mais pour cela on doit connaître le taux de profit.

⇨ Cette critique de la fonction de production agrégée a conduit les économistes cambridgiens à critiquer aussi la théorie néo-classique de la croissance (voir « La croissance économique »).
Les cambridgiens considèrent que le partage des revenus ne résulte pas des mécanismes de marché ou des caractéristiques techniques de la production, mais du rapport de force entre les groupes sociaux. En ce sens, ils renouent avec la tradition des classiques et de **Marx**. Ils mettent l'accent sur l'importance de l'action de l'État et montrent qu'une modification du partage de la valeur ajoutée en faveur des salariés est favorable à la croissance puisque les revenus du travail ont une propension à épargner plus faible que celle des revenus du capital, ce qui contribue à accroître la demande globale adressée à l'économie.

> E Les développements dans la théorie du salaire

a › La prise en compte des rigidités

Le modèle néo-classique standard repose sur la flexibilité du taux de salaire qui est à la fois une hypothèse et une norme. La rigidité est perçue dans ce modèle comme le résultat d'imperfections du marché, de comportements irrationnels ou d'interventions des pouvoirs publics.
Un certain nombre d'analyses, tout en s'inscrivant dans le cadre du modèle néo-classique, considèrent que la rigidité des salaires résulte de comporte-

ments rationnels des agents (théorie des **contrats implicites**). De même, on peut considérer que la productivité est une fonction croissante du taux de salaire et que les entrepreneurs ont donc intérêt à fixer des taux de salaire qui stimulent l'activité des salariés (théorie du **salaire d'efficience**) (voir « Marché du travail et chômage »).

b › L'analyse en termes de règles, de normes et de conventions

Les approches évoquées ci-dessus mettent l'accent sur l'**incomplétude du contrat de travail** qui résulte notamment de l'existence d'asymétries d'information. Certains économistes se montrent sceptiques quant à la capacité du marché à prendre en compte cette incomplétude et ils soulignent que seul un système de règles et d'institutions permet d'organiser les relations salariales. Selon **B. Reynaud**, « *La relation salariale est coordonnée par une convention qui porte soit sur des considérations d'équité, soit sur des considérations de statut* » (*Le salaire, la règle et le marché,* 1992). **R. Sandretto** parle pour sa part d'un **ordre salarial**, c'est-à-dire d'un ensemble cohérent de règles qui soumettent « le comportement des agents à un faisceau convergent de normes » (*Rémunérations et répartition des revenus,* 1994).

La **théorie de la régulation** s'inscrit dans cette perspective qui vise à articuler marché et institutions. Pour **R. Boyer**, par exemple, l'étude de la formation des salaires en longue période montre que dans le mode de régulation concurrentielle, il y a bien flexibilité à la baisse du taux de salaire nominal. Par contre, dans le mode de régulation fordiste, il existe une rigidité à la baisse du taux de salaire nominal et une institutionnalisation du rapport salarial qui assure une progression du pouvoir d'achat des salaires. Le rapport salarial est donc organisé dans le cadre de **formes institutionnelles** différentes au sein des différents modes de régulation (voir « Épistémologie et histoire des sciences économiques » et « Les systèmes économiques »).

La **théorie économique des conventions** s'inscrit pour sa part dans le cadre de l'individualisme méthodologique. Une **convention** est un cadre commun (notamment un cadre cognitif) qui est nécessaire pour encadrer les relations marchandes, elle est à la fois le résultat des actions individuelles et un cadre contraignant pour le comportement des sujets. Dans cette perspective, le taux de salaire n'est pas un prix, mais le résultat de la mise en œuvre d'une convention salariale.

⇨ Les approches en termes de règles et de conventions considèrent que le taux de salaire dépend d'une « *poignée de main invisible* » (**A. Okun**) plutôt que de la « *main invisible* » c'est-à-dire de mécanismes de marché.

> IV Inégalités des revenus et justice sociale

> A Les inégalités de revenus

a › La mesure des inégalités

La mesure des inégalités de revenus est délicate. Il convient tout d'abord de choisir la population étudiée : individus ou ménages par exemple. Il faut ensuite choisir un indicateur : salaire, revenu avant impôt, revenu brut disponible etc. Lorsqu'on utilise les revenus faut-il s'en tenir au revenu monétaire ou prendre en compte les revenus en nature et la production domestique des ménages ? Il faut enfin choisir la technique statistique et les indicateurs utilisés : par exemple faut-il faire une étude en termes de dispersion ou en termes de disparité ? Dans le premier cas, on étudiera la concentration d'un indicateur entre des individus (personnes physiques ou ménages). Dans le second cas, on comparera des indicateurs de tendance centrale (revenu moyen ou revenu médian des différentes PCS par exemple).
La présentation des résultats des études est aussi un enjeu important, par exemple si l'on considère deux individus dont l'un dispose d'un salaire de 2 400 euros et l'autre d'un salaire de 1 200 euros on pourra dire que le salaire du premier est supérieur de 100 % au salaire du second ou que le salaire du second est inférieur de 50 % au salaire du premier. On pourra dire aussi que la différence de salaire (1 200 euros) est égale aux deux tiers du salaire moyen (1 800). Toutes ces formulations sont statistiquement exactes, mais elles sont susceptibles de produire sur le lecteur un « sentiment d'inégalité » différent.

⇨ Il ne faut pas confondre la question des inégalités, qui est une question de fait, et la question de la justice sociale, qui est une question de norme. Par exemple, la mesure des inégalités de salaires entre cadres et ouvriers pose de nombreux problèmes techniques. Ces problèmes résolus, on mesurera une certaine inégalité, la question de savoir si cette inégalité est juste ou injuste suppose la formulation d'une norme de justice.

Niveau de vie et unité de consommation
Lorsqu'on compare les revenus des ménages, il faut tenir compte de la taille des ménages. À revenu égal un ménage constitué d'un couple sans enfant n'aura pas le même niveau de vie qu'un ménage composé d'un couple et de quatre enfants. Une solution pourrait consister à diviser le revenu du ménage par le nombre des personnes qui le compose. Mais cette

solution est généralement considérée comme peu satisfaisante, en effet pour obtenir un niveau de vie identique, il n'est pas nécessaire à un couple d'avoir un revenu double de celui d'un célibataire (il existe des « économies d'échelle » en matière de consommation). On utilise donc une **échelle d'équivalence** en mesurant la taille en **unités de consommation** et non en individu. L'échelle utilisée en France est celle de l'OCDE : on compte pour 1 le premier adulte du ménage, puis pour 0,5 chaque individu de plus de 14 ans et pour 0,3 chaque enfant de moins de 14 ans. Un couple avec deux enfants de moins de 14 ans correspond donc à 2,1 unités de consommations.

b › Les facteurs explicatifs des inégalités

Les facteurs explicatifs des inégalités de revenus sont très nombreux. Il existe par exemple des inégalités en fonction de la position hiérarchique occupée dans la production (un cadre bénéficie généralement d'un salaire supérieur à celui d'un ouvrier). Ces différences peuvent être reliées à des différences d'investissement en **capital humain** (voir « Marché du travail et chômage »). D'autres inégalités sont liées à la nationalité, au genre, à la région de résidence, à l'âge, à l'ancienneté etc.

⇨ Dans la description et l'explication des inégalités, il faut prendre garde aux effets de structure. Si on compare par exemple le salaire moyen des salariés de nationalité étrangère et le salaire moyen des salariés de nationalité française, on va trouver une inégalité qui ne s'explique pas uniquement par la nationalité mais aussi par le fait qu'en moyenne les étrangers occupent des emplois moins qualifiés. Pour mettre en évidence l'effet spécifique de la nationalité il faut comparer les salaires d'individus de nationalités différentes qui occupent la même position dans la hiérarchie des postes de travail. Cet exemple permet de souligner le caractère multidimensionnel des inégalités.

Au niveau mondial, les inégalités de revenus restent très importantes, mais, selon la Banque mondiale, elles ont tendance à se réduire depuis 2000 dans la mesure notamment où, sous l'effet de la crise économique qui se déclenche en 2007, les revenus augmentent moins vite dans les pays riches alors qu'ils continuent à s'accroître fortement dans les pays émergents.
Par exemple, comme le montre le tableau ci-dessous, entre 2000 et 2010 le PIB par habitant a augmenté de 11,06 % en moyenne dans les pays à revenus élevés alors qu'il a augmenté de 25,2 % en moyenne dans l'ensemble du monde.

Évolution du PIB par habitant dans le monde par niveau de revenus
Unité : dollars PPA

	1980	1990	2000	2010	Variation entre 2000 et 2010 (en %)
Pays aux revenus élevés	19 278,4	24 410,1	29 923,1	33 232,5	+ 11,06
– *dont membres de l'OCDE**	*19 383,4*	*24 870,6*	*30 439,8*	*33 530,3*	*+ 10,15*
– *dont non-membres de l'OCDE*	*17 657,9*	*18 123,6*	*23 893,4*	*30 798,4 ***	*+ 28,90 ****
Pays aux revenus intermédiaires	2 658,5	3 073,9	3 670,3	6 000	+ 63,48
– *dont revenus intermédiaires, tranche supérieure*	*3 590,1*	*4 138,5*	*5 108*	*8 730,7*	*+ 70,92*
– *dont revenus intermédiaires, tranche inférieure*	*1 524,1*	*1 830,6*	*2 111,5*	*3 286,5*	*+ 55,65*
Pays aux faibles revenus	769,1	770,2	779,8	1 099	+ 40,92
Monde	5 903,7	6 797,5	7 882,1	9 868,6	+ 25,20

* Organisation de coopération et de développement économiques.
** Donnée 2008.
*** Variation entre 2000 et 2008.
Source : Banque mondiale.

C › L'évolution des inégalités de revenus en France

En dépit des difficultés techniques dans la mesure des inégalités, il est possible d'indiquer à grands traits les principales caractéristiques de l'évolution de la répartition des revenus en France à partir de données de l'INSEE.

- Si l'on analyse la situation des salariés à temps complet du secteur privé et semi-public, on constate que l'inégalité des salaires (mesurée par le rapport interdécile D9/D1) au milieu des années 2000 est plus faible qu'au début des années 1960. L'inégalité des salaires a fortement diminué dans les années 1960 et 1970, elle s'est ensuite stabilisée. Les hausses du SMIC ont joué un rôle important dans cette diminution de l'inégalité des salaires. Cette situation de la France (et plus généralement des pays d'Europe continentale) contraste avec la situation des États-Unis et de la Grande-Bretagne où les inégalités de salaire se sont creusées.
- On assiste par contre à une augmentation de la proportion de salariés titulaires de bas salaires en raison de la montée du temps partiel et plus généralement de l'emploi précaire.
- Si l'on analyse les revenus de marché (revenus d'activité et revenus de remplacement) des ménages de salariés (actifs occupés ou chômeurs) on

constate dans les années 1980 et surtout 1990 un creusement de l'inégalité entre les ménages pauvres et les ménages des catégories moyennes ou à revenu élevé. Cela résulte principalement de la montée du chômage, du durcissement des conditions d'indemnisation des chômeurs et de la montée du temps partiel. La montée du chômage a rendu le marché du travail plus sélectif et a affecté la répartition des revenus : une personne d'âge actif qui a été au chômage pendant six mois ou plus au cours d'une année a 25 % de chance d'appartenir à un ménage pauvre (contre 7 % en moyenne).

– Si on s'intéresse aux niveaux de vie, on constate, selon l'Observatoire des inégalités, une diminution des inégalités dans les années 1970. La situation reste ensuite stable.

Rapport entre le niveau de vie des 10 % les plus riches et celui des 10 % les plus pauvres

	1970	1975	1979	1984	1990	1996
Rapport	4,6	4,1	3,5	3,5	3,3	3,4
	2000	**2005**	**2006**	**2007**	**2008**	**2009**
Rapport	3,3	3,2	3,4	3,4	3,4	3,4

Estimation : revenu après impôts et prestations sociales.
Lecture : en 2008, le niveau de vie le plus bas des 10 % les plus riches était 3,4 fois supérieur au niveau de vie le plusélevé des 10 % les plus pauvres. Légère rupture de série en 2005.
Source : Insee.

Cependant, si, à la place des déciles, on s'intéresse au revenu moyen de chaque sous-ensemble comprenant 10 % de la population, on constate un creusement des inégalités depuis 10 ans (les déciles ne prennent pas en compte en effet les très bas et les très hauts revenus). Ainsi, une augmentation très importante du revenu des 5 % les plus riches peut ne pas avoir d'influence significative sur le 9e décile. En revanche, le revenu moyen des 10 % les plus riches va augmenter. L'observatoire des inégalités montre notamment que, entre 1999 et 2009, le niveau de vie moyen des 10 % les plus pauvres a progressé de 8,4 % (soit 610 euros, une fois l'inflation déduite). Le niveau de vie moyen des 10 % les plus riches a augmenté, lui, de 18,2 % (soit 8 190 euros). L'écart relatif entre ces deux catégories s'est donc creusé : les plus pauvres touchent 6,7 fois moins que les plus riches, contre 6,2 fois en 1999. En valeur absolue, l'écart est passé de 37 730 à 45 310 euros. En moyenne, les 10 % les plus riches ont gagné près de 8 mois de Smic net supplémentaires en dix ans.

– Les revenus du patrimoine sont de plus en plus inégalitaires (voir « Épargne et patrimoine »).

– Si l'on étudie l'ensemble des ménages (salariés et non salariés) en prenant en compte l'effet de la redistribution, on constate que l'inégalité des revenus s'est fortement réduite pendant les années 1980, qu'elle s'est réduite plus faiblement pendant les années 1970, qu'elle est restée stable pendant les années 1990 et qu'elle a tendance à se creuser à nouveau à partir du début des années 2000 notamment en faveur des titulaires de hauts revenus.

- En France et dans certains pays d'Europe, le système de redistribution conserve une efficacité certaine dans la mesure où l'inégalité après redistribution est significativement plus faible qu'avant redistribution.

⇨ Une étude de **C. Landais** sur l'ensemble des revenus déclarés à l'administration fiscale (« *Les hauts revenus en France (1998-2006) : une explosion des inégalités ?* », École d'économie de Paris, juin 2007) met cependant en évidence une aggravation des inégalités de salaires : sur la période 1998-2005, les 250 000 salariés français les mieux payés (1 % de l'ensemble des salariés) ont vu leurs rémunérations augmenter de 14 %, augmentation qui s'élève à 29 % pour les 25 000 meilleurs salaires français et à 51 % en huit ans pour les 2500 plus gros salaires. En revanche, pour les 90 % des Français les moins riches, l'évolution des revenus est de + 4,6 % seulement sur la même période.

Les travaux de l'INSEE sur la hausse des très hauts revenus, comme ceux de l'OCDE sur l'ensemble des pays membres de cette organisation, montrent une nette tendance au creusement des inégalités
Cela a conduit à la création, par le Conseil national de l'information statistique, d'un groupe de travail présidé par **J. Fressynet**, intitulé « Niveau de vie et inégalités sociales » qui a publié son rapport en décembre 2006. Depuis, et en liaison avec les conclusions du rapport Stiglitz, Sen, Fitoussi, l'INSEE a beaucoup développé ses travaux sur les inégalités de revenus, de patrimoine, de conditions de vie.

d › La pauvreté en France

La pauvreté est la situation d'une personne ou d'un groupe dont les ressources sont insuffisantes. Cette définition très générale doit donc être précisée. On distingue la **pauvreté monétaire**, qui est définie à partir d'un seuil de revenu par individu jugé indispensable, et la pauvreté non monétaire, qui définie par les conditions concrètes d'existence d'un individu. L'INSEE l'évalue à partir d'un indicateur de « **pauvreté en conditions de vie** », qui est basé sur une enquête interrogeant les ménages sur 27 critères qualitatifs de privation, comme l'absence de salle de bains dans le logement ou le fait d'avoir eu un découvert bancaire récemment. Les pauvres en condition de vie ont rempli au moins 8 de ces critères. Il existe deux conceptions de la pauvreté monétaire :

- la **pauvreté absolue** est définie par le fait que les individus pauvres ont un revenu qui ne leur permet pas de se procurer un panier de biens correspondant à un minimum vital. C'est cette conception de la pauvreté qui est utilisée pour fixer le seuil de pauvreté aux États-Unis ;
- la **pauvreté relative** est définie par le fait que les individus pauvres ont un revenu inférieur à une fraction (40, 50 ou 60 %) du revenu moyen ou

médian de l'ensemble de la population. La pauvreté relative est donc liée à l'inégalité des revenus (dispersion).

Le **seuil de pauvreté** a donc un caractère conventionnel. En France le seuil de pauvreté (60 % du revenu disponible médian par unité de consommation) s'élevait à 954 euros en 2009 pour une personne seule. Selon cette définition, il y avait en France en 1970, près de 9,2 millions de personnes pauvres. Elles étaient 7,838 millions en 2000 et 8,173 millions en 2009. Le taux de pauvreté (proportion des pauvres dans la population totale, calculé sur la base de 60 % du revenu médian) était de 19,1 % en 1970, de 13,6 % en 2000 et il est de 13,5 % en 2009.

Au niveau de l'Union européenne le seuil de pauvreté, calculé pour chaque pays de l'Union, est fixé à 60 % du revenu disponible médian par unité de consommation.

⇨ Définir la pauvreté est toujours une question de conventions, une construction statistique. L'écart entre les seuils de 50 et 60 % le montre bien : en 2009 on compte en France 4,5 millions de pauvres sur la base d'un seuil de pauvreté à 50 % du revenu médian et 8,2 millions de pauvres pour un seuil à 60 %. Dans le premier cas le taux de pauvreté est de 7,5 %, dans le second cas il est de 13,5 %.

On assiste par ailleurs récemment à la montée en France du nombre de **travailleurs pauvres**. Selon la définition anglo-saxonne, les « *working poor* » sont des personnes qui bien qu'actives (présentes au moins la moitié de l'année sur le marché du travail) vivent dans un ménage pauvre. En France, la définition de l'INSEE est plus restrictive et les travailleurs pauvres sont les individus qui ont occupé un emploi au moins un mois dans l'année. Les autres sont classés parmi les « chômeurs pauvres ». Selon **P. Concialdi**, « *il y a en France entre 1,2 et 3,5 millions de travailleurs pauvres. Les estimations varient selon la définition retenue, le niveau du seuil de pauvreté et, aussi, selon la qualité des sources statistiques. En toute hypothèse, le phénomène est massif* ». Environ 20 % des travailleurs pauvres sont des indépendants, principalement des agriculteurs et des aides familiaux agricoles, ce qui souligne la persistance de poches de pauvreté dans le monde rural. Les autres travailleurs pauvres (environ 80 %) sont des salariés, principalement des individus subissant des emplois précaires et flexibles ou des alternances entre chômage, emploi et inactivité. Pour les salariés en CDD ou sous des formes particulières d'emploi (stages, contrats aidés), le taux de pauvreté est 3 fois plus élevé que pour la moyenne des salariés. L'absence ou le manque de qualification, le fait de débuter sa vie professionnelle ou d'avoir une faible ancienneté dans l'entreprise sont autant de facteurs qui augmentent le risque de pauvreté.

Il faut noter également que parmi les pauvres en France, plus d'un million sont des enfants. Cette pauvreté infantile est généralement la conséquence du bas niveau de revenus de leurs parents dû en particulier au chômage ou à la précarité de leur emploi : un tiers des enfants pauvres vivent dans un couple où aucun parent ne dispose d'un emploi.

> La pauvreté est abordée ici sous l'angle économique et plus précisément monétaire. Mais il s'agit d'un phénomène plus vaste qui concerne aussi l'accès aux services collectifs et l'ensemble de la vie sociale (santé, éducation, logement, emploi), et on parle alors de pauvreté non monétaire (voir « La consommation des ménages »). Il existe également de nombreux travaux sociologiques sur la pauvreté.

On parle de **trappe à chômage** pour qualifier un chômage volontaire lié à un problème de désincitation au travail. L'individu qui bénéficie d'un revenu alternatif trop important, comparé au salaire auquel il pourrait accéder en travaillant, risque alors de tomber dans une « trappe » en ce sens qu'il n'a aucun intérêt à offrir son travail. Dans le rapport du CERC de 2001 (Conseil de l'emploi des revenus et de la cohésion sociale), on trouve une distinction entre trappe à chômage et **trappe à pauvreté** : « *la notion de trappe à chômage évoque la désincitation à reprendre un emploi et celle de trappe à pauvreté la désincitation à accroître le revenu d'une personne déjà en emploi (accroissement de la durée d'emploi ou effort en vue d'augmenter le taux de salaire)* ».

> B Le débat sur la justice sociale

a › Les conceptions de la justice sociale

Une société organisée conformément à la justice sociale se caractérise par l'égalité de ses membres. Cette conception est conforme à celle de **J.-J. Rousseau** pour qui « *Tous veulent que les conditions soient égales pour tous et la justice n'est que cette égalité* ». Encore faut-il préciser sur quoi porte l'égalité et par rapport à qui on la mesure.
À la suite d'**Aristote**, on distingue trois conceptions de la justice :

- La **justice commutative** correspond à l'égalité arithmétique. Par exemple, les biens échangés sur un marché sont de valeur égale.
- La **justice distributive** correspond à une égalité proportionnelle (par exemple, le fait de rémunérer des individus en fonction de leurs efforts ou de leurs mérites est juste au sens de la justice distributive),
- La **justice corrective** consiste à agir sur la répartition existante au nom d'une norme morale ou politique. Par exemple, dans la doctrine catholique inspirée de **Thomas d'Aquin**, les riches ont l'obligation morale de se départir du « superflu » afin de le donner aux pauvres. La mise en place du RMI relève aussi de la justice corrective.

Égalité contre équité : un faux débat
On oppose parfois l'**égalité** et l'**équité**. La recherche de l'égalité (certains parlent de façon péjorative d'égalitarisme) conduirait en fait à des situations injustes. Les politiques publiques devraient donc rechercher l'équité plutôt que l'égalité. Ce débat n'est guère pertinent. D'après **A. Lalande**, l'équité est le : « sentiment sûr et spontané du juste et de l'injuste; en tant surtout qu'il se manifeste dans l'appréciation d'un cas concret et particulier. » (*Vocabulaire technique et critique de la philosophie*, 1926). Il n'est donc pas possible d'opposer égalité et équité puisque l'équité est une norme qui permet de se prononcer sur le degré d'égalité ou d'inégalité. On pourra par exemple considérer comme équitable (c'est-à-dire juste) le fait de payer davantage, à qualification égale, un individu qui travaille 8 heures qu'un individu qui travaille 4 h On trouvera aussi équitable de venir en aide aux travailleurs pauvres qui subissent le temps partiel et disposent de ce fait d'un niveau de vie jugé insuffisant. On pourra aussi trouver équitable le fait de payer davantage un individu qualifié qu'un individu non qualifié. Dans ce dernier cas on pourra juger que l'écart de rémunération est équitable ou qu'il ne l'est pas, etc.

Lorsqu'on s'interroge sur le caractère juste ou injuste des inégalités, il est donc important de préciser à quelle conception de la justice on se réfère.
Suivant les analyses de **C. Gamel** (*Économie de la justice sociale,* 1992), on peut distinguer quatre approches de la justice sociale.

- La première approche s'inscrit dans une perspective utilitariste, héritée de **J. Bentham** (1748-1832). La justice correspond alors au plus grand bonheur du plus grand nombre. Cette conception pose plusieurs problèmes. Tout d'abord, une telle définition de la justice suppose que l'on puisse comparer les satisfactions des différents individus (approche cardinale de l'utilité). Or, la plupart des économistes ont renoncé à rechercher les moyens de se livrer à des comparaisons interpersonnelles d'utilité. Par ailleurs, l'approche utilitariste est compatible avec la violation des droits individuels. Pour maximiser la satisfaction du plus grand nombre on peut violer les libertés ou les droits d'une minorité. Enfin, la conception utilitariste peut conduire à accroître (et non à réduire) les inégalités. En effet, pour maximiser l'utilité du plus grand nombre, on peut être conduit à donner plus à ceux qui ont déjà plus.
- La seconde approche, héritée de **Pareto**, correspond à l'économie du bien-être. Reposant sur une conception ordinale de l'utilité et une règle d'unanimité, elle conduit à considérer qu'une opération de redistribution ne doit pas être mise en œuvre dès lors qu'elle est refusée par au moins un individu. Les droits individuels sont ici respectés; mais c'est au détriment de toute perspective crédible de réduction des inégalités.
- La troisième approche, développée dans les années 1970, repose sur le **concept d'envie**. Ce concept permet de remplacer les comparaisons interpersonnelles d'utilité par des comparaisons intrapersonnelles. On dira qu'un individu « i » est envieux à l'égard d'un individu « j », si, compte tenu

des préférences subjectives de « i », ce dernier préfère la situation de « j » à la sienne. Un état de l'économie sera dit équitable si le sentiment d'envie est nul. La justice repose alors sur la conciliation de l'équité (ainsi définie) et de l'efficacité (au sens paretien). Pour beaucoup de commentateurs, cette double exigence apparaît comme excessive et « *rend l'équation de la justice sociale insoluble* ».

- La dernière approche, qui a sans doute fait l'objet du plus grand nombre de commentaires, a été formulée par **J. Rawls** (1921-2002) dans la *Théorie de la Justice Sociale* en 1971. L'approche de Rawls vise à rendre compatible le respect des droits individuels et la réduction des inégalités sur la base d'une philosophie politique contractualiste. Les deux principes qui permettent de définir la « justice comme équité » selon Rawls sont les suivants :

  1. le **principe de liberté** : « *Chaque personne doit avoir droit à la plus grande liberté fondamentale compatible avec une même liberté pour tous.* » (Droit de vote et d'éligibilité, liberté d'opinion, d'expression, de réunion, de vote, droit de propriété privée...) ;
  2. le **principe de différence** : « *Les inégalités sociales et économiques doivent être aménagées de telle sorte qu'elles soient a) assurées, en dernière analyse, pour le plus grand profit des plus défavorisés ; b) attachées à des emplois et à des postes accessibles à tous dans des conditions d'égalité équitable des chances.* »

Pour Rawls le premier principe prime sur le second : il n'est pas acceptable de porter atteinte aux libertés pour atteindre une plus grande égalité.

L'exigence de justice conduit Rawls à définir des **biens premiers**, c'est-à-dire « *des biens utiles quel que soit le projet de vie rationnel* », qui sont :

- Les biens premiers naturels (santé ou « talents » – facteurs naturels), non soumis au contrôle des institutions.
- Les biens premiers sociaux (libertés et droits fondamentaux, positions sociales ou respect de soi).
- Les avantages socio-économiques liés à ces positions qui aident les individus à poursuivre librement leurs objectifs.

L'approche de Rawls a servi de base à de nombreuses réflexions sur la conduite des politiques économiques et sociales.

Égalité des capabilités

Selon **A. Sen** (prix Nobel 1998), la théorie de **John Rawls** a le mérite d'avoir renouvelé le débat sur l'égalité en introduisant le principe de l'égalité des chances. Cependant, selon Sen, la théorie Rawls présente l'inconvénient d'écarter les différences existant entre les individus (spécificités physiques, sexe, âge, aptitudes mentales voire même contexte climatique). Dans ces conditions, répartir les « biens premiers » de manière égalitaire n'aura pas nécessairement pour effet d'égaliser les libertés dont jouiront concrètement les personnes, « *puisqu'il peut exister d'importantes variations dans la conversion des ressources et des biens premiers en liberté* ». A. Sen donne l'exemple des personnes handicapées ou d'une personne pauvre, dont la liberté d'échapper à la malnutrition ne dépend pas seulement des ressources auxquelles on lui donne accès, mais aussi de « *ses taux métaboliques, de son sexe, éventuellement de sa grossesse, du climat qui l'environne, de son exposition aux maladies parasitaires, etc.* ».

Tous ces exemples illustrent le concept de *capability* (traduit par le néologisme capabilité) soit « *les possibilités, les chances, qu'a l'individu de réaliser ses objectifs* » ou encore de « *choisir entre des modes de vie possibles* ». Cette approche en termes de **capabilités** met ainsi l'accent sur les possibilités qu'ont les êtres humains de décider et de choisir effectivement : « *dans l'évaluation de la justice fondée sur la capabilité, les revendications des individus ne doivent pas être jugées en fonction des ressources ou des biens premiers qu'ils détiennent respectivement, mais de la liberté dont ils jouissent réellement de choisir la vie qu'ils ont des raisons de valoriser.* »

Cette approche en termes de capabilités amène à repenser la pauvreté et ses instruments de mesure. Pour l'auteur, en effet, les indicateurs de pauvreté élaborés par les économistes sur la base du niveau de revenu, ne disent pas grand-chose de la réalité du bien-être des individus. Par exemple, un pays pauvre en termes de revenus par habitant peut avoir un niveau d'espérance de vie ou d'alphabétisation égal voire supérieur à ce que l'on observe dans des pays riches ; il cite le cas du Costa Rica où, à la fin des années 1980, l'espérance de vie à la naissance était de 75 ans contre 76 aux États-Unis, pour des PNB par habitant de respectivement 1 780 dollars et 20 900 dollars. Inversement, dans les pays pauvres, des populations disposant d'un niveau de revenu supérieur à celui des couches moyennes peuvent souffrir de malnutrition (voir chapitre « Économie du développement »).

b › Justice sociale et fondements de l'action publique

1 › Quelle conception de l'égalité ?

La mise en œuvre de politiques publiques au service de la justice sociale est un élément essentiel des politiques économiques et la finalité principale de l'État providence (voir « L'État et l'économie »). L'État peut fonder son action, sur des conceptions très différentes de l'égalité.

En effet le mot **égalité** a trois significations distinctes :

- Il existe, en premier lieu, une **égalité devant la loi**. Cela signifie que les mêmes droits et les mêmes contraintes juridiques s'imposent à tous. Dans l'Ancien Régime cette égalité n'était pas assurée puisque nobles et roturiers ne relevaient pas des mêmes tribunaux et que les premiers étaient dispensés du paiement de l'impôt. C'est en ce sens que **A. de Tocqueville** (1805-1859) parle de l'égalité des conditions.
- En un second sens, le mot « égalité » renvoie à l'**égalité des chances**. La société comportant des positions sociales hiérarchisées, tous les individus doivent disposer de chances égales d'accéder aux différentes positions. L'idée d'égalité des chances signifie que l'on doit compenser les inégalités initiales. Il faut donner plus à ceux qui ont moins pour leur assurer une égalité des chances. L'impôt sur le patrimoine (et notamment sur les successions), contribue à l'égalité des chances, de même que les politiques qui cherchent à assurer la réussite scolaire des enfants les plus défavorisés.

L'égalité des chances est évidemment compatible avec une grande inégalité des situations.

- Dans un troisième sens enfin, l'égalité peut signifier **égalité des situations**, par exemple une égalité des revenus. Cette égalité apparaît plutôt comme une perspective, le débat porte, en général, sur le caractère excessif de l'inégalité des situations. L'objectif est alors de réduire l'inégalité des revenus et non de la supprimer. C'est la position défendue par **J.-M. Keynes** à la fin de la *Théorie générale de l'emploi de l'intérêt et de la monnaie*. Les politiques de redistribution des revenus, de lutte contre la pauvreté s'inscrivent dans cette perspective.

⇒ Il ne s'agit pas de choisir entre égalité et inégalité, mais de savoir quelle égalité (ou quel degré d'égalité) on cherche à promouvoir et par conséquent quelles inégalités on accepte, voire quelles inégalités on crée parce qu'il s'agit d'inégalités justes. Par exemple, lorsque l'État subventionne l'aménagement de postes de travail pour les handicapés afin que ceux-ci puissent s'intégrer au monde du travail et bénéficier d'un revenu primaire, il recherche l'égalité des chances entre les personnes handicapées et celles qui ne le sont pas, il crée donc une inégalité au bénéfice des plus défavorisés (principe de différence de Rawls).

2 › Le mirage de la justice sociale

L'idée de justice sociale, notamment en matière de revenus, n'est pas unanimement acceptée. Elle fait l'objet d'une contestation vigoureuse de la part des économistes de la tradition autrichienne.

Pour **L. von Mises** (1881-1973) : « *L'inégalité des revenus et des fortunes est un caractère inhérent de l'économie de marché. Son élimination détruirait complètement l'économie de marché* » (*L'action humaine*, 1949). Pour ces auteurs, l'égalité des situations n'est donc pas acceptable. Seule l'égalité devant la loi l'est car « *elle sert au mieux les intérêts de tous* ».

Selon **F. Hayek** (1899-1992) la justice sociale est un « *mirage* » L'idée même de justice sociale est dépourvue de sens. On ne pourrait parler de répartition juste ou injuste que dans un système où cette répartition serait le résultat d'une volonté consciente. Or le système de marché n'a pas cette caractéristique. Seules existent les décisions des individus, et la répartition des revenus qui résulte de ces actions humaines au sein d'un ordre spontané n'a été voulue par personne. Par contre, vouloir imposer la justice sociale par l'action de l'État ne peut qu'engager la société sur « *la route de la servitude* ».

Pour en savoir plus

Initiation

- Arnsperger C. et Van Parijs Ph. (2000), *Éthique économique et sociale*, La Découverte, Coll. Repères.
- Bourguignon F. (2012), *La mondialisation de l'inégalité*, Seuil, Coll. La République des idées.
- Fitoussi J.-P. et Rosanvallon P. (1998), *Le nouvel âge des inégalités*, Seuil.
- Munoz-Dardé V. (2000), *La justice sociale*, Nathan, Coll. 128.
- Piketty Th. (2010), *L'économie des inégalités*, La Découverte, Coll. Repères.

Approfondissement

- Collectif (2008), *Pour en finir avec la pauvreté*, Regards croisés sur l'économie, n° 4, La Découverte.
- Fleurbaey M. (1996), *Théories économiques de la justice*, Économica.
- Frazer N. (2004), *Qu'est-ce que la justice sociale? Reconnaissance et redistribution*, La Découverte.
- Gamel C. (1992), *Économie de la justice sociale*, Cujas.
- INSEE (2012), *Les revenus et les patrimoines des ménages*, Coll. INSEE Références [www.insee.fr/fr/publications-et-services/sommaire.asp?codesage=REVPMEN12].
- INSEE (2011), *France portrait social*, Coll. INSEE Références [www.insee.fr/fr/publications-et-services/sommaire.asp?codesage=FPORSOC11&niv geo=0].
- INSEE (2012), *Femmes et hommes, regards sur la parité*, INSEE Références [www.insee.fr/fr/themes/document.asp?reg_id=0&ref_id=FHPARIT12k_F4revenus].
- INSEE (2012), *Emploi et salaires*, Coll. INSEE Références [www.insee.fr/fr/publications-et-services/sommaire.asp?codesage=EMPSAL12&niv geo=0].
- Kymlicka W. (2003), *Les théories de la justice*, La Découverte.
- Piketty Th. (2006), *Les hauts revenus en France au XXe siècle*, Hachette, Coll. Pluriel.
- Sen A. (2000), *Repenser l'inégalité*, Seuil.

chapitre 5

La consommation des ménages

La consommation est l'utilisation d'un bien ou d'un service qui entraîne à plus ou moins long terme sa destruction. On distingue généralement la **consommation finale** et la **consommation intermédiaire**.

La consommation intermédiaire désigne la valeur des biens et services qui sont entièrement consommés ou transformés au cours du processus de production (pour produire des biens de consommation finale, des biens de production ou d'autres biens de consommation intermédiaire).

Pour ce qui concerne la consommation finale des ménages, on différencie dans le nouveau système de comptabilité nationale (voir « La comptabilité nationale ») :

- la « **dépense de consommation finale** » des ménages, qui correspond aux dépenses effectivement supportées par les ménages (achat de biens et services marchands et part des dépenses de santé, d'éducation et de logement restant à leur charge après remboursement éventuel) ;
- la « **consommation finale effective** » des ménages, qui recouvre l'ensemble des biens et services qu'utilisent (ou consomment) effectivement les ménages, quelle que soit la manière dont ils sont financés. Elle correspond

à la somme de la dépense de consommation finale des ménages et des services produits par les administrations mais individualisables (dépenses pour l'éducation et pour la santé en particulier, qui sont évaluées au coût des facteurs).

Dans l'analyse microéconomique, on cherche à rendre compte des choix de consommation individuels, déterminés principalement par les prix relatifs et le revenu des agents : il s'agit d'une théorie du consommateur et non d'une analyse de la consommation (voir « Éléments de microéconomie »). Pour la théorie keynésienne au contraire, l'analyse de la consommation s'inscrit dans une perspective macroéconomique.

> I La consommation des ménages : mesure et évolution

> A La mesure de la consommation des ménages

a › Structure par fonctions de la consommation des ménages

Une première mesure de la consommation des ménages consiste à analyser la façon dont les ménages répartissent leur consommation entre plusieurs postes et renvoie donc à la question de la nomenclature utilisée. Selon **Ch. Baudelot** et **R. Establet**, le choix d'une nomenclature est toujours un compromis, puisqu'il faut d'une part, assurer des possibilités de comparaison avec des enquêtes réalisées à des époques antérieures et dans des pays différents, et d'autre part, s'efforcer aussi d'intégrer les modifications et les transformations au fur et à mesure qu'elles apparaissent dans les modes de vie. Au XIXe siècle et au début du XXe siècle, les économistes et les sociologues qui se sont intéressés à la consommation et aux budgets des ménages – comme **E. Engel** (1821-1896) ou **M. Halbwachs** (1877-1945) – retenaient quatre postes budgétaires principaux : l'alimentation, le logement, l'habillement et les dépenses diverses. M. Halbwachs montrait que la répartition de l'ensemble des dépenses se faisait dans les trois premiers postes, le dernier représentant moins de 10 % des budgets des ménages ouvriers de 1900. Mais, avec les transformations des modes de vie et l'apparition de nouveaux biens et services, la part du poste « dépenses diverses » s'est accru et il est devenu nécessaire de le fragmenter en unités plus ou moins homogènes. La nomenclature utilisée actuellement par l'INSEE dans les enquêtes sur les conditions de vie retient ainsi douze grandes fonctions pour classer la consommation des ménages : Alimentation, boissons alcoolisées et tabac, articles d'habillement et chaussures, logement – chauffage – éclairage, équipement du logement, santé, transport, communications, loisirs – culture, éducation, hôtels cafés et restaurants, autres biens et services.

Ces nomenclatures permettent de calculer des **coefficients budgétaires**, représentant la part des différents postes de consommation dans la consommation totale. Par exemple, en France en 1992, 2002, 2006 et 2010, on avait la structure par fonctions suivantes (en %) :

Fonctions	**1992**	**2002**	**2006**	**2010**
Alimentation et boissons non alcoolisées	15,8	14,8	10,5	10,2
Boissons alcoolisées et tabac	3,1	3,4	2,3	2,4
Articles d'habillement et chaussures	6,4	4,8	3,6	3,3
Logement, chauffage, éclairage	23,4	23,9	19,4	19,3
Équipement du logement	6,7	6,2	4,6	4,4
Santé (dépenses à la charge des ménages)	3,5	3,7	2,6	2,9
Transport	15,0	15,2	11,3	10,6
Communications	1,8	2,4	2,2	2,1
Loisirs et culture	8,7	9,2	7,2	6,5
Éducation (dépenses à la charge des ménages)	0,6	0,6	0,6	0,6
Hôtels, cafés et restaurants	7,6	7,8	4,8	5,3
Autres biens et services	7,3	8,0	8,6	8,2
Dépenses de consommation des ménages	100	100	76,8	75,6
Dépenses de consommation des ISBLSM			1,8	2,7
Dépenses de consommation des APU			21,4	21,7
dont : santé			9,4	9,6
éducation			6,5	6,5
Consommation effective des ménages			100,0	100,0

Source : Insee, comptes de la Nation.

Remarque : Attention, pour 1992 et 2002, les coefficients budgétaires sont calculés en % de la dépense de consommation des ménages. Pour 2006 et 2010, ils sont calculés en % de la consommation effective des ménages.

Au XIXe siècle, **E. Engel** a recherché une loi générale caractérisant les comportements de consommation, en mettant en relation le revenu des ménages et la proportion des dépenses consacrées à la nourriture. Il constate que plus une famille est pauvre, plus grande est la part relative de ses dépenses totales qu'elle consacre à l'alimentation. La nourriture occupe en effet 61 % du budget des familles assistées, 55 % du budget des familles pauvres et 50 % des budgets des familles aisées. Il formule ainsi ce que l'on appelle la « **loi d'Engel** » : *« plus une famille est pauvre, plus grande est la part de ses dépenses totales qu'elle doit utiliser pour se procurer sa nourriture. »*

b › Évaluation de la consommation par catégorie de biens classés selon la durabilité

Une autre nomenclature de la consommation des ménages utilisée par la comptabilité nationale et l'INSEE se fonde sur le critère de durabilité des biens et distingue également les biens des services.
Les biens sont classés en trois catégories distinctes (on y ajoute les services) :

- **biens durables** (véhicules, meubles, équipement ménager ou de loisir...) ;
- **biens semi-durables** (textile, habillement...) ;
- **biens non durables** (alimentation, énergie...).

	Coefficients budgétaires en 2010
Biens durables	6,9 %
Biens semi-durables	5,8 %
Biens non durables	24,9 %
Services	62,4 %
Total	100 %

c › Évaluation de la consommation par produits

Une troisième nomenclature, plus détaillée, est utilisée par l'INSEE et comprend 304 postes élémentaires. Les dépenses des ménages sont alors classées par produits. Ces derniers sont regroupés en grandes catégories selon leur fabrication et la matière de l'objet consommé (bois, textile, chimie...).

> B L'évolution de la consommation des ménages en France

a › Des Trente Glorieuses aux ruptures de croissance

Pendant les années 1950, le volume de la consommation a évolué en moyenne au même rythme que le pouvoir d'achat du revenu des ménages : + 4,5 % par an.
Il en a été de même dans les années 1960, les rythmes de hausse s'accentuant encore : + 5,5 % par an.
La rupture de croissance du début des années 1970 n'a érodé que très lentement cette tendance lourde : le taux d'épargne (rapport de l'épargne des ménages à leurs revenus) a un peu fléchi dans les années 1970 de façon concomitante au fléchissement du rythme de croissance de la consommation (+23 % entre 1973 et 1981). Mais la hausse de la consommation des ménages dans les années 1980 (+22 % de 1981 à 1989) n'a pu se poursuivre qu'au détriment du taux d'épargne (moins de 12 % en 1990) et grâce à l'endettement (on peut parler d'ailleurs d'un véritable boom des crédits à la consommation pour la période 1986-1989) qui débouchera sur la loi Neiertz du 31 décembre 1989 pour en corriger les excès (mise en place de « commissions de surendettement »).
Depuis le début des années 1990, il se confirme que le rythme de croissance de la consommation est fortement lié aux variations du revenu et aux perspectives économiques. Par exemple, à la fin des années 1990 la croissance de la consommation s'accélère (+ 3,3 % en 1998) alors qu'au début des années 2000 elle se ralentit (+ 1,2 % en 2002). En 2009, sous l'effet de la crise financière, la dépense de consommation des ménages n'augmente que de 0,1 % en volume. Elle connaît une certaine reprise en 2010 (+ 1,4 %) et une rechute en 2011 (+ 0,3 %) sur fond de crise de la dette et de la zone euro. En longue période cependant, la hausse de la consommation est une tendance lourde.

b › Consommation et dépenses contraintes

Dans l'analyse de la consommation, l'INSEE accorde une importance croissante à la distinction entre les **dépenses pré-engagées**, qui constituent une contrainte pour les ménages (elles concernent principalement le logement, son chauffage et son éclairage) et les dépenses arbitrables. En 2010, plus du quart du revenu disponible des ménages est consacré à ces dépenses pré-engagées.

Consommation des ménages par fonction en 2010

		Poids dans la valeur de la consommation effective en %	
	Consommation en milliards d'euros	2000	2010
Alimentation et boissons non alcoolisées	145,7	10,9	10,2
Boissons alcoolisées et tabac	34,3	2,8	2,4
Articles d'habillement et chaussures	47,3	4,2	3,3
Logement, chauffage, éclairage	277,5	18,1	19,3
Équipement du logement	63,3	4,7	4,4
Santé	41,8	2,6	2,9
Transport	152,3	11,5	10,6
Communications	30,0	1,8	2,1
Loisirs et culture	93,4	6,9	6,5
Éducation	9,3	0,5	0,6
Hôtels, cafés et restaurants	76,3	5,6	5,3
Autres biens et services	118,9	8,8	8,3
Dépense de consommation des ménages	1 084,8	77,2	75,6
Consommation effective des ménages	1 435,2	100,0	100,0

De fait, selon le Conseil national de l'information statistique (CNIS), les ménages sont de plus en plus contraints par des dépenses à engagement contractuel, c'est-à-dire par des sommes qui sont dépensées en début de mois, avant même tout arbitrage en matière de dépenses courantes. Ces dépenses correspondent à des engagements difficilement négociables, au moins à court terme. Les dépenses les plus fortement contraintes sont celles consacrées au logement, au chauffage, aux services de téléphonie, à l'assurance. **F. Lenglart**, (chef du département des comptes nationaux à l'INSEE) estime à 23 % la part des dépenses contraintes dans les dépenses totales des ménages en 1960. Cette part a progressivement augmenté pour atteindre 45 % en 2007. À revenu donné, cette croissance des dépenses contraintes peut sembler signifier que les dépenses libres sont de plus en plus réduites, ce qui pourrait être un élément d'explication au sentiment de décalage entre la mesure de l'évolution du pouvoir d'achat et son ressenti par la population. Cependant, cette tendance à la hausse des dépenses contraintes ne doit pas être mésinterprétée, car elle s'effectue dans un contexte d'élévation continue du niveau de vie en France.

Paradoxalement, cette évolution s'explique aussi par la baisse concomitante du poids relatif des dépenses de première nécessité (alimentation, habillement). La part du reste des dépenses (loisirs, culture...) est, elle, très stable sur longue période.
Certaines études montrent que depuis le début des années 2000, l'augmentation de la part des dépenses contraintes contribue à expliquer le sentiment de baisse du pouvoir d'achat des ménages. On appelle **revenu arbitrable** le revenu disponible après déduction des dépenses pré-engagées (loyers, cotisations d'assurance, remboursements des crédits, etc.).

> II L'analyse macroéconomique de la consommation

> A La fonction de consommation keynésienne

a › La loi psychologique fondamentale

Selon **J.-M. Keynes** (1883-1946), « *La loi psychologique fondamentale sur laquelle nous pouvons nous appuyer en toute sécurité, à la fois a priori en raison de notre connaissance de la nature humaine et a posteriori en raison des renseignements détaillés de l'expérience, c'est qu'en moyenne et la plupart du temps, les hommes tendent à accroître leur consommation à mesure que le revenu croît, mais non d'une quantité aussi grande que l'accroissement du revenu* » (*Théorie générale de l'emploi, de l'intérêt et de la monnaie*, 1936).
C'est à partir de ces indications que l'on retient généralement la relation $C = cY + C_0$ pour exprimer la **fonction de consommation keynésienne**. Dans cette relation, le niveau de la consommation globale est expliqué par le niveau du revenu.

- Le terme C_0 (**consommation autonome** ou incompressible) indique la valeur de la consommation lorsque Y est nul.
- c est la **propension marginale à consommer** (PMC) qui indique la proportion de l'accroissement supplémentaire de revenu qui sera consacrée à la consommation ; c'est un rapport de variations : $\frac{\Delta C}{\Delta Y}$ et ΔY sont de même

signe ; ΔC est plus petit que ΔY, donc $0 < c < 1$. Graphiquement, la propension marginale à consommer est la pente de la droite représentant la fonction de consommation.

De façon analogue, on peut calculer la **propension moyenne à consommer** (PMC) ; elle indique la part du revenu global affectée à la consommation, soit C/Y. Alors que la propension marginale à consommer est constante, la propension moyenne diminue lorsque le revenu s'accroît, ce qui peut s'illustrer sur le schéma suivant :

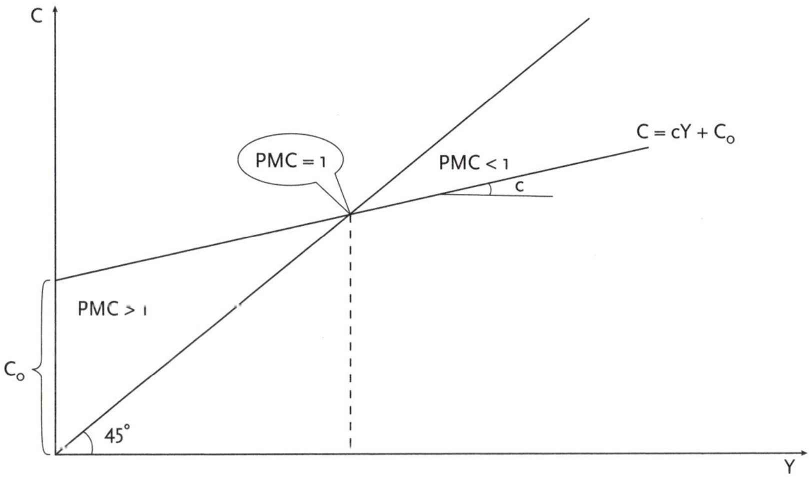

La droite à 45° représente la droite d'équilibre Y = C.

➾ **J.-M. Keynes**, introduit une nuance, en précisant : « *La propension marginale à consommer n'est pas la même quel que soit le niveau de l'emploi et il est probable qu'en règle générale elle tend à diminuer quand l'emploi augmente ; autrement dit, lorsque le revenu réel augmente, la communauté ne désire consommer qu'une proportion graduellement décroissante de son revenu* » (*Théorie générale*, Chapitre X). Selon cette affirmation, la propension marginale à consommer serait alors décroissante et non pas constante. La fonction de consommation ne serait alors pas une fonction croissant à taux décroissant.

b › Les résultats contradictoires des premières tentatives de vérification

Le développement des travaux empiriques dans l'immédiat après-guerre a permis de tester la relation proposée par Keynes. Ces recherches empiriques font apparaître deux fonctions de consommation distinctes selon la période retenue pour le travail d'estimation.

– À long terme, selon des travaux effectués par **S. Kuznets** (1901-1985) sur des séries temporelles longues relatives à la consommation et aux revenus réels des ménages américains sur la période 1869-1938, la consommation est proportionnelle au revenu, ce qui signifie que la PMC est sensiblement égale à la PmC. Malgré la forte hausse du revenu durant la période étudiée, la PMC est demeurée stable, ce qui contredit l'analyse keynésienne.
– À court terme, des travaux réalisés à partir :
  - soit de séries temporelles de court terme portant sur des valeurs trimestrielles de la consommation et du revenu ;
  - soit de budgets de famille (séries en coupe instantanées) fournissant à une date donnée, les divers niveaux de consommation des ménages classés par tranches de revenus, confirment que la propension à consommer diminue lorsque le revenu augmente.

Ces résultats de court terme sont alors compatibles avec la forme de la fonction keynésienne.
Finalement, les études empiriques parviennent à des résultats paradoxaux : en longue période, la consommation serait proportionnelle au revenu ; en courte période, elle ne le serait pas.
Pour expliquer cette constatation empirique, des efforts théoriques ont été déployés dans différentes directions.

> B
Les reformulations post-keynésiennes : effet de démonstration et théorie du revenu relatif

J. S. Duesenberry (1949) cherche à résoudre ce paradoxe en abandonnant l'un des postulats de la théorie microéconomique traditionnelle de la consommation : l'indépendance de la consommation d'un agent à l'égard de la consommation des autres. La dimension sociale des comportements de consommation est fondamentale selon lui. Dans la recherche d'un niveau et d'un genre de vie sans cesse plus élevés, les biens ne sont pas consommés seulement pour leur utilité directe ; ils ont également une valeur signe. Les agents d'un groupe social donné auront tendance à imiter la consommation d'un groupe aux revenus plus élevés : leur propension à consommer sera donc plus forte ; c'est **l'effet d'imitation** ou de **démonstration**. Ces phénomènes jouant dans toutes les classes de revenu, les consommations d'imitation tendent à accroître le volume global de la consommation à mesure que les revenus s'élèvent. Le fait que la hausse du revenu au cours du temps ne provoque pas de baisse de la propension à consommer trouve ainsi un début d'explication.
Dans cette analyse, on a alors une fonction de consommation différenciée par groupes sociaux. Le recours à ce type de fonction de consommation a été

adopté dans beaucoup de modèles économétriques (modèle METRIC utilisé en France depuis 1977).

> C
La fonction friedmanienne de longue période

M. Friedman (1912-2006, prix Nobel 1976) propose en 1957 une nouvelle théorie de la fonction de consommation.
Pour lui, la consommation d'une période ne dépend pas uniquement des revenus de cette période, mais plus généralement de l'ensemble des revenus anticipés sur les périodes futures.
Dans cette conception, il y a donc rupture de la liaison directe entre revenu courant et consommation courante ; un accroissement de revenu modifie la consommation de l'agent uniquement dans la mesure où il y a modification de la richesse de l'agent, c'est-à-dire de l'ensemble des ressources dont il pense pouvoir disposer sur l'ensemble des périodes.
Pour Friedman, le déterminant de la consommation est donc le **revenu permanent**, qu'il définit comme « *la somme qu'un consommateur peut consommer en maintenant constante la valeur de son capital* ».
Friedman introduit une distinction semblable à propos de la consommation : la consommation permanente est définie comme « *la valeur des services que l'on prévoit de consommer durant la période considérée* ». Ainsi, alors que la consommation au sens habituel inclut les achats de biens de consommation durable, la consommation permanente n'inclut que la valeur des services rendus par ces biens (frigidaire, voiture, télévision...) au cours de la période considérée. On peut alors montrer que la consommation permanente est proportionnelle au revenu permanent.

$$C_p = \gamma Y_p$$

Le revenu permanent est estimé à l'aide des revenus observés de la période courante et des périodes passées, les différents revenus observés étant affectés d'un poids qui décline au fur et à mesure que croît leur éloignement dans le temps. Le paramètre γ dépend notamment du taux d'intérêt.

> D
La prise en compte du temps dans l'analyse de la consommation : la « nouvelle théorie du consommateur »

En rupture avec la théorie microéconomique traditionnelle qui considère le consommateur comme un être passif (Voir « Éléments de microéconomie »),

G. Becker (prix Nobel 1992) introduit en 1964, la variable temps dans l'analyse de la consommation. Pour la « nouvelle théorie du consommateur », l'achat d'un bien ou d'un service ne constitue pas un acte économique final, mais un acte intermédiaire : le consommateur est en fait un producteur, qui utilise des « inputs » (les achats qu'il fait sur le marché, ainsi qu'une autre ressource rare, le temps) pour « produire » une satisfaction finale. On n'achète pas une voiture pour la voiture elle-même, mais pour les services ou les satisfactions dont elle est le support : on achète le moyen de se déplacer commodément d'un point à un autre, ou encore le moyen de « paraître » devant ses voisins ou ses relations. La satisfaction, pour un même objet, peut donc être différente selon les individus : les uns recherchent avant tout le moyen de locomotion, les autres l'élément d'ostentation. Cette introduction du temps dans l'analyse des activités de l'individu débouche directement sur deux considérations essentielles.

- L'augmentation du revenu élève la valeur du temps qui est donnée par son **coût d'opportunité**, c'est-à-dire le revenu sacrifié par unité de temps consommé. Chaque heure de travail apporte au salarié les moyens de s'offrir un volume croissant de biens et services, et donc la possibilité d'obtenir un volume de satisfactions lui aussi croissant, par unité de temps. Le consommateur est alors incité à se montrer plus économe de son temps. Pour maximiser son « produit », c'est-à-dire le volume global de ses satisfactions, il cherchera à réaliser ses préférences par des moyens nécessitant moins d'inputs de temps (restaurant, réfrigérateur pour ne pas aller au marché...).
- Pour **G. Becker**, il n'est pas nécessaire de supposer que les besoins et les préférences des individus changent au cours du temps pour expliquer la prolifération des produits nouveaux, leur obsolescence ou leur renouvellement accéléré. La seule chose qui évolue, c'est le prix du temps : la hausse continue du prix du temps aboutit à placer le consommateur dans la situation d'une entreprise qui voit en permanence se modifier les prix relatifs de ses facteurs de production. Ce qui change, ce n'est pas la structure des besoins du consommateur, mais les moyens de les satisfaire (par exemple l'utilisation de l'avion n'exprime pas un besoin spécifique d'avion, mais une demande de déplacement de plus en plus rapide).

> III
Les approches institutionnalistes de la consommation

À distance des approches microéconomiques et macroéconomiques dominantes, les économistes institutionnalistes insistent sur l'inscription de la consommation dans une société particulière, et sur les contraintes institutionnelles qui viennent encadrer les pratiques, comme par exemple les normes de consommation en fonction du groupe social.

> A Thorstein Veblen et la consommation ostentatoire

Pour T. Veblen (1857-1929), le niveau technologique élevé, la séparation entre la propriété et la gestion, permettent le développement d'une classe oisive dont la culture, dite *culture pécuniaire*, va avoir tendance à se diffuser dans toutes les classes sociales en raison de comportements d'émulation (*Théorie de la classe de loisir*, 1899).

Le statut social dans la classe de loisir dépend moins du niveau que du genre de vie. La **consommation ostentatoire** est souvent à l'opposé du sens commun et parfois du confort. Pour se différencier ou se distinguer, il faut s'imposer des objets et des pratiques qui vont à l'encontre des besoins les plus élémentaires. Le signe l'emporte sur l'utilité. L'ostentation remplace la satisfaction tirée de l'objet.

Dans l'analyse de Veblen, le loisir et la consommation ostentatoire ont un point commun qui fonde leur utilité, c'est le gaspillage de temps et de richesses. Tous deux servent à faire étalage de la richesse. On préférera l'un ou l'autre selon le stade de l'évolution économique. Avec l'urbanisation, la société se diversifie et la consommation prime sur le loisir.

Le système industriel, avec le type de voisinage urbain qu'il développe, accentue le rôle de la consommation ostentatoire. Les voisins sont des inconnus, mais leur opinion compte, et la consommation est le moyen de leur montrer ses capacités pécuniaires. La consommation ostentatoire est plus importante en milieu urbain qu'en milieu rural, car la ville provoque la démonstration et la surenchère : à revenu égal, la norme des apparences y est plus élevée. À la campagne, l'épargne, le confort domestique, le loisir, jouent en partie le même rôle, car la consommation ostentatoire perd de son efficacité dans un milieu où tout le monde sait tout sur tous.

> B J.K. Galbraith et la filière inversée

Dans *Le nouvel État industriel* (1967), **J.K. Galbraith**, met en évidence le fait que, dans la société industrielle des années 1960, le pouvoir appartient aux grandes entreprises : « *aussi, loin de se soumettre docilement et placidement aux lois du marché, comme le veut la thèse néoclassique, ces entreprises fixent les prix et font tout ce qu'elles peuvent pour assujettir le consommateur à leurs besoins* ».

J.K. Galbraith s'oppose ainsi à la théorie néo-classique, dans laquelle le consommateur est roi et où la filière est « normale » : les consommateurs expriment des besoins, que les entrepreneurs s'efforcent de satisfaire.
J.K. Galbraith raisonne au contraire en termes de « **filière inversée** » : les entreprises décident des biens qu'elles désirent produire, et elles font en sorte ensuite de créer chez les consommateurs les besoins correspondant aux biens créés, par la publicité notamment.

Pour en savoir plus

Initiation

- Chessel M.E. (2012), *Histoire de la consommation*, La Découverte, Coll. Repères.
- Desjeux D. (2006), *La consommation*, PUF, Coll. QSJ.
- Heilbrunn B. (2010), *La consommation et ses sociologies*, A. Colin, Coll. 128.
- Herpin N. (2004), *Sociologie de la consommation*, La Découverte, Coll. Repères.
- Herpin N. et Verger D. (2008), *Consommation et modes de vie en France. Une approche économique et sociologique sur un demi-siècle*, La Découverte, Coll. Repères.
- INSEE (2009), *Cinquante ans de consommation en France*, Coll. INSEE Références.
- Villieu P. (2010), *Macroéconomie, Consommation et épargne*, La Découverte, Coll. Repères.

Approfondissement

- Burda M., Wiploz C. (2009), *Macroéconomie : À l'échelle européenne*, De Boeck, 5e éd.
- Cochoy F. (2010), *Une histoire du marketing. Discipliner l'économie de marché*, La Découverte.
- Rochefort R. (1995), *La société des consommateurs*, Odile Jacob.
- Rochefort R. (1997), *Le consommateur entrepreneur, les nouveaux modes de vie*, Odile Jacob.

chapitre 6

Épargne et patrimoine

Au sens le plus large, l'**épargne** est la part du revenu qui n'est pas consommée au cours d'une période donnée. Les économistes accordent une grande importance à l'épargne pour plusieurs raisons.

- Depuis le XIXe siècle, les débats portent sur les conséquences de l'épargne sur l'activité économique : certains économistes considèrent qu'un excès d'épargne est un facteur de récession, d'autres voient au contraire dans l'épargne un facteur essentiel d'accumulation du capital, et par là de croissance.
- Par ailleurs, l'épargne est une source de financement indispensable, dans la mesure où elle peut permettre une réaffectation des ressources entre les différents agents. Ainsi, l'épargne des ménages contribue au financement des entreprises ou de l'État.
- Enfin, l'épargne est aussi un flux qui vient alimenter le stock de richesses détenues par les agents. Du point de vue comptable, on définit ce stock comme le **patrimoine** d'un agent, c'est-à-dire l'ensemble des actifs qu'il détient (biens capitaux, titres de propriété, créances). Les choix patrimoniaux des ménages, par exemple leur préférence pour les placements financiers ou pour l'acquisition de biens immobiliers, influencent en retour leur épargne, et donc l'activité économique.

> I Le rôle macroéconomique de l'épargne

> A Mesure et évolution de l'épargne globale

a › Définitions et indicateurs de l'épargne

Définie au niveau microéconomique, l'épargne résulte de la décision d'un agent individuel qui ne consomme pas l'intégralité de son revenu. En termes macroéconomiques, l'**épargne globale** est la différence entre le revenu national et la consommation globale.

La comptabilité nationale retient cette seconde approche : l'**épargne brute** est définie comme la différence entre le revenu disponible brut et la consommation finale. L'épargne brute est en fait le solde du compte d'utilisation du revenu disponible (voir « La comptabilité nationale »). On définit aussi une **épargne nette**, en retranchant de l'épargne brute la consommation de capital fixe, c'est-à-dire la part de l'épargne brute utilisée pour remplacer le capital fixe usé ou obsolète. La mesure de l'épargne nette est nécessaire au raisonnement économique pour appréhender les flux qui permettent une augmentation du stock de capital, mais l'évaluation de la **consommation de capital fixe** est complexe et on est souvent conduit à utiliser les indicateurs bruts de l'épargne. En effet, cette mesure suppose une estimation délicate de la durée de vie des biens capitaux, nécessaire pour déterminer le moment où une nouvelle acquisition de capital vient remplacer un capital devenu obsolète, et non s'ajouter à lui. Par exemple, si un ordinateur a une durée de vie de trois ans, un achat d'une unité tous les trois ans n'augmente pas le parc informatique.

L'épargne brute peut être définie soit pour l'ensemble de la nation, en agrégeant l'épargne des secteurs institutionnels résidents, soit pour chacun de ces secteurs. Les ménages ne sont donc pas les seuls agents à épargner, du point de vue de la comptabilité nationale, mais l'interprétation de l'épargne brute est différente selon le secteur institutionnel concerné.

- Les sociétés non financières et les sociétés financières n'ont par définition pas de consommation finale, leur revenu disponible brut est donc égal à leur épargne brute. Il s'agit de la part des profits qui n'ont pas été distribués sous forme de revenus (dividendes par exemple), soit le profit brut non distribué, disponible pour les investissements (autofinancement) ou pour les placements.
- L'épargne brute est un indicateur assez restrictif pour les ménages, en raison de la définition de la consommation finale retenue pour ce secteur institutionnel. En effet, seuls les achats de biens immobiliers sont consi-

dérés comme des dépenses d'investissement des ménages, par conséquent les autres achats de biens durables (électroménager, automobile, etc.) sont comptabilisés dans la consommation finale, ce qui réduit d'autant l'épargne brute. Plus la définition de la consommation est large, et plus l'épargne se réduit, puisque c'est un solde.

⇨ L'épargne brute des ménages peut être divisée en deux parts : l'**épargne non-financière** sert à l'acquisition de biens immobiliers (c'est en fait la formation brute de capital fixe des ménages), tandis que l'**épargne financière** désigne la capacité de financement des ménages (voir « La comptabilité nationale »).

– Pour les autres secteurs institutionnels, la notion d'épargne brute est moins utilisée, car elle n'a pas la même pertinence du point de vue économique que pour les ménages où les entreprises.

Les formes d'épargne des ménages

L'épargne des ménages peut être utilisée sous des formes très diverses, qui ne présentent ni les mêmes degrés de risque, ni la même liquidité, ni le même rendement.
– L'**épargne liquide** sous la forme de dépôts rémunérés, comme les livrets d'épargne proposés par les établissements bancaires, sert à l'épargne de courte durée et de précaution. En France, une part de l'épargne sur livrets défiscalisés contribue au financement du logement social, via sa gestion par la Caisse des dépôts et Consignations.
– L'acquisition de biens immobiliers ou d'objets de valeur est plus adaptée à une épargne longue.
– Les **placements** financiers, c'est-à-dire l'acquisition de titres (actions, obligations, SICAV, assurance-vie, etc.) participent directement au financement des autres agents économiques.
– La **thésaurisation**, c'est-à-dire la conservation de moyens de paiement est, par hypothèse, une forme d'épargne non rémunérée.

L'épargne des ménages dans un modèle simplifié de comptabilité nationale

Compte d'utilisation du revenu

Consommation finale	Revenu disponible brut
Solde = Épargne brute →	

Compte de capital

Épargne non-financière	Consommation de capital fixe (= épargne nette)	Épargne brute
	Formation nette de capital fixe Variation des stocks Objets de valeur	
Épargne financière	**Solde** = Capacité de financement	

b › L'évolution du taux d'épargne

1 › Les différents taux d'épargne

Il existe plusieurs définitions du **taux d'épargne**, c'est-à-dire du rapport entre l'épargne dégagée et les ressources disponibles, selon le secteur institutionnel concerné. Les taux qui suivent sont définis en pourcentage.
Pour l'ensemble de la nation l'agrégat de référence est le PIB :

$$\textbf{Taux d'épargne nationale} = \frac{\text{épargne brute des résidents}}{\text{PIB}}$$

Pour les sociétés, on définit le taux d'épargne par rapport à la valeur ajoutée qu'elles génèrent :

$$\textbf{Taux d'épargne des sociétés non financières (SNF)} = \frac{\text{épargne brute des SNF}}{\text{valeur ajoutée brute de SNF}}$$

Pour les ménages, le taux d'épargne est calculé par rapport au revenu disponible brut (RDB) :

$$\textbf{Taux d'épargne des ménages} = \frac{\text{épargne brute des ménages}}{\text{RDB des ménages}}$$

Pour ce secteur institutionnel, il est utile de distinguer la part de l'épargne financière et non financière :

$$\textbf{Taux d'épargne financière} = \frac{\text{capacité de financement des ménages}}{\text{RDB des ménages}}$$

$$\textbf{Taux d'épargne non financière} = \frac{\text{FBCF brute des ménages}}{\text{RDB des ménages}}$$

Ces différents taux bruts peuvent également être convertis en taux nets, par soustraction de la consommation de capital fixe au numérateur et au dénominateur.

2 › De fortes variations du taux d'épargne

Les comparaisons internationales montrent une grande variabilité des taux d'épargne, ainsi que des écarts importants entre les pays développés.
Trois tendances se dégagent de l'évolution des taux d'épargne des ménages :

Taux d'épargne des ménages : comparaisons internationales

	1995	2000	2005	2006	2007	2008	2009	2010
Taux d'épargne nette								
Allemagne	11,2	9,4	10,7	10,8	11,0	11,7	11,1	11,3
Italie	16,7	7,9	10,2	9,5	8,9	8,4	7,1	5,3
Japon	12,2	7,3	1,4	1,1	0,9	0,4	2,4	2,1
États-Unis	5,2	2,9	1,5	2,6	2,4	5,4	5,1	5,3

Taux d'épargne brute								
France	15,8	14,3	14,8	14,8	15,4	15,6	16,5	**16,1**
Espagne	17,4	11,1	10,8	10,2	10,4	13,5	18,5	**13,9**
Royaume-Uni	10,3	4,7	3,7	3,1	2,7	3,1	7,8	**7,2**

Source : Base de données des *Perspectives économiques de l'OCDE*, n° 91, juin 2012. La présentation des taux d'épargne des ménages n'est pas unifiée dans les systèmes comptables actuels, certains privilégient le taux d'épargne nette, d'autres le taux d'épargne brute.

– Dans tous les pays, on observe une tendance au déclin du taux d'épargne des ménages depuis la fin des années 1970. Cette diminution est à rapporter, sur la même période, au ralentissement de la croissance et de l'investissement, ce qui a alimenté la thèse d'une « pénurie d'épargne » dans le monde, qui expliquerait la faiblesse de l'accumulation du capital, donc de la croissance. Cependant, on peut considérer à l'inverse que la diminution du taux d'épargne est une conséquence de ce ralentissement, les agents ne voyant pas la nécessité d'investir en période de récession : il s'agit en réalité d'un débat théorique sur la relation entre épargne, investissement et croissance (voir « Capital et investissement »). La baisse du taux d'épargne des ménages permet de préserver un certain niveau de consommation, dans les phases de ralentissement économique. Cependant, dans certains cas, l'inquiétude des ménages face au ralentissement de la croissance et à la montée du chômage conduit à une hausse du taux d'épargne. C'est ce qui s'est passé au cours de la crise des subprimes. Au niveau mondial le taux d'épargne privé (des ménages, des entreprises) est passé de 29 % du PIB mondial en 2007 à 32 % en 2010. Cela s'explique par le maintien d'un niveau d'épargne de la nation très élevé dans les pays émergents (56 % du PIB en Chine en 2007) et par une hausse du taux d'épargne des ménages dans les pays industrialisés, comme on le voit dans le tableau ci-dessus.

– Il existe des écarts très importants d'un pays à l'autre, qui persistent dans le temps. Ainsi, les ménages des pays anglo-saxons épargnent moins que les ménages européens ou japonais, en raison notamment d'un recours élevé au financement par l'emprunt de la consommation et des achats immobiliers. De nombreux facteurs peuvent en être la cause : la structure démographique, le système de retraite (l'épargne longue est plus importante si le système de retraite est fondé sur la capitalisation), le poids de la dette publique et son mode de financement, ou encore les habitudes culturelles.

– La baisse de l'épargne des ménages dans les pays développés est le pendant au niveau mondial de la très forte hausse de l'épargne dans certains pays émergents (Chine, pays de l'OPEP). Cela génère de nouveaux déséquilibres dans l'économie mondiale, puisque désormais l'épargne de certains pays émergents vient massivement s'investir dans les pays développés (voir « La globalisation financière »). Deux interprétations sont possibles : si cela permet une meilleure allocation de l'épargne au niveau mondial, dans le même temps, l'ampleur de ces flux internationaux augmente les risques de déstabilisation, par des réallocations brutales des capitaux qui « s'envolent vers la qualité » en fuyant un pays connaissant des difficultés importantes.

> B Théories économiques et équilibre épargne / investissement

Pour présenter la relation entre épargne et investissement, on considère pour simplifier une économie fermée caractérisée par les relations suivantes :

- la production (Y) se répartit entre consommation (C) et investissement (I) : Y = C + I
- Le revenu global (R) se répartit entre consommation (C) et épargne (S) : R = C + S
- Durant une période donnée, la production donne lieu à une distribution de revenus de même montant, donc Y = R
- Des trois relations précédentes, on déduit que l'épargne est égale à l'investissement : I = S

Cette relation d'équilibre peut donner lieu à des interprétations macroéconomiques opposées, suivant que l'on considère l'épargne comme un préalable indispensable à l'investissement, ou au contraire que toute décision d'investir entraîne automatiquement la formation d'une épargne de même montant.

a › L'approche classique

Pour les économistes classiques, la loi des débouchés garantie l'équilibre entre la production et le revenu global, donc entre l'épargne et l'investissement (voir « Épistémologie et Histoire des sciences économiques »). Plus précisément, les classiques considèrent que le rôle des entrepreneurs est de réaliser **l'avance en capital** nécessaire pour engager la production : ils financent ainsi l'investissement, et paient les salaires. Les entrepreneurs ont donc sacrifié une partie de leur revenu pour l'avance de capital, au détriment de leur consommation : ils ont donc réalisé une **épargne préalable** à l'investissement. En conséquence, l'égalité entre épargne et investissement est toujours vérifiée, car c'est la même classe sociale qui réalise les deux opérations, à savoir les entrepreneurs, et de plus la dépense d'investissement découle d'une épargne préalable de même montant. Par conséquent, une épargne excessive n'est pas envisageable.

⇨ Parmi les économistes classiques, **T. Malthus** (1766-1834) adopte une position opposée, à l'origine d'une controverse avec **D. Ricardo** (1772-1823) sur l'équilibre macroéconomique. Selon Malthus, un excès d'épargne est possible et conduit à une crise de sous-consommation (voir « Fluctuations et crise »), alors que Ricardo considère que seules des crises sectorielles sont envisageables, résultant d'un excès d'investissement dans des secteurs où la demande est insuffisante. La baisse des profits qui en résulte dans le secteur considéré conduit les entrepreneurs à réaffecter leur épargne dans des secteurs plus rentables, ce qui met fin à la surproduction.

b › L'approche néo-classique

1 › Épargne et équilibre sur le marché des capitaux

Pour les néo-classiques, le marché des capitaux est le lieu où se confrontent besoins et offres de capitaux, déterminant un prix d'équilibre (le taux d'intérêt) tel que l'égalité entre épargne et investissement est toujours réalisée *ex ante*. En effet, l'investissement des entreprises (ou demande de capital) est financé par l'épargne des ménages (ou offre de capital) : un excès d'épargne ou un excès d'investissement n'est donc pas possible (voir « Capital et investissement »).

À la différence des classiques, les décisions d'épargner et d'investir ne sont pas prises par les mêmes personnes (les entrepreneurs) mais elles sont fixées simultanément par la confrontation des comportements des ménages et des entrepreneurs sur le marché des capitaux (ou le marché des fonds prêtables) en fonction du prix du capital, le taux d'intérêt. Il en découle deux conséquences importantes :

- les ménages réalisent à tout moment un arbitrage entre consommer tout de suite leur revenu, et épargner en vue d'une consommation ultérieure. De ce fait, l'épargne n'est qu'une consommation différée, et son niveau dépend d'un calcul intertemporel entre la satisfaction immédiate (la consommation) et la satisfaction future, qui augmente avec l'épargne;
- c'est la flexibilité du prix du capital qui permet l'équilibre *ex ante* entre épargne et investissement :

L'équilibre I = S sur le marché des capitaux

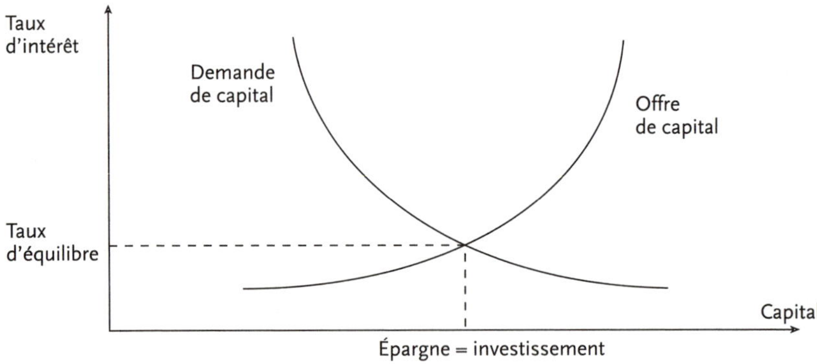

2 › Croissance économique et épargne

Dans l'approche néo-classique, le taux d'épargne détermine le **sentier de croissance**, c'est-à-dire les niveaux de production successifs atteints par une économie. Cependant, si la hausse de l'épargne permet d'augmenter le stock de capital, et donc la production, une augmentation du taux d'épargne n'est pas automatiquement favorable à la croissance. En effet, dans le modèle néoclassique de croissance établi par **R. Solow** (voir « La croissance économique »), le taux d'épargne n'influence pas le rythme de la croissance à long terme, qui dépend d'un facteur exogène, le progrès technique, mais il détermine le niveau maximal de richesse atteint par une économie, c'est-à-dire le produit par tête à l'état stationnaire. Selon la « **règle d'or de l'accumulation du capital** » énoncée par **E. Phelps**, il existe donc un taux d'épargne « idéal » qui maximise le produit par tête atteint à l'état stationnaire. La politique économique peut se fixer ce taux d'épargne comme objectif à long terme, afin de maximiser la satisfaction des consommateurs.

C › L'approche keynésienne

Équilibre *ex ante* et équilibre *ex post*

Pour **G. Myrdal** (1898-1987), il faut distinguer l'équilibre entre épargne et investissement *ex post* et *ex ante*.

- L'**équilibre *ex post***, c'est-à-dire l'égalité entre épargne et investissement à la fin de la période, est toujours vérifié : il signifie simplement qu'il existe un équilibre entre la part du revenu non consommée (l'épargne) et la part de la production non consacrée aux biens de consommation (l'investissement).
- En revanche, l'**équilibre *ex ante*** signifie que les projets d'investissement des entrepreneurs en début de période sont compatibles avec le niveau d'épargne souhaité par les ménages : l'équilibre *ex ante* n'a donc rien d'automatique, et des ajustements peuvent s'avérer nécessaires pour parvenir, finalement à l'équilibre *ex post* en fin de période.

Pour **J. M. Keynes** (1883-1946), l'épargne est un résidu du revenu, après que les ménages aient fixé leur niveau de consommation (voir « La consommation »). De plus, une épargne préalable n'est pas nécessaire à l'investissement. La décision d'investir dépend de la demande anticipée par les entrepreneurs, et la dépense d'investissement peut être financée par le crédit par exemple, où le déficit budgétaire quand il s'agit d'un investissement public. En revanche, Keynes montre qu'un investissement autonome génère finalement une épargne d'un montant identique, grâce au mécanisme du multiplicateur (voir « Capital et investissement »). Par définition, le **multiplicateur d'investissement** est égal à l'inverse de la propension à épargner (s). Toute augmentation de l'investissement entraîne par le biais du multiplicateur une augmentation du produit national (Y) égale à :

$\Delta Y = \Delta I \,.\, (1 / s)$

Le produit national supplémentaire génère à son tour une épargne (S) qui est par définition proportionnelle au taux d'épargne de l'économie :

$\Delta S = s \,.\, \Delta Y$

Soit en remplaçant ΔY par sa valeur :

$\Delta S = s \,.\, \Delta Y = s \,.\, \Delta I \,.\, (1 / s) = \Delta I$

Un investissement autonome a donc induit une épargne d'un montant strictement identique.

Pour Keynes, ce raisonnement a deux conséquences essentielles :

- une politique d'investissements publics permet d'augmenter l'activité, et donc de lutter contre le chômage, quand le niveau d'investissement privé est insuffisant pour assurer un emploi à tous (voir « Les politiques économiques ») ;
- inversement, une augmentation de l'épargne des ménages n'est pas nécessaire pour sortir d'une situation de sous-emploi, comme le suggère le modèle néo-classique : au contraire, l'augmentation du taux d'épargne a dans cette situation des effets récessifs. Pour Keynes, si l'épargne est une vertu individuelle (une épargne de précaution est justifiée), elle se transforme en « vice social » en situation de sous-emploi. En effet, l'épargne diminue l'activité actuelle sans créer d'activité nouvelle : il ne s'agit pas d'une consommation différée, comme le montre la métaphore du dîner. « *Un acte d'épargne individuelle signifie pour ainsi dire une décision de ne pas dîner aujourd'hui. Mais il ne requiert pas une décision de dîner* [...] *à une date déterminée. Il déprime ainsi l'activité de confectionner le dîner d'aujourd'hui sans stimuler l'activité de se préparer à un quelconque acte futur de consommation.* » (*Théorie générale*, 1936).

L'équilibre I = S où les dangers d'une hausse de l'épargne globale

Soit une économie fermée régie par les hypothèses keynésiennes sur le marché des biens et services. On note Y le produit national, C la consommation, S l'épargne, I l'investissement, c la propension à consommer, s la propension à épargner, et C_0 la consommation incompressible (voir « La consommation »).

– Le produit national est égal à $Y = C + I$
– Le revenu global est égal à $R = C + S$
– La fonction de consommation keynésienne s'écrit : $C = cY + C_0$
– L'investissement est autonome : $I = I_0$
– L'épargne est un résidu du revenu, d'où la fonction d'épargne suivante :
$S = Y - C = Y - cY - C_0 = Y(1 - c) - C_0$
La condition d'équilibre sur le marché des biens est $I = S$
On peut représenter sur un graphique le produit d'équilibre Ye à l'intersection des droites d'épargne et d'investissement :

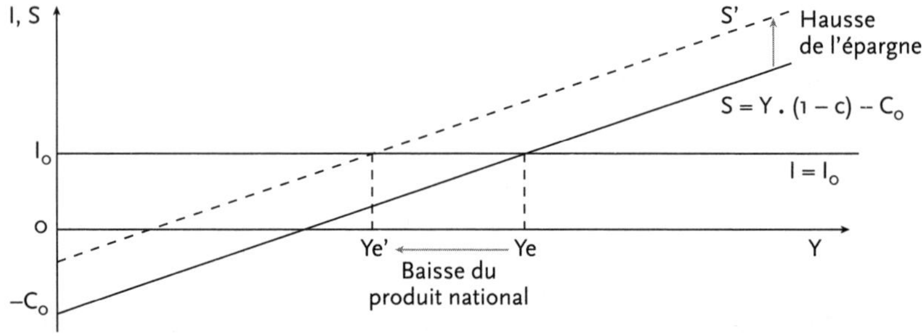

Faisons l'hypothèse d'une hausse de l'épargne globale, suite par exemple à la crainte d'une récession, qui inciterait les ménages à former une épargne de précaution. La fonction d'épargne se déplace à un niveau supérieur S' : comme le montre le graphique, cela conduit à un produit d'équilibre inférieur Ye'. L'effet multiplicateur a joué négativement : une hausse de l'épargne se traduit par une diminution du PIB.
À l'inverse, ce modèle peut être utilisé pour illustrer graphiquement l'effet multiplicateur d'une hausse de l'investissement sur le produit national : dans ce cas la droite d'investissement se déplace vers le haut, et l'équilibre I=S se réalise pour un produit d'équilibre supérieur (cas non représenté ici).

Il existe des interprétations très différentes de l'œuvre de **Keynes** (voir « Épistémologie et histoire des sciences économiques »), et la question de l'équilibre épargne / investissement n'y échappe pas. Pour **J. Hicks** (1904-1989, prix Nobel 1972) et l'école de la synthèse néo-classique, la relation I = S doit se comprendre comme une condition d'équilibre à un moment donné : le cadre de raisonnement néo-classique en termes d'équilibres de marché est alors préservé. Pour les post-keynésiens au contraire, la relation I = S n'est qu'une identité comptable, elle est par définition toujours vérifiée en fin de période, ce qui peut être compatible avec un déséquilibre *ex ante* entre l'épargne et l'investissement.
Selon **O. Favereau**, ce conflit des interprétations est en réalité au cœur de l'œuvre de Keynes, qui mêle un « projet pragmatique » – convaincre ses contemporains d'agir efficacement contre le chômage, en faisant de la théorie générale de l'équilibre de sous-emploi une simple extension du modèle néo-classique; et un « projet radical », en rupture avec le modèle classique de la régulation marchande du fait de la place accordée aux anticipations, à l'incertitude et à la monnaie.

En poursuivant l'œuvre de Keynes par l'étude de la croissance en longue période, **R. Harrod** (1900-1978) et **E. Domar** (1914-1997) considèrent que la croissance est possible seulement si l'investissement augmente d'une période à l'autre, donc si l'investissement à une période donnée est supérieur à l'épargne dégagée à la période précédente (voir « La croissance économique »). Cela met en évidence le rôle du crédit, car le financement de la totalité de l'investissement par une épargne préalable n'est pas compatible avec la croissance économique.

d › L'approche monétariste

Avec les travaux de **M. Friedman** (1912-2006, prix Nobel 1976), l'analyse monétariste conteste la validité des conclusions keynésiennes au niveau macroéconomique, en formulant de nouvelles hypothèses sur les fondements microéconomiques des choix de consommation et d'épargne. Pour Friedman, les individus considèrent que leur **revenu courant** est composé de deux parts, le **revenu permanent**, c'est-à-dire la partie stable du revenu selon les anticipations des agents, et le **revenu transitoire**, qui correspond à des ressources aléatoires. Les choix de consommation ne dépendent pas du revenu courant, mais du revenu permanent (voir « La consommation ») : les individus recherchent la meilleure répartition intertemporelle entre consommation actuelle et future en fonction de la composante stable de leur revenu. Par conséquent l'épargne, tout comme l'endettement, sert de variable d'ajustement. Contrairement aux hypothèses de Keynes le taux d'épargne courant est instable, de même que la propension à consommer, ce qui permet la stabilité à long terme de la relation entre revenu permanent et consommation permanente. Par exemple, un ménage qui perçoit un revenu transitoire important va augmenter son taux d'épargne temporairement pour « lisser » l'effet de ce revenu sur son niveau moyen de consommation.

L'épargne n'est donc pas un résidu comme chez Keynes, mais résulte d'un arbitrage entre consommation actuelle et future, en fonction des anticipations des ménages concernant l'évolution de leur revenu. Les implications macroéconomiques de l'hypothèse du revenu permanent sont fortes, car l'instabilité du taux d'épargne et de la propension à consommer signifie que l'effet multiplicateur est lui-même instable, voire nul, puisqu'il dépend de la valeur de ces paramètres. Cela conduit Friedman à critiquer l'efficacité des politiques budgétaires d'inspiration keynésienne, fondées sur l'effet multiplicateur des dépenses publiques (voir « Les politiques économiques »).

Dans l'analyse de **Friedman**, les ménages ont une logique patrimoniale : les choix d'épargne dépendent de la richesse accumulée (et anticipée) tout au long de l'existence, et non du revenu courant.

Épargne volontaire, épargne forcée

L'analyse de l'épargne développée par **F. Hayek** (1899-1992, prix Nobel 1974) montre qu'une politique monétaire de diminution des taux d'intérêt conduit à la surcapitalisation, c'est-à-dire à un allongement excessif du détour de production (voir « Capital et investissement »).

En l'absence d'intervention des autorités monétaires, le niveau d'épargne résulte de l'arbitrage fait par les ménages entre consommation actuelle et consommation future. Il s'agit d'une **épargne volontaire**, car elle découle de la préférence des ménages pour le futur. Sur le marché des capitaux, la confrontation de l'épargne des ménages et des besoins de capitaux des entreprises pour leurs investissements détermine le taux d'intérêt naturel, notion empruntée à **K. Wicksell** (1851-1926). À ce taux, les entreprises réalisent les détours de production qui permettent de satisfaire au mieux les préférences des ménages. Un changement des choix d'épargne des ménages créé un déséquilibre temporaire, le temps que la structure de production s'adapte à la nouvelle répartition entre consommation et épargne.

Une politique monétaire expansive en vue de soutenir l'activité consiste à baisser les taux d'intérêt afin de faciliter le recours au crédit. Pour Hayek, cela conduit à une diminution du taux appliqué aux crédits bancaires : le taux d'intérêt monétaire devient inférieur au taux d'intérêt naturel. La baisse du taux d'intérêt monétaire facilite les investissements au-delà de ce qui était nécessaire pour répondre à la demande des ménages : de ce fait, la structure de production s'allonge inutilement, au profit des biens intermédiaires et au détriment des biens de consommation. Comme la demande des ménages en biens de consommation n'a pas changé, il en résulte une hausse des prix des biens de consommation. Cela oblige les ménages à réduire leur consommation : ils réalisent une **épargne forcée** par la hausse des prix dans le secteur des biens de consommation, c'est-à-dire une renonciation à consommer imposée par l'inflation qu'ils subissent

Hayek s'oppose donc aux conceptions de **Keynes** : l'absence d'intervention publique est préférable, car cela évite de perturber « l'ordre spontané » résultant des interactions entre agents, qui se traduit par un niveau optimal d'épargne et d'investissement.

> II Comportements d'épargne et formation du patrimoine des ménages

> A Définitions et mesure du patrimoine

a › Les formes de patrimoine

À l'origine, le **patrimoine** désigne les biens reçus en héritage. Plus largement, le patrimoine comprend les richesses accumulées par une personne, sous forme de biens durables, d'objets de valeur, de monnaie ou de placements financiers. Il faut souligner que la définition du patrimoine est assez délicate, car elle dépend :

- des conventions adoptées pour distinguer, selon leur durée de vie et leur rôle, les biens durables des biens de consommation courante. Seuls certains biens durables font partie du patrimoine (voir « Capital et investissement »).
- Seuls les éléments pouvant faire l'objet d'une appropriation privée entrent dans la définition du patrimoine : les frontières du patrimoine dépendent donc de l'évolution des droits de propriété. Par exemple le capital humain ne fait pas partie du patrimoine.

En termes comptables, le patrimoine est un stock d'actifs, détenus, sous forme de droits de propriété et de créances. On peut distinguer le **patrimoine brut** d'un agent économique, qui comprend l'ensemble de ses actifs, et le **patrimoine net**, c'est-à-dire la différence entre les actifs détenus et les dettes de l'agent.

⇨ En comptabilité nationale, la **valeur nette du patrimoine** est la différence, au 31 décembre de l'année considérée, entre la valeur de l'actif et du passif d'une unité institutionnelle. On distingue en comptabilité nationale les **actifs non financiers** des **actifs financiers**, seuls ces derniers pouvant figurer au passif d'un agent puisqu'ils sont la contrepartie d'une créance d'un autre agent :

Patrimoine des ménages fin 2010
et variations de patrimoine au cours de l'année 2010 (Md€)

	Stock fin 2010	Évolution 2009-2010	*Dont nouveaux flux*	*Dont réévaluations*	*Dont autres*
Actifs non-financiers	**7 409,90**	**704,8**	**113,6**	**612,4**	**– 21,2**
Logements	3 262,5	135,6	102,2	66	– 32,6
Autres bâtiments et génie civil	147,4	– 0,8	5,6	– 0,2	6,1
Terrains bâtis	3 544,8	547,7	– 0,1	517,9	29,9
Autres terrains	211,1	16,7	– 3	22,7	– 3,1
Objets de valeur	115,4	6,1	0,6	5,5	0
Autres actifs non-financiers	128,8	– 0,6	8,2	0,5	– 9,3
Actifs financiers	**3 925,8**	**208,4**	**158**	**39,4**	**11,1**
Numéraires et dépôts	1 123,3	43,7	42,3	1,4	0
Actions et titres d'OPCVM	1 001	68,1	8,9	48	1,1
Provisions techniques d'assurance	1 468,9	75,5	78,5	– 2,9	0

Autres actifs financiers	332,6	21,1	28,2	−7,2	0
Passifs financiers	**1232,0**	**65,7**	**66,0**	**−0,5**	**0,2**
Patrimoine net	**10103,6**	**847,5**	**205,5**	**652,3**	**−10,3**

Source Insee, enquête patrimoine 2010.

On obtient le **patrimoine national net** en agrégeant la valeur nette du patrimoine détenu par l'ensemble des résidents : il s'élève en France en 2010 à 13065 milliards d'euros, soit l'équivalent de 7,8 années de produit intérieur net Les ménages détiennent 77 % de ce patrimoine national.

Comme stock, le patrimoine résulte de l'accumulation d'actifs au cours du temps : il doit donc être évalué à une date donnée, contrairement à un flux tel l'épargne, qui est mesuré entre deux dates. La valeur d'un patrimoine est difficile à estimer car elle dépend de plusieurs éléments :

- l'épargne nette de l'agent, c'est-à-dire le flux qui vient augmenter son stock d'actifs ;
- l'estimation retenue pour le calcul de l'amortissement (voir « Capital et investissement ») ;
- l'estimation de la valeur des actifs, qui se fait généralement au prix de marché mais pose problème pour des actifs non standardisés.

Le patrimoine : du concept à la mesure

La mesure d'un stock d'actifs comme le patrimoine pose bien plus de difficultés que l'évaluation d'un agrégat de flux, tel le PIB. En effet, la plupart des actifs non financiers n'ont pas fait l'objet d'une transaction récente : il faut donc procéder à une estimation de leur valeur, s'ils étaient vendus à la date d'évaluation du patrimoine. Pour un bien immobilier par exemple, on prend en compte le prix moyen de l'immobilier dans le quartier concerné. De ce fait, plus les biens sont atypiques, plus leur évaluation est incertaine. En France, l'INSEE réalise périodiquement (tous les six ans environ) une enquête nationale sur le patrimoine des ménages; la plus récente a eu lieu en 2009-2010. Cette enquête permet, pour la première fois, de faire une estimation de la valeur des biens durables, des bijoux et des œuvres d'art. Enfin, certains éléments du patrimoine perdent rapidement de la valeur, d'autres au contraire en gagnent avec le temps, et c'est pourquoi la valeur du patrimoine peut changer en raison des variations de prix des actifs qui le compose. C'est ainsi que la valeur du patrimoine national de la France a baissé en 2008 et 2009, puis a augmenté de 9,5 % en 2010 en raison des fluctuations du prix des actifs financiers et immobiliers.

b › L'évolution du patrimoine des ménages

En France, l'évolution du patrimoine des ménages présente trois caractéristiques principales :

- une transformation importante de la structure patrimoniale en faveur des actifs financiers depuis les années 1980. Par exemple, la part des ménages possédant des valeurs mobilières est de presque 19 % en 2010 contre 6 % environ au milieu des années 1980. Par ailleurs 48 % des ménages possèdent des produits d'épargne retraite et d'assurance-vie et donc des valeurs mobilières à travers ses investisseurs institutionnels. Cette évolution découle de la financiarisation de l'économie qui rend plus attractive la détention d'actifs financiers (voir « La globalisation financière »). Elle découle aussi d'une évolution du comportement patrimonial des ménages qui, mieux informés, diversifient leurs placements.

- La forte augmentation de la valeur nette du patrimoine des ménages s'explique principalement par la hausse des prix de l'immobilier. En effet, les prix des terrains et des logements ont augmenté en moyenne de 7,3 % par an entre 1995 et 2003, soit beaucoup plus rapidement que l'ensemble des prix et que la production en volume, ce qui a entraîné un important effet de richesse pour les ménages détenant ces biens, et un accroissement des inégalités entre ménages propriétaires et non propriétaires de leur logement. La proportion de ménages propriétaires de leur logement atteint désormais 57,9 % en 2010, elle était inférieure à 50 % en 1982.
- La répartition du patrimoine est bien plus inégale que la répartition du revenu. En 2010, les 10 % de ménages les mieux dotés en patrimoine possèdent au minimum 552 300 euros d'actifs, alors que les 10 % qui ont les patrimoines les plus faibles détiennent au maximum 2 700 euros chacun, soit 205 fois moins. L'écart est bien moindre en ce qui concerne les revenus puisque le revenu disponible des 10 % de ménages les plus modestes est 4,2 fois moins élevé que celui des 10 % les plus aisés en 2009.

Les 10 % de ménages qui ont les patrimoines les plus élevés possèdent ensemble 48 % de la masse totale de patrimoine brut. Les 5 % les mieux dotés en détiennent à eux seuls 35 % et les 1 %, 17 % (graphique ci-dessous). Les ménages de ce dernier centile possèdent chacun au moins 1 885 200 euros de patrimoine brut. Alors que les 50 % des ménages les moins dotés détiennent 7 % du patrimoine brut, et les 10 % les plus modestes n'en détiennent que 0,05 %.

L'importance des inégalités patrimoniales s'explique d'abord par un effet de structure : à taux d'épargne identique, les ménages qui ont un revenu élevé accumulent plus rapidement un patrimoine que les ménages à bas revenu, car les montants épargnés sont plus élevés. Cet effet de structure est aggravé par le fait que le taux d'épargne tend à augmenter avec le revenu.

Les inégalités de patrimoine brut se sont accrues entre les enquêtes de 2004 et 2010. Ainsi, le rapport interdécile D9/D1 a augmenté de plus de 30 % et le rapport interquartile Q3/Q1 de plus de 47 %.

Courbes de Lorenz du patrimoine et du revenu en 2003

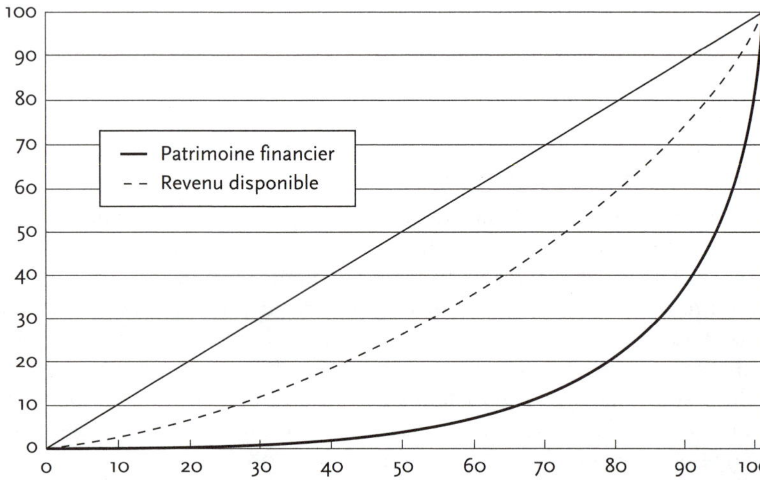

Source : A. Baclet et E. Raynaud (2008), « La prise en compte des revenus du patrimoine dans la mesure des inégalités », *Économie et statistique*, n° 414.

Courbe de Lorenz, coefficient de Gini

- Une **courbe de Lorenz** est une représentation graphique de la concentration d'une variable à l'intérieur d'une population, par exemple le revenu au sein de la population française. En abscisse, on indique les effectifs cumulés de la population en pourcentage, et en ordonnée la part du total de la variable pour chaque effectif cumulé.

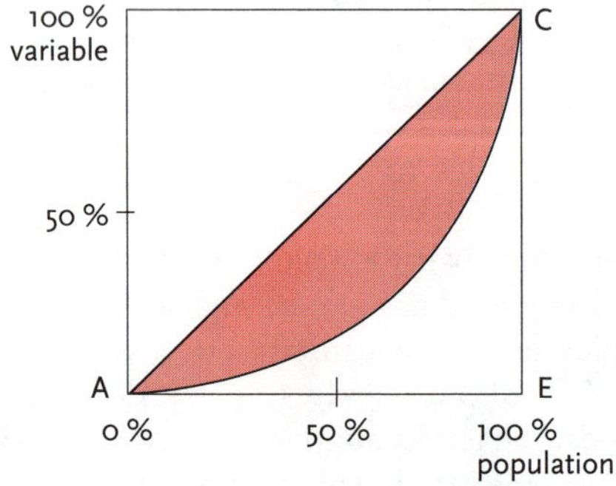

Tout au long de la diagonale AC, la variable considérée et la part de la population ont par construction la même valeur : par exemple 40 % de la population détient 40 % des revenus distribués. En conséquence, plus la courbe de Lorenz est proche de la diagonale, plus cela indique une répartition proportionnelle de la variable au sein de la population. À l'inverse, plus la courbe se creuse, et plus elle indique une répartition inégale de la variable. À l'extrême, la courbe se confond avec les côtés AB et BC, dans le cas où un seul individu détient 100 % de la variable considérée.

• Le **coefficient de Gini** complète la courbe de Lorenz : c'est le rapport entre la surface délimitée par la courbe et la diagonale AC d'une part (surface rosée sur le graphique), et la surface du triangle ABC d'autre part. Par construction, il varie entre 0 (distribution parfaitement proportionnelle de la variable) et 1 (concentration maximale de la variable auprès d'un seul individu).

> B
Les déterminants des choix d'épargne et de patrimoine

L'évolution de l'épargne des ménages a des conséquences évidentes sur leur patrimoine dans la mesure où le flux d'épargne est un moyen d'augmenter le patrimoine. Par ailleurs, les choix patrimoniaux des ménages contribuent à influencer leur épargne, dans son volume comme dans sa structure.

a › Épargne et composition du patrimoine des ménages

Depuis le milieu des années 1980, la France a d'abord connu une tendance à la hausse du taux d'épargne des ménages puis une stabilisation entre 15 et 16 % depuis 10 ans, qui s'est accompagnée d'une évolution sensible de la nature de l'épargne. Les ménages s'ouvrent à l'épargne financière, et on observe une progression des placements en actifs financiers (actions, livrets d'épargne, et surtout l'assurance vie), comme le montre le document ci-dessous, alors que le taux de détention d'actifs immobiliers est très stable.
Plusieurs facteurs se sont conjugués pour favoriser les placements financiers des ménages :

- La hausse des taux d'intérêt réels depuis les années 1980 rend plus attractive l'épargne rémunérée, au détriment de la consommation dont le coût d'opportunité augmente ; l'endettement est également pénalisé par cette hausse, ce qui incite d'autant les ménages à privilégier l'épargne avant de réaliser des investissements. Les politiques de « désinflation compétitive » menées dans les années 1980 ont donc favorisé l'épargne financière.
- La globalisation financière a entraîné le développement d'une offre de placements très différenciés, et a facilité l'accès d'un plus grand nombre de ménages aux marchés de titres (voir « La globalisation financière »). Cependant, la crise financière a fait évoluer les comportements, 20 % des ménages détiennent des valeurs mobilières en 2010 (comptes titres ou plan d'épargne en action) contre 25 % en 2004.
- La politique fiscale a également une incidence sur les choix de placement des ménages, car le gouvernement a la possibilité de favoriser certaines formes d'épargne, en offrant des conditions plus avantageuses à certains produits, comme le montre l'évolution du régime fiscal de l'assurance-vie

par exemple, ou le développement de l'épargne salariale, favorisée par les entreprises du secteur privé.

– Cependant, le patrimoine des ménages donne une place plus grande aujourd'hui aux actifs immobiliers plutôt qu'à l'épargne financière. Cela vient de la forte hausse des prix immobiliers depuis la fin des années 1990, qui déforme la structure des actifs détenus par les ménages en faveur des biens immobiliers.

Évolution entre 1998 et 2010 des taux de détention d'actifs patrimoniaux (en %)

	1998	2004	2010
Livrets défiscalisés	82,5	82,6	84,7
Livrets soumis à l'impôt	6,2	5,9	6,3
Ensemble des livrets d'épargne	**83,5**	**83,2**	**85,0**
Épargne logement	**40,9**	**41,3**	**31,2**
Valeurs mobilières	**21,2**	**24,2**	**19,3**
Assurance-vie ou décès volontaire	34,6	35,3	41,8
Épargne retraite (hors PERP)	9,2	9,7	9,1
Plan d'épargne retraite populaire (PERP)	/	/	4,0
Plan d'épargne populaire (PEP)	14,9	9,2	4,4
Ensemble assurance-vie, épargne retraite	**45,8**	**43,8**	**48,3**
Épargne salariale	**12,7**	**16,7**	**15,1**
Ensemble autres produits financiers(1)	**4,8**	**2,1**	**4,0**
ENSEMBLE PATRIMOINE FINANCIER	**91,6**	**91,4**	**92,1**
Résidence principale(2)	53,3	55,7	58,0
Autres logements	18,1	17,7	18,7
ENSEMBLE PATRIMOINE IMMOBILIER	**58,5**	**60,5**	**61,9**

1. Bon d'épargne, de caisse ou de Trésor, compte à terme, compte-courant d'associés, livret d'épargne entreprise.
2. Il s'agit de la part de ménages propriétaires de leur résidence principale, accèdants à la propriété ou usufruitiers.

Lecture : en 2010, 84,7 % des ménages vivant en France métropolitaine détiennent au moins un livret défiscalisé. Ils étaient 82,5 % en 1998.
Champ : ménages ordinaires résidant en France métropolitaine.
Source : INSEE Première n° 1325, novembre 2010.

b › Les facteurs démographiques

L'évolution de la structure de la population modifie le taux d'épargne, dans la mesure où l'effort d'épargne se répartit inégalement tout au long de l'existence : de jeunes ménages sont plus facilement emprunteurs, tandis que des ménages en fin d'activité ont tendance à préparer leur retraite par une épargne élevée.

La théorie du cycle de vie de **F. Modigliani** (prix Nobel en 1985) montre l'influence de la structure démographique sur le taux d'épargne, pour en tirer les conséquences macroéconomiques. L'hypothèse de départ est que les consommateurs effectuent une répartition intertemporelle de leurs ressources, connaissant à l'avance la durée de leur existence et leurs revenus futurs. On suppose que les consommateurs obtiennent le maximum de satisfaction avec une progression régulière de leur consommation, comme le montre le graphique ci-dessous. Or, leur revenu est variable : il augmente progressivement tout au long de la carrière, avant de diminuer sensiblement avec la fin de l'activité. Selon Modigliani, les consommateurs font alors varier leur patrimoine net de manière à compenser les variations du revenu. Ils ont un patrimoine net négatif en début de carrière, l'emprunt permettant de consommer davantage que le revenu courant ne le permet (phase A du graphique), ils augmentent ensuite progressivement leur patrimoine pour préparer leur retraite (revenu > consommation dans la phase B), et enregistrent enfin une **désépargne** à partir de la retraite, c'est-à-dire que le patrimoine net diminue de manière à consommer davantage que ne le permet le revenu courant (phase C).

Répartition du revenu et du patrimoine durant le cycle de vie

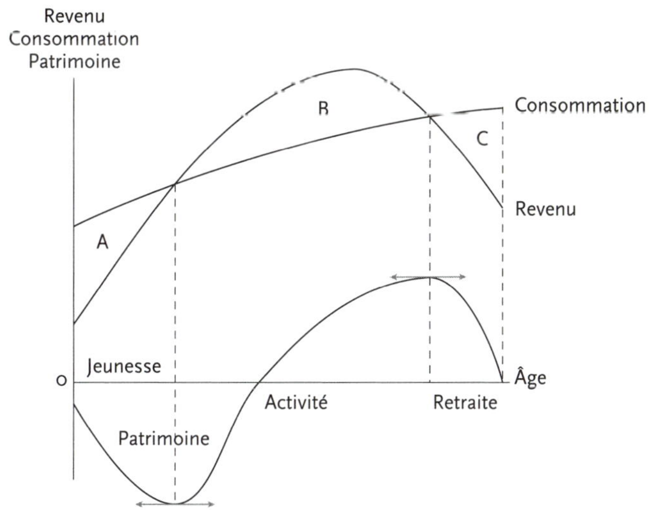

Source : d'après P. Villieu (1997), *Macroéconomie – consommation et épargne*, La Découverte.

⇨ Comme la théorie du revenu permanent de Friedman, l'hypothèse du cycle de vie suppose que l'épargne est le résultat d'un arbitrage intertemporel entre consommation actuelle et consommation future. Les études empiriques en économie comportementale montrent au contraire que les individus font preuve d'**incohérence temporelle**, c'est-à-dire qu'ils ne font pas les mêmes choix dans le futur qu'ils pensaient faire aujourd'hui. Ils repoussent par exemple le moment d'épargner, alors qu'ils regrettent ce choix plus tard. Selon **R. Thaler** et **C. Sunstein**, il ne faut donc pas compter sur les choix rationnels en matière d'épargne et inciter les individus à prendre de meilleures décisions en leur proposant des « choix par défaut », par exemple de souscrire par défaut à un plan d'épargne-retraite, qu'il est plus difficile de décider de supprimer, plutôt que l'inverse.

Le vieillissement de la population, dans les pays développés, devrait donc s'accompagner d'une évolution du taux d'épargne, cependant les vérifications empiriques de l'hypothèse du cycle de vie montrent qu'en réalité, l'augmentation du patrimoine se poursuit généralement bien au-delà de la retraite.
Plus largement, il faut souligner que l'impact de la démographie sur le taux d'épargne dépend pour une large part de facteurs politiques et institutionnels : l'évolution de l'offre d'actifs financiers ou les choix de financement de la protection sociale ont une influence déterminante. Les débats contemporains sur l'**épargne retraite** le montrent bien. Cette forme d'épargne, destinée au financement de la retraite des salariés par une contribution volontaire, a connu une certaine progression depuis les années 1990. Plus largement, près d'un ménage sur deux possède une forme d'épargne longue pouvant être destinée à la retraite (Assurance-vie dont la progression est forte depuis la fin des années 1990, PEP, **épargne salariale** qui désigne les placements obtenus par les salariés dans les entreprises à des conditions fiscalement avantageuses). Cette évolution résulte en partie des craintes concernant l'avenir du système de retraite, pour des raisons démographiques, mais elle est aussi le résultat de la progression importante des placements financiers depuis 20 ans, qui a des effets incitatifs sur l'épargne des ménages, et de la politique fiscale de l'État, favorable à l'épargne financière.

⇨ Comme tous les pays n'ont pas la même histoire démographique, il en découle nécessairement des mouvements internationaux de capitaux des nations dont la structure par âges conduit à dégager une capacité de financement, vers celles dont la structure par âge nécessite l'emprunt sur le marché des capitaux (voir « La globalisation financière »).

La complexité des comportements patrimoniaux

Dans une étude parue en 2011, l'INSEE montre que les ressources des ménages jouent un rôle essentiel dans la détermination du montant et de la structure du patrimoine. Par exemple, les 6 % de ménages qui ne possèdent aucun actif patrimonial ont des revenus faibles. Parmi les ménages qui possèdent un patrimoine, ceux dont les revenus sont les plus modestes privilégient les actifs peu risqués, ceux qui ont des revenus moyens privilégient les actifs qui favorisent la transmission patrimoniale, ceux qui ont des revenus plus élevés diversifient leur patrimoine tout en privilégiant l'immobilier. Mais d'autres variables interviennent, notamment l'âge, le statut professionnel, mais aussi l'héritage familial.

Sur cette base, l'INSEE propose une typologie des comportements patrimoniaux des ménages :

- portefeuille modeste de début de cycle de vie ;
- portefeuille en cours de constitution ;
- portefeuille diversifié, orienté retraite ;
- portefeuille diversifié, orienté immobilier ;
- portefeuille modeste de fin de cycle de vie ;
- portefeuille orienté transmission ;
- portefeuille atypique.

Pour en savoir plus

Initiation

- Arrondel L. et Masson A. (2011), *L'épargnant dans un monde en crise*, Éditions Rue d'Ulm.
- Bekerman G. (2010), *Les 100 mots de l'épargne*, PUF, Coll. Que sais-je ?
- Villieu P. (2010), *Macroéconomie – consommation et épargne*, La Découverte, Coll. Repères.

Approfondissement

- Aglietta M. (2008), *Macroéconomie financière*, La Découverte, Coll. Grands Repères.
- Aglietta M., Blanchet D. et Héran F. (2002), *Démographie et économie*, Rapport du Conseil d'analyse économique, La Documentation française.
- Babeau A. (2000), *Les comportements financiers des Français*, Économica.
- Blanchard O., Cohen D. (2010), *Macroéconomie*, Pearson éducation, 5e éd.
- INSEE (2011), *Les revenus et le patrimoine des ménages*, Coll. INSEE Références [www.insee.fr/fr/publications-et-services/sommaire.asp?codesage=REVPMEN11&niv geo=0].
- Piketty T. (2006), *Les hauts revenus en France*, Hachette, Coll. Pluriel.
- Thaler R. et Sunstein C. (2010), *Nudge – La méthode douce pour inspirer la bonne décision*, Vuibert.

chapitre 7

Capital et investissement

Dans le fonctionnement des économies modernes, les flux d'investissements et le stock de capital jouent un rôle central sur le plan macroéconomique.

- L'augmentation du stock de capital détermine dans une large mesure le potentiel de croissance que l'économie peut espérer atteindre.
- Les variations de l'investissement déterminent, au moins partiellement, les fluctuations de l'activité.
- Investissement et capital agissent sur la répartition des revenus, et sur le niveau de l'emploi, en raison par exemple de la substitution entre capital et travail.

Étymologiquement, le terme **capital** vient du latin « *caput* » qui désigne la tête : c'est donc ce qui donne à son propriétaire un pouvoir de commander, dans les relations économiques. Selon **I. Fisher** (1867-1947), le capital est un **stock** d'actifs, accumulé au cours du temps par un agent, pour lui apporter un revenu ou une satisfaction durable. Si cette définition du capital est très large, il existe d'autres approches du capital selon la place que lui accordent les différentes théories économiques.

> I Investissement et formation du capital

> A Les approches du capital

De façon générale, le capital est considéré comme un facteur de production par les économistes, mais il peut également recouvrir d'autres sens.
– On parle de **capital technique** (ou de capital physique) pour désigner le stock de biens servant à produire d'autres biens, en tant que facteur de production. À la suite d'**A. Smith** (1723-1790) on distingue parfois le capital fixe, formé par les biens durables servant à transformer d'autres biens (machines, etc.), du capital circulant, qui comprend les biens intermédiaires transformés durant le processus productif (matières premières, fournitures, etc.), mais il est préférable de réserver le terme « capital » aux biens durables, et de considérer qu'un producteur utilise par ailleurs des consommations intermédiaires, selon le terme en vigueur dans la comptabilité nationale.

- Plus largement, **I. Fisher** note que la différence entre un bien de consommation et un capital vient de la capacité de ce dernier à procurer une satisfaction prolongée (un logement par exemple), il peut donc être une source durable de revenus. Certains auteurs parlent de **capital économique** pour désigner un stock d'actifs générant des revenus.
- Le **capital financier** regroupe l'ensemble des actifs financiers possédés par un agent, dont il tire différentes rémunérations (intérêt, dividendes, etc.).

> « *Le capital financier* » (1910) est à l'origine le titre d'un ouvrage de l'économiste marxiste **R. Hilferding** (1877-1941), et ce terme a alors un tout autre sens : c'est le résultat de la fusion du capital d'origine bancaire et du capital industriel, pour former de grands groupes financiers qui contrôlent le marché mondial.

- Les économistes distinguent également du capital physique résultant des activités humaines un capital naturel qui provient des ressources présentes dans l'environnement (voir « La croissance »).
- Au sens juridique, le **capital social** d'une société est la valeur nominale des parts sociales ou des actions de l'entreprise : c'est le capital apporté par ses propriétaires. La notion de capital social est également utilisée au sens institutionnel, pour désigner la qualité des relations sociales (notamment le degré de confiance entre ses membres) au sein d'une société.
- Enfin, le **capital humain** est un stock de compétences valorisables économiquement (voir « La croissance »).

Les théories économiques mettent en avant l'une ou l'autre de ces acceptions pour définir le capital et déterminer son rôle dans la production.

a › Le capital dans l'analyse de Marx

Selon **K. Marx** (1818-1883), le capital est un rapport social, qui se noue entre les capitalistes, propriétaires des moyens de production, et les travailleurs qui apportent leur force de travail (voir « Épistémologie et histoire des sciences économiques »).
Le mode de production capitaliste est caractérisé par le salariat, et la propriété privée des moyens de production. Dans ce système, le rôle du capitaliste est d'avancer le capital nécessaire pour engager une nouvelle production. Marx distingue deux types de capitaux avancés : le **capital variable** sert à acheter la force de travail des salariés et le **capital constant** sert à acheter les **moyens de production**, c'est-à-dire le capital physique nécessaire à la production (machines ou capital fixe, biens intermédiaires ou capital circulant). Cette distinction provient du fait que seul le travail humain est créateur de valeur, et par conséquent seul le capital avancé pour payer le travailleur peut créer plus de valeur qu'il n'en coûte (d'où le nom de capital variable). Au contraire, les moyens de production ne font que transmettre leur valeur aux marchandises produites, ce que Marx appelle le capital constant.
Le capital peut se présenter sous deux formes distinctes, la forme-argent et la forme-marchandise, c'est-à-dire sous une forme monétaire ou sous une forme matérielle. Quand le capitaliste avance le capital monétaire nécessaire pour acheter les moyens de production (capital constant) et payer les salaires (capital variable), son objectif n'est pas simplement de produire des marchandises, mais de les vendre pour obtenir un capital-argent supérieur au capital avancé au départ. C'est ce que Marx appelle le circuit A-M-A' : le capital avancé initialement (A) sert à produire des marchandises (M) qui sont transformées par la vente en un capital supérieur au capital d'origine (A'), et la différence entre les deux est la **plus-value**, ou survaleur, résultat de l'exploitation des salariés par les capitalistes. Pour Marx, l'accumulation du capital est un processus contradictoire, en raison du conflit entre travail et capital pour le partage des revenus, et de la question des débouchés (voir « Fluctuations et crises »).

b › Le capital dans l'approche néo-classique

Pour les néo-classiques, le capital est simplement un **facteur de production**, au même titre que le travail ou la terre, c'est-à-dire un élément combiné avec les autres facteurs pour produire des biens et services. Le capital est alors défini comme un stock de biens durables utilisés dans la production (capital fixe). Les néo-classiques considèrent comme de nombreux économistes que le capital apporte une rémunération à son propriétaire, en échange de sa mise à disposition à des fins productives. Selon eux, cette rémunération correspond à un prix, fixé comme n'importe quel autre prix sur un marché, à savoir le marché des capitaux.

À la suite de **Walras**, les néo-classiques considèrent que le prix du capital, le taux d'intérêt, est déterminé sur un marché où les ménages proposent leur épargne (c'est l'offre de capital) pour acquérir des biens d'équipement utilisés par les entreprises, qui expriment une demande de capital en fonction de leurs besoins d'investissement. L'équilibre entre épargne et investissement est toujours réalisé, et le taux d'intérêt est en fait un prix qui, lorsqu'il est parfaitement flexible, assure l'égalité entre l'offre et la demande de capital (voir « Épargne et patrimoine »).

Plus précisément, on appelle **coût d'usage du capital** le coût annuel d'une unité de capital, qui peut s'interpréter comme la somme du taux d'intérêt (ou du rendement financier des actifs sur le marché) et du taux de dépréciation. En effet, la mobilisation d'un capital implique de renoncer à utiliser ce montant pour d'autres usages, donc ce **coût d'opportunité** dépend de la rémunération des capitaux sur le marché (soit le rendement financier des actifs sur le marché, ou le taux d'intérêt pour simplifier). D'autre part, la valeur du capital se déprécie au cours de l'année, et il faut donc tenir compte du taux de dépréciation pour évaluer son coût : si l'entreprise veut revendre ce capital, il aura en effet une moindre valeur économique.

Le marché des fonds prêtables

- Pour **I. Fisher**, le taux d'intérêt est un prix d'équilibre qui résulte de la confrontation entre les choix de consommation des ménages et les projets d'investissement des entreprises. Le **marché des fonds prêtables** est le lieu où se rencontrent offres et demandes de financement.
- Pour les ménages, l'épargne résulte d'un choix intertemporel entre une consommation immédiate et une consommation future, qui dépend du taux d'intérêt. Plus le taux d'intérêt est élevé, plus les ménages épargnent. Le revenu épargné est donc disponible pour être prêté aux entreprises. Pour ces dernières, la décision d'investir dépend également du taux d'intérêt, mais en sens inverse : plus il est faible, plus les projets d'investissements sont facilités.
- Dans cette perspective, il existe un seul marché des fonds prêtables, qui égalise épargne et investissement et détermine le taux d'intérêt d'équilibre de l'économie, et non un prix du capital différent pour chaque bien d'équipement.

C › Le capital, un détour de production

À la différence des néo-classiques, les économistes autrichiens insistent sur l'hétérogénéité du capital, qui ne peut faire l'objet d'un marché unique. À la suite des travaux d'**E. Böhm-Bawerk** (1851-1914), ils adoptent une définition originale du capital qui repose sur la notion de **détour de production**. Pour l'illustrer, Böhm-Bawerk décrit la situation d'un paysan qui aurait, pour satisfaire sa soif à couvrir une distance importante jusqu'à une source. S'il couvre ce chemin chaque fois qu'il souhaite boire, alors il n'y a pas de détour de production : l'intégralité du « service » produit (se procurer de l'eau) est consommé. Mais le paysan peut souhaiter se procurer un seau, afin de pouvoir transporter de l'eau jusqu'à son domicile : il a détourné alors une partie de ses efforts de la production du service consommé, pour produire un bien de production. Le détour de production conduit donc à réaliser un investissement, qui se traduit par un allongement du processus de production : une méthode de production qui utilise plus de capital nécessite de créer de nouvelles étapes dans le processus productif, par exemple une étape pour la production de seaux. Cela conduit à augmenter le capital par tête disponible : la production devient plus capitalistique.

F. Hayek (1899-1992) s'inspire de la théorie du capital de **Böhm-Bawerk**. Il distingue les **moyens originels de production**, la terre et le travail, des **biens de production**, qui regroupent tous les biens capitaux, fixes ou intermédiaires. À partir des moyens originels de production, la recherche d'une meilleure efficacité conduit les entreprises à réaliser des détours de production : elles produisent des biens capitaux qui rendent le travail plus productif. Dans le modèle de Hayek, le capital est hétérogène et la production de chaque type de capital donne lieu à la création d'un nouveau stade de la production pour le réaliser. L'ensemble des stades d'une économie forme sa **structure de production**. La décision d'investir dans de nouveaux biens capitaux entraîne un allongement du détour de production, par l'émergence d'un nouveau stade, et se traduit par une amélioration de l'efficacité technique de l'ensemble. On peut prendre l'exemple d'une filière de transformation d'une ressource naturelle comme le bois, moyen originel soit directement consommé pour le chauffage (pas de biens intermédiaires), soit progressivement transformé par étapes en planches, puis en meuble, etc. par addition de travail ou d'autres moyens originels à chaque stade. Ce processus a pour objectif la production d'une quantité supérieure de biens de consommation à partir d'un volume donné de moyens originels, grâce à une méthode plus capitalistique et efficace. Hayek utilise une représentation en triangle pour le montrer :

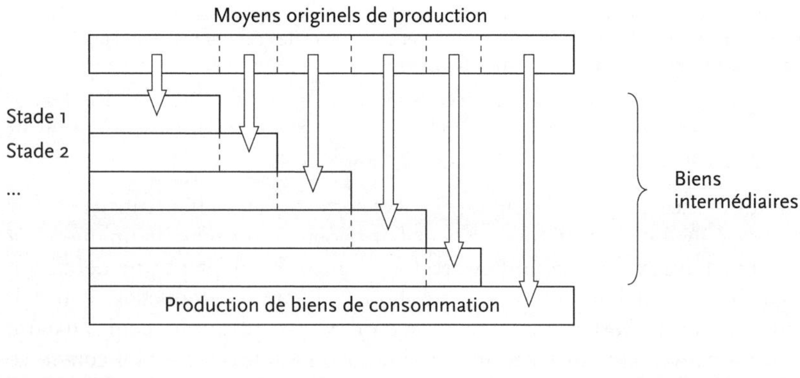

L'allongement de la structure de production est lié aux choix d'épargne des ménages, puisque leur épargne sert à financer les investissements, c'est-à-dire la formation de **biens intermédiaires** nouveaux (voir « Épargne et patrimoine »). La déformation de la structure de production, en raison de l'intervention de l'État, peut être à l'origine de crises (voir « Fluctuations et crises »).

> B La diversité des investissements

L'investissement désigne une formation de capital au cours d'une période donnée, c'est donc un flux qui fait varier le stock de capital existant.
On distingue plusieurs types d'investissements :

- L'**investissement brut** regroupe l'**investissement de remplacement**, réalisé pour compenser la diminution du stock de capital qui résulte de l'usure et de l'obsolescence, et l'**investissement net** qui entraîne une augmentation du stock de capital.
  En comptabilité nationale, l'investissement brut en capital fixe s'appelle la **Formation brute de capital fixe** (FBCF), et l'investissement de remplacement la **Consommation de capital fixe** (voir « La comptabilité nationale »).
  Les entreprises ne sont pas seules à investir car l'État a également une FBCF (les **investissements publics** réalisés par l'État et les collectivités territoriales), de même que les ménages, pour lesquels seule l'acquisition de biens immobiliers est comptabilisée en FBCF.
- Il peut être utile de distinguer l'**investissement matériel**, c'est-à-dire la formation de biens capitaux, et l'**investissement immatériel**, catégorie moins précise qui comprend les achats de services dans le but d'augmenter durablement l'efficacité de l'entreprise : recherche / développement, acquisition de brevets, dépenses de formation, dépenses de marketing. Les achats de logiciels sont parfois inclus dans l'investissement immatériel, mais ils font partie désormais de la formation brute de capital fixe (voir « La comptabilité nationale »).
- On oppose usuellement les **investissements de productivité**, qui ont pour but d'augmenter la productivité du travail (par exemple l'acquisition de machines plus performantes), et les **investissements de capacité**, qui ne transforment pas les méthodes de production mais visent à augmenter les capacités de l'entreprise (construction d'une usine supplémentaire). Les effets de ces investissements sur l'emploi sont très différents, du moins à court terme, puisque les investissements de productivité peuvent substituer du capital au travail, ce qui diminue l'emploi, tandis que les investissements de capacité entraînent toujours une hausse de l'emploi.

➯ Cette distinction est contestable. Un investissement de capacité a souvent pour effet d'augmenter la productivité car il incorpore les innovations les plus récentes : un ordinateur supplémentaire dans l'entreprise n'a pas les mêmes capacités que les ordinateurs déjà en place. Cet argument sert de base aux **modèles à génération de capital**, dans lesquels on considère que le stock de capital n'est pas homogène, car plus il est issu d'investissements récents, plus il est productif. On peut faire la même remarque pour les investissements de remplacement.

- On oppose enfin les **investissements induits** par la croissance économique, c'est-à-dire l'augmentation du stock de capital nécessaire pour produire davantage, et les **investissements autonomes**, qui résultent de choix des agents en fonction de leur vision de l'avenir.
- Du point de vue financier, le terme d'investissement est également utilisé dans un sens plus large pour désigner des acquisitions ou cessions d'actifs. Par exemple, les **investissements de portefeuille** consistent en l'achat de titres financiers, dans le but de réaliser une opération de placement ou d'acquérir le contrôle d'une société.

En comptabilité nationale, le **taux d'investissement** est le rapport entre la FBCF et le PIB, il mesure donc la part du revenu national consacrée à l'investissement brut. Il ne faut pas confondre le taux d'investissement, qui concerne des flux, et le **taux d'accumulation du capital**, soit le rapport entre la variation du stock de capital et le stock lui-même ($\Delta K/K$), qui mesure le taux de croissance du stock de capital.

➯ Il ne faut pas confondre investissement et placement. Lorsqu'un agent économique achète des actifs financiers, il réalise un placement, même si le langage courant parle souvent dans ce cas d'investissement.

> II Choix d'investissement et activité économique

> A Les déterminants de l'investissement

La décision d'investir peut reposer sur des motifs très divers, qui dépendent notamment du type d'investissement considéré. Par exemple, un investissement de remplacement s'avère indispensable par définition lorsqu'une partie du capital est devenue obsolète, même si l'entreprise n'attend aucune augmentation de la demande.

Plusieurs facteurs interviennent dans la décision d'investir. Comme le suggère le schéma ci-dessous, l'entreprise détermine d'abord la capacité de production dont elle a besoin en fonction de la demande, des profits attendus ou encore du coût du capital. Ensuite, la décision d'investir dépend de ses possibilités de financement.

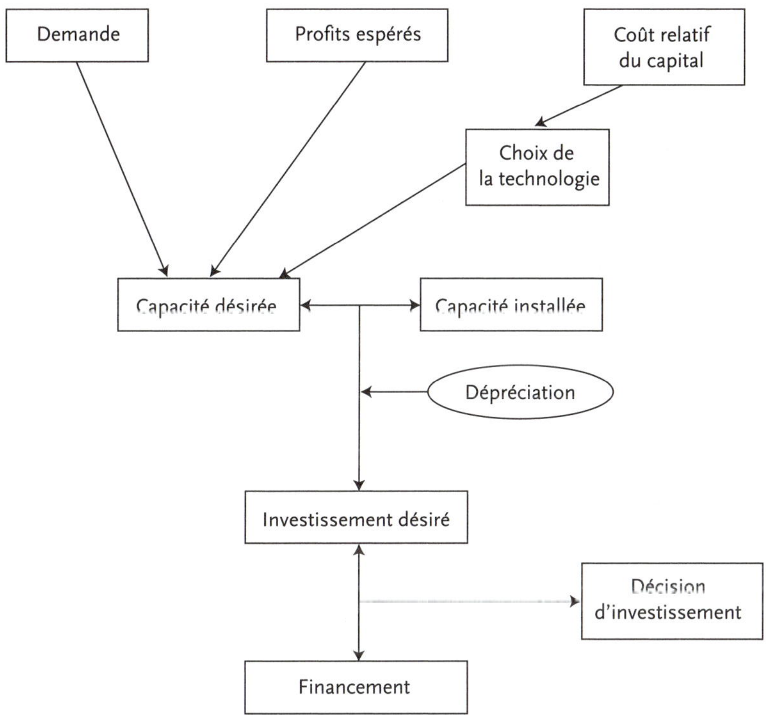

Source : Villieu P. (2007), *Macroéconomie, l'investissement.*

a › Investissement et demande

Les entreprises investissent d'abord en fonction des ventes attendues, donc de la demande de biens. Pour répondre à une variation de la demande, elles sont donc conduites à augmenter leurs **capacités de production**, c'est-à-dire la production maximale qui serait atteinte en utilisant la totalité des facteurs de production existants. S'il existe des capacités de production inutilisées, alors les entreprises peuvent répondre à la demande sans investir, mais des investissements de capacité sont indispensables lorsque le **taux d'utilisation des capa-**

cités de production (part des capacités de production utilisées sur le total des capacités de production) atteint son maximum.
Dans ces conditions la variation de la demande par rapport à son niveau passé entraîne selon **J.-M. Clark** (1884-1963) des **investissements induits**, c'est-à-dire une variation « mécanique » de l'investissement pour ajuster le stock de capital existant au niveau de production souhaité. Cela suppose que le **coefficient de capital** (le volume de capital nécessaire pour produire une unité de bien) est fixe, et les capacités de production pleinement utilisées. Les investissements induits connaissent de fortes variations, en raison de l'effet accélérateur qu'ils subissent (voir « Fluctuations et crises »).

⇨ Cette interprétation n'a aucun lien avec celle de **J.-M. Keynes** (1883-1946). Selon lui, les entrepreneurs se basent non sur la demande constatée, mais sur la **demande anticipée**, c'est-à-dire la demande à laquelle ils devront répondre dans le futur.

b › Investissement et prix relatifs des facteurs

Au niveau microéconomique, le prix relatif du capital et du travail influence également les choix d'investissement, dès lors que les facteurs de production sont substituables, au moins partiellement. Ainsi, l'investissement sera favorisé si le taux de salaire s'élève plus rapidement que le coût des biens capitaux susceptibles de remplacer les travailleurs. L'adoption d'une nouvelle technologie conduit également à modifier la combinaison capital / travail, car les facteurs n'ont généralement plus la même efficacité, par rapport à leurs coûts respectifs. À long terme, l'augmentation de l'intensité capitalistique, c'est-à-dire du stock moyen de capital par travailleur est incontestable : le développement économique s'accompagne de choix productifs incorporant de plus en plus de capital (voir « Croissance économique »).

⇨ Dans l'analyse néo-classique du producteur, l'entreprise substitue du capital au travail lorsque les salaires réels augmentent plus vite que le coût d'usage du capital : la substitution des facteurs de production est une condition indispensable à l'équilibre de marché. Cela suppose que le coefficient de capital est variable (voir « Marché du travail et chômage »).

c › Investissement et profits anticipés

L'entrepreneur attend d'un investissement un revenu futur, sinon il n'a aucune raison de l'engager, puisque le montant nécessaire pour réaliser l'investissement pourrait être utilisé beaucoup plus efficacement en le plaçant, le capital rapportant un intérêt. La décision d'investir dépend donc du niveau de profit anticipé, par comparaison avec la rémunération d'un placement, c'est-à-dire avec le taux d'intérêt.

Pour déterminer si un projet d'investissement est rentable, il faut comparer son coût initial I et les revenus qui seront tirés de l'investissement. Pour comparer des montants exprimés à des dates différentes, un calcul d'actualisation est nécessaire.

Soit R_t le revenu du capital à la période t, par exemple R_3 est le profit attendu d'un investissement la troisième année. Pour obtenir la **valeur actuelle** (R) de l'ensemble des revenus attendus de l'investissement, il suffit d'actualiser chaque revenu R_t, et de les ajouter :

$$R = \frac{R_1}{1+i} + \frac{R_n}{(1+i)^2} + \ldots + \frac{R_2}{(1+i)^n}$$

L'entrepreneur investit seulement si les revenus actualisés attendus de l'investissement (R) sont supérieurs au coût du projet (I). La **valeur actuelle nette** (VAN) se définit précisément comme la différence entre ces deux grandeurs, soit VAN = R – I.

Le calcul d'actualisation

Si un capital initial C_0 rapporte un taux d'intérêt r, alors la valeur du capital après n années sera $C_n = C_0(1+r)^n$. Symétriquement, on peut en déduire la **valeur actuelle** d'un capital reçu dans n années : $C_0 = C_n / (1+r)^n$.

L'actualisation désigne donc l'opération de conversion d'un montant reçu dans le futur en un montant actuel, en fonction d'un taux d'actualisation donné (par exemple le taux d'intérêt, ou le taux de rendement d'un actif financier). L'actualisation joue un rôle essentiel pour comparer des montants reçus à des dates différentes, qui n'ont pas la même valeur économique aux yeux d'un agent.

À la suite de **I. Fisher**, on nomme **taux de rendement interne** de l'investissement le taux (e) pour lequel la valeur actuelle nette est nulle, donc le taux d'actualisation qui égalise le coût du projet et les revenus actualisés qui en seront tirés (soit le taux e tel que VAN = 0, donc tel que I = R). **J.-M. Keynes** appelle le taux de rendement interne l'**efficacité marginale du capital.**

La décision d'investir dépend alors de la comparaison entre le taux d'intérêt pratiqué sur le marché des capitaux (i) et l'efficacité marginale du capital (e) :

- Si e > i alors l'entrepreneur a intérêt à investir. En effet, le projet d'investissement aura une rentabilité supérieure à un placement du même montant sur le marché des capitaux. L'entrepreneur peut même financer son investissement par un emprunt, puisque le coût de l'emprunt (calculé par la même méthode), sera inférieur à la somme des profits actualisés.
- Si e < i alors l'entrepreneur doit renoncer à l'investissement : il est préférable de placer un montant équivalent sur le marché des capitaux.

Selon Keynes, l'efficacité marginale du capital permet de classer différents projets d'investissement, car l'entrepreneur privilégie les projets dont la rentabilité est la plus grande par comparaison avec un placement. Il existe donc une relation inverse entre l'efficacité marginale du capital et le niveau d'investissement. D'autre part, l'efficacité marginale du capital dépend, pour un taux donné, des profits anticipés : plus ils sont élevés, plus la courbe de l'efficacité marginale du capital (emc) va se déplacer, entraînant davantage d'investissements (passage de I à I' sur le graphique).

Keynes souligne le rôle essentiel des anticipations, qui dépendent de la psychologie collective des entrepreneurs : s'ils prennent confiance en l'avenir, ils vont anticiper des flux annuels de profit (R_1, R_2...R_n) d'un montant supérieur, alors la courbe de l'efficacité marginale du capital se déplace et le nombre d'investissements réalisés augmente. D'où l'importance accordée par Keynes aux « **esprits animaux** » **des entrepreneurs**, c'est-à-dire aux facteurs psychologiques à l'origine de l'instabilité de leurs anticipations.

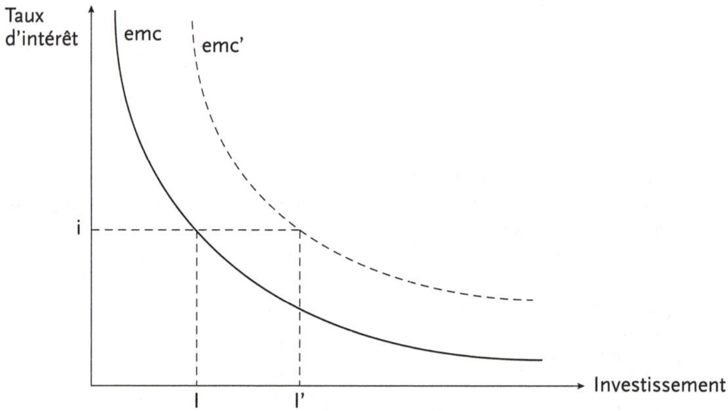

Investissement et profitabilité

- La notion de **profitabilité** a été introduite par **E. Malinvaud**, en prolongeant la réflexion de Keynes sur la décision d'investir, dans *Essais sur la théorie du chômage* (1983) : c'est la différence entre la rentabilité financière d'un investissement et le taux d'intérêt réel. Selon lui, il ne suffit pas qu'un investissement ait une rentabilité financière positive pour être engagé, il faut que la différence avec un placement sur le marché des capitaux (donc la profitabilité) soit suffisamment importante, pour compenser le risque pris par l'entrepreneur.
- Une approche complémentaire est proposée par **J. Tobin** : il définit le rapport entre la valeur boursière d'une entreprise et la valeur comptable de son stock de capital, appelé ratio **q de Tobin**. Selon lui, la décision d'investir dépend de la valeur du ratio q, et principalement de son numérateur si on fait l'hypothèse que la valeur du stock de capital, au dénominateur, est stable à court terme. Si le ratio q est supérieur à 1, le marché surévalue la valeur de l'entreprise par rapport au coût de remplacement de son capital, car il en attend des profits élevés. Alors, l'entreprise a intérêt à investir et donc à augmenter son stock de capital, puisque le marché boursier lui attribue une valeur supérieure à sa valeur comptable. Si le ratio est inférieur à 1 au contraire, une entreprise a intérêt à augmenter ses capacités de production par croissance externe, c'est-à-dire en rachetant des concurrents dans la même situation qu'elle, car la valeur en bourse du capital est inférieure à sa valeur comptable. Tobin note que si les informations des agents étaient parfaites, alors la valeur du ratio q devrait être de 1 pour toutes les entreprises.

> B Le financement de l'investissement

a › Les modes de financement de l'investissement

Le financement de l'investissement joue un rôle majeur dans l'économie, car les firmes sont soumises à une contrainte financière pour réaliser les investissements qu'elles jugent utiles. Tout comme l'épargne, l'investissement met ainsi en relation la sphère réelle et la sphère financière. Une entreprise peut financer ses investissements soit par ses ressources propres (**financement interne**) soit en faisant appel aux actifs détenus par d'autres agents (**financement externe**) :

- L'**autofinancement** ou financement interne désigne le financement de l'investissement à partir des ressources propres de l'entreprise, donc des profits non distribués. Le **taux d'autofinancement** mesure le rapport entre les ressources disponibles des entreprises (l'épargne brute), et les investissements réalisés (la FBCF) ; ce ratio peut excéder 100 %, si les entreprises investissent un montant inférieur à leur épargne brute, en préférant par exemple réaliser des placements financiers.
- Il existe deux formes de financement externe. D'une part, le **financement indirect** (ou **financement intermédié**) auprès des banques, qui procurent des prêts aux entreprises en créant de la monnaie (voir « Monnaie et financement »). D'autre part, le **financement direct** auprès des agents ayant une **capacité de financement**, c'est-à-dire une épargne brute supérieure à leur propre formation de capital (voir « La comptabilité nationale »). Les entreprises qui ont des besoins de financement émettent alors des titres (actions, obligations...) que d'autres agents utilisent pour placer leur épargne disponible. Ce mode de financement ne fait pas appel à la création monétaire, mais il n'exclut pas le recours aux services des banques, car elles agissent alors comme des intermédiaires financiers, via par exemple des sociétés de placements.

⇨ Cette distinction ne s'applique pas à l'investissement des ménages, car ils ne peuvent émettre de titres, ni à l'investissement public, car le financement de l'État ne suit pas les mêmes règles (voir « Monnaie et financement »).

b › Les transformations du financement des entreprises

On peut distinguer trois périodes dans l'histoire du financement de l'investissement privé, en s'appuyant sur le cas français :

- De la révolution industrielle à la Seconde Guerre mondiale, le poids de l'autofinancement est prépondérant, grâce en particulier à des taux de profit élevés, condition indispensable au décollage économique (voir « La croissance »). On assiste cependant à l'émergence d'un secteur bancaire moderne à partir du milieu du XIXe siècle, lié à l'ampleur des investissements nécessaires dans les secteurs moteurs comme le chemin de fer, qui dépassaient largement les possibilités d'autofinancement. Il faut attendre la deuxième moitié du XIXe siècle pour assister au développement de la finance directe, après la libéralisation des sociétés par action (loi de 1867 sur les sociétés anonymes).

– Durant les Trente Glorieuses, le financement indirect prend une place prépondérante, en raison de la mise en place d'une **économie d'endettement**, selon l'expression de **J. Hicks** (1904-1989) : les taux d'intérêt réels sont faibles, voir négatifs, la politique monétaire favorise l'expansion par le crédit, etc. (voir « Monnaie et financement »). Toutefois, le niveau d'autofinancement reste élevé dans le cas français, caractérisé par la faiblesse du financement direct, jusqu'à très récemment.

L'effet de levier

• On avance souvent l'argument de « l'effet de levier » pour expliquer pourquoi les entreprises ont intérêt à s'endetter en période d'inflation élevée, et de taux d'intérêt réel faible.

• Ce mécanisme est repéré par **K. Wicksell** dans *Intérêt et Prix* (1898) : lorsque le taux de profit est supérieur au taux d'intérêt, il est plus avantageux d'emprunter pour financer ses investissements car cela augmente la rentabilité des capitaux propres.
Par hypothèse, on raisonne ici sur un choix de financement externe, direct ou indirect, sans tenir compte de l'autofinancement.

• Il faut d'abord distinguer rentabilité économique et rentabilité financière. Soit i le taux d'intérêt, et Π le profit brut.

Rentabilité économique (RE) $= \dfrac{\text{profit}}{\text{capitaux engagés}} = \dfrac{\Pi}{FP + D}$

Avec capitaux engagés = ensemble des capitaux, quelle que soit leur origine, soit les fonds propres (FP) pour le financement direct, et la dette (D) pour le financement indirect.
La rentabilité économique exprime donc le point de vue de l'entreprise sur la rentabilité d'un investissement.

Rentabilité financière (RF) $= \dfrac{\text{profit} - \text{charge financière}}{\text{fonds propres}} = \dfrac{\Pi - i.D}{FP}$

La rentabilité financière exprime donc la rentabilité du point de vue de l'actionnaire : c'est le rapport entre le profit net (après paiement des frais financiers pour rembourser la dette) et les capitaux engagés par les actionnaires (les fonds propres).

– On montre alors qu'il existe une relation entre les deux types de rentabilité :

$$RF = \frac{\Pi - i.D}{FP}$$

Par définition $RE = \dfrac{\Pi}{FP + D}$ d'où $\Pi = RE \times (FP + D)$

Donc $RF = \dfrac{\Pi - i.D}{FP} = \dfrac{RE \times (FP + D) - iD}{FP} = RE + RE \times \dfrac{D}{FP} - i \times \dfrac{D}{FP}$

L'effet de levier s'écrit donc :

$$RF = RE + (RE - i) \times \frac{D}{FP}$$

– Comme on le voit, le choix entre augmenter la dette ou les fonds propres dépend de la différence entre rentabilité économique et taux d'intérêt (le levier proprement dit) : si elle est positive, alors les actionnaires ont intérêt à augmenter la dette pour financer les investissements, puisque cela accroît la rentabilité financière. Inversement, il faut rapidement désendetter l'entreprise si l'effet de levier est négatif, pour éviter une réduction de la rentabilité financière au détriment des actionnaires.

– À partir du milieu des années 1980, on assiste au développement d'une **économie de marchés financiers**, caractérisée par la désintermédiation financière, c'est-à-dire le poids prépondérant du financement direct. Par exemple, le **taux d'intermédiation** (soit la part des crédits dans les besoins de financement externe des entreprises) passe de près de 80 % en 1980 à moins de 20 % à la fin des années 1990 (voir « Monnaie et financement »). On observe également une forte augmentation des taux d'intérêt réels. Cela n'influence pas uniquement le choix de financement des entreprises, mais aussi la décision d'investir elle-même. En effet, la profitabilité diminue à cause de l'augmentation des taux d'intérêt réels, et rend plus attractifs les placements financiers que l'investissement matériel.

Les transformations rapides du financement des entreprises et du niveau d'investissement en fonction de la conjoncture illustrent bien l'impact de l'**effet de levier**, c'est-à-dire de l'écart entre le taux de profit (ou rentabilité économique) et le taux d'intérêt réel : tant que cette différence est positive, il est préférable d'emprunter pour financer un projet d'investissement car son coût (le taux d'intérêt) sera inférieur à ce qu'il rapporte (le taux de profit). La France se situe dans ce cas de figure jusqu'en 1984, moment où les politiques de rigueur entraînent une forte hausse des taux d'intérêt réels. L'effet de levier devient un « effet de massue » et les entreprises doivent se désendetter rapidement. En conséquence, le taux d'investissement diminue, et les entreprises se tournent vers les marchés financiers.

> C Les effets de l'investissement sur l'activité économique

a › Investissement et revenu national dans l'analyse keynésienne

Dans une perspective keynésienne, l'investissement est, avec la consommation, une composante de la **demande globale**, c'est-à-dire la demande agrégée de biens et services.

Keynes montre que la dépense d'investissement agit sur le produit national, en raison de l'effet-revenu qu'elle exerce : c'est le principe du **multiplicateur d'investissement**. Il implique selon Keynes qu'une hausse de l'investissement a des effets bien supérieurs à son montant initial sur la production dans le futur, et donc sur l'emploi. Cela justifie la politique d'investissement public pour soutenir l'activité (voir « La politique économique »), et se substituer à l'investissement privé lorsque ce dernier est insuffisant pour atteindre le niveau de demande globale assurant le plein emploi.

➾ **Keynes** n'est pas l'initiateur de la notion de multiplicateur, qui revient à l'économiste anglais **R.-F. Kahn** (1905-1989) dans un article de 1931.

Le multiplicateur d'investissement

Pour montrer le mécanisme du multiplicateur, on se situe dans une économie fermée, ou par hypothèse selon Keynes on vérifie les identités suivantes.

- La production (Y), se répartit en consommation (C) ou investissement (I) : $Y = C + I$
- Le revenu global (R) sert soit à la consommation (C), soit à l'épargne (S) : $R = C + S$
- La consommation dépend du niveau de production engagé :

$C = cY$ avec c la propension marginale à consommer (voir « la consommation »).
Alors toute augmentation de l'investissement entraîne une distribution de revenu de même montant : $\Delta I = \Delta R_1$ (hausse du revenu à la période 1).
Le revenu supplémentaire est en partie consommé pour cY_1 et épargné pour le reste. La partie consommée donne lieu à une distribution de revenu d'un montant équivalent, le processus reprend une nouvelle fois et se répète tant que la part consommée donne lieu à une nouvelle production.
Au final, en additionnant les effets de l'investissement initial à chaque période on peut écrire :
$\Delta Y = \Sigma \Delta Y_t = \Delta I + c\Delta I + c^2\Delta I + ... = \Delta I\ (1 + c + c^2....)$
$\Delta Y = \Delta I\ (1 / 1 - c)$
Le multiplicateur keynésien s'écrit $k = 1 / 1 - c$ (c'est la limite d'une série géométrique de raison $c < 1$). Par définition, c'est l'inverse de la **propension marginale à épargner** s, telle que $s = 1 - c$.
On peut également obtenir le multiplicateur en raisonnant sur les variations de la production et de l'investissement :
d'après les équations d'équilibre on a : $Y = C + I = c.Y + I$
Une variation de l'investissement ΔI entraîne une variation de la production pour y répondre
donc $\Delta Y = c\Delta Y + \Delta I$
d'où $\Delta Y.\ (1 - c) = \Delta I$
donc $\Delta Y = \Delta I.(1 / 1 - c)$
comme la valeur de c est inférieure à 1, le multiplicateur est forcément supérieur à l'unité : la hausse de la production entraînée par l'effet multiplicateur est plus que proportionnelle.

Le multiplicateur est utilisé pour montrer l'efficacité des politiques budgétaires en économie fermée, car elles sont basées sur une augmentation des dépenses d'investissement de l'État : on parle indifféremment alors de multiplicateur d'investissement ou de dépenses publiques. Il existe d'autres multiplicateurs, selon que l'on se situe en économie ouverte ou fermée, ou encore des multiplicateurs adaptés aux différentes variables de la politique budgétaire (voir « La politique économique »).
Par exemple, en économie ouverte, le multiplicateur est moins élevé car une partie de la hausse de la production est absorbée par les importations :
avec m la propension à importer, le multiplicateur d'investissement est alors $(1 / 1 - c + m)$.

Pour synthétiser la présentation de la théorie keynésienne, on peut utiliser le schéma à 45 ° présenté ci-dessous. En abscisse on indique les valeurs de l'offre globale, et en ordonnée celles de la demande globale et de ses différentes composantes. Par construction, la droite à 45 degrés (ou première bissectrice), représente les valeurs pour lesquelles l'offre est égale à la demande. Dans un premier temps, on considère une demande globale limitée à la seule consommation, qui varie en fonction du produit national Y dans la logique keynésienne (la droite $Y^d = cY + b$, où c'est la propension marginale à consommer et b la consommation incompressible). Si on ajoute à la consommation un investissement autonome I, la fonction de demande globale devient $Y^d = C + I$. L'équilibre de l'économie se situe alors en Y_I correspondant au point d'intersection entre la fonction de demande globale et la droite à 45°. Supposons que le niveau de production Y1 corresponde à un équilibre de sous-emploi et que le gouvernement souhaite atteindre le point Y_2 qui assure le plein emploi, alors l'investissement public additionnel doit correspondre à ΔG ce qui porte la demande globale à $Y^d = C + I + \Delta G$.

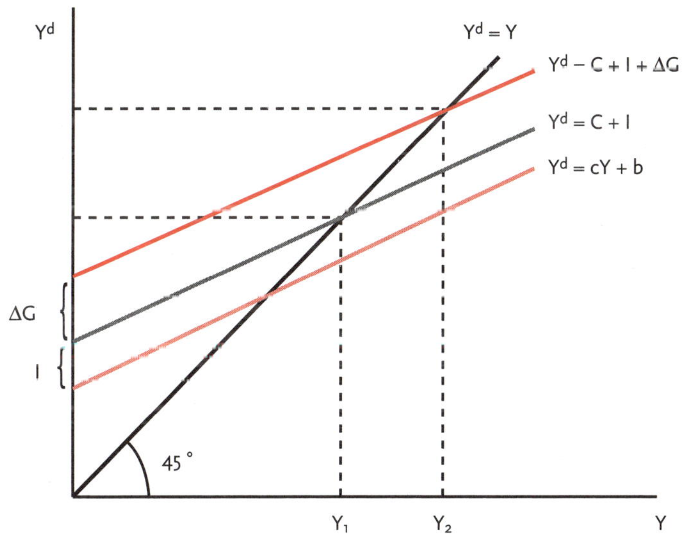

b › Croissance, fluctuations et investissement

En raison du multiplicateur qui entraîne une hausse de la demande, l'investissement augmente le niveau d'activité selon **Keynes**. Mais à long terme, il a également des conséquences sur l'offre, dans la mesure où l'investissement net augmente le stock de capital disponible pour la production. Le double effet de l'investissement, sur l'offre et la demande de biens à long terme, est selon les économistes keynésiens **R. Harrod** (1900-1978) et **E.D. Domar** (1914-1997) la source de l'instabilité de la croissance. Cette analyse a été remise en cause par les travaux néo-classiques sur la croissance, qui font l'hypothèse d'une substituabilité à long terme des facteurs de production (voir « La croissance économique »).

L'investissement est indispensable à une croissance économique durable, afin d'augmenter les capacités de production grâce à l'accumulation de capital. Mais l'investissement est également un vecteur déterminant du progrès technique, qui passe souvent par l'acquisition de biens d'équipement plus performants (voir « La croissance économique »). Par ailleurs, les variations de l'investissement ont un rôle important dans les fluctuations économiques, en raison de nombreux facteurs comme l'instabilité des anticipations, ou bien le mécanisme de l'accélérateur (voir « Fluctuations et crises »).

Les deux aspects de l'investissement

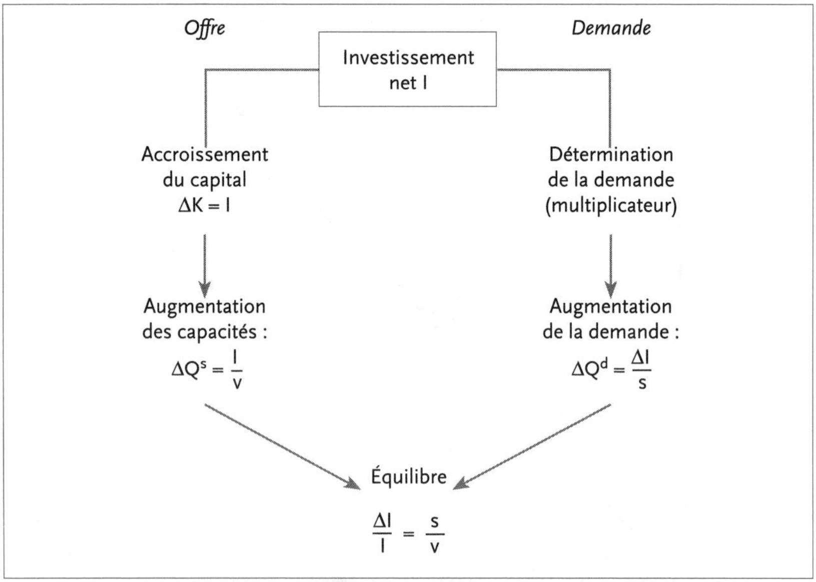

Source : d'après P.-A. Muet, *Croissance et Cycles*, Économica, 1993.

Pour en savoir plus

Initiation

- Combemale P. (2010), *Introduction à Keynes*, La Découverte, Coll. Repères.
- Dostaler G. (2001), *Le libéralisme de Hayek*, La Découverte, Coll. Repères.
- Mignon V. (2010), *La macroéconomie après Keynes*, La Découverte, Coll. Repères.
- Villieu P. (2010), *Macroéconomie – L'investissement*, La Découverte, Coll. Repères.

Approfondissement

- Abraham-Frois G. (2001), *Dynamique économique*, Dalloz.
- Bailly J.-L., Caire G., Lavialle C., Quiles J.-L. (2006), *Macroéconomie*, Bréal, Coll. Grand Amphi.
- Blanchard O., Cohen D. (2010), *Macroéconomie*, Pearson éducation.
- Glachant J. et al. (2008), *Private equity et capitalisme français*, Rapport au CAE, La Documentation française.
- Glachant J et al. (2010), *Investissements et investisseurs de long terme*, Rapport au CAE, La Documentation française.
- Stiglitz J., Walsh C. (2007), *Principes d'économie moderne*, De Boeck.

chapitre **8**

Monnaie et financement

La **monnaie** est une réalité familière, mais la définition de ce concept se révèle très difficile, car il n'est pas possible de donner une définition qui soit indépendante d'un choix théorique. La monnaie est-elle un simple instrument ou un rapport social ? Est-elle neutre ou active ? Est-elle endogène ou exogène ?

En première approche, on peut définir la **monnaie** comme un actif parfaitement liquide, c'est-à-dire qui peut être converti sans risque et sans coût de transaction en un autre actif (réel ou financier). La monnaie est caractérisée par son pouvoir libératoire général, c'est-à-dire qu'elle permet de s'acquitter de toutes les dettes.

La monnaie est créée par le système bancaire à l'occasion d'opérations de crédit.

La monnaie est historiquement liée à la souveraineté et la politique monétaire a été et reste un élément important de la politique économique. Désormais, la France est membre de la zone euro et la politique monétaire est conduite par la Banque centrale européenne.

Il faut distinguer la gestion de la monnaie et le financement de l'économie.

- la gestion de la monnaie concerne l'approvisionnement de l'économie en liquidités destinées à permettre les transactions portant sur les biens, les services et les actifs (réels et financiers) ;
- le ***financement de l'économie*** concerne les opérations par lesquelles les agents à besoin de financement obtiennent des ressources en provenance

des agents à capacité de financement (ces derniers cherchant à placer les fonds dont ils disposent).

Ces deux aspects (bien que distincts) sont étroitement liés. D'une part, parce que, les opérations de création de monnaie (dans un système de monnaie de crédit) résultent d'opérations de monétisations de créances par les banques. D'autre part, parce que l'imbrication est forte (elle a même tendance à s'accroître ces dernières années) entre les banques et les autres institutions financières (sociétés d'assurance, etc.) qui jouent un rôle essentiel dans le fonctionnement des marchés monétaires et financiers.

> I
Qu'est-ce que la monnaie ?

Deux conceptions principales de la monnaie existent chez les économistes. Pour certains, la monnaie est un bien économique comme un autre, un simple instrument qui permet de résoudre les problèmes techniques de l'échange. Pour d'autres, la monnaie est un rapport social et il y a une différence de nature entre une économie monétaire et une économie de troc.

> A
La conception instrumentale de la monnaie

a › Les fonctions de la monnaie

L'approche fonctionnaliste est très ancienne, on la fait traditionnellement remonter à **Aristote**. Dans cette perspective, la monnaie se caractérise par trois fonctions :

- Une fonction d'**unité de compte** qui permet d'exprimer la valeur de tous les biens en termes d'un seul bien (ou d'une unité de compte abstraite). Alors que le troc oblige à exprimer chaque bien en unité de tous les autres biens, l'existence d'une unité de compte permet de simplifier les échanges. En effet, dans une économie de troc comportant n biens, il faut établir $n(n-1)/2$ rapports d'échange, donc avec 10 biens par exemple, 45 rapports d'échange. Si on adopte une unité de compte parmi les n biens il suffit alors de déterminer $n-1$ rapports d'échange, donc avec 10 biens, 9 rapports d'échange.
- Une fonction d'**intermédiaire des échanges** qui permet de résoudre le problème de la double coïncidence des désirs. En effet, dans une économie de

troc, l'individu qui possède un bien A et souhaite l'échanger contre le bien B doit trouver un individu qui possède le bien B et souhaite l'échanger contre le bien A. Si l'individu qui possède le bien B ne souhaite pas détenir le bien A, l'échange ne peut avoir lieu. L'existence d'un intermédiaire des échanges (le bien C par exemple), permet de résoudre ce problème. En effet un certain nombre d'agents vont accepter de recevoir en échange le bien C, non en raison de sa valeur d'usage, mais parce qu'ils savent que le bien C est accepté par tous les autres agents de l'économie considérée.

- Une fonction de **réserve des valeurs** qui permet de séparer l'acte de vente de l'acte d'achat. Dans une **économie de troc** lorsqu'on offre un bien, on en demande toujours un autre au même moment. Dans une **économie monétaire** on peut offrir un bien contre de la monnaie et mettre en réserve le pouvoir d'achat ainsi obtenu pour ne formuler une demande de bien ou de service que plus tard. C'est pourquoi certains économistes font observer que la loi des débouchés de **J.-B. Say** est toujours vraie dans une économie de troc, toujours fausse dans une économie monétaire.

b › Les formes de la monnaie

L'approche fonctionnaliste est donc une approche instrumentale. La monnaie est considérée comme un simple outil, un instrument technique permettant de simplifier les échanges. Les hommes auraient inventé la monnaie pour résoudre les difficultés techniques d'une économie de troc. Il en découle une conception linéaire de l'histoire des formes de la monnaie : monnaie marchandise d'abord (bétail, sucre, sel, coquillage, pointes de flèche, tabac, etc.), puis **monnaie métallique** (constituée de métaux précieux), monnaie fiduciaire (fondée sur la confiance dans l'émetteur des billets), monnaie scripturale (qui prend la forme de jeux d'écritures dans les comptes des banques). Cette loi de dématérialisation progressive de la monnaie s'expliquerait par le passage des formes les moins commodes aux formes les plus commodes de la monnaie.

Les formes de la monnaie aujourd'hui

Plusieurs distinctions doivent être opérées.

- Monnaie fiduciaire et monnaie scripturale

La **monnaie fiduciaire** est constituée par les billets émis par la Banque centrale et les pièces de monnaie. On parle à propos de ces dernières de **monnaie divisionnaire** (le terme monnaie métallique étant réservé aux pièces en or ou en argent qui n'ont plus cours aujourd'hui).
La **monnaie scripturale** est constituée par l'ensemble des soldes créditeurs des comptes à vue gérés par les institutions financières.

⇨ La monnaie scripturale circule grâce à des chèques, des virements, des cartes de crédit, mais ces instruments ne sont pas de la monnaie.

- **Monnaie de banque et monnaie centrale.** La monnaie de banque est la monnaie émise par les banques sous une forme scripturale. La monnaie centrale est la monnaie émise par la Banque centrale (elle comporte à la fois les billets et la monnaie scripturale émise par la Banque centrale).

> On parle parfois de « **monnaie électronique** » comme s'il s'agissait d'une nouvelle forme de monnaie. Ce terme doit être évité dans la mesure où les moyens de communication électronique ne sont que des moyens de faire circuler la monnaie scripturale dont la nature n'a pas été modifiée.

> B La monnaie comme rapport social

a › La critique de l'approche instrumentale

L'approche fonctionnaliste fait l'objet de nombreuses critiques. Des historiens et anthropologues font observer que l'existence de la monnaie est très ancienne et qu'elle précède, dans de nombreux cas, le développement des échanges sous forme de troc. Certains commentateurs dénoncent d'ailleurs la « fable du troc », car ils contestent que les échanges au sein des économies primitives aient été dominés par une logique du « donnant-donnant », c'est au contraire une logique ostentatoire qui semble avoir prévalu. On fait aussi observer que les formes de la monnaie n'ont pas évolué de façon linéaire. Les marchands vénitiens ou les banquiers de Florence utilisaient la monnaie scripturale bien avant que la monnaie métallique (et a fortiori la monnaie fiduciaire) soit d'usage courant en Europe. À l'inverse, dans certaines circonstances, on assiste à un retour vers la monnaie marchandise (pendant les deux dernières guerres mondiales par exemple).

Au total, le fait de considérer la monnaie comme un simple instrument technique ne semble guère compatible avec les résultats des travaux historiques et anthropologiques.

Allant au-delà du fonctionnalisme, deux approches permettent de cerner la nature de la monnaie : une approche anthropologique qui considère la monnaie comme un moyen de conjurer la violence et une approche économique qui considère la monnaie comme inhérente à l'économie de marché.

b › La monnaie entre violence et confiance

La première approche est de type anthropologique, elle a été développée notamment par **M. Aglietta** et **A. Orléan** (*La monnaie entre violence et confiance*, 2002) en s'appuyant sur les travaux du philosophe **R. Girard**. Pour ces auteurs il existe une violence fondatrice des rapports humains, la monnaie est un moyen d'exorciser cette violence. La monnaie permet de substituer l'échange au rapt et à la prédation. La monnaie est donc ambivalente, moyen d'exorciser la violence, institution sociale essentielle, elle peut aussi être source de violence destructrice pour la société (dans le cas de l'hyper inflation allemande des années 1920 par exemple). La monnaie est donc une composante essen-

tielle du lien social, c'est une institution et non un instrument technique, elle repose en particulier sur la confiance sans laquelle aucune communauté de paiement ne peut fonctionner.
La définition de la monnaie proposée par **M. Aglietta** est tirée de ce type de réflexion : « *La monnaie est un rapport global entre les centres de décision économique et la collectivité qu'ils forment, grâce auquel les échanges entre ces agents acquièrent une cohérence* » (*La fin des devises clés*, 1986).

c › Monnaie et rapports marchands

La seconde approche trouve son origine chez **K. Marx** (1818-1883). Ce dernier souligne que ce qui caractérise une société marchande c'est le fait que la production (l'usage du travail social) résulte de travaux privés réalisés indépendamment les uns des autres et sans coordination *a priori*. Dans les sociétés traditionnelles et non marchandes, le travail social fait l'objet d'un usage qui est contrôlé par l'existence de normes en matière de parenté (organisation de la production domestique au sein de la famille large), en matière religieuse (offrandes), en matière politique (paiement de tributs). Par exemple, il existe une division du travail entre les sexes, entre les générations, des règles traditionnelles d'organisation des cultures ou de la chasse.
Les sociétés marchandes ne connaissent pas cette coordination a priori et sont menacées d'un fractionnement : il faut donc qu'existe un moyen de socialiser ces travaux privés. C'est précisément la monnaie qui permet d'assurer un certain degré de centralisation par l'intermédiaire des prix et des échanges monétaires. La monnaie est absente de sociétés complexes (les Incas par exemple) où les rapports économiques ne sont pas des rapports marchands et elle apparaît dans les sociétés où les relations marchandes se développent. Chez les Baruya, étudiés par **M. Godelier**, les barres de sel ne sont pas de la monnaie à l'intérieur de la tribu (les rapports n'y sont pas marchands), mais elles deviennent de la monnaie dans les échanges avec les autres tribus. Cette approche permet de comprendre que la monnaie n'est pas une « chose », mais un ensemble de règles assurant un arbitrage entre centralisation et fractionnement du fonctionnement de l'économie.

> II
La monnaie dans l'économie

Il est nécessaire de dépasser les idées reçues qui relient encore souvent la monnaie en circulation à l'or détenu dans les coffres de la Banque centrale. La monnaie est sans conteste aujourd'hui le résultat d'un processus de création *ex nihilo* par les banques (pour l'essentiel les banques commerciales que l'on appelle aussi banques de second rang).

> A Création et destruction de la monnaie

a › La monnaie : une créance et une dette

La monnaie est à la fois une créance et une dette. Détenir un billet de banque, par exemple, c'est détenir une créance sur la Banque centrale et c'est en échange de cette créance que les commerçants acceptent de livrer des marchandises. Le billet est une dette de la Banque centrale et le montant total des billets en circulation figure au passif de l'institut d'émission. La monnaie est cependant une créance particulière car elle est dotée d'un **pouvoir libératoire** général : c'est une dette qui permet de s'acquitter de toutes les dettes. Il en va exactement de même en ce qui concerne un avoir sur un compte-courant : le solde créditeur du compte est une dette de la banque et une créance du client.

La création de monnaie résulte d'un processus de **monétisation de créance**. Si un entrepreneur dispose d'une créance sur un autre entrepreneur, il peut sous certaines conditions transférer cette créance à une banque qui lui remettra en contrepartie un avoir monétaire sous la forme d'une somme inscrite au crédit du compte de l'entreprise. La monnaie dont dispose ainsi l'entreprise est créée par la banque à l'occasion d'un crédit (puisque, à l'échéance, la banque devra se faire rembourser la créance auprès du débiteur). Ce sont donc bien les crédits qui font les dépôts. Lorsque le crédit arrive à échéance et qu'il fait l'objet d'un remboursement, la quantité de monnaie correspondante est détruite. La quantité de monnaie en circulation dans une économie à un moment donné est donc le résultat d'un processus de création et de destruction de monnaie. Si cette quantité de monnaie augmente, c'est que les opérations de création de monnaie l'emportent sur les opérations de destruction de monnaie.

Le pouvoir de création monétaire des banques est potentiellement illimité, mais en pratique il fait l'objet d'une double limitation.

- Une limitation institutionnelle qui a d'abord concerné les banques d'émission et qui prend aujourd'hui la forme du contrôle exercé par les autorités monétaires sur les banques de second rang.
- Une limitation liée à la concurrence interbancaire. En effet toute banque de second rang qui crée de la monnaie s'expose à des « fuites » hors de son propre circuit bancaire. Ces fuites exigent de la banque qu'elle détienne une forme de monnaie qu'elle n'a pas le pouvoir de créer : la monnaie banque centrale. Une banque qui émet « trop » de monnaie s'expose donc à un

risque d'illiquidité. Certes, le plus souvent la banque peut se procurer la liquidité qui lui fait défaut en l'empruntant, mais cette opération est coûteuse et réduit la rentabilité de la banque.

Pour rendre compte du pouvoir de création monétaire du système bancaire, les économistes disposent de deux schémas explicatifs : le multiplicateur de crédit et le diviseur de crédit.

b › Le multiplicateur de crédit

L'approche en termes de **multiplicateur de crédit** met l'accent sur le fait qu'une opération de création de monnaie déclenche une réaction en chaîne qui conduit au total à une création de monnaie qui est un multiple de la création initiale.

Le raisonnement repose sur le concept de réserve excédentaire. Compte tenu de l'existence des « fuites » évoquées plus haut, les banquiers savent par expérience qu'ils doivent conserver un certain pourcentage des dépôts qu'ils gèrent sous forme de monnaie banque centrale. Si le banquier considère, par exemple, qu'un taux de réserve de 10 % est suffisant, il va conserver 100 unités monétaires pour couvrir un dépôt de 1 000 sur le compte du client et il dispose d'une réserve excédentaire de 900 qu'il va prêter, ce prêt va faire apparaître un dépôt supplémentaire de 900 qui ne nécessite qu'une garantie de 90, il reste donc 810 de réserve excédentaire qui peuvent faire l'objet d'un prêt etc.

Au total, la création totale de monnaie réalisée par l'ensemble du système bancaire est de :

$$1\,000 + 900 + 810 + \ldots$$
$$= 1\,000 + (1\,000 \times 0{,}9) + (1\,000 \times 0{,}9 \times 0{,}9)\ldots$$
$$= 1\,000 \times \frac{1}{1 - 0{,}9} = 1\,000 \times 10 = 10\,000$$

Dans cet exemple numérique fictif, une création initiale de monnaie de 1 000 a conduit à une création totale de monnaie de 10 000. Dans sa version la plus simple, le multiplicateur de crédit est égal à l'inverse du taux de réserve (soit $\frac{1}{0{,}1} = 10$ dans notre exemple).

L'approche en termes de multiplicateur de crédit permet de mettre en évidence le pouvoir de création monétaire du système bancaire. Mais cette approche fait l'objet de deux critiques importantes :

- elle suppose que la création de monnaie est subordonnée à la détention par les banques d'avoirs en monnaie banque centrale ;
- elle conduit à considérer que la Banque centrale dispose de la maîtrise de l'ensemble de la création monétaire puisque le contrôle de la monnaie centrale assure le contrôle de la création de monnaie par les banques de second rang.

c › Le diviseur de crédit

L'approche en terme de **diviseur de crédit** met au contraire l'accent sur le fait que les banques commencent par créer de la monnaie à partir d'une logique commerciale et qu'elles recherchent ensuite à se procurer la monnaie banque centrale qui leur est nécessaire pour faire face aux fuites. Par exemple, les banques de second rang créent 10 000 unités monétaires de monnaie scripturale et elles se retournent ensuite vers d'autres banques ou vers la Banque centrale pour se procurer les liquidités qui leur sont nécessaires (1 000 dans le cas d'un coefficient de réserve de 10 %). On voit que, du point de vue quantitatif, les deux théories aboutissent à la même conclusion, mais elles décrivent différemment le mécanisme de la création monétaire. En particulier l'approche en termes de diviseur souligne que la création monétaire est bien réalisée « à partir de rien » et que la Banque centrale est placée devant le fait accompli : la monnaie ayant été créée par les banques de second rang, la Banque centrale ne peut leur refuser systématiquement de répondre à leurs besoins de liquidités au risque de provoquer une crise financière.

> B

La mesure de la monnaie : les agrégats monétaires

La monnaie est un actif liquide, mais il existe différents degrés de liquidité et il est donc difficile de tracer une frontière entre les actifs monétaires et les actifs non monétaires. Cette frontière est pour partie conventionnelle. Les autorités monétaires définissent et mesurent des **agrégats monétaires** c'est-à-dire des catégories d'actifs qui sont relativement homogènes du point de vue de leur liquidité. Ces agrégats (qui sont emboîtés) sont classés par ordre décroissant de liquidité (de M1 qui comporte les actifs les plus liquides à M3 qui inclut outre les actifs compris dans M1 et M2, des actifs moins liquides).

> La **liquidité** est la propriété qu'a un actif d'être transformé en un autre actif sans délai et sans coût de transaction. Tous les actifs sont liquides à des degrés divers, mais la monnaie est la liquidité parfaite. Un actif réel moins liquide qu'un actif financier et un actif financier est moins liquide que la monnaie au sens strict.

a › Les agrégats monétaires dans la zone euro

À l'occasion du passage à l'euro, la Banque centrale européenne a défini des agrégats monétaires pour l'ensemble de la zone. Ces agrégats sont calculés par les Banques centrales nationales dans chaque pays ayant adopté l'euro. En ce qui concerne la conduite de la politique monétaire, seule l'évolution des agrégats au niveau de l'ensemble de la zone euro est significative.

La composition des agrégats monétaires de la zone euro

	M1	M2	M3
Monnaie fiduciaire (Billets et pièces)	X	X	X
Dépôts à vue	X	X	X
Dépôts à terme (durée inférieure à 2 ans)		X	X
Dépôts remboursables avec préavis inférieur à 3 mois		X	X
Pensions			X
Titres d'OPCVM monétaires			X
Titres de créance d'une durée initiale inférieure à 2 ans			X

Source : BCE.

La valeur des agrégats monétaires de la zone euro en milliards d'euros (avril 2012)

M1	4795
M2 - M1	3897
M3 - M2	1136
Total M3	9828

Source : Banque de France.

On trouve dans certains textes une référence à M0 pour désigner la **base monétaire**, c'est-à-dire la monnaie créée par la banque centrale, selon la terminologie répandue par les monétaristes. Cet agrégat ne figure pas dans les statistiques de la Banque de France et de la Banque centrale européenne.

Pour l'économiste **A. Chaineau** « *la monnaie c'est M1* » : il signifie par là que si l'on définit la monnaie par la liquidité parfaite, seul l'agrégat M1 correspond à cette définition. Cependant les autorités monétaires se fondent principalement sur l'agrégat M3 pour conduire la politique monétaire.

La monnaie est émise par monétisation de créances. Les créances monétisées constituent les contreparties de la masse monétaire. Ces contreparties correspondent aux financements réalisés grâce à des ressources monétaires. Les contreparties de M3 sont les crédits accordés aux agents résidents (ménages, sociétés) et les créances détenues sur l'étranger (devises).

À l'occasion de l'harmonisation des statistiques monétaires au sein de la zone euro, deux précisions importantes ont été apportées :

- on distingue trois catégories d'agents : les **Institutions financières monétaires** (IFM) qui constituent le secteur créateur de monnaie, les agents non financiers qui sont détenteurs de monnaie et un « secteur neutre » constitué des administrations publiques qui ne sont ni émettrices ni détentrices de monnaie (leurs avoirs monétaires varient de façon erratique ce qui conduit à ne pas les prendre en compte dans les statistiques monétaires) ;

- la monnaie est toujours liée à une relation entre une IFM et un agent non financier. Par conséquent les avoirs des banques de second rang dans les livres de la Banque centrale et les avoirs des banques de second rang auprès d'autres banques ne sont pas comptabilisés dans la masse monétaire.

b › L'endettement des agents non financiers

Pour analyser le financement de l'économie, les autorités monétaires calculent le total de l'endettement des agents non financier et mesure la part des différentes sources de financement de cette dette en distinguant le recours aux institutions financières résidentes, aux institutions financières non-résidentes et aux marchés financiers.
En France en 2010, l'endettement total des agents non financiers était de 4 032,5 milliards d'euros. Sur ce total, un peu plus de la moitié, soit 2 066 milliards d'euros, sont des crédits consentis par les institutions financières résidentes, 72,4 milliards d'euros sont des crédits consentis par des institutions financières non-résidentes et 1 871,2 milliards d'euros ont été empruntés sur les marchés financiers. On constate que les ménages se financent exclusivement auprès des institutions financières résidentes, de même que les sociétés non financières. Ce sont les administrations publiques qui ont massivement recours aux marchés financiers pour placer leurs titres de dette.

> C Offre et demande de monnaie

a › L'offre de monnaie

Dans un système de monnaie métallique, l'offre de monnaie dépend de la découverte et de l'exploitation des mines de métaux précieux. Dans les systèmes actuels de monnaie de crédit l'offre de monnaie dépend de la création monétaire par les banques qui est décrite par les mécanismes du multiplicateur ou du diviseur de crédit. Deux grandes conceptions de l'offre de monnaie sont présentes dans l'analyse économique :

- Une conception selon laquelle l'offre de monnaie est exogène, car elle est déterminée par la liquidité des banques centrales et donc en dernière analyse par le comportement d'offre de monnaie de la Banque centrale. Dans ce cas, l'offre de monnaie peut être un instrument de la politique monétaire. Les théories monétaristes reposent notamment sur une conception exogène de l'offre de monnaie.

– Une conception selon laquelle l'offre de monnaie est endogène car elle est déterminée par le comportement de demande de crédit des agents auquel les banques répondent. Les théories du circuit monétaire de production reposent sur une conception endogène de l'offre de monnaie.

b › La demande de monnaie

La demande de monnaie émane des agents économiques qui désirent détenir des avoirs liquides. La détention de ces avoirs a un coût d'opportunité : détenir des liquidités c'est renoncer à l'intérêt que l'on obtiendrait en plaçant la somme correspondante sur le marché financier.
L'analyse économique s'est efforcée d'expliciter les déterminants de la demande de monnaie.
L'approche keynésienne met l'accent sur les motifs de la **préférence pour la liquidité**. Pour **J. M. Keynes** la préférence pour la liquidité permet de comprendre pourquoi il n'y a pas de neutralité de la monnaie. Il existe trois motifs de la préférence pour la liquidité : le motif de transaction, le motif de précaution, le motif de spéculation. Dans cette perspective, **J. Tobin** (1918-2002, prix Nobel 1981) a proposé un modèle dans lequel les agents économiques pro-cèdent à une diversification de leur portefeuille d'actifs (dont les actifs monétaires) en fonction du risque. En univers risqué, les agents composent un portefeuille optimal qui tient compte à la fois de la recherche de rentabilité et de la recherche de sécurité (qui implique la détention d'actifs monétaires peu risqués mais peu ou pas rémunérés). Les agents les plus averses aux risques détiendront relativement plus de monnaie. Le comportement de demande de monnaie est donc expliqué dans le cadre d'une stratégie de gestion du patrimoine qui prend en compte le risque.

Pour **M. Friedman** (1912-2006), prix Nobel 1976), la monnaie est une composante du patrimoine des agents et la quantité de monnaie détenue dépend de l'optimisation de la composition de ce patrimoine (arbitrage entre actifs réels, monnaie et titres). Au total, dans l'approche keynésienne comme dans l'approche monétariste, la demande de monnaie dépend pour l'essentiel du taux d'intérêt et du revenu (revenu permanent chez Friedman).
Une différence essentielle entre les deux approches réside dans le fait que les keynésiens considèrent que la fonction de demande de monnaie est instable, alors que les monétaristes considèrent qu'elle est stable.

⇨ Il existe un marché où se confrontent l'offre et la demande de monnaie et où, selon les keynésiens, se détermine le taux d'intérêt qui est le prix de la renonciation à la liquidité. Pour les classiques et les Autrichiens le taux d'intérêt se détermine sur le **marché des fonds prêtables** où se confrontent l'offre de fonds prêtables (épargne que les agents souhaitent placer) et la demande de fonds prêtables (besoin de financement des agents qui souhaitent investir) (voir « Épargne et patrimoine »).

> III Les théories monétaires

• Deux critères principaux peuvent être utilisés pour classer les théories monétaires :

- d'une part on peut considérer que la monnaie est neutre ou qu'elle est active ;
- d'autre part on peut considérer que la monnaie est exogène ou qu'elle est endogène.

• Le croisement de ces deux critères permet de définir trois positions fondamentales :

- celle des auteurs qui pensent que la monnaie est exogène et neutre (c'est l'approche dichotomiste) ;
- celle des auteurs qui pensent que la monnaie est exogène et active (refus de la dichotomie) ;
- celle des auteurs qui pensent que la monnaie est endogène (dans ce cas la distinction monnaie neutre/monnaie active perd sa signification).

> A L'approche dichotomiste

Dire que la monnaie est exogène, c'est considérer qu'elle trouve son origine en dehors de l'activité économique. Elle résulte, en régime de monnaie métallique, des découvertes d'or et en régime de monnaie fiduciaire et scripturale des décisions de la Banque centrale.

a › La « dichotomie forte »

On dit que la monnaie est neutre, au sens de la dichotomie forte, lorsqu'on considère qu'elle n'a que des effets nominaux et pas d'effet sur l'économie réelle (niveau de l'emploi par exemple). La **neutralité de la monnaie** signifie donc que les variations (exogènes) de la quantité de monnaie n'ont pas d'effets sur les prix relatifs, mais uniquement sur les prix nominaux (et donc sur le niveau général des prix).

La tradition de la **théorie quantitative de monnaie** s'inscrit dans cette perspective dichotomiste forte. **J. Bodin** (1530-1596) cherchant à expliquer la hausse des prix qui se manifeste au XVIe siècle, considère que cette inflation a pour cause principale l'augmentation de la quantité d'or et d'argent en circulation

dans le royaume. Cette tradition quantitativiste se poursuit notamment avec **J. Locke** (1632-1704), puis avec **D. Hume** (1711-1776). Au XIXe siècle, ce sont **D. Ricardo** (1772-1823) puis la ***Currency School*** qui incarnent le quantitativisme. La hausse des prix en Grande-Bretagne est expliquée par l'augmentation de la circulation monétaire rendue possible par l'inconvertibilité du papier-monnaie en or instaurée en 1797. La **loi des débouchés** de **J.-B. Say** (1767-1832) est étroitement liée aux idées quantitativistes car, si la monnaie constitue un simple voile, il n'y a pas de différence entre économie monétaire et économie de troc et « *toute offre crée sa propre demande* ».
En 1911, c'est l'économiste américain **I. Fisher** (1867-1947) qui donne une nouvelle formulation à la théorie quantitative avec l'équation :

$$M.V + M'.V' = P.T$$

avec :
M : masse de monnaie fiduciaire
M' : masse de monnaie scripturale
V : vitesse de circulation de la monnaie fiduciaire
V' : vitesse de circulation de la monnaie scripturale
P : niveau général des prix
T : volume des transactions
Pour que la théorie quantitative soit explicative (et non simplement tautologique) il faut supposer que :

- les vitesses de la circulation de la monnaie sont constantes (ou que leurs variations se compensent) ;
- M n'a pas d'effet sur T (neutralité de la monnaie) ;
- c'est la quantité de monnaie qui influence le niveau des prix (et non l'inverse).

Dans ces conditions, et dans ces conditions seulement, les variations de M et de M' n'ont d'effet que sur P.
Cette conception de la dichotomie forte conduit à considérer que rien n'est moins important que la monnaie, puisque celle-ci n'affecte pas ce qui est essentiel : les prix relatifs. Du point de vue de la politique économique, il est vain, dans cette perspective, de vouloir affecter le fonctionnement « réel » de l'économie (emploi, production etc.) en agissant sur la quantité de monnaie. Cette conclusion se retrouve aujourd'hui au sein de la Nouvelle macroéconomie classique (ou Nouvelle économie classique) qui se fonde sur l'hypothèse d'**anticipations rationnelles**.

b › La « dichotomie faible »

Une autre approche considère que la monnaie est exogène mais admet qu'elle a des effets réels transitoires. C'est **M. Friedman** qui illustre le mieux cette conception de la « dichotomie faible ». Pour Friedman, les agents ont des **anticipations adaptatives**, c'est-à-dire qu'ils sont victimes d'illusion monétaire à court terme, mais pas à long terme. Par conséquent, ce sont les variations de la quantité de monnaie qui expliquent pour l'essentiel les variations à court terme de l'activité économique (la monnaie a donc des effets réels). Mais les agents ne se laissent pas abuser durablement et, pour obtenir une relance d'une ampleur déterminée, les autorités gouvernementales doivent injecter des quantités croissantes de monnaie. Par conséquent, la monnaie est active à court terme et neutre à long terme (voir « Inflation, désinflation, déflation »).

> B
Monnaie exogène et refus de la dichotomie

Pour certains auteurs qui appartiennent au courant libéral (citons en particulier **J. Rueff** et **F. Hayek**) la monnaie est exogène, mais elle n'est pas neutre. Elle a des effets durables et nocifs sur les variables réelles de l'économie. Pour **J. Rueff** (1896-1978) par exemple, en régime de monnaie inconvertible, les banques et l'État peuvent créer des « ***faux droits*** » (c'est-à-dire des signes monétaires qui ne sont pas la contrepartie de richesses réelles résultant de la production). L'existence de ces « *faux droits* », et leur multiplication permise par l'inconvertibilité, nous fait entrer dans « *l'âge de l'inflation* ». **J. Rueff** rejette la théorie quantitative de la monnaie car il prend en compte l'existence d'une encaisse monétaire désirée par les agents. Si la quantité de monnaie augmente au même rythme que les encaisses désirées il n'y aura pas inflation. Si les encaisses monétaires désirées diminuent alors que la quantité de monnaie reste constante, il y aura hausse des prix. Il n'existe donc pas de lien mécanique entre variation de la quantité de monnaie et variation du niveau général des prix.

Rueff considère qu'il faut neutraliser la monnaie ou, au moins, réduire la possibilité d'émettre des faux droits en restaurant la convertibilité des monnaies en or.

F. Hayek (1899-1992) pour sa part, s'inspirant de la théorie autrichienne du capital (voir « Capital et investissement »), considère qu'une émission excessive de monnaie conduit à une baisse des taux d'intérêt non justifiée par le niveau d'équilibre entre épargne et investissement. Cette baisse des taux d'intérêt est perçue par les agents comme un signal qui les pousse à allonger leur détour de production (surcapitalisation). Mais comme cet allongement du détour de production n'est pas justifié par le niveau d'épargne volontaire des agents, il va y avoir à terme une brusque contraction de la longueur du détour de production. Cet « **effet d'accordéon** » perturbe gravement la production et l'emploi (voir « Fluctuations et crises »). La monnaie n'est donc pas neutre. Afin de la neutraliser, Hayek propose la mise en place de monnaies privées soumises à la concurrence. Dans la perspective de Hayek, la meilleure façon de gérer la monnaie est de la soumettre à la régulation marchande.

> C
Les théories de la monnaie endogène

Une autre tradition théorique (on parle de tradition intégrationniste) considère que la distinction d'une sphère réelle et d'une sphère monétaire au sein de l'économie n'est pas pertinente. Il n'est pas possible, selon les auteurs de ce courant, de considérer que la monnaie trouve son origine à l'extérieur de l'activité économique.

Cette tradition intégrationniste se manifeste tout d'abord par la *Banking School* et en particulier par l'œuvre de **Th. Tooke** (1774-1858). Alors que la *Currency School* focalisait son attention sur la quantité de monnaie, la ***Banking School*** introduit une distinction essentielle entre la monnaie métallique (à laquelle s'applique la théorie quantitative) et la monnaie de crédit (billets de banque). S'agissant des billets, ils ne peuvent pas être considérés comme exogènes puisque leur création s'opère à l'occasion d'une opération de crédit : le « réel » et le « monétaire » ne peuvent pas être séparés. Toute mise en circulation de billets est transitoire puisqu'à l'échéance du crédit ces billets reviennent vers la banque à titre de remboursement (c'est la « **loi du reflux** »). La question posée n'est plus alors celle de la quantité de monnaie, mais celle de sa qualité : tant que les crédits sont accordés à des opérateurs solvables qui utilisent la monnaie mise à leur disposition pour financer des opérations de création de richesses, le crédit est remboursé et la monnaie détruite (le circuit monétaire est donc bouclé). Dans de telles conditions, il serait dangereux de limiter le pouvoir de création monétaire des banques car cela constituerait un obstacle à l'expansion de la production. Des difficultés économiques peuvent surgir si la monnaie est créée en contrepartie de créances douteuses ou au bénéfice d'emprunteurs insolvables. Cette approche s'exprime notamment aujourd'hui chez les théoriciens du circuit monétaire de production (**F. Poulon, A. Parguez, M. Lavoie**...).

La tradition intégrationniste a aussi été illustrée par les travaux de **K. Wicksell** (1851-1926) prolongés par ceux de **G. Myrdal** (1898-1987). Wicksell envisage l'hypothèse d'une **économie de crédit pur** (c'est-à-dire d'une économie où la seule monnaie est la monnaie scripturale), qu'il distingue d'une **économie d'encaisses** dans laquelle le crédit n'existe pas et où tous les paiements se font au comptant. Alors que la théorie quantitative de la monnaie est valide dans une économie d'encaisse, elle ne l'est pas dans une économie de crédit pur. Pour Wicksell comme pour Myrdal, la monnaie n'est donc pas exogène, elle l'est d'autant moins que le crédit est plus développé. De plus, la monnaie est susceptible d'exercer des effets importants sur l'économie réelle par l'intermédiaire du taux d'intérêt. En effet, lorsque le taux d'intérêt naturel (dont le niveau correspond en première approche à celui du taux de profit) est supérieur au taux d'intérêt monétaire, un processus cumulatif se déclenche. Les entrepreneurs ont des profits plus élevés que ce qu'ils prévoyaient ce qui les pousse à investir davantage : la demande s'accroît et les prix augmentent.

J. M. Keynes (1883-1946) s'inscrit lui aussi indiscutablement dans cette tradition intégrationniste. Il souligne en effet que la monnaie peut être demandée pour elle-même et que, par conséquent, la loi des débouchés ne s'applique pas. Keynes donne un rôle essentiel aux anticipations des agents, aux comportements irraisonnés d'enthousiasme ou de pessimisme, aux comportements grégaires. Or la monnaie, dans la mesure où elle est un pont entre le présent et l'avenir, joue un rôle essentiel dans ces comportements des agents. Du fait de ce caractère endogène et potentiellement perturbateur de la monnaie, Keynes envisage la mise en place d'un système de monnaie dirigée dans lequel les banques utiliseraient leur pouvoir de création monétaire pour stabiliser l'activité économique.

Les théories monétaires : une vue d'ensemble

Monnaie	Effets nominaux (monnaie-voile)	Effets réels (Monnaie active)	
Exogène	**Dichotomie forte** * Vieille théorie quantitative * Currency scholl * I. Fisher (1911) * Nouvelle macroéconomie classique	**Dichotomie faible** * M. Friedman	**Refus de la dichotomie** * F. Hayek * J. Rueff
Endogène	* Banking school * K. Wicksell, G. Myrdal, École de Stockholm * Tradition keynésienne *J. Schumpeter		

Source : M. Bassoni et A. Beitone (1997), *La monnaie : théories et politiques*, Sirey.

> IV Le système monétaire et financier français

> A Brève histoire du système monétaire et financier français

a › De 1945 aux années 1960

Au lendemain de la Seconde Guerre mondiale se met en place en France un système de financement qui est sous le contrôle étroit de l'État. Les grandes banques de dépôts sont nationalisées, des organismes financiers publics jouent un rôle très important (Crédit Foncier, Caisse des dépôts et consignation). Les taux d'intérêt sont étroitement contrôlés et les activités bancaires compartimentées. On distingue les banques de dépôts et les banques d'affaire, le Crédit Agricole a le monopole des prêts bonifiés à l'agriculture, les Caisses d'épargne ont le monopole du livret A, etc. Le Trésor public est le véritable chef d'orchestre du financement de l'économie en même temps qu'il s'efforce de financer les déficits publics.

b › Des années 1960 aux années 1980

À partir de la fin des années 1960 (Rapport Marjolin, Sadrin, Wormser de 1968) et surtout du début des années 1980 (loi bancaire de 1984, Livre blanc sur le financement de l'économie de 1986), le système monétaire et financier français connaît de profonds bouleversements qui sont amplifiés par la construction européenne (liberté des mouvements de capitaux en 1990 et loi de modernisation des activités financières en 1996) et par la mondialisation croissante des activités financières.

Ces transformations ont été conformes à la **règle des trois D** formulée par **H. Bourguinat** :

- **déréglementation** (privatisation des banques, abandon de l'encadrement du crédit et du contrôle des changes, ouverture du marché monétaire à l'ensemble des agents économiques, etc.) ;
- **décloisonnement** (unification progressive du cadre réglementaire des intermédiaires financiers qui sont peu à peu soumis aux mêmes autorités monétaires, interdépendance des marchés, etc.) ;
- **désintermédiation** (le financement direct a joué un rôle de plus en plus important conduisant au développement de nouveaux marchés financiers).

Le système monétaire et financier français est donc désormais caractérisé par une logique de marché. La concurrence entre les intermédiaires financiers conduit à l'accroissement de la taille des établissements et à la création d'établissements nouveaux (courtiers en ligne par exemple). La tendance à la mondialisation des activités se renforce.

⇨ Le mouvement de libéralisation financière a conduit à de graves difficultés pour certaines institutions qui ont pris des risques excessifs (par exemple, Comptoir des entrepreneurs en 1993, Crédit Lyonnais entre 1993 et 1996).

c › Les structures bancaires et financières aujourd'hui

L'organisation actuelle du système bancaire et financier résulte pour l'essentiel de la loi bancaire de 1984 et de la loi de modernisation des activités financières de 1996. Ces deux lois poursuivent le même objectif : unifier le cadre juridique des activités monétaires et financières et favoriser la concurrence.

Le système monétaire et financier se compose de quatre types d'institutions : les établissements de crédit, les entreprises d'investissement, les OPCVM et les autres institutions financières.

• Les **établissements de crédit** sont « *des personnes morales qui effectuent à titre de profession habituelle des opérations de banque, c'est-à-dire la réception de fonds du public, les opérations de crédit, ainsi que la mise à disposition de la clientèle ou la gestion des moyens de paiements* » (loi de 1984). Parmi les établissements de crédit on distingue :

- les banques au sens strict (adhérentes à l'Association française des banques) ;
- les banques mutualistes et coopératives (y compris désormais les caisses d'épargne et de prévoyance qui ont le statut de banques coopératives depuis le 1er janvier 2000) ;
- les caisses de crédit municipal ;
- les sociétés financières (par exemple, les sociétés de crédit-bail) ;
- les institutions financières spécialisées (par exemple le Crédit foncier de France ou la Caisse d'équipement des PME).

Alors que les **banques** (AFB ou mutualistes et coopératives) peuvent réaliser toutes les opérations bancaires et services d'investissement, les autres établissements de crédit ne peuvent réaliser que les opérations prévues dans leur statut et pour lesquelles ils ont été agréés.

⇨ Au 1er janvier 2006, les services financiers de La Poste se sont transformés en Banque Postale.

• Les **entreprises d'investissement** sont « *des personnes morales ayant vocation à fournir des services d'investissement, c'est-à-dire à recevoir, transmettre, exécuter des ordres pour compte de tiers, gérer des portefeuilles, négocier pour compte propre, participer au placement d'instruments financiers* » (Loi de 1996). La catégorie des entreprises d'investissement regroupe les agents de marché interbancaire, les maisons de titres, les sociétés de gestion de portefeuille, etc.

⇨ Les **établissements de crédits** agréés à cette fin peuvent assurer la prestation de services d'investissement au même titre que les entreprises d'investissement. Par contre, les entreprises d'investissement ne peuvent pas se livrer à des opérations de banque.

• Les **organismes de placements collectifs en valeurs mobilières (OPCVM)** sont des institutions financières spécialisées dans la gestion collective de l'épargne. On distingue principalement les Sociétés d'investissement à capital variable (**SICAV**) et les Fonds commun de placement (**FCP**).

Au sein des OPCVM, ceux qui sont spécialisés dans la gestion de portefeuilles de titres du marché monétaire (OPCVM monétaires) appartiennent à la catégorie des Institutions Financières Monétaires.

• Les autres institutions financières sont d'une part les compagnies d'assurance, d'autre part les organismes financiers qui ne sont pas soumis à la loi bancaire de 1984 (la Caisse des dépôts et Consignation notamment).

d › Le contrôle du système bancaire et financier

L'unification du cadre réglementaire applicable aux établissements de crédit et aux entreprises d'investissement a conduit à renforcer et élargir le pouvoir des organismes de contrôle. Face à un système financier plus concurrentiel et plus complexe, il semble nécessaire de disposer d'organes de contrôle ayant une vue d'ensemble du système financier.
Ce mouvement de regroupement des autorités de contrôle s'était déjà manifesté en 2003 avec la création de l'**Autorité des marchés financiers** (AMF) qui regroupait trois institutions préexistantes. L'AMF continue à exercer ses missions de surveillance du fonctionnement des marchés financiers, mais elle n'est pas la seule à exercer ces fonctions. En mars 2010, en grande partie sous l'effet de la crise financière mondiale qui s'est déclenchée en 2007, l'**Autorité de contrôle prudentiel (ACP)** a été mise en place. L'ACP est issue de la fusion des autorités d'agrément (Comité des établissements de crédit et des entreprises d'investissement – CECEI et Comité des entreprises d'assurance – CEA) et de contrôle (Commission bancaire – CB – et Autorité de contrôle des assurances et des mutuelles – ACAM) des secteurs de la banque et de l'assurance.
L'ACP est une autorité administrative indépendante adossée à la Banque de France qui dispose de moyens importants, d'un conseil scientifique et qui a des compétences très larges dans le domaine de la banque et de l'assurance afin de faire respecter le Code monétaire et financier. L'ACP dispose de pouvoirs de politique administrative pour faire appliquer ses décisions et infliger des sanctions. Ses missions concernent à la fois la lutte contre le blanchiment des capitaux, la stabilité financière et la protection de la clientèle.
Cette volonté de renforcement du contrôle prudentiel se manifeste aussi au niveau européen avec la mise en place du **Système européen de surveillance financière** intégrant l'Autorité européenne des assurances et des pensions professionnelles (EIOPA), l'Autorité bancaire européenne (EBA) et l'Autorité européenne des marchés financiers (ESMA). En décembre 2010, le **Conseil européen du risque systémique** est entré en fonction, il est présidé par le président de la BCE et il est chargé de veiller à la stabilité financière en Europe.
Il existe par ailleurs un organisme consultatif, le **Comité consultatif du secteur financier**, qui est chargé d'étudier les questions liées aux relations entre les établissements financiers et leurs clientèles, et de proposer toutes mesures

appropriées dans ce domaine sous forme d'avis ou de recommandations d'ordre général. Ce comité est compétent en ce qui concerne les banques, les entreprises d'assurance et les entreprises d'investissement. Il remplace le Conseil national du crédit et du titre et le Conseil national de l'assurance.

e › Institutions financières, marchés financiers et règles prudentielles

Les **règles prudentielles** sont des dispositions contraignantes adoptées par les autorités monétaires qui visent à prévenir les faillites bancaires et à assurer le bon fonctionnement des marchés financiers. Ces règles ont notamment pour objectif de renforcer la solvabilité des opérateurs et d'éviter les phénomènes de contagion liés aux paniques financières. Elles portent notamment sur la solvabilité (fonds propres suffisamment importants), sur la liquidité et sur la limitation des risques des institutions financières.

Les règles prudentielles existent depuis longtemps, mais l'essor considérable de la finance de marché depuis les années 1980 a conduit à un renforcement et à une internationalisation de ces règles.

Après le krach financier mondial d'octobre 1987, les principales banques centrales se sont accordées en 1988, dans le cadre de la Banque des règlements internationaux, sur la mise en place d'un ratio de solvabilité (**Ratio Cooke**). Ce ratio contraignait les banques à détenir des fonds propres représentant au moins 8 % du total de leurs engagements pondérés par le risque associé à chaque type de crédit. Prolongeant ce travail, les accords de Bâle II (2006) ont conduit à la mise en application du **Ratio Mc Donough**. La norme de 8 % des fonds propres est maintenue, mais le calcul repose sur une évaluation plus détaillée des risques. Par ailleurs il incite les banques à renforcer leur surveillance prudentielle et à assurer une plus grande transparence financière. Du fait de la crise des *subprimes* de 2007-2008, la question du renforcement de la transparence financière et de la supervision bancaire est à nouveau posée. **L'accord de « Bâle III »**, adopté en décembre 2010, a « pour but d'accroître la capacité du secteur bancaire à absorber les chocs générés par des tensions financières et économiques, quelle qu'en soit la source, et, donc, de réduire le risque de répercussions de tensions financières sur l'économie réelle ». Ces mesures permettent d'accroître la liquidité des banques à court terme et à long terme et d'améliorer leur solvabilité en augmentant le rapport entre leurs fonds propres « durs » (actions et bénéfices mis en réserve) et l'ensemble de leurs actifs (ce ratio serait porté à 8,5 % à l'horizon 2019). Pour les banques, ces mesures sont susceptibles de réduire leur capacité à financer l'économie et auront donc un effet négatif sur la croissance. Pour de nombreux économistes, les ratios sont au contraire insuffisants (certains proposent 15 % voire 20 % de fonds propres) et s'appliquent sur une trop longue période (voir « Les relations monétaires internationales » et « La globalisation financière »).

> V
La politique monétaire

Depuis le 1er janvier 1999, la France appartient à la **zone euro** au sein de laquelle est mise en œuvre une **politique monétaire** unique.

> A
Les autorités monétaires

Les autorités monétaires sont des institutions chargées de concevoir et de mettre en œuvre la **politique monétaire.** Elles sont aussi chargées de la surveillance du système bancaire et financier.
Au sein de la zone euro, c'est le **Système européen de banques centrales** (SEBC) qui est la principale autorité monétaire. Le SEBC est composé de la **Banque centrale européenne** (BCE) et des Banques centrales nationales (BCN) des pays membres de l'Union européenne. Le SEBC et la BCE sont dirigés par trois instances.

- Le directoire, composé d'un président, d'un vice-président et de quatre autres membres. Les membres du directoire sont nommés par accord entre les chefs d'États et de gouvernements de la zone euro, pour un mandat de huit ans non renouvelable. Le directoire assure la gestion de la BCE et du SEBC ainsi que la conduite au jour le jour de la politique monétaire.
- Le conseil des gouverneurs qui rassemble le directoire et les gouverneurs des BCN des pays de la zone euro. Le conseil des gouverneurs fixe les orientations de la politique monétaire (en particulier les taux directeurs).
- Le conseil général regroupe le président et le vice-président du directoire ainsi que l'ensemble des gouverneurs des banques centrales des pays membres de l'Union européenne qu'ils soient membres ou non de la zone euro.

⇨ En vertu du **Traité de Maastricht** (1992) qui institue l'Union européenne, la BCE et les BCN sont indépendantes du pouvoir politique. Ce choix de l'indépendance des autorités monétaires, qui soustrait, au moins partiellement, la monnaie à la souveraineté politique, fait l'objet de nombreux débats. Certains se demandent en effet quel est le fondement de la légitimité des banquiers centraux. Il est vrai que le Traité attribue à la BCE la tâche essentielle de défendre la stabilité des prix et qu'il interdit à ses dirigeants d'accepter des instructions de quiconque. Les dirigeants européens semblent donc perdre le pouvoir monétaire. Il faut noter cependant que la politique du change est de la responsabilité des autorités politiques et que la Banque centrale, à condition de ne pas compromettre la stabilité des prix, doit concourir aux objectifs généraux de l'Union européenne, en particulier la croissance et le plein-emploi (voir « Politiques économiques »).

> B
Les objectifs de la politique monétaire

a › Les objectifs finals

Depuis le début des années 1980, on a assisté à un recentrage de l'objectif de la politique monétaire sur l'objectif de stabilité des prix. Sous l'influence du **monétarisme**, on considère en effet que l'**inflation** résulte d'une création excessive de monnaie et qu'il appartient à la Banque centrale de se consacrer à la maîtrise de la croissance des **agrégats monétaires**. Au sein de la zone euro, la BCE a comme objectif la stabilité des prix, c'est-à-dire un taux d'inflation inférieur à 2 %.

b › Les objectifs intermédiaires

Pour atteindre l'objectif final de stabilité des prix, la Banque centrale détermine des objectifs intermédiaires qui portent sur la croissance d'un agrégat monétaire et/ou sur le niveau du taux d'intérêt. La Banque centrale européenne a comme objectif intermédiaire la croissance de l'agrégat monétaire M3 qui doit être compatible avec un taux d'inflation inférieur à 2 %. Dans ce cadre, la BCE utilise les taux d'intérêt directeurs pour adresser des signaux aux marchés (augmentation des taux d'intérêt pour lutter contre le risque inflationniste, baisse des taux d'intérêt pour accompagner la croissance).

c › Les objectifs opérationnels

Pour atteindre les objectifs intermédiaires, la BCE fixe des objectifs opérationnels. Ces objectifs opérationnels déterminent la façon dont seront mis en œuvre les instruments de la politique monétaire. L'objectif opérationnel essentiel est le taux d'intérêt du marché interbancaire, c'est-à-dire le coût que doivent supporter les banques pour se refinancer.

⇨ On appelle **refinancement** les opérations par lesquelles les banques se procurent les liquidités (monnaie banque centrale) qui leur sont nécessaires. Les opérations de refinancement consistent principalement aujourd'hui en des emprunts sur le marché interbancaire. Mais les banques peuvent aussi, dans certaines conditions, s'adresser directement à la Banque centrale pour obtenir des liquidités.

Politique monétaire et ciblage d'inflation
La politique de **ciblage de l'inflation** consiste pour la Banque centrale (en général en lien avec le gouvernement) à annoncer un objectif à moyen terme de taux d'inflation modéré et stable (il peut s'agir d'un taux précis ou d'une fourchette). Sur la base de cet objectif, la Banque centrale conduit une politique monétaire discrétionnaire à court terme qui porte à la fois sur la quantité de monnaie et sur les taux directeurs. Depuis la fin des années 1980 beaucoup de pays industrialisés et de nombreux pays en développement ont adopté ce type de politique en raison des limites des politiques monétaristes centrées sur un objectif de croissance de la quantité de monnaie. Les politiques de ciblage de l'inflation, si elles donnent lieu à une annonce claire des objectifs, à la publication régulière de prévisions d'inflation, à la mise en œuvre de mesures de politique monétaire clairement orientées vers le respect de la cible d'inflation, ont le mérite de permettre aux agents de fonder leurs anticipations sur une évolution crédible des prix. Certains économistes déplorent cependant que les politiques de ciblage de l'inflation conduisent à renoncer à d'autres objectifs possibles de la politique monétaire (croissance et plein emploi notamment).

> C
Les instruments de la politique monétaire

a › L'action par la liquidité bancaire

Les banques de second rang ont besoin de détenir une certaine quantité de monnaie banque centrale en fonction de leur activité sur le marché du crédit. En rendant la monnaie banque centrale plus abondante, on incite les banques (toutes choses égales par ailleurs) à octroyer plus de crédits et à créer plus de monnaie. Réciproquement, en rendant les banques moins « liquides » (c'est-à-dire en rendant la monnaie centrale moins abondante) on les incite à octroyer moins de crédits.
Pour agir sur la liquidité bancaire, les banques centrales (et en particulier la BCE) disposent de deux types d'instruments :

- elles peuvent alimenter plus ou moins les banques dans le cadre du refinancement bancaire (interventions sur le marché interbancaire notamment) ;
- elles peuvent jouer sur le **taux de réserves obligatoires**. Ce taux détermine en effet le pourcentage de leurs dépôts, et des titres de créance négociables dont l'échéance initiale est inférieure à 2 ans, que les banques doivent détenir sous forme de monnaie centrale. En augmentant le taux on rend les banques moins liquides et réciproquement.

⇨ Depuis la création de l'euro et de la BCE, le taux de réserves obligatoire est resté constant (égal à 2 %), mais en janvier 2012, dans un contexte où la BCE cherche à rendre les banques plus liquides, ce taux a été abaissé à 1 %.

b › L'action par les taux

Lorsque les banques de second rang empruntent des liquidités pour se refinancer, elles doivent s'acquitter d'un taux d'intérêt (le taux du marché interbancaire le plus souvent). Lorsque le coût du refinancement augmente, les banques répercutent cette hausse sur leurs clients qui sont incités (toutes choses égales par ailleurs) à réduire leur recours à un crédit devenu plus coûteux. Les autorités monétaires, en agissant sur les taux d'intérêt peuvent donc encourager ou freiner le crédit et la création monétaire. Pour agir sur les taux d'intérêt du marché, les banques centrales utilisent des taux directeurs.
Le SEBC dispose de trois taux directeurs.

- Le taux de la **facilité de prêt marginal**, qui constitue, en temps normal, le taux plafond du marché interbancaire. C'est le taux débiteur qui est appliqué aux banques qui se refinancent directement auprès du SEBC.
- Le taux de la **facilité de dépôt**, qui constitue, en temps normal, le taux plancher du marché interbancaire. C'est le taux créditeur dont bénéficient les banques qui déposent leurs liquidités excédentaires auprès du SEBC.

⇨ En temps normal, le taux du marché interbancaire fluctue entre des limites constituées par le taux de la facilité de prêt marginal et le taux de la facilité de dépôt.

- Le taux des **opérations d'open market**, en particulier des **opérations principales de refinancement**. Ce sont les taux pratiqués par le SEBC lorsqu'il alimente le marché en liquidités par des procédures régulières (hebdomadaires en général).

⇨ En prenant des titres en pension (et donc en offrant des liquidités) ou en vendant des titres (reprise de liquidités), le SEBC contribue à la fois à régler la liquidité du système bancaire et le niveau des taux d'intérêt.

Évolution du principal taux directeur de la BCE

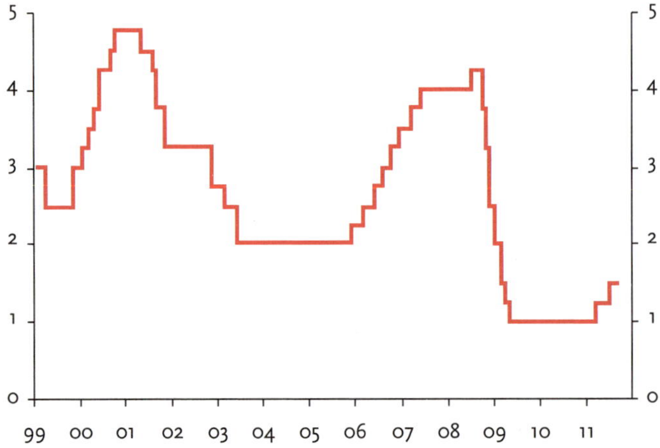

Source : Patrick Artus, *Flash économie Natixis*, n° 728, 28 septembre 2011.

L'**encadrement du crédit** est une technique de contrôle administratif de la création monétaire qui est aujourd'hui abandonnée au sein de la zone euro et dans l'ensemble des pays industrialisés. L'encadrement du crédit consistait à fixer aux banques un taux maximum d'accroissement de leurs encours de crédit par rapport aux crédits accordés l'année précédente. Le SEBC, comme les autres banques centrales, privilégie l'action par des mécanismes de marché depuis le début des années 1980.

Zone euro : la politique monétaire en débat

La politique monétaire mise en œuvre par la BCE fait l'objet de nombreuses controverses. L'indépendance de la BCE soulève la question du contrôle démocratique de cette composante essentielle de la politique économique. Certains économistes ou responsables politiques préconisent la mise en place d'un « gouvernement économique de la zone euro », d'autres souhaitent un rôle accru du Parlement européen. Plus généralement, **J.-P. Fitoussi** déplore que l'on donne la priorité à l'application de « règles » alors qu'il serait préférable d'exprimer de véritables choix politiques. Cette situation résulte notamment du fait qu'il existe une seule politique monétaire et autant de politiques budgétaires : d'où l'impossibilité de mettre en œuvre une *policy mix* à l'échelle européenne. Par ailleurs, la préoccupation exclusive de la BCE pour la lutte contre l'inflation conduit à se demander si une politique monétaire trop restrictive ne nuit pas à la croissance et à l'emploi. Trop occupée par la régulation macroéconomique, la BCE risque de négliger la régulation prudentielle (sécurisation du système bancaire et financier) (voir « Politiques économiques »).
Par exemple, **P. Artus** propose :
– d'inclure un objectif d'évolution raisonnable du taux d'endettement des agents non financiers dans les objectifs des banques centrales ;
– que les banques centrales interviennent sur les marchés d'actifs financiers lorsque ceux-ci se montrent manifestement incapables d'évaluer correctement les primes de risque ;
– enfin, de refonder la politique monétaire en cessant de se centrer uniquement sur l'objectif de crédibilité des banques centrales en matière de lutte contre l'inflation. Cet objectif

central, élaboré dans les années 1980, n'est plus adapté après la crise de 2007-2011 alors qu'existent des risques déflationnistes. Les banques centrales doivent se préoccuper de la stabilité financière, de la valorisation correcte des actifs et des risques de déflation tout autant que des risques d'inflation.

Les banques centrales face à la crise de 2008

La crise des crédits « *subprimes* » déclenchée au printemps 2007 prend un tour aigu au cours de l'été et de l'automne 2008. Les banques centrales des grands pays industrialisés, séparément ou de façon concertée, sont intervenues dans une double direction :

– D'une part, elles ont alimenté le marché interbancaire en liquidités et baissé leurs taux d'intérêt. Il s'agit d'éviter une **crise de liquidité**. En effet les banques, devant la montée des risques, sont réticentes à se prêter mutuellement. Certaines banques, même si elles sont solvables, risquent de ne pouvoir faire face à leurs échéances de court terme. Les banques centrales, en alimentant le marché en liquidités, évitent donc une contagion de l'illiquidité. Elles contribuent ce faisant à éviter le déclenchement d'une panique bancaire qui conduirait les déposants à se ruer vers les guichets pour retirer leurs avoirs. Cette politique a été un succès qui a eu pour corollaire une augmentation très importante de la base monétaire mondiale (fort accroissement du montant des bilans des banques centrales). Compte tenu de la faible croissance des pays développés et du niveau élevé du chômage, cela ne s'est pas traduit par un dérapage inflationniste. Mais à terme la question se pose de savoir comment les banques centrales vont pouvoir réduire la liquidité mondiale manifestement excessive en évitant à la fois la déflation et l'inflation.

– D'autre part, les banques centrales et les États, ont fait face à des risques d'insolvabilité de certaines banques ou compagnies d'assurance. Le bilan de celles-ci est marqué par la dépréciation d'une partie de leurs actifs, alors que leur passif reste aussi important. Il s'agit dans ce cas de recapitaliser les banques par l'apport de capitaux publics (nationalisation totale ou partielle). Si certaines banques ont fait faillite (notamment la banque américaine Lehman Brothers), de nombreuses banques ont été sauvées par l'intervention des pouvoirs publics (Royal bank of Scotland, Dexia, etc.) ce qui comporte un risque d'aléa moral : les banques quasi certaines d'être sauvées par les pouvoirs publics risquent d'adopter un comportement plus risqué. La question du renforcement des règles prudentielles et d'un contrôle accru des marchés est donc posée.

c › La politique monétaire non conventionnelle

À l'occasion de la crise des subprimes et de ses conséquences financières et réelles, les banques centrales (notamment la BCE et la Réserve fédérale des États-Unis) ont mis en œuvre des **politiques monétaires non conventionnelles**. Ce type de politique avait déjà été mis en œuvre dans les années 1990 par la Banque du Japon. En effet, lorsque le taux directeur des banques centrales est égal à zéro (ou très proche), la Banque centrale ne dispose plus de son outil conventionnel de relance, la baisse des taux. On appelle alors politique monétaire non conventionnelles les mesures qui visent à agir sur l'économie par d'autres moyens que les instruments habituels du taux directeur et des interventions sur le marché monétaire. Il s'agit donc de mesures exceptionnelles et temporaires.

Un premier type de mesure non conventionnelle consiste à fournir des liquidités à taux fixe en répondant favorablement à toutes les demandes des

banques. Il s'agit d'éviter que des banques souffrent d'un défaut de liquidité du fait de la pénurie des offres sur le marché monétaire. Les banques centrales ont aussi eu recours à des financements à plus long terme afin de favoriser la baisse des taux d'intérêt longs. Par exemple, la BCE a prêté aux banques plus de 1000 milliards d'euros à 3 ans et à un taux d'intérêt de 1 % à la fin de l'année 2011 et au début de l'année 2012. La réserve fédérale américaine a aussi mis en place un programme d'achats de titres sur le marché monétaire.
Un autre type de mesures consiste à élargir la liste des titres qui peuvent servir de contreparties lors des opérations de mise en pension qui permettent à la Banque centrale de fournir des liquidités aux banques. Dans ce cas, deux objectifs sont atteints : la fourniture de liquidité, mais aussi le transfert de créances de moins bonne qualité du bilan des banques de second rang au bilan de la banque centrale. La qualité moyenne de l'actif des banques de second rang s'améliore donc.
Les banques centrales peuvent aussi accorder des crédits en devises aux banques de second rang pour éviter une crise de liquidité à celles qui sont engagées en devises et peinent à s'en procurer sur le marché des changes.
La BCE a ainsi échangé des euros contre des dollars avec la FED (opération de Swap) pour prêter ensuite ces dollars aux banques qui en avaient besoin.
Enfin, les banques centrales peuvent intervenir sur le marché secondaire de la dette publique afin de faire baisser le taux d'intérêt sur ce type d'actif.

⇨ Dans l'ensemble de ces mesures on distingue souvent le « ***quantitative easing*** » qui vise à accroître la quantité de liquidités dont disposent les banques et le « ***qualitative easing*** » qui vise, par des achats sélectifs d'actifs financiers, à encourager les crédits accordés à l'économie. En pratique, la distinction entre ces deux types de mesures non conventionnelles est difficile à faire, les banques centrales ayant tendance à combiner les deux types d'interventions.

> VI Le financement de l'économie

> A Besoins et capacités de financement

Lorsqu'un agent économique veut réaliser une opération qui relève de la formation brute de capital fixe (achat d'un logement par un ménage, achat de

biens d'équipement par une entreprise), il doit assurer le financement de cette opération.
Deux situations se présentent :

- l'agent dispose d'une épargne suffisante pour assurer le financement : on parle alors de financement interne ;
- l'agent doit faire appel à l'épargne d'autres agents : on parle alors de financement externe.

En cas de financement externe, l'agent peut faire appel à l'endettement auprès d'institutions financières qui ont elles-mêmes collecté l'épargne d'agents à capacité de financement. On parle alors d'un financement indirect. L'agent à besoin de financement peut aussi s'adresser directement aux agents à capacité de financement en plaçant des titres sur les marchés financiers. On parle alors de financement direct.

Économie de marché financier et économie d'endettement

À la suite de **J.-R. Hicks** (1904-1989), on distingue souvent les économies de marchés financiers (caractérisées par la prédominance de la finance directe et de l'intermédiation de marché) et les économies d'endettement (caractérisées par la prédominance du recours à l'intermédiation de bilan par les banques et au financement par la création monétaire). Cette distinction doit être nuancée car toute économie capitaliste est nécessairement une économie d'endettement. Cependant, elle peut servir de grille de lecture pour analyser le fonctionnement des divers systèmes financiers. On considère par exemple que, depuis le début des années 1980 l'économie française s'est rapprochée du modèle de l'économie de marchés financiers.

⇨ Les institutions financières ne servent pas seulement à rapprocher l'offre et la demande de fonds prêtables, elles procèdent aussi à la transformation financière. Cela signifie que ces institutions collectent de l'épargne à vue ou à court terme et l'utilisent pour octroyer des prêts à moyen ou long terme.

> B Intermédiation et désintermédiation

L'une des fonctions des institutions financières est de mettre en relation les agents à capacité de financement et les institutions à besoin de financement. On parle alors d'**intermédiation financière**. Il existe cependant deux formes d'intermédiation.

- L'**intermédiation de bilan** dans laquelle l'institution financière s'endette auprès des épargnants et devient créancière des agents à besoin de financement. Par exemple, les Caisses d'épargne collectent de l'épargne (elles sont donc débitrices des déposants) et utilisent les sommes collectées pour effectuer des prêts (à des organismes de HLM par exemple). Ces opérations apparaissent au bilan des Caisses d'épargne qui supportent seules le risque de défaillance de leurs débiteurs.

- L'**intermédiation de marché** caractérisée par le fait qu'une institution financière s'emploie à mettre en relation un agent qui émet des titres et des épargnants qui souhaitent effectuer des placements. Par exemple, lorsqu'une entreprise émet des billets de trésorerie, elle a recours à la finance directe, mais son banquier peut placer ces billets de trésorerie auprès de la clientèle. Il y a alors intermédiation de marché. L'épargnant est directement créancier de l'entreprise émettrice des billets de trésorerie. En cas de défaillance de l'entreprise débitrice, l'épargnant supporte seul les conséquences.

⇨ Il faut noter que les banques jouent le rôle d'intermédiaire financier, mais leur caractéristique propre est la création de monnaie. Les institutions financières non bancaires se limitent aux activités d'intermédiation (de bilan et de marché).

La désintermédiation vise à favoriser le recours au marché financier afin de soumettre les banques à une concurrence plus vive et à faire baisser les taux d'intérêt. En France, c'est surtout à partir de 1991 que la désintermédiation s'est manifestée. Le taux d'intermédiation financière (rapport entre le montant des crédits accordés par les banques et l'ensemble des flux de financement accordés – y compris sous forme d'émission d'actions –) a diminué. Il faut cependant souligner qu'il s'agit là d'un recul de l'intermédiation de bilan, dans le même temps les banques ont accru leur intermédiation de marché et leur rôle de conseiller dans les montages financiers des entreprises.

La titrisation : un exemple de développement de la finance de marché

La **titrisation** est l'opération par laquelle une institution financière transforme en titres de créance négociables des créances qui étaient jusque-là peu liquides. Par exemple, une banque peut constituer un portefeuille de créances (crédits hypothécaires, prêts personnels, crédits aux entreprises, etc.) et émettre en contrepartie de ce portefeuille des titres qui sont négociables sur le marché financier. L'avantage pour la banque émettrice c'est qu'elle peut collecter des liquidités et qu'elle transfère une partie des risques liés à l'octroi de crédits aux acquéreurs des titres négociables. La **crise des *subprimes*** de 2007-2008 est assez largement liée à la titrisation des crédits immobiliers à risques accordés par les banques américaines à des ménages faiblement solvables. Du fait de la titrisation, un certain nombre d'institutions financières à travers le monde détenaient (parfois sans le savoir) des titres qui correspondaient à ces crédits immobiliers à risque. Lors de l'éclatement, en 2007, de la crise des *subprimes* liée à la crise du marché immobilier aux États-Unis, ces banques qui avaient acquis des titres ont donc subi des pertes parfois très importantes. (voir « La globalisation financière »).

> C
Les marchés monétaires et financiers en France

Le marché des capitaux regroupe le **marché financier** (marché des capitaux à long terme) et le **marché monétaire** (marché des capitaux à court terme).

a › Le marché financier

Le marché financier est le marché sur lequel se traitent des opérations à long terme portant sur des **actions** ou sur des titres de créance (**obligations** en particulier).
Sur le marché financier on distingue :

- le **marché primaire** qui est celui où les entreprises et l'État émettent des titres afin de collecter l'épargne nécessaire à leur financement ;
- le **marché secondaire** sur lequel se négocient les titres déjà émis et dont l'existence assure aux épargnants une certaine liquidité de leur portefeuille.

En pratique il existait, depuis les années 1980, divers marchés financiers organisés. En France les principaux marchés organisés étaient :

- La **Bourse des valeurs** qui est le marché sur lequel se négocient les **valeurs mobilières**. Elle comprenait quatre compartiments :
  - le premier marché qui correspondait à l'ancienne « côte officielle » et où étaient présentes les plus importantes sociétés françaises ;
  - le **second marché** (créé en 1983) qui comportait des règles simplifiées d'admission et qui était destiné à faciliter l'accès des petites et moyennes entreprises au marché financier ;
  - le **Nouveau marché** (créé en 1996) qui comportait lui aussi des règles simplifiées et qui était destiné à financer les entreprises technologiques à fort potentiel ;

⇨ Au 1er janvier 2005, ces trois marchés ont fusionné dans le cadre d'**Euronext** pour former un marché d'actions unifié. Il existe donc désormais à Paris un seul marché organisé des actions nommé Eurolist. À côté de ce marché existe un « marché libre » où sont cotées de très petites sociétés et qui sert souvent de transition vers le marché organisé.

- Le **Marché à terme international de France** (MATIF) qui est un marché organisé de **produits dérivés** a été créé à Paris en 1986. Trois types de contrats sont échangés sur le Matif : des contrats à terme sur marchandises (qui permettent de se couvrir contre les fluctuations des cours des matières premières), des contrats à terme sur produits financiers (qui permettent de se couvrir contre le risque de taux d'intérêt) et des **options négociables**. Le Matif est géré par Euronext-Paris qui assure le fonctionnement du marché et joue le rôle de chambre de compensation (contrepartie unique des acheteurs et des vendeurs et responsable de la bonne fin des opérations).

- Le **Marché des options négociables de Paris** (MONEP) est un marché organisé d'options négociables créé à Paris en 1987. Trois types de contrats sont négociés sur ce marché : des options sur actions, des options sur indice (il existe par exemple un contrat d'option sur l'indice CAC 40) et des contrats à terme fermes. Le Monep est géré par Euronext-Paris.

De la Bourse de Paris à NYSE-Euronext

En France, les activités boursières ont longtemps relevé d'une organisation artisanale dans le cadre de la bourse de Paris coexistant avec des bourses régionales indépendantes (Lyon, Marseille, etc.). Les transactions étaient réalisées par des agents de change (officiers ministériels regroupés dans une « chambre syndicale des agents de change » qui gérait le marché).
À partir de 1988, un profond mouvement de transformation s'est opéré : les charges d'agent de change sont supprimées et remplacées par des sociétés de bourse qui sont des sociétés commerciales de droit commun dans le capital desquelles peuvent entrer les institutions financières. La Société des Bourses Françaises est créée pour gérer l'ensemble des marchés boursiers. En 1999, la société des Bourses Françaises, MATIF SA, MONEP SA et la société du Nouveau Marché fusionnent pour donner naissance à ParisBourseSBF SA. Cette société fusionne en septembre 2000 avec les bourses d'Amsterdam et de Bruxelles pour donner naissance à une bourse européenne nommée Euronext. Celle-ci se développe notamment en faisant l'acquisition en 2002 du marché des contrats futurs de Londres (London International Financial Future) et de la bourse de Lisbonne. En 2007, Euronext et la bourse de New York (Le New York Stock Exchange) ont fusionné donnant naissance à NYSE-Euronext.
En 2011, des négociations sont engagées entre NYSE-Euronext et la Deutsche Börse qui gère la bourse de Francfort. La fusion est approuvée par les actionnaires des deux sociétés et par les autorités américaines de la concurrence. Mais le 1er février 2012, la Commission européenne s'oppose à la fusion car celle-ci aurait conduit à un quasi-monopole mondial des transactions sur les produits dérivés européens. Les sociétés concernées ont alors renoncé à leur projet.

Marchés à terme, couverture, spéculation

- Un **marché à terme** est un marché sur lequel les conditions d'une opération sont fixées à un moment donné, le dénouement de l'opération intervenant ultérieurement. Par exemple, il est possible de décider aujourd'hui du taux d'intérêt applicable à un emprunt qui sera contracté dans trois mois.

- Une **opération de couverture** est une opération qui permet à un agent de se protéger contre un risque. Par exemple, si l'on doit contracter un emprunt dans trois mois, on court un risque de taux d'intérêt (le taux d'intérêt peut être beaucoup plus élevé dans trois mois). On peut se couvrir contre ce risque grâce à une opération sur un marché à terme.

- En s'inspirant de **N. Kaldor** (1908-1986), on peut définir la **spéculation** comme une opération d'achat (ou de vente) d'un actif, en vue d'une revente (ou d'un rachat) ultérieur, lorsque cette opération est motivée par la recherche d'un gain sur la base d'une anticipation de variation du prix de l'actif.

- Les marchés à terme peuvent être utilisés pour réaliser des opérations spéculatives. Par exemple, si l'on anticipe, mieux que les autres opérateurs, une hausse des taux d'intérêt, on peut acheter une option sur taux d'intérêt dont la valeur augmentera si les taux d'intérêt augmentent effectivement. La revente de l'option permettra de réaliser un gain spéculatif.

b › Le marché monétaire

Le **marché monétaire** est le marché de l'argent à court terme. En France, avant 1985, le marché monétaire était le marché de la monnaie banque centrale, il était réservé aux banques et à quelques entreprises non bancaires. Depuis 1985, ce marché est ouvert à tous les agents économiques sous réserve qu'ils offrent un certain nombre de garanties. Les opérations portent notamment sur les bons du Trésor, les certificats de dépôts, les billets de trésorerie, etc.

> ⇨ Le développement de ce marché des **titres de créance négociables** permet aux grandes entreprises d'être moins dépendantes des établissements de crédit lorsqu'elles souhaitent se procurer des liquidités. La formation des taux d'intérêt est donc le résultat d'une concurrence accrue.

Le **marché interbancaire** est un compartiment du marché monétaire dont l'accès est réservé aux établissements de crédit. Il permet à certaines banques de se procurer les liquidités qui leur sont nécessaires et à d'autres de placer à court terme leurs excédents de liquidités. La Banque de France intervient sur ce marché dans le cadre de la politique monétaire définie par la Banque centrale européenne. Les accords de pension à 24 heures sont les opérations caractéristiques du marché interbancaire.

Pour en savoir plus

Initiation

- Benassy-Quéré A . et Cœuré B. (2010), *Économie de l'euro*, La Découverte, Coll. Repères.
- Berbèze J.P. et Pauget G. (2010), *Les 100 mots de la banque*, PUF, Coll. Que sais-je ?
- Borde Ch. (2010), *La politique monétaire*, La Découverte, Coll. Repères.
- Bourachot H. et al. (2010), *100 fiches pour comprendre la bourse et les marchés financiers*, Bréal.
- Brana S. et Cazals M. (2006), *La monnaie*, Dunod, Coll. Topos.
- Cahiers Français (2012), *Comprendre les marchés financiers*, La Documentation française, n° 361.
- Dévoluy M. (2012), *L'euro est-il un échec ?*, La Documentation française.
- Farvaque E. (2010), *La banque centrale européenne*, La Découverte, Coll. Repères.
- Jacquillat B. (2011), *Les 100 mots de la finance*, La Découverte, Coll. Repères.
- Plihon D. (2010), *La monnaie et ses mécanismes*, La Découverte, Coll. Repères.
- Pollin J.-P., Lavigne A. (1997), *Les théories de la monnaie*, La Découverte, Coll. Repères.
- Voisin M. (2011), *Comprendre la monnaie et les politiques monétaires*, Bréal.

Approfondissement

- Aglietta M. et Orléan A. (2002), *La monnaie entre violence et confiance*, Odile Jacob.
- Aglietta M. (2010), *Macroéconomie financière*, La Découverte, Coll. Grands Repères.
- Allegret J.-P. (2008), *Monnaies, finance et mondialisation*, Vuibert.
- Couppey-Soubeyran J. (2012), *Monnaie, banques, finance*, PUF, Coll. Licence.

- Delaplace M. (2009), *Monnaie et financement de l'économie*, Dunod.
- Goux J.F. (2011), *Macroéconomie monétaire et financière, Théories, institutions, politiques*, Économica.
- Marteau D. (2012), *Les marchés de capitaux*, A. Colin, Coll. Cursus.
- Mishkin F. S. (2010), *Monnaie, banques et marchés financiers*, Pearson Education.
- Ottavj Ch. (2010), *Monnaie et financement de l'économie*, Hachette.
- Scialom L. (2007), *Économie bancaire*, La Découverte, Coll. Repères.

chapitre 9

Inflation, désinflation, déflation

À partir du début du xxe siècle l'économie mondiale est entrée, selon la formule de **J. Rueff** (1896-1978), dans « l'âge de l'inflation ».
L'**inflation** est l'augmentation durable et cumulative du niveau général des prix. L'explication de ce phénomène est controversée, mais ses conséquences sont généralement considérées comme défavorables.
Mais la **déflation**, c'est-à-dire la baisse cumulative du niveau général des prix, qui a notamment caractérisé la crise des années 1930, a des conséquences non moins négatives. Elle s'accompagne d'une chute de la production, de faillites de banques et d'entreprises, d'un fort accroissement du chômage. Après la crise des subprimes de 2007, les tensions déflationnistes ont fait leur réapparition dans l'économie mondiale.
Pour tenter d'échapper au dilemme inflation/déflation, les politiques économiques ont cherché à obtenir, à partir des années 1980, un processus de **désinflation**, c'est-à-dire de ralentissement du rythme de la hausse des prix. La décrue de l'inflation obtenue, les autorités monétaires s'efforcent de maintenir la stabilité des prix ou plus exactement une hausse modérée des prix (inférieure à 2 % par an au sein de l'Union européenne).

> I L'inflation

> A La mesure de l'inflation

Pour mesurer la hausse du niveau général des prix, on calcule des **indices de prix**. L'indice le plus utilisé est l'**indice des prix à la consommation (IPC)**, mais il existe d'autres indices (par exemple des prix de la construction, des prix industriels, des prix de gros etc.).
En France, l'indice des prix à la consommation est calculé et publié chaque mois par l'INSEE. Plusieurs centaines d'agents de l'INSEE effectuent 130 000 relevés de prix dans différents circuits de commercialisation situés dans plus de 100 agglomérations représentatives des villes de plus de 2 000 habitants. Au total 27 000 points de vente font l'objet de relevés chaque mois. Ces relevés permettent de calculer un indice des prix élémentaire pour chacune des 12 fonctions de consommation, correspondant à 161 groupes et 1 000 familles de produits qui sont pris en compte dans le calcul de l'indice. L'indice synthétique des prix à la consommation, est un indice de Laspeyre chaîné, chaque poste de dépense est donc pondéré en fonction de son coefficient budgétaire. Ces pondérations sont révisées annuellement. L'indice actuellement en usage en France a pour base l'année 1998, c'est la 7e génération d'indices des prix depuis 1914.
L'indice des prix à la consommation joue un rôle important dans le débat public. L'INSEE insiste sur le fait qu'il s'agit bien d'un indice des prix et non d'un indice du coût de la vie. Il sert de base à l'indexation de certains revenus (notamment le salaire minimum), de certaines prestations sociales, des tranches du barème de l'impôt sur le revenu etc. C'est l'indice des prix hors-tabac qui est utilisé pour l'indexation du SMIC afin que la valeur de l'indice ne soit pas affectée par les hausses de taxes décidées pour des raisons de santé publique.
On assiste donc périodiquement à des débats sur la qualité de la mesure de l'évolution des prix. Pendant la période de forte inflation des années 1960 et 1970, on reprochait souvent à l'INSEE de sous-estimer l'inflation. Ces critiques ont conduit à améliorer les techniques statistiques en usage et à élargir le champ de l'indice qui couvre désormais l'ensemble des ménages et non les seuls ménages employés et ouvriers de la région parisienne comme ce fut le cas jadis. De la même façon, le nouvel indice mis en place en 1999 prend en compte les dépenses de crèche et d'assistantes maternelles, d'assurance automobile, de permis de conduire etc. Il s'agit donc de disposer d'un indice qui

mesure l'évolution des prix de l'ensemble des dépenses des ménages.
Plus récemment, dans le cadre de la désinflation, on s'est demandé si l'indice des prix ne surestimait pas l'inflation, les baisses de prix liés aux progrès techniques (dans l'informatique par exemple) ou aux rabais étant mal prise en compte. Ce débat lancé aux États Unis (rapport Boskin, 1996) a conduit l'INSEE à réaliser une étude minutieuse dont la conclusion est que, pour l'essentiel, la hausse des prix n'est pas surestimée en France.

⇒ Un indice des prix à la consommation harmonisé (IPCH) a été mis en place pour mesurer l'inflation dans l'ensemble de la zone Euro et dans chacun des pays membres. Il sert de référence pour la conduite de la politique monétaire de la BCE. Son évolution est très proche de celle de l'IPC calculé pour la France par l'INSEE.

⇒ On appelle **taux d'inflation** la mesure en pourcentage de l'augmentation du niveau général des prix aux cours d'une période donnée (généralement l'année).

Variation annuelle des l'indice des prix à la consommation (en %)

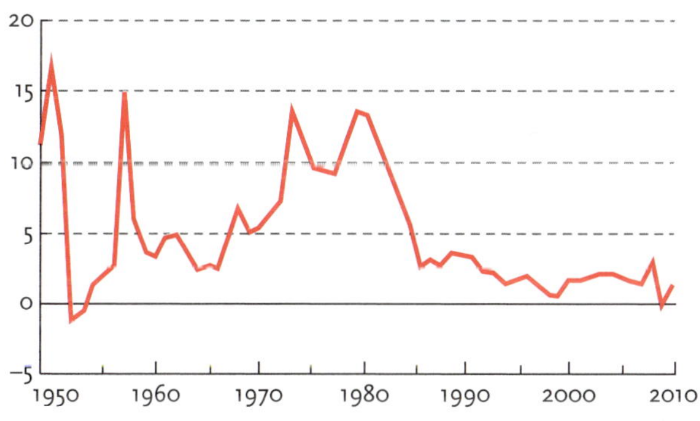

Source : INSEE, Tableaux de l'économie française 2011. Indice des prix à la consommation

⇒ L'analyse macroéconomique cherche à prendre en compte l'inflation résultant de l'évolution des coûts de production et de la confrontation entre l'offre et la demande sur les marchés. Autrement dit, il s'agit de saisir les tendances de fond de l'évolution des prix au-delà des variations qui peuvent résulter de la volatilité des prix et des mesures fiscales prises par les pouvoirs publics. Pour mesurer cette **inflation sous-jacente**, on calcule un indice des prix qui exclut les produits dont les prix sont affectés par des décisions publiques (électricité, gaz, tabac...) et les produits dont les prix sont trop volatils (viande, fleurs, produits frais, produits pétroliers).

Inflation mesurée, inflation perçue, passage à l'euro

Depuis 1999 on constate à partir des enquêtes menées auprès des ménages que l'inflation perçue est supérieure à l'inflation mesurée par l'INSEE. Le passage à l'euro est souvent mis en cause. Les études conduites par l'INSEE concluent pourtant à un impact limité du passage à l'euro sur la hausse des prix. L'opinion des ménages peut cependant s'expliquer par le comportement de la grande distribution qui a anticipé le passage à l'euro et accru ses prix plus rapidement que l'ensemble. Cependant cette période est révolue et l'accroissement prévu de la concurrence dans le secteur de la grande distribution a un effet modérateur sur les prix dans ce secteur. Une autre explication de la différence entre inflation perçue et inflation mesurée résulte du fait que les ménages sont plus sensibles aux hausses des prix des produits qui donnent lieu à des achats fréquents et moins sensibles aux évolutions de prix des biens durables qui donnent lieu à des achats espacés. Or, par exemple, sur la période 2001-2006 les prix du matériel informatique ont baissé de 59 %, ceux des téléviseurs de 43 %, ceux des lave-vaisselle de 20 %, mais dans le même temps le prix du tabac a augmenté de 56 %, celui du fioul domestique de 66 %, les consultations médicales de 20 %. Il faut aussi tenir compte du fait que les différentes catégories de ménages ne subissent pas de la même manière les hausses des différents prix. C'est pourquoi l'INSEE a mis en ligne sur son site un simulateur permettant de calculer un indice des prix personnalisé. Au total, la mesure des variations de prix soulève de nombreuses difficultés méthodologiques et il existe une distance entre les mesures effectuées (même quand leur qualité progresse) et la perception de l'évolution des prix par les agents.

> B Les formes de l'inflation

On distingue plusieurs types d'inflation en fonction du rythme de croissance du niveau des prix.

- L'**inflation rampante** est une situation durable de hausse modérée du niveau général des prix (de l'ordre de 2 à 5 %). Les pays de l'OCDE ont connu une telle inflation au cours des Trente Glorieuses. On considère parfois que ce type d'inflation constitue un stimulant favorable à la croissance économique.
- L'**inflation galopante** désigne les périodes d'inflation à deux chiffres observées, par exemple, dans les pays occidentaux au cours de la décennie 1970.
- L'**hyperinflation** est une période de très forte inflation du type de celle qui s'est manifestée en Allemagne pendant les années 1920 et dans certains pays du Tiers-monde dans les années 1960. Les pays en transition vers l'économie de marché ont aussi connu des épisodes d'hyperinflation. En 1992 par exemple, selon le FMI, la hausse des prix dans les pays en transition de l'Europe de l'Est a été de 682 % en moyenne sur un an.
- La **stagflation** est une situation dans laquelle coexistent un taux d'inflation élevé et une faible croissance accompagnée d'une hausse du chômage : on a donc à la fois stagnation et inflation.

L'inflation et le prix des actifs

Les politiques de désinflation mises en œuvre à partir du début des années 1980 ont été couronnées de succès : le rythme d'accroissement des prix à la consommation s'est sensiblement ralenti. Cela a renforcé la crédibilité des banques centrales et favorisé un certain optimisme quant à la capacité des autorités monétaires à maîtriser l'inflation. Après l'éclatement de la crise des subprimes, certains économistes ont fait observer que les banques centrales se sont centrées sur le contrôle de l'évolution des prix à la consommation mais ont négligé l'évolution du prix des actifs (financiers et immobiliers). Face à la modération des indices des prix, les banques centrales, et tout particulièrement la FED aux États-Unis, ont mis en œuvre des politiques monétaires accommodantes qui ont alimenté le gonflement de bulles sur les marchés d'actifs. En tirant les leçons de la crise depuis 2007, il faut qu'à l'avenir les banques centrales surveillent non seulement l'évolution des prix à la consommation, mais aussi l'évolution du prix des actifs.

> C Les causes de l'inflation

a › L'inflation par la demande

Cette explication repose sur l'idée que la hausse des prix résulte d'une tension entre la demande des ménages, des entreprises et de l'État et les capacités d'offre du système productif. Une hausse trop rapide des revenus des ménages, un déficit budgétaire excessif de l'État (ou plus largement des administrations publiques), une demande trop forte de biens de production par les entreprises peuvent conduire à une telle inflation par la demande. Le déséquilibre entre demande et offre peut être sectoriel (goulet d'étranglement), la hausse des prix se diffusant ensuite à l'ensemble des prix. La politique à mettre en œuvre consiste alors à freiner la demande (Plan de stabilisation Giscard d'Estaing de 1963, politique de rigueur en France à partir de 1983).

b › L'inflation par les coûts

On parle d'**inflation par les coûts** lorsque les entreprises qui supportent une hausse de leurs coûts de production (hausse des salaires, hausse des prix des matières premières et des produits semi-finis...) répercutent ces hausses sur les prix afin de sauvegarder leurs marges. L'inflation par les coûts peut être une **inflation importée** lorsqu'elle résulte d'une augmentation du coût des produits importés. Cette hausse du prix des importations peut résulter d'une tendance à l'augmentation des prix mondiaux (au moment de la guerre de Corée, 1950-1953) ou de certains d'entre eux (« crise du pétrole » de 1973-1979, hausse du prix des produits alimentaires à partir de 2007 et jusqu'au déclenchement de la crise). L'inflation importée peut aussi résulter de baisse du cours du change qui accroît le prix en monnaie nationale des produits importés.

c › L'explication monétariste de l'inflation

La théorie quantitative de la monnaie a, depuis longtemps, établi un lien entre la quantité de monnaie en circulation et le niveau général des prix (voir « Monnaie et financement »). Cette approche est reprise à partir des années 1950 par **M. Friedman** (prix Nobel 1976) dans le cadre du **monétarisme**. Pour Friedman, « *la cause de l'inflation est toujours et partout la même : un accroissement anormalement rapide de la quantité de monnaie par rapport au volume de la production* ». C'est donc le laxisme des autorités monétaires qui constitue la cause permissive de l'inflation. Par conséquent, pour lutter contre l'inflation, il faut assurer la croissance à taux constant de la masse monétaire. La quantité de monnaie doit croître à taux constant pour ne pas perturber les anticipations des agents et parce que les autorités monétaires doivent s'interdire toute politique discrétionnaire. La croissance de la quantité de monnaie doit correspondre au taux de croissance en volume à long terme de la production. De sorte que, la production et la quantité de monnaie s'accroissant au même rythme, le niveau général des prix est stable.

⇨ Il ne faut pas confondre politique monétaire (voir « Monnaie et financement » et « La politique économique ») et **politique monétariste**. Une politique monétariste est une politique monétaire qui repose sur la mise en œuvre plus ou moins systématique des conceptions monétaristes.

Le monétarisme

Le monétarisme est un courant de l'analyse économique qui relève du libéralisme économique et qui a été développé pour l'essentiel par les économistes de l'École de Chicago : **K. Brunner**, **A. Meltzer** et **M. Friedman** notamment.
Pour les monétaristes :
- la fonction de demande de monnaie est stable ;
- la quantité nominale de monnaie en circulation est déterminée pour l'essentiel par les autorités monétaires ;
- l'inflation est un phénomène monétaire ;
- il existe un taux naturel de chômage ;
- la politique budgétaire est inefficace (effet d'éviction).

d › Inflation et structures économiques

L'inflation peut aussi être considérée comme la résultante des structures économiques. Dans cette perspective, on considère notamment que l'inflation résulte des tensions entre les groupes sociaux pour le partage de la valeur ajoutée. On est en présence d'un jeu à somme négative : puisqu'à tout moment la valeur ajoutée à partager est donnée, les conflits déclenchés par la volonté de certains groupes d'améliorer leurs revenus ne peuvent pas entraîner de gain net pour la collectivité. Par contre, comme l'inflation constitue une fuite en avant commode, tout le monde est en fin de compte perdant (mais certains

plus que d'autres). Par exemple, si les agriculteurs obtiennent une hausse des prix agricoles après quelques manifestations, il va en découler une hausse des prix alimentaires qui va déclencher des revendications en faveur de hausse des salaires, ces hausses de salaires augmentent les coûts des entreprises qui augmentent leurs prix de vente etc. On entre dans une **spirale inflationniste**.
Les structures productives peuvent aussi alimenter l'inflation : un niveau élevé de concentration économique, la multiplication des ententes et des pratiques restrictives de la concurrence favorisent l'augmentation du niveau général des prix. Le protectionnisme a le même effet puisqu'il met les producteurs nationaux à l'abri de la concurrence mondiale.
Enfin, on considère souvent que les prix des services augmentent plus vite que l'ensemble des prix du fait de gains de productivité moins importants dans le secteur tertiaire. Or la part des activités de service dans l'ensemble de l'économie (et dans la consommation des ménages) a tendance à s'accroître ce qui conduit mécaniquement à une hausse des prix plus rapide.

L'inflation : un phénomène auto entretenu

- L'inflation est un phénomène auto entretenu dans la mesure où les différentes causes de l'inflation interagissent. Par exemple, une hausse des prix résultant d'une inflation importée peut conduire à des revendications salariales, les hausses de salaires obtenues conduisent à la fois à une inflation par la demande (si l'appareil productif ne peut pas accroître rapidement l'offre de biens et services) et à une inflation par les coûts (accroissement du coût salarial que les entreprises répercutent sur les prix de vente). Ces nouvelles hausses de prix peuvent conduire à une course prix/salaires et à des revendications d'autres titulaires de revenus victimes de la hausse des prix (retraités, agriculteurs, etc.).
- Dans ce cercle vicieux inflationniste, les anticipations des agents jouent un rôle essentiel : si les consommateurs anticipent une hausse des prix, ils vont acheter aujourd'hui pour éviter de subir la hausse demain, alimentant ainsi l'inflation par la demande. De même, les anticipations inflationnistes alimentent les revendications des titulaires des différents revenus, ce qui pousse à l'inflation par les coûts.
- L'inflation peut conduire à la dévaluation (en régime de changes fixes) ou à la dépréciation (en régime de changes flottants) ce qui provoque, tourtes choses égales par ailleurs, une inflation importée qui amplifie les tensions inflationnistes.

C'est pourquoi les politiques de lutte contre l'inflation accordent une grande importance à la volonté de « casser » les anticipations inflationnistes.

⇨ L'évolution de la situation économique mondiale à la suite de la crise des subprimes confirme qu'il n'existe pas de relation mécanique entre quantité de monnaie et inflation. En effet, les politiques monétaires mises en œuvre en réaction à cette crise ont conduit à une augmentation très importante de la base monétaire au niveau mondial (voir « Monnaie et financement »). Par crainte d'une crise générale de liquidités, les banques centrales ont massivement acheté des actifs sur les marchés monétaires ou directement aux institutions financières, et elles ont créé en contrepartie de la monnaie centrale. Or on constate que la masse monétaire, qui résulte des crédits accordés par les banques de second rang, a beaucoup moins augmenté que la base monétaire. Les banques de second rang n'octroient donc pas nécessairement des crédits, dans un contexte économique déprimé, même si elles bénéficient de liquidités abondantes. Par ailleurs, on n'a pas assisté à une reprise de l'inflation. En effet, dans les pays industrialisés, le taux de chômage est élevé, le taux d'utilisation des capacités de production est faible et la demande peu dynamique. Dans ce contexte, c'est plutôt la crainte de la déflation qui prévaut que celle de l'inflation. Cette modération des prix est renforcée par une offre abondante et à prix faibles de produits de consommation provenant des pays émergents.

> D Les conséquences de l'inflation

a › Les inconvénients de l'inflation

On a pu dire que l'inflation est un phénomène qui commence bien (stimulation de la croissance) et qui finit mal (inflation à taux croissant et stagflation). L'inflation présente en effet de nombreux inconvénients.

- Lorsque, dans un pays, le taux d'inflation est supérieur à celui des principaux partenaires commerciaux, la compétitivité prix se dégrade conduisant à un déficit de la balance commerciale. En système de changes fixes cela conduit, à plus ou moins longue échéance, à une dévaluation. La perte des parts de marché à l'exportation et l'augmentation du taux de pénétration des importations (voir « Le commerce international ») ont un effet néfaste sur le système productif et sur l'emploi des pays inflationnistes.
- L'inflation constitue aussi un facteur de perturbation de la structure des prix relatifs. En effet tous les prix n'évoluent pas au même rythme, tous les secteurs ne sont pas frappés de façon identique par les tensions inflationnistes. L'information que reçoivent les agents par le système des prix est donc biaisée.
- La hausse des prix affecte aussi la formation des revenus, mais toutes les catégories sociales ne sont pas également protégées contre l'inflation. Certaines catégories sociales tirent donc bénéfice de l'inflation (celles dont les revenus sont indexés selon des procédures favorables), tandis que d'autres catégories sont perdantes. Par exemple, les petits épargnants titulaires de livrets de caisse d'épargne ont eu des revenus réels négatifs pendant une bonne partie des Trente Glorieuses (les taux d'intérêt nominaux étaient inférieurs au taux d'inflation). L'impact sur la répartition des revenus de la politique de désinflation compétitive est controversé : pour certains le ralentissement de la hausse des prix favorise les catégories qui disposent de faibles revenus, pour d'autres, au contraire, la désinflation favorise les titu-

laires de revenus financiers et plus largement ceux qui bénéficient de patrimoines élevés.

b › La courbe de Phillips : un arbitrage inflation/chômage ?

• En 1958, **A. W. Phillips** (1914-1975) publie une étude statistique portant sur la Grande-Bretagne et établissant une relation décroissante entre le taux de croissance des salaires nominaux et le taux de chômage. Cette étude portait sur la période 1867-1957.
Cette relation inverse s'explique par le fait que, lorsqu'on se rapproche du plein emploi et que l'on se trouve donc en situation de demande excédentaire de travail, le taux de salaire s'accroît plus rapidement car les employeurs se font concurrence pour se procurer la main d'œuvre qui leur est nécessaire. Au contraire, en situation d'abondance de main d'œuvre, lorsque l'offre de travail devient supérieure à la demande, le taux de croissance des salaires nominaux se ralentit, voire devient négatif : le taux de salaire peut baisser.
La relation entre taux de chômage et taux de croissance des salaires est par ailleurs fortement non-linéaire, car le taux de salaire, très élastique en haute conjoncture où les entrepreneurs se disputent la main-d'œuvre disponible, devient rigide en dépression, où les salariés résistent à une réduction de leur revenu.
• **R.G. Lipsey** a proposé une interprétation de la courbe de Phillips : la hausse des salaires nominaux est une fonction croissante de l'excès de la demande de travail mesurée par le taux de chômage. Plus le taux de chômage est faible, plus la demande excédentaire de travail est forte et plus le rythme de croissance des salaires nominaux est élevé. Le taux de chômage Uo est donc celui pour lequel la hausse des salaires nominaux est nulle (**NAWRU** : *Non Accelarating Wage Rate of Unemployement*).

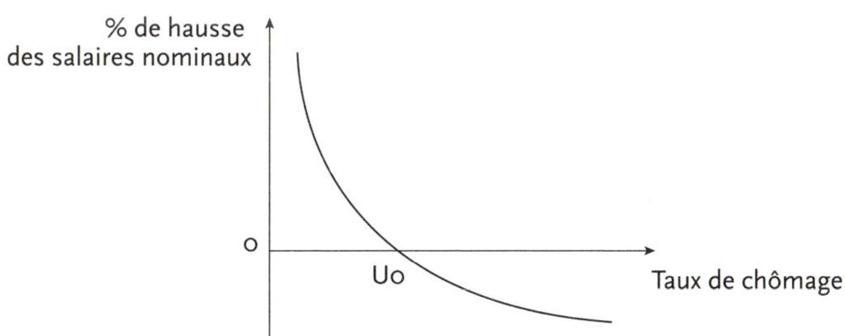

• **P. A. Samuelson** (prix Nobel 1970) et **R. Solow** (prix Nobel 1987) ont proposé en 1960 une reformulation de la relation de Phillips : celle-ci est présentée comme une relation décroissante entre le taux de chômage et le taux d'inflation. Plus le taux de chômage est faible, plus la hausse des prix est rapide. Le taux de chômage Uo est celui pour lequel l'inflation est nulle.
Cette nouvelle interprétation de la courbe de Phillips repose sur l'hypothèse

d'une stabilité du partage des revenus entre salaires et profits et sur l'existence d'une relation stable entre taux d'inflation et taux de croissance des salaires nominaux :

Taux de croissance des prix = taux de croissance des salaires nominaux – taux de croissance de la productivité.

Cette « seconde relation de Phillips » (la relation inflation-chômage) fut donc au cœur des débats de politique économique des années 1950-1960. Cette interprétation conduit à faire du réglage de la demande globale l'instrument essentiel de la régulation macroéconomique sur la base d'une explication de l'inflation par des variables réelles (demande et coûts de production). À court terme, les choix en matière de politique économique se réduisent à l'alternative laissée par la courbe de Phillips : faut-il faire de l'emploi une priorité au risque de stimuler la hausse des prix, ou bien privilégier la lutte contre l'inflation, mais au risque d'aggraver le chômage ? Les gouvernements sont ainsi confrontés au dilemme inflation-chômage et contraints de choisir entre les deux maux.

• Dès la fin des années 1960, la validité de la courbe de Phillips fut contestée, à la fois par des économistes libéraux, comme le monétariste M. Friedman (1912-2006, prix Nobel 1976), et par certains économistes keynésiens, comme E. Phelps. Ils considèrent, avec des arguments différents, que la courbe de Phillips semble valide uniquement à court terme, car il n'y a pas d'arbitrage durable entre inflation et chômage. Ils prédisent tous les deux la perte de validité progressive de cette courbe, comme on va effectivement le constater au cours des années 1970.

M. Friedman considère que la demande de travail des entreprises dépend fondamentalement de l'évolution comparée des salaires et des prix, de même que l'offre de travail dépend du pouvoir d'achat des salaires (taux de salaire réel).

Le point de départ de l'analyse de M. Friedman est l'existence d'un **taux de chômage naturel**. Ce taux de chômage est celui vers lequel tendrait toute économie en situation walrasienne d'équilibre général.

Si les pouvoirs publics cherchent, par une politique économique de relance (politique monétaire expansionniste par exemple), à faire baisser le taux de chômage au-dessous du taux naturel, deux types de réactions vont se produire :

– à court terme, les agents économiques sont victimes de l'**illusion monétaire** et ne vont pas prendre conscience immédiatement de l'augmentation du niveau général des prix qui résulte de la politique de relance. Ils ne vont donc pas immédiatement réclamer des augmentations de salaires. Dans ces conditions, les entreprises vont embaucher de la main d'œuvre supplémentaire pour pouvoir répondre à l'accroissement de la demande. Le chômage va donc, à court terme, diminuer ;
– à moyen et long terme, les salariés vont prendre conscience de la diminution de leur pouvoir d'achat et vont donc réclamer des augmentations de salaires, qui vont renforcer les tensions inflationnistes et qui vont conduire les entreprises à licencier la main d'œuvre récemment embauchée. Le

résultat d'une telle politique est donc une aggravation de l'inflation alors même que le taux de chômage revient inexorablement à son niveau naturel. Friedman explique par ailleurs que ces politiques de relance auront de moins en moins d'effet à court terme, du fait des **anticipations adaptatives** des agents économiques, qui tiennent compte de leurs erreurs passées, et qui anticipent plus rapidement l'accélération de l'inflation consécutive à une politique monétaire expansionniste. À long terme, pour **M. Friedman**, la courbe de Phillips est verticale.

Dans l'optique monétariste, on parvient donc à réduire temporairement le taux de chômage au prix d'une inflation de plus en plus élevée.

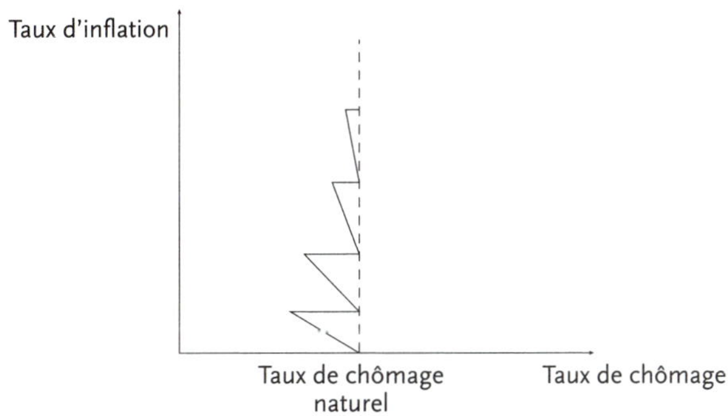

• Le keynésien **E. Phelps**, prix Nobel 2006) considère lui aussi que l'on ne peut diminuer durablement le chômage en dessous d'un taux de chômage d'équilibre, qui dépend du fonctionnement du marché du travail. Il insiste sur les imperfections du marché du travail pour expliquer les différences de taux de chômage entre les pays. Comme d'autres keynésiens, il développe une critique de la courbe de Phillips à partir de l'abandon de l'hypothèse d'illusion monétaire des agents Les ménages sont capables de fonder des anticipations d'inflation, et en tiennent compte dans leurs comportements.

À partir des années 1970, le débat économique évolue donc, et il devient décisif de séparer la composante structurelle du chômage et sa composante conjoncturelle. On utilise des modèles économétriques pour calculer le **NAIRU** (*Non Accelerating Inflation Rate of Unemployement*), c'est-à-dire le taux de chômage pour lequel l'inflation est stable, et correspond au niveau anticipé par les ménages. Cela permet d'estimer le taux de chômage d'équilibre, qui dépend de facteurs structurels liés au fonctionnement du marché du travail. Ainsi, si un pays a un NAIRU estimé à 7 %, alors que le taux de chômage se situe à 8 %, une politique conjoncturelle de relance sera très peu efficace car elle ne peut réduire durablement le chômage en dessous de 7 %. Il faut mener une politique structurelle sur le marché du travail dans ces conditions. En revanche, si un pays a un NAIRU de 5 % et un taux de chômage effectif de 12 %, une politique de relance sera efficace pour réduire le chômage et s'approcher du taux de chômage d'équilibre.

• Les théoriciens des anticipations rationnelles adoptent un point de vue plus radical que les auteurs précédents. Pour eux, l'illusion monétaire, même à court terme, est incompatible avec la rationalité des agents. Si les anticipations sont rationnelles, la politique de relance est totalement inefficace, même à court terme et seule l'inflation augmente.

> II
Désinflation et déflation

> A
La déflation

La déflation constitue une baisse du niveau général des prix. Les épisodes déflationnistes étaient assez fréquents au XIXe siècle où ils accompagnaient les phases de dépression (voir « Fluctuations et crises »).
La dépression des années 1930, consécutive à la crise de 1929, a été caractérisée par une forte déflation : entre 1929 et 1933, les prix de gros exprimés en monnaie nationale, ont baissé de 32 % en Grande-Bretagne, de 34 % en Allemagne, de 37 % en Italie, de 38 % en France et de 42 % aux États-Unis. Cette déflation est à la fois la cause et la conséquence de la dépression. L'effondrement des prix provoque des faillites d'entreprises, qui liquident leurs stocks (ce qui amplifie la déflation) et qui licencient (ce qui réduit la demande adressée à l'économie) etc. Il y a donc un cercle vicieux déflationniste où la baisse des prix provoque la baisse de la production qui aggrave la baisse des prix. Dans ce contexte, les pays ont adopté des politiques protectionnistes (« politique d'égoïsme sacré ») qui ont accentué la surproduction mondiale.

⇨ Jusqu'à présent les risques déflationnistes liés aux crises financières récentes (par exemple le krach de 1987 ou la crise des crédits « *subprime* » de 2007-2008) ont pu être évités grâce aux interventions des banques centrales qui ont très largement alimenté les marchés en liquidités.

Irving Fisher : endettement et déflation

En 1933, **I. Fisher**, qui avait reformulé la théorie quantitative de la monnaie en 1911, publie dans la revue *Económétrica*, un article dans lequel il met l'accent sur l'interdépendance entre le surendettement et la **déflation**.
Le surendettement (qui se gonfle pendant la phase de boom économique) conduit à la déflation car, lorsque le niveau de la dette est trop important, les banques cessant de prêter

cela pousse un certain nombre d'agents économiques à liquider leurs actifs (vente de titres en bourse par exemple) et provoque la baisse des prix.
Mais la déflation conduit à son tour à l'endettement, car les agents économiques se désendettent moins vite que ne baissent les prix, de ce fait la charge réelle de la dette augmente. On aboutit à un paradoxe que Fisher résume ainsi : « plus les débiteurs payent, plus leurs dettes augmentent ».
À la suite de la crise des subprimes, l'inquiétude face au déclenchement d'un processus de déflation par la dette revient en force, notamment dans le cas où des politiques d'austérité (en Europe notamment) pourraient conduire à une baisse des prix et donc à un accroissement de la valeur réelle des dettes.

> B La désinflation

Dans les années 1960 et 1970, au sein des pays de l'OCDE, le rythme de la hausse des prix à tendance à s'accélérer. À partir des années 1980 par contre, on assiste à un processus de désinflation : l'inflation se poursuit, mais à un rythme plus lent.

	Allemagne	France	Royaume-Uni	États-Unis	Japon
1961-1970	2,7	4,3	3,9	2,4	5,6
1971-1980	5,0	9,9	13,3	7,0	8,8
1981-1990	2,5	6,4	6,2	4,5	2,1
1991-2000	2,3	1,8	3,1	2,3	0,5
2011	2,3	2,1	0,3	3,2	– 0,3

Note : Allemagne de l'Ouest jusqu'en 1991, ensemble de l'Allemagne depuis.
Source : d'après OCDE.

a › Les facteurs du ralentissement de la hausse des prix

Plusieurs facteurs interviennent pour expliquer ce processus de désinflation.

1 › Ralentissement de la croissance et contre-choc pétrolier

Le ralentissement de la croissance mondiale qui s'est amorcé à partir de 1974, s'il s'est accompagné dans un premier temps d'une accélération de l'inflation, a conduit à terme à des capacités de production inemployées (sous-utilisation du capital productif, montée du chômage). Cela conduit à une concurrence accrue pour les débouchés qui est amplifiée par l'ouverture croissante des économies. Le contre choc pétrolier qui se manifeste à partir de 1986 ramène le prix réel du pétrole à un niveau inférieur à celui qui prévalait avant le premier choc de 1974. Le mouvement de baisse affecte l'ensemble des prix des matières premières, il est amplifié par la baisse du cours du dollar qui se produit à partir de 1985. Les pays de l'OCDE bénéficient donc d'une **désinflation importée**.

2 › Une nouvelle orientation des politiques économiques

Le tournant en matière de politique économique se produit aux États-Unis en 1979 avec la nomination (par le Président **J. Carter**) de **P. Volcker** à la tête de la Réserve fédérale. Les autorités monétaires américaines adoptent une politique restrictive d'inspiration monétariste. L'élection de **R. Reagan** à la Présidence des États-Unis et l'arrivée au pouvoir de **M. Thatcher** en Grande-Bretagne amplifient ce tournant libéral : privatisation, désindexation salariale, déréglementation des marchés financiers, affaiblissement des syndicats...Toutes ces évolutions concourent à une concurrence accrue et à une réduction des coûts salariaux. En France, c'est à partir de 1983-1984 que les gouvernements adoptent des politiques visant en priorité la lutte contre l'inflation.

b › La politique de désinflation compétitive

La politique de désinflation compétitive adoptée par les gouvernements français avait pour objectif prioritaire la lutte contre l'inflation dans le but d'améliorer la compétitivité de l'économie française. Le gouvernement de l'époque considérait qu'il fallait sortir du cercle vicieux inflationniste dans lequel était enfermée l'économie française :
inflation plus rapide que les partenaires commerciaux → déficit extérieur → dévaluation du franc pour rétablir la compétitivité prix → inflation importée...
Le gouvernement a eu la volonté d'entrer dans un cercle vertueux :
désinflation → compétitivité accrue → appréciation du franc → désinflation importée.
Cette politique s'est appuyée notamment sur la désindexation salariale et sur une volonté de lutter contre les anticipations inflationnistes dans un contexte de réformes structurelles (indépendance de la Banque centrale, préparation du passage à la monnaie unique etc.).
Cette politique a été controversée, certains économistes et responsables politiques considérant que le coût en termes d'emploi et de freinage de la croissance était trop élevé.
D'autres économistes considèrent que cette politique a été utile mais qu'elle a été prolongée inutilement, surtout après 1989 où la réunification allemande a eu pour effet de pousser à la hausse les taux d'intérêt allemands, ce qui obligeait à maintenir des taux d'intérêt trop élevés en France afin de sauvegarder la parité franc/mark.
À partir de 1997, on a assisté, en France, à une reprise de la croissance et à une amélioration de la situation de l'emploi qui s'est révélée compatible avec le maintien d'un taux d'inflation faible (voir « La politique économique »).

Le faible niveau de l'inflation et la croissance soutenue de l'économie mondiale à la fin des années 1990 et au début des années 2000 conduit à un débat entre économistes. Pour les uns, les tendances inflationnistes sont durablement éradiquées et il faut donc utiliser la possibilité qui s'ouvre à nouveau d'arbitrer entre l'inflation et le chômage (on parle d'un « retour de la courbe de Phillips »). Pour d'autres les risques inflationnistes demeurent et il faut conserver une politique monétaire strictement orthodoxe. L'éclatement de la crise des subprimes en 2007 a montré que des tensions inflationnistes existaient bien, mais qu'elles se manifestaient sur les marchés d'actifs plutôt que sur les prix à la consommation.

Inflation et dynamique de l'économie mondiale

La fin des années 1990 et les années 2000 ont été marquées par une modération de la hausse des prix dans l'économie mondiale. Entre 1988 et 1997, les prix ont augmenté en moyenne annuelle de 3,4 % par an dans les économies avancées et de 53,5 % par an dans les pays émergents et en développement; leur croissance a été respectivement de 1,9 % et de 7,1 % entre 1998 et 2007. À partir du milieu de 2007, une accélération de la hausse des prix se manifeste dans l'ensemble de l'économie mondiale en raison de la hausse très importante des prix des produits de base (métaux, pétrole, produits alimentaires). Ces tensions inflationnistes sont d'autant plus difficiles à gérer qu'elles s'inscrivent dans un contexte de crise financière (voir « La globalisation financière ») et de fort ralentissement de la croissance mondiale. Très rapidement cependant, les effets de la crise financière sur l'économie réelle conduisent à un fort ralentissement de la croissance mondiale et même à une forte chute du commerce mondial en 2009. Dès lors, l'offre devient à nouveau excédentaire sur certains marchés et oriente à la baisse un certain nombre de prix. L'économie mondiale est donc prise en tenaille entre deux risques :

- un risque inflationniste car la reprise de la croissance dans les pays émergents pourrait provoquer de nouvelles tensions sur les marchés de produits de base et cette tension inflationniste pourrait s'amplifier sous l'effet de l'abondance des liquidités mondiales;
- un risque déflationniste car la persistance d'une faible croissance, d'un chômage élevé et de politiques d'austérité liées à la volonté de désendettement des agents privés et surtout publics pourraient conduire à l'entrée dans une spirale déflationniste ou à une longue période stagnation comparable à celle qu'a connue le Japon à partir des années 1990.

Pour en savoir plus

Initiation

• Bezbakh P. (2011), *Inflation et désinflation*, La Découverte, Coll. Repères.

Approfondissement

• INSEE (1997), *L'indice des prix à la consommation surestime-t-il l'inflation?*, Rapport sur les comptes de la Nation 1996, LGF, Coll. Références.
• INSEE (2003), *L'inflation au moment du passage à l'Euro, Rapport sur les comptes de la nation 2002*, LGF, Coll. Références.
• Blanchard O. et Cohen D. (2010), *Macroéconomie*, Pearson.

chapitre **10**

La population active

Selon l'INSEE, la **population active** comprend les personnes en âge de travailler qui déclarent :
- exercer une activité professionnelle salariée ;
- ou exercer une activité indépendante ;
- ou aider un membre de leur famille dans son travail sans être salarié ;
- ou être apprenti ou stagiaire rémunéré ;
- ou être sans travail et chercher un emploi.

L'INSEE établit ses statistiques à partir des « Enquêtes Emploi » trimestrielles depuis 2002, alors que, précédemment, l'enquête emploi avait lieu seulement une fois par an. L'enquête se déroule « en continu », au cours de toutes les semaines du trimestre. Depuis 2010 l'échantillon est constitué de 67 000 résidences principales soit au total 108 000 personnes interrogées. L'enquête emploi est la seule qui permet de quantifier le chômage « au sens du BIT », elle s'intègre à l'enquête européenne « Force de travail », qui permet les comparaisons internationales. L'INSEE mesure aussi la population active à l'occasion des recensements. Depuis janvier 2004, les enquêtes de recensement sont annuelles. Elles portent sur un échantillon de 8 % de la population, dispersé sur l'ensemble de leur territoire. Au bout de 5 ans, tout le territoire des communes de plus de 10 000 habitants est pris en compte et les résultats du recensement sont calculés à partir de l'échantillon de 40 % de leur population ainsi constitué. Les communes de moins de 10 000 habitants continuent à être recensées de façon exhaustive tous les cinq ans.

⇨ Depuis la fin de la conscription en 2002, il n'y a plus de militaires du contingent parmi les actifs. On compte au sein de la population active des actifs occupés et des chômeurs. Les actifs occupés constituent l'emploi. Ce concept est défini par **D. Gambier** et **M. Vernières** comme la « combinaison des éléments sociaux et juridiques qui institutionnalisent la participation des individus à la production de biens et services socialement valorisés ». Cette définition implique donc que l'étude des normes, des règles et des institutions soit au cœur de l'analyse de l'emploi ; par ailleurs, cette analyse ne saurait se limiter aux activités des seuls salariés ; les travailleurs indépendants sont également pris en compte.

⇨ Il est important de distinguer l'emploi ainsi défini du poste de travail qui identifie, à un moment donné, la place occupée par le travailleur dans le processus productif.

> I La population active : définition, mesure et évolution

> A Définition

a › De la population totale à la population active

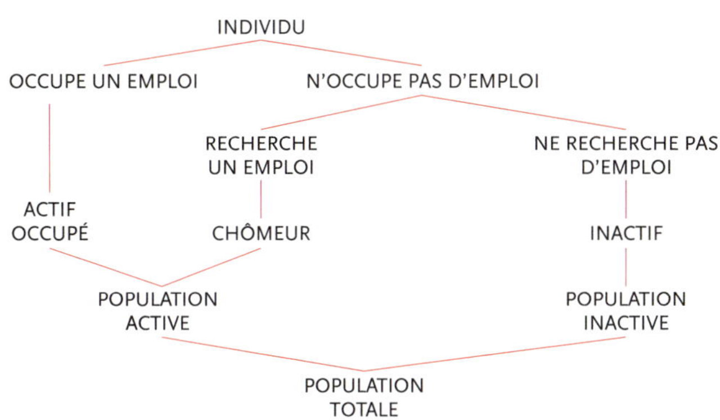

La **population active** regroupe les personnes ayant un emploi et les personnes disponibles à la recherche d'un emploi.
La population active est donc la somme Emploi + Chômage.
Cette définition permet de comprendre qu'il peut y avoir augmentation du chômage, sans dégradation obligatoire de l'emploi, ou augmentation de l'emploi sans diminution sensible du niveau de chômage. Les évolutions des deux phénomènes dépendent en effet de l'évolution de la population active elle-même, ainsi que de l'évolution de la productivité.

b › Trois mesures de la population active

S'il est facile de s'accorder sur la définition ci-dessus, les statisticiens proposent des indicateurs de mesure différents, basés sur des conventions différentes, même si les recommandations du BIT (Bureau international du travail) définissent les principes permettant de considérer un individu comme « personne pourvue d'un emploi » ou « chômeur », (les autres individus étant classés par défaut « inactifs »).

- La première approche de la population active peut être qualifiée de « spontanée » au sens où elle émerge directement des réponses des personnes interrogées lors des enquêtes menées par les instituts de recueil des données statistiques (l'INSEE pour la France). Cette approche spontanée correspond donc à la manière dont les individus se positionnent eux-mêmes dans l'une des modalités suivantes :
  - 1. exerce une profession à son compte ou comme salarié, même à temps partiel ; aide un membre de sa famille dans son travail, même sans être rémunéré ; est apprenti, stagiaire rémunéré, élève fonctionnaire, intérimaire, etc. ;
  - 2. est militaire du contingent (lorsque cette catégorie existait encore) ;
  - 3. est chômeur (inscrit ou non à l'ANPE) ;
  - 4. est étudiant, élève, en formation, en stage non rémunéré ;
  - 5. est retraité (ancien salarié) ou préretraité ;
  - 6. est retiré des affaires ;
  - 7. est femme au foyer ;
  - 8. est autre inactif.

La population active regroupe alors l'ensemble des personnes qui se situent dans l'une des trois premières modalités. Cette approche du partage entre actifs et inactifs correspond, pour l'essentiel, au statut intériorisé par les personnes interrogées.

- La seconde approche de la population active, la « population active au sens du BIT » est liée au fait que le BIT « reclasse » ensuite les individus en fonction de ses propres critères. Cette mesure a été construite pour permettre les comparaisons internationales. Les « actifs occupés » au sens du BIT englobent toutes les personnes qui ont travaillé au cours de la semaine de référence, ne serait-ce qu'une heure. Sont également incluses toutes les personnes qui, bien que n'ayant pas effectivement travaillé au cours de la semaine de référence, ont manifestement un emploi (personnes en congés payés, en formation pour leur entreprise ou en arrêt maladie, sous certaines conditions de durée).

- Enfin, l'approche « au sens du recensement de la population (RP) » comprend les personnes qui déclarent :
  - 1. exercer une profession (salariée ou non) même à temps partiel ;
  - 2. aider un membre de la famille dans son travail (même sans rémunération) ;
  - 3. être apprenti, stagiaire rémunéré, etc. ;
  - 4. être militaire du contingent (tant que cette situation existait) ;
  - 5. être chômeur à la recherche d'un emploi.

⇨ La population active constitue ainsi une catégorie statistique complexe. Selon **Ch. Gonzalez-Demichel** et **E. Nauze-Fichet**, entre la déclaration spontanée des personnes et l'approche construite par le Bureau international du travail, l'écart, déjà sensible au début des années 1990, s'est encore creusé ensuite : « *près d'un million de personnes se déclarent spontanément actives en mars 2001 et sont reclassées inactives au sens du BIT : les divergences d'interprétation du chômage se sont accentuées, les situations de cumul de statuts se sont développées ("étudiants-travailleurs") et le positionnement des bénéficiaires de la politique de l'emploi demeure ambigu. Au contraire, les personnes se déclarant ìau foyerî ou ìretraitéî mais reclassées actives au sens du BIT voient leur nombre se réduire. Au total, à côté du noyau dur de la population active (25,7 millions d'actifs selon les deux concepts), les marges (actifs selon un seul des concepts) représentent 1,3 million de personnes en 2001* ».

> B Évolution et structure de la population active

a › Les facteurs d'évolution de la population active

On peut distinguer différents facteurs d'évolution de la population active :

- Elle dépend en premier lieu des phénomènes démographiques : la population active est en effet un sous-ensemble de la population en âge de travailler (16-64 ans), qui dépend des naissances et des mouvements migratoires. Le baby-boom a ainsi eu une incidence forte sur l'évolution de la population active de la période 1975-1982.
- Elle dépend d'autre part des comportements d'activité et des dispositions légales en matière de durée de la vie active. Certains facteurs jouent à la

hausse de la population active (c'est le cas notamment de l'activité des femmes) ; d'autres facteurs jouent au contraire à la baisse du nombre des actifs (âge de la scolarité obligatoire, poursuite d'études supérieures au-delà de cette limite, âge de la retraite).

Population totale et population active en France de 1806 à 2012
(effectifs en millions)

Années	Population totale	Population active	Années	Population totale	Population active
1806	29,6	12,8	1990	56,3	24,4
1896	38,6	19,5	1999	58,5	26,5
1901	39	19,6	2002	59,3	26,6
1911	39,6	20	2003	59,9	27,4
1921	39,2	20,1	2004	60,2	27,5
1926	40,9	20,3	2005	62,8	27,4
1936	41,9	19,3	2006	63,2	27,6
1946	40,3	19,4	2007	63,6	24,4
1954	43,1	19,6	2008	63,9	25,6
1962	47	19,7	2009	64,3	26,5
1968	49,9	20,6	2010	64,6	26,6
1975	52,6	22,1	2011	65,0	27,4
1982	54,3	23,8	2012	65,4	27,5

Source : d'après INSEE, recensements de la population et enquêtes emploi.

Effectifs de la population active (en milliers)

	Hommes	Femmes	Total
1980	14157	9722	23879
1990	13978	10908	24886
2000	14176	12084	26260
2010	14836	13509	28345

Source : INSEE, *France Portrait social*, 2011.

b › Taux d'activité par âge et par sexe

Le **taux d'activité** désigne le rapport entre le nombre d'actifs d'une catégorie donnée, et la population totale de la catégorie.
Par exemple, le taux d'activité féminin se calcule en faisant le rapport :

$$\frac{\text{Nombre de femmes actives}}{\text{Nombre total de femmes}} \times 100$$

Les taux d'activité féminin ne cessent de se rapprocher des taux d'activité masculins depuis les années 1960. En 1975, le taux d'activité masculin était de 82,5 % pour les hommes et de 51,5 % pour les femmes. En 2010, ces taux sont respectivement 62,1 % pour les hommes et 51,8 % pour les femmes.

Par ailleurs, la tendance à la réduction de la participation à la vie active pour les classes d'âge extrêmes est une des tendances lourdes enregistrées depuis 1954. Chez les jeunes, les taux de scolarisation par âge ont fortement progressé en l'espace d'une quinzaine d'années. D'un autre côté, les sorties de la vie active ont été de plus en plus précoces jusqu'à très récemment. Il s'agit d'une évolution de long terme, mais elle a été nettement accélérée par des dispositifs institutionnels (retraite légale à 60 ans, préretraites). Il faut cependant noter que cette évolution tend à se retourner à la suite des réformes des régimes généraux et spéciaux de retraites.

Taux d'activité (en %) selon le sexe et l'âge en 2010

	Hommes	Femmes
15-24 ans	49,9	35,6
25-49 ans	94,8	84,2
50-64 ans	61,2	54,1
65 ans et plus	2,4	1,1
Ensemble	62,1	51,8

Source : INSEE, Tableaux de l'économie française 2012.

> II La structure de la population active

> A Répartition par secteurs d'activité : accroissement du poids du secteur tertiaire

a › Les secteurs d'activité

L'analyse en termes de secteurs d'activité est due à **A. G. Fischer** : « *nous diviserons, pour plus de commodité, les activités économiques en trois catégories, que nous désignerons sous les noms de production primaire, secondaire et tertiaire. La première comprend le travail agricole et minier qui a pour objet direct, la production des aliments et des diverses matières premières; la seconde, les industries de transformation sous toutes leurs formes et la troisième, le restant, un vaste ensemble d'activités consacrées à la fourniture de « services », allant des transports au commerce, en passant par les loisirs, l'instruction et les plus hautes formes de la création artistique*

et de la philosophie » Pour Fischer, le secteur tertiaire constitue ainsi une nouvelle composante du système économique mondial.
Mais en fait, la plupart des économistes, lorsqu'ils présentent l'histoire de la théorie des secteurs économiques, font référence à **C. Clark** (1905-1989) qui est le premier à avoir rendu opératoires les notions de secteur primaire, secteur secondaire et secteur tertiaire, dans un ouvrage intitulé *Les conditions du progrès économique*. Il opère un groupement fondamental des activités économiques de production en trois catégories :

- le **secteur primaire** : agriculture et industries extractives ;
- le **secteur secondaire** : industries manufacturières ;
- le **secteur tertiaire** : services et commerce.

C. Clark donnait une définition négative ou résiduelle en qualifiant de tertiaire toute activité qui n'était ni agricole ni industrielle. Cette formulation a ensuite été complétée par **J. Fourastié** (1907-1990), par une définition moins sommaire, dont l'objectif était de suggérer des critères d'homogénéité du secteur tertiaire. Parmi ceux-ci, trois ont souvent été avancés : une part croissante de l'emploi, une relative insensibilité aux crises économiques, et surtout un progrès technique faible. On admettait alors, selon cette définition, que la plupart des activités à faible progrès technique étaient des activités non industrielles et non agricoles.
J. Gadrey note qu'on s'accorde aujourd'hui à identifier « *quatre continents sur cette planète tertiaire en expansion* » :

- le commerce (ou distribution) sous toutes ses formes (gros et détail) ;
- les transports et télécommunications ;
- les (autres) services marchands aux ménages (hôtels, cafés et restaurants, réparations de toutes sortes, cliniques et médecine libérale, services culturels et de loisirs, etc.) et aux entreprises (conseil, publicité, gardiennage...) ;
- les services non marchands (ceux des administrations publiques, des collectivités locales, incluant l'enseignement et la santé publique).

b › La croissance du secteur tertiaire

De 1954 à 1994, alors qu'en France l'emploi total a augmenté à un rythme lent, l'emploi tertiaire a constamment et fortement progressé : l'emploi dans l'industrie au sens large (incluant le bâtiment) avait, lui, augmenté jusqu'en 1973 pour ensuite diminuer régulièrement. Enfin, l'emploi primaire n'a cessé de diminuer tout au long de la période. Le tertiaire représentait en 1994 un peu plus des deux tiers (68 %) de l'emploi total en France, l'industrie 27 % et le secteur primaire 5 %.
Depuis 1990, la croissance moyenne des services marchands (+ 2,2 % par an) est plus rapide que celle de l'ensemble de l'économie (+ 1,8 %).

Part de l'emploi dans les secteurs de 1901 à 2006 en France

Secteurs en % du total	1901	1926	1954	1962	1975	1982	1990	1995	1999	2001	2004	2006
primaire	44	39,9	28	21	9,2	8,2	5,6	4,6	4,1	4,1	4,1	3,70
secondaire	29	33,6	36,8	39,5	38,5	34,2	30,1	25,7	24,4	26,0	22,0	22,53
tertiaire	26,5	26,5	35,2	39,5	52,3	57,6	64,3	69,7	71,5	69,9	73,9	73,77
Total	100	100	100	100	100	100	100	100	100	100	100	100

Source : d'après INSEE.

Les études plus récentes privilégient désormais l'analyse de la structure de l'emploi par secteurs d'activités, la distinction primaire, secondaire et tertiaire devenant progressivement obsolète.

Structure de l'emploi par secteurs d'activité (France, 2009)

Agriculture, Sylviculture	2,9 %
Industrie	14,7 %
Construction	7,0 %
Tertiaire	75,0 %
Activités indéterminées	0,4 %

Cette croissance spectaculaire n'est pas identique pour chacun des quatre « continents » définis par **J. Gadrey**.

- Les records sont détenus par les services marchands. Cela se conçoit d'autant plus facilement que le secteur contient deux pôles de très forte croissance : les services aux entreprises et la santé marchande (cliniques, santé libérale).
- Les services non marchands progressent nettement, mais un peu moins vite (à l'intérieur de cette catégorie, les secteurs créateurs d'emplois sont surtout l'enseignement public et la santé publique).
- Le commerce, les transports et télécommunications progressent à peine en proportion de l'emploi total. Mais c'est lié au fait qu'ils ont réalisé d'importants gains de productivité et que l'emploi a moins progressé que le volume des services rendus.

C › Les facteurs explicatifs de cette évolution : structure de la consommation et évolution de la productivité

Pour décrire la « **société tertiaire** », ou l'« **économie de service** », la plupart des auteurs se sont basés sur l'évolution de la consommation des ménages. Par rapport à la société industrielle dans laquelle le niveau de vie dépend de la quantité de biens acquis par les ménages, la société tertiaire se caractérise par

une consommation accrue de services. Ainsi, à mesure que le revenu disponible des ménages progresse, la demande de services (éducation, santé, loisirs…) s'accroît. Cette évolution expliquerait l'explosion du secteur tertiaire.
Cette thèse est développée en particulier par **D. Bell** (*L'avènement de la société post-industrielle*, 1974). Pour cet auteur en effet, la progression des services dans l'emploi est inéluctable parce que deux « lois » aux effets durables convergent pour la susciter.

- Du côté de la consommation finale, la croissance du pouvoir d'achat implique que la demande des ménages porte successivement sur des biens primaires (réponse aux besoins de première nécessité), puis sur des biens secondaires, principalement issus de l'industrie (accès à la consommation de masse, logement, automobile), et enfin sur des biens qu'il qualifie de « supérieurs » qui sont essentiellement des services. En d'autres termes, la croissance économique entraîne la tertiarisation de la demande finale.
- Du côté de la production, le rythme de croissance de la productivité du travail est en moyenne plus rapide dans l'industrie que dans les services.

Ce schéma est validé par le modèle de « croissance déséquilibrée » de **W. Baumol** en 1967. Pour Baumol, l'économie est divisée en deux secteurs : un secteur « progressif », où l'introduction de technologies permet l'obtention de gains de productivité du travail, et un secteur « non progressif » (ou stagnant) où le travail fourni étant en réalité lui-même l'output final (cas jugé représentatif de nombreux services), la productivité est stationnaire. Baumol illustre ce cas par l'exemple de la prestation en concert d'un quintette à vent, estimant que toute tentative pour réduire le temps de travail nécessaire à une telle prestation risque d'être peu appréciée.
Dans ce modèle dual, la particularité des activités de service est de bénéficier des gains de productivité du secteur progressif. Aussi, comme les salaires dans les deux secteurs augmentent au même rythme (les rémunérations telles que le SMIC sont applicables sans distinction de secteur, la norme de croissance étant celle du secteur industriel), la production tertiaire s'effectue à prix et à coûts croissants. En conséquence, on assiste à un glissement inéluctable de la main d'œuvre vers le secteur le moins dynamique (secteur des services) alors que le secteur progressif utilise des combinaisons de plus en plus capitalistiques. Ainsi, c'est la production la moins dynamique qui absorbe l'essentiel des revenus et de la main d'œuvre et qui conduit à un déclin inévitable de la productivité.

La théorie de l'économie du self-service

- La théorie de **J. Gershuny** s'oppose radicalement à la théorie de la société post-industrielle, proposée par D. Bell. Pour Gershuny, le consommateur a le choix entre l'achat de biens et l'achat de services pour obtenir un type de satisfaction souhaité.

La critique fondamentale adressée par cet auteur à D. Bell est la suivante : l'analyse de la demande des consommateurs en biens et services doit s'appuyer sur des familles de satisfactions, de besoins, ou de fonctions. Le consommateur n'achète pas un bien ou un service pour lui-même, mais selon des besoins ressentis. Ainsi, s'il éprouve le besoin d'être transporté d'un point à un autre, cette fonction peut être remplie de deux façons :

- d'une part en achetant un service : dans ce cas, un prestataire prend en charge l'opération (services de transports, taxis...) ;
- d'autre part en achetant un bien (véhicule personnel).

• Cette théorie va à l'encontre de celle de D. Bell : selon lui, certaines consommations devraient s'accroître avec le niveau de vie (par exemple la consommation de services des ménages en matière de culture et en particulier de concerts, cinéma, spectacles) ; Or, elles ont tendance à stagner voire à diminuer. La même « fonction » (écouter de la musique, voir un bon film) n'est plus assurée en achetant un service (une place de concert ou de cinéma), mais en achetant des biens d'un type nouveau.

La consommation de ces services risque de baisser en faveur de nouveaux biens de substitution lorsque le rapport des prix relatifs est favorable à ces derniers.
Ainsi, les deux façons de laver et d'entretenir le linge et les vêtements sont l'achat de services (ceux des blanchisseries-teintureries) et l'achat de biens (machines à laver, détergent, sèche-linge). Il y a bien là aussi un arbitrage entre services et biens. Or, cette concurrence entre les deux solutions a été très défavorable aux services : le coefficient budgétaire des services des blanchisseries-teintureries était de 0,4 % en 1970, 0,3 % en 1980, 0,2 % en 1992.

d › La tertiarisation, un phénomène ambigu et parfois contesté

1 › Une classification discutable

Pour **M. Braibant** la classification en trois secteurs, primaire, secondaire, tertiaire, suggérée à une époque où leur poids était presque égal dans la population active et où le tertiaire était défini négativement, ne pouvait déjà plus être retenue au début des années 1980. La croissance rapide de ce secteur ne pouvait manquer d'être source de diversité et de complexité. Le tertiaire ne présente plus aucun des facteurs d'homogénéité que l'on croyait déceler autrefois.

2 › L'externalisation du secondaire conduit à surestimer le secteur tertiaire

L'imbrication entre l'industrie et les services se manifeste sous deux formes : les emplois de services liés au secteur manufacturier peuvent être situés soit à l'intérieur des entreprises, soit à l'extérieur dans des entreprises indépendantes du secteur tertiaire. Dans le premier cas, on parlera de services liés internes, et dans le second cas de services liés externes. Les services liés internes correspondent à un phénomène de tertiarisation du secteur manufacturier, c'est-à-dire à l'augmentation des emplois non directement affectés à la production. Les services liés externes proviennent pour leur part d'entreprises, classées traditionnellement dans le tertiaire, qui offrent leurs services comme intrants intermédiaires ; il s'agit surtout de services aux entreprises

(comme l'ingénierie, le *leasing*, les expertises comptables ou juridiques, la publicité, etc.).
Au cours du temps, l'emploi tertiaire s'est considérablement développé à l'intérieur du secteur manufacturier, et aujourd'hui, la part des emplois de services liés internes dans l'industrie dépasse 30 % dans la plupart des pays industriels.
Mais, pour des raisons de rentabilité, de souplesse et d'efficacité, il est parfois préférable pour une entreprise d'acheter certains services à des entreprises spécialisées, juridiquement indépendantes, plutôt que de les produire elle-même.
Cette externalisation de plus en plus importante d'une partie des services liés aux entreprises industrielles conduit ainsi à une surestimation du secteur tertiaire : certains de ses services relèveraient du secteur secondaire s'ils étaient pris en charge par les entreprises industrielles elles-mêmes.

e › Quelle « société de services » pour demain ?

1 › Tertiarisation et désindustrialisation

Finalement, la notion de tertiarisation ne doit pas être confondue avec celle de désindustrialisation.
De plus en plus souvent la marchandise vendue est à la fois un bien et un service ; l'automobile par exemple est un bien de plus en plus lié à des services financiers (*leasing*) et à des services après-vente. L'activité de location de voiture (y compris en libre-service sur le modèle inauguré avec les vélos) est en train de se développer.
Il peut exister également un lien entre possession de biens (ordinateurs) et accès à un service (messagerie électronique).

2 › Tertiarisation et inégalités

Par ailleurs, la « croissance tertiaire » laisse ouverts un certain nombre de choix de nature fondamentalement politique. Faut-il accepter une société duale ou une minorité très qualifiée et très bien payée bénéficierait d'une « société de valets », selon la formule d'**A. Gorz** ? Faut-il au contraire, agir contre la polarisation des qualifications, améliorer la formation de tous, réduire la durée du travail ? Pour **J. Gadrey**, « *une société a les services qu'elle mérite. En eux-mêmes, les services ne sont ni vecteurs d'inégalités, ni réducteurs d'autonomie* ». En effet, le seul développement de l'emploi de services ne suffit pas à jeter les bases d'une société duale : d'une part, parce que l'industrie génère elle-même une précarisation de l'emploi ; et, d'autre part, parce que – même si on peut trouver dans le tertiaire des emplois de faibles qualifications – les emplois tertiaires sont également caractérisés par l'existence de professions qualifiées.

En fin de compte, la question centrale est celle de la reconnaissance ... fications et plus largement celle de l'institutionnalisation du rapport salarial dans les nouvelles activités de service (service à la personne notamment).

> B

La structure de la population active par professions et catégories socio-professionnelles (PCS)

a › Les nomenclatures de professions en France avant 1954

Dès 1695, **S. Vauban** (1633-1707) classe la population afin de prélever un impôt. Au XVIIIe siècle, les physiocrates établissent des nomenclatures, afin de mettre en évidence la participation de chacun à la production de richesses.
Mais il faut attendre le recensement de 1851 pour que soit posée une question relative à la profession des individus interrogés.
À partir de 1896, les recensements permettent de classer la population active selon l'activité économique et la taille des établissements. Les situations individuelles sont appréciées par référence à des « situations dans la profession », ancêtres de catégories socio-professionnelles. On distingue alors cinq catégories : chefs d'établissements, employés, ouvriers, isolés, chômeurs. De 1896 à 1936, les recensements présentent donc la population active ventilée d'une part en activités économiques (secteurs d'établissements) et d'autre part selon les cinq situations décrites plus haut. Ce système de représentations, peu modifié pendant près d'un siècle, va être profondément transformé sous les effets conjugués de l'extension de la division du travail ouvrier et du taylorisme, à partir des années 1920, et de la généralisation des systèmes de conventions collectives à partir de 1936 et surtout 1945. La conscience du besoin de statistiques sur les professions apparaît alors brutalement dans cette période charnière de 1936 à 1945. En 1946, les « catégories Parodi » (du nom du ministre du Travail de l'époque), établissent une classification de l'ensemble des travailleurs des secteurs industriels. Dans les années 1950 vont apparaître les premières nomenclatures de catégories socio-professionnelles classant l'ensemble de la population, et en priorité la population active, en un certain nombre de grandes catégories présentant une certaine homogénéité sociale. Élaboré par l'INSEE en 1950 et utilisé pour la première fois dans l'enquête-emploi de 1951 et lors de recensement de 1954, le code des catégories socio-professionnelles (CSP) a été remanié en 1982 et a donné naissance à la nomenclature des professions et catégories socio-professionnelles (PCS). La nomenclature la plus fine comprend 489 professions. On trouve ensuite la nomenclature des 32 postes des **catégories socioprofessionnelles**. Enfin, dans le regroupement le plus agrégé, il ne reste plus que six postes intitulés **groupes socioprofessionnels**.

b › Les principes de construction de la nomenclature des PCS

Pour L'INSEE, « la définition [des CSP] a pour objet de classer l'ensemble de la population en un nombre restreint de catégories présentant chacune une certaine homogénéité sociale ».
La construction des catégories socio-professionnelles se fait à partir de sept critères :

- le statut : salarié ou non salarié. Pour les non-salariés, on distingue les indépendants sans salariés et les employeurs ;
- la profession individuelle ;
- la qualification (pour les salariés) ;
- la position hiérarchique ;
- l'importance de l'entreprise (pour les non-salariés) ;
- l'activité économique (agricole, artisanale, industrielle, tertiaire) ;
- la distinction fonction publique/entreprises.

c › La population active par PCS et CSP

La nomenclature du CSP/PCS (en %)

Groupes socio-professionnels	1975	1990	1999	2005	2010
1. Agriculteurs exploitants	7,8	4,1	2,6	2,6	1,8
2 Artisans, commerçants et chefs d'entreprise	8,1	7,3	6,3	6,0	6,3
3. Cadres et professions intellectuelles supérieures	7,1	10,7	12,5	14,7	15,8
4. Professions intermédiaires	16,0	18,8	19,8	23,1	23,2
5. Employés	23,4	27,6	29,7	29,0	28,9
6. Ouvriers	37,3	30,4	27,3	24,0	22,3
Population active (en milliers)	21 771	25 055	25 983	24 921	28 345

En 2003, la nomenclature des PCS a été révisée, mais les groupes principaux n'ont pas changé. La nouvelle version de la nomenclature des Professions et catégories socioprofessionnelles (PCS-2003) est le fruit du travail de rénovation accompli sur la nomenclature en vigueur depuis 1982. La rénovation a consisté à regrouper, au sein d'une même catégorie socioprofessionnelle, des professions dont la distinction était devenue obsolète, et à l'inverse, à reclasser des professions afin de tenir compte de l'apparition de nouveaux métiers (dans l'environnement et les nouvelles technologies de l'information et de la communication par exemple), ainsi que de fonctions transversales aux différentes activités industrielles (méthodes, contrôle-qualité, logistique).

Vers une nomenclature européenne ?

La nomenclature des catégories sociales fait l'objet d'une démarche d'harmonisation au niveau européen à la demande d'Eurostat qui a commandé fin 1999 un rapport à l'institut national de statistique britannique. Ce rapport s'inspire de l'approche du sociologue **J. Goldthorpe** : les individus seraient ainsi classés selon les caractéristiques de l'emploi qu'ils occupent. L'hypothèse sous-jacente est que les comportements sociaux s'expliquent en grande partie par leur position sur le marché du travail, notamment, par le type de relation de « subordination » qui lie le salarié à son employeur. Le critère fondamental de la classification est ainsi celui de la « relation d'emploi ».
Baptisée ESEC (European Socio-Economic Classification), cette classification distingue 9 groupes sociaux :

- deux groupes d'indépendants : les exploitants agricoles d'un côté, les artisans, commerçants et chefs de petites entreprises de l'autre ;
- cinq groupes de salariés, depuis ceux qui exercent les tâches les plus routinières jusqu'aux plus qualifiés d'entre eux ; un groupe est exclusivement composé de « superviseurs »
- deux groupes mixtes composés de salariés qualifiés et de chefs d'entreprises.

Selon **C. Brousse**, administratrice de l'INSEE, si cette classification a de nombreux points communs avec la nomenclature française des PCS, comme le fait de s'appuyer sur la profession d'un individu pour le situer dans l'espace social, elle présente néanmoins quelques différences : cette nomenclature semble, par exemple, accorder moins d'importance au clivage entre indépendants et salariés et introduit des notions nouvelles (dans le contexte français) comme celles de « managers » et de « superviseurs », ce qui introduit une différence avec l'approche française et le concept de cadre.
D'autres interrogations se font jour à propos d'ESEC : il s'agit d'une classification très agrégée. Par exemple, les ouvriers et les employés les moins qualifiés sont regroupés dans une seule et même catégorie, alors que la nomenclature des PCS distingue les ouvriers et les employés.
L'INSEE est favorable à l'émergence d'une nomenclature sociale européenne et reconnaît la qualité du travail réalisé par Eurostat. Cependant, les spécialistes de l'INSEE souhaitent une deuxième étape, pilotée par des statisticiens, sur la façon d'élaborer concrètement la nomenclature à partir des principes définis, de tester par l'analyse des données la stabilité des classements proposés et la capacité d'ESEC à refléter pleinement le cadre théorique de John Goldhtorpe.

Pour en savoir plus

Initiation

- Chenu A. (2005), *Sociologie des employés*, La Découverte, Coll. Repères.
- Desrosières A., Thévenot L. (2002), *Les catégories socio-professionnelles*, La Découverte, Coll. Repères.
- Gadéa C. et Bouffartigue P. (2000), *Sociologie des cadres*, La Découverte, Coll. Repères.

Approfondissement

- Bercot R., Divay S., Gadéa Ch. (2012), *Les groupes professionnels en tension. Frontières, tournants, régulations*, Octarès.
- Cahuc P. et Debonneuil, M. (2004), *Productivité et emploi dans le tertiaire*. Rapport du Conseil d'analyse économique. La Documentation française.

- Gadéa Ch., Demazière D. (2009), *Sociologie des groupes professionnels. Acquis récents et nouveaux défis*, La Découverte.
- Gazier B. et Auer P. (2008), *L'introuvable sécurité de l'emploi*, Flammarion, Coll. Champs.
- INSEE (2011), *France Portrait social*, Coll. INSEE Références.
- INSEE (2012), *Emplois et salaires*, Coll. INSEE Références.
- Marchand O. et Thelot C. (1997), *Le travail en France, 1800-2000*, Nathan, Coll. Essais et Recherches.

chapitre 11

Marché du travail et chômage

Le marché du travail désigne le lieu de rencontre des offres de travail (demandes d'emploi émanant des actifs) et des demandes de travail (offres d'emploi émanant des entreprises).

⇨ Le concept de **marché du travail** est un objet théorique et ne désigne pas un lieu réel, mais un ensemble de mécanismes mettant en relation offreurs et demandeurs de travail. Ce concept contribue à la compréhension du niveau de l'emploi et du chômage, du niveau des salaires, etc. Il doit être articulé au concept d'institution afin de mieux rendre compte de la relation salariale.

Sur le marché du travail, lorsque la demande est inférieure à l'offre, cela se traduit par du chômage.
On en distingue traditionnellement plusieurs formes :
- Le **chômage frictionnel** : selon **R. Heilbroner (1919-2005)** et **L. Thurow**, c'est un chômage incompressible « qui apparaît quand des travailleurs quittent volontairement un emploi pour rechercher un emploi meilleur ».
- Le **chômage conjoncturel** : il est dû à un ralentissement de l'activité économique.
- Le **chômage structurel** : c'est un chômage chronique qui traduit un déséquilibre profond et durable du marché du travail, lié soit à une insuffisance de la production, soit à l'inadéquation des qualifications des offreurs de travail

aux besoins qualitatifs des entreprises, soit encore à l'accélération du progrès technique (dans ce dernier cas, on parle également de **chômage technologique**).

> I Le chômage : concept et mesure

> A Le chômage : origine du concept

a › « L'invention du chômage »

Le chômage, ainsi que le souligne **R. Salais**, n'est pas une catégorie immuable, mais un phénomène historique, daté, et qui évolue au gré des représentations du travail et du non-travail.

Au début du XIXe siècle, la notion de chômage renvoie à la cessation d'activité industrielle par suite de la mévente, sens proche de l'étymologie du mot : en latin, *caumare*, calme (on parle de « calme des affaires » ou du chômage des machines...). À la fin du XIXe siècle, on assiste à une modification sémantique puisque le terme de chômage va renvoyer à la situation des ouvriers privés de travail. On assiste par la suite, en 1876, à la formation du mot « chômeur » pour désigner ces ouvriers sans travail.

J. Freyssinet montre que le chômage ne peut naître que dans des formes spécifiques d'organisation sociale, caractérisées par la généralisation du salariat comme forme dominante de mise en œuvre du travail rémunéré. L'apparition du chômage suppose ainsi réunies plusieurs conditions.

- Tout d'abord, le chômage implique une coupure entre temps de travail social, destiné à procurer un revenu, et temps de travail privé et domestique. En effet, chaque fois que l'activité économique s'organise dans le cadre de rapports de parenté (exploitation familiale agricole par exemple), les tâches sont réparties entre les membres du groupe sans que les fluctuations du niveau d'activité puissent conduire à la mise en chômage de certains d'entre eux.
- Ensuite, l'apparition du chômage suppose que le travail social soit l'objet d'un échange marchand, c'est-à-dire que le travailleur vende sa force de travail à un employeur. C'est le fait de ne pas trouver un acheteur pour sa force de travail qui définit le statut du chômeur.

Le chômage naît donc avec la généralisation du salariat; dans ce cadre, le travailleur ne dispose pas d'autre possibilité de participation au travail social, et donc de source de revenu, que l'obtention d'un emploi salarié.

b › L'apparition d'une catégorie « statistique » de chômeur

L'identification du chômage en tant que « statut » social et institution statistiquement mesurable ne se réalise que progressivement. Elle suppose une double condition.

- La difficulté de repli sur des activités de type « pré capitaliste » ou sur des formes de travail domestique.
- L'apparition d'institutions spécialisées, bureaux de placement ou mécanismes d'assurance-chômage, qui créent un intérêt à se déclarer comme chômeur. En effet tant qu'il n'existe pas de mesure sociale en faveur des chômeurs, ceux-ci n'ont aucun intérêt à se déclarer comme tel.

Lors du recensement de 1896, on trouve pour la première fois une série de questions permettant d'isoler les chômeurs. Dans ce recensement, la mesure du chômage passe par la combinaison de deux critères, l'âge (65 ans maximum) et la durée de la suspension de travail.

> B L'évaluation du chômage

a › Deux approches différentes de la mesure du chômage

Il existe aujourd'hui deux sources pour suivre l'évolution du chômage : l'enquête trimestrielle sur l'emploi de l'INSEE et les statistiques mensuelles du marché du travail. La première a été conçue conformément aux normes du Bureau international du travail (BIT), la seconde mesure les effectifs des demandeurs d'emploi inscrits auprès de Pôle emploi.

⇨ **Pôle emploi** est le service public de l'emploi qui résulte de la fusion en 2008 de l'**Agence nationale pour l'emploi (ANPE)** et du réseau des Assedic (Association pour l'emploi dans l'industrie et le commerce). Le nouveau service public de l'emploi gère à la fois l'accompagnement des chômeurs et leur indemnisation.

1 › Les critères retenus par le BIT

Dès 1925, le BIT s'est préoccupé d'émettre des recommandations en matière de statistiques du chômage qui avaient deux fonctions fondamentales :

- offrir, d'une part, des principes directeurs pour l'élaboration des statistiques nationales;

- favoriser les comparaisons internationales. De nombreux pays, et notamment la France dans ses Enquêtes-emploi à partir de 1975, ont mis en œuvre ces recommandations. Ce processus a rendu possible l'établissement de comparaisons de niveaux d'activité et de chômage entre de nombreux pays.

Dans ces recommandations, la définition du chômage est fondée sur trois critères. Sont chômeurs les individus qui, au cours de la période de référence (généralement une semaine) sont :
(1) « sans travail »,
(2) « disponibles pour travailler »,
(3) « à la recherche d'un travail », c'est-à-dire qui ont pris des dispositions spécifiques au cours d'une période récente spécifiée pour rechercher un emploi.
Pour appliquer le premier critère, les recommandations se réfèrent, par complémentarité, à la notion de « personnes pourvues d'un emploi », salarié ou non salarié. Celles-ci se décomposent ainsi.

- « Personnes au travail » : ce sont celles qui, durant la période de référence, ont effectué un travail d'une durée d'une heure au moins, moyennant un salaire ou un traitement en espèces ou en nature.
- « Personnes qui ont un emploi (ou une entreprise) mais qui ne sont pas au travail ». Pour les salariés, il s'agit de personnes qui ont été absentes de leur emploi durant la période de référence, mais qui ont conservé un « lien formel » avec celui-ci (par exemple, personnes en congé maternité ou maladie).

De plus, le BIT considère comme chômeurs les individus ayant un emploi mais devant commencer à travailler ultérieurement, ainsi que les personnes mises à pied temporairement pour une durée indéterminée.
Pour éviter des divergences trop grandes, les pays de l'Union européenne se sont accordés depuis longtemps sur une interprétation commune de cette définition du BIT.

Définition et interprétation européenne du chômage au sens du BIT

Définition théorique	Interprétation européenne
Être sans travail	Non pourvu d'un emploi salarié ou non-salarié (pendant au moins une heure) pendant la semaine de référence
Être disponible pour travailler	Pouvoir commencer une activité sans un délai de deux semaines
Rechercher activement un travail	Avoir entrepris des démarches spécifiques en vue de trouver un emploi au cours des quatre dernières semaines

Source : d'après *Économie et Statistique*, n° 362, 2003.

En France, l'INSEE recense le chômage conformément aux critères du BIT à l'occasion de l'Enquête emploi. Née en 1950, l'enquête emploi de L'INSEE est devenue trimestrielle depuis le 1er janvier 2003 et la collecte des données se fait en continu sur toutes les semaines de chaque trimestre. Chaque trimestre, environ 100 000 personnes de 15 ans et plus sont interrogées. Depuis 2007 l'enquête emploi a pris en compte les recommandations d'Eurostat, l'institut de statistique de la Commission européenne. Elle est donc le volet français de l'enquête européenne « Force de travail ». Désormais, le simple renouvellement de l'inscription auprès de l'ANPE n'est plus considéré comme un critère suffisant de recherche active d'emploi, et cette interprétation plus restrictive (et plus conforme aux pratiques européennes) aboutit en 2007 à faire baisser le taux de chômage de 0,7 points selon l'INSEE. On voit que la mesure du chômage est le résultat d'une construction, à partir des réponses au questionnaire de l'enquête, qui peut être l'objet de débats politiques et sociaux.
Une liste de questions permet de déterminer pour chaque répondant s'il est au chômage, en emploi ou inactif, plutôt que de se fier à l'autodéclaration des individus.
Depuis 2007, l'INSEE s'appuie uniquement sur les données de l'enquête emploi pour évaluer le chômage chaque trimestre. Elle a renoncé à publier des données mensuelles en croisant les résultats de ses enquêtes et les fichiers administratifs du service public de l'emploi.

2 › L'information mensuelle sur l'évolution du chômage

Le ministère de l'Emploi et de la Solidarité fournit un indicateur de suivi conjoncturel du chômage à partir des demandes d'emploi enregistrées dans les fichiers de Pôle emploi. Les DEFM (demandes d'emploi en fin de mois) recensent ainsi les personnes inscrites à la fin d'un mois donné.
Pôle emploi distingue 5 catégories de demandeurs d'emploi qui sont regroupés en fonction du type d'emploi occupé :

- la catégorie A regroupe les demandeurs d'emploi sans emploi (hors activité réduite), tenus de faire des actes positifs de recherche d'emploi ;
- la catégorie B regroupe les demandeurs d'emploi ayant exercé une activité réduite courte (i.e. de 78 h ou moins au cours du mois), tenus de faire des actes positifs de recherche d'emploi ;
- la catégorie C regroupe les demandeurs d'emploi ayant exercé une activité réduite longue (i.e. de plus de 78 h au cours du mois), tenus de faire des actes positifs de recherche d'emploi ;
- la catégorie D regroupe les demandeurs d'emploi sans emploi, non tenus de faire des actes positifs de recherche d'emploi (en raison d'un stage, d'une formation, d'une maladie...) ;
- la catégorie E regroupe les demandeurs d'emploi en emploi (par exemple : bénéficiaires de contrats aidés), non tenus de faire des actes positifs de recherche d'emploi.

Ces catégories permettent un suivi précis des personnes inscrites à Pôle emploi, mais contrairement à des données d'enquêtes comme celles de l'INSEE, il s'agit de données administratives, sur la base de critères d'inscription (et de radiation) élaborées par une administration. Ces données sont donc très sensibles à la politique de lutte contre le chômage, qui, en ciblant telle ou telle catégorie, contribue à « modifier » les contours des demandeurs d'emploi.
Depuis fin 2007, le ministère de l'Emploi publie divers indicateurs sur l'évolution des demandeurs d'emploi en fin de mois, selon les catégories retenues, mais il ne calcule plus de taux de chômage à partir des DEFM, pour éviter la confusion avec l'approche du chômage au sens du BIT, proposée par l'INSEE.

b › L'effacement des frontières de l'emploi et du chômage

Tout individu peut, en principe, être classé comme actif ou inactif. Parmi les actifs, la distinction entre détenteurs d'un emploi et chômeurs répond à des critères apparemment simples, issus de la définition internationale du BIT (Bureau international du travail). Mais la dégradation progressive depuis une vingtaine d'années de la situation sur le marché du travail et les mesures de promotion de l'emploi et de lutte contre le chômage qui l'ont accompagnée, ont conduit à l'apparition de situations individuelles nouvelles proches des frontières entre inactivité, emploi et chômage, ainsi que le montrent les « cercles » de J. **Freyssinet**.

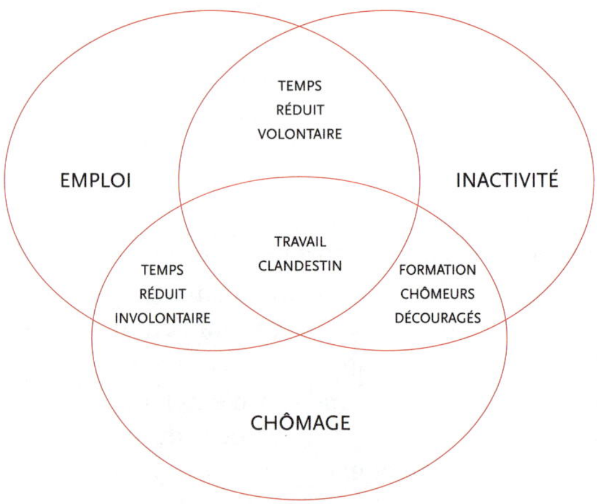

Le temps réduit involontaire désigne en particulier les personnes qui ont un emploi à temps partiel mais souhaiteraient travailler davantage ou à temps plein, situation qui frappe particulièrement les femmes peu qualifiées ; on parle alors de « **temps partiel subi** ».
On parle parfois de « **halo du chômage** ». Il s'agit des personnes sans emploi

qui souhaiteraient travailler, mais qui ne sont pas classées comme chômeurs. Le plus souvent, il s'agit de personnes ne recherchant pas d'emploi, qui attendent parfois le résultat de démarches antérieures. Les autres personnes dans cette catégorie recherchent un emploi, mais ne sont pas disponibles, généralement parce qu'elles poursuivent des études ou suivent une formation, ou parce qu'elles gardent leurs enfants.

Ensemble des personnes sans emploi souhaitant travailler : 3363000 (2011, en moyenne annuelle)

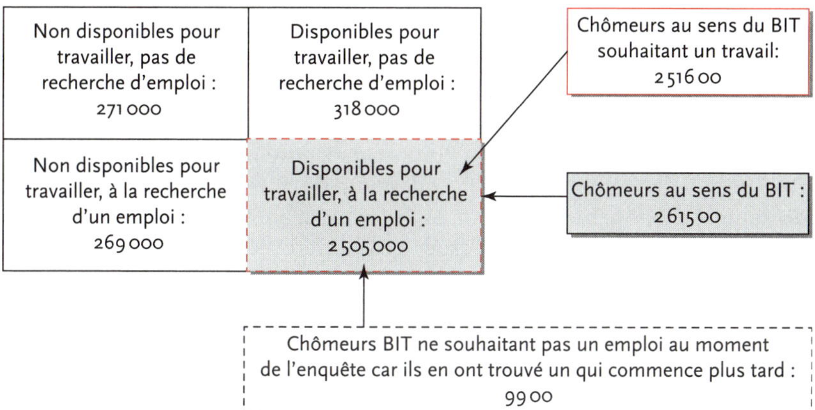

Source : Site INSEE (www.insee.fr/fr/publications-et-services/default.asp?page=dossiers_web/chomage/chomage-frontieres.htm)

C › Chômage et emploi aujourd'hui

1 › Comparaisons internationales de taux de chômage

	1976	1980	1985	1990	1997	2000	2002	2006	2007	Décembre 2011
États-Unis	7,6	7,0	7,1	5,6	4,9	4,0	5,8	4,6	4,6	8,5
Japon	2,0	2,0	2,6	2,1	3,4	4,7	5,4	4,1	3,9	4,7
Allemagne *	3,7	2,9	7,1	4,8	10,0	7,8	8,6	9,8	8,4	5,6
France	4,4	6,2	10,2	8,9	12,4	9,3	8,8	9,2	8,3	10,0
Italie	6,6	7,5	9,6	10,3	12,1	10,4	9,0	6,8	6,1	9,5
Royaume-Uni	5,6	6,4	11,2	6,9	7,0	5,4	5,1	5,3	5,3	8,2
Danemark			6,6	7,2	5,3	4,4	4,6	3,9	3,8	7,7

* Jusqu'en 1992, données se rapportant à la RFA.
Source : d'après les données du site de l'OCDE (www.oecd.org).

L'évolution du taux de chômage est très variable au sein des pays développés depuis les années 1970. Certains pays, comme le Japon, ont toujours connu un taux de chômage limité, même pendant leurs périodes de faible croissance. C'est en grande partie le produit des méthodes de mesure et des caractéristiques du marché du travail, qui conduisent les individus perdant un emploi salarié à passer au statut d'inactif. D'autres ont connu une aggravation durable et progressive du chômage jusqu'aux années 1990, comme la France et l'Italie. Les pays anglo-saxons et les pays d'Europe nordique se caractérisent par une baisse marquée du chômage à partir des années 1990, qui résultent de stratégies économiques très diverses (flexi-sécurité danoise, déréglementation du marché du travail au Royaume-Uni, etc.). La crise des subprimes en 2007 a conduit à une forte contraction de l'activité en 2008 et 2009, et au maintien d'une croissance faible dans de nombreux pays avancés, d'où une hausse significative des taux de chômage. En Espagne, durement frappée par l'éclatement de la bulle immobilière, le taux de chômage atteint environ 25 %.
Les comparaisons des taux de chômage masquent l'hétérogénéité des marchés du travail, produit de l'histoire sociale et des différences institutionnelles entre les nations.

2 › Comparaisons internationales de taux d'emploi

Le **taux d'emploi** est la proportion de personnes disposant d'un emploi parmi celles en âge de travailler (15 à 64 ans). Le taux d'emploi reflète donc la capacité d'une économie à utiliser ses ressources en main-d'œuvre. Toutes choses égales par ailleurs, l'augmentation du taux d'emploi est favorable à une croissance potentielle plus forte (voir « La croissance économique »).

	Emploi	Non-emploi
Participation au marché du travail	Population active occupée	Chômeurs
Non-participation au marché du travail	—	Inactifs

$$\text{donc : taux de chômage} = 1 - \frac{\text{taux d'emploi}}{\text{taux d'activité (en \% de la pop. en âge de travailler)}}$$

Source : *Benassy-Quéré et al.*, 2004, p. 521.

Évolution du taux d'emploi dans quelques pays (% de la population en âge de travailler)

	1994	2001	2002	2003	2006	2007	2010
États-Unis	72,0	73,1	71,9	71,2	71,9	71,8	66,7
Japon	69,3	68,8	68,2	68,4	69,9	70,7	70,1
Allemagne	64,5	65,8	65,3	64,6	67,5	69,4	71,2
France	58,4	62,0	62,2	62,5	63,8	64,6	64,0
Italie	51,5	54,9	55,6	56,2	58,4	58,7	56,9

Royaume-Uni	68,7	72,5	72,3	72,6	71,5	71,3	70,3
Danemark	72,4	75,9	76,4	75,1	77,4	77,1	73,4
Suède	71,5	75,2	74,9	74,3	73,1	74,2	72,7

Source : d'après la base de données de l'OCDE (jusqu'en 2003) et celle d'Eurostat (2006 et 2007).

Ne pas confondre le taux d'emploi et le taux d'activité (voir « La population active »).

Les différences en matière de taux d'emploi parmi les pays développés sont spectaculaires : dans les pays d'Europe nordique près des trois quarts de la population en âge de travailler a un emploi, alors que dans les pays d'Europe méditerranéenne le taux d'emploi avoisine seulement 60 %. Un faible taux d'emploi a de multiples conséquences, notamment il fait porter sur une proportion plus faible de la population le poids des cotisations sociales nécessaires au financement des retraites ou de la santé, et il freine le développement d'activités économiques nouvelles. Dans le cadre de la **stratégie de Lisbonne**, l'Europe a fait d'un taux d'emploi élevé un objectif essentiel de sa politique de croissance : il s'agit de viser un taux d'emploi supérieur à 70 % en Europe en 2010, pour favoriser la croissance et le renouvellement du tissu économique (voir « L'intégration économique »).
Le taux d'emploi dépend de nombreux facteurs structurels et sociaux : durée des études, utilisation des pré-retraites, comportement d'activité des femmes, etc. La variable âge est particulièrement importante surtout pour les pays qui connaissent un vieillissement de la population et pour lesquels une hausse du taux d'emploi des seniors serait un moyen de faciliter le financement des retraites. Par ailleurs, les difficultés qu'ont les personnes de plus de 50 ans à conserver ou retrouver un emploi relèvent dans une large mesure d'attitudes discriminatoires des employeurs.

Taux d'emploi des travailleurs âgés de 55 à 64 ans dans quelques pays de l'Union européenne en 2010

Allemagne	Espagne	France	Italie	Suède	Royaume-Uni	UE à 27
57,7	43,6	39,7	36,6	70,5	57,1	46,3

Source : INSEE.

Le taux d'emploi est aussi sensible à la conjoncture économique. Au 4e trimestre 2011, il était de 64,9 % pour l'ensemble des pays de l'OCDE, en baisse de 1,6 points (2 millions de personnes) par rapport au 2e trimestre 2008, soit avant que la crise des subprimes ne se répercute sur l'emploi.

3 › France : un chômage de masse

Le taux de chômage global n'a pratiquement pas cessé d'augmenter du début des années 1970 à la fin des années 1990. Il est passé de 3,1 % en 1972 à 12,5 % en 1993, le taux le plus élevé depuis la crise des années 1970, soit environ 2,5 millions de chômeurs supplémentaires en 22 ans, et une moyenne de plus de 100 000 nouveaux chômeurs par an.
Le taux de chômage a ensuite décru entre 1997 (12,6 %) et 2001 (7,7 %). Il a connu une reprise après le ralentissement économique de 2002, et reste depuis au-dessus de 8 %. Avec la crise il dépasse les 9 % et atteint 10 % au premier trimestre 2012.

Taux de chômage au sens du BIT (France)

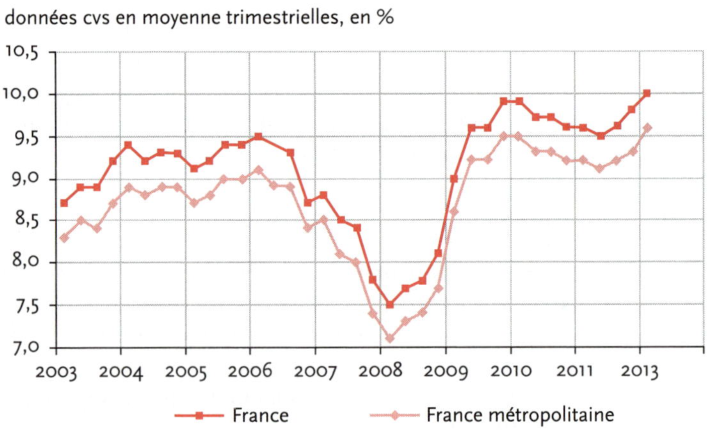

Source : Site INSEE.

Le chômage reste un phénomène inégal en France, qui affecte proportionnellement davantage les femmes, les jeunes et les personnes peu qualifiées.

Taux de chômage par tranche d'âge en %

Femmes	1990	1995	2000	2005	2006	2010
Ensemble	**10,2**	**11,9**	**10,1**	**9,8**	**9,6**	**9,7**
15-24 ans	18,3	24,7	18,3	22,2	24,0	23,7
25-49 ans	9,4	11,3	10,0	9,5	9,0	8,9
50 ans et plus	6,8	6,9	6,9	6,2	6,2	6,6*

Hommes	1990	1995	2000	2005	2006	2010
Ensemble	**6,2**	**9,3**	**8,7**	**8,0**	**8,0**	**9,1**
15-24 ans	13,1	17,3	15,4	19,9	21,0	22,2
25-49 ans	5,2	7,8	6,6	7,2	7,0	7,9
50 ans et plus	4,7	6,4	5,7	5,4	5,8	6,2

* taux de chômage au sens du BIT en mars de chaque année (sauf celles du recensement : janvier en 1990 et 1999) jusqu'en 2001, taux de chômage en moyenne annuelle à partir de 2002. Champ : France métropolitaine, actifs de 15 à 64 ans.
Pour l'année 2010, ces taux de chômage concernent la tranche d'âge 50-64 ans
Source : INSEE, enquêtes emploi.

Le taux de chômage, surtout chez les jeunes, est fortement influencé par le niveau de diplôme.

Taux de chômage selon le niveau de diplôme (France, 2010)

Sans diplôme ou CEP	Brevet des collèges CAP/BEP	Baccalauréat	Bac + 2	Diplôme supérieur à Bac + 2
16,1 %	10,0 %	8,5 %	5,4 %	5,6 %

Les études de la DEPP et du CEREQ sur les nouveaux actifs, montrent qu'au 4e trimestre 2010, le taux de chômage des jeunes ayant terminé leur formation initiale entre 2006 et 2009 est de 19,5 % en moyenne. Mais ce taux de chômage est de 10,5 % pour les titulaires d'un diplôme supérieur, de 18,1 % pour les bacheliers, de 29,8 % pour les titulaires de CAP/BEP et de 49 % pour les jeunes peu ou pas diplômés.

Taux de chômage par catégorie socioprofessionnelle en % (en 2010)

Catégorie professionnelle	Taux de chômage	
	Femmes	Hommes
Artisan, commerçant et chef d'entreprise	4,4	3,9
Cadre	4,4	3,7
Profession intermédiaire	4,7	5,2
Employé	9,8	8,5
Ouvrier	16,9	12,6
Ensemble	9,7	9,0

Source : Site INSEE.

Il existe de nombreuses autres variables explicatives des inégalités face au chômage. Par exemple, en 2010, pour les hommes, le taux de chômage est de 14,7 % chez les immigrés et de 8,4 % chez les non-immigrés.

Chômage et flexibilité du travail

• Dans les années 1970, la montée du chômage condamne l'organisation de la gestion de la main d'œuvre mise en place durant les Trente Glorieuses. Le retour vers un marché du travail plus concurrentiel est présenté comme une stratégie de lutte contre le chômage. Les entreprises revendiquent plus de flexibilité du volume de la main d'œuvre et des taux de salaire. Mais la notion de flexibilité se révèle en fait être un concept protéiforme.

R. Boyer distingue cinq définitions de la flexibilité.

• Une première forme est constituée par la plus ou moins grande adaptabilité de l'organisation productive (« Atelier flexible ») ;

• Une seconde composante concerne l'aptitude des travailleurs à changer de poste de travail, au sein d'une organisation d'ensemble donnée; la flexibilité correspondante fait appel au savoir-faire et à la compétence de la main d'œuvre, et tout particulièrement à son aptitude à maîtriser divers segments d'un même processus productif (« ouvrier Proudhonien »).

• Selon une troisième définition, la flexibilité se mesure à la faiblesse des contraintes juridiques régissant le contrat de travail et en particulier les décisions de licenciement, via par exemple un contrat de travail dont les conditions sont révisables au jour le jour. Cette forme de flexibilité s'accomplirait ainsi idéalement par l'extension à l'ensemble de la société du « salariat intérimaire ».

• La flexibilité peut revêtir un quatrième sens et désigner la sensibilité des salaires (nominaux et/ ou réels) à la situation économique, propre à chaque firme, ou générale concernant le marché du travail. Cette conception de la flexibilité conduit donc à demander en retour plus de concurrence sur le marché du travail, une différenciation des salaires selon la situation financière de la firme et la productivité individuelle. La logique de cette flexibilité n'est autre qu'une forme de « salaire au rendement ».

• Enfin, la flexibilité peut également être entendue comme la possibilité pour les entreprises de se soustraire à une partie des prélèvements sociaux et fiscaux et plus généralement de s'affranchir des réglementations publiques qui limitent leur liberté de gestion. Le symbole de cette flexibilité pourrait être un « salariat à deux vitesses » par référence aux modalités d'accès à la couverture sociale et au respect du droit du travail.

Selon le sens de ce terme que l'on adopte, on envisagera différemment les relations pouvant s'établir entre la flexibilité et le fonctionnement du marché du travail. La flexibilité peut en effet être envisagée comme un moyen de retour aux mécanismes de marché; mais pour certains auteurs la flexibilité offensive peut constituer un moyen de lutter contre le chômage sans déréglementer le marché du travail.

> II Les théories du marché du travail et du chômage

> A Approche microéconomique néo-classique du marché du travail

a › Offre, demande et équilibre sur le marché du travail

Le travail est considéré par les économistes néo-classiques comme une marchandise au même titre que les autres biens ; il est, par hypothèse une ressource rare, qui est allouée en fonction des prix relatifs (voir « Marchés et prix »).

Dans le modèle néo-classique de base, l'offre de travail est déterminée par l'**arbitrage travail-loisirs**, entre la satisfaction liée au temps disponible (le loisir) et la satisfaction tirée du revenu salarial qui permet l'accès à la consommation. L'offre de travail est généralement croissante avec le taux de salaire réel, même si ce n'est pas toujours vérifié (voir l'encadré ci-dessous).

La **demande de travail** est formulée par les entreprises, et elle dépend de la productivité marginale des travailleurs : pour maximiser leur profit, elles ont intérêt à embaucher des travailleurs tant qu'ils rapportent plus qu'ils ne coûtent, autrement dit tant que leur productivité marginale est supérieure au coût d'une unité de travail (le taux de salaire réel). La demande de travail diminue donc en raison de la loi des rendements décroissants (la productivité marginale diminue, au moins au-delà d'un certain seuil). La demande de travail dépend également du degré de substitution entre travail et capital : plus elle est grande, plus une variation du prix du travail risque d'entraîner une variation de la demande.

L'intersection des courbes d'offre et de demande de travail détermine alors simultanément le **taux de salaire d'équilibre** et le niveau d'emploi d'équilibre. Il s'agit d'un point d'équilibre puisqu'il égalise les quantités offertes et demandées, en excluant du marché tous les offreurs qui se seraient manifestés pour un niveau supérieur de salaire, et tous les demandeurs qui espéraient un niveau inférieur.

L'offre de travail et l'arbitrage travail/loisirs

La décision individuelle de travailler est le résultat, dans l'optique néo-classique, d'un arbitrage entre deux sources de satisfaction : le temps libre (alors que le temps de travail, son complément, diminue la satisfaction de l'agent), et la consommation de biens acquis grâce au revenu salarial ou à d'éventuels revenus non-salariaux, provenant par exemple de l'assurance sociale ou du patrimoine de l'agent.

Le revenu salarial dépend du temps de travail *T* et du taux de salaire réel d'une unité de travail w/p. Le graphique ci-dessous présente les courbes d'indifférence de l'agent selon sa consommation de biens et de loisirs (voir « Éléments de microéconomie »). Le temps arbitrable entre loisirs et travail est limité sur une journée : il ne peut consacrer plus de temps à ces deux activités que le maximum disponible, le reste est dédié au « temps physiologique » nécessaire pour répondre à ses besoins primordiaux, comme dormir ou se nourrir, et est non arbitrable. La droite de contrainte budgétaire indique les combinaisons loisirs/ consommation qu'il peut atteindre, et sa pente dépend du taux de salaire réel : intuitivement, plus la rémunération du travail augmente, plus l'agent peut atteindre un niveau élevé de consommation. On observe que les différentes droites passent par le même point A pour lequel l'offre de travail est nulle, le loisir maximal et la consommation assurée uniquement par le revenu non salarial.

L'agent maximise sa satisfaction en déterminant le meilleur « arbitrage » possible entre son temps de travail et de loisir pour se situer sur la courbe d'indifférence la plus élevée possible, ce qui détermine son offre de travail *T* pour un taux de salaire donné. Sur le graphique, la courbe d'offre de travail relie toutes les valeurs de *T* en fonction des différents taux de salaire.

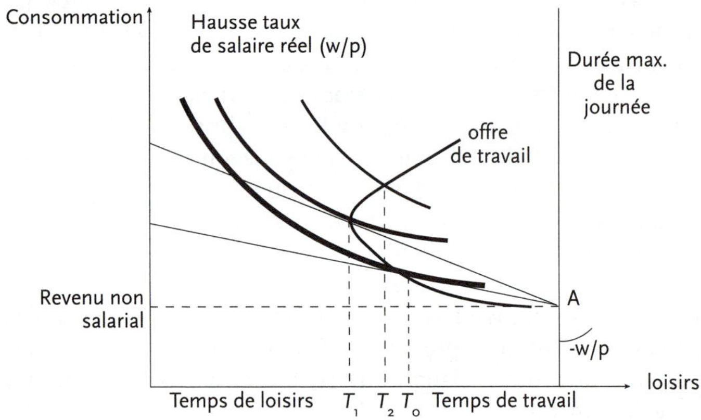

La présentation de l'arbitrage travail-loisirs permet de souligner trois caractéristiques de l'offre de travail :

- L'offre de travail peut être nulle si le taux de salaire se situe en dessous d'un certain seuil : l'individu préfère consacrer la totalité du temps disponible au loisir. Ce phénomène est renforcé quand les revenus non salariaux augmentent (par exemple, lorsque des revenus d'assistance désincitent à travailler). On appelle « salaire de réserve » le taux de salaire minimal pour lequel l'individu accepte d'offrir son travail.
- La hausse du taux de salaire n'implique pas nécessairement une hausse de l'offre de travail, comme le montre le graphique ci-dessus. Quand le taux de salaire augmente, l'offre de

travail commence par augmenter (de T_0 à T_1) puis peut diminuer au-delà d'un certain seuil (ici de T_1 à T_2). Tout dépend de l'importance de l'effet de substitution entraîné par le gain salarial (le travail devient plus attractif) par rapport à son effet revenu (l'agent dispose d'un revenu plus élevé, qu'il peut utiliser soit pour consommer davantage, soit pour avoir plus de loisirs en travaillant moins).

– Quand on agrège les offres de travail individuel, on admet pour simplifier que l'offre de travail croît globalement avec son prix, car avec l'augmentation du taux de salaires de nouveaux « entrants » sur le marché du travail vont se présenter en plus grand nombre, même si des personnes déjà présentes réduisent leur offre individuelle.

En concurrence pure et parfaite, il n'y a pas de chômage à l'équilibre : au taux de salaire d'équilibre, l'offre est égale à la demande de travail. Certains individus ne souhaitent pas travailler « pour ce prix-là », ils se retirent alors volontairement du marché du travail. On parle parfois abusivement de « **chômage volontaire** » pour les désigner, mais il ne s'agit en fait pas de chômeurs mais d'inactifs.

Un **chômage transitoire** est envisageable (Cf. graphique ci-après), le temps que l'ajustement se fasse sur le marché du travail. Soit un choc exogène entraînant la faillite d'un certain nombre d'entreprises : pour tout niveau du taux de salaire exprimé sur le marché, la demande de travail diminue de L_d à $L_{d'}$.

Pour un taux de salaire de W/P_1, la nouvelle quantité demandée se détermine en A (du fait du déplacement de la courbe de demande), la quantité offerte restant en E. Un chômage transitoire apparaît, exprimé par la différence $L_3 - L_1$.

Il faut en effet un certain délai d'ajustement pour que la compétition entre les offreurs, et la baisse du prix entraînée par l'offre excédentaire sur la demande, conduise à une réduction du taux de salaire réel. Un nouvel équilibre se forme (E'), par déplacement le long des courbes d'offre et de demande : passage de A à E' pour la quantité demandée, de E à E' pour la quantité offerte. Ce nouvel équilibre s'établit à un taux de salaire (W/P_2) durablement inférieur au précédent (avec $W/P_2 < W/P_1$).

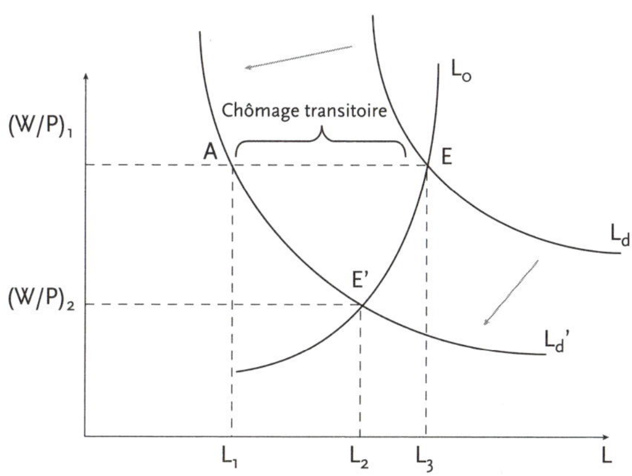

b › Chômage et rigidité du taux de salaire

Selon les néoclassiques, une réglementation fixant un salaire minimum ou des allocations chômage peut conduire à un chômage durable.

J. Rueff (1896-1978), dans une perspective voisine, écrit un article en 1931 intitulé « L'assurance chômage : cause du chômage permanent ». Il développe l'idée suivant laquelle l'instauration d'une allocation chômage contribue à fausser le mécanisme de marché en établissant un salaire plancher. En effet, aucun individu n'acceptera de travailler à un taux de salaire inférieur au niveau de l'assurance chômage.

Comme on le voit sur ce graphique, les salariés n'accepteront pas de proposer une offre de travail à un taux de salaire inférieur au montant de l'allocation. Les salaires réels sont alors rigides à la baisse et le mécanisme automatique de convergence vers l'équilibre (taux de salaire W/P_1 et quantité L_1) ne peut se mettre en œuvre.

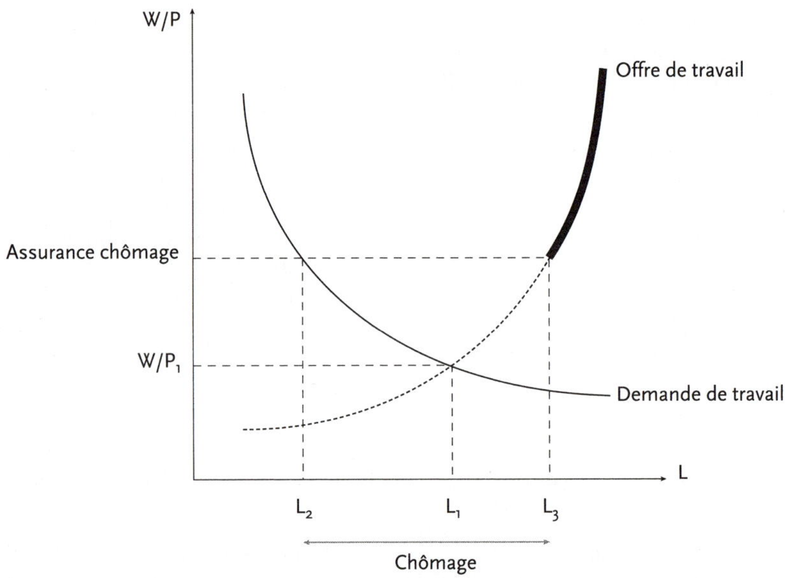

Apparaît alors un chômage représenté par la différence entre la quantité offerte (L_3) et la quantité demandée (L_2) pour un taux de salaire minimum correspondant au montant de l'allocation chômage.

Selon **Rueff**, il y a également un deuxième effet pervers à la mise en place d'une assurance-chômage. Si on empêche le travail d'être rémunéré à la productivité marginale, alors le coût du facteur travail par rapport au facteur capital est trop élevé et l'entreprise aura intérêt à substituer du capital au travail, ce qui peut aggraver encore le chômage.

Deux théories viennent compléter l'analyse néo-classique du marché du travail dans les années 1960 : la théorie de la recherche d'emploi (ou théorie du Job Search), initiée par **G. Stigler** (1911-1992) au début des années 1960 explique l'existence d'un chômage frictionnel sur le marché du travail en introduisant dans l'analyse les conséquences de l'imperfection de l'information sur le marché du travail et la théorie de l'investissement en capital humain de **G. Becker** permet d'intégrer dans l'analyse les choix intertemporels entre formation et emploi.

C › Chômage, durée optimale de prospection et salaire de réservation

La **théorie de la recherche d'emploi** s'intéresse à la durée de prospection des chômeurs volontaires sur le marché du travail.
Les principales hypothèses sont les suivantes.

- L'information est imparfaite : les salariés ne connaissent jamais tous les emplois disponibles ni les salaires et autres éléments de rémunération qui les accompagnent. En raison de l'hétérogénéité des qualifications requises et des capacités des travailleurs, il est peu probable que le premier emploi offert à une personne qui entre sur le marché du travail soit celui qui lui convienne le mieux; il est donc rationnel que les individus recherchent des informations sur le marché du travail.
- Plus le temps de prospection sur le marché est long, plus le salaire que le travailleur peut espérer obtenir est élevé.
- Les travailleurs sans emploi ont la possibilité de collecter une plus grande quantité d'informations et d'avoir plus de contacts avec les employeurs que ceux qui occupent déjà un emploi. Les périodes de recherche sont donc des périodes de chômage.
- La collecte d'information sur les salaires offerts et les emplois vacants est coûteuse. Ces coûts sont jugés acceptables en raison des avantages escomptés (meilleurs salaires ou conditions de travail qui rendent possible cette recherche).

En conséquence, plus le travailleur reste au chômage, plus le salaire qu'il pourra obtenir sera élevé. Mais le taux d'accroissement du niveau de la rémunération maximum est de moins en moins grand au fur et à mesure que la durée de prospection s'allonge. Étant donné que le coût de prospection de la collecte d'informations est constant ou croissant, il est possible de déterminer une durée optimale du chômage. Cette dernière est telle que le rendement marginal de la durée de prospection est égal au coût marginal d'information.
Dans le cadre de cette analyse, les principaux facteurs d'aggravation du chômage (par accroissement de la durée optimale de prospection) sont alors les suivants :

- l'amélioration des modalités d'indemnisation du chômage, qui diminue le coût de prospection et est à l'origine d'un allongement de la durée du chômage;
- l'anticipation par les agents économiques d'une élévation du niveau général des salaires d'embauche.

⇒ L'hypothèse du chômage de prospection a été réinterprétée dans un cadre plus keynésien par **E. Phelps**, qui considère que les imperfections de l'information sur le marché du travail obligent les agents à consacrer du temps à la recherche d'emplois compatibles avec leur qualification. Les coûts d'information créent donc des rigidités sur le marché du travail.

On peut également faire l'hypothèse que la collecte d'information revêt une dimension séquentielle : chaque fois qu'il se trouve confronté à une offre de salaire, le demandeur d'emploi doit décider s'il accepte le salaire ou au contraire s'il le refuse et investir alors dans un temps de recherche supplémentaire afin d'obtenir un emploi mieux rémunéré.
Pour être accepté, le salaire offert doit être supérieur au niveau de rémunération qui égalise les flux de recette nette attendus d'un prolongement de la recherche d'emploi et la valeur nette escomptée du flux de revenus entraînés par l'emploi offert. Ce salaire de référence est le **salaire de réservation**.

d › La théorie du capital humain

Le capital humain désigne le stock de connaissances et de compétences économiquement valorisables. Quand un individu prolonge sa formation, il augmente son stock de capital humain, et peut de cette manière augmenter les salaires reçus par la suite au cours de son existence.
La **théorie du capital humain** de **G. Becker** (prix Nobel en 1992) permet de comprendre comment les individus arbitrent entre le prolongement d'études et l'entrée sur le marché du travail, en fonction des gains salariaux anticipés. Elle apporte également une explication des différences de salaires liées aux différences de qualification.
Pour l'employeur en effet, le facteur travail est profondément hétérogène par les qualifications, l'expérience professionnelle, l'effort, la qualité des relations... Deux travailleurs, même occupés à un poste identique, ne sont pas équivalents du point de vue de l'employeur; la productivité d'un travailleur est, pour une part non négligeable, spécifique à l'entreprise. Employeurs et salariés peuvent donc avoir intérêt à établir des relations de longue durée qui s'écartent de l'hypothèse néoclassique de rémunération à la productivité marginale.
Les salariés récemment embauchés et n'ayant pas encore acquis les qualifications spécifiques à l'entreprise ont un taux de salaire supérieur à la productivité marginale, car l'entreprise est obligée, pour les attirer, de leur payer le taux de salaire du marché avant qu'ils ne soient opérationnels. Elle investit donc

dans leur formation. Par contre, plus les salariés ont acquis de l'expérience dans l'entreprise, plus leur productivité spécifique est élevée. Mais l'entreprise peut continuer à leur verser le taux de salaire du marché, ce qui lui permet de récupérer le rendement de son investissement.
Dans ce contexte, un ralentissement inattendu de l'activité n'incite pas les employeurs à réduire les salaires des travailleurs expérimentés tant que leur productivité reste supérieure à ce salaire. Si la récession est assez grave pour abaisser la productivité en deçà du taux de salaire, l'entreprise ne réagira toujours pas tant que le coût subi reste inférieur au rendement futur anticipé de son investissement en capital humain.

> B
L'approche microéconomique des imperfections du marché du travail

À partir des travaux précurseurs de **E. Phelps** (prix Nobel en 2006), un certain nombre de recherches explicitent les fondements microéconomiques des imperfections du marché du travail. Il ne faut donc pas identifier la théorie microéconomique au seul modèle de base néo-classique. Ces recherches font ressortir certains mécanismes sous-jacents aux intuitions fondamentales de la macroéconomie keynésienne (rigidité des ajustements, imperfections de l'information, nature involontaire du chômage), sur des bases microéconomiques rigoureuses reposant sur les décisions rationnelles des agents, dans un environnement imparfait. Ces travaux ont marqué une étape déterminante vers le renouvellement de la macro-économie keynésienne, et le rapprochement entre la microéconomie et la macroéconomie contemporaines.

a › Les contrats implicites

Comment expliquer que les salaires soient rigides, alors que la flexibilité des salaires permet en principe une allocation plus efficace des ressources ? D'après la **théorie des contrats implicites** (**C. Azariadis** – 1975 – **M.N. Baily** – 1974 – et **D.F. Gordon** – 1974), les salariés ont plus d'aversion pour le risque que les employeurs. Ils préfèrent le versement régulier d'une somme fixe à des fluctuations liées à un régime de salaires flexibles. Ils cherchent donc à se prémunir contre de trop importantes fluctuations de leur revenu.
La stabilisation des salaires peut être achetée en quelque sorte par les salariés, qui acceptent un niveau de salaire plus faible que celui auquel ils pourraient prétendre (correspondant à leur productivité marginale), la différence constituant une prime d'assurance perçue par l'employeur. La rigidité des salaires découle alors de la double nature du contrat passé entre employeur et salarié, contrat de travail et d'assurance. Dans ce cas de figure, c'est l'entreprise qui

joue le rôle d'une « compagnie d'assurances » protégeant les salariés contre les risques de fluctuations excessives de leurs revenus.
On peut définir un « contrat optimal » dont les caractéristiques sont les suivantes.

- Le contrat optimal stipule des salaires fixes : les rémunérations ne dépendent plus de la conjoncture. La firme fournit une assurance complète à ses employés vis-à-vis des risques de fluctuations de leurs revenus. La valeur du salaire dépend des opportunités extérieures des salariés.
- L'emploi qui résulte de ces contrats ne réalise pas l'égalité entre productivité marginale du travail et taux de salaire réel, il est donc sous-optimal au regard du critère d'efficacité productive. Un travailleur qui accepte le contrat proposé (stabilité de ses rémunérations) accepte du même coup le risque de chômage correspondant.
- Il en résulte que l'objectif d'assurance vis-à-vis du risque et l'objectif d'efficacité productive entrent en conflit : c'est cette opposition qui explique la rigidité des salaires et le chômage involontaire.

b › Le salaire d'efficience

Comment expliquer que les entreprises puissent verser des salaires supérieurs au salaire d'équilibre ? Pour le saisir, l'idée sous-jacente aux **théories des salaires d'efficience** est celle d'une liaison positive entre niveau du salaire et effort productif du salarié. Elle conduit donc à un résultat différent de la théorie néoclassique dans laquelle le taux de salaire est égal à la productivité marginale du travail.
Si les employeurs fixent les salaires, ils sont amenés à arbitrer entre l'efficacité du facteur travail et son coût. Le salaire optimal qui résulte de cet arbitrage, appelé salaire d'efficience, peut alors différer de celui qui assurerait la réalisation du plein-emploi, parce que les mécanismes à l'œuvre diffèrent des « lois du marché ».

Une première justification de la relation salaire – productivité, et donc d'un salaire d'efficience générateur de sous-emploi, consiste à prendre en compte les coûts de rotation de la main-d'œuvre. En effet, les firmes peuvent trouver un intérêt à « retenir » leurs travailleurs parce qu'elles subissent des coûts d'embauche, de licenciement ou encore de formation de leur personnel. Le coût de rotation de la main-d'œuvre désigne ainsi le coût (fixe) lié au remplacement d'un travailleur qui quitte la firme par un autre.
Selon l'ampleur de ses coûts de rotation, la firme aura donc intérêt à choisir un taux de salaire intermédiaire, supérieur au taux de salaire du marché.
Si un retournement de conjoncture se produit, la répercussion sur le comportement de la firme ne sera pas une révision à la baisse des taux de salaires, car cela conduirait à une baisse de la productivité moyenne des travailleurs ; le choix logique dans un tel cadre serait au contraire le licenciement d'une partie

du personnel et le maintien du taux de salaire pour les autres. La fixation d'un taux de salaire supérieur au taux de salaire du marché expliquerait alors l'existence d'un chômage.

Un autre modèle de salaire d'efficience a été proposé par **G. A. Akerlof** en 1984 et repose sur l'idée que l'efficacité productive d'un salarié dépend en grande partie de son sentiment d'être « bien traité » par l'employeur.
Dans ces conditions, offrir un taux de salaire « équitable » supérieur au taux de salaire de marché constitue, de la part de l'employeur, une gratification susceptible d'inciter les travailleurs à fournir un niveau d'effort plus important.

c › L'opposition « *insiders/outsiders* »

Selon la **théorie des « *insiders/outsiders* »**, développée par **A. Lindbeck** et **D. Snower** au début des années 1980, les *insiders* sont les salariés de l'entreprise et les outsiders sont les chômeurs candidats à l'embauche. Leur intégration dans les entreprises, et pas conséquent leur accès à l'emploi peut être retardé voire empêché par le comportement des *insiders.*
Le cœur de l'argumentation de la théorie des *Insiders/Outsiders* est la présence de coûts de rotation de la main-d'œuvre. Ils sont au fondement du pouvoir de négociation des « *insiders* », qui peuvent délibérément les accroître, en refusant de coopérer avec des travailleurs nouvellement recrutés, et adopter des tactiques de harcèlement à leur égard. Cela conduit à une baisse de la productivité des nouveaux arrivants, à retarder leur intégration, et donc à accroître les coûts de rotation supportés par l'entreprise. Les *insiders* peuvent alors exiger des hausses de salaires sans craindre d'être licenciés, en contrepartie de leur « collaboration » à l'intégration des outsiders. Le salaire maximal auquel peuvent prétendre les *insiders* est donc celui à partir duquel l'entreprise trouvera préférable d'embaucher des candidats extérieurs, quitte pour elle à payer le coût de leur intégration.
On retrouve alors le coût de rotation de la main-d'œuvre comme facteur explicatif d'une rigidité salariale : si les « *insiders* » sont coûteux à remplacer, l'entreprise est incitée à leur verser des salaires plus élevés que leur productivité marginale, et surtout elle ne prend pas en considération les propositions plus basses que pourraient lui faire les chômeurs. Il y a donc une déconnexion des salaires et des interactions concurrentielles d'offre et de demande, les salaires reflétant les coûts de rotation propres à chaque entreprise et la capacité des « *insiders* » à capter ce qui est une véritable rente de situation.

> C

Macroéconomie du marché du travail

Les travaux de Keynes sont à l'origine des débats macroéconomiques modernes, ils conduisent à faire du plein emploi un objectif réalisable, en réduisant le chômage conjoncturel par les outils classiques de la politique économique budgétaire et monétaire. Suite à la remise en cause du « consensus keynésien » au cours des années 1970, notamment par les monétaristes et les nouveaux classiques, les travaux macroéconomiques sur le marché du travail prennent une direction différente. Ils mettent en évidence les facteurs structurels du chômage, à l'origine du « chômage d'équilibre » qui peut affecter durablement une économie, sans que la politique conjoncturelle puisse avoir de prise sur lui.

a › L'analyse du chômage chez Keynes

Pour **J.-M. Keynes** (1883-1946), le chômage est avant tout un **chômage involontaire**.

À la différence des économistes néo-classiques, J.-M. Keynes introduit *a priori* sur le marché du travail l'illusion monétaire des salariés : c'est parce qu'ils ne sont pas pleinement conscients des variations des prix et donc de leur pouvoir d'achat que les salariés refusent toute baisse de leurs salaires nominaux. Pour Keynes, le niveau de l'emploi dépend de la demande anticipée. Dans ce schéma, un processus de baisse des salaires réels découlant du chômage ne permet pas un ajustement de type néo-classique. Ce mécanisme de baisse des salaires peut apparaître lorsque le niveau général des prix s'élève : les salaires réels baissent donc. Mais cette baisse induit une contraction des débouchés des entreprises tels qu'ils sont prévus par les entrepreneurs, donc une baisse de la demande effective.

Il y a donc un processus non rééquilibrant, et la baisse des salaires entraîne une baisse de l'activité, donc davantage de chômage, voire une baisse ultérieure de salaires...

Certains économistes comme **A. Barrère** (1910-1995), défendent l'originalité radicale du projet keynésien, face à l'analyse classique. Pour lui, il n'existe pas de marché du travail à proprement parler dans l'approche de Keynes. Celui-ci est une simple fiction théorique, utilisée pour les nécessités de la construction d'une interprétation qui veut ramener toute l'explication économique à la théorie de l'échange et des marchés.

Le travail n'est pas une marchandise. Pour être une marchandise, il faudrait que le travail soit détachable de la personne qui l'accomplit. N'étant pas une marchandise, le travail ne peut pas être vendu, il n'est pas échangé pour un prix établi par confrontation d'une offre et d'une demande. Ce sont les emplois qui sont créés en fonction d'un volume de production à mettre en œuvre et les travailleurs les occupent. Bien que pouvant avoir l'apparence d'un prix, le salaire n'en a pas la nature, car il n'est pas l'expression monétaire d'une valeur d'échange. Fixé hors marché avant l'embauche par voie de concertation, de convention collective et de réglementation publique, il ne peut déterminer directement le volume de l'emploi. Il est un revenu nominal, avancé, en début de circuit, sur la valeur future de la production et sa valeur réelle n'apparaît qu'une fois le circuit achevé lorsque les prix de la production sont connus. Dans cette perspective, la pensée de Keynes est profondément hétérodoxe, par rapport au courant néo-classique, mais ce point fait débat et d'autres keynésiens considèrent que la théorie keynésienne est compatible avec l'approche dominante. En particulier, la « nouvelle économie keynésienne » considère que l'approche microéconomique permet de comprendre les principales intuitions de Keynes sur le marché du travail, à condition de faire l'hypothèse que les agents sont dotés d'anticipations dans un univers d'informations imparfaites, où il existe des rigidités dans l'ajustement des marchés.

Une approche « hétérodoxe » du marché du travail : la théorie de la segmentation

Au début des années 1970 s'est développé un ensemble de travaux à l'initiative d'un groupe d'économistes de tradition « néo-institutionnaliste » (**M. Piore**, **P. Doeringer**), travaux qui ont été regroupés sous l'étiquette de « théorie de la segmentation du marché du travail ». Ils se focalisent sur l'étude du marché du travail, mais pour contester l'usage des concepts marginalistes et proposer d'autres analyses dans lesquelles les transactions marchandes ponctuelles ne représentent qu'une part minoritaire des processus d'allocation du travail dans une économie, l'autre part étant constituée par des décisions internes aux entreprises. Face aux théories orthodoxes, la théorie dualiste (en termes de segmentation du marché du travail) introduit une distinction entre un marché primaire (à l'alimentation et au fonctionnement spécifiques, dominé par les firmes qui entretiennent des pratiques d'attachement durable de leurs salariés) et un marché secondaire. Il y aurait donc une coupure radicale entre deux univers : le marché primaire et le marché secondaire ne correspondent ni aux mêmes emplois, ni aux mêmes agents économiques, ni aux mêmes mécanismes de fonctionnement.

Les « emplois primaires » sont ainsi caractérisés par :

- un niveau de salaire plutôt élevé;
- des garanties de carrière et des perspectives de promotion;
- un niveau élevé des qualifications moyennes;
- une bonne qualité des conditions de travail.

On constate par ailleurs, pour les travailleurs qui peuvent prétendre à un emploi primaire :

- une certaine ancienneté de leur présence sur le marché du travail;
- un niveau moyen de formation élevé;
- un taux de syndicalisation important;
- une assez grande stabilité de leurs comportements et de leurs aspirations.

Il existe une bonne adéquation entre le type d'emplois offerts par le marché primaire et le type de travailleurs qui accède à ce marché; en effet, une main-d'œuvre ancienne et syndiquée bénéficie d'une bonne intégration sur le marché primaire, et la perspective de promotions et de meilleurs niveaux de salaires renforce la stabilité des projets professionnels.

Le marché secondaire, par opposition au marché primaire, est un marché sur lequel les confrontations entre offre et demande sont permanentes, généralisées et concurrentielles. Sur ce marché, les emplois ont des caractéristiques opposées à celles proposées sur le marché primaire (précarité, faibles salaires, mauvaises conditions de travail, etc.).

b › Chômage classique et chômage keynésien dans la théorie du déséquilibre

La théorie des équilibres à prix fixes (**E. Malinvaud** et **J.-P. Benassy**) cherche à expliquer pourquoi les politiques keynésiennes de lutte contre le chômage ne fonctionnent pas systématiquement : tout dépend de la nature du déséquilibre macroéconomique en cause. Pour cela, elle relie la situation de sous-emploi décrite par la théorie keynésienne et l'équilibre général walrassien de la théorie microéconomique traditionnelle. Dans cette approche, l'inertie des prix en courte période (et notamment leur rigidité à la baisse), est la principale cause de l'existence de rationnements sur le marché du travail.
Cette rigidité des prix à la baisse peut entraîner deux types de déséquilibres correspondant à deux régimes de chômage : le chômage keynésien et le chômage classique.

Marché du travail	Marché des biens	
	Acheteur	Vendeur
Acheteur	Chômage keynésien	Chômage classique
Vendeur		Inflation contenue

Remarque :
Un marché est « acheteur » lorsqu'il comprend au moins un vendeur rationné.

Le **chômage classique** correspond au cas où les acheteurs (ménages) sont rationnés sur le marché des biens et les vendeurs (salariés) sur le marché du travail. Dans ce cas de figure, les prix étant trop bas, les entreprises ne jugent pas rentable de créer des emplois pour satisfaire toute la demande de biens qui leur est adressée. La demande de travail des entreprises est alors insuffisante et il y a chômage. Ce chômage est donc lié à une insuffisante rentabilité de l'appareil productif.
Le **chômage keynésien** correspond au cas où les offres sont rationnées sur les deux marchés (excès d'offre sur le marché du travail et le marché des biens), les entreprises ne produisent pas autant qu'elles le voudraient par insuffisance de la demande effective et il y a sous-emploi. Enfin, quand la demande excède l'offre sur tous les marchés, il y a une pression inflationniste. Mais l'inflation est en quelque sorte « contenue » du fait de la rigidité des prix en courte période.
La **théorie du déséquilibre** à moins d'influence aujourd'hui car elle correspond en fait à une situation particulière où les ajustements par les prix sont rigides à court terme.

c › Les déterminants du chômage d'équilibre

L'analyse keynésienne faisait reposer le chômage sur des facteurs conjoncturels liés à l'insuffisance de la demande globale, mais elle a été remise en cause à partir des années 1970 par différentes analyses, qui montrent comment l'anticipation de l'inflation par les ménages vient contrecarrer les politiques conjoncturelles de lutte contre le chômage (voir « Inflation, désinflation, déflation »). C'est le résultat auquel aboutissent simultanément, dans des cadres théoriques très différents, le monétariste **M. Friedman** (1912-2006) et le « nouveau keynésien » **E. Phelps**. Pour eux, les ménages ne peuvent pas durablement être victime d'illusion monétaire et ils sont capables d'anticiper l'inflation. La persistance du chômage est donc liée à des facteurs plus structurels. Dans la continuité de ces travaux, on appelle **taux de chômage d'équilibre** le taux qui s'établit durablement, quand les agents anticipent correctement l'inflation et en l'absence de choc macroéconomique. Le chômage d'équilibre est donc déterminé par des facteurs structurels, en rapport avec le fonctionnement du marché du travail et ses spécificités propres à chaque économie nationale. Il est donc très différent d'une économie à l'autre, et son analyse éclaire les raisons pour lesquelles les taux de chômage au sein des pays développés se sont écartés durablement depuis les années 1970.

Le modèle WS-PS a été proposé en 1991 par **R. Layard, S. Nickell et R. Jackman** afin de rendre compte du taux de chômage d'équilibre. Ce modèle est construit autour de deux hypothèses sur les imperfections propres au marché du travail :

- le taux de salaire réel n'est pas parfaitement flexible, il résulte d'une négociation entre employeurs et syndicats de salariés qui porte à la fois sur le niveau des salaires nominaux, sur les anticipations d'inflation et sur le niveau d'emploi ;
- les marchés de biens ne sont pas parfaitement concurrentiels, et les prix sont donc fixés par les producteurs. Ils déterminent les prix à partir en fixant une marge bénéficiaire qui s'ajoute à leurs coûts de production, que l'on identifie au salaire afin de simplifier le modèle. Selon les conditions du marché, les producteurs ont plus ou moins de facilité à imposer une marge élevée.

Dans ce modèle on confronte une droite représentant les conditions de détermination des salaires (WS pour *wage schedule* ou *wage setting*) et une droite représentant les conditions de formation des prix (PS pour *price schedule* ou *price setting*).

La droite WS décrit une relation décroissante entre le taux de salaire réel et le taux de chômage : plus le taux de chômage est élevé, plus le taux de salaire réel va se fixer à un niveau faible car les salariés ne sont pas en position de force pour négocier leur rémunération.

La droite PS décrit une relation croissante entre le taux de chômage et le niveau de salaire réel. Quand le taux de chômage est élevé (et le niveau d'activité faible) les entreprises doivent accepter des niveaux de marge faibles, ce qui conduit à des prix moins élevés et donc à des taux de salaire réel plus favorables.

Le taux de salaire réel d'équilibre et le taux de chômage d'équilibre correspondent à l'intersection des droites WS et PS.

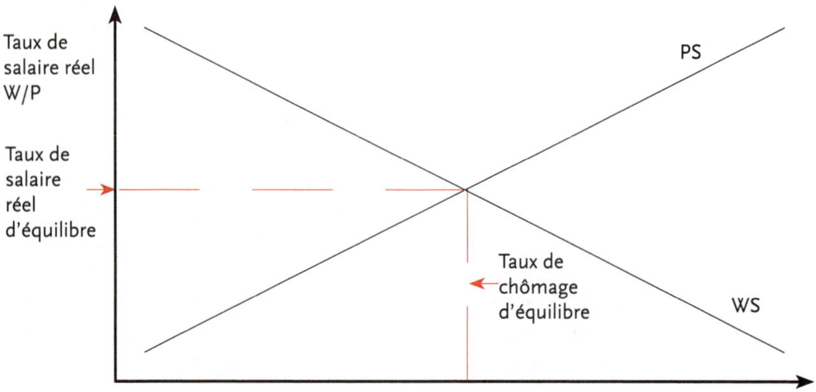

L'intérêt de ce modèle réside dans la prise en compte de la concurrence imparfaite. Il permet par exemple de montrer qu'une concurrence moins intense sur le marché des biens conduit à un taux de chômage plus élevé. En effet, les entreprises utilisent une partie du surcroît de marge qu'elles obtiennent du fait d'une moindre concurrence pour accroître le taux de salaire des actifs occupés ce qui conduit à un taux de chômage plus élevé. Par ailleurs, dans ce modèle, la détermination des salaires prend en compte l'existence d'un salaire de réservation, la théorie du salaire d'efficience, le modèle *insiders/outsiders*, etc.

Ce modèle a fait l'objet de diverses critiques. Il lui est notamment reproché de donner des arguments en faveur d'une déréglementation du marché du travail.

> III Les politiques de l'emploi

> A La diversité des politiques de l'emploi

Au sens large, la politique de l'emploi est la combinaison des différentes mesures prises par un gouvernement pour atteindre le plein emploi, elle intègre donc la politique conjoncturelle, la politique fiscale, la politique éducative, etc. Face à l'aggravation du chômage, des mesures plus spécifiques au marché du travail ont émergé à partir des années 1970. Le terme « **politiques de l'emploi** » désigne plus précisément aujourd'hui selon la DARES « *les dispositifs de soutien aux chômeurs et de stimulation de la création d'emplois* ». D'après la typologie mise en place par l'OCDE, on a coutume de distinguer d'une part des **mesures passives** qui viennent soutenir les victimes du rationnement du marché du travail, de l'autre les **mesures actives** qui viennent agir sur l'offre de travail pour la stimuler. Les politiques passives comprennent l'indemnisation des chômeurs (les allocations chômage) et les subventions au retrait d'activité (préretraites, allocations parentales, etc.). Les politiques actives intègrent le placement et le suivi des chômeurs (type ANPE), la formation professionnelle, les emplois subventionnés (comme les allégements de charges sociales), les mesures d'insertion pour les jeunes et les mesures d'insertion des handicapés. Les comparaisons internationales font apparaître deux tendances principales :

- Tous les pays pratiquent des politiques passives et actives, mais dans des proportions très variables. Certains pays comme la France se caractérisent par un recours plus important qu'ailleurs aux mesures passives. Dans les pays anglo-saxons, les mesures actives sont privilégiées, et dans les pays d'Europe nordique, l'activation est très développée, mais l'indemnisation des chômeurs également.
- On constate une évolution depuis les années 1990 en faveur des politiques actives, et au détriment des mesures passives. Les critiques des mesures passives portent alors sur leur coût élevé, alors qu'elles ne créent pas d'activités nouvelles et au contraire peuvent aggraver le chômage structurel : par exemple, les allocations parentales réduisent l'employabilité des femmes qu'elles ont éloigné du marché du travail. Les mesures actives favorisent au contraire la création d'activités nouvelles (par exemple la formation professionnelle permet de compenser la pénurie d'emplois dans certaines branches).

> B
Le renouvellement des politiques de l'emploi

a › Stimuler l'offre de travail

D'après **Y. L'Horty**, les « nouvelles politiques de l'emploi » qui se répandent aujourd'hui parmi les pays développés reposent sur l'idée que le chômage n'est pas seulement la conséquence d'une demande insuffisante de travail de la part des entreprises (faute d'activité), mais d'une offre de travail inadaptée. Pour réduire le chômage, il faut donc s'attaquer aux facteurs structurels du chômage d'équilibre, qui limitent l'adaptation de l'offre de travail à la demande. Dans ce but, il met en avant trois mécanismes :

- Subventionner les employeurs pour baisser le coût du travail, de façon à augmenter l'emploi non qualifié. Ces politiques ont pris une part essentielle dans la politique pour l'emploi en France.
- La mise en place d'incitations monétaires à travailler : il s'agit de « faire en sorte que le travail rapporte » en augmentant en particulier l'écart entre les revenus sociaux touchés par les inactifs et le revenu perçu par un actif. De nombreux mécanismes peuvent être associés, souvent d'inspiration anglo-saxonne (par exemple, la prime pour l'emploi destinée aux ménages dont au moins un individu exerce une activité professionnelle, en dessous d'un certain seuil de revenu fiscal). Le RSA s'inscrit aussi dans cette logique qui vise à inciter les titulaires de bas revenus à retravailler.
- Le développement d'incitations non monétaires, dans la même logique d'augmentation de l'offre, en réduisant les freins non monétaires à l'emploi (simplification des contrats de travail par exemple).

Selon **B. Gazier** toutes les politiques d'activation ne se valent pas. Il faut distinguer « l'activation vers le bas » qui consiste à pousser les individus à accepter n'importe quelle offre d'emploi, y compris en dégradant leur situation, et « l'activation vers le haut » qui donne aux individus plus de possibilités de se réaliser, en les accompagnant le long d'un parcours professionnel dont ils restent maîtres.

b › Emploi, flexibilité et sécurité des parcours professionnels

Depuis quelques années, la réussite de certaines politiques de l'emploi pratiquées dans des pays d'Europe nordique a conduit à la fois les chercheurs et les gouvernements à s'inspirer de ces expériences, et en particulier du « modèle danois », qui semble concilier les avantages de la flexibilité en termes de compétitivité, avec les avantages sociaux d'un niveau élevé de protection sociale des travailleurs. Ce modèle vient de ce fait bouleverser la contradiction apparente entre des politiques libérales de flexibilisation et des politiques sociales de protection des travailleurs par des mesures rigidifiant le fonctionnement du marché du travail.
Les danois ont développé la « **flexsécurité** » (ou « flexi-sécurité ») symbolisant un nouveau modèle social qui a permis, en une dizaine d'années, de faire baisser le taux de chômage au Danemark de 12 % en 1994 à 4,8 % de la population active en 2005. Ce nouveau système combine une grande facilité de licenciement pour les entreprises à des indemnités longues et importantes pour les sans-emplois. De plus, l'administration accompagne les chômeurs dans leur parcours pour retrouver du travail par des politiques actives de l'emploi. De fait, l'originalité du modèle de la flexsécurité est de reposer sur un « triangle d'or » associant flexibilité, politiques actives de l'emploi et haut niveau d'indemnisation des chômeurs.

Le « triangle d'or » du modèle danois selon R. Boyer

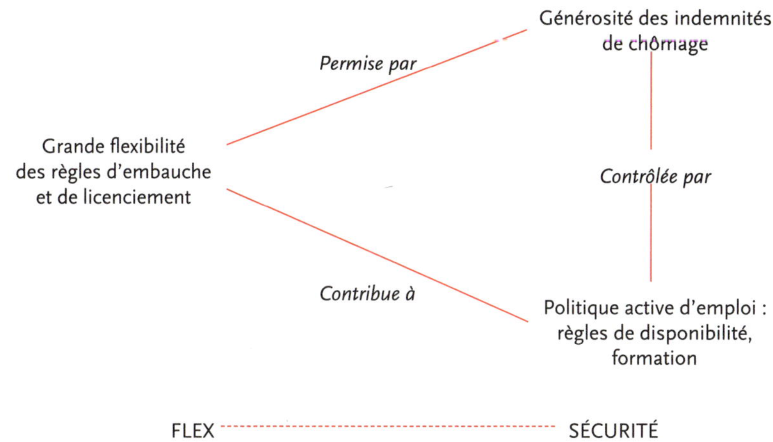

Source : Boyer R. (2006), *La flexicurité danoise, quels enseignements pour la France*, Éd. Rue d'Ulm.

La flexibilité veut dire que les entreprises ont toute liberté de licencier. Le préavis est très court. L'État intervient très peu. Il n'y a pas de modèle unique de contrat de travail, pas de durée légale du travail. La loi n'encadre pas le droit de grève, ne décrète pas un salaire minimum. Les négociations entre employeurs et salariés se font au niveau des branches ou au niveau des entreprises. Le pays compte essentiellement des petites entreprises, qui ont toute latitude de négocier avec leurs salariés et qui ont l'habitude d'être souples pour s'adapter au marché. Ces accords directs concernent les trois-quarts des salariés danois. Les syndicats sont très puissants au Danemark puisque 80 % des salariés sont syndiqués.

En cas de licenciement cependant, l'ex-salarié est très protégé. Les indemnités chômage proviennent de caisses privées, agréées par l'État et proches des syndicats. S'il perd son emploi, un travailleur danois est tout de suite pris en charge par l'État. Affilié à ces caisses, le chômeur perçoit 90 % de son salaire pendant quatre ans, sans dégressivité. Pour les personnes qui ne sont pas assurées de cette manière, un système d'aide sociale municipale se substitue à ces caisses. Pour percevoir des indemnités, dans tous les cas il faut chercher un nouvel emploi. De toute façon, les municipalités prennent en charge ces personnes en leur apportant toutes sortes d'aides (médicale, psychologique, recherche d'emploi).

Pendant les six premiers mois sans emploi, un(e) danois(e) doit obligatoirement suivre des stages en entreprise ou des formations. Le versement des indemnités est conditionné à ces suivis. Cette formation tout au long de la vie permet de faire évoluer la qualification sans dramatiser le départ d'une entreprise. Le marché est flexible, la formation va de soi, un danois au chômage ne se coupe pas du reste de la société. Un retour rapide à l'emploi est donc facilité.

En France, le thème de la « sécurisation des parcours professionnels » traduit une volonté similaire d'un nouveau « pacte social » associant la flexibilité nécessaire à la création d'emploi et de nouveaux droits sociaux, permettant de protéger les travailleurs tout au long de leur existence en favorisant les transitions d'une activité à l'autre (formation professionnelle par exemple), plutôt que de protéger leurs emplois. Ce thème donne cependant lieu à des interprétations encore très divergentes entre syndicats, organisations patronales et politiques gouvernementales, si bien que ce nouveau compromis n'est pas encore trouvé.

La flexibilisation du marché du travail en Allemagne

Une série de lois adoptées entre 2003 et 2005 (Hartz I à Hartz IV) ont déréglementé le marché du travail en Allemagne. D'une part l'assurance chômage a été réformée (durée de cotisation préalable plus élevée, indemnisation moins longue, sanction en cas de refus d'un emploi), d'autre part les « mini jobs » et l'entrepreneuriat individuels ont été favorisés à travers une réduction de leur coût et une simplification administrative.

Il y a eu de ce fait une dualisation accrue du marché du travail, avec des emplois relativement protégés dans l'industrie (mais avec de très faibles hausses de salaire depuis le milieu des années 2000) et des emplois précaires et mal payés dans les services domestiques, la distribution, etc. Cette déréglementation s'inscrit dans une logique de renforcement de la compétitivité coût et de dynamisme des exportations. Elle a contribué à creuser les déficits commerciaux entre pays de la zone euro.

Pour en savoir plus

Initiation

- Gazier B. et Auer P. (2010), *L'introuvable sécurité de l'emploi*, Flammarion, Coll. Champs.
- Gautié J. (2010), *Le chômage*, La Découverte, Coll. Repères.
- Centre d'études de l'emploi (2010), *Le contrat de travail*, La Découverte, Coll. Repères.
- Erhel C. (2009), *Les politiques de l'emploi*, PUF, Coll. Que sais-je?
- Hoang Ngoc L. (2007), *Le fabuleux destin de la courbe de Phillips, les théories de l'inflation et du chômage après Keynes*, Presses universitaires du septentrion.
- Lesueur J-Y et Sabatier M. (2008), *Microéconomie de l'emploi*, De Boeck.
- L'Horty Y. (2006), *Les nouvelles politiques de l'emploi*, La Découverte, Coll. Repères.

Approfondissement

- Askenazy Ph. (2011), *Les décennies aveugles. Emploi et croissance* 1970-2010, Seuil.
- Cahuc P. et Zylberberg A. (2009), *Le chômage, fatalité ou nécessité?* Flammarion, Coll. Champs.
- Cahuc P. et Zylberberg A. (2003), *Microéconomie du marché du travail*, La Découverte, Coll. Repères.
- Caroli E. et Gautier J. (dir.) (2009), *Bas salaires et qualité de l'emploi : l'exception française?*, Éditions Rue d'Ulm.

- Cahuc P., Cette G., Zylberberg A. (2008), *Salaire minimum et bas revenu : comment concilier justice sociale et efficacité économique?*, Rapport du CAE, La Documentation française.
- INSEE (2012), *Emploi et salaires*, Coll. INSEE Références.
- Maruani M. (2011), *Travail et emploi des femmes*, La Découverte, Coll. Repères.
- Salais R. *et al.* (1986), *L'invention du chômage*, PUF, Coll. Économie en liberté (rééd. Coll. Quadrige).
- Supiot A. (2010), *L'esprit de Philadelphie*, Seuil.

chapitre **12**

Entreprise et système productif

L'**entreprise** est une unité économique qui produit des biens et des services afin de les vendre sur un marché, en combinant des facteurs de production apportés par différents agents. La définition de l'entreprise fait l'objet de débat, pour plusieurs raisons :

- Il existe une très grande diversité des entreprises, et les économistes peuvent être conduits à privilégier dans leur définition un aspect au détriment d'autres. Par exemple, dans l'approche néo-classique on considère que l'entreprise a un objectif de maximisation du profit, ce qui exclut de sa définition les entreprises publiques, et également les entreprises de l'économie sociale (mutuelles, coopératives, etc.).
- Si l'entreprise est « l'institution cardinale du capitalisme », selon l'expression de **F. Perroux** (1903-1987), paradoxalement elle n'a pas toujours une place centrale dans la théorie économique Au XIXe siècle, les travaux de **K. Marx** (1818-1883) sur l'organisation de la production ou ceux d'**A. Marshall** (1842-1924) sur les différents types de structures de marché font plutôt figure d'exception.

En fait, l'entreprise, fait l'objet progressivement d'une double réflexion théorique à partir des années 1930 :

- Elle porte d'une part, sur l'émergence de l'**économie industrielle**, dont l'objectif est d'étudier la diversité des entreprises et des marchés au sein du système productif qu'**Y. Morvan** définit comme « un ensemble structuré de tous les agents économiques, simples ou complexes, qui créent des biens et/ou des services propres à satisfaire des besoins individuels et collectifs et qui participent ainsi à l'accroissement de la production ».
- D'autre part, les travaux précurseurs de **R. Coase** (prix Nobel en 1991) sont à l'origine de l'économie de la firme, qui s'interroge sur les spécificités de l'entreprise en tant qu'institution distincte du marché.

> I La diversité des entreprises

> A Les différentes formes d'entreprise

On désigne par le terme **organisation productive** toute forme de coordination en vue de réaliser une production marchande ou non-marchande à partir de divers facteurs de production (voir « La comptabilité nationale »). Les adminis-

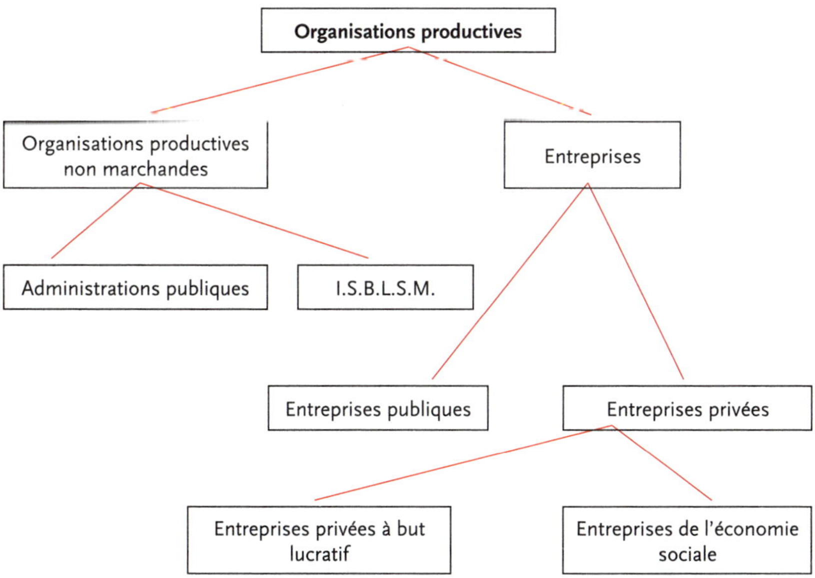

trations publiques ou les Institutions sans but lucratif au service des ménages (ISBLSM) sont donc des organisations productives. Cependant, ce sont les entreprises qui constituent l'essentiel des organisations productives.

Une entreprise est une organisation productive, autonome, qui combine des facteurs de production afin de réaliser une production de biens et de services destinés à être vendus sur le marché.

En 2008, le système statistique français a adopté une nouvelle définition du terme **entreprise** : « la plus petite combinaison d'unités légales qui constitue une unité organisationnelle de production de biens et services jouissant d'une certaine autonomie de décision, notamment pour l'affectation de ses ressources courantes ». Quant au terme **unité légale**, il est défini ainsi par l'INSEE : « L'unité légale est une entité juridique de droit public ou privé. Cette entité juridique peut être :

- une *personne morale*, dont l'existence est reconnue par la loi indépendamment des personnes ou des institutions qui la possèdent ou qui en sont membres ;
- une *personne physique*, qui, en tant qu'indépendant, peut exercer une activité économique. Elle est obligatoirement déclarée aux administrations compétentes (Greffes des tribunaux, Sécurité sociale, Direction générale des impôts...) pour exister ».

Cette nouvelle définition se veut plus économique que juridique, Précédemment, indique l'INSEE, on identifiait les entreprises aux unités légales ce qui ne permettait pas de bien analyser les groupes et qui conduisait à définir comme entreprise des unités légales (sièges de groupes par exemple) sans aucune production de biens et services et aucun salarié.

Dans la nouvelle définition, un groupe est considéré comme une seule entreprise quelle que soit sa taille.

Il ne faut donc pas confondre l'entreprise (unité statistique) et l'unité légale (entité juridique).

La nouvelle définition officielle a l'inconvénient de ne plus faire référence au caractère marchand de la production des entreprises. Sur le plan conceptuel la distinction entre la production marchande (réalisée par des entreprises) et la production non marchande (réalisée par les administrations publiques et certaines ISBLSM) reste essentielle.

Il existe une grande diversité d'entreprises.

- On distingue les entreprises privées des entreprises publiques. Le statut juridique de ces dernières est variable : on trouve des sociétés de droit privé à capitaux publics (EDF, Renault, EADS, La Poste) qui ont un objectif de rentabilité, ainsi que des établissements publics, qui relèvent du droit public et doivent remplir une mission de service public.
- Dans le secteur privé, il faut distinguer les entreprises à but lucratif et les entreprises à but non lucratif (coopératives, associations, mutuelles). Ces dernières ne doivent pas rémunérer le capital apporté par leurs membres,

qui ont un statut particulier (sociétaire de mutuelle, membre d'une association, etc.). Ces institutions visent la satisfaction de leurs membres plutôt que la recherche du profit, et elles ont parfois des missions d'intérêt général (voir « Les systèmes économiques »).

Du point de vue juridique, une entreprise peut avoir des statuts différents, selon que l'on distingue ou non l'entreprise et son propriétaire, et selon les droits accordés aux différents associés.

- Le cas le plus simple est celui de l'**entreprise individuelle**, où une même personne fournit le capital nécessaire, dirige l'entreprise, et apporte également son travail. Un commerce, un atelier d'artisan ou une personne exerçant une profession libérale en sont des exemples. L'entreprise individuelle peut employer des salariés, mais, traditionnellement, elle n'est pas dotée d'une personnalité juridique autonome ; ainsi le patrimoine de l'entreprise fait partie du patrimoine de son propriétaire.

Il existe désormais un statut juridique (Société unipersonnelle à responsabilité limitée) qui permet aux entrepreneurs individuels de distinguer leur patrimoine et celui de leur entreprise. Par ailleurs le statut d'auto-entrepreneur a été créé en France en 2008 afin de faciliter le développement d'activités économiques par des individus avec des démarches réduites et un statut fiscal favorable. Les petites entreprises traditionnelles critiquent la concurrence, déloyale à leurs yeux, qu'exercent les auto-entrepreneurs.

- Une **société** apparaît lorsqu'au moins deux personnes s'associent pour créer une entreprise. La société a une **personnalité morale** propre, c'est-à-dire qu'elle est un sujet de droit, caractérisé par des droits et des obligations. Les sociétés permettent de réunir des capitaux en quantités plus importantes que les entreprises individuelles, dans la mesure où elles permettent de réunir l'épargne d'un grand nombre de sociétaires.

Les principaux types de sociétés

Le droit des sociétés précise sous quelles formes juridiques des individus peuvent associer leurs capitaux pour créer une entreprise. Chaque type de société se caractérise par des obligations propres concernant le nombre d'associés, leurs liens et leurs responsabilités, notamment en cas de faillite.

- Les **sociétés à responsabilité limitée** (SARL) sont assez faciles à créer et adaptées aux petites et moyennes entreprises. Leur **capital social**, c'est-à-dire l'ensemble des apports mis à disposition par les associés, est divisé en parts sociales cessibles sous certaines conditions. Le nombre maximal d'associés est de cinquante, et ils ne sont pas responsables des pertes sur leur patrimoine personnel.
- Les **sociétés anonymes** se distinguent par le fait que le capital social est divisé en parts anonymes (au minimum sept), cessibles sans restriction. Le capital social minimal est plus important que dans une SARL, et il peut être diffusé sous forme d'actions, auprès d'un grand nombre d'associés, éventuellement par le biais d'une bourse des valeurs. La propriété d'une action donne généralement droit à une voix lors des assemblées générales des actionnaires, qui désignent les organes de direction à la tête de l'entreprise. Les

actionnaires ne sont pas responsables des dettes sur leur patrimoine personnel, et ont droit à une part des bénéfices appelée **dividende**. Ce statut permet de rassembler les capitaux d'un grand nombre de personnes, mais il contraint l'entreprise à donner des informations régulières sur sa gestion et ses performances.

- La création des **sociétés par action simplifiées** (SAS) a modifié la donne, car ce statut très souple est de plus en plus utilisé par les PME, et par les sociétés d'investissement pour se développer. Il permet de dissocier la part du capital et le pouvoir alloué à chaque associé (personnes physiques ou morales, deux sociétés par exemple), selon les statuts que la firme s'est donnée. Il offre donc une grande souplesse, notamment pour créer des alliances entre firmes. La principale restriction est qu'une SAS ne peut pas faire appel à l'épargne publique.
- Les **sociétés en commandite** sont plus rares aujourd'hui, Michelin étant une des dernières grandes sociétés à conserver ce statut. Pourtant, il fut longtemps le moyen privilégié de constitution de sociétés, car il permet de concilier deux objectifs en apparence contradictoires : maintenir un contrôle des fondateurs de l'entreprise, tout en associant un grand nombre d'actionnaires. On distingue les commandités, associés désignés nominativement qui gardent un pouvoir de contrôle sur l'entreprise quelle que soit leur part dans le capital social mais qui en revanche sont responsables sur leur patrimoine personnel, et les commanditaires, actionnaires sans responsabilité sur leur patrimoine mais sans pouvoir de gestion.

Il faut bien distinguer l'autonomie juridique d'une entreprise, et son autonomie économique, en tant que centre de décision. En effet, une entreprise peut être juridiquement indépendante, tout en étant tributaire des décisions prises dans une autre entreprise. C'est le cas dans un **groupe d'entreprises**, où une série d'entreprises appelées filiales sont contrôlées par une **société-mère**, qui en est l'actionnaire principal. Ce mode de relation est privilégié aujourd'hui car il permet à la fois une grande concentration des entreprises, tout en favorisant un contrôle plus souple de chaque société, du fait de leur indépendance au plan juridique. Quand la société-mère a des activités purement financières de prises de participation dans diverses sociétés, on parle de ***holding***.

La **sous-traitance** désigne en revanche une relation entre des entreprises juridiquement indépendantes : le donneur d'ordre fait réaliser par une entreprise sous-traitante tout ou partie d'un bien ou d'un service qu'il propose à ses propres clients. La sous-traitance permet donc d'externaliser les risques et certains coûts auprès d'une autre société, qui peut être placée dans une relation de forte dépendance si le donneur d'ordre est en capacité d'imposer ses choix. Elle a été largement pratiquée par les grandes entreprises depuis les années 1980.

⇒ Il ne faut pas confondre l'entreprise, en tant qu'entité économique et juridique, et l'**établissement**, en tant que lieu de production, une entreprise pouvant compter un grand nombre d'établissements. L'établissement est une unité de production géographiquement individualisée, mais juridiquement dépendante de l'entreprise. Un établissement produit des biens ou des services : ce peut être une usine, une boulangerie, un magasin de vêtements, un hôtel d'une chaîne hôtelière, une agence bancaire, etc.

> B

Les transformations de la gouvernance d'entreprise depuis le XIXe siècle

Selon **A. Reberioux**, « la **gouvernance d'entreprise** renvoie à la structure et à l'exercice du pouvoir dans les entreprises ». Si l'usage de ce terme est relativement récent, il désigne un problème crucial pour les firmes sur le long terme : comment associer des capitaux, et organiser la répartition des pouvoirs au sein de l'entreprise, de façon à en assurer le développement ? L'entreprise est en fait une organisation dans laquelle se jouent différents conflits d'intérêts, d'abord entre les capitalistes et les salariés, mais aussi entre actionnaires et dirigeants salariés ou managers par exemple.

a › Au XIXe siècle, de l'entreprise familiale au développement des sociétés

Avec la révolution industrielle, on assiste à l'émergence de l'entreprise capitaliste moderne, caractérisée par la réunion, dans un même lieu, de salariés à qui le propriétaire confie un travail et apporte le capital nécessaire. Des transformations juridiques importantes ont été nécessaires à l'apparition de l'entreprise moderne, notamment pour faire émerger un marché libre du travail. En France, la Révolution Française est une étape décisive, avec la **loi Le Chapelier** (1791), qui abolit les anciennes corporations, et en même temps interdit toute coalition ouvrière, et donc la pratique du syndicalisme. Cette loi est abolie par la **loi Waldeck-Rousseau** de 1884, qui autorise l'activité syndicale.

⇨ Il existe de nombreuses formes précoces d'industrialisation qui ne passent pas nécessairement par le développement d'entreprises, comme la **proto-industrie** dès le XVIIIe siècle. Il s'agit selon **F. Mendels** d'une relation entre un marchand-entrepreneur et les familles rurales à qui il confie un travail rémunéré à la pièce, par exemple le filage de la laine. La proto-industrie a été particulièrement dynamique dans le textile.

Deux caractéristiques marquent le développement de l'entreprise dans la société capitaliste du XIXe siècle :

- la prédominance d'une direction d'entreprise familiale, en raison d'une part de la faible concentration des entreprises, et du souci de maintenir l'entreprise dans le patrimoine familial. Se forment alors au xixe siècle de véritables dynasties d'entrepreneurs ;
- le développement des sociétés s'accélère cependant au cours du siècle. Les sociétés en nom collectif (sociétés de personnes associées et responsables sur leur patrimoine), les sociétés en commandite et les sociétés anonymes apparaissent en France dans le code du commerce de 1807, mais les sociétés

anonymes sont soumises à une autorisation jusqu'en 1867, et de ce fait le développement de sociétés par actions n'intervient réellement qu'à la fin du XIXe siècle. Le phénomène est plus ou moins rapide selon les formes nationales d'industrialisation : par exemple le développement de grandes sociétés est plus rapide aux États-Unis et en Allemagne dans la deuxième moitié du XIXe siècle.

Apogée et crépuscule de l'entrepreneur selon J. Schumpeter

J. Schumpeter (1883-1950) donne un rôle central à l'entrepreneur dans la dynamique du capitalisme. **L'entrepreneur** schumpeterien est un innovateur, il brise les routines dans le processus productif, afin de prendre un avantage décisif sur ses concurrents, tout en acceptant les risques liés à ce rôle (voir « Fluctuations et crises »). Selon Schumpeter, la figure de l'entrepreneur connaît son apogée à la fin du XIXe siècle. Dans « *Capitalisme, socialisme et démocratie* », il décrit « le crépuscule de la fonction d'entrepreneur » qui résulte de la concentration des entreprises et du processus de bureaucratisation qui en découle. Avec l'apparition de grands groupes durant la première moitié du XXe siècle, le capitalisme cesse d'être fondé sur l'innovation et le risque individuels, pour devenir un système dépersonnalisé, où la recherche est une activité « professionnalisée », où la propriété privée se dilue dans l'actionnariat, et où la direction d'entreprise passe aux mains de managers salariés.

b › L'ère des managers, du début du XXe siècle aux années 1970

De nombreux auteurs ont insisté sur les transformations de la direction d'entreprise au cours du XXe siècle, en raison de la concentration progressive qui pousse à la constitution de vastes structures, dans lesquelles s'opère une distinction entre la propriété de l'entreprise et sa direction. Dans une société anonyme de grande taille, les actionnaires n'exercent pas un contrôle quotidien sur l'entreprise, ce contrôle est dévolu à un **manager**, c'est-à-dire à un cadre salarié, spécialisé dans les tâches de direction. **J. Burnham** (1905-1987) parle de « ***révolution managériale*** » selon le titre de son livre publié dès 1941, pour caractériser ce phénomène. De même, **J. K. Galbraith** (1908-2006) décrit dans *Le nouvel État industriel* (1967) la formation d'une **technostructure**, c'est-à-dire le groupe des cadres dirigeants qui détiennent le pouvoir économique réel, par opposition aux actionnaires, dont le pouvoir est plus formel et ne s'exerce pas quotidiennement.

⇨ Dans *La main visible des managers* (1977) l'historien **A. Chandler** montre que le pouvoir croissant des managers conduit les firmes à orienter et structurer les marchés par leurs stratégies à long terme et leurs choix organisationnels. Le fonctionnement des marchés n'a donc rien de spontané, il est le produit des stratégies managériales.

Historiquement, le poids du contrôle managérial est bien visible, tout particulièrement aux États-Unis. Au moment de la crise de 1929 par exemple, 44 % des 200 plus grandes firmes américaines sont contrôlées en pratique par leurs managers du fait de la dilution de leur actionnariat, selon l'enquête réalisée par **A. Berle** (1895-1971) et **G. Means** (1896-1988) dans « *The Modem Corporation and Private Property* ». Il en découle, selon ces auteurs, une tendance de plus en plus marquée à la séparation entre la logique managériale et la logique actionnariale, qui peuvent avoir des objectifs et des intérêts contradictoires.

C › Les transformations contemporaines de la gouvernance d'entreprise

L'époque contemporaine est marquée par une remise en cause du modèle managérial de gestion, et par le développement d'un nouveau modèle de gouvernance, qui fait lui-même l'objet de contestations :

- La récession des années 1970 a contribué à étendre les critiques du modèle de gestion managérial. Cela peut se traduire par l'apologie des entreprises de petite taille, plus adaptables comme le pense E. F. Schumacher (« *Small is beautiful* », 1979). Plus largement, la critique de l'organisation des grandes entreprises conduit à un renouvellement des théories du management, à une critique de l'organisation du travail sur le modèle fordiste. La direction par objectifs prônée par P. Drucker dès la fin des années 1960, est symptomatique de cette évolution : elle consiste à fixer des objectifs aux salariés avec des mécanismes incitatifs en fonction de leur réalisation, plutôt que de leur donner des tâches à exécuter, de façon à les impliquer davantage dans leur travail.
- Le développement d'une économie de marchés financiers, dans les années 1980, a transformé le rapport entre managers et actionnaires des grandes firmes (voir « La globalisation financière »). Les entreprises dépendent davantage pour leur financement des marchés financiers, et le rapport de force se renverse au profit des actionnaires. De plus, la place croissante prise par les fonds de placements collectifs a conduit à une concentration de l'actionnariat, qui retrouve davantage de pouvoir de contrôle. Cela se traduit, dans les grandes firmes, par la remise en cause des managers aux résultats jugés insuffisants, et l'imposition de normes de profit élevées en faveur des actionnaires. C'est la base de la **gouvernance « orientée actionnaire »** (ou modèle « ***shareholder*** »), qui subordonne la direction d'entreprise à l'intérêt des actionnaires, en mettant en place des mécanismes de contrôle et d'incitations pour que les dirigeants fassent des choix en faveur des actionnaires. L'objectif de la firme est alors de favoriser la **création de valeur**, soit faire en sorte que le placement réalisé par l'actionnaire ait une rémunération supérieure à son coût d'opportunité (par exemple le rendement moyen des capitaux sur les marchés financiers). Différentes mesures sont utilisées, par exemple le développement des ***stock options*** qui donnent aux managers une option d'achat à terme d'actions de leur société à un prix fixé à l'avance, ce

qui les incite à tout mettre en œuvre pour que le cours de l'action augmente. La gouvernance « orientée actionnaire » a accompagné un changement profond de stratégie des firmes au cours des années 1990, avec le mouvement de « recentrage sur le métier » : les firmes créent davantage de valeur si elles se focalisent sur ce qui constitue leur avantage spécifique (le « cœur de métier »), et délèguent ou vendent le reste de leurs activités à d'autres firmes.

Ce modèle fait l'objet de diverses critiques.

- D'une part, il a conduit au développement d'un capitalisme financier faiblement régulé dans lequel les crises financières se sont multipliées à partir des années 1980 (voir « La globalisation financière »). Il favoriserait une gestion « court termiste » à l'anglo-saxonne (un retour rapide sur investissement), au détriment des projets durables de développement, et au détriment des salariés.

⇨ Selon A. Landier et D. Thesmar, les travaux empiriques portant sur les performances des grandes firmes cotées montrent que le financement par les marchés est en fait moins « frileux » que le financement bancaire, les actionnaires étant prêts à faire des paris sur la durée. Ainsi, les entreprises en déficit ne sont pas mécaniquement moins bien évaluées que les autres par les marchés boursiers, au contraire si elles sont perçues comme de futures sources de profits.

- D'autre part, une autre critique porte sur le fait de privilégier uniquement l'actionnaire, au détriment des autres « **parties prenantes** » (ou « ***stackholders*** »), c'est-à-dire des différents agents affectés directement ou indirectement par le comportement de la firme : les salariés, les banques, mais aussi les clients et fournisseurs, les riverains, les représentants de la société civile (ONG, syndicats et associations de consommateurs) ou les administrations publiques. Selon **R.E. Freeman**, les parties prenantes sont les « *individus ou groupes d'individus qui peuvent influencer ou être influencés par la réalisation des objectifs d'une organisation* », par conséquent les intérêts de ces agents peuvent être affectés par le comportement de l'entreprise, mais en retour leur réaction peut durablement affecter la firme elle-même. Par exemple, la dégradation de l'environnement par une firme peut conduire les acteurs de la société civile à mener des campagnes contre elle, ce qui risque de menacer son activité-même. D'après la théorie des parties prenantes, l'entreprise doit donc se développer en partenariat avec ses différentes parties-prenantes, plutôt que de privilégier la seule relation actionnariale. Cette théorie valide l'importance de la **responsabilité sociale de l'entreprise**, selon laquelle les entreprises ne doivent pas poursuivre uniquement un objectif de rentabilité (responsabilité économique vis-à-vis de leurs actionnaires). Elles ont également une responsabilité sociale vis-à-vis des autres membres de la société, et une responsabilité environnementale (dégâts sur l'environnement et prélèvement de ressources). L'entreprise socialement responsable n'agit pas par philanthropie, mais en raison de ses relations avec les diverses parties prenantes de son activité, qui exercent une pression sur elle en cas de préjudice. L'intérêt de l'entreprise, en particulier à long terme, est donc de ne pas rendre compte à ses seuls actionnaires, mais de répondre aussi aux demandes de ses différentes parties prenantes. Sur le plan institutionnel, une gouvernance d'entreprise « socialement responsable » se traduit par exemple par la diffusion d'un rapport annuel sur ce thème, validé par des agences externes, par la construction d'indicateurs de développement durable ou de la politique sociale de la firme, par la mise en place d'un comité de responsabilité sociale, composé d'administrateurs indépendants rendant compte directement au conseil d'administration, etc.

Selon **B. Segrestin** et **A. Hatchuel**, on assiste à une « crise de l'entreprise » due aux limites du modèle de gouvernance orienté actionnaire, qui met en cause la pérennité d'entreprises inscrites dans la longue durée, susceptibles de disparaître très rapidement depuis les années 1990, en raison des risques trop élevés pris par leurs dirigeants. Il faudrait donc « refonder l'entreprise » en s'appuyant sur l'ensemble des parties prenantes, et notamment les salariés. Les auteurs plaident ainsi pour une nouvelle démocratie d'entreprise, où les dirigeants sont habilités par les salariés.

➾ Depuis le milieu des années 1990, les pratiques de gouvernance d'entreprise ont tendance à se normaliser sous l'influence de « codes de bonne conduite » préconisés par des rapports publics, qui sont non contraignants juridiquement mais se diffusent sous la pression des actionnaires, comme les rapports Vienot 1 et 2 en France. Ils proposent une série de principes généraux de gouvernance (nombre d'administrateurs indépendants par exemple, création d'un comité des rémunérations et nominations des dirigeants, etc.). Des agences de notation peuvent évaluer ensuite la gouvernance des entreprises, ce qui permet de comprendre la spectaculaire diffusion de ces nouvelles pratiques.

> II

Les théories de l'entreprise

> A

La firme, une alternative à la coordination par le marché ?

a › La firme dans la théorie néo-classique standard

En concurrence pure et parfaite, la définition de la firme répond à des caractéristiques très restrictives (voir « Éléments de microéconomie »).

- La firme néo-classique choisit la combinaison optimale de facteurs de production pour produire un bien donné. Chaque firme est donc définie par une **fonction de production**, qui associe les combinaisons de facteurs et le produit réalisé. Par hypothèse, l'entreprise bénéficie d'une information parfaite et on doit supposer qu'elle fait à tout moment les meilleurs choix organisationnels, car son fonctionnement interne n'est jamais décrit : l'organisation de la firme ne fait pas partie du modèle.
- Les entrepreneurs font preuve d'une rationalité substantielle (et adoptent tous le même comportement pour maximiser leur profit). On utilise ce terme lorsque les individus peuvent exercer un choix rationnel en contrôlant tous les paramètres nécessaires (information parfaite par exemple) : ils prennent alors la meilleure décision possible « dans l'absolu ». Sur un marché de concurrence pure et parfaite, tous les entrepreneurs sont conduits à adopter les mêmes choix, et de ce fait il n'existe aucun facteur de différenciation d'une entreprise par rapport à la concurrence.
- En vertu de l'hypothèse des rendements non croissants, les firmes n'ont pas intérêt à augmenter leur taille. Ce modèle ne rend donc pas compte du phénomène de concentration.

Par conséquent, dans le modèle néo-classique standard, les firmes sont un acteur central, en raison de leur rôle dans la détermination des équilibres de marché, mais leur comportement est mécanique, et on ne comprend pas la spécificité et les avantages qui découlent de la formation d'entreprises.

⇨ Au sein du courant néo-classique, **A. Marshall** fait figure de précurseur par son analyse des différences de structures de marché (par exemple les situations oligopolistiques ou monopolistiques), et leur incidence sur le comportement des firmes. A. Marshall raisonne en **équilibre partiel** : il étudie l'équilibre sur un seul marché, en considérant comme fixes les variables liées à d'autres marchés, ce qui permet de lever certaines hypothèses du modèle néo-classique de concurrence pure et parfaite.

b › Nature de la firme et coûts de transaction

Dans un article de 1937, « La nature de la firme » **R. Coase** (prix Nobel 1991) pose une question en apparence naïve : pourquoi les firmes existent-elles et pourquoi n'existe-t-il pas une seule firme ? Si le marché fonctionnait de façon optimale, les entreprises pourraient en effet avoir intérêt à se procurer tous les biens et services dont elles ont besoin par des transactions marchandes plutôt qu'en les réalisant elles-mêmes. À l'inverse si la firme est systématiquement plus efficace que le marché, la solution économiquement la plus rationnelle serait de faire réaliser tous les biens par une seule firme.

Pour sortir de ce dilemme, Coase met l'accent sur l'existence de **coûts de transaction** : toute transaction réalisée sur un marché suppose, en plus du prix du produit, de payer des coûts liés à la recherche d'informations sur les produits, à la négociation et la rédaction des contrats, et au contrôle de leur bonne réalisation.

Le principal avantage que procure la firme, c'est donc d'économiser les coûts de transaction. Par exemple, un entrepreneur souhaitant faire réaliser une tâche d'entretien peut acheter ce service sur le marché, et payer les coûts de transactions afférents. Mais il peut aussi avoir intérêt à la réaliser en interne, en embauchant un salarié afin d'économiser les coûts de transaction.

Pour Coase, la firme est donc un mode de **coordination** des relations économiques entre les agents qui repose sur la **hiérarchie**. Au sein des entreprises, ce sont les consignes données aux différents agents par les détenteurs du pouvoir hiérarchique qui assurent la coordination des activités. Ce mode de coordination est alternatif au **marché**, où la coordination est assurée par les prix relatifs, qui sont un vecteur d'information orientant les décisions des agents. Selon les cas, il est plus avantageux de passer par le marché ou par la firme.

La théorie des coûts de transaction est prolongée dans les années 1970 par **O. Williamson**, chef de file du **néo-institutionnalisme**. Ce courant place l'étude des institutions au centre de l'analyse économique, en conservant l'hypothèse de rationalité des agents. L'existence des firmes en tant qu'institutions alternatives au marché se justifie lorsque ce dernier présente une efficience moindre, du fait de la présence de coûts de transactions et de la possibilité de **comportements opportunistes**. Ces derniers consistent à ne pas respecter les engagements pris par l'agent dans le cadre d'une relation marchande. Par exemple, un salarié fournit peu d'efforts au travail, ou un assuré ne donne pas les informations correctes sur sa situation.

⇨ Willamson s'oppose aux néo-classiques sur la conception de la rationalité, car il considère que les agents ont une **rationalité limitée ou procédurale**, selon l'expression de **H. Simon** (1917-2001). Dans l'analyse néo-classique, les agents ont donc une rationalité substantielle. La rationalité est au contraire procédurale ou limitée lorsque les individus ne peuvent espérer maîtriser tous les paramètres, et doivent donc établir une procédure pour sélectionner

une solution satisfaisante, sans rechercher la meilleure possible. Selon Simon, seule la rationalité limitée est adaptée à l'étude d'organisations comme les entreprises, car elles agissent dans un environnement incertain.
Pour **Williamson**, la firme est une institution générée par les contrats établis dans la durée entre ses membres (par exemple les contrats de travail, les contrats de vente, etc.). Lorsque l'entreprise décide d'un « *contrat classique* » (nom donné à une transaction marchande) elle se lie à un agent extérieur (son fournisseur) et doit mener une nouvelle négociation chaque fois qu'elle a besoin du service considéré. L'entreprise peut préférer un « *contrat personnalisé* » qui lie durablement les deux parties, mais à l'intérieur de la firme, tel un contrat de travail. Cette théorie permet de comprendre les avantages de l'**intégration verticale**, c'est-à-dire la prise de contrôle par une entreprise de ses clients ou fournisseurs, afin de privilégier un contrat personnalisé.

c › Les nouvelles analyses néo-classiques de la firme

De nouvelles approches intégrant la vision contractuelle, ont été développées dans le cadre des hypothèses néo-classiques, pour proposer une explication plus satisfaisante de l'existence de la firme. Selon le travail précurseur d'**A. Alchian** et **H. Demsetz** « *Production, informations costs, and economic organization* » (1972), la firme résulte de l'impossibilité dans certaines tâches de mesurer les productivités individuelles, et donc de permettre au marché des facteurs de fonctionner correctement. Lorsqu'un travail en équipe doit être réalisé par exemple, chacun risque de se comporter en « passager clandestin » en laissant à d'autres les efforts à fournir. L'équipe doit donc trouver d'autres moyens pour fonctionner efficacement, en rétribuant un de ses membres en tant que contrôleur du travail effectué par le groupe. Il est appelé « **créancier résiduel** » : l'équipe lui donne le droit de s'approprier le « reste » du produit de son travail, après paiement des salaires de chacun. Cela crée un système d'incitations, car le revenu du contrôleur dépend du résultat de l'équipe. Si le contrôleur est le propriétaire de l'entreprise, la firme résulte alors d'une « soumission volontaire » et contractuellement acceptée de chacun. Dans cette approche, l'entreprise est simplement le produit d'une série de contrats, il n'y a pas de différence fondamentale entre la relation patron / salarié et n'importe quelle relation entre client et prestataire sur le marché, chacun acceptant librement le contrat auquel il se soumet. La firme n'est donc pas fondée sur une relation hiérarchique, ni sur des relations de pouvoir.
Dans le prolongement de ces travaux, la théorie des **droits de propriété** considère que toute transaction peut se concevoir comme un échange de droits de propriété, soit pour s'approprier un actif, soit pour en obtenir le droit d'usage (par exemple, le droit de location, l'usage d'une machine, etc.). La firme est alors définie par un ensemble de droits de propriété, qui définissent les statuts et les relations entre ses membres. L'objectif de cette théorie est de démontrer

que la firme est une organisation efficiente, car elle permet de mettre en commun certains droits de propriété, et de bénéficier des avantages qui en découlent, tels que des économies d'échelles ou des externalités. Ainsi, de nombreuses machines ne peuvent être efficacement mises en œuvre que dans le cadre d'un travail collectif. La firme ne s'oppose donc pas au marché (contrairement à la vision de **R. Coase**), mais elle en prolonge la logique puisque la firme est elle-même un lieu d'échange de droits de propriété. Différentes approches viennent compléter cette analyse :

- Selon la **théorie des incitations**, apparue dans les années 1980, les agents ont rationnellement intérêt à développer des systèmes d'incitation pour réduire les **asymétries d'information**, par exemple via des contrats de rémunération adaptés. À la différence de l'approche de **Williamson**, cette théorie considère donc que le risque d'opportunisme peut être réduit par des contrats, ils sont supposés « automatiquement » respectés en raison de l'hypothèse de rationalité substantive (on parle de contrats « auto-exécutoires »). Le choix de la coordination par la firme est préférable au contrat marchand si les coûts de mesure de la performance sont élevés et s'il est difficile d'évaluer l'activité des salariés.
- **La théorie de l'agence** est une approche qui analyse la firme comme un ensemble de **relations d'agence**, c'est-à-dire de contrats reliant un « *principal* » (ou donneur d'ordres) et un « *agent* » chargé d'exécuter une tâche pour le compte du principal. Les contrats de travail sont donc un cas particulier de relation d'agence, qui relie l'entrepreneur / principal, et le salarié / agent, mais c'est le cas aussi de la relation entre client et fournisseur, donc entre l'entreprise et un agent extérieur. Le but étant de déléguer auprès d'un tiers une tâche, il faut prévoir des dépenses pour contrôler l'exécution du contrat, appelées **coûts d'agence**. La firme apparaît alors comme un « *núud de contrats* » entre l'entrepreneur, les clients, les fournisseurs, les salariés, etc. Ces contrats visent à mettre en place les mécanismes d'incitation les plus efficaces possibles. Une firme efficace choisit les meilleures relations d'agence en minimisant les coûts d'agence. Elle doit pour cela effectuer le meilleur choix possible entre l'externalisation de certaines tâches (faire appel à un agent extérieur) et l'internalisation des activités (les réaliser elle-même).

> B
La firme en tant qu'organisation

La firme n'est pas uniquement un lieu où se combinent des facteurs, comme le suggère l'analyse néo-classique standard. Selon **H. Leibenstein** (1922-1994), cette théorie est limitée car elle étudie uniquement l'efficience allocative des

firmes, c'est-à-dire leur capacité à faire des choix entre différentes combinaisons productives (voir « Éléments de microéconomie »). Si tel était le cas, toutes les firmes utilisant la même combinaison factorielle devraient avoir des performances identiques. Or Leibenstein montre que ce résultat n'est pas empiriquement vérifié. Il existe donc un « facteur X », distinct du capital et du travail, qui explique les différences d'efficacité des entreprises. Cette efficience X est due selon Leibenstein aux choix organisationnels, ce qui explique tout l'intérêt qu'ont porté un certain nombre d'économistes aux choix d'organisation, en particulier dans le domaine du travail.
L'étude de l'entreprise en tant qu'organisation ne relève pas uniquement des sciences économiques, mais fait appel à de nombreuses disciplines comme la sociologie, la psychologie, ou les sciences de gestion.

La notion d'**organisation économique** est donc une catégorie plus large que celle d'entreprise, elle comprend toutes les entités sociales, relativement pérennes avec des frontières identifiables, et une coordination interne. Les organisations sont construites autour de règles et peuvent adopter des stratégies variées.

D'après **F. Eymard-Duvernay**, l'entreprise en tant qu'organisation se distingue de la coordination par le marché à trois niveaux :

- Elle tisse des liens durables entre les personnes, la concurrence étant mise hors-jeu entre elles.
- Elle fixe des règles collectives à l'intérieur de la firme, pour déterminer les salaires, les conventions de travail, les règlements, via la négociation au sein de l'entreprise en particulier.
- Les individus sont soumis à une autorité hiérarchique au sein d'une organisation comme l'entreprise.

a › La théorie évolutionniste de la firme

Depuis une vingtaine d'années, les travaux sur l'économie de l'innovation ont conduit à un renouvellement des théories de la firme. La démarche évolutionniste s'inspire des travaux de Schumpeter : pour ce dernier le comportement des acteurs doit être saisi dans une perspective dynamique, car l'entrepreneur s'adapte à un environnement en transformation permanente dans lequel il doit innover s'il ne veut pas disparaître (voir « Fluctuations et crises »). Selon **R. Nelson** et **S. Winter**, la **firme évolutionniste** se définit par les compétences qu'elle détient, à la fois individuelles (l'expérience et le savoir-faire des salariés) et organisationnelles (les habitudes de travail communes et les cadres organisationnels fixés dans l'entreprise). Dans cette approche, l'environnement économique des agents est souvent trop complexe pour qu'ils puissent adopter une réponse rationnelle efficace, ils s'appuient donc sur des « routines », c'est-à-dire des schémas de comportement réguliers, qui sont progressivement sélectionnés par un processus d'essais et d'erreurs au sein de la firme.

La firme tire sa capacité d'innovation des compétences accumulées, qui dépendent largement des routines et des habitudes de travail propres à chacune d'entre elles, et donc non transférables. Ces compétences fondent une **culture d'entreprise** propre à chaque firme. Les auteurs insistent en particulier sur le caractère tacite et informel des compétences, inscrites dans la mémoire collective de l'entreprise, ce qui peut expliquer sa capacité d'innovation dans un domaine spécifique et non dans d'autres.

b › La diversité des firmes selon l'économie des conventions

L'économie des conventions désigne un courant théorique développé à la fin des années 1980, parallèlement à la sociologie des conventions. Il défend une approche institutionnelle de l'économie, et de la firme en particulier. Selon **F. Eymard Duvernay**, l'institution a une fonction essentielle, elle évalue les personnes et les biens : une institution établit un **principe de qualification**, à partir duquel les relations entre les agents et les objets qui les entourent peuvent être caractérisés, dans le cadre fixé par une « **convention** ». Les acteurs ont en effet besoin de s'accorder sur la manière d'évaluer leurs actes, et sur les principes qui justifient leurs actions au sein d'une convention donnée. Il existe, selon cette approche, différentes conventions, qui permettent de comprendre comment les entreprises peuvent adopter selon les contextes des règles de fonctionnement très éloignées. Par exemple, dans l'industrie automobile on peut opposer deux conceptions du produit, et donc deux manières d'organiser la firme pour y répondre. La convention marchande, est fondée sur l'idée que le client est le seul juge (le marché a toujours raison), il faut s'adapter à lui et faire une « voiture à sa mesure » (même chère), conception que l'on peut illustrer par la stratégie de variété de gamme proposée par General Motors. **H. Ford** (1863-1947) s'oppose explicitement à cette conception, en fondant sa stratégie sur une convention industrielle, reposant sur l'idée que le client a une idée faible de ce qu'il veut à l'avance, alors que l'industriel est capable de définir une « bonne voiture ». Ces deux conventions impliquent, on le voit, deux façons de juger le « client », deux manières de concevoir des produits, mais aussi deux stratégies d'entreprises, et au final, deux façons d'organiser la production (par exemple en opposant une firme où le bureau de design est déterminant, et une autre où dominent les conceptions des ingénieurs).

⇨ Cela pose le problème des « valeurs fondatrices » d'une entreprise, qui déterminent des conceptions « incommensurables » de leurs activités : deux firmes peuvent s'affronter sur un marché avec des conceptions très éloignées de ce qu'il faut proposer, sans que l'on puisse décider qu'une organisation est supérieure ou plus efficace que l'autre.

> C
Entreprise et organisation du travail

Dès les travaux d'**A. Smith**, les choix organisationnels de l'entreprise sont un facteur central de son efficacité. Le fameux exemple de la manufacture d'épingles montre comment l'augmentation de la productivité provient de la **division du travail** entre plusieurs agents : la succession d'étapes et de postes de travail entre lesquels s'organise le processus de production. Les choix d'organisation faits par l'entreprise ont des effets sur le plan micro-économique, en rendant une entreprise plus ou moins compétitive, mais aussi sur le plan macroéconomique, dans la mesure où les choix d'organisation du travail sont un facteur de croissance (voir « La croissance économique »).

a › L'organisation scientifique du travail

La relation entre organisation de l'entreprise, division du travail et performances économiques a été mise en avant par de nombreux économistes au cours du XIXe siècle, mais on attribue à **F. W. Taylor** (1856-1915) le lancement de l'étude scientifique de la division du travail, afin d'en augmenter l'efficacité. Taylor était ingénieur de formation, et pensait que les ouvriers tendaient à manquer d'efficacité en raison d'une « *flânerie systématique* » quand l'organisation du travail dépend de leur initiative. En même temps, Taylor veut réduire la résistance collective du groupe, en assignant à chacun un poste individuel plutôt que de s'organiser en commun. Il s'agit de mettre en place une **organisation scientifique du travail** (OST), basée sur les principes suivants :

- une étude systématique du travail des meilleurs ouvriers, pour découvrir le « *one best way* », la meilleure séquence de gestes à réaliser, dans un temps donné;
- cette séquence est ensuite divisée en plusieurs mouvements élémentaires, qui peuvent constituer différents postes de travail : la nouvelle organisation du travail entraîne souvent une **parcellisation des tâches**, c'est-à-dire une réduction du travail à une série de gestes répétitifs;
- les bonnes séquences sont ensuite enseignées aux ouvriers, et un système de contrôle et de chronométrage strict est mis en place, et peut s'accompagner d'incitations salariales (salaire aux pièces);
- l'adoption de l'OST induit non seulement une **division horizontale du travail** entre les ouvriers, mais aussi une nouvelle **division verticale du travail** entre les ingénieurs, qui conçoivent l'organisation du travail, les ouvriers qui l'exécutent et le groupe intermédiaire des contrôleurs.

Si l'OST a été théorisé par **Taylor** dès les années 1880, elle se diffuse lentement, en particulier en France où les méthodes de Taylor sont adoptées progressivement durant l'entre-deux-guerres. Aujourd'hui, le taylorisme n'a pas disparu : il continue à s'appliquer non seulement dans l'industrie mais s'applique également dans de nombreux services, comme la restauration rapide, la banque ou le marketing direct, ainsi que de nombreux services aux entreprises.

Au début du xxe siècle, le constructeur automobile **H. Ford** contribue à diffuser le taylorisme, (grâce à ses ouvrages vendus dans le monde entier), mais aussi à le prolonger. Il ajoute à la logique taylorienne trois principes :

- l'utilisation du convoyeur mécanique pour déplacer les pièces devant les postes de travail, ce qui est à l'origine du travail à la chaîne en continu ;
- une recherche maximale de la standardisation des pièces et des produits pour réduire les coûts de production par des économies d'échelle ;
- une augmentation des salaires ouvriers, principalement pour les inciter à rester dans l'entreprise malgré l'intensité du travail, ce qui leur donne aussi accès à la consommation des produits : c'est le « *five dollars day* », salaire journalier élevé pour l'époque.

En s'inspirant de ces principes, certains économistes parlent de **fordisme** pour désigner un mode de régulation macroéconomique, caractéristique des Trente Glorieuses, dans lequel la croissance serait assurée par l'augmentation de la production grâce à la rationalisation du travail et, simultanément, par la progression de la consommation de masse qu'autorise une hausse régulière des salaires (voir « Les systèmes économiques »).

b › Les critiques du taylorisme

De nombreuses critiques se sont élevées contre les principes tayloriens, elles ont alimenté les débats sur l'organisation de l'entreprise. On peut citer plusieurs exemples.

- L'école psycho-sociologique des relations humaines de **E. Mayo** (1880-1949) s'est attachée à montrer que la motivation des salariés ne reposait pas uniquement sur des incitations matérielles, mais aussi sur des objectifs symboliques (la réalisation de soi). Par conséquent, l'organisation taylorienne risque de perdre son efficacité en raison de la monotonie du travail qu'elle entraîne.

- Certaines formes d'organisations du travail présentent des alternatives au taylorisme, par exemple le « **toyotisme** » ou « ohnisme », en référence aux méthodes proposées par **T. Ohno** (1912-1990) alors qu'il dirigeait Toyota. Il s'agit d'intégrer les employés dans des équipes autonomes, plutôt que de les isoler le long d'une chaîne de travail. De plus, les commandes ne sont plus fixées par la direction, mais décidées de l'aval vers l'amont de la production par les équipes concernées, selon leurs besoins. L'objectif est d'éviter les stocks et les coûts afférents. On parle de production en flux tendus ou « *juste à temps* ». Enfin, la polyvalence des salariés est recherchée, ainsi que le contrôle de la qualité du travail par les équipes, l'objectif étant de diminuer les coûts liés aux dysfonctionnements du processus productif, en impliquant davantage les employés.

- De nombreuses théories du management se sont appuyées sur la critique du taylorisme, comme par exemple la « direction par objectifs » de **P. Drucker**, pour qui la fixation d'objectifs clairs et cohérents aux salariés, en leur laissant prendre des initiatives pour y parvenir, permet de mieux les impliquer dans leur travail et d'augmenter ainsi leur productivité.

⇨ La diffusion du taylorisme a fait l'objet de vives résistances de la part du mouvement ouvrier, en raison de la dégradation des conditions de travail qu'il implique, et d'une critique de la part d'un certain nombre de sociologues (par exemple **G. Friedmann** (1905-1977), *Le travail en miettes*, 1956).

C › Différences organisationnelles et performances des firmes

Les théories du management ont pour objectif d'expliquer les différences de performance entre les firmes, en fonction des choix d'organisation adoptés par les dirigeants. Ces travaux mettent en avant la diversité des organisations adoptées, insistent sur l'inertie des transformations, sur les spécificités nationales et sur le poids des **cultures d'entreprise** (les pratiques sociales, les rites et les connaissances communes propres à une entreprise, qui structurent les comportements des agents) :

- **A. Chandler** distingue la forme U (unitaire) et la forme M (multidivisionnelle) en fonction de la structure hiérarchique de l'entreprise. Dans la première on adopte une organisation pyramidale, et chaque branche se subdivise selon des critères fonctionnels (production, distribution, finances...). Dans la forme M, l'entreprise est constituée de divisions autonomes sur un critère géographique ou par produits, qui ont chacune leurs propres services de production, de distribution, etc. Les stratégies des entreprises, le type de marché et l'évolution technologique expliquent le passage d'une forme à l'autre.
- **M. Aoki**, distingue la firme A et la firme J, à partir d'une étude des différences organisationnelles entre les entreprises américaines et japonaises. Dans la firme A, l'organisation du travail est rigide et la division hiérarchique des responsabilités strictement respectée, ce qui conduit à une circulation unilatérale de l'information du sommet à la base. Dans la firme J l'organisation du travail est plus flexible, et les contacts entre employés et cadres plus fréquents, et institutionnalisés (cercles de qualité). Cette approche explique les difficultés d'adaptation des entreprises par la mauvaise qualité des échanges d'informations.

> III
Entreprises et organisation du système productif

> A
Le découpage du système productif

Pour étudier le **système productif**, il faut classer les entreprises en fonction des relations qu'elles entretiennent avec les autres agents. Différents critères sont disponibles, l'enjeu étant d'obtenir une description du système productif suffisamment simple pour être utilisable, et suffisamment détaillée pour que les évolutions soient visibles.

a › Le classement des entreprises selon leur taille

Le système statistique français, en même temps qu'il a adopté une nouvelle définition de l'entreprise, a construit une nouvelle typologie des entreprises.
On distingue désormais :

- les grandes entreprises ;
- les entreprises de taille intermédiaire ;
- les petites et moyennes entreprises ;
- les microentreprises.

> Les microentreprises sont intégrées aux PME, mais dans les publications statistiques on distingue le plus souvent les PME hors microentreprises et les microentreprises.

La classification combine trois critères : les effectifs salariés, le chiffre d'affaire et la taille du bilan. Cela permet un classement plus pertinent (en termes de taille) des entreprises qui, bien qu'ayant peu de salariés, jouent un rôle important du point de vue de l'activité économique.
L'INSEE donne l'exemple des **entreprises de taille intermédiaire** : « Une entreprise de taille intermédiaire (ETI) emploie 650 salariés en moyenne. 55 % des ETI emploient entre 250 et 700 salariés. Un cinquième, soit un peu plus de 900, ont moins de 250 salariés et appartiennent à la catégorie sur les critères de chiffre d'affaires ou de total de bilan ». Il est donc clair que désormais la taille des entreprises n'est plus seulement appréhendée à partir du nombre des salariés.

Les entreprises en France en 2009 (y compris activités financières et d'assurance)

	Grandes entreprises	Entreprises de taille intermédiaire	PME (hors microentreprises)	Micro-entreprises	Total
Nombre d'entreprises	217	4576	131 254	2 555 003	2 691 049
Effectifs salariés	3 986 077	2 877 952	3 529 842	2 377 504	12 771 375

Source : Site INSEE.

Les **microentreprises** se distinguent nettement des autres. Elles représentaient en 2009 95 % des entreprises, mais 19 % seulement des effectifs salariés.

L'INSEE étudie aussi les **groupes de sociétés**. Un groupe est un ensemble de sociétés qui sont contrôlées par une même société. Au sens strict, le contrôle est défini comme la capacité à désigner la majorité des dirigeants. L'INSEE étudie d'une part le « noyau dur » des groupes, c'est-à-dire l'ensemble des sociétés détenues directement ou indirectement à plus de 50 % par une société mère, tête de groupe ; la société mère n'étant détenue majoritairement, ni directement ni indirectement, par aucune autre société. Et d'autre part une conception élargie des groupes dans laquelle on intègre toutes les sociétés dans lesquelles le groupe détient une participation quel que soit le montant de cette participation. Dans ce deuxième sens une société peut appartenir à plusieurs groupes. Par exemple, en 2012, la société Monoprix est détenue à parité par le groupe Casino et le groupe Galeries Lafayette, elle appartient donc aux deux groupes au sens élargi.

Principaux résultats des groupes d'entreprises opérant en France au 1er janvier 2008
(en milliards d'euros)

	Groupes français	Groupes étrangers(2)		Total
		Union européenne	Hors Union européenne	
Nombre d'entreprises(1)	125 301	13 077	6 676	145 054
Effectif salarié (en milliers)	6 354	1 277	767	8 398
Valeur ajoutée brute au coût des facteurs	419	96	74	589
Excédent brut d'exploitation	132	33	21	186
Immobilisations corporelles brutes	1 021	161	93	1 274
Investissement en immobilisations corporelles hors apports	115	19	9	144

(1) Groupes français et étrangers dont les salariés travaillent effectivement en France.
(2) Groupes dont la tête de groupe est à l'étranger.
Champ : hors agriculture, activités financières, industrie du tabac et administrations.
Source : INSEE, Tableaux de l'économie française 2011.

b › Branches, secteurs, filières

La nature de la production d'une entreprise est un critère de classement indispensable pour observer les interdépendances entre les différentes activités au sein du système productif. Deux difficultés apparaissent alors : comment construire une liste de produits cohérente, et comment classer des entreprises qui réalisent parfois plusieurs produits différents. La distinction entre branches, secteurs d'entreprise et filières s'efforce de répondre à ces questions.

- Les **filières** regroupent un ensemble d'entreprises reliées par des relations clients/fournisseurs, telles que la production de l'une corresponde à la consommation intermédiaire de l'entreprise située en aval de la filière. Par exemple, la « filière bois » regroupe les entreprises qui transforment une ressource naturelle, le bois, de son abattage à la réalisation de produits finis (ameublement, papier, colles, etc.). La filière met en évidence la cohérence de sous-ensembles à l'intérieur du système productif, et la politique industrielle peut prendre pour objectif de renforcer ou construire des filières.
- Les **secteurs d'entreprise** regroupent des entreprises qui ont la même activité principale. Si elles ont d'autres productions minoritaires, alors elles sont regroupées malgré tout dans le secteur considéré, pour éviter de fractionner les entreprises.

➪ L'INSEE parle plutôt aujourd'hui de « secteur d'activité » pour désigner ce type de regroupement. Il ne faut pas confondre « secteur d'activité » en ce sens et « secteur d'activité » au sens de **C. Clark** et **J. Fourastié** (voir « La population active »).

- Les **branches** regroupent des entreprises et des fractions d'entreprises réalisant le même produit. À l'inverse du secteur, une entreprise réalisant plusieurs produits sera divisée entre les différentes branches.

Pour les branches et les secteurs d'entreprise, l'INSEE utilise une nomenclature de produits qui peut être présentée à des niveaux plus ou moins agrégés : la nomenclature des activités françaises ou NAF, remodelée lors du passage au SEC 95 (voir « La comptabilité nationale »).
Comme le montre le graphique page suivante, les résultats des deux formes de regroupement sont sensiblement différents.
Si on veut classer des entreprises réalisant le produit A (en gris sur le graphique), on s'aperçoit que le secteur et la branche se recouvrent en partie seulement : ainsi l'entreprise 3 est exclue du secteur d'entreprise car la production de produit A n'est pas son activité principale, alors que cette production fait bien partie de la branche.

Branches et secteurs d'entreprise

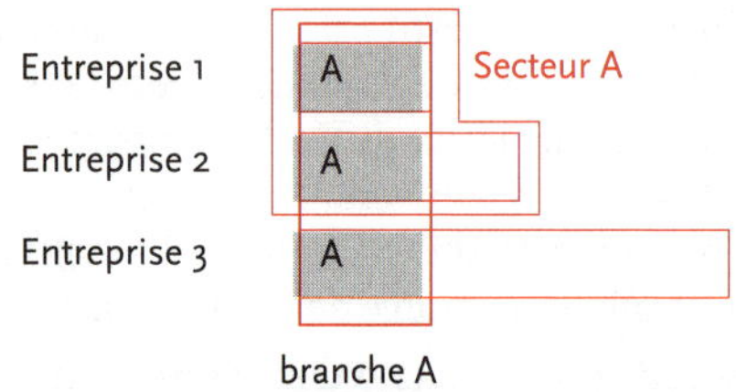

Source : d'après Y. Morvan (1999), *Fondements d'économie industrielle*, Économica.

Il ne faut pas confondre **secteur d'activité (au sens de C. Clark et J. Fourastié)** et secteur d'entreprise (ou secteur d'activité au sens de secteur d'entreprise selon la formulation qu'utilise aujourd'hui l'INSEE) : le classement en trois secteurs d'activité (primaire, secondaire, tertiaire) est surtout utilisé pour classer la population active, même s'il peut servir aussi à classer les entreprises (voir « La population active »). Ce classement s'avère peu adapté pour décrire les transformations actuelles du système productif, car il est trop peu détaillé, surtout pour le secteur tertiaire.

Les secteurs d'entreprise (et les branches) se définissent à un niveau plus ou moins agrégé grâce à la structure arborescente de la nomenclature (le produit automobile, par exemple, se décompose lui-même en différents produits). Selon les besoins de l'enquête, on peut établir une nomenclature de 16 à 114 secteurs d'entreprises.

Principaux résultats des entreprises par secteur en 2010 (en milliards d'euros)

Secteur d'activité (NAF rév. 2)	Chiffre d'affaires hors taxes	Valeur ajoutée	Frais de personnel	Excédent brut d'exploitation	Résultat courant avant impôt	Bénéfice ou perte
Industrie	999,3	253,5	167,0	64,2	46,8	36,1
dont industrie manufacturière	*846,1*	*213,5*	*146,9*	*46,6*	*32,0*	*23,9*
Construction	256,9	88,6	68,7	16,8	15,3	12,8
Commerce, transports, hébergement et restauration	1 566,8	311,7	207,8	73,0	54,3	42,1
dont commerce, réparation d'automobiles et de motocycles	*1 294,3*	*195,2*	*122,7*	*46,5*	*42,8*	*32,0*
Information et communication	177,2	79,4	46,9	29,3	16,8	9,5
Activités financières et d'assurance	42,8	18,7	10,2	7,5	46,4	24,0
Activités immobilières	77,2	41,3	11,3	25,1	12,3	15,0
Activités spéciales, scientifiques et techniques et activités de services administratifs et de soutien	341,9	165,8	125,2	36,5	113,9	121,6
Enseignement, santé humaine et action sociale	83,5	55,8	27,8	25,2	23,0	22,3
Autres activités de services	50,8	18,3	14,4	3,7	1,9	1,9
Total	3 596,4	1 033,0	679,4	281,2	330,8	285,4

Champ : France; ensemble des entreprises des activités marchandes, hors agriculture, banque et assurance.
Source : INSEE, www.insee.fr/fr/themes/tableau.asp?reg_id=0&ref_id=NATTEF09225

> B Stratégies des entreprises et dynamique du système productif

a › Structures de marché et stratégies des firmes

L'économie industrielle considère que le modèle de concurrence pure et parfaite n'est pas suffisant pour décrire les choix des entreprises, car il existe des marchés de nature très différente en fonction du produit réalisé. Les entreprises n'adoptent pas un comportement uniforme, mais décident d'une stratégie en fonction des spécificités de leur marché. L'étude du système productif peut donc fournir une grille d'analyse des stratégies suivies par les entreprises. En retour, les choix stratégiques des firmes jouent un rôle central dans la dynamique du système productif.

L'un des fondateurs de l'économie industrielle, **E. Mason** (1899-1992), propose dès les années trente d'étudier le comportement des firmes selon la séquence SCP ou **structures-comportements-performances** : les différents types de marché suivant le degré de concurrence et de concentration, l'existence de barrières à l'entrée, forment les « *structures* » qui encadrent le « *comportement* » des entreprises, c'est-à-dire les choix stratégiques qu'elles adoptent, et qui les conduisent finalement à un certain niveau de « *performances* ».

L'étude des structures de marché relève des théories de la concurrence imparfaite (voir « Marchés et prix »), qui montrent comment ces structures modifient les stratégies des firmes. Par exemple, les entreprises cherchent à établir des **barrières à l'entrée**, selon l'expression de **J. Bain**, par la différenciation des produits et à la protection assurée par les brevets, etc.

L'étude des stratégies des firmes selon les caractéristiques des marchés a été profondément renouvelée à partir des années 1980 sous l'influence de la théorie des jeux et de la « nouvelle microéconomie » (voir « Éléments de microéconomie »).

Les formes de concentration

La **concentration des entreprises** peut passer par différentes modalités, comme la croissance interne de l'entreprise (elle investit, embauche et augmente sa taille), ou la croissance externe par la fusion avec une autre entreprise, ou la formation de groupes. On distingue usuellement différentes formes de concentration.

- La **concentration horizontale** : l'entreprise s'agrandit sur son marché d'origine, en augmentant sa part de marché.
- La **concentration verticale** (ou intégration verticale) : l'entreprise s'agrandit à l'intérieur de sa filière, en direction de ses clients ou de ses fournisseurs, l'objectif étant de contrôler davantage l'ensemble des activités dont elle dépend.
- La **concentration conglomérale** : l'entreprise s'agrandit en se développant sur d'autres marchés, l'objectif pouvant être de diversifier ses risques ou d'utiliser ses compétences pour conquérir de nouveaux marchés.

b › Les transformations récentes du système productif français

Depuis les années 1970, les transformations du système productif français ont été extrêmement rapides pour différentes raisons. D'une part, l'évolution de la politique industrielle, qui a conduit l'État, en moins de deux décennies, à passer d'une politique de nationalisations (1982), afin de constituer de grands groupes publics dans chaque secteur, à une politique de privatisations à partir de 1986, qui a entraîné une mutation en profondeur des grands groupes industriels, par les stratégies d'alliance et de spécialisation adoptées par les groupes privatisés (voir « Les politiques économiques »). D'autre part, la mondialisation des échanges et la globalisation financière ont profondément modifié l'horizon des entreprises, leurs choix stratégiques, et même les « frontières de l'entreprise ». Le développement des nouvelles technologies a favorisé une véritable révolution des relations entre firmes : des relations contractuelles de coopération se mettent en place, la **modularisation** s'étend à un grand nombre de biens, c'est-à-dire la segmentation du processus productif entre plusieurs firmes qui coopèrent, certaines étant spécialisées dans la réalisation de composants, d'autres ayant une activité d'assemblage. On parle aussi de **firme-réseau** pour décrire ce processus, qui bouleverse les relations au sein du système productif, et entraîne une réallocation des activités au niveau mondial.

– En ce qui concerne la **concentration** des entreprises, elle s'effectue désormais sous des formes renouvelées. On observe toujours une tendance à l'accentuation de la concentration, mais elle est en partie masquée par le développement de groupes d'entreprises, en raison de l'indépendance formelle des entreprises qui composent le groupe, ce qui rend plus complexe l'évaluation de la concentration. La progression de la part des groupes dans l'activité économique est d'ailleurs la tendance majeure, puisqu'ils emploient désormais la majorité des salariés. Ce phénomène ne concerne pas que les grandes entreprises, puisque selon l'INSEE, on assiste à la multiplication des **microgroupes**, groupes d'entreprises formées par des PME. De même, la multinationalisation des firmes renforce la concentration (voir « Multinationales et mondialisation »).

Une étude de l'INSEE publiée en mars 2012 montre que « *le système productif est plus concentré qu'il ne semblait* » : hors secteur financier et hors secteur agricole on dénombre 200 grandes entreprises qui emploient 28 % des salariés et réalisent 33 % de la valeur ajoutée.

– Parallèlement, les stratégies d'**externalisation** des firmes se développent, et consistent à faire réaliser une tâche par une autre société plutôt qu'à l'intérieur de l'entreprise. L'externalisation a pour objectif une diminution des coûts, en laissant chaque entreprise se concentrer sur son « cœur de métier », et en déléguant à d'autres entreprises les tâches annexes. L'externalisation entraîne un fort développement du secteur tertiaire, dans la mesure où « les services aux entreprises » sont classés dans ce secteur d'activité. Paradoxalement, la progression du tertiaire peut masquer une industrialisation des services, en raison des stratégies d'externalisation, le secteur tertiaire adoptant une logique proche de l'industrie dans l'organisation du travail et dans la concentration des firmes, afin de bénéficier d'économies d'échelle. Par exemple, une entreprise industrielle qui décide d'externaliser le nettoyage des tenues du personnel participe à la tertiarisation de l'économie (transfert d'emplois du secondaire au tertiaire), et en même temps à l'industrialisation des services : la société de services de blanchisserie va faire des économies d'échelle en adoptant des méthodes industrielles de traitement du linge. Il existe de ce fait un débat sur l'interprétation de la progression des services, notamment en termes d'emplois (voir « La population active »).

- Les grands groupes français ont, depuis la fin des années 1980, modifié leur stratégie, pour privilégier dans de nombreux cas un recentrage sur leur « cœur de métier », en se séparant des autres activités, afin d'atteindre une taille critique au plan mondial. L'exemple de l'évolution du groupe Thomson est significatif de cette logique : au début des années 1980, le groupe est nationalisé, l'objectif étant de former un pôle français de l'électronique couvrant l'ensemble du secteur (électronique grand public et de défense, composants électroniques). Mais avec l'ouverture internationale et notamment européenne, le groupe est, dans chaque métier, d'une taille insuffisante pour rivaliser avec les leaders mondiaux. Dès lors, à la fin des années 1980, le groupe change de stratégie, pour se scinder en trois activités indépendantes (cessions d'actifs), qui vont donner lieu à trois nouveaux groupes, chacun fusionnant ou s'alliant ensuite avec d'autres entreprises du même secteur (fusion d'actifs) pour former trois groupes indépendants de taille mondiale dans leur spécialité, comme le montre le schéma page suivante.
- L'évolution sectorielle a été très rapide depuis une vingtaine d'années, avec un recul des industries de consommation (comme l'habillement), une progression de la production dans l'industrie automobile ou dans les industries technologiquement avancées (aéronautique, pharmacie, etc.). L'existence d'une **désindustrialisation** française (ou plus largement dans les pays développés face à la montée des pays émergents) doit donc être fortement nuancée. D'une part, l'industrie continue à progresser en volume à un rythme supérieur à celui de la croissance. D'autre part la progression des services aux entreprises a été très forte en valeur comme en emplois, et c'est le signe d'importants transferts d'activité, par **externalisation**, de l'industrie vers les services. La France perd des emplois industriels, car la productivité de l'industrie progresse rapidement, notamment grâce au recours aux services aux entreprises.

Thomson, d'un champion national tout terrain à trois leaders mondiaux dans leur secteur respectif

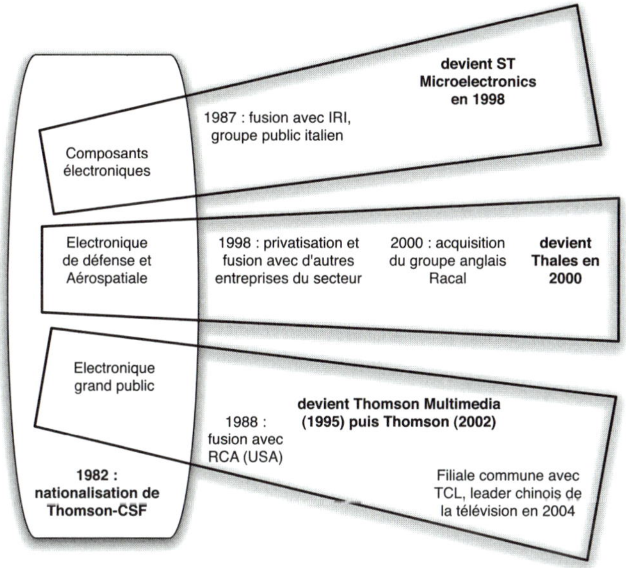

La nouvelle définition des entreprises et des groupes a conduit à réintégrer au sein des groupes industriels leurs filiales tertiaires. De ce fait, le poids de l'industrie dans l'emploi a conduit à augmenter de 8 % les effectifs de l'industrie, soit une hausse de 2 points du poids de l'industrie dans l'emploi.

Délocalisations, emploi et efficacité économique

Les **délocalisations** occupent une large place dans le débat public aujourd'hui, elles sont devenues le symbole des « méfaits » de la mondialisation sur l'industrie nationale. Leur définition est assez complexe, car elles recouvrent une double réalité. Au sens strict, il s'agit d'un déplacement d'unités de production à l'étranger pour réaliser un produit équivalent, qui s'accompagne donc d'investissements à l'étranger. Au sens large, une délocalisation consiste à profiter de la sous-traitance internationale pour réorganiser une activité en la confiant à une société étrangère (pas d'investissement direct dans ce cas). Selon une étude de **L. Fontagné** et **J.-H. Lorenzi**, les délocalisations représenteraient moins de 10 % des pertes d'emplois industriels, mais le phénomène est très complexe à évaluer, en raison des réaffectations de l'emploi au niveau mondial dans les grands groupes.

Il ne faut pas confondre les délocalisations et la **désindustrialisation**, phénomène plus large de recul de l'emploi industriel, que l'on observe dans tous les pays développés, et qui s'explique d'abord par les gains de productivité de ce secteur.

Les économistes restent partagés quant à l'impact à long terme des délocalisations, car il dépend largement de la réallocation des ressources et de la réaffectation des emplois dans le pays d'origine : si les délocalisations s'accompagnent d'un recul de l'emploi non qualifié et des secteurs peu innovants, elles peuvent contribuer à la croissance, à l'inverse elles peuvent par exemple accroître les inégalités entre travailleurs qualifiés et non qualifiés. L'étude de 500 grandes entreprises mondiales dirigée par **S. Berger** dans *Made in Monde* (2006) montre que les délocalisations ne sont ni nécessairement efficaces, ni toujours utiles : tout dépend du secteur d'activité et surtout de la stratégie adoptée par chaque entreprise. Par conséquent, la mondialisation n'impose pas mécaniquement le recours aux délocalisations, c'est une question de choix industriel, qui demeure assez différent d'un capitalisme à l'autre (voir « Les systèmes économiques »).

Pour en savoir plus

Initiation

- Alberto T. et Combemale P. (2010), *Comprendre l'entreprise*, A. Colin, Coll. Cursus.
- Bouba-Olga O. (2003), *L'économie de l'entreprise*, Seuil, Coll. Points.
- Bressy G. et Konkuyt C. (2011), *Management et économie des entreprises*, Sirey, Coll. Aide-mémoire.
- Cahiers français (2011), *Les entreprises dans la mondialisation*, n° 365, La Documentation française.
- Capron M. et Quairel-Lanoizelée F. (2007), *La responsabilité sociale d'entreprise*, La Découverte, Coll. Repères.
- Cœurderoy R. (2007), *Économie des organisations*, Vuibert.
- Coriat B. et Weinstein O. (2006), *Les nouvelles théories de l'entreprise*, Le livre de poche.
- Dauphine Recherche Management (2012), *L'état des entreprises 20*, La Découverte, Coll. Repères.
- Eymard-Duvernay F. (2004), *Économie politique de l'entreprise*, La Découverte, Coll. Repères.
- Landier A. et Thesmar D. (2007), *Le grand méchant marché*, Flammarion, Coll. Champs.
- Linhart D. (2010), *La modernisation des entreprises*, La Découverte, Coll. Repères.
- Pérez R. (2010), *La gouvernance d'entreprise*, La Découverte, Coll. Repères.

Approfondissement

- Baudry B. (dir.) (2009), *Analyses et transformations de la crise*, La Découverte, Coll. Recherches.
- Coase R. (2005), *L'entreprise, le marché et le droit*, Éditions d'Organisation.
- Fontagné L. Lorenzi J.-H. (2005), *Délocalisations, désindustrialisation, Rapport du CAE*, La Documentation française.
- Gomez P.Y. et Korine H. (2009), *L'entreprise dans la démocratie*, De Boeck.
- Morvan Y. (1999), *Fondements d'économie industrielle*, Économica.
- Plihon D. (2010), *Le nouveau capitalisme*, La Découverte, Coll. Repères.
- Sagot-Duvauroux D., Coutinet N. (2003), *Économie des fusions et acquisitions*, La Découverte, Coll. Repères.
- Segrestin B. et Hatchuel A. (2012), *Refonder l'entreprise*, Seuil, Coll. La République des idées.
- Wirtz P. (2008), *Les meilleures pratiques de gouvernance d'entreprise*, La Découverte, Coll. Repères.

chapitre 13

Éléments de microéconomie

A. **Smith** *(1723-1790)* écrivait que *« ce n'est pas de la bienveillance du boucher, du boulanger ou du marchand de bière dont nous attendons notre dîner, mais bien du soin qu'ils apportent à leurs intérêts » (Recherches sur la cause et la nature de la richesse des nations, 1776)*, pour mettre en évidence le fait que, selon lui, la poursuite d'intérêts individuels devait conduire à la réalisation de l'intérêt général. À la suite de **L. Walras** (1834-1910), la **microéconomie néo-classique traditionnelle** s'appuie sur l'intuition d'A. Smith, dans un cadre formalisé utilisant des outils mathématiques. Le modèle de Walras cherche en effet à montrer que les individus ont intérêt à participer à l'échange marchand dans le cadre très particulier de la concurrence parfaite, et que ces échanges interindividuels conduiront l'économie à un équilibre général. La microéconomie traditionnelle se propose donc d'étudier le comportement économique des unités de base de la société : le consommateur et le producteur. À partir des années 1960, on assiste à la constitution d'une **nouvelle microéconomie**. De nombreux travaux vont ainsi chercher à intégrer dans leurs modèles la prise en compte des interactions stratégiques des acteurs et des imperfections informationnelles. C'est le cas notamment de la théorie des jeux et de l'économie de l'information. Ces travaux ne sont plus attachés uniquement au courant néo-classique, mais contribuent au renouvellement de la science économique dans de nombreux domaines, ils jouent par exemple un rôle central dans les nouvelles théories keynésiennes.

> I

La microéconomie néo-classique traditionnelle

> A

La théorie du consommateur

a › De la contrainte de budget à l'équilibre du consommateur

1 › La droite de budget

Le choix du consommateur porte sur des **paniers de consommation**. Pour simplifier l'analyse, on raisonne généralement sur des paniers constitués de deux biens. Le panier X se note (x_1, x_2), x_1 représentant la quantité de bien 1 que le consommateur décide d'acheter. La théorie du consommateur commence par déterminer ce qui est accessible pour le consommateur et définit ainsi un ensemble budgétaire, formalisé par la relation :

$$p_1 x_1 + p_2 x_2 = R$$

p_1 et p_2 représentent les prix unitaires respectifs des deux biens (fixés par le marché) et R est le montant total que le consommateur peut dépenser. L'**ensemble budgétaire** du consommateur est alors constitué par l'ensemble des paniers accessibles pour des prix (p_1, p_2) et un revenu R donnés. La **droite de budget** représente l'ensemble des paniers de biens (x_1, x_2) qui entraînent la dépense de la totalité du revenu R :

$$p_1 x_1 + p_2 x_2 = R$$

ou encore :

$$x_2 = \frac{R}{P_2} - \frac{P_I}{P_2} x_1$$

L'ordonnée à l'origine est égale à $\frac{R}{P_2}$ et la pente de la droite de budget est donnée par le rapport $- P_I/P_2$, c'est-à-dire l'opposé du rapport des prix des deux biens. Cette pente mesure le taux auquel le consommateur est prêt à substituer le bien 1 au bien 2. Le signe est négatif, car pour consommer plus de bien 1, il faut consommer moins de bien 2, à budget égal. On parle également de **coût d'opportunité** de la consommation du bien 1 : le fait de devoir renoncer à une certaine consommation de bien 2 pour consommer davantage de bien 1 correspond au coût économique d'une consommation accrue de bien 1.

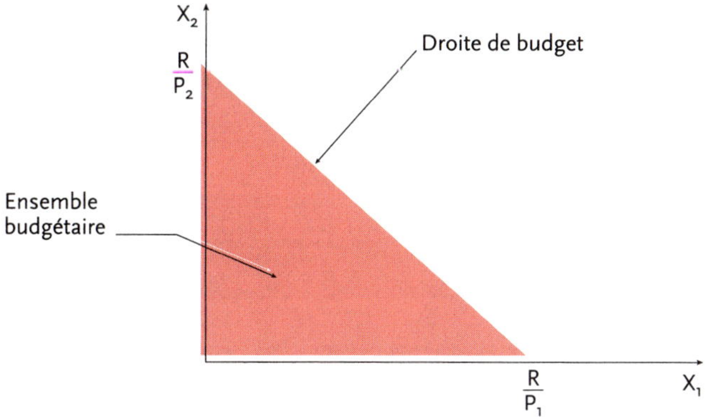

2 › Les déplacements de la droite de budget

› Variation de revenu

Un accroissement du revenu, toutes choses égales par ailleurs (à prix des biens inchangés) accroît l'ordonnée à l'origine $\left(\frac{R}{P_2}\right)$ mais n'affecte pas la pente de la droite (elle est indépendante de R).
Une augmentation (baisse) du revenu se traduit donc par un déplacement parallèle et vers le haut (bas) de la droite de budget.

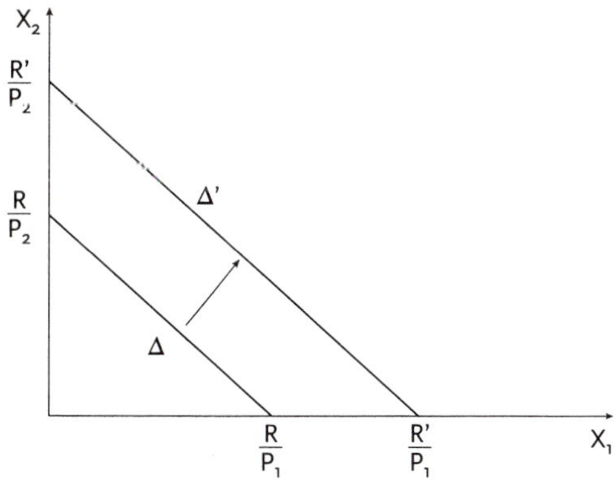

Les prix p1 et p2 étant fixés, le passage de D à D' traduit une augmentation du revenu et donc une augmentation du pouvoir d'achat du consommateur.

› Variation des prix

Un accroissement du prix p_1, « toutes choses égales par ailleurs » (p_2 et R inchangés) ne modifie pas l'ordonnée à l'origine mais accroît (en valeur absolue) la pente de la droite de budget. Celle-ci « pivote » alors autour de l'ordonnée à l'origine.

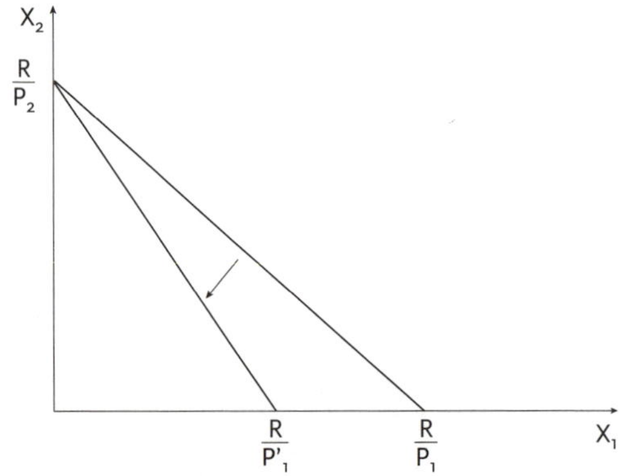

3 › De l'utilité aux courbes d'indifférences

Dans la théorie microéconomique néoclassique, l'**utilité**, U, d'un panier de biens quelconque, mesure la satisfaction globale qu'un individu retire de la consommation de ce panier de biens. Le niveau de l'utilité dépend donc de la quantité consommée (Q) et peut être formalisé à l'aide d'une **fonction d'utilité** : $U = f(Q) = f(x_1, x_2)$. Cette fonction indique ainsi le niveau d'utilité d'un consommateur donné lorsqu'il acquiert les quantités x_1 et x_2 des biens 1 et 2. C'est à partir de cette fonction d'utilité que l'on construit les courbes d'indifférence du consommateur.

Une **courbe d'indifférence** représente l'ensemble des paniers de consommation qui procurent la même utilité au consommateur. On parle également de courbe d'**iso-utilité**. Il existe, pour un même consommateur, plusieurs courbes d'indifférence qui représentent chacune un niveau de satisfaction différent. L'ensemble des courbes d'indifférence représente la **carte d'indifférence** du consommateur.

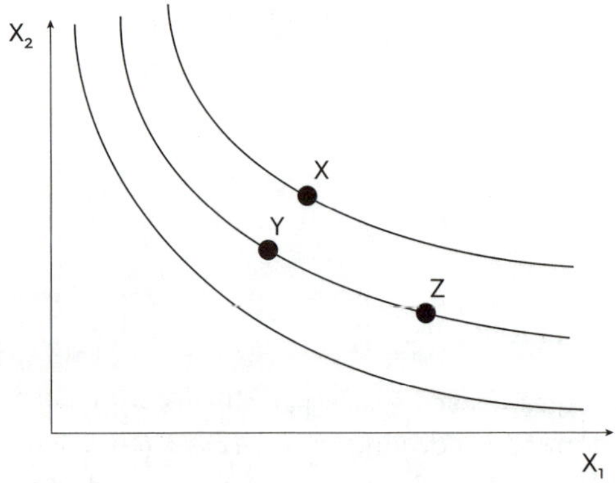

Dans cet exemple (courbe d'indifférence pour des biens substituables), le panier X est préféré aux paniers Y et Z, car il est situé sur une courbe d'indifférence représentant un niveau d'utilité plus élevé.
Les paniers Y et Z procurent le même degré de satisfaction au consommateur. On dit qu'il est indifférent à l'égard de ces deux paniers.

➾ Les courbes d'indifférence n'ont pas la même allure pour des biens complémentaires. Les économistes néoclassiques raisonnent cependant sur des biens substituables (courbe ci-dessus).

Utilité cardinale et utilité ordinale

- Selon la conception cardinale de l'utilité, le consommateur est capable d'exprimer par un nombre la satisfaction retirée de la consommation d'une quantité déterminée de biens. Le consommateur doit être ainsi capable de donner une « note » pour chaque quantité de bien consommée. Si un bien X reçoit la note 10 et un bien Y la note 5, cela signifie donc que le bien X procure deux fois plus d'utilité que le bien Y.
- Cette hypothèse a été retenue par les premiers théoriciens marginalistes, **L. Walras** (1834-1910), **S. Jevons** (1835-1882), **C. Menger** (1840-1921). Selon les fondateurs de la révolution marginaliste (voir « Épistémologie et histoire des sciences économiques »), il fallait pouvoir mesurer l'utilité du consommateur afin de construire un modèle microéconomique (il était donc absolument nécessaire de trouver un indicateur de mesure pertinent de l'utilité). Mais la construction d'une fonction d'utilité dans le cadre de la mesure cardinale de l'utilité s'avère impossible. En effet, dans le cas de l'utilité cardinale le consommateur doit être capable de mesurer l'utilité de chaque bien de façon indépendante. En réalité l'utilité de chaque bien dépend de l'utilité des autres.
- Cette impossibilité sera contournée par **V. Pareto** (1848-1923) au début du XXe siècle, qui propose de parler d'utilité ordinale, en substituant la classification à la quantification. Selon Pareto, considérer que les individus sont capables de classer les choix offerts selon un ordre de préférence mais sans attribuer à chacun un indice quantitatif précis est à la fois plus réaliste et surtout suffisant pour construire une analyse microéconomique du comportement du consommateur. Selon la conception ordinale de l'utilité, le consommateur peut ainsi établir un ordre de préférence entre différents paniers de consommation sans pour autant attribuer à chacun d'eux une « note » précise.

4 › Taux marginal de substitution et utilité marginale

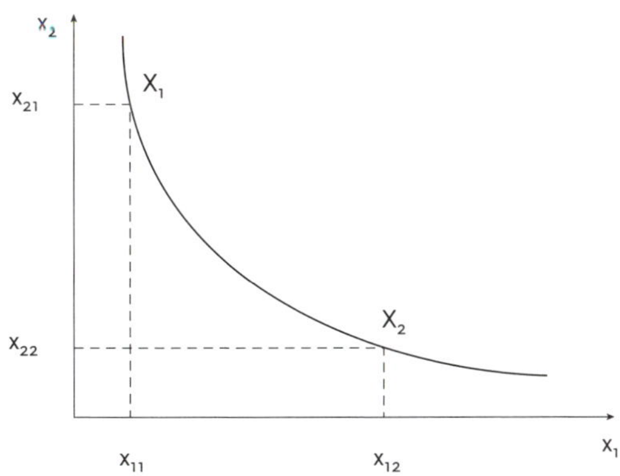

Toutes les combinaisons des deux biens x_1 et x_2 situées sur la même courbe d'indifférence procurent la même utilité au consommateur. Ainsi, dans le passage de X_1 à X_2, il a dû accepter de renoncer à la quantité $(x_{21} - x_{22})$ de bien 2, en échange d'une augmentation (x_{12} – x_{11}) de la quantité de bien 1. Le taux auquel le consommateur est disposé à substituer une quantité de bien 2 au bien 1 est appelé **taux marginal de substitution** (TMS) entre les biens 1 et 2.

Le TMS est égal au rapport des utilités marginales des deux biens. L'**utilité marginale** d'un bien désigne l'accroissement d'utilité procuré par la consommation d'une unité supplémentaire de ce bien, les quantités des autres biens restant constantes. L'utilité marginale d'un bien est décroissante.

5 › L'équilibre du consommateur

L'équilibre du consommateur est le **panier de consommation**, traditionnellement nommé X^*, qui rend maximale la **fonction d'utilité** tout en étant compatible avec la **contrainte de budget**.

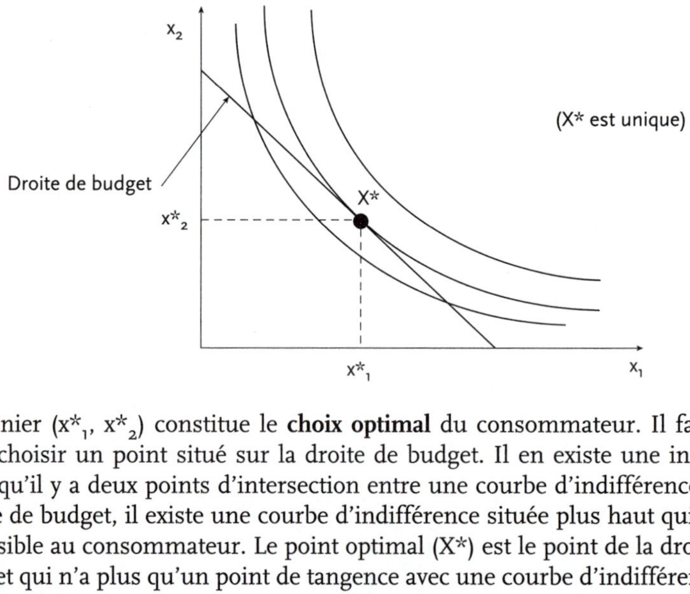

Le panier (x^*_1, x^*_2) constitue le **choix optimal** du consommateur. Il faut en effet choisir un point situé sur la droite de budget. Il en existe une infinité. Tant qu'il y a deux points d'intersection entre une courbe d'indifférence et la droite de budget, il existe une courbe d'indifférence située plus haut qui reste accessible au consommateur. Le point optimal (X*) est le point de la droite de budget qui n'a plus qu'un point de tangence avec une courbe d'indifférence.

À l'équilibre du consommateur, le rapport des utilités marginales des deux biens est égal au rapport des prix des deux biens.

Univers certain et effet de dotation

Le développement de l'**économie expérimentale** a contribué à mettre en évidence un certain nombre de problèmes de la microéconomie standard, et notamment de la théorie de l'utilité.
L'**effet de dotation**, observé par J. Knetch en 1989 dans le cadre d'une expérience construite à partir de trois groupes d'individus aléatoirement répartis, montre notamment qu'il peut exister, pour une quantité de bien donnée, une divergence entre prix offert et prix demandé

sur le marché de ce bien. L'expérience de Knetch montre en effet que les préférences des agents sont sensibles à leur dotation initiale. Les individus se voient remettre, au début de l'expérience, un mug pour le premier groupe, une barre de chocolat suisse pour le deuxième et aucune dotation initiale pour le troisième, et ils doivent ensuite formuler des propositions d'échanges en fonction de leurs préférences. 89 % des individus du groupe 1 souhaitent conserver leur mug et n'expriment donc aucune volonté d'échange, de même que 90 % des individus du groupe 2 souhaitent conserver leur barre de chocolat. En revanche plus de la moitié des individus n'ayant reçu aucune dotation initiale souhaitent acquérir un mug. L'effet de dotation conduit ainsi les agents à préférer le bien qui leur a été attribué en dotation initiale.

D. Kahneman, **J. Knetsch** et **R. Thaler** ont prolongé en 1990 cette expérience en demandant aux individus d'un groupe possédant un mug et à ceux d'un groupe sans dotation initiale de proposer un prix auquel ils seraient prêts à vendre le mug (pour le premier groupe) ou à l'acheter (pour le second).Le résultat de cette expérience tend à montrer que le prix demandé par les individus vendeurs est supérieur au prix que sont prêts à payer les individus acheteurs, ce qui contredit la théorie de l'utilité et du prix d'équilibre de marché. L'effet de dotation montre ainsi que la perte d'utilité ressentie par un agent se séparant d'un bien est supérieur au gain d'utilité espéré par un agent acquérant ce bien.

b › La théorie de la demande et la notion d'élasticité de la demande

1 › La construction des courbes de demande

La **fonction de demande** de bien 1 (Dx_1) formulée par un consommateur exprime les quantités optimales consommées du bien x_1 en fonction des prix et du revenu auxquels ce consommateur est confronté : $Dx_1 = f(P, R)$.

Loi de la demande et biens. Le paradoxe de Giffen

La courbe de demande d'un bien est en général décroissante en fonction du prix. Sir Giffen a cependant mis en évidence un cas très rare au XIXe siècle. Il avait en effet constaté que pour les familles pauvres, l'augmentation du prix du pain se traduisait par une augmentation de la demande de pain. Ce « **paradoxe de Giffen** » survient lorsque la hausse du prix d'un bien affecte beaucoup le revenu : les consommateurs à très faible revenu sont alors contraints, pour survivre, de supprimer leurs consommations de certains biens normaux et d'augmenter leur consommation des biens dont le prix a augmenté.

2 › Courbe de consommation-revenu et courbe d'Engel

On part d'une position d'équilibre de l'agent. Supposons que le revenu augmente, les prix des biens étant fixés. Sur le graphique, cela se traduit par un déplacement vers le haut de la droite de budget qui reste parallèle à la droite initiale. On obtient un nouvel équilibre et donc une nouvelle quantité demandée du bien 1 et du bien 2 respectivement.

Si on relie les différents paniers demandés à mesure que la droite de budget se déplace vers le haut, on obtient une **courbe de consommation-revenu** (on parle aussi parfois de **chemin d'expansion du revenu**) qui indique comment les combinaisons de biens consommés varient avec le revenu. Cette courbe permet donc de déduire, pour chaque bien, une relation entre la quantité consommée du bien et le revenu du consommateur.

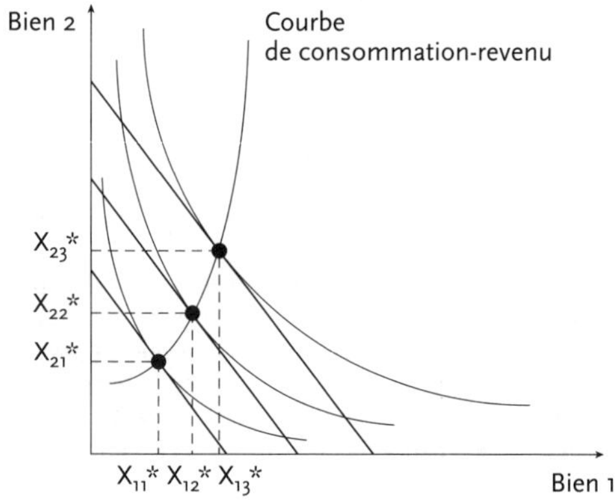

Dans le cas de la figure ci-dessus, on constate que, quand le revenu augmente, il en est de même pour la consommation des biens 1 et 2. Mais ces augmentations ne se font pas au même taux. Ici, pour une augmentation de revenu identique, la consommation de bien 1 croît moins vite que celle de bien 2. La courbe de consommation-revenu peut alors être transformée en **courbe d'Engel** qui permet de visualiser la relation existant entre l'augmentation du revenu et la variation de la quantité consommée d'un bien.

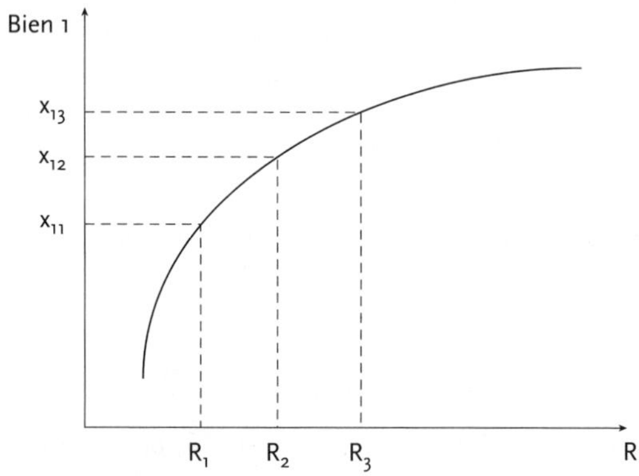

3 › Effet substitution et effet revenu

L'effet global d'une variation du prix de l'un des deux biens, donne lieu à deux effets : un effet substitution (ou effet-prix) et un effet revenu.

La baisse du prix d'un bien va modifier les prix relatifs et le consommateur va avoir tendance, toutes choses égales par ailleurs, à augmenter la quantité demandée du bien devenu relativement moins cher et à diminuer la quantité demandée de l'autre bien. Il s'agit de **l'effet substitution**. Mais la baisse du prix de ce bien, toutes choses égales par ailleurs, provoque également un accroissement du pouvoir d'achat du consommateur. On peut donc s'attendre à ce que la demande de tous les biens (et non pas seulement de celui dont le prix a baissé) augmente : c'est **l'effet revenu**.

On peut essayer de quantifier ces deux effets à l'aide par exemple de la méthode de **Hicks** qui mesure l'effet substitution en ajustant le revenu nominal de façon à maintenir **l'utilité** du consommateur constante. On construit donc une droite de budget fictive, ayant pour pente le nouveau rapport des prix relatifs, mais tangente à la courbe d'indifférence passant par A. Le pouvoir d'achat associé à cette nouvelle droite ne permet plus d'acheter le panier initial mais maintient l'utilité du consommateur constante. L'effet de substitution se traduit par le passage de A à B et l'effet revenu par le passage de B à C.

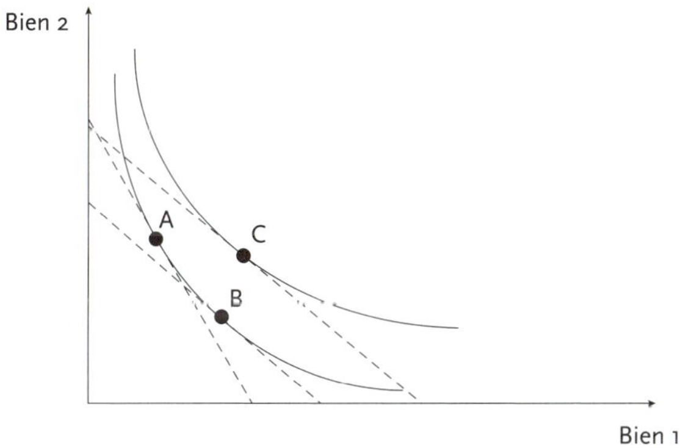

La méthode de décomposition de **Slutzky** repose, elle, sur l'idée selon laquelle l'effet-substitution se produit à pouvoir d'achat constant (et non plus à utilité constante).

4 › Le surplus du consommateur

Le **surplus du consommateur** mesure le montant des gains qu'un consommateur retire de ses achats en faisant la différence entre le prix effectivement payé par le consommateur et le prix qu'il aurait été prêt à payer.

exemple :

Soit un bien X pour lequel le prix (unitaire) de marché s'établit à 4 euros.

– Cas d'un **bien indivisible** (voir graphique ci-dessous) : au prix de marché, compte tenu de ses préférences et de sa fonction d'utilité, le consommateur demandera 4 unités de biens. Sa dépense en bien X est donc de 16 euros.

Mais il était prêt à payer jusqu'à 10 euros pour obtenir une unité du bien. De même, si le prix unitaire avait été compris entre 6 et 8 euros, il aurait consommé deux unités du bien (le supplément d'utilité retiré de la 2e unité est donc équivalent à 8 euros). Il s'agit bien d'un raisonnement « à la marge »... Au total, le montant maximal que le consommateur est prêt à engager pour obtenir 4 unités de biens est : 10 + 8 + 6 + 4 = 28 euros. L'avantage net qu'il retire donc d'un prix de marché égal à 4 euros est : 28 – 16 = 12 euros. Cette somme représente le surplus du consommateur.

– cas d'un **bien divisible** : D représente la courbe de demande du consommateur (pour simplifier, on l'a représentée par une droite), et O P* est le prix de marché d'une unité de bien. Conformément au raisonnement précédent, le montant maximal que le consommateur est prêt à dépenser pour obtenir une quantité O Q* de bien est représenté par la surface O Q* E P'. Mais sa dépense effective est représentée par la surface O Q* E P*.

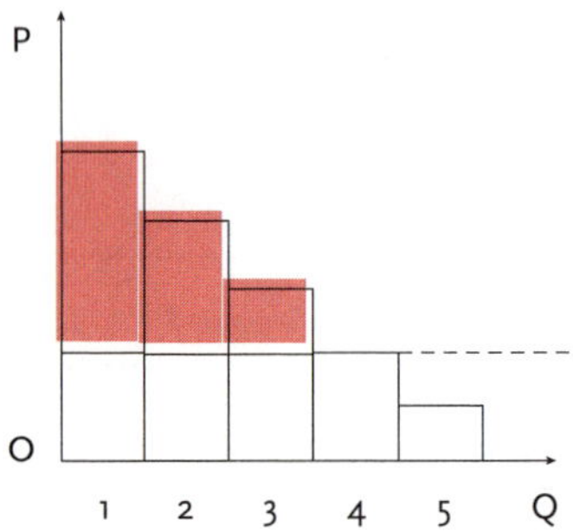

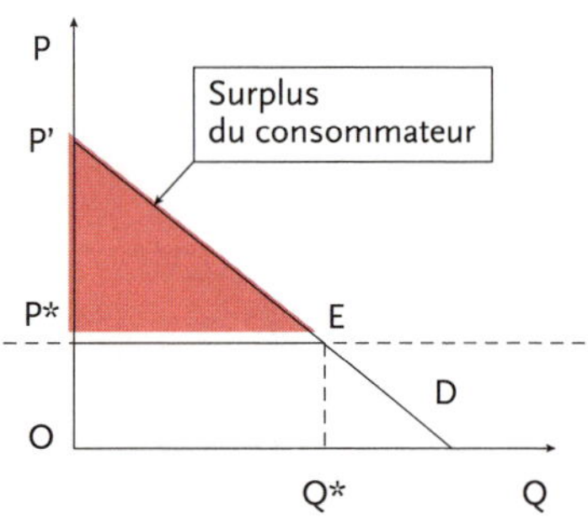

Le surplus du consommateur (surface colorée) est donc la différence entre deux, soit la surface du triangle P* E P'. La notion de surplus est essentielle pour pouvoir comparer les gains effectués par les agents dans différentes situations : plus le surplus est élevé, plus on peut considérer que les agents sont « gagnants » au prix fixé sur le marché, puisqu'ils obtiennent les biens considérés à un prix inférieur à ce qu'ils étaient disposés à payer au maximum pour chaque quantité, c'est-à-dire aux prix indiqués le long de la courbe de demande.

5 › La notion d'élasticité de la demande

› L'Élasticité-prix

L'élasticité de la demande par rapport au prix (ou **élasticité-prix de la demande**) est définie par le rapport entre la variation relative de la quantité demandée et la variation relative du prix. Elle mesure la variation en pourcentage de la quantité demandée d'un bien pour une variation de 1 % de son prix Prenons le cas par exemple d'un consommateur de tomates dont la demande diminue de 2 % quand le prix augmente de 1 %.

On note alors :

$$\varepsilon = \frac{\frac{\Delta Q}{Q}}{\frac{\Delta P}{P}} = \frac{-2\,\%}{+1\,\%} = -2$$

L'élasticité-prix de la demande de tomates est donc de – 2 dans ce cas de figure. On peut dresser une typologie des différentes valeurs possibles de l'élasticité-prix.

$\varepsilon > 0$	Biens de type Veblen (**effet de snobisme**) ou Giffen : la quantité demandée augmente lorsque le prix du bien s'accroît.
$-1 < \varepsilon < 0$	Biens faiblement élastiques (biens nécessaires) ; la quantité demandée varie relativement moins vite que le prix.
$\varepsilon < -1$	Biens fortement élastiques ; la quantité demandée varie relativement plus vite que le prix du bien.
$\varepsilon = -1$	Élasticité unitaire : la quantité demandée varie proportionnellement au prix.

› Élasticité-croisée de la demande

On peut également calculer une **élasticité croisée de la demande** du bien 1 par rapport au bien 2, qui mesure la variation relative de la quantité demandée du bien 1 quand le prix du bien 2 varie. En d'autres termes, l'élasticité croisée mesure la sensibilité de la demande d'un bien à la variation du prix d'un autre bien. Elle s'écrit :

$$\varepsilon\,\text{croisée} = \frac{\frac{Q_{X1}}{Q_{X1}}}{\frac{P_{X2}}{P_{X2}}}$$

L'élasticité croisée permet de préciser la substituabilité ou de complémentarité entre deux produits. En effet, si l'élasticité croisée est négative, cela signifie qu'une hausse du prix du bien 2 provoque une baisse de la demande du bien 1. Ces biens sont alors **complémentaires**. *A contrario*, si l'élasticité croisée est positive, cela signifie qu'une hausse du prix du bien 2 provoque une augmentation de la demande du bien 1. Ils sont **substituables**.

› Élasticité-revenu

L'**élasticité-revenu de la demande d'un bien** mesure la sensibilité de la demande aux variations du revenu. Elle se mesure par le rapport entre la variation relative de la quantité demandée d'un bien par un consommateur et la variation relative du revenu de ce consommateur.

$$\varepsilon_{Q/R} = \frac{\frac{\Delta Q}{Q}}{\frac{\Delta P}{P}}$$

On peut dresser une typologie des différentes valeurs possibles de l'élasticité-revenu.

$\varepsilon_{Q/R} < 0$	**Biens inférieurs**. La consommation de ce type de bien diminue lorsque le revenu augmente.
$0 < \varepsilon_{Q/R} < 1$	**Biens normaux**. La consommation augmente avec le revenu, mais moins que proportionnellement.
$\varepsilon_{Q/R} = 1$	La dépense de consommation est strictement proportionnelle à la variation du revenu.
$\varepsilon_{Q/R} > 1$	**Biens de luxe**. La part des dépenses consacrées à ce type de biens augmente plus vite que le revenu.

Les différents types de biens suivant les valeurs des élasticités prix et revenu

	Élasticité-revenu (ε_R)	Élasticité-prix (ε_P)
Bien normal : – bien de « luxe » – bien de 1re nécessité	 $\varepsilon_R > 1$ $0 < \varepsilon_R < 1$	 $\varepsilon_P < 0$ $\varepsilon_P < 0$
Bien inférieur : – non Giffen – Giffen	 $\varepsilon_R < 0$ $\varepsilon_R < 0$	 $\varepsilon_P < 0$ $\varepsilon_P < 0$

> B La théorie du producteur

a › La théorie de la production

1 › Des facteurs de production à la fonction de production

On appelle **facteurs de production** (ou *inputs*) tous les éléments nécessaires à la production d'un bien ou d'un service (ou *output*) et utilisés dans le processus de production. Ces facteurs de production sont combinés ensemble pour donner un produit.

La nature impose aux entreprises des contraintes techniques : l'ensemble de toutes les combinaisons d'inputs et d'outputs qui correspondent à un processus de production techniquement réalisable est appelé un **ensemble de production**.

Le passage des *inputs* aux *outputs* qui se fait par le plan de production s'étudie à travers la **fonction de production** (expression analytique de la technologie). La fonction de production indique le niveau maximal de production qui peut

être obtenu par les différentes combinaisons de facteurs de production, la technologie étant donnée. La forme générale pour une firme quelconque est :
$Q = f(X_1, X_2, \ldots X_j)$
Dans cette expression Q est la quantité du bien produite (*output*) par la firme considérée et $(X_1, X_2, \ldots X_j)$ sont les *inputs* utilisés par cette firme.
Dans la suite, on désignera par L le facteur travail, par K le facteur capital et par Q la quantité produite à l'aide d'une combinaison productive de ces deux facteurs. On aura donc : $Q = f(L, K)$
La notion d'homogénéité permet d'étudier la façon dont varie la production lorsque tous les facteurs augmentent dans la même proportion.
Une fonction de production sera homogène de degré k, si, lorsqu'on multiplie les quantités de facteurs utilisées par un réel λ, on multiplie la quantité produite par λ^k : $f(\lambda L, \lambda K) = \lambda^k f(L, K)$
Les fonctions de production généralement étudiées en microéconomie sont les **fonctions CES** ou fonctions à **élasticité de substitution** constantes. L'élasticité de substitution est un indicateur qui mesure la variation relative du rapport entre le capital et le travail à la suite d'une variation du prix relatif du capital. Si les facteurs de production sont complémentaires, l'élasticité de substitution sera proche de zéro et si les facteurs sont substituables, elle sera proche de l'unité. Les fonctions CES comprennent des cas particuliers, les plus couramment étudiés en microéconomie, notamment la **fonction de type Cobb-Douglas**.
Cette dernière est de la forme : $Q = A K^{\beta} L^{\beta}$ Cette fonction est homogène de degré $(\alpha + \beta)$. En effet : $A (\lambda K)^{\alpha} (\lambda L)^{\beta} = \lambda^{(\alpha + \beta)} A K^{\alpha} L^{\beta} = \lambda^{(\alpha + \beta)} Q$
Les rendements d'échelle (Voir « La croissance économique ») seront donc constants si $\alpha + \beta = 1$.
La fonction de Cobb-Douglas homogène de degré 1 peut alors s'écrire sous la forme : $Q = A K^{\alpha} L^{1 - \alpha}$, K et L étant des réels positifs, α et β étant des réels quelconques.

2 › Des isoquants au Taux marginal de substitution technique

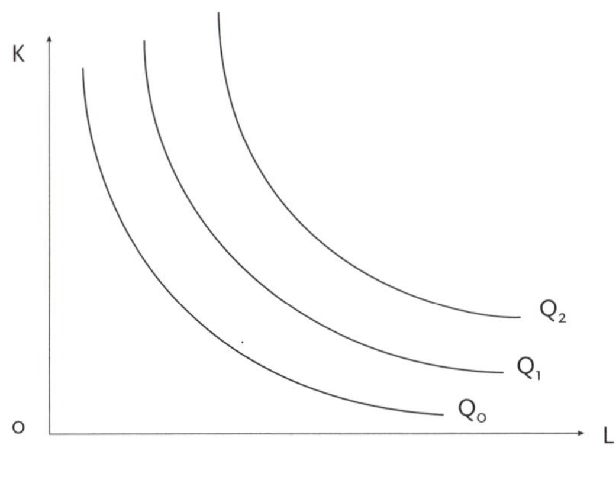

La théorie microéconomique utilise pour la théorie du producteur un cadre analytique analogue à celui de la théorie du consommateur avec les courbes d'indifférence. Un **isoquant** (ou **courbe d'isoproduit**) est ainsi une courbe indiquant l'ensemble des combinaisons de capital (K) et de travail (L) qui, pour un état donné des techniques, permettent de produire une même quantité (Q). Il y a une infinité d'isoquants, chacun correspondant à un niveau de production différent, qui va en s'accroissant lorsqu'on se déplace vers le haut.
Le **taux marginal de substitution technique** (TMST) est le taux auquel on peut échanger les facteurs de production tout en conservant le même niveau de production. En un point d'un isoquant, le TMST est égal à l'opposé de la pente de la tangente à l'isoquant en ce point. Il est égal au rapport des productivités marginales des deux facteurs de production.

3 › La contrainte budgétaire du producteur : la droite d'isocoût

Si l'on appelle D la dépense que le producteur affecte à l'achat des facteurs de production (travail et capital), w le prix du facteur travail et r le prix du facteur capital, on peut écrire la contrainte de budget du producteur de la façon suivante :

$$D = w\,L + r\,K$$

ou encore :

$$K = -\,w/r\,L + D/r$$

L'équation de la droite d'isocoût est donc celle d'une droite dont la pente est égale à l'opposé du rapport des prix des facteurs de production.

4 › Combinaison optimale des facteurs

Le producteur qui veut atteindre un niveau de production donné minimise ses coûts lorsqu'il choisit la combinaison productive (combinaison de facteurs) qui se trouve au point de tangence entre l'isoquant considéré et une droite d'isocoût.

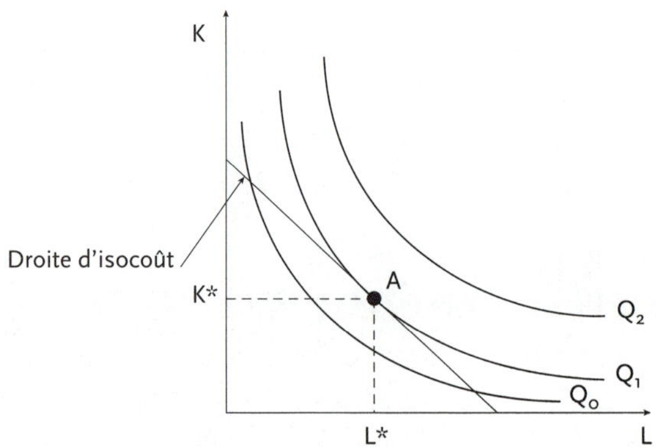

De la même façon que pour la théorie du consommateur, on peut montrer qu'à l'équilibre du producteur, le TMST (égal au rapport des productivités marginales des facteurs) est égal au rapport des prix des facteurs de production.

b › La théorie des coûts

Les **coûts de production** représentent pour une firme l'ensemble des dépenses nécessaires à l'obtention d'une quantité donnée d'output. La **fonction de coût** exprime la relation existant entre les coûts de production et les quantités produites dans les conditions optimales.

1 › Coût total, coût moyen, coût marginal

Le **coût total** de production (C_T) est la dépense minimale qu'une entreprise doit engager pour atteindre un niveau de production donné. Il se calcule en faisant la somme des coûts fixes (C_F) et des coûts variables (C_V).
Les **coûts fixes** sont des coûts indépendants du volume de la production (à court terme). Il s'agit par exemple des bâtiments, machines, véhicules... Les coûts fixes sont donc exprimés à l'aide d'une constante : $C_F = k$. Les **coûts variables** au contraire dépendent des quantités produites : $C_V = C_V(Q)$.
On a donc finalement : $C_T(Q) = k + C_V(Q)$
Le **coût moyen** de production est obtenu en divisant le coût total par la quantité produite (non nulle). $C_M(Q) = \frac{C_t(Q)}{Q}$
Le **coût marginal** est le supplément de coût entraîné par la production d'une unité supplémentaire d'*output*. Lorsqu'on raisonne sur des accroissements infinitésimaux de production (hypothèse de divisibilité), le coût marginal s'exprime par la dérivée de la **fonction de coût** total :

$$C_m(Q) = C'_T(Q)$$

2 › Relations entre les courbes de coût à court terme

Soit M un point de la courbe de coût total. La droite OM passe par l'origine. Elle est donc de la forme : $C_T(Q) = a \times Q$.
La pente de cette droite, a, est donc égale à : $\frac{C_t(Q)}{Q}$

Le coût moyen correspondant à la quantité Q est donc donné par la pente de la droite (OM).

⇨ Le minimum du coût moyen est égal au minimum de la pente de la droite OM (M parcourant la courbe de coût total), qui est le coefficient directeur de la tangente à C_T passant par O. Le coût marginal est donné par la pente de la tangente en un point de la courbe de coût total. La courbe de coût marginal coupe la courbe de coût moyen en un point dont l'ordonnée est le minimum du coût moyen.

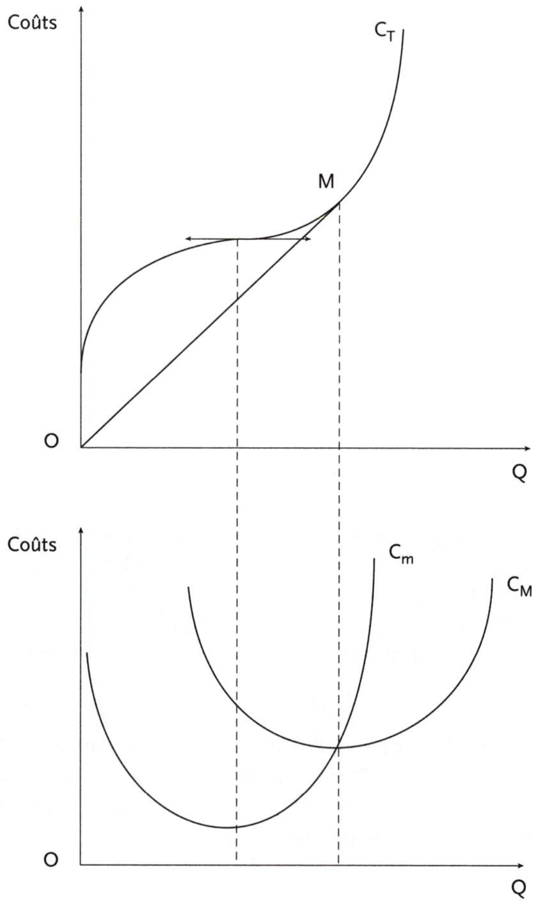

3 › Le profit

Le **profit** (π) est égal à la différence entre les recettes totales et les coûts totaux. La recette totale se calcule en faisant le produit entre la quantité produite (Q) et le prix de vente (P) du bien.

$$\pi(Q) = (P \times Q) - C_T\,(Q) = Q\left(P - \frac{C_t(Q)}{Q}\right) = Q \times (P - C_M\,(Q))$$

La valeur du profit dépend donc de l'écart entre le prix du marché et la valeur du coût moyen. En concurrence pure et parfaite, le prix de vente d'un bien n'est en effet pas maîtrisé par le producteur ; il est fixé par le marché :

$$\pi(Q) = Q\,(P - C_M).$$

Ce profit est donc positif pour $P \geqslant C_M$

C › L'équilibre du producteur en concurrence pure et parfaite

1 › L'équilibre de court terme

En concurrence pure et parfaite, le prix est donné par le marché. La recette moyenne du producteur est égale au prix de vente du produit.
En effet, la recette totale (R_T) est telle que R_T (Q) = P × Q, et donc la recette moyenne est égale à : $R_M(Q) = \frac{R_t(Q)}{Q} = \frac{P \times Q}{Q} = P$

Comme par ailleurs, en concurrence pure et parfaite, une unité supplémentaire de bien ne peut qu'être vendue au prix unitaire de ce bien, la recette marginale est aussi égale au prix.
On a donc : $R_M (Q) = R_m (Q) = P$
Le profit (π) est tel que : $\pi(Q) = P \times Q - C_T(Q)$
La fonction de profit est maximale lorsque sa dérivée première s'annule (la dérivée seconde étant négative).

$$\pi(Q) = P - C'_T (Q) = 0 \quad \Leftrightarrow \quad P = C'_T (Q) = C_m$$

La condition de second ordre exige que : $\pi''(Q) = - C''(Q) < 0$, soit $C''(Q) > 0$
La fonction de coût marginal doit donc être croissante pour que la valeur de la production maximise le profit.
Ainsi, pour maximiser son profit, le producteur doit vendre une quantité telle que : $C_m = P$, et donc telle que : $C_m = R_m$

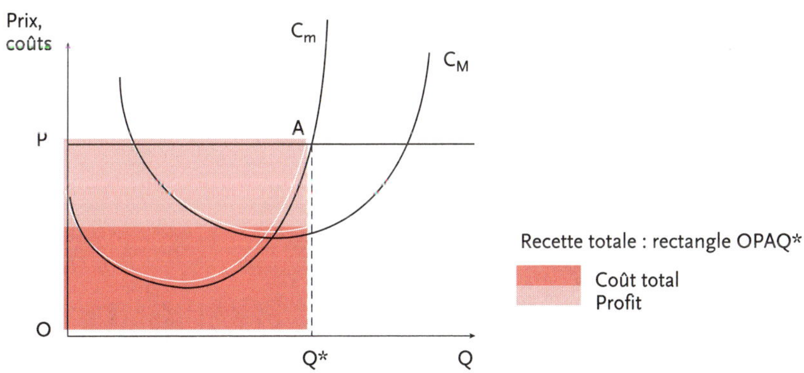

À court terme, la **courbe d'offre** du producteur est donnée par la partie de la courbe de coût marginal située au-dessus de la courbe de coût variable moyen.

2 › Le surplus du producteur

Le concept de **surplus du producteur** permet de mesurer le montant des gains qu'un producteur retire de ses ventes en faisant la différence entre le prix auquel il vend effectivement les biens offerts et le prix qu'il aurait été prêt à accorder.

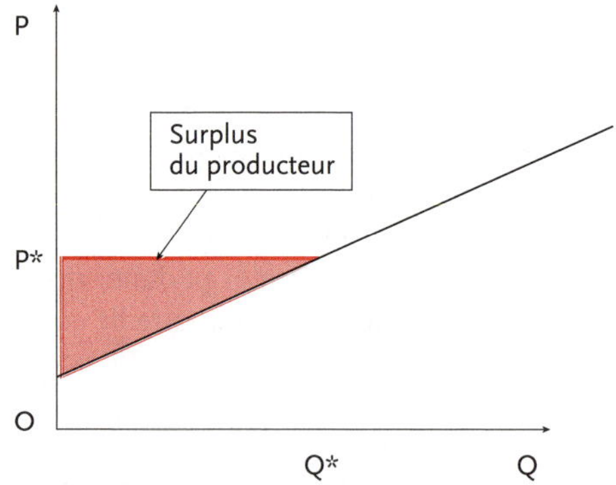

3 › L'équilibre de long terme

À long terme, les perspectives de profit attirent de nouvelles firmes sur le marché. Ces nouveaux arrivants utilisent la meilleure technique de production et les fonctions de coûts sont alors identiques pour toutes les entreprises. L'accroissement de l'offre provoque une baisse du prix de marché et donc du profit économique, jusqu'au niveau du seuil de rentabilité (minimum du coût moyen). À ce niveau, le profit économique (profit global) est nul et il n'y a donc plus d'incitation à entrer sur le marché.

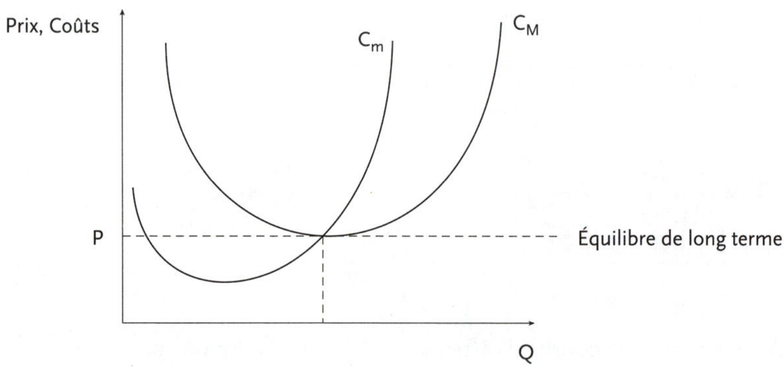

> II La nouvelle microéconomie

Selon **P. Cahuc**, « Le but de la nouvelle microéconomie est d'étudier le comportement d'individus rationnels, dans un monde où l'information n'est pas parfaitement disponible, et où les décisions individuelles ne sont pas coordonnées par un commissaire-priseur ». Née à la fin des années 1970, son émergence est favorisée par le renouvellement des outils analytiques, notamment la théorie des jeux et l'économie de l'information.

> A La théorie des jeux

La théorie des jeux étudie la manière dont les individus rationnels règlent des situations conflictuelles. Cette théorie a été introduite en économie par **J. Von Neumann** et **O. Morgenstern** (1944).
On distingue les jeux coopératifs, dans lesquels les agents économiques se concertent, et les jeux non coopératifs, dans lesquels les individus prennent les décisions seuls en essayant de maximiser leurs gains propres. Ce sont essentiellement les jeux de type non coopératifs qui sont étudiés par la théorie des jeux.

a › Jeux et stratégies : la matrice de gains

La matrice de gains permet de donner une représentation complète du jeu. Elle décrit le jeu en précisant le nombre de joueurs, les stratégies à leur disposition, et les gains en fonction des combinaisons de stratégies. Une stratégie est un plan de décision, qui définit l'ensemble des décisions que le joueur doit prendre.
On peut prendre l'exemple classique du **dilemme du prisonnier** (**A. Tucker**, 1950) pour illustrer la façon dont on peut élaborer une matrice de gains :
« *Deux hommes accusés d'avoir conjointement enfreint la loi, sont détenus séparément par la police. Chacun est informé que :*
1) Si l'un des deux avoue et l'autre non, le premier aura une récompense (gain + 1) alors que le second sera lourdement condamné (gain – 2),
2) Si les deux avouent, ils subiront tous les deux une peine légère (gain – 1).
En même temps, chacun a de bonnes raisons de croire que :
3) Si aucun des deux n'avoue, chacun repartira libre (gain 0) ».

La matrice des « gains » est donc :

		Prisonnier 2	
		Avoue (A)	**N'avoue pas (NA)**
Prisonnier 1	**Avoue (A)**	−1, −1	1, −2
	N'avoue pas (NA)	−2, 1	0, 0

Si le prisonnier 1 avoue, il subira une peine légère (– 1) si le prisonnier 2 avoue, et une récompense (1) si le prisonnier 2 n'avoue pas. Tandis que s'il n'avoue pas, il risque une lourde peine (– 2) si le prisonnier 2 avoue. Dans l'incertitude du choix du prisonnier 2, il préférera avouer.
Le prisonnier 2 aura le même raisonnement et chacun écopera ainsi d'une peine légère (– 1), alors qu'ils auraient été libres tous les deux en n'avouant pas. Leur comportement, bien que rationnel est donc sous-optimal : cet exemple permet de montrer que la recherche de l'intérêt individuel ne permet pas toujours d'atteindre un optimum collectif.

b › L'équilibre de Nash

L'**équilibre de Nash** est une solution de théorie des jeux proposée en 1951 par le mathématicien américain **J.-F. Nash** (prix Nobel 1994). Cet équilibre d'un jeu non coopératif correspond à une combinaison de stratégies pour laquelle la stratégie de chaque joueur est la meilleure réponse aux stratégies des autres joueurs (le joueur ne peut donc espérer obtenir un gain supérieur en changeant unilatéralement de stratégie). Selon **N. Eber**, un équilibre de Nash présente un critère de stabilité « *puisqu'il implique l'absence généralisée de regret : à l'équilibre de Nash, aucun joueur n'a de regret étant donné ce qu'ont fait les autres joueurs* ». Tant qu'un équilibre de Nash n'est pas atteint, on trouve toujours au moins un joueur qui a intérêt à changer de stratégie.
Certains jeux ne présentent aucun équilibre de Nash, d'autres peuvent en présenter plusieurs (notamment dans le cas de jeux répétés) et il est fréquent que de tels équilibres ne soient pas des optimums de Pareto.
Dans l'exemple précédent du dilemme du prisonnier, c'est la situation dans laquelle les deux avouent qui constitue l'unique équilibre de Nash, puisque la stratégie consistant à avouer (A) est une stratégie dominante pour les deux prisonniers. En effet, quelle que soit la stratégie de l'autre prisonnier, c'est celle qui permettra le « gain » le plus élevé.

⇨ Tout équilibre en stratégies dominantes est également un équilibre de Nash. En revanche, l'inverse n'est pas vrai.

La théorie des jeux permet de représenter un grand nombre de situations économiques, en s'intéressant à la diversité des stratégies des acteurs, alors que la théorie microéconomique traditionnelle se centre sur les problèmes d'allocation des ressources. Par exemple, elle donne la possibilité d'introduire le choix entre différentes stratégies de prix, selon le comportement des autres agents : faut-il lancer une « guerre des prix » ou tenter de maintenir des prix élevés ? Faut-il réaliser une entente entre producteurs ou laisser jouer la concurrence, etc. ?

> B L'économie de l'information

L'**économie de l'information** étudie les comportements d'agents confrontés à des problèmes d'acquisition d'information. Elle s'est développée suite à un article de **G. Akerlof** (1970) traitant des problèmes liés à la difficulté de connaître véritablement la qualité des voitures d'occasion. L'économie de l'information utilise certains résultats de l'économie de l'incertain : un agent confronté à des problèmes d'acquisition d'information doit gérer des situations risquées. Par exemple, un consommateur qui décide d'acheter un produit dans un magasin sans prospecter dans d'autres points de vente prend le risque de payer un prix relativement élevé. L'objectif de l'économie de l'information est donc d'étudier des situations avec information asymétrique dans lesquelles certains agents sont mieux informés que d'autres.

a › L'antisélection

La notion d'**antisélection** (on parle également parfois de sélection adverse) désigne le fait, faute d'une information parfaite, certains agents peuvent être conduits à sélectionner des produits de mauvaise qualité.
Ces problèmes de sélection adverse surviennent notamment lorsque certaines caractéristiques d'un bien ne sont pas observables par l'acheteur. Il y a donc asymétrie d'information dans la mesure où le vendeur ne divulgue pas certaines caractéristiques du produit, indécelables par l'acheteur. C'est le cas notamment des vendeurs de voitures d'occasion, qui seuls connaissent la qualité véritable des véhicules qu'ils vendent. Les acheteurs savent qu'il existe des véhicules d'occasion de bonne qualité et des véhicules de mauvaise qualité. Comme ils ne peuvent déterminer la qualité d'un véhicule, ils refusent de payer un véhicule d'occasion au-delà d'un certain prix. Mais les vendeurs, eux, ne vendent que des véhicules de mauvaise qualité au prix que sont prêts à payer les acheteurs. C'est ainsi que **G. Akerlof** montre, dans son étude du marché des véhicules d'occasion, que l'asymétrie d'information et les comportements des acheteurs et des vendeurs sur un tel marché conduit finalement à

l'exclusion des véhicules de bonne qualité de ce marché. L'antisélection correspond ainsi à un effet pervers qui élimine des échanges les produits de bonne qualité.

⇨ Le modèle d'Akerlof peut s'appliquer à de très nombreuses situations et montre que le laisser-faire peut avoir des conséquences négatives pour les agents économiques : élimination des bons produits, voire absence d'échange. Dans ce cadre, une réglementation assurant la révélation de tout ou partie de l'information, ou encore instituant des procédures de recours efficaces contre les ventes de produits de mauvaise qualité, permet d'améliorer le fonctionnement des marchés.

b › L'aléa moral

La notion d'**aléa moral** (ou **risque moral**), quant à elle, provient de la théorie des assurances. Le risque moral apparaît dans les situations où certaines actions des agents, inobservables par les assureurs, ont une conséquence sur le risque de dommage. On parle aussi de relation principal-agent. Avec le développement de l'économie de l'information, cette notion a cependant pris un sens plus général. On distingue ainsi généralement deux types de situations.

- Le modèle du « tire-au-flan » : l'agent qui ne dispose pas de l'information ne peut pas observer l'action de son partenaire. Ce dernier peut alors en « profiter » et déclarer que les mauvais résultats de son action ne lui sont pas imputables. C'est le cas par exemple des travailleurs dont l'effort est imparfaitement observable par leur employeur. Ils peuvent alors avoir intérêt à tirer au flan tout en déclarant que les mauvaises performances de l'entreprise ne sont pas le résultat d'un relâchement de leur effort.
- Les services d'experts : l'agent non informé peut observer l'action, mais il ne peut pas vérifier si elle est appropriée. Cette situation émerge pour tous les services d'experts : ces derniers disposent d'une information privée dans la mesure où ils sont seuls à pouvoir établir un diagnostic. Ils peuvent avoir intérêt à annoncer un diagnostic erroné tout en choisissant ensuite une action adaptée au diagnostic en question. Lorsqu'un dentiste pose une couronne, le patient ne peut pas savoir si cet acte était réellement nécessaire ou si un simple plombage aurait pu suffire.

Lorsqu'il y a risque moral, le problème est alors d'inciter l'agent qui dispose de l'information à prendre une décision optimale pour l'agent non informé.

⇨ On peut cependant noter que de nombreuses transactions de ce type sont inscrites dans la durée. Plus la transaction est longue, plus le principal accumule des informations sur l'agent, qui ainsi se dévoile peu à peu : l'information devient alors de moins en moins asymétrique.

Pour en savoir plus

Initiation

- Buisson E. et Navarro M. (2012), *Microéconomie en pratique*, A. Colin, Coll. Cursus.
- Eber N. (2006), *Le dilemme du prisonnier*, La Découverte, Coll. Repères.
- Eber N., Willinger M. (2012), *L'économie expérimentale*, La Découverte, Coll. Repères.
- Gabszewicz J. (2003), *La concurrence imparfaite*, La Découverte, Coll. Repères.
- Gabszewicz J. (2006), *La différenciation des produits*, La Découverte, Coll. Repères.
- Montoussé M. et Waquet I. (2008), *Microéconomie*, Bréal.

Approfondissement

- Béjean S., Peyron C. (2003), *Microéconomie*, Dalloz, Coll. HyperCours.
- Krugman P. et Wells R. (2009), *Microéconomie*, De Boeck.
- Montousse M. (dir.) (2007), *Microéconomie : cours, méthodes, exercices corrigés*, Bréal, Coll. Grand Amphi.
- Pindyck R., Rubinfeld D. (2010), *Microéconomie*, Pearson Education.
- Sebagh T. (2005), *Microéconomie, comprendre les enjeux contemporains*, Gualino.
- Varian H.R. (2011), *Introduction à la microéconomie*, De Boeck.
- Wasmer E. (2011), *Principes de microéconomie. Méthodes empiriques et théories modernes*, Pearson, 2011.

chapitre 14

Marchés et prix

Au sens économique, le **marché** désigne l'ensemble des mécanismes assurant la rencontre d'une offre et d'une demande pour aboutir à la détermination du prix auquel se réalisent les échanges (achats et ventes).
Le marché constitue l'une des modalités possibles de la coordination des décisions individuelles (voir « Les systèmes économiques »). Les prix de marché sont des informations à partir desquelles les agents économiques (producteurs et consommateurs) déterminent leurs choix et font évoluer leurs comportements.
De nombreuses analyses économiques visent à rendre compte du fonctionnement du marché. Les économistes classiques, néo-classiques, autrichiens, tout comme **K. Marx** sont des théoriciens du marché (voir « *Épistémologie et histoire des sciences économiques* »).
Dans la période contemporaine, c'est la théorie néo-classique qui a apporté la contribution la plus abondante à l'analyse du marché. Pour ce courant, dans les conditions de la concurrence, le marché assure une allocation efficiente des ressources et conduit spontanément l'économie à une situation d'équilibre stable. Cependant, l'analyse néo-classique ne se limite pas à l'étude du modèle de concurrence parfaite. Aujourd'hui, l'essentiel des travaux de ce courant d'analyse repose sur des modèles en concurrence imparfaite. Il ne faut donc pas identifier la théorie néo-classique au seul modèle de base en concurrence parfaite.

> I
Marchés et formes de la concurrence

> A
Néoclassiques et autrichiens : deux approches du marché

Les économistes néoclassiques, en particulier les héritiers de l'École de Lausanne fondée par **L. Walras** (1834-1910) et **V. Pareto** (1848-1923), ont une approche du marché qui est essentiellement statique : la confrontation des offres et des demandes se réalise à un moment donné et le temps n'est donc pas pris en compte. Par ailleurs, pour ces auteurs, les mécanismes du marché conduisent à une situation d'équilibre stable. Enfin, ils raisonnent en supposant que les agents sont parfaitement informés des conditions du marché. Dès lors qu'ils ne prennent pas en compte le temps et qu'ils supposent l'information parfaite, ces économistes n'accordent pas une grande importance à la monnaie (qui est considérée comme un simple instrument destiné à faciliter la circulation des biens).
Les économistes autrichiens, en particulier **L. Von Mises** (1881-1973) et **F. Hayck** (1899-1992), accordent au contraire une grande importance au temps et aux choix des agents entre le présent et le futur (arbitrages intertemporels). L'école autrichienne considère de plus que le marché est essentiellement un moyen de gérer l'information (le marché est un processus de découverte). Le marché est donc envisagé de façon dynamique, il ne tend pas vers un équilibre stable, mais constitue un processus de gestion des déséquilibres qui naissent en permanence de la vie économique. Dans cette approche, la réflexion sur la monnaie occupe une place très importante puisqu'elle est notamment un moyen de gérer les arbitrages intertemporels.

> B
La diversité des formes de la concurrence

Le nombre d'agents présents sur le marché est un critère simple pour distinguer les formes de concurrence. Dans l'optique néo-classique, **le tableau de H. Stackelberg** (1905-1946) permet de distinguer neuf types de marchés. Il existe bien sûr d'autres éléments qui déterminent la façon dont s'exerce la concurrence, comme la qualité des biens échangés, l'information dont disposent les agents, etc. (voir « Éléments de microéconomie »).

Offre (vendeur) / Demande (acheteur)	**Un (mono)**	**Quelques (oligo)**	**Grand nombre (poly)**
Un (mono)	monopole bilatéral	monopsone contrarié	monopsone
Quelques (oligo)	monopole contrarié	oligopole bilatéral	oligopsone
Grand nombre (poly)	monopole	oligopole	concurrence atomistique

Les formes de marché les plus étudiées sont la concurrence atomistique, le monopole et l'oligopole.

➩ Il ne faut donc pas confondre la concurrence, c'est-à-dire la compétition économique, avec la concurrence atomistique ou la concurrence pure et parfaite. Il peut y avoir une concurrence très vive entre les vendeurs dans le cas du monopsone. De même, des entreprises en situation d'oligopole peuvent choisir de s'entendre pour se partager le marché par exemple, mais elles peuvent aussi s'affronter, chacune cherchant à obtenir la plus grande part de marché possible.

L'institutionnalisation du marché

- Si l'analyse économique néoclassique joue un rôle important dans l'analyse du marché, d'autres travaux, qui s'appuient sur l'anthropologie et la sociologie économiques, mettent l'accent sur le fait que les relations marchandes n'ont pas un caractère universel et qu'elles ne peuvent se dérouler que dans un cadre institutionnel.
- Selon **J.-M. Servet** (1993), « nous transposons nos propres conceptions sur les sociétés anciennes en appelant "marché" tout ce qui relève en fait d'une relation beaucoup plus générale : l'échange entre groupes. La plupart des sociétés dites "primitives" ont des contacts avec leurs voisins et entretiennent avec eux des relations. [...]. Ces relations sont de différents types : transferts de biens, échange de femmes, relations guerrières, dons, etc. Il y a une pluralité de transferts de biens qui ne sont pas commandés par un strict échange marchand, réglé par le mécanisme des prix. Les échanges sont universels; le marché au sens où nous l'entendons aujourd'hui, lui, ne l'est pas ».
- Le marché est lui-même une institution économique. Dans ces conditions, il est souvent simpliste d'opposer le marché à l'État. **K. Polanyi** (1886-1964) a particulièrement insisté sur ce point, en écrivant : « *Le laisser-faire n'avait rien de naturel [...] L'économie du laisser-faire était produite par l'action délibérée de l'État* [...] *Le laisser-faire était planifié* » (*La grande Transformation*, 1944). Selon Polanyi, l'échange marchand n'est pas la seule forme de circulation des biens produits, et il distingue deux autres types, la réciprocité (les biens doivent être rendus dans une logique de dons et de contre-dons) et la redistribution (les biens circulent verticalement à travers une organisation administrée, système que l'on rencontre dans plusieurs grands empires dès l'Antiquité). Ainsi, le marché n'est qu'une forme institutionnelle particulière, historiquement située.

Les travaux de sociologie économique montrent que l'émergence d'un marché n'a rien de spontanée, et le seul intérêt des agents ne suffit pas à le faire apparaître. Un processus d'institutionnalisation, souvent complexe, est nécessaire. Dans un article intitulé « *La construction sociale d'un marché parfait : le marché au cadran de Fontaines-en-Sologne* » (ARSS, 1986), la sociologue **M.-F. Garcia Parpet** montre que l'émergence d'un marché aux fraises en Sologne où offreurs et demandeurs réalisent des transactions aux enchères, est en fait le produit d'une construction sociale, et notamment de la rencontre entre des agents « modernisateurs » parmi les agriculteurs et l'administration.

> II

L'équilibre de marché en concurrence parfaite

Le modèle de concurrence parfaite a été présenté par **L. Walras** et reformulé dans les années 1950 par **K. Arrow** (1972) et **G. Debreu** (1983). On parle souvent aujourd'hui du « **modèle Arrow-Debreu** ». Ce modèle étudie le fonctionnement d'une économie dans les conditions hypothétiques de la concurrence parfaite. Il relève, selon **L. Walras**, de l'économie politique pure (voir « Épistémologie et histoire des sciences économiques »).

> A

Les conditions de la concurrence pure et parfaite

Un marché en situation de concurrence pure et parfaite remplit cinq conditions :

- La condition d'**atomicité** : il doit exister une multitude d'acheteurs et de demandeurs, de taille comparable, de telle façon qu'aucun d'entre eux ne puisse influencer la détermination du prix du bien (le prix est une variable endogène au système économique mais exogène à chaque agent).
- La condition de **fluidité** : il faut qu'il y ait une libre entrée et une libre sortie du marché. Tout agent doit pouvoir, à tout moment et sans contrainte, formuler une offre et une demande.
- La condition d'**homogénéité** : les produits disponibles sur le marché doivent être parfaitement standardisés.

Ces trois premières conditions définissent la concurrence pure ; deux autres sont nécessaires pour qu'elle soit parfaite :

- La condition de **transparence** : les offreurs et les demandeurs disposent d'une information parfaite et gratuite sur les conditions du marché et notamment sur les prix des biens.
- L'hypothèse de **mobilité des facteurs** : ils doivent pouvoir, à tout moment, se déplacer du marché d'un bien à celui d'un autre bien.

⇨ Certains auteurs contestent la notion de concurrence pure et parfaite pour lui préférer celle de concurrence parfaite. Pour **B. Guerrien** notamment, les hypothèses de la concurrence parfaite « *forment un tout indissociable – malgré la lamentable habitude, en France, de parler de "concurrence pure et parfaite", comme s'il y avait, d'une part, des conditions de « pureté » et, d'autre part, des conditions de "perfection" – à partir duquel on peut définir sans ambiguïté les concepts d'offre et de demande* ».

> B Le tâtonnement walrasien et la détermination du prix d'équilibre

Les offreurs et les demandeurs d'un même bien se rencontrent sur un marché où opère un « **commissaire-priseur** », qui joue le rôle d'« arbitre de marché ». Ce dernier exerce ses fonctions de façon bénévole, puisque l'information est supposée gratuite dans ce modèle.
L'**arbitre de marché** propose un prix et chaque agent annonce la quantité qu'il est disposé à vendre ou à acheter à ce prix. L'arbitre de marché fait la somme des offres et des demandes (on dit qu'il agrège les offres et les demandes ce qui permet de passer des offres et des demandes individuelles aux offres et aux demandes agrégées). Si, pour le prix annoncé, l'offre est supérieure à la demande, c'est que ce prix est trop élevé, l'arbitre de marché propose donc un prix plus faible et ainsi de suite jusqu'au moment où l'on découvre le prix d'équilibre, c'est-à-dire le prix pour lequel l'offre agrégée est égale à la demande agrégée. C'est cette recherche du prix par essais et erreurs que l'on nomme « **tâtonnement walrasien** ».
On peut représenter la détermination du prix d'équilibre par le schéma suivant :

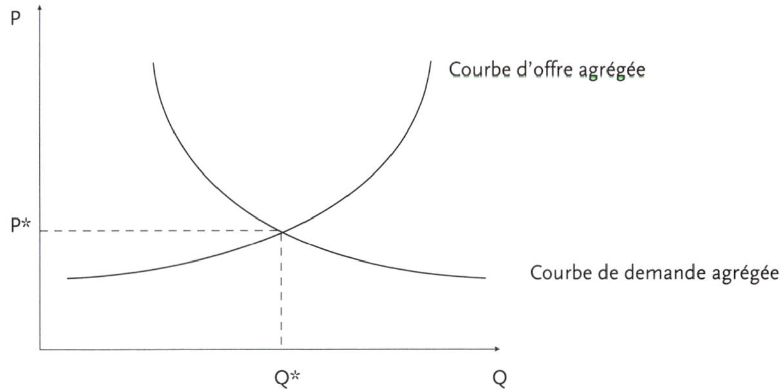

Sur un marché walrasien, les agents économiques sont « preneurs de prix » (*price takers*). En effet, en vertu de l'hypothèse d'atomicité, aucun agent ne peut par ses propres décisions modifier les conditions du marché. Le prix d'équilibre s'impose donc à tous.

⇨ L'hypothèse d'information parfaite implique que tous les échanges se déroulent à l'équilibre. C'est-à-dire qu'aucun échange ne se déroule avant la détermination du prix d'équilibre et qu'aucun échange ne se déroule entre deux séances de marché. Les agents n'ont donc aucune incertitude sur les prix.

Le modèle d'équilibre général proposé par **K. Arrow** et **G. Debreu (1921-2004)**, prolonge la démarche de **L. Walras**, en cherchant à déterminer sous quelles conditions exactes un équilibre général peut survenir. Selon eux, les caractéristiques essentielles de la concurrence parfaite sont les suivantes :

- Il existe un commissaire-priseur qui affiche le prix (unique) de chaque bien, et ce prix est connu de tous.
- Les offres et les demandes individuelles sont regroupées puis confrontées globalement.
- Aux prix affichés par le commissaire-priseur, les ménages et les entreprises effectuent des choix, qui se traduisent par des offres et des demandes. Ces choix sont faits sur la base du principe de maximisation (de l'utilité ou du profit).
- Les consommateurs et les producteurs établissent leurs plans en ne se fondant que sur le seul « signal » envoyé par les prix affichés, sans se préoccuper des éventuelles contraintes en quantité qu'ils pourraient subir, ou des résultats de leurs actions.
- Il y a un **système complet de marchés** : les prix affichés concernent tous les biens intervenant dans les fonctions d'utilité et de production prises en compte dans le modèle.

Le tâtonnement walrasien et l'établissement d'un équilibre général supposent une parfaite **flexibilité des prix**. Il s'agit en fait d'une situation idéal-typique de référence. La plupart du temps, dans le fonctionnement concret des économies, on observe des phénomènes de rigidité ou de viscosité des prix. On dit que les prix sont visqueux lorsqu'ils s'adaptent aux variations de l'offre et/ou de la demande, mais lentement.
Dans certains cas la **rigidité des prix** résulte d'une intervention des pouvoirs publics : fixation du SMIC, des prix agricoles, plafonnement des loyers, etc.
Mais le plus souvent les prix sont rigides à court terme en raison des comportements rationnels des agents qui ont de bonnes raisons de ne pas ajuster instantanément leurs prix. Par exemple, dans un restaurant, les prix relatifs des différents plats offerts à la carte ne varient pas au cours du service en fonction de la demande des clients. Si, au prix de la carte, il ne reste plus de tel ou tel plat, les consommateurs sont rationnés (ils se reportent sur un autre plat, l'ajustement se fait donc par les quantités et non par les prix). Réciproquement, si au prix fixé, le restaurateur ne parvient pas à écouler toutes les portions fabriquées de tel ou tel plat c'est lui (l'offreur) qui est rationné. Ces situations de rigidité des prix à court terme sont très générales qu'il s'agisse des prix de catalogue de la vente par correspondance, des prix affichés dans la grande distribution, du prix des places de cinéma (qui ne varient pas en fonction de l'engouement pour tel ou tel film), etc. Le fonctionnement réel des marchés se situe donc le plus souvent entre deux situations idéal-typiques : la flexibilité parfaite des prix et la rigidité parfaite des prix.

> C

L'équilibre général

a › Équilibre général et loi de Walras

Dans une économie concurrentielle, il y a autant de marchés que de biens et services à échanger. L'économie est en situation d'**équilibre général** lorsque tous les marchés sont simultanément en équilibre. Deux processus contribuent à conduire l'économie vers la situation d'équilibre général :

- le tâtonnement walrasien détermine le prix d'équilibre sur chaque marché ;
- les agents arbitrent entre les marchés en fonction des prix relatifs (si le prix relatif du thé diminue par rapport au café, les agents consommeront moins de thé et plus de café).

Ces deux processus se déroulent simultanément : en effet, le modèle d'équilibre général vise à rendre compte de l'interdépendance générale des marchés.

Une situation d'équilibre général est conforme à la **loi de Walras**, selon laquelle, à l'équilibre, la somme des demandes excédentaires (différence entre la demande et l'offre d'un bien) est nulle. Ou encore, lorsque (n 1) marchés sont en équilibre, le nième marché est en équilibre.

b › Existence et stabilité de l'équilibre

Un équilibre général peut donc se définir comme une liste de prix d'équilibre (un prix pour chaque bien). Est-on assuré que les conditions de la concurrence pure et parfaite garantissent une tendance spontanée à l'existence d'un tel équilibre ? Pour Walras la réponse est positive car, sur chaque marché, on peut définir une équation d'équilibre qui égalise les offres et les demandes agrégées. Le prix d'équilibre est la valeur qui permet de résoudre cette équation d'équilibre. Pour **Walras**, le problème est résolu par le fait qu'il y a autant d'inconnues (les prix) que d'équations d'équilibre.
La position de Walras n'est pas satisfaisante : le fait qu'il y ait autant d'équations que d'inconnues ne garantit pas qu'il existe toujours un équilibre, ni que cet équilibre soit unique et stable.
K. Arrow et **G. Debreu** ont examiné à nouveau cette question au début des années 1950. Ils montrent que pour que l'économie converge vers une situation (unique) d'équilibre stable, il faut que plusieurs conditions soient réunies.

- Les agents économiques (offreurs et demandeurs) sont rationnels.
- Tous les marchés fonctionnent en concurrence pure et parfaite et il existe un système complet de marché.
- Les producteurs n'ont pas de coûts fixes et ne sont donc pas en situation de rendements croissants.
- Les demandeurs disposent d'une dotation initiale de biens qui leur permet de vivre sans faire d'échanges, ils ont de plus des préférences convexes (ils préfèrent un panier de biens contenant un « mélange » des divers biens plutôt qu'un panier contenant un seul bien).
- Les fonctions d'offre et de demande sont continues et bornées.

Le modèle Arrow-Debreu est donc une version élégante et robuste (compte tenu de ses fondements mathématiques) de l'équilibre général walrasien. Cependant, cette construction est remise en cause par des travaux réalisés presque simultanément (1973-1974) par **H. Sonnenschein**, **R. Mantel** et **G. Debreu** lui-même. Le **théorème de Sonnenschein** énonce en effet que, dans les conditions définies par Arrow-Debreu, les formes des courbes d'offre et de demande sont quelconques, c'est-à-dire que rien ne permet d'assurer qu'une hausse du prix du bien conduira à une diminution de la demande et à une hausse de l'offre. Dès lors, l'existence, l'unicité et la stabilité de l'équilibre ne sont plus garanties.

> D
Équilibre général, optimum de Pareto et économie du bien-être

La notion d'optimum a été définie par **V. Pareto**, pour qui une situation est optimale lorsqu'on ne peut pas améliorer la situation d'un individu sans détériorer celle d'au moins un autre individu dans une proportion égale ou supérieure. On parle d'ailleurs d'**optimum de Pareto** pour qualifier une telle situation.

⇨ Cette définition a un caractère normatif. Elle repose sur une approche individualiste et sur la règle de l'unanimité : un état de l'économie E, ne sera jugé préférable à un autre E' que s'il y a unanimité en faveur de ce classement (E > E').

La relation entre l'optimum au sens de Pareto et l'équilibre général walrasien fait l'objet des deux théorèmes de l'**économie du bien-être** :

- Selon le premier théorème, tout équilibre concurrentiel est un optimum de Pareto. En effet, comme aux prix d'équilibre chacun maximise son utilité (sous sa contrainte de revenu), il n'est pas possible d'améliorer la situation d'au moins un individu sans restreindre le choix d'au moins un autre.

⇨ Si l'on se place du point de vue de la production, un équilibre général concurrentiel correspond à la meilleure utilisation possible des ressources productives. De ce point de vue aussi, on ne peut accroître la satisfaction d'un individu sans réduire la satisfaction d'au moins un autre.

- Le deuxième théorème est la réciproque du premier puisqu'il affirme qu'à tout optimum de Pareto peut être associé un système de prix tel qu'il soit, à ces prix, un équilibre concurrentiel.

Concurrence, atomicité et marché disputable

• Certains économistes considèrent qu'il n'est pas nécessaire qu'un marché soit atomistique pour que l'on obtienne une situation identique à celle qui découlerait de la concurrence pure et parfaite. Dès lors que, sur un marché, quelques producteurs (voire un producteur unique) sont menacés par l'entrée de concurrents, ces producteurs sont contraints de fixer un prix suffisamment bas et une quantité suffisamment forte pour dissuader l'entrée de nouveaux concurrents. C'est pour rendre compte d'une telle situation et pour souligner que l'hypothèse centrale concerne la libre entrée et la libre sortie du marché que **W. Baumol**, **J. Panzar** et **R. Willig** ont introduit en 1982 le concept de **marché contestable**.

• Le marché d'un bien ou d'un service est disputable (ou contestable) si, d'une part, l'entrée sur ce marché est complètement libre, et si, d'autre part, la sortie de ce marché se fait sans coût.

- L'entrée est libre si plusieurs conditions sont satisfaites. Il faut d'abord que les concurrents éventuels aient un accès identique aux marchés des facteurs de production, aux techniques disponibles, aux infrastructures. Il faut en outre que les consommateurs puissent choisir librement entre les différents concurrents.

– L'hypothèse de sortie sans coût signifie que le risque que prend une entreprise en entrant sur un marché est faible, voire inexistant. Une entreprise peut « entrer » dans la branche, installer un équipement, produire et vendre pendant une certaine période en ne supportant aucun coût que celui correspondant à l'usage et à la dépréciation de l'équipement utilisé. Cela correspond au cas où l'équipement est vendable ou réutilisable à d'autres fins.

La présence de coûts fixes importants, qui sont le plus souvent la source des économies d'échelle dans la production, était traditionnellement considérée comme la principale barrière à l'entrée technologique. La théorie des marchés disputables introduit la distinction entre coûts fixes recouvrables et coûts fixes irrécupérables, qui ne peuvent être recouverts en cas de sortie du marché. Par exemple, des dépenses de prospection minière sont irrécupérables, car on ne peut plus les « vendre » à un autre agent.
Seuls les coûts fixes irrécupérables constituent un obstacle à la concurrence car leur non-recouvrement en cas de sortie de l'activité limite les possibilités d'une entrée temporaire rentable.

> III La concurrence imparfaite

On peut définir la concurrence imparfaite comme une situation dans laquelle une ou plusieurs des conditions de la concurrence parfaite ne sont pas réunies. Relèvent, par exemple, de la concurrence imparfaite : le monopole et l'oligopole (pas d'atomicité) et la concurrence monopolistique (pas d'homogénéité du produit).
L'analyse économique s'est très tôt préoccupée d'autres modèles que celui de la concurrence parfaite. Par exemple, dès 1838, **A. A. Cournot** (1801-1877) présente les premières analyses du monopole et de l'oligopole, bien avant le modèle pareto-walrasien.

> A Le pouvoir de marché des offreurs et des demandeurs

Un agent dispose d'un **pouvoir de marché** lorsque les transactions qu'il réalise influent sur le prix d'équilibre du marché, parce qu'elles représentent un volume significatif de l'ensemble des transactions réalisées. Quand il existe un petit nombre d'offreurs ou de demandeurs, voire même un seul, ces agents disposent d'un pouvoir de marché et peuvent donc agir sur le prix d'équilibre, en fonction de la stratégie qu'ils se donnent.

a › Le monopole

Le monopole est une situation de marché dans laquelle un producteur (offreur) unique d'un bien homogène est en présence d'un grand nombre d'acheteurs. En monopole, le marché est donc soumis aux conditions que lui impose le producteur unique du bien, qui exerce un pouvoir sur le prix. Contrairement à la concurrence pure et parfaite, le producteur est ici « *price maker* » (faiseur de prix).
Le monopoleur, pour déterminer sa production d'équilibre, peut choisir entre différentes stratégies selon les objectifs qu'il s'assigne.

1 › L'équilibre du monopole

Si le monopoleur souhaite maximiser son profit, il applique la règle selon laquelle le profit est maximum lorsque la recette marginale est égale au coût marginal. En effet, tant que la recette marginale est supérieure au coût marginal, une hausse de la production augmente son profit. Dans le cas du monopole, la recette marginale (Rm sur le schéma ci-dessous) est inférieure au prix (ou recette moyenne RM), qui est donnée en fait par la courbe de demande sur le marché : la courbe de demande permet en effet de déterminer à quel prix les demandeurs sont prêts à acheter une quantité donnée de biens. Le monopoleur ayant déterminé la quantité d'équilibre, il fixe le prix de monopole (Pm) qui lui assure l'écoulement de sa production. Ce prix est supérieur au prix concurrentiel (Pc) qui s'appliquerait si le monopole avait le même comportement qu'en concurrence parfaite : dans ce cas, la recette marginale est confondue avec la recette moyenne, et le prix d'équilibre Pc est déterminé par l'égalité entre coût marginal et recette marginale. On constate qu'en monopole le prix Pm est supérieur au prix Pc, et la quantité est inférieure à ce qu'elle serait en concurrence parfaite. La différence entre le profit du monopoleur et le profit qui serait réalisé en concurrence parfaite, constitue la **rente de monopole**.
Comme on le voit sur le schéma, la tarification de monopole se traduit par une **perte sèche** sur le marché, c'est-à-dire une réduction du surplus affectant l'ensemble des agents. L'augmentation du prix de Pc à Pm se traduit par une diminution du surplus des consommateurs (voir « Éléments de microéconomie ») qui perdent la surface – (A + B). L'entreprise profite d'une hausse de son surplus de + A, mais elle perd – C en raison de la diminution des ventes (de Qc à Qm). Au total, consommateurs et producteurs ont donc subi une perte sèche de – (B + C). Cette surface donne une évaluation monétaire du montant de pertes subies par les agents (pour le calculer, on multiplie un prix par une quantité) en raison du monopole, par rapport à la situation concurrentielle.

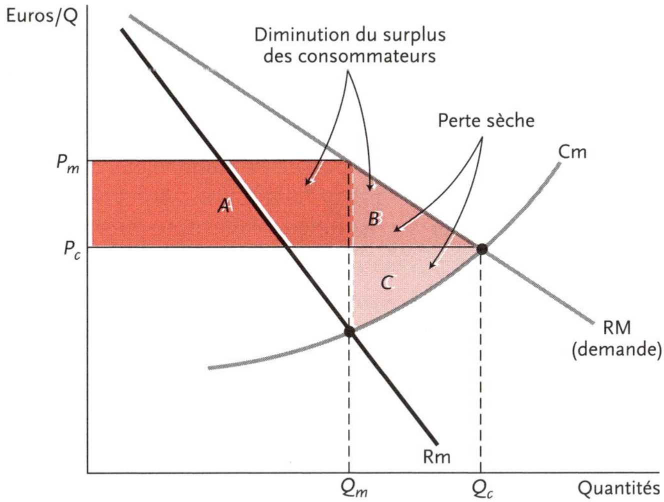

Source : R. Pindyck et D. Rubinfeld, *Microéconomie*, Pearson Education.

La notion de perte sèche joue un rôle fondamental en économie publique pour déterminer les effets des politiques publiques sur un marché, afin de comparer par exemple différents types de mesures fiscales ou différentes formes de subventions.

La firme peut également utiliser son pouvoir de marché pour augmenter sa rente de monopole, par exemple en pratiquant des tarifs différents dans des conditions différentes, de façon à pratiquer dans chaque cas le tarif le plus élevé possible. On parle alors de **monopole discriminant** (ou de discrimination par les prix) si le monopoleur vend le même produit à des prix différents.
Pour que la discrimination soit possible, il faut que le produit soit vendu sur des marchés qui ne communiquent pas (ou très faiblement) entre eux. Cette séparation peut être :

- d'ordre temporel : les tarifs « basse-saison » ou « hors-saison » d'une compagnie aérienne en situation de monopole ;
- d'origine géographique : lorsque la communication entre les divers marchés nationaux ou régionaux est imparfaite, le monopoleur a intérêt à pratiquer des prix différents dans le but de maximiser son profit ;
- d'ordre socio-économique : une compagnie aérienne en situation de monopole pratiquera des tarifs différents pour les jeunes, les personnes âgées, les familles, les participants à des congrès, etc.

La **discrimination par les prix** ne concerne pas que les monopoles. Dès que la concurrence n'est pas parfaite, les offreurs peuvent adopter un comportement stratégique afin de jouer sur les différences de consentement

à payer des agents (places de cinéma à tarifs réduits pour les étudiants et les seniors, mais pas à toutes les séances, prix différenciés en fonction de l'heure ou de la période du voyage dans le transport aérien ou ferroviaire, etc.).
Le monopoleur ne pratique pas toujours la tarification assurant un profit maximal. Il peut aussi, viser un autre objectif, comme la maximisation de son chiffre d'affaires, notamment lorsque le monopoleur cherche à éviter l'apparition de concurrents. Il préfère alors avoir des profits immédiats moins élevés pour protéger à plus longue échéance son monopole sur le marché, et se prémunir contre l'apparition de concurrents éventuels.

2 › La tarification publique du monopole

Un monopole a un « coût social » pour les consommateurs, car il se traduit par une augmentation des prix et une restriction de la quantité consommée. L'État a donc intérêt dans certains cas d'exercer un contrôle sur le prix pratiqué par le monopole (voir « État et économie »), soit en prenant le contrôle de l'entreprise en question, soit en lui imposant une tarification (contrôle des prix). Plusieurs règles de tarification sont envisageables, en particulier :

- La gestion à l'équilibre, qui vise un profit global nul. Cette stratégie peut être envisagée par un producteur soucieux d'accroître sa production pour se prémunir de l'arrivée de concurrents éventuels, mais désireux en même temps d'éviter d'encourir des pertes. Ce peut être également un critère de gestion envisageable pour une entreprise en situation de monopole et gérée par la puissance publique qui veut éviter l'existence d'une rente de monopole en même temps que les pertes qu'il faudrait faire supporter par les contribuables. La gestion à l'équilibre conduit souvent à fixer un prix trop faible par rapport au coût marginal. Ce prix incite à une consommation trop forte et donc à une mauvaise allocation des ressources productives.
- La **tarification au coût marginal** : une gestion visant à l'utilisation rationnelle de l'ensemble des ressources par la collectivité doit donc conduire à vendre les biens et services fournis par les monopoles publics à leur coût marginal. Dans ce cas, il est possible que l'entreprise réalise une perte, qui sera donc compensée par une subvention publique.

b › Monopsone et oligopsone

Alors que dans l'étude du monopole on envisage la situation où le producteur-vendeur est seul sur un marché donné, c'est l'hypothèse inverse qui est ici étudiée, dans le cas du **monopsone**. Sur un marché d'un bien ou service homogène, un grand nombre de vendeurs, d'offreurs, font face à un acheteur unique.
Une illustration de ce type de marché est fournie par la situation où une grande entreprise est la seule à acheter la matière première, le produit agricole

ou industriel (café, cacao, caoutchouc), produit dans une région considérée ; ou celui d'une région, un « bassin de main-d'œuvre » où une firme est la seule à embaucher. Elle est alors l'unique employeur, le seul acheteur de la force de travail.
Sur le marché du travail, une situation de monopsone conduit généralement à un niveau d'emploi et de salaire plus faible que celui qui apparaîtrait en situation de concurrence. Les travailleurs peuvent en conséquence être amenés à réagir et à tenter une action concertée par l'intermédiaire des syndicats. De même, sur un marché agricole, les petits producteurs sont amenés à se regrouper (coopératives, associations diverses). Il peut en résulter un rééquilibrage des pouvoirs, et un monopole bilatéral.
Les situations d'**oligopsone** sont assez fréquentes dans les relations entre industries, notamment lorsqu'il existe un petit nombre d'entreprises clientes sur un marché (par exemple, les constructeurs automobiles sont dans cette situation face aux fournisseurs de biens d'équipement). Elles peuvent conduire les agents à négocier des conditions particulières de façon à sécuriser leurs approvisionnements (contrat de longue durée, etc.).

> B

Concurrence monopolistique et différenciation des produits

On dit qu'il y a **concurrence monopolistique** chaque fois qu'il y a différenciation des produits sur un marché concurrentiel : les biens ne sont pas homogènes, et les entreprises se font concurrence non seulement par les prix, mais aussi en différenciant leur offre. L'analyse de ce type de marché a été introduite par **E. H. Chamberlin** (1899-1967) et présente des éléments qui l'apparentent aux deux formes de marché les plus opposées, la concurrence parfaite d'une part, le monopole d'autre part.
La concurrence monopolistique se distingue de la concurrence pure et parfaite parce que chaque entreprise dispose d'une clientèle relativement fidèle, attachée à la qualité de ses produits. Compte tenu de la qualité (réelle ou supposée) des produits, de raisons de proximité ou de facilités de desserte, l'acheteur préfère, les produits qui proviennent d'une entreprise déterminée. De ce fait, les entreprises ne subissent plus le prix du marché et ont une certaine latitude pour déterminer le prix et la quantité.
La concurrence monopolistique se distingue du monopole par le nombre (et la petite taille) des producteurs. Les décisions de chacun d'entre eux sont sans conséquence sur la situation individuelle des concurrents, même si, au bout du compte, les réactions de l'ensemble des concurrents ne sont pas sans conséquence sur la situation et le profit de l'un d'entre eux.

⇨ L'hétérogénéité du produit est au centre de l'analyse de la concurrence monopolistique et dans bien des cas, cette hétérogénéité ne découle pas des qualités intrinsèques du produit. En dehors des différences de localisation, les différences de présentation, de marques (et de sous-marques), les conditions de crédit, les services après-vente (réseau de concessionnaires ou « contrat de confiance ») visent à segmenter le marché, à « fidéliser » la clientèle, à éviter que celle-ci n'abandonne le vendeur à la moindre différence de prix.

On démontre que l'équilibre en concurrence monopolistique se traduit à long terme par une augmentation tarifaire par rapport à un marché de concurrence parfaite : c'est le « prix à payer », pour le consommateur, d'une offre diversifiée de produits. Les entreprises cherchent souvent délibérément à augmenter leurs marges en ajoutant des caractéristiques nouvelles à leurs produits, de façon à pouvoir les vendre à un tarif plus élevé.

> C Les modèles de duopole

Le duopole est une situation de marché dans laquelle deux vendeurs rencontrent un grand nombre d'acheteurs.
De nombreux modèles théoriques se sont développés, concernant les comportements (en termes de quantités produites) des duopoleurs. Ces modèles ont un fondement commun : ils introduisent une « fonction de réaction » qui exprime la façon dont une entreprise donnée réagit aux décisions de ses rivales. Quelle est la production décidée par l'entreprise A pour tel niveau de production de B ? L'entreprise A a-t-elle un comportement de « maître », cherchant à dominer le marché ou de « satellite » (situation de dépendance), s'adaptant aux décisions de l'entreprise B ?
Différents modèles de duopoles peuvent être ainsi recensés, selon le type de comportement retenu par les auteurs :

		Producteur B	
		Comportement de dépendance	**Comportement de maîtrise**
Producteur A	**Comportement de dépendance**	Équilibre de Cournot (double dépendance)	Équilibre de Stackelberg (duopole asymétrique)
	Comportement de maîtrise	Équilibre de Stackelberg (duopole asymétrique)	Pas d'équilibre possible (duopole de Bowley)

⇨ Il est à noter qu'un auteur, **J. Bertrand** (1822-1900) s'est intéressé à une situation de duopole dans laquelle les entreprises annoncent d'abord les prix, les quantités venant ensuite.

a › Le duopole de Cournot (1838)

Les modèles de duopole sont généralement abordés à partir de celui exposé par **A. A. Cournot** (1838). Dans ce modèle, deux entreprises produisent le même bien (et pas des biens substituables, comme dans le cas de la concurrence monopolistique) La forme d'organisation sous-jacente à ce modèle se rapproche très fortement de celle de la concurrence parfaite : les agents formulent des demandes et des offres à un commissaire-priseur, qui propose des prix (seuls les prix qui égalisent les quantités offertes et demandées sont envisagés et ces prix sont supposés connus des duopoleurs).

Au moment où elles décident de leur offre, les deux entreprises en présence n'ignorent donc que l'offre de l'autre. Pour prendre leur décision, elles doivent donc, non seulement anticiper ce que sera l'offre de leur concurrent, mais anticiper également la réaction de l'autre à leur propre offre (conjecture sur la fonction de réaction de l'autre duopoleur). Dans le modèle de Cournot, cette conjecture est très simple : chacun des duopoleurs enregistre l'offre de l'autre et pense qu'il ne la modifiera pas en fonction de l'offre qu'il peut faire lui-même (comportement myope).

Chacun d'entre eux cherche alors à maximiser son profit à la manière du monopole, en égalisant son coût marginal à sa recette marginale, calculée à partir de la demande résiduelle (c'est-à-dire la demande totale à laquelle elle soustrait l'offre de l'autre).

Chaque entreprise détermine donc la quantité qui lui permet de maximiser son profit en anticipant l'offre de l'autre entreprise. Si cette anticipation s'avère fausse, il n'y a pas d'équilibre de duopole possible (le profit ayant été calculé sur la base d'une prévision erronée).

b › Le duopole de Bowley (1924)

Dans le modèle présenté par **A. Bowley** (1869-1957), on considère que les deux duopoleurs adoptent simultanément un comportement de maîtrise, en pensant que l'autre va s'adapter et se comporter en satellite. Chacun des producteurs fixe donc son niveau de production et on aboutit alors à une surproduction car chacun des « duellistes » a fixé son niveau d'offre sans prendre en considération le comportement réel de l'autre. À l'ajustement par les quantités va alors se substituer la guerre des prix, qui peut déboucher soit sur la faillite de l'un des producteurs et son contrôle par l'autre, soit sur l'entente.

c › Le duopole de Stackelberg (1934)

Dans le modèle de duopole de Stackelberg on introduit une hypothèse de domination (de maîtrise) pour l'un des deux protagonistes, l'autre cherchant à s'adapter. Le modèle de Stackelberg a la même structure que le modèle du duopole de Cournot : il n'en diffère que par l'hypothèse selon laquelle l'un des duopoleurs connaît la fonction de réaction de l'autre. A sait comment B réagit à chacune de ses offres : il détermine donc celle qui maximise son profit, compte tenu des réactions de B.

> D

Les imperfections de l'information

L'information est imparfaite dès lors qu'un agent ne peut accéder à la totalité de l'information dont il a besoin pour prendre ses décisions. La prise en compte de ces imperfections a renouvelé en profondeur la microéconomie, avec l'émergence de l'économie de l'information (voir « Éléments de microéconomie »).

Ainsi, les agents économiques adoptent des règles de comportements différentes lorsqu'ils ont affaire à un environnement incertain, et les processus d'ajustement sur les marchés ne sont plus les mêmes. La distinction entre **risque** et **incertitude** est introduite par **F. Knight** (1885-1962) : le risque est probabilisable grâce à des outils statistiques, et permet donc d'évaluer le comportement probable des agents. En revanche l'incertitude n'est pas probabilisable, ce qui pose problème pour étudier les réactions des agents car on ne peut prévoir « à l'avance » ce qu'ils vont faire. **J. M. Keynes** a prolongé la réflexion de Knight sur l'incertitude, il écrit en 1937 « *Par connaissance ìincertaineî je n'entends pas distinguer ce que l'on considère comme certain de ce qui est seulement probable. Le jeu de la roulette n'est pas, en ce sens, soumis à l'incertitude [Ö] Le sens que je donne à ce terme est celui qu'il prend lorsque l'on juge incertain la perspective d'une guerre européenne, le niveau du prix du cuivre ou du taux d'intérêt dans dix ans [Ö] Il n'existe pour toutes ces questions aucun fondement scientifique sur lequel construire le moindre calcul de probabilité. Tout simplement : nous ne savons pas* ». Selon Keynes, la spéculation sur les marchés financiers est l'exemple même d'une activité soumise à l'incertitude. Il montre que les agents adoptent des comportements spécifiques dans un environnement incertain : l'équilibre sur le marché n'est pas le résultat d'une évaluation « objective » de la valeur des titres, mais le produit de comportements mimétiques, chaque spéculateur essayant d'anticiper le comportement des autres, comme le montre le fameux exemple du « concours de beauté » (voir « La globalisation financière »).

En présence d'**imperfections de l'information**, les transactions sur le marché sont plus risquées pour les agents, par exemple un consommateur risque d'acquérir un produit de mauvaise qualité, ou bien une entreprise risque d'embaucher un travailleur dont la productivité est plus faible que prévue, etc. Pour se prémunir contre ces risques, les agents ont intérêt d'adopter des contrats spécifiques, car le contrat « standard » sur lequel repose une transaction marchande n'est pas adapté. Quelques précisions sont nécessaires pour décrire ces contrats. On distingue deux types de variables relatives aux transactions : d'une part les variables observables, que l'on peut mesurer, d'autre part les variables vérifiables, pour lesquelles l'agent peut disposer d'une preuve, valable pour un tiers ou sur le plan juridique. Par exemple, il est possible que l'employeur d'un salarié puisse observer l'effort fourni par le salarié, mais ne puisse pas le vérifier (il n'existe pas de « preuve » de son effort). On distingue alors trois types de contrats :

- le **contrat explicite**, pour lequel toutes les variables sont à la fois vérifiables et observables ;
- le **contrat implicite** : certaines variables sont observables mais ne sont pas vérifiables ;
- le **contrat incomplet** : certaines variables ne peuvent être intégrées, car elles ne sont pas observables.

Le développement de la théorie des contrats a joué un grand rôle dans le renouvellement de la théorie microéconomique dans de nombreux domaines. Ainsi, la relation entre le salarié et l'employeur peut reposer sur des contrats implicites (voir « Marché du travail et chômage »). De même, la théorie de la firme s'appuie aujourd'hui sur l'incomplétude des contrats, pour comprendre pourquoi l'entreprise préfère faire en interne plutôt que de faire faire à un autre agent (voir « Entreprise et système productif »). D'après la théorie de l'agence, la firme ne sait pas toujours si les agents avec lesquels elle est en relation réalisent bien les tâches prévues (par exemple, elle ignore si un prestataire de service réalise correctement son travail). Si le contrat avec un agent extérieur à la firme est incomplet, elle peut alors adopter deux comportements : soit elle « internalise » l'activité, en embauchant par exemple un salarié supplémentaire, de façon à pouvoir contrôler directement son travail, soit elle met en place dans le contrat avec l'agent des mécanismes d'incitation ou de sanction adaptés (primes d'objectif, pénalités, etc.).

Pour en savoir plus

Initiation

- Buisson-Fenet E. et Navarro M. (2012), *Microéconomie en pratique*, A. Colin, Coll. Cursus.
- Combe E. (2010), *La politique de la concurrence*, La Découverte, Coll. Repères.
- Combe E. (2011), *Le low-cost*, La Découverte, Coll. Repères.
- Defalvard H. (2000), *La pensée économique néoclassique*, Dunod, Coll. Topos.
- Gabszewicz J. (2003), *La concurrence imparfaite*, La découverte, Coll. Repères.
- Guesnerie B. (2006), *L'économie de marché*, Le Pommier.

Approfondissement

- Béjean S., Peyron C. (2003), *Microéconomie*, Dalloz, Coll. Hypercours.
- Combe E. (2005), *Économie et politique de la concurrence*, Dalloz, Coll. Précis.

- Encaoua D., Guesnerie R. (2006), *Politiques de la concurrence*, Rapport du Conseil d'analyse économique, La Documentation française.
- Gabszewicz J. (2006), *La différenciation des produits*, La Découverte, Coll. Repères.
- Pindyck R. et Rubinfeld D. (2010), *Microéconomie*, Pearson Education.
- Pradier P.-C. (2006), *La notion de risque en économie*, La Découverte, Coll. Repères.
- Sebagh T. (2005), *Microéconomie, comprendre les enjeux contemporains*, Gualino.
- Varian H. R. (2011), *Introduction à la microéconomie*, De Boeck.
- Wasmer E. (2011), *Principe de microéconomie. Méthodes empiriques et théories modernes*, Pearson.

chapitre 15

État et économie

Il existe deux types de définitions du concept d'**État** :

- une définition restreinte selon laquelle l'État se limite aux administrations publiques centrales ;
- une définition large selon laquelle l'État regroupe non seulement les administrations publiques centrales mais également les administrations locales et la sécurité sociale.

La relation entre État et économie nourrit un certain nombre de débats en science économique, qui opposent les partisans du libre jeu du marché aux partisans de l'intervention économique et sociale de l'État.

L'histoire des économies de marché est marquée, à partir de la fin du XIXe siècle, par une montée en puissance des interventions économiques et plus encore des interventions sociales de l'État.

À partir de la fin de la Seconde Guerre mondiale et durant les Trente Glorieuses, sous l'effet de la généralisation de politiques keynésiennes et de l'extension de la protection sociale, se sont constitués des États-providence (***Welfare State***).

Les années 1980 sont marquées par une remise en cause de l'intervention économique et sociale de l'État. En revanche, depuis le milieu des années 1990, on assiste à une réhabilitation de certaines interventions des pouvoirs publics. Ce mouvement de « retour de l'État » a été amplifié par la crise des subprimes de 2007 et ses conséquences sur l'activité économique et l'emploi.

> I Les théories économiques de l'État

> A Les conceptions classiques et néoclassiques de l'État

a › L'économie politique classique

L'économie politique classique débouche sur une conception de l'État en tant qu'**État gendarme**, limité à ses fonctions régaliennes : défense nationale, affaires étrangères, police, justice et administration. En effet, les mécanismes du marché permettent la conciliation entre intérêts privés et intérêt général (« **main invisible** » d'Adam Smith) ; l'intervention économique de l'État est donc en principe inutile.

Toutefois, **A. Smith** (1723-1790), reconnaît la légitimité d'une intervention économique de l'État en matière d'infrastructures publiques (routes, ponts, ports...), et d'éducation. L'un des « devoirs du souverain » « [...] *consiste à ériger et maintenir des travaux publics qui, bien que du plus haut intérêt pour la société, sont d'une nature telle que le profit ne peut jamais couvrir la dépense d'un individu ou d'un petit nombre d'individus ; on ne doit donc pas s'attendre en conséquence à ce qu'ils les entreprennent ou les maintiennent* » (*Recherches sur la nature et les causes de la richesse des nations*, 1776).

Cette orientation d'A. Smith ne sera guère suivie par les économistes libéraux français, comme **F. Bastiat** (1801-1850), anti-étatiste, pour qui « *L'État ne peut sortir d'un cercle déterminé sans se transformer en instrument d'injustice, sans bouleverser la naturelle division du travail* ».

b › L'approche néo-classique

Pour les néo-classiques, les interventions économiques de l'État sont légitimes si elles permettent d'améliorer le bien-être collectif. On peut distinguer deux cas de figure : soit l'économie est proche d'une situation concurrentielle, qui assure une utilisation optimale des ressources, et le rôle de l'État est alors de faire tendre l'économie vers cette situation, en instaurant par exemple des lois anti-trust ou en imposant des réglementations visant à garantir une information libre et gratuite. Soit il existe des **défaillances du marché**, c'est-à-dire des situations dans lesquelles les décisions privées sur les marchés ne conduisent pas à une situation optimale du point de vue collectif. Quatre cas de figure peuvent être distingués :

- L'existence d'**économies d'échelle** importantes, aboutissant à la constitution d'un **monopole naturel**, un seul producteur étant plus efficace que plusieurs. l'État peut alors procéder à la nationalisation de l'entreprise en question, qui permet de fixer le prix à un niveau socialement efficace. L'État peut contraindre l'entreprise nationalisée à vendre par exemple au coût marginal (voir « Marchés et prix »). Pour **L. Walras** (1834-1910), « *L'État peut et doit intervenir dans les industries de chemin de fer et à un double titre : 1) parce que le service des chemins de fer, en ce qui concerne le transport des services ou des produits d'intérêt public, est lui-même un service public ; 2) parce que le service des chemins de fer, en ce qui concerne le transport des services ou produits d'intérêt privé, est un monopole naturel et nécessaire qui, par conséquent, doit être érigé en monopole d'État économique* ».
- L'existence de **biens collectifs** marqués par deux caractéristiques : la non excluabilité (impossibilité d'écarter quiconque de sa consommation) et la non-rivalité (un bien peut être consommé simultanément par plusieurs agents sans que la quantité consommée par l'un diminue les quantités disponibles pour les autres).

Le mécanisme d'exclusion par les prix ne peut jouer dans la mesure où aucun individu n'acceptera de payer un bien dont il peut jouir gratuitement si un autre individu a accepté de le payer. Par ailleurs, le coût marginal étant nul – le fait que la défense nationale protège un habitant supplémentaire n'entraîne aucune augmentation du coût de production – le prix d'équilibre est donc nul (égalité du coût marginal et du prix d'équilibre). L'État doit intervenir et financer la production des biens et services collectifs par des prélèvements obligatoires.

Biens	Non excluable	Excluable
Non rival	Biens collectifs (phare, deéfense nationale…)	Biens de clubs (programme de télévision cripté)
Rival	Biens en communs (banc de poissons)	Biens privés (pomme, paire de chaussures)

Source : D'après Lévêque F., *Économie de la réglementation*, éd. La Découverte, Coll Repères, p. 86.

- L'existence d'**effets externes** : ceux-ci sont les conséquences positives ou négatives de l'activité d'un agent économique sur d'autres agents économiques, non prises en compte par les mécanismes du marché. Il y a effet externe positif lorsque, par exemple, les abeilles d'un apiculteur butinent les fleurs d'un jardin appartenant à un autre agent économique. Il y a effet externe négatif lorsqu'une entreprise pollue en toute gratuité. Dans ce dernier cas, les néo-classiques considèrent que l'État doit « internaliser » l'effet externe au moyen d'une taxe (principe pollueur-payeur) ou d'une réglementation plus drastique en matière d'environnement.

A.C. Pigou (1877-1959) est l'un des premiers économistes à avoir analysé ces questions, on parle donc souvent de « taxe pigouvienne » pour désigner les taxes qui visent à internaliser les effets externes négatifs.

- L'existence d'asymétries d'information importantes, à l'origine notamment des processus d'antisélection (voir « Éléments de microéconomie ») : les mécanismes du marché conduisent alors au retrait des produits de bonne qualité, voire à la disparition pure et simple du marché si les agents estiment que les produits présents sur le marché ont une qualité insuffisante. Une politique publique est alors nécessaire pour rendre le marché plus efficace.

Le théorème de Coase

En 1960, dans son article « The Problem of Social Cost », **R.H. Coase** énonce un théorème selon lequel, dans un monde où les droits de propriété sont nettement définis et les coûts de transaction nuls, le libre jeu du marché aboutit à un optimum. Il en résulte des réflexions sur les missions que l'État doit assumer en prenant en compte l'existence, de coûts de transaction, et d'effets externes négatifs : « *Ce que j'ai montré dans "Le problème du coût collectif", c'est qu'en l'absence de coût de transaction (...), les institutions qui façonnent le système économique n'ont ni substance, ni objet* ». Or, selon lui, « *il est nécessaire d'introduire explicitement des coûts de transaction positifs dans l'analyse économique pour étudier le monde tel qu'il est* ».

Dans cette perspective, il défend une approche de l'intervention publique reposant sur deux principes :

- L'État doit attribuer les droits de propriété de façon à minimiser la somme des coûts de transaction et de production.
- L'État doit favoriser la baisse des coûts de transaction en assurant « une distribution des droits telle que les coûts de leur transfert soient faibles grâce à la clarté de la loi et en rendant moins onéreuses des exigences légales associées à ces transferts ».

Cette approche constitue la justification théorique du principe pollueur-payeur et de la mise en place des marchés de droits à polluer (mis en place notamment dans le cadre du **protocole de Kyoto**).

> B Des socialistes réformateurs à l'École allemande : un État interventionniste

a › Les socialistes réformateurs

S. de Sismondi (1773-1842) est l'un des précurseurs en matière d'interventionnisme économique et social de l'État. Il considère que, face aux méfaits d'une dynamique non maîtrisée du capitalisme, une intervention des pouvoirs publics est nécessaire. Ces derniers doivent contenir le déchaînement de la

production et freiner le processus d'innovation. Acceptant la propriété privée, il refuse l'injustice sociale et confie, par conséquent un rôle protecteur au gouvernement.
Outre Sismondi, on trouve également dans ce courant de pensée, **C.H. de Saint-Simon** (1760-1825), qui donne un rôle essentiel aux pouvoirs publics. Dans son esprit, ceux-ci doivent s'appuyer sur les enseignements de la science. La Politique doit devenir une « *science positive* », une « *science de la production* ». L'enjeu est d'administrer les hommes comme on administre les choses. Critiques de la propriété privée et par conséquent de l'héritage, ses disciples, préconiseront la création de fonds de production alimentés par les richesses accumulées, fonds gérés par l'État.

b › L'École allemande : la théorie organique de l'État

Conformément à la thèse de **F. Hegel** (1770-1831), **l'École allemande** pense que l'essence de l'État est d'incarner la Raison dans l'histoire. L'État relève d'une nature spécifique, l'intérêt général dont il est porteur est autre chose que le résultat de la somme des intérêts particuliers. Il revient à la nation de déterminer les besoins auxquels doit répondre l'État, non à partir de l'addition des intérêts particuliers, mais à partir de l'intérêt national.
Selon **F. List** (1798-1846), le gouvernement a pour charge le maintien de l'unité politique et économique du pays, notamment par une subordination des intérêts locaux et particuliers à l'intérêt général, une planification nationale en matières d'infrastructures de transport (chemins de fer, canaux) et un protectionnisme éducateur (voir « Le commerce international »).
A. Wagner (1835-1917) et **A.G. Schmoller** (1838-1917) proposent la mise en œuvre d'une économie mixte. Influençant le mouvement ouvrier réformiste, ils s'interrogent sur ce que l'on appelle aujourd'hui l'État-providence, en charge de la justice sociale et de la régulation économique. Pour A. Wagner, dans son ouvrage *Les fondements de l'économie politique* (1876), l'État peut assurer légitimement la redistribution des revenus par le versement de « salaires indirects ». A. Wagner cherche à concilier individualisme et socialisme.

⇨ Pour Wagner, les dépenses et les interventions publiques augmentent plus rapidement que la production (**Loi de Wagner**) en raison :
- d'une amélioration du niveau de vie qui entraîne un accroissement des dépenses d'éducation ;
- du développement économique qui implique des dépenses publiques supplémentaires en matière de recherches et d'infrastructures ;
- d'une augmentation des dépenses d'administration générale liée à la nécessaire adaptation de la réglementation à l'industrialisation et à l'urbanisation.

> C
L'analyse keynésienne du rôle de l'État

Contrairement à la théorie néo-classique, **J.-M. Keynes** (1883-1946) considère que « l'expérience ne démontre nullement que les individus, une fois réunis en une unité sociale, sont toujours moins clairvoyants que lorsqu'ils agissent isolément ». Par ailleurs, le marché n'étant pas autorégulateur, l'intervention économique de l'État est nécessaire. Une économie peut connaître un **équilibre de sous-emploi**, caractérisé par une égalité de l'épargne et de l'investissement et par un niveau de production qui ne permet pas l'utilisation de toute la main-d'œuvre disponible. Dans cette situation, l'État doit accroître le niveau de la demande globale (consommation et investissement anticipés par les entrepreneurs) pour élever le niveau de la production et pour aboutir à une situation de plein-emploi (voir « Les politiques économiques »).
À cet effet, Keynes considère « qu'une large socialisation de l'investissement s'avérera le seul moyen d'assurer approximativement le plein-emploi ». L'État peut intervenir par un accroissement des dépenses publiques financées par un déficit budgétaire (« **investissement autonome** »), qui aura un « **effet multiplicateur** » sur les revenus et par conséquent sur le niveau de la demande globale (voir « Capital et Investissement »).
L'État peut également intervenir pour accroître le niveau de la consommation, au moyen d'une politique de redistribution des revenus en faveur des ménages ayant la propension marginale à consommer la plus élevée, c'est-à-dire les ménages les plus pauvres (voir « Les politiques économiques »).
Enfin, l'État peut agir sur le niveau des taux d'intérêt, au moyen d'une politique monétaire expansionniste par l'accroissement de l'offre de monnaie (voir « Monnaie et financement »).

⇒ Malgré ses positions en faveur d'une intervention économique et sociale de l'État, **Keynes** n'est pas favorable à une étatisation de l'économie. Il considérait que, lorsque le taux de prélèvements obligatoires sur la richesse nationale dépassera 25 %, on aura franchi le seuil au-delà duquel il y aurait remise en cause fondamentale du régime capitaliste.

Les fonctions économiques de l'État

En 1959, alors que s'impose dans les pays occidentaux l'influence des économistes de la synthèse (qui articulent les apports de la tradition classique et ceux de la théorie keynesienne), **R. Musgrave** (*The Theory of public Finance*) propose une typologie des fonctions de l'État qui reste très largement utilisée par les économistes contemporains. L'État a trois fonctions :

- une **fonction d'allocation** des ressources. Il se substitue partiellement au marché pour allouer des ressources productives à la production de biens publics et au fonctionnement de l'administration ;

- une **fonction de répartition**. Il agit sur la répartition primaire des revenus (fixation des prix agricoles, fixation du salaire minimal, etc.) et il modifie la répartition primaire des revenus afin de réduire les inégalités et de se rapprocher d'un objectif de justice sociale;
- une **fonction de régulation**. Il assure la stabilité du rythme de croissance (en évitant les surchauffes et les récessions) et il favorise la stabilité des prix et l'équilibre extérieur.

> D Théories marxistes de l'État

a › Marx et l'État

Pour **K. Marx** (1818-1883), l'État dans le système capitaliste, est un « comité qui gère les affaires communes de toute la classe bourgeoise », il n'est que « la forme par laquelle les individus d'une classe dominante font valoir leurs intérêts communs ». Il critique donc les défenseurs de l'interventionnisme économique de l'État comme **F. Lassale** (1825-1864) ou **F. List**, considérant qu'aucun progrès social réel n'est possible dans le cadre du système capitaliste. Afin d'instaurer le communisme, en tant que société sans classes et par conséquent sans État, une phase de transition est nécessaire, durant laquelle l'État de capitaliste devient prolétarien, « celui des producteurs associés » (voir « Les systèmes économiques »).
La remise en cause du capitalisme est inéluctable du fait de ses contradictions :

- la paupérisation du prolétariat conduit à des crises de surproduction (voir « Fluctuations et crises »);
- la baisse tendancielle du taux de profit génère des crises d'accumulation (voir « Épistémologie et histoire des sciences économiques »).

b › Les controverses au sein du courant marxiste

Le courant marxiste a été traversé par de nombreux débats relatifs à la place de l'État dans la transition entre système capitaliste et système communiste.
Un premier débat oppose les partisans de la réforme aux partisans de la révolution. Ainsi, **K. Kautsky** (1854-1938), envisage une transition graduelle et démocratique du capitalisme vers le socialisme par extension du rôle de l'État. À l'opposé, **R. Luxembourg** (1871-1919) considère que l'enjeu est d'instaurer le communisme sans phase de transition.
Un second débat oppose les partisans d'une révolution qui associe immédiatement les masses à l'exercice du pouvoir dans le cadre du développement des conseils ouvriers et paysans à ceux qui considèrent qu'il existe nécessairement une phase de transition caractérisée par le renforcement du rôle de l'État (**dictature du prolétariat**). R. Luxembourg considère que la révolution sera l'œuvre

des masses et non le produit d'une « avant garde-éclairée », qui ne peut que se transformer en une dictature, « *celle d'une poignée de politiciens, non celle du prolétariat* ». Pour **V. I. Lénine** (1870-1924) et surtout pour ses successeurs, la transition vers une société communiste nécessite dans un pays où le capitalisme est faiblement développé, une « dictature du prolétariat », une utilisation de l'État contre les adversaires du prolétariat.

c › Du capitalisme monopoliste d'État aux nouvelles formes du capitalisme

À la fin des années 1960 et durant les années 1970, émerge au sein du courant marxiste une nouvelle théorie, la théorie du **Capitalisme Monopoliste d'État** (CME), visant à prendre en compte les nouvelles formes du capitalisme : poids croissant des firmes multinationales, État interventionniste.
Selon cette théorie, l'État joue un rôle de « béquille du capital » (**A. Le Pors**), l'accroissement de ses interventions économiques et sociales a pour objectif de limiter la baisse tendancielle des taux de profit :

À partir des années 1980, cette théorie a été abandonnée du fait de la réorientation des politiques économiques dans l'ensemble des pays industrialisés. Pour **G. Duménil** et **D. Lévy** (2003), les deux dernières décennies du XXe siècle sont marquées par un changement majeur dans l'histoire du capitalisme : l'essor du néolibéralisme adossé à une croissance de la taille des institutions financières.

Cette nouvelle étape « *se caractérise par la croissance des opérations de change et des flux internationaux de capitaux, l'expansion des sociétés multinationales et un nouveau rôle des institutions financières internationales, (...) une nouvelle discipline du travail et de la gestion au profit des créanciers et des actionnaires ; le recul des interventions étatiques en matière de développement ou de protection sociale ; la croissance spectaculaire des institutions financières ; la création de nouveaux rapports entre les secteurs non financier et financier à l'avantage de ces derniers ; une nouvelle attitude favorable aux fusions et acquisitions ; une large déréglementation financière ; le renforcement des pouvoirs et l'autonomie des banques centrales dont l'action est finalisée sur la stabilité des prix ; la détermination à drainer vers le centre les ressources de la périphérie* ».

Pour ces auteurs, cet essor du **néolibéralisme** est caractérisé par l'importance accrue de la finance et donc du rapport capitaliste de propriété. Ce néolibéralisme remet en cause le compromis keynésien (ou « compromis cadriste ») qui était marqué par l'importance du groupe social des cadres.

> E La contestation libérale de l'intervention de l'État

a › Théorie économique de la bureaucratie

La théorie économique de la bureaucratie a pour objectif d'expliquer l'interventionnisme croissant de l'État non plus seulement en raison de l'existence d'effets externes, de biens collectifs indivisibles ou de monopoles naturels, mais du fait de la nature même de l'État, de son caractère bureaucratique. Il revient à **W.A. Niskanen** d'avoir souligné que les managers publics ont pour objectif central de développer la production des services publics, conduisant par conséquent à une inefficacité allocative. Il souligne par ailleurs, que les services publics drainent les ressources du secteur privé vers eux, en raison de leur inefficacité productive, inefficacité qui résulte d'une absence de sanctions en cas de moindres performances économiques.
Pour éviter un accroissement des interventions économiques et sociales de l'État, il convient, selon cet auteur, d'introduire la concurrence au sein des services publics et de promouvoir une gestion des ressources humaines qui valorise les comportements productifs et sanctionne l'inefficacité productive des agents et des managers publics.

b › Théorie du marché politique : l'École du « *public choice* »

Pour **l'école du « *public choice* »** (« **École de Virginie** »), l'État, « tout comme le marché [...] est conçu comme un mécanisme au travers duquel les hommes tentent de réaliser leurs objectifs ». Mais le système majoritaire de prise de décision conduit au marchandage politique (***log-rolling*** ou marchandage parlementaire) face aux lobbies les plus bruyants, marchandage qui est à l'origine de l'accroissement de l'interventionnisme étatique.
Pour **J. Buchanan** (prix Nobel 1986), l'enjeu est donc d'instaurer une démocratie tempérée, à distance des groupes de pression, pour assurer « les conditions de l'efficacité sociale ». Pour **G. Tullock**, la nature même du fonctionnement des systèmes démocratiques contemporains conduit à un interventionnisme croissant de l'État. Les hommes politiques comme les managers publics se comportent comme des acteurs rationnels, leur objectif est d'être réélus ou maintenus à leur poste, à cet effet, ils cherchent à satisfaire les attentes des différents groupes constitutifs de la société, sans se préoccuper véritablement de l'intérêt général.

c › Le primat de l'individu et du marché

1 › F.A. Hayek et l'ordre spontané

Pour **F.A. Hayek** (1899-1992, prix Nobel 1974), les sociétés fondées sur la liberté individuelle sont moralement supérieures et économiquement plus efficaces que toutes autres sociétés. Elles doivent leur cohérence à un « ordre spontané », produit de l'existence de « *structures de relations globales et durables qui, bien que n'ayant été conçues par personne, profitent à tous sans que cela entre jamais dans le dessein de quiconque* ». Pour lui, seul le marché peut garantir la liberté et la justice. L'intervention de l'État en vue de réduire les inégalités risque de conduire au totalitarisme : « *Une fois le libre jeu du marché entravé, le dirigeant du plan sera amené à étendre son contrôle jusqu'à ce qu'il embrasse tout* » (*La route de la servitude*, 1944).

2 › R. Nozick et l'État minimal

Selon **R. Nozick** (*Anarchie, État et utopie*, 1974) toute forme de fiscalité redistributive est injuste et constitue une violation du droit des personnes. Pour lui, la justice sociale se confond avec la nécessaire sauvegarde de la liberté des échanges. Toute distribution qui est le produit de libres transferts à partir d'une situation juste est elle-même juste. La seule intervention légitime de l'État consiste en une taxation qui permet l'instauration et le maintien d'institutions garantes du libre fonctionnement du marché (police, justice).

Défaillances du marché et défaillances de l'État

L'une des questions centrales étudiées par l'analyse économique est celle de la **coordination** : comment rendre compatibles entre elles les décisions prises indépendamment les unes des autres par les agents économiques. La première réponse apportée à cette question réside dans la coordination par le marché (la « main invisible » d'**A. Smith**), cependant, les analyses néo-classiques ont conduit à mettre en évidence des **défaillances du marché** : externalités, rendements croissants, asymétries d'information, indivisibilités, etc. Il y a de ce fait un échec partiel de la régulation marchande. Ces défaillances du marché justifient l'intervention de l'État (réglementation, production de biens publics, etc.), mais les économistes libéraux mettent en évidence à leur tour des **défaillances de l'État** : dépenses bureaucratiques, effets pervers conduisant à réduire l'efficience des marchés, etc. Ces critiques ont justifié un retour au marché (privatisations, dérèglementations, etc.). Aujourd'hui les politiques publiques cherchent à définir des modalités de l'action publique qui minimisent à la fois les défaillances du marché et les défaillances de l'État.

> II De la montée des interventions publiques à la crise de l'État-providence

Selon **F.-X. Merrien** les États-providence présentent trois caractéristiques : « *1/ une intervention réglementaire de l'État afin d'assurer une certaine sécurité économique aux citoyens par le biais de systèmes de sécurité sociale ; 2/ une volonté* *de redistribution qui passe par des transferts monétaires verticaux ou horizontaux; 3/ la volonté de l'État de fournir à la population une série de services et d'équipements collectifs à des coûts très inférieurs à ceux du marché* ».

> A La construction de l'État-providence

a › La place de l'intervention de l'État

Depuis la fin du XIXe siècle, les interventions de l'État ne cessent de progresser dans l'ensemble des pays industrialisés, notamment sous l'effet de l'augmentation des dépenses sociales.

L'évolution des dépenses publiques en longue période

	1880 1885*	1910 1913	1938	1950	1973	1990	2000	2010
Allemagne	10,0	17,7	42,4	30,4	42,0	46,1	45,1	48,0
France	11,2	8,9	23,2	27,6	38,8	49,6	51,6	56,8
Japon	9,0	14,2	30,3	19,8	22,9	31,2	38,5	40,8
Pays-Bas	nd	8,2	21,7	26,8	45,5	54,9	44,1	51,2
Royaume-Uni	9,9	13,3	28,8	34,2	41,5	41,5	36,5	50,4
États-Unis	nd	8,0	19,8	21,4	31,1	37,2	33,9	42,5

* Date variable d'un pays à l'autre.
Source : Maddison A. : *L'économie mondiale 1820-1992*, OCDE, 1995, et données en ligne de l'OCDE.

En France on a assisté, depuis les années 1950, à une hausse puis une stabilisation du taux des prélèvements obligatoires. Il était de 26 % en 1950, et s'élève à 42,5 % du PIB en 2010. Plus de la moitié (54,6 %) du total des prélèvements obligatoires bénéficie aux organismes de sécurité sociale.

Taux de prélèvements obligatoires dans quelques pays de l'OCDE (en % du PIB)

	2000	2010
Allemagne	37,5	36,3
France	44,4	42,9
Royaume-Uni	36,3	35,0
Suède	51,4	45,8
États-Unis	29,5	24,8
Japon	27,0	26,9*

* Année 2009 pour le Japon.
Source : INSEE, L'économie française 2012.

Les différences de taux de prélèvements obligatoires doivent être interprétées avec prudence. Le niveau de ce taux dans un pays dépend en effet largement de deux choix politiques :

- L'ampleur de la redistribution des revenus.
- Le degré de prise en charge collective de certaines dépenses (santé, éducation, etc.).

Aux États-Unis et au Japon par exemple, les ménages doivent financer l'éducation et avoir recours à des assurances privées beaucoup plus largement qu'en Europe.

L'intervention croissante de l'État, de la fin de la Seconde Guerre mondiale jusqu'au début des années 1970, est, dans une large mesure, le résultat du développement des politiques de protection sociale. La différence des niveaux de prélèvements obligatoires entre pays développés est très largement liée au degré de socialisation des dépenses de protection sociale. Depuis 1970, l'augmentation globale du taux des prélèvements obligatoires résulte :

- de la hausse des prélèvements destinés au financement des administrations de sécurité sociale, qui sont en France de passés de 13,1 % du PIB en 1970 à 23,2 % en 2010 ;
- dans une moindre mesure, de l'augmentation des prélèvements destinés au financement des administrations publiques locales, passés de 3,4 % du PIB en 1970 à 4,6 % du PIB en 2010.

En revanche, la part dans le PIB des prélèvements obligatoires destinés au financement des administrations centrales et à l'Union européenne connaissent une régression (18,6 % en 1970 ; 14 % en 2010).

Dans leur ouvrage *L'État et l'économie* (1983), **C. André** et **R. Delorme** considèrent que la distinction État gendarme / État-providence est non pertinente, dans la mesure où l'État est toujours intervenu dans l'économie. À partir de l'analyse de l'évolution à long terme des dépenses publiques en France, ils repèrent plusieurs « *configurations historiques* ». Du XIXe siècle jusqu'à la Première Guerre mondiale, l'État en France est un « ***État circonscrit*** », n'intervenant pas dans la régulation du système économique ; à partir de la fin de la Première Guerre mondiale, il se transforme progressivement en « ***État inséré*** » dans l'économie et le social, intervenant dans la régulation même du système économique. Cette transition est le produit de « *compromis institutionnalisés* » du fait de l'existence de profondes divisions sociales, de conflits entre groupes socio-économiques.

b › La naissance de l'État-providence

On oppose traditionnellement deux modèles de l'État-providence, le modèle bismarkien et le modèle beveridgien, la France se situant, à l'origine, dans une situation intermédiaire.

1 › Le modèle bismarckien

Le système bismarckien d'assurance, instauré en Allemagne repose sur quatre principes selon **M. Th. Join-Lambert** :

- « *Une protection exclusivement fondée sur le travail* [...] ;
- *une protection obligatoire pour les seuls salariés dont le salaire est inférieur à un certain montant, donc pour ceux qui ne peuvent recourir à la prévoyance individuelle ;*
- *une protection fondée sur la technique de l'assurance, qui instaure une proportionnalité des cotisations par rapport aux salaires, et une proportionnalité des prestations aux cotisations ;*
- *une protection gérée par les employeurs et les salariés eux-mêmes* ».

Le modèle bismarckien est instauré par trois lois :

- la Loi de 1883 sur l'assurance maladie obligatoire créant des institutions autonomes s'administrant elles-mêmes sous le contrôle de l'État et des cotisations des employés et des employeurs ;
- la Loi de 1884 sur les accidents du travail (obligation de cotisation des employeurs à des caisses corporatives pour financer les rentes résultant d'accidents du travail) ;
- la Loi de 1889 sur l'assurance-vieillesse-invalidité instaurant un système obligatoire de retraites financé par les cotisations des employeurs et des employés.

La politique sociale de Bismarck, fondée sur la solidarité professionnelle, s'explique par une volonté de contrecarrer le mouvement socialiste en Allemagne.

2 › Les principes du plan Beveridge

En 1942, en Grande-Bretagne, se constitue une commission interministérielle, présidée par **W.H. Beveridge** (1879-1963), chargée d'élaborer un plan de sécurité sociale pour les années d'après-guerre, en vue « *d'abolir la misère* », « *de libérer l'homme du besoin* » et de lutter également contre « *la maladie, l'ignorance, la sordidité et l'oisiveté* ».
À cet effet, le plan prévoit trois principes :

- un principe d'universalité instaurant une protection étendue à tous les individus et non plus limitée aux seuls salariés ;
- un principe d'unité impliquant d'une part, une uniformisation des cotisations et des prestations, ces dernières devant répondre à une logique de satisfaction des besoins au moins élémentaires et ne devant, par conséquent, plus être liées au niveau de salaire ; et d'autre part, une unicité de cotisation et de système d'assurance (service public unique), à l'exception de la gestion des accidents du travail et des allocations familiales ;

– un principe d'intégration supposant la coordination des politiques d'aides à la famille, d'améliorations de la santé publique et d'organisation de l'emploi (politique de plein-emploi).

Dans l'esprit de Lord Beveridge, il s'agit donc de mettre en place une politique de protection globale, reposant sur la solidarité nationale, permettant de garantir un droit au travail, à la santé et au revenu.

3 › La naissance de la sécurité sociale en France

La création de la sécurité sociale en France est le résultat d'un compromis entre le modèle bismarckien et le modèle Beveridge. En octobre 1944, le gouvernement provisoire confie à **P. Laroque** (1907-1997), le soin de réaliser un plan complet de sécurité sociale, conforme aux engagements pris par le Conseil National de la Résistance. Le 4 octobre 1945, une ordonnance crée le régime général de sécurité sociale.

Mais dès cette date, le principe beveridgien d'unité n'est pas respecté, les professions indépendantes et certains corps de métiers refusent de se fondre dans le régime général, et l'unification des prestations et des taux de cotisation d'un régime à l'autre ne sera pas non plus réalisée. Par ailleurs, la reconnaissance de « droits-créances » sur la société conformes au modèle beveridgien (droits à la santé, à l'éducation, à la retraite, à l'emploi) s'est heurtée au maintien d'une logique d'assurance sociale propre au modèle bismarckien (les droits de l'individu existent par son travail et ses cotisations).

B. Palier caractérise l'évolution de l'État-providence en France comme « un long adieu à Bismarck » car la part relative des assurances sociales (même si elle reste majoritaire) a tendance à se réduire en faveur des mesures d'assistance financées par l'impôt.

C › Les formes de l'État-providence

› Les analyses de G. Esping Andersen : une typologie des États-providence

Selon **G. Esping-Andersen**, il existe trois types idéaux d'État-providence : l'État-providence libéral, l'État-providence conservateur-corporatiste et l'État-providence social démocrate.

Le régime libéral est, selon lui, en œuvre aux États-Unis, au Canada et en Australie. Il se caractérise par une grande place laissée aux mécanismes de marché, considérés comme le principe central d'organisation de la société.

Le régime conservateur-corporatiste, en œuvre en Allemagne, en Italie, en Belgique, en France ou encore au Japon, s'oppose au libéralisme absolu, à la dépendance totale des individus vis-à-vis du marché. Sur fond de paternalisme social, les interventions de l'État se posent comme substitut à la dépendance du marché en s'adossant au travail salarié (maintien des statuts) et en s'appuyant sur la famille.

Le régime social-démocrate ou socialiste, en œuvre en Suède ou en Norvège, repose sur des interventions fortes de l'État, pour assurer une protection sociale élevée et une redistribution des revenus. Ce modèle est fondé sur une logique de « **démarchandisation** » (« *décommodification* »), c'est-à-dire sur la reconnaissance de droits non associés à la production mais à la citoyenneté. La démarchandisation « [...] *survient lorsqu'un service est obtenu comme un dû et lorsqu'une personne peut conserver ses moyens d'existence sans dépendre du marché* ».

Régime	**Libéral**	**Conservateur-corporatiste**	**Social-démocrate**
Couverture	Marginale	Professionnelle	Universelle
Destinataires	Pauvres	Travailleurs	Citoyens
Responsabilité	Autorités publiques	Caisses d'assurance sociale	État
Prestations			
– gamme	Limitée	Moyenne	Étendue
– structure	Ad hoc	Contributive/redistributive	Fiscale
– niveau	Modeste	Variable	Adéquat
– conditions	Besoins prouvés	Contributions	Citoyenneté
– financement	Fiscal	Contributif	Fiscal
– redistribution	Verticale	Horizontale	verticale

Source : D'après F.X. Merrien, « Les modèles de l'État-providence et le système français. Les différents types de l'État-providence », in *Les Cahiers Français*, « Le modèle social français », n° 330, janvier-février 2006.

Pour **G. Esping-Andersen**, l'existence de ces modèles s'explique par des différences de types d'économies et de régime politique, des situations variées en termes d'héritage historique et en termes de nature des alliances de classes et de coalition au sein de la classe politique.
Pour lui, l'émergence de l'édifice social-démocrate de l'État-providence est dépendant de la formation d'une coalition de classes entre ouvriers et paysans, la pérennité de cet édifice dépend par la suite de la constitution d'intérêts communs entre la classe ouvrière et la classe moyenne.
Certains chercheurs considèrent qu'il faut ajouter un quatrième type d'État-providence, un modèle propre au Sud de l'Europe fondé sur un fort dualisme du marché du travail, qui donne peu de protection aux travailleurs non insérés, et une place centrale en revanche pour la famille dans la solidarité sociale.

⇒ Cette typologie de G. Esping-Andersen fait aujourd'hui l'objet de nombreuses critiques, notamment sur la question de savoir si le modèle français peut être rangé aisément au sein du type conservateur-corporatiste en raison :

- de l'existence d'un certain nombre de prestations qui s'inscrivent dans une logique de droits universels (allocations familiales, RMI, etc.). Le modèle français se rapproche ainsi des traits du modèle social-démocrate ;
- du rôle grandissant des assurances, des mutuelles et des gestionnaires d'actifs qui rapprochent le modèle français du régime libéral.

J. Lewis et **D. Sainsbury**, pour leur part, proposent de prendre en compte le genre, en distinguant :

- un « modèle masculin » dans lequel le revenu des pères de famille est la base essentielle de l'équilibre financier des ménages, les femmes étant globalement confinées dans la sphère domestique (cas de l'Angleterre, de l'Irlande et de l'Allemagne) ;
- un « modèle individualisé » dans lequel est favorisée l'activité des deux conjoints par le développement de crèches, de congés parentaux et d'une imposition séparée (cas de la Suède, la France se situant au milieu du classement).

d › Les composantes de l'État-providence en France

Le système de protection sociale en France couvre principalement quatre grands risques : la santé, (l'assurance maladie), la vieillesse (les retraites), le chômage, la famille.

1 › L'assurance vieillesse

Le système de retraites créé en France en 1945 est un **système par répartition** : les cotisations sociales des actifs financent les pensions de retraite. Il se distingue d'un **système par capitalisation** qui implique la constitution par chaque individu d'un capital retraite.

En dépit de sa complexité (régime de base, régime complémentaire, régime supplémentaire) ce système de retraite, complété par la création du minimum vieillesse en 1956, a permis une réduction de la pauvreté des personnes âgées. Cette réduction est le résultat :

- d'une longue période de forte croissance économique ;
- d'une croissance du nombre de cotisants alors que les bénéficiaires d'une pension de retraite à taux plein étaient peu nombreux jusqu'au milieu des années 1980.

Cependant, sous l'effet du vieillissement de la population et de la montée du chômage, la question du financement des retraites a fait l'objet d'importants débats et d'une série de réformes qui ont conduit notamment à augmenter la durée de cotisation pour bénéficier d'une retraite à taux plein et de ce fait à un recul de l'âge de départ à la retraite par rapport à l'âge légal de 60 ans instauré en France en 1982.

2 › L'assurance maladie

Dans le cadre du régime général de la sécurité sociale, une assurance maladie est créée en France en 1945, pour les salariés du secteur privé de l'industrie et du commerce. Elle devient en 1967 la Caisse nationale d'assurance maladie des travailleurs salariés (CNAMTS). Certaines catégories – les agriculteurs, les professions libérales, les indépendants – disposent de leur propre système d'assurance maladie.
Grâce à la sécurité sociale, une large partie de la population a pu bénéficier des progrès de la médecine, se traduisant notamment par une nette augmentation de l'espérance de vie à la naissance et une très forte baisse du taux de mortalité infantile passant de 52 ‰ en 1950 à 3,6 ‰ en 2010.
Le système français d'assurance maladie est financé par des cotisations sociales assises principalement sur les salaires. Il garantit le statut d'une médecine libérale, le libre choix du médecin et repose sur une offre de soins en partie publique (cas de nombre d'hôpitaux) et en partie privée (certains hôpitaux ou cliniques, les soins ambulatoires).

> B La crise de l'État-providence

a › Les « trois crises » de l'État-providence

Selon **P. Rosanvallon** (*La crise de l'État-providence*, 1981), l'État-providence connaît une triple crise : une crise de financement, une crise d'efficacité et une crise de légitimité.

1 › Une crise de financement

La rupture de croissance, à partir des années 1970, n'empêche pas les dépenses publiques de continuer à croître au rythme antérieur, voire à un rythme plus rapide (sous l'effet d'une croissance « molle »).

› Le financement des retraites

Les perspectives de financement des retraites font l'objet d'un débat en France depuis la fin des années 1980 :

- Certains mettent l'accent sur le vieillissement démographique et l'accroissement du nombre de retraités par rapport au nombre de cotisants. Pour répondre aux besoins de financement prévisible des régimes de retraite, ils proposent d'accroître les taux de cotisation et/ou d'allonger la durée de cotisation nécessaire pour bénéficier d'une retraite à taux plein et/ou de diminuer le niveau des pensions. C'est ainsi qu'en 1993 le gouvernement d'Édouard Balladur a porté de 37,5 à 40 ans la durée de cotisation du secteur privé et que le gouvernement de Jean-Pierre Raffarin a étendu cette mesure aux fonctionnaires en 2003 (Réforme Fillon). En 2007, les régimes spéciaux (cheminots, EDF, etc.) ont été réformés et ont vu leur durée de cotisation portée elle aussi à 40 ans. La réforme de 2010 prévoit une augmentation progressive de l'âge légal de départ à la retraite à 62 ans en 2018 et l'augmentation progressive à 41 ans et 1 trimestre de la durée de cotisation nécessaire pour obtenir une retraite à taux plein. Le changement de majorité politique en France en juin 2012 s'accompagne d'un retour partiel à la retraite à 60 ans notamment au bénéfice des salariés qui ont commencé à travailler très jeunes (« carrières longues »).

- Pour d'autres, la question démographique constitue un alibi. Ils soulignent que le problème de financement des retraites pourrait être résolu par une modification du partage de la valeur ajoutée en faveur des salariés, par une baisse du taux de chômage et une hausse des taux d'emploi et par une croissance économique plus soutenue. Dans cette perspective, l'enjeu véritable n'est pas démographique mais politique : il porte sur le maintien d'un système de solidarité entre les groupes sociaux et entre les générations.

› Le déficit de l'assurance maladie

En 1950, les dépenses de santé représentaient 2,5 % du PIB, elles s'élèvent en 2007 à 8,8 % et à 12,1 % en 2010. Cette croissance, liée pour l'essentiel à l'augmentation du niveau de vie pose le problème de leur financement. En France les pouvoirs publics ont utilisé principalement deux types de mesure : une hausse des cotisations sociales et/ou une diminution du taux de prise en charge par la Sécurité sociale.
La première des solutions a été privilégiée jusqu'au milieu des années 1980 ; depuis cette date, on assiste plutôt à une volonté d'assurer le déremboursement de certains soins et bien médicaux. On entre donc dans une logique de régulation de la santé publique par les prix qui conduit à une intervention plus importante des organismes de couverture complémentaire du risque maladie et plus particulièrement des assurances privées. Cette évolution conduit à l'émergence de deux dangers principaux :

- le renforcement d'un système de santé à deux vitesses qui oppose ceux qui ont les moyens de dégager des ressources pour accéder à une qualité supérieure de soins par des cotisations plus élevées et ceux qui n'en ont pas les moyens ;
- une remise en cause du principe de solidarité, tel qu'il a été conçu à la fin du XIXe siècle, reposant sur l'idée que les risques qu'encourent les individus sont essentiellement collectifs, et par conséquent, susceptibles d'être pris en charge par la collectivité… Selon **B. Palier** « *Le financement public des dépenses de santé repose sur l'idée que chacun finance à hauteur de ses revenus et*

non pas de son profil de risque ». Or l'entrée des assurances privées dans la couverture du risque maladie risque de conduire à une sélection des individus assurés en fonction de leur état de santé ou de leur patrimoine génétique.

⇨ Le financement des dépenses d'assurance maladie pose des questions sur la nature du modèle français qui allie offre médicale mixte (public et privé) et financement mixte (social et individuel). Dans un tel système, il est difficile de réguler l'offre de soins : en effet les professionnels de santé sont très attachés à la liberté de prescription et à la rémunération à l'acte et s'opposent à une « régulation comptable » de leur activité. Du côté de la demande de soin des patients, la régulation par les prix est peu efficace (et injuste) dans la mesure où ce sont les professionnels de santé qui prescrivent les consommations médicales.

2 › Une crise d'efficacité

Ce ne sont pas seulement les coûts et la mauvaise gestion de l'État-providence qui sont mis en cause, on critique aussi son manque d'efficacité. Certes, la situation des personnes âgées s'est améliorée, mais celle des jeunes se dégrade (augmentation du taux de pauvreté chez les jeunes).

En ce qui concerne les dépenses d'assurance maladie, on souligne souvent qu'il n'existe pas de lien évident, au sein des pays riches, entre le montant des dépenses médicales et l'état de santé de la population. De plus, la couverture maladie est loin d'assurer l'égalité dans l'accès aux soins. En dépit de l'augmentation de ces dépenses, l'inégalité devant la mort selon les catégories sociales et les régions ne s'est pas réduite de façon significative.

Par ailleurs, la protection sociale n'a pas empêché la montée de la nouvelle pauvreté et de l'exclusion. Pire encore, ce sont les dispositifs de protection sociale qui provoqueraient l'apparition de « **trappes à pauvreté** ». Le RMI ou le système d'assurance chômage, par exemple, conduiraient un nombre croissant d'individus à préférer la situation d'assisté à celle de salarié. Aux États-Unis, on a dénoncé des systèmes d'aide sociale trop généreux en faveur des mères célibataires qui encourageraient l'irresponsabilité et seraient défavorables à la constitution de couples stables (voir « Les revenus »). En France, le taux de pauvreté monétaire (avec un seuil fixé à 60 % du revenu médian) se situe en 2009 à 13,5 % de la population totale. Ce taux est stable depuis de longues années, il était déjà à 13,5 % en 1984 et 1999. L'objectif de Beveridge de « libérer l'homme du besoin et du risque » semble loin d'être atteint.

Par ailleurs, sous l'effet notamment de la progression du temps partiel, se développe le phénomène des *working poor* (les travailleurs pauvres) (voir « Les Revenus »).

3 › Une crise de légitimité

Au lendemain de la Seconde Guerre mondiale, la légitimité d'une intervention sociale de l'État reposait sur un projet politique fort, issu de la Résistance (programme du Conseil National de la Résistance). Par la suite, l'institutionnalisation de la protection sociale a affaibli le soutien populaire dont elle disposait. Pour **P. Rosanvallon** la crise de légitimité de l'État-providence proviendrait du fait que la montée en puissance de la protection sociale se serait réalisée en l'absence de mouvements sociaux; elle résulterait d'effets mécaniques. Il souligne que, depuis la fin des années 1970, il n'a pas existé en France de réels mouvements sociaux revendiquant de nouveaux droits, que l'extension de la protection sociale s'est faite à distance des processus démocratiques. Par ailleurs, il relève que le « voile d'ignorance » s'est déchiré et que le consentement à la réduction des inégalités s'est réduit. L'État-providence reposait sur l'idée que chaque individu était soumis à des risques de l'existence (maladie, accidents du travail, chômage...). Chaque individu ignorant dans quelle mesure il était exposé à ce risque avait intérêt à consentir au système d'État-providence. Mais le progrès des connaissances et leur diffusion conduisent aujourd'hui tout un chacun à mieux estimer les risques auxquels il est exposé et donc à refuser de payer pour assurer une protection à autrui. Pourquoi, par exemple, verser une cotisation relativement élevée à une mutuelle, si une compagnie d'assurance privée, qui n'assure que les individus jeunes et en bonne santé, propose une assurance complémentaire santé beaucoup moins coûteuse ?

L'État-providence contre l'emploi ?

Un certain nombre d'auteurs libéraux soulignent l'effet désincitatif de l'État-providence sur l'offre de travail, qui se traduirait par une inactivité croissante de certaines catégories sociales.

- Ainsi **B. Majnoni d'Intignano** considère que « *d'un côté, les salaires relatifs des non qualifiés ont tendance à diminuer et les impôts qui pèsent sur les travailleurs à augmenter; de l'autre les aides sociales deviennent plus généreuses, plus ciblées et plus sélectives. Si bien que le jeu combiné d'un salaire faible, d'un impôt nouveau et de la perte d'allocations financières ou en nature peut faire baisser le niveau de vie de l'allocataire qui recommence à travailler* ».
- Dans la même perspective, **Ph. Bénéton** considère que « *l'État redistributeur vise à transférer des richesses des riches aux pauvres, mais, au-delà d'un certain seuil, la redistribution altère la formation de la richesse et pénalise également les pauvres* ».
- Par ailleurs, selon les économistes libéraux, l'existence d'un salaire minimum et d'une indemnisation du chômage excluent du marché du travail un certain nombre d'individus, en particulier les plus jeunes et les plus vieux. D'un tel constat, il ressort l'idée qu'il existe un choix de la société française de faire supporter le poids de la crise économique aux jeunes et aux vieux, et de reporter le coût social de leur exclusion sur les individus âgés de 25 à 50 ans relativement qualifiés et situés dans les classes moyennes et supérieures.

b › Quelles réponses à la crise de l'État-providence ?

1 › Quelle évolution des systèmes de retraites ?

Depuis 2002, les pouvoirs publics français cherchent à conjuguer système par répartition et système par capitalisation (fonds de pension), sans volonté de substitution de l'un par l'autre.
Les arguments essentiels en faveur des fonds de pension sont les suivants :

- le fait de mettre en œuvre des dispositifs d'épargne retraite volontaire permettrait de résoudre le problème démographique ;
- la constitution de fonds de pension favoriserait la formation d'un réservoir national d'épargne longue.

Face à ces arguments, un certain nombre d'économistes soulignent :

- Que ceux-ci ne constituent en aucun cas une réponse au problème du vieillissement démographique dans la mesure où, quel que soit le système choisi (système par répartition ou système par capitalisation), les richesses que les retraités consommeront demain avec leurs pensions seront, dans tous les cas, prélevées sur la production qui sera réellement disponible.
- Que le système par capitalisation ne constitue en rien une garantie en matière de maintien du pouvoir d'achat pour les retraités, dans la mesure où, les placements sur les marchés financiers sont frappés d'une grande incertitude.

2 › RMI, RSA et CMU : une logique d'insertion et d'assistance

Du fait de l'existence de « trous dans le filet de la protection sociale » (population sans emploi en fin d'allocation chômage, population qui échappe à la protection contre le risque maladie), de nouvelles mesures ont été prises par les pouvoirs publics.
Face à l'émergence de l'exclusion et de la pauvreté en France, les politiques d'assistance qui devaient peu à peu disparaître au profit du développement de la sécurité sociale et de sa logique d'assurance, ont connu un renouveau, sous la forme du Revenu minimum d'insertion (**RMI**) qui crée en 1988 un droit à un revenu minimum, mais également un devoir d'insertion sur la base d'un engagement contractuel entre l'individu et la société. En 2006, il y a plus d'un million d'allocataires du RMI, avec leurs ayants droit, cela concerne environ deux millions d'individus. Ce dispositif connaît deux faiblesses :

- D'une part, le montant de l'allocation est en deçà du seuil de pauvreté.
- D'autre part, le volet insertion fonctionne mal puisqu'à peine la moitié des allocataires finissent par exercer une activité rémunérée, et encore dans le cadre de contrats précaires. Différents types de contrats d'insertion ont été créés pour tenter d'améliorer ce dispositif, sans réussir pleinement.

Par ailleurs, face à l'existence de populations tenues à l'écart du système de protection sociale, une Couverture maladie universelle (**CMU**) a été mise en

œuvre, en France, en 1999, pour financer l'accès aux soins des exclus de la couverture maladie. En 2010, plus de 4 millions de personnes ont bénéficié de ce dispositif, preuve des carences du système actuel.
La loi du 21 août 2007 a conduit à la mise en place du revenu de solidarité active (RSA). Trois ans après, les premières évaluations de ce dispositif ne sont pas très favorables : de nombreux ayants droit n'ont pas demander à en bénéficier et l'effet incitatif attendu à une reprise du travail pour les bas salaires n'a été que très modeste (voir « Les revenus »).

L'avenir de l'État social

L'État-providence (ou État social) tel qu'il a été conçu entre la fin du XIXe siècle et la Seconde Guerre mondiale est en crise. Selon **P. Savidan**, pour le sauvegarder, il convient de négocier quatre nouveaux compromis :

- Un compromis destiné à répondre à l'insécurité sociale. Il existe des catégories sociales relativement protégées et d'autres dont la précarité (au regard de l'emploi notamment) se dégrade.
- Un compromis entre les générations pour faire face à la fois à la dégradation de la situation des générations les plus jeunes et au financement du vieillissement.
- Un compromis sur l'articulation entre vie familiale et vie professionnelle afin de réaliser le « deuxième âge de l'émancipation » des femmes (**H. Périvier** et **D. Méda**).
- Un compromis portant sur l'accès à la formation initiale et à la qualification.

Dans une approche convergente, **G. Esping-Andersen** (2008) considère que l'État-providence sera confronté au xxie siècle à trois défis :

- Il devra s'adapter à la « révolution du rôle des femmes » (favoriser leur travail et leur autonomie ainsi que la transformation des rapports de genre en ce qui concerne la prise en charge des tâches domestiques).
- Il devra garantir une véritable égalité des chances aux enfants, en intervenant fortement dès la petite enfance, car les inégalités se constituent très tôt, et sont beaucoup plus coûteuses à corriger qu'à prévenir. Il plaide donc pour un « État investisseur » plutôt que pour un État intervenant après coup, dans une logique réparatrice.
- Il devra assurer l'équité intergénérationnelle et intragénérationnelle, en favorisant la mobilité professionnelle pour éviter que les périodes d'inactivité ou de chômage pèsent lourdement sur les parcours des plus fragiles.

> III Les services publics

Depuis le début des années 1980, le rapport État/société connaît une modification sensible : on glisse selon **P. Rosanvallon**, d'un « *État modernisateur à un État à moderniser* ». Les services publics sont invités à se réformer dans le cadre de nouvelles politiques publiques. Ces dernières mettent en avant la nécessité de rechercher une efficience plus grande des services publics et une modification de la frontière entre les activités relevant de la sphère publique et celles relevant de la sphère privée mais qui peuvent exercer des missions de service public.

> A Le développement des services publics

À la fin du XIXe siècle, le Conseil d'État, par sa jurisprudence, fonde une **doctrine du service public** qui repose sur un certain nombre de principes de gestion : égal accès ; égalité de traitement ; continuité du service public ; adaptabilité ; obligation de fourniture...

Cette approche est résumée par **L. Duguit** (1859-1928) (Traité de droit constitutionnel, 1928) qui définit le service public comme « *toute activité dont l'accomplissement doit être assuré, réglé et contrôlé par les gouvernants parce que l'accomplissement de cette activité est indispensable à la réalisation et l'accomplissement de l'interdépendance sociale et qu'elle est de telle nature qu'elle ne peut être réalisée que par l'intervention de la force gouvernante* ».

Les **services publics** désignent donc un ensemble d'activités placées sous le contrôle de l'État, au nom de l'intérêt général et de l'égalité d'accès à tous. Un service public peut être assuré par des institutions très diverses : une administration centrale ou locale, une entreprise publique ou encore il peut être délégué à un opérateur privé, appelé délégataire, qui se voit confier une **délégation de service public** pour une durée donnée, et selon un cahier des charges fixant le prix et les conditions d'accès. En France, un modèle original des services publics s'est ainsi développé depuis le XIXe siècle, en s'appuyant à la fois sur des institutions publiques et privées.

> Il ne faut donc pas confondre service public et la nature publique ou privée d'un opérateur. Le service public de l'eau est par exemple confié dans la majorité des cas en France à des délégataires privés. À l'inverse, une entreprise publique, détenue par l'État, n'a pas toujours de mission de service public, quand elle opère dans le domaine industriel et commercial en particulier, et réalise une production marchande. Cependant, la plupart des entreprises publiques de ce secteur ont été privatisées au cours des 30 dernières années (voir « Entreprises et système productif »).

Historiquement, les « services publics à la française » se sont développés rapidement après guerre. Les forces politiques dominantes à la sortie de la Seconde Guerre mondiale s'appuient sur les défaillances du marché (rendements croissants, effets externes, biens collectifs) et sur la nécessité de répondre à des besoins sociaux (biens tutélaires) pour développer le secteur public. Ainsi, le préambule de la Constitution de 1946 stipule que « *Tout bien, toute entreprise dont l'exploitation a ou acquiert les caractères d'un service public national ou d'un monopole de fait, doit devenir la propriété de la collectivité* ».

Deux types de critères sont donc mobilisés pour définir les domaines d'intervention de la puissance publique :

- Des critères économiques qui mettent l'accent sur l'existence de monopoles naturels et d'externalités positives et négatives (service public de l'électricité et du gaz, de la poste, du téléphone, du transport ferroviaire, etc.).
- Des critères sociaux et éthiques qui conduisent, au nom de la justice sociale, à fournir gratuitement ou à un prix très inférieur à celui du marché, des services qui favorisent l'intérêt général (éducation, santé, culture, etc.).

Les services publics apparaissent comme un moyen de limiter l'impact de la logique marchande, leur extension correspond à la mise en place d'une économie mixte dans laquelle l'État est supposé à la fois bienveillant (il est au service de l'intérêt collectif), omniscient (il sait ce qu'est l'intérêt général) et efficient (il utilise au mieux les moyens dont il dispose et qui résultent du paiement des impôts et des cotisations sociales).

Les services publics fournissent un certain nombre de biens non rivaux ou non excluables, car ils ne sont pas fournis en quantité adéquate par le marché. Par exemple, un service public de lutte contre les incendies est nécessaire pour offrir à tous les citoyens une bonne protection contre le risque de propagation des incendies. Cette protection est par définition non excluable : on ne peut pas sélectionner les maisons que l'on protège de la propagation d'un feu selon qu'elles auraient payé ou non contre ce risque.

Cependant, certains services publics concernent également des biens privatifs, qui pourraient être délivrés par le marché, mais dont la production est jugée trop importante pour être laissée au seul marché, soit en raison des externalités qu'ils génèrent, soit pour des considérations de justice sociale (libre accès à tous par exemple). Un **bien tutélaire** est un bien privatif produit sous tutelle des autorités publiques, qui estiment nécessaires d'en contrôler strictement la production. C'est le cas par exemple du service d'éducation, qui est excluable et rival (les places sont limitées dans une classe) mais qui est pris en charge par l'État dans de nombreux cas, parce qu'il génère d'importantes externalités pour l'économie, et que l'accès gratuit de tous est jugé indispensable.

Les frontières des services publics sont l'objet d'un débat à l'intérieur de chaque société, car elles ne sont pas « naturelles » mais dépendent des préférences collectives et de l'évolution de l'organisation économique.

> B

Renouvellement et remise en cause des services publics

Les services publics sont désormais au cœur de nombreux débats. D'une part, l'influence croissante des analyses économiques libérales conduit à remettre en cause le rôle de l'État et à discuter de ses modalités d'intervention. D'autre part, l'intégration dans l'Union européenne étant une intégration par le marché, la logique d'ouverture à la concurrence et la régulation par le marché sont privilégiées.

a › Une nouvelle définition du champ de l'intervention publique

À partir des années 1980, une remise en cause du champ d'intervention de l'État se développe. Il est considéré comme un ensemble de services et d'institutions qui ne sont pas nécessairement cohérents entre eux, et sur une critique des défaillances de l'État : rien ne garantit qu'il soit au service de l'intérêt général, qu'il soit bien informé et qu'il soit efficient. Rien ne garantit non plus que l'État soit mieux à même que le marché et les acteurs privés d'accomplir certaines missions. L'action publique est dès lors envisagée de façon radicalement différente. D'une part certaines activités sont privatisées et/ou ouvertes à la concurrence. C'est ainsi que dans de nombreux cas, l'État se comporte désormais en « donneur d'ordre » qui fait appel à la concurrence pour faire exercer certaines missions par des acteurs privés (par exemple dans le domaine de la restauration scolaire ou hospitalière).

En ce qui concerne les services publics en réseau, on distingue ce qui relève des infrastructures (Réseau ferré de France, Réseau de transport d'électricité) et ce qui relève du service rendu (la distribution d'électricité ou la circulation des trains). Si les infrastructures constituent un monopole naturel, les services rendus peuvent relever de la concurrence. Par exemple les nouveaux opérateurs de téléphonie fixe versent une redevance à « l'opérateur historique » (France Télécom) pour utiliser ses lignes et ses centraux téléphoniques et l'usager a désormais le choix entre plusieurs prestataires de services.

Cette logique de privatisation et d'ouverture à la concurrence fait l'objet de nombreuses controverses. Les salariés des entreprises privatisées craignent pour leurs emplois, les usagers s'inquiètent d'une dégradation de la qualité du service (ce fut le cas, par exemple, pour le secteur ferroviaire en Grande-Bretagne), d'une augmentation des prix et d'un traitement inégal des usagers en fonction de leur lieu de résidence (crainte pour les services publics en zone rurale) et en fonction de leur statut socio-économique (tarification différenciée des transports ferroviaires ou des services bancaires par exemple).

b › Service d'intérêt général et service universel

Dès la signature du **Traité de Rome** (1957) apparait le concept de « **service d'intérêt économique général** ». Le traité reconnaît aux États membres le droit de développer des activités de ce type, de même qu'il reconnaît l'existence d'entreprises publiques, mais il précise que l'existence de tels services d'intérêt économique général ne doit pas mettre en cause les principes de la concurrence. Il existe donc, dès ce moment, une tension entre une conception assez extensive du service public à la française et une conception plus restric-

tive au sein des institutions européennes. Même si le **Traité de Lisbonne** (2007) affirme le lien entre l'existence de ces services d'intérêt général et les valeurs de l'Union européenne, l'évolution des débats économique et politique a conduit, depuis le milieu des années 1980, à favoriser l'ouverture à la concurrence, y compris pour les services publics en réseau (transports ferroviaires, électricité, télécommunication, etc.).
Dans le cadre de la réflexion sur les services d'intérêt général, la Commission européenne a proposé d'introduire une distinction entre ceux qui relèvent de la concurrence (et qui peuvent donc faire l'objet d'une régulation marchande) et les services d'intérêt général non marchands pour lesquels l'intervention tutélaire de la puissance publique est légitime.
Dans la gestion des services d'intérêt général, la commission européenne met l'accent :

- sur le **principe de subsidiarité** et donc sur la possibilité pour les autorités locales, régionales et nationales de définir et de financer des services d'intérêt général ;
- sur la mise en place nécessaire d'autorités de régulation et leur éventuelle coordination à l'échelle européenne ;
- sur la nécessité de favoriser à la fois la qualité des services d'intérêt général et le respect des règles de la concurrence.

Par ailleurs, l'ouverture à la concurrence a conduit à s'interroger sur le risque pour certains usagers, qui ne bénéficient plus du principe d'égalité d'accès, d'être privés d'un service essentiel (courrier, téléphone, énergie, banque, etc.).
C'est pour résoudre ce problème qu'a été forgé le concept de **service universel** qui est défini comme « *un service de base offert à tous, à des conditions tarifaires abordables et avec un niveau de qualité standard* ». Le service universel impose donc aux opérateurs de ne pas délaisser les segments non rentables de leurs activités.
Pour Ch. Barrère, « *Le service universel est au service public, ce que le Revenu minimum d'insertion (RMI) est au salariat : un dispositif d'assistance, voire de survie, pour ceux qui échouent à l'examen d'entrée sur le marché* ».

C › Le développement d'autorités administratives indépendantes porteuses d'une nouvelle forme de régulation

À partir du milieu des années 1970, se sont multipliées des **autorités administratives indépendantes** (AAI) en France. On en comptait 38 en 2011.
Selon le Conseil d'État, on peut classer ces AAI en fonction des missions qu'elles sont amenées à remplir :

- une mission de médiation (médiateur de la République) ;
- une mission de protection des grandes libertés publiques (Commission Nationale de l'Informatique et des Libertés, Commission d'accès aux docu-

ments administratifs, Haute autorité de lutte contre les discriminations et pour l'égalité, etc.) ;
- une mission d'évaluation pluridisciplinaire et d'expertise (Agence d'évaluation de la recherche et de l'enseignement supérieur, etc.) ;
- une mission de garantie de l'impartialité de la puissance publique (Commission des infractions fiscales, Commission des sondages, etc.) ;
- une mission de régulation (Autorité des marchés financiers, Conseil supérieur de l'audiovisuel, Commission de régulation de l'énergie, Autorité de régulation des communications électroniques et des postes, etc.).

L'existence et le développement de ces Autorités Administratives Indépendantes (AAI) répond à deux finalités principales :
- d'une part, il s'agit de garantir aux citoyens l'impartialité de l'intervention de l'administration. Les membres des AAI bénéficient de garanties d'indépendance (leur mandat ne peut pas être renouvelé ou prolongé, ils sont nommés pour une durée assez longue par les plus hautes autorités de l'État, ils ne sont pas soumis au pouvoir hiérarchique de l'administration, etc.). Certaines de ces autorités offrent aux citoyens une possibilité de recours contre les décisions de l'administration, ces autorités publient souvent des rapports publics sur les conditions de fonctionnement des domaines où elles exercent leur responsabilité.
- D'autre part, les autorités de régulation sont la contrepartie nécessaire de l'ouverture à la concurrence et du développement des marchés. En effet, plus les marchés se développent plus il est nécessaire de les encadrer par des normes assurant leur bon fonctionnement. Par exemple, la financiarisation de l'économie a conduit à la création et à l'accroissement des pouvoirs des autorités de contrôle des marchés et des institutions financières (voir « Monnaie et financement »). De même, les AAI doivent veiller au fonctionnement de la concurrence dès lors que celle-ci s'exerce désormais dans des domaines qui étaient jadis gérés par l'État ou par des monopoles publics (cas de l'énergie, des télécommunications, de l'audiovisuel, etc.).

Pour en savoir plus

Initiation

- Barbier J.C., Théret B. (2009), *Le nouveau système français de protection sociale*, La Découverte, coll. Repères.
- Bozio A. et Grent J. (2010), *Économie des politiques publiques*, La Découverte, coll. Repères.
- Cahiers français (2010), *La protection sociale : quels débats ? Quelles réformes ?*, La Documentation française, n° 358.
- Castel R. (2003), *L'insécurité sociale*, Seuil.
- Daniel J.M. (2012), *La politique économique*, PUF, Coll. Que sais-je ?

- Duménil G. et Lévy D. (2003), *Économie marxiste du capitalisme*, La Découverte, Coll. Repères.
- Chevallier J.J. (2012), *Le service public*, PUF, Coll. Que sais-je ?
- Lévêque F. (2004), *Économie de la réglementation*, La Découverte, Coll. Repères.
- Esping-Andersen G. (2008), *Trois leçons sur l'État-providence*, Seuil, Coll. La République des idées.
- Merrien F.X. (2007), *L'État-providence*, PUF, Coll. Que sais-je ?.
- Rosanvallon P. (1981), *La crise de l'État-providence*, Seuil (rééd. coll. Points).
- Valtriani P. (2011), *Les politiques sociales en France*, Hachette, Coll. Les fondamentaux.

Approfondissement

- Adam F., Ferrand O., Rioux R. (2007), *Finances publiques*, Presses de Sciences PO/ Dalloz.
- Bénard J. (1985), *Économie publique*, Économica.
- Castel R. (1995), *Les métamorphoses de la question sociale*, Fayard.
- Deiss J. et Gugler Ph. (2012), *Politique économique et sociale*, De Boeck.
- Duménil, G. et Lévy, D. (2003), *Économie marxiste du capitalisme*, La Découverte, Coll. Repères.
- Elbaum M. (2011), *Économie politique de la protection sociale*, PUF, Coll. Quadrige.
- Esping-Andersen G. (1999), *Les trois mondes de l'État-providence. Essai sur le capitalisme moderne*, PUF, Coll. Le lien social.
- Fontanel M., Grivel N., Saintoyant V. (2007), *Le modèle social français*, Odile Jacob.
- Huart F. (2012), *Économie des finances publiques*, Dunod.
- Lefebvre A., Meda D. (2006), *Faut-il brûler le modèle social français ?*, Seuil.
- Le Masne P. (2007), *Les services publics, approches économiques et enjeux sociaux*, Presses universitaires de Rennes.
- Merrien F.X., Parchet R., Kernen A. (2005), *L'État social. Une perspective internationale*, A. Colin.
- Montel-Dumont O. (dir.) (2011), *La politique économique et ses instruments*, La Documentation française, Coll. Les notices.
- Palier B. (2011), *Les réformes de l'État providence*, PUF.
- Penaud P. (dir.) (2011), *Politiques sociales*, Dalloz/Presses de sciences po.
- Perret B. (2008), *L'évaluation des politiques publiques*, La Découverte, Coll. Repères.
- Quilès J.J. (2003), *Économie du choix social*, Bréal.
- Regards croisés sur l'économie (2007), *Bientôt privés de services publics ?*, n° 2, septembre.
- Ronquoy Ph. (dir.) (2010), *La protection sociale : quels débats ? Quelles réformes ?*, Les Cahiers français, n° 358.
- Wolfelsperger A. (1995), *Économie publique*, PUF, Coll. Thémis.

chapitre 16

Politiques économiques

Les **politiques économiques** regroupent un ensemble d'objectifs et d'instruments par lesquels les pouvoirs publics cherchent à agir sur les variables économiques.
On distingue généralement les **politiques conjoncturelles** et les **politiques structurelles**.
Les politiques conjoncturelles sont des politiques ayant pour but de faire face à l'ensemble des variations à court terme de l'activité économique. Elles peuvent se fixer différents objectifs qui peuvent être complémentaires ou contradictoires : une croissance élevée du PIB, le plein-emploi, la stabilité des prix et l'équilibre extérieur.
Les politiques structurelles sont des politiques qui portent sur l'évolution à long terme de l'économie et de ses structures (politiques sociales, politiques industrielles, politique d'aménagement du territoire).
Les politiques économiques peuvent être conduites au niveau local (communes, départements, régions), au niveau de l'État-nation ou au niveau supranational (Union européenne, mesures relevant de la gouvernance mondiale).
Aujourd'hui, d'importants débats se déroulent à propos de la politique économique à mettre en œuvre au sein de la zone euro.

> I Les politiques conjoncturelles

> A Les débats théoriques sur les politiques conjoncturelles

a › Quels sont les objectifs des politiques conjoncturelles ?

Pour représenter les différents objectifs que peuvent poursuivre les politiques conjoncturelles, on a coutume d'utiliser une représentation simplifiée, le « **carré magique** » de l'économiste keynésien **N. Kaldor** (1908-1986), qui associe les quatre objectifs suivants :

- augmenter la croissance économique, mesurée par le taux de croissance du PIB ;
- équilibrer les échanges extérieurs, évalués par l'intermédiaire du solde de la balance commerciale rapporté au PIB ;
- assurer le plein emploi, évalué grâce au taux de chômage ;
- maîtriser l'inflation, mesurée par l'indice de variation annuelle du niveau général des prix.

Chacun des quatre axes du carré magique part du centre et est gradué de façon telle que la situation « la pire » soit au centre (par exemple 0 % de croissance) et la situation la plus favorable à l'extérieur du carré (+ 10 % de croissance par exemple).

Le graphique (page 337) permet d'identifier les faiblesses de l'économie française en 1973 (une inflation élevée) et en 2010 (seule l'inflation modérée joue favorablement, les trois autres objectifs ne sont pas atteints). On note que les quatre objectifs des politiques conjoncturelles, sont interdépendants deux à deux :

- la recherche d'une croissance économique soutenue et le plein emploi ;
- la recherche d'un équilibre de la balance des paiements et d'une inflation maîtrisée.

En revanche, la réalisation simultanée de ces deux paires d'objectifs se heurte à des difficultés. Ainsi, l'expansion économique en situation de plein emploi suscite des tensions inflationnistes et stimule les importations, au risque d'une dégradation des comptes extérieurs.

Le carré magique de la France en 1973 et en 2010

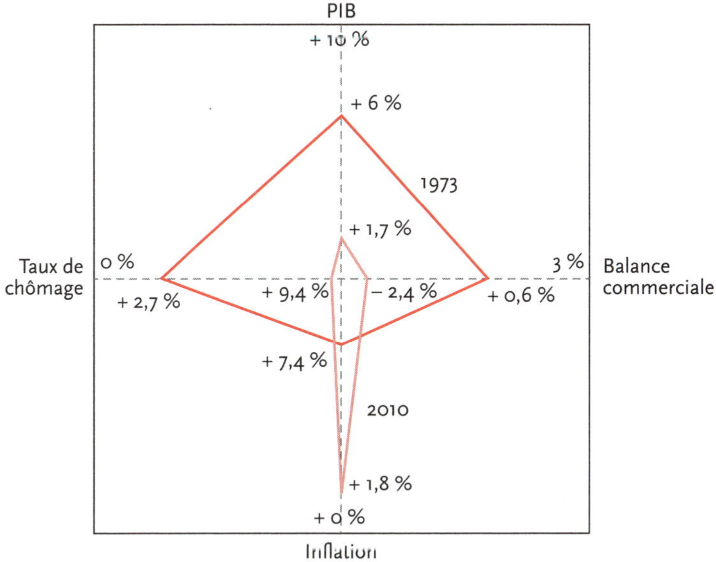

b › Les fondements théoriques de l'analyse keynésienne

Durant les Trente Glorieuses, l'ensemble des pays industrialisés a adopté des politiques keynésiennes pour faire face soit à des situations de ralentissement de la croissance, soit à des situations de surchauffe de l'économie (tension inflationniste) ; ce qui a parfois conduit à des **politiques de « *stop and go* »**.

Les multiplicateurs de dépenses publiques

- Selon **J. M. Keynes** (1883-1946), l'accroissement des dépenses publiques, par le biais du multiplicateur, génère un accroissement plus que proportionnel de la production (Voir « Capital et investissement »).
- L'action budgétaire de l'État peut avoir différents effets multiplicateurs :
  - le **multiplicateur fiscal** qui est négatif, car une hausse des prélèvements obligatoires provoque une diminution du revenu disponible et donc de la demande, il est égal à – c/(1-c) ;
  - le **multiplicateur de dépenses publiques** qui mesure les effets d'une hausse des achats publics sur le revenu, le multiplicateur de dépenses étant égal à 1/(1-c) d'après un modèle keynésien simplifié.
- Le **théorème d'Haavelmö** précise que si l'on augmente le volume des dépenses publiques en même temps et dans la même mesure que l'on augmente la fiscalité, la demande globale s'accroît d'un montant égal aux dépenses publiques additionnelles. Le multiplicateur est donc égal à 1, correspondant à la somme du multiplicateur de dépenses publiques et du multiplicateur fiscal ((1/ (1-c) + (-c/ (1-c)). La variation de la production est égale à la variation des achats publics, elle-même égale à la variation des impôts. Ce théorème va à l'en-

contre de l'idée d'une neutralité de l'équilibre budgétaire et justifie une extension des interventions de l'État.

– Le **multiplicateur de transferts** qui exerce un effet initial non sur le produit mais sur le revenu disponible, ce qui explique son moindre effet par rapport au multiplicateur d'achats publics, le multiplicateur étant égal à c/(1-c).

1 › La macroéconomie keynésienne standard : le modèle IS / LM

Le **modèle IS-LM** de **J.R. Hicks** (1904-1989) et **A. H. Hansen** (1887-1975) constitue un compromis entre les analyses de Keynes et celles des « classiques ». Ce modèle envisage un équilibre sur les deux marchés : marché des biens et marché de la monnaie et met en relation niveau du produit national (revenu nominal) et niveau du taux d'intérêt nominal.

La courbe investissement/épargne (IS), décroissante, représente l'ensemble des situations d'équilibre possibles sur le marché des biens. Elle représente l'ensemble des couples (i,Y) pour lesquels il y a égalité entre investissement et épargne.

La courbe demande de monnaie/offre de monnaie, croissante, représente l'ensemble des situations d'équilibre sur le marché de la monnaie. Elle représente l'ensemble des couples (i,Y) pour lesquels il y a égalité entre demande et offre de monnaie. L'offre de monnaie M est, dans ce modèle, une variable exogène qui dépend de la politique de l'État en matière de création monétaire.

L'intersection des deux courbes détermine la combinaison du taux d'intérêt et du revenu nominal qui assure simultanément l'équilibre sur le marché de la monnaie et sur le marché des biens.

Ce modèle décrit l'interdépendance des politiques budgétaire et monétaire : une augmentation du montant des dépenses publiques pousse la courbe IS vers la droite ; le revenu croît d'autant plus que l'offre de monnaie est en même temps accrue, limitant ainsi la hausse des taux d'intérêt. Une politique monétaire expansive déplace la courbe LM vers la droite, générant un nouvel équilibre (déplacement du point d'équilibre du marché des biens sur la courbe IS), fondé sur une augmentation du revenu nominal et une baisse du taux d'intérêt. Inversement une politique monétaire restrictive (réduction de la création monétaire), pour faire face à une situation marquée par un plein emploi et des tensions inflationnistes, déplace la courbe LM vers la gauche (restriction du revenu et augmentation du taux d'intérêt). Dans la même perspective d'une réduction des tensions inflationnistes, une politique budgétaire restrictive génère un déplacement de la courbe IS sur la gauche (réduction du revenu et du taux d'intérêt).

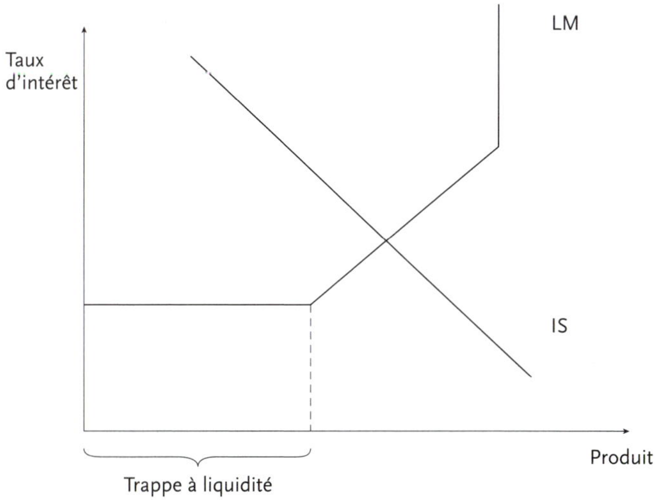

Selon ce modèle, il existe une **trappe à liquidité**. En dessous d'un certain niveau de taux d'intérêt, l'élasticité de la demande de monnaie au taux d'intérêt est infinie et l'élasticité de l'investissement est dans le même temps nulle. Lorsque l'économie se trouve dans la trappe à liquidité, seule une politique budgétaire peut permettre un retour vers le plein-emploi (déplacement de la courbe IS vers la droite).

L'une des difficultés majeures de la zone euro, selon de nombreux économistes, est qu'on ne peut mener une politique mixte combinant politique monétaire et politique budgétaire. En effet, s'il existe une seule politique monétaire, il y a autant de politiques budgétaires que d'États membres et le budget européen est trop faible (environ 1 % du PIB de l'Union) pour qu'on puisse l'utiliser à des fins de régulation conjoncturelle.

2 › La mise en œuvre des politiques keynésiennes

Pendant les « Trente Glorieuses », la politique monétaire et la politique budgétaire étaient combinées dans le cadre de **politiques mixtes** (***policy mix***) visant à maintenir l'économie sur un sentier de croissance de plein emploi compatible avec la stabilité des prix et l'équilibre extérieur. Les États ont assuré une régulation macroéconomique conjoncturelle, freinant l'activité économique en cas de surchauffe inflationniste et/ou déficit extérieur et relançant l'économie en cas de croissance trop lente et de montée du chômage : ce sont des politiques contracycliques, dites de « *stop and go* ». Une politique keynésienne ne consiste donc pas à recourir systématiquement au déficit, ni à accroître tendanciellement le poids des dépenses publiques (voir « État et économie »), mais à utiliser la relance par le déficit budgétaire dans les situations appropriées, ce qui suppose de rétablir les finances publiques dans les périodes fastes pour retrouver des marges de manœuvre budgétaires en cas de nouvelle récession. Ainsi les politiques budgétaires menées par certains gouvernements libéraux dans les pays anglo-saxons, au cours des années 1980, qui ont massivement réduit la fiscalité et creusé de ce fait les déficits publics, ne sont pas des politiques d'inspiration keynésienne. Face à la crise des subprimes de 2007-2008, la plupart des États ont mené des politiques de relance plus ou moins vigoureuses qui associent stimulation budgétaire d'une part, politique de faible taux d'intérêt et de liquidité abondante d'autre part. Cependant, compte tenu de la hausse des déficits publics puis des dettes publiques qui en résulte, certains gouvernements (notamment au sein de la zone euro) ont donné la priorité au rétablissement des comptes publics en privilégiant des politiques restrictives qui nuisent à la croissance et à l'emploi.

Historique des politiques de « *stop and go* » en France

– 1973 : premier choc pétrolier – 1974 : plan de « refroidissement » (dégradation de l'emploi) – 1975 : plan de relance (dégradation des comptes) – 1976-1981 : politique de désinflation compétitive (chômage et restructuration) – 1981-1982 : plan de relance socialiste (dégradation des comptes) – 1983-1986 : politique de désinflation compétitive n° 2 – 1987-1992 : politique du franc fort – 1992-1997 : politique du franc fort n° 2 (choc de l'unification allemande, croissance faible, chômage, dégradation des comptes) – 1997-2001 (reprise de la croissance, emplois jeunes, 35 h).

C › La critique libérale des politiques keynésiennes

La critique libérale des politiques keynésiennes porte principalement sur la question du financement du déficit budgétaire mais également sur l'efficacité d'une politique budgétaire active :

- Les économistes libéraux soulignent que le financement du déficit budgétaire par l'emprunt risque de générer une hausse des taux d'intérêt, entraînant la baisse des dépenses privées. Ils soulignent également l'existence d'un « **effet d'éviction financière** » : les emprunts publics deviennent plus attractifs que les obligations privées.
- Ils soulignent, par ailleurs, que les déficits budgétaires conduisent à un accroissement de l'endettement des administrations publiques qui peut générer un « **effet boule de neige** » : le poids de la dette publique augmente du fait que le taux d'intérêt réel est supérieur au taux de croissance du PIB en volume. Quant aux solutions de financement monétaire du déficit budgétaire, elles sont considérées comme inflationnistes par les monétaristes.
- Du point de vue de l'efficacité d'une politique budgétaire active, **M. Friedman** (1912-2006, prix Nobel 1976) considère que les effets du mécanisme multiplicateur sont limités, à moyen et long terme. Selon lui, les consommateurs ne sont pas sensibles à la variation de leurs revenus courants mais à leur **revenu permanent**, en tant que revenu moyen anticipé

sur toute leur vie. Ainsi, une augmentation des prestations sociales les conduit à épargner au lieu de consommer, car ils considèrent qu'à terme, la variation de leur revenu courant sera rattrapée par une croissance des prélèvements obligatoires (**Théorème d'équivalence Ricardo-Barro**). Dès lors, la politique budgétaire est efficace seulement si les consommateurs sont partiellement informés et s'ils se trouvent dans l'incapacité d'anticiper les charges futures résultant des mesures présentes des pouvoirs publics. Ainsi, pour Friedman, la politique budgétaire peut avoir des effets positifs à court terme ; mais à long terme, son efficacité s'étiole au fur et à mesure que l'illusion monétaire se dissipe.

Pour les théoriciens des **anticipations rationnelles**, **J. Muth**, **R. Lucas** et **R. Barro** (Nouvelle École Classique), une relance budgétaire ou une politique monétaire expansive se heurtent nécessairement aux anticipations rationnelles des agents, à leur compréhension du risque de report des charges dans l'avenir, les conduisant à augmenter leur niveau d'épargne et réduisant par conséquent l'effet du multiplicateur. La politique monétaire n'est efficace ni à court terme, ni à moyen ou long terme (voir « Épistémologie et histoire des sciences économiques »).

> B
Des politiques conjoncturelles sous contrainte

a › La question du déficit budgétaire

• En matière d'équilibre budgétaire, deux conceptions s'opposent :

– une conception keynésienne qui considère que l'objectif d'équilibre entre les dépenses et les recettes des administrations publiques importe moins à court terme que la recherche d'un équilibre macroéconomique ;

– une conception libérale pour laquelle l'équilibre budgétaire doit être assuré quel que soit le niveau de la conjoncture.

• Il reste que l'existence d'un déficit budgétaire ne résulte pas nécessairement d'un choix de politique économique. En effet, le budget de l'État exerce spontanément un effet de stabilisation de l'activité économique (existence de **stabilisateurs automatiques**). Une période de récession et de croissance du chômage implique une diminution des recettes publiques particulièrement pour les recettes issues de la TVA et de l'impôt sur le revenu, parallèlement, les dépenses d'aides aux entreprises et aux chômeurs augmentent, permettant le relatif maintien du Revenu disponible global, et par conséquent une relative stabilisation de l'activité économique.

• L'existence d'un déficit budgétaire pose le problème de son financement, celui-ci peut s'effectuer :

- par une création monétaire directe : le gouvernement demande à la Banque centrale de créer de la monnaie afin de créditer le Trésor public (ce qui est aujourd'hui impossible dans la zone euro) ;
- par une création monétaire indirecte : le gouvernement décide de l'émission de bons du Trésor (titres d'emprunt) qui peuvent ensuite être utilisés par les banques de second rang comme collatéral afin d'obtenir des liquidités auprès de la banque centrale ;
- par des emprunts à long terme faisant appel à l'épargne publique sur le marché financier ;
- par l'accroissement des prélèvements obligatoires.

Dette publique par rapport au PIB (%)

Pays	1981-1985	1986-1990	1991-1995	1996-2000	2007	2010
États-Unis	46,3	58,9	68,3	62,4	60,3	94,2
Royaume-Uni	43,4	35,0	32,9	46,5	43,6	79,9
Japon	64,3	71,4	79,5	120,2	185,0	200
Allemagne	38,6	41,4	45,7	58,9	66,5	83,2
France	26,0	32,5	44,2	57,9	63,9	82,3

Source : d'après *Alternatives économiques*, HS n° 74, 4e trimestre 2007. INSEE pour 2010.

Dette des administrations publiques (au sens de Maastricht) en points de PIB (France en décembre de chaque année entre 1995 et 2011)

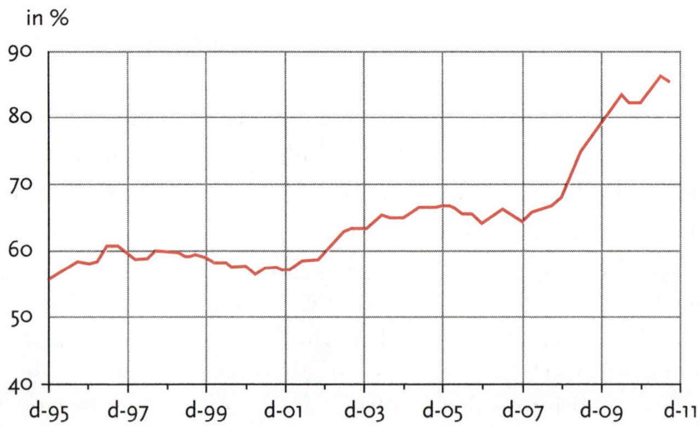

Source : INSEE.

Comme on le voit, l'augmentation de la dette publique a été très forte du fait de la crise des subprimes (2007) et de ses conséquences macroéconomiques.

En fait, face à la chute de l'activité économique, les stabilisateurs automatiques ont joué : baisse des recettes fiscales et sociales, maintien ou hausse des dépenses, ce qui a creusé le déficit et donc la dette. Mais de plus, de nombreux gouvernement ont adopté dans un premier temps des mesures discrétionnaires de relance des dépenses publiques, d'où l'aggravation des déficits. Enfin, dans un certain nombre de cas, les gouvernements sont intervenus pour éviter des faillites bancaires, allant jusqu'à nationaliser certaines banques et offrir des garanties à d'autres. Au total le ratio dette publique sur PIB s'est fortement accru.

Cependant, on constate dans certains pays, une tendance de longue période au maintien des déficits publics. En France, par exemple, les dépenses publiques ont toujours été supérieures aux recettes publiques depuis 1973.

La maîtrise des déficits publics est un objectif dans la plupart des pays, mais sa mise en œuvre se heurte aux exigences de la politique économique contre-cyclique.

Solde des administrations par rapport au PIB (%)

Pays	1981-1985	1986-1990	1991-1995	1996-2000	2007	2010
États-Unis	−4,5	−4,1	−4,5	−0,0	−2,7	− 10,7
Royaume-Uni	−3,3	−0,9	−6,0	−0,7	−2,7	− 10,3
Japon	−3,2	−0,6	−1,7	−6,0	−2,7	− 7,8
Allemagne	−2,5	−1,4	−2,8	−1,7	−0,7	− 4,3
France	−2,7	−2,2	−7,7	−2,6	−2,3	− 7,1

Source : d'après *Alternatives économiques*, HS n° 74, 4e trimestre 2007. INSEE pour 2010.

La Loi organique relative aux lois de finances (LOLF) et la Révision générale des politiques publiques (RGPP)

Depuis le milieu des années 1990, les pouvoirs publics, quelle que soit leur orientation, mettent l'accent sur la nécessité d'une meilleure évaluation des politiques publiques afin de rendre l'intervention de l'État plus efficace et plus efficiente.

Cette orientation s'est traduite notamment par la création :

- en février 1999 d'une « Mission d'évaluation et de contrôle de la dépense publique » (MEC) – sur le modèle du « National Audit Office » Britannique – et d'un Conseil national d'évaluation ;
- en juillet 1999 d'un « Comité interministériel pour la réforme de l'État » (CIRE) chargé d'établir des bilans sur la base des Plans Pluriannuels de Modernisation (PPM) conçus par chaque ministère.

Mais c'est en juin 2001, qu'une véritable « révolution budgétaire » est réalisée, avec l'adoption de la LOLF (**Loi organique relative aux lois de finance**) qui vise à remplacer la présentation traditionnelle du budget en 850 chapitres par la constitution de 132 programmes, rattachés à 34 missions essentielles de l'État, assortis de 670 objectifs précis et de 1 300 indicateurs.

La LOLF répond à un objectif de meilleure lisibilité budgétaire des objectifs poursuivis et des moyens utilisés par les pouvoirs publics. La loi doit donc permettre de mieux évaluer l'action de l'État. Elle conduit à remettre en cause les « dépenses votées » (dépenses qui auparavant étaient reconduites automatiquement d'une année sur l'autre). Désormais, c'est l'ensemble des dépenses budgétaires qui est soumis à débat chaque année.
En décembre 2002, les Plans Pluriannuels de Modernisation (PPM) sont remplacés par les « Stratégies Ministérielles de Réforme » (SMR) dont les objectifs doivent être en cohérence avec ceux définis par la LOLF.
En juillet 2007, le gouvernement Fillon lance la **Révision générale des politiques publiques** (RGPP). Il s'agit d'engager une modernisation des politiques publiques afin de rendre l'État plus « efficace et plus économe ». Toutes les politiques publiques sont passées simultanément en revue à la lumière de quatre « leviers de la modernisation » :

- Recentrer les politiques publiques sur leur cœur de mission (par exemple décharger les forces de police et de gendarmerie des tâches administratives).
- Simplifier et moderniser les procédures (notamment en ayant recours aux nouvelles technologies de l'information).
- Réorganiser les services de l'État (réduction du nombre des directions régionales et départementales des administrations centrales, fusion de la direction du Trésor et de la direction des Impôts du ministère des finances).
- Modernisation de la gestion dans l'administration (création d'un opérateur national de gestion de la paye des fonctionnaires).

Cette RGPP se situe dans la perspective d'un retour à l'équilibre des finances publiques en 2012 et elle repose notamment sur le non-remplacement d'un fonctionnaire sur deux partant à la retraite.
Un certain nombre de critiques sont formulées à l'encontre de cette conception de la modernisation de l'État, certains y voient une menace pour les services publics et pour l'emploi public ainsi que l'occasion de la mise en place d'un processus de privatisations d'activités qui relevaient jusqu'ici de la responsabilité publique.

b › La contrainte extérieure

Depuis le milieu des années 1970, les pays industrialisés connaissent une montée en puissance de la contrainte extérieure : ouverture des marchés de capitaux et concurrence internationale accrue (voir « Commerce international », « La globalisation financière »).
Les pays les plus ouverts au commerce international sont les pays européens (commerce intra-européen inclus) et les pays émergents. Depuis les années 1980, le degré d'ouverture des économies aux échanges extérieurs de marchandises, de services et de capitaux s'est accru. De ce fait, la contrainte extérieure qui pèse sur les politiques économiques est plus forte. Dans les années 1980, cette contrainte était surtout liée aux échanges de marchandises : le creusement du déficit de la balance commerciale constituait un symptôme d'une politique économique trop expansionniste. Depuis les années 1990, ce sont surtout les mouvements de capitaux qui sont la manifestation de la contrainte extérieure. En cas de perte de confiance à l'égard de la politique économique d'un pays (croissance trop lente, déficits publics excessifs, etc.) on assiste à une sortie de capitaux et, si le pays doit emprunter sur le marché

mondial des capitaux, il le fait à des taux plus élevés. Les différences de taux d'intérêt entre pays (**Spread**) sont devenues un indicateur très important.
En France, comme le montre le graphique ci-dessous, la part des importations et des exportations dans le PIB n'a cessé de s'accroître depuis le début des années 1970.
Cette montée de la contrainte extérieure a réduit l'efficacité des politiques de réglage de la conjoncture. En particulier, les politiques de relance se heurtent au creusement du déficit commercial et à des effets d'éviction par les taux de change : une volonté de financer les déficits publics par la venue de capitaux étrangers peut conduire à une appréciation du taux de change et par conséquent à des effets négatifs sur la compétitivité-prix des exportations. Ainsi, en 1981-1982, en France, les pouvoirs publics décident de relancer la croissance notamment par une augmentation sensible des salaires et des prestations sociales. Mais cette hausse des revenus va profiter davantage aux importations qu'à la production nationale.
Face à la dégradation de la balance commerciale, les pouvoirs publics vont devoir changer radicalement de politique économique. Une politique de rigueur est mise en place dès juin 1982 qui a pour objectif de restaurer les principaux équilibres. Au total, sous l'effet de cette politique le déficit du commerce extérieur se résorbe progressivement entre 1984 et 1992, puis le commerce extérieur devient excédentaire entre 1993 et 2005 sous l'effet d'une amélioration de la compétitivité de l'économie française. Depuis cette date, le solde commercial n'a cessé de se dégrader.

Évolution du solde du commerce extérieur

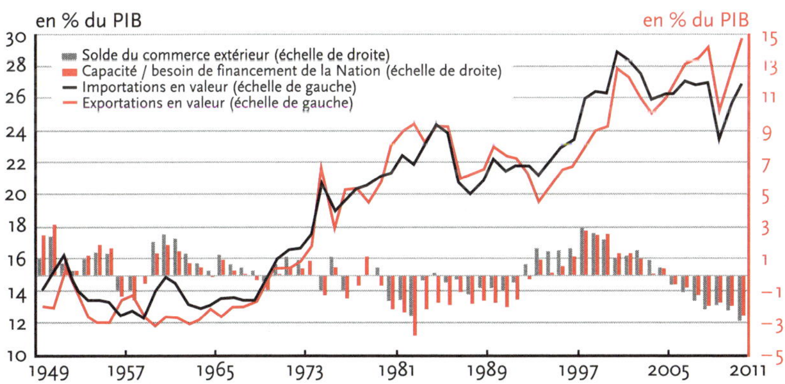

Source : INSEE, *Comptes nationaux*, base 2005. INSEE, L'économie française, 2012.

C › La lutte contre l'inflation, une priorité ?

1 › Les objectifs des politiques de désinflation compétitive

Les objectifs des politiques de désinflation compétitive portaient essentiellement sur la recherche d'une stabilité des prix, de l'équilibre de la balance des paiements, d'une monnaie « forte » ou stable et d'un redressement des profits et des investissements. À cet effet, une politique de rigueur monétaire, budgétaire et salariale a été menée. Ce type de politique s'est généralisé dans quasiment l'ensemble des pays industrialisés à partir du début des années 1980 et devait conduire à :

- un freinage de la croissance de la demande intérieure afin de dégager un surplus exportable (freinage des importations et stimulation des exportations) ;
- la stabilisation de l'inflation, source d'une amélioration de la compétitivité-prix, qui contribue au rééquilibrage du commerce extérieur ;
- une modification du partage de la valeur ajoutée en faveur des profits et au détriment des salaires, source d'amélioration de la compétitivité-prix et de stimulation de l'investissement des entreprises.

Ces politiques sont influencées par la remise en cause des politiques keynésiennes à partir des années 1970, qui étaient fondées sur l'existence d'un arbitrage entre l'inflation et le chômage (voir « Inflation, désinflation, déflation »). Les politiques de désinflation compétitive considèrent qu'une élévation de l'inflation nuit à la compétitivité extérieure, et donc au final au chômage : il faut donc réduire l'inflation pour améliorer l'emploi à plus long terme.

2 › Réussites et limites des politiques de désinflation compétitive

La mise en œuvre de politiques de désinflation compétitive a permis de juguler l'inflation dans l'ensemble des pays de l'OCDE. En France, dès 1986, l'inflation est maîtrisée, par ailleurs, le solde de la balance commerciale est positif, ainsi que celui de la balance des paiements (voir « Le commerce international », « La balance des paiements »).

En revanche, les politiques de désinflation compétitive ont tendance à brider la croissance. Pour **A. Grjebine**, « *La conjonction de politiques d'austérité menées dans les principaux pays industrialisés pour lutter contre une crise de l'offre favorise le développement de tendances récessionnistes à l'échelle mondiale* ». Pour **J. Généreux**, « *la seule vertu incontestable de la désinflation compétitive est qu'elle permet de retrouver la stabilité monétaire et l'équilibre extérieur pour un pays longtemps caractérisé par le laxisme monétaire* ».

Paradoxalement, le succès de ces politiques a été à la source de difficultés ultérieures. En effet, la victoire des banques centrales dans la lutte contre l'inflation a conduit à une confiance élevée et à une situation de « paradoxe de la crédibilité » : les agents anticipant un maintien des taux d'inflation faible, on a

assisté à une baisse des primes de risque et donc des taux d'intérêt, ce qui a conduit à une hausse des taux d'endettement. Cela a contribué à une situation de « **paradoxe de la tranquillité** » : croissance soutenue (notamment aux États-Unis), anticipations optimiste des ménages et des entreprises, hausse des taux d'endettement.
Par ailleurs, le creusement des inégalités lié à la modification du partage de la valeur ajoutée, à l'envol des hautes rémunérations et à l'augmentation de la concentration des revenus du capital a conduit à un recours accru à l'endettement des catégories moyennes et populaires. Ce contexte global d'endettement, dans le cadre de la politique monétaire accommodante de la Réserve fédérale des États-Unis sous la direction d'Alan Greenspan, a créé les conditions de l'éclatement de la crise des subprimes en 2007.

d › Quelle politique conjoncturelle au sein de L'Union Économique et Monétaire européenne

1 › Le passage à l'euro et la convergence nominale

Le passage à la monnaie unique en Europe (voir « Les relations monétaires internationales ») suppose la mise en place d'une politique monétaire commune dont la conception et la mise en œuvre ont été confiées à une Banque centrale indépendante (voir « Monnaie et financement »). Pour préparer le passage à l'euro, le **Traité de Maastricht** (1992) a imposé aux économies nationales une logique de convergence nominale qui portait sur les taux d'inflation, le taux d'intérêt, la dette publique et le déficit public. Pour respecter ces objectifs de nombreux pays européens ont adopté des politiques macroéconomiques restrictives qui ont pesé sur la croissance et sur l'emploi. Certains observateurs ont, dès cette époque, demandé pourquoi on privilégiait ainsi la convergence des taux d'inflation (convergence nominale) et pas la convergence des taux de chômage ou des taux de croissance du PIB (convergence réelle).
Une fois l'euro mis en place, les politiques conjoncturelles européennes ont été soumises au **Pacte de Stabilité et de Croissance** (PSC) adopté en 1997 (Traité d'Amsterdam). Ce pacte a pour but d'éviter l'existence de déficits excessifs qui impliqueraient une création monétaire, une inflation et des taux d'intérêt à la hausse, affectant l'ensemble de la zone. Dans ce cas le laxisme budgétaire d'un État aurait finalement des répercussions négatives pour tous les autres pays de la zone. Les conséquences de sa politique seraient mutualisées, il s'agirait, au fond, d'une forme de stratégie du « passager clandestin » de l'Union. C'est pourquoi le PSC plafonne le déficit des administrations publiques à 3 % du PIB et la dette publique à 60 % du PIB.
Il est cependant apparu que certains pays membres ne parvenaient pas à respecter les règles du PSC. En 2005 un aménagement du pacte est décidé, il autorise les « dépassements limités et temporaires » de la limite des 3 % du PIB pour le déficit public, mais il maintient l'objectif d'équilibre budgétaire

à moyen terme et il insiste sur la limitation de la dette publique à 60 % du PIB.

2 › Le Pacte de stabilité et de croissance en question

L'instauration de la monnaie unique et l'application du Pacte Stabilité et de croissance soulèvent trois débats principaux :

- Le premier débat concerne la difficulté à mettre en œuvre une politique mixte au niveau européen. En effet, il y a une seule politique monétaire (celle de la BCE) et autant de politiques budgétaires que de pays membres. Cela renvoie à la nécessité de mettre en place un « gouvernement économique de la zone euro ». Dans le contexte actuel où la politique monétaire n'est utilisée que pour lutter contre l'inflation, la politique budgétaire des États doit faire face seule à la régulation de la production et de l'emploi. Or elle bute sur les règles du PSC qui sont pro-cycliques (en période de ralentissement conjoncturel, les États doivent réduire leurs dépenses et augmenter les impôts pour limiter leur déficit public).
- Le second débat porte sur le fédéralisme budgétaire et la gestion des chocs asymétriques. En 1961, **Robert Mundell** a avancé le concept de **zone monétaire optimale**. Il s'agit d'un espace au sein duquel un choc macroéconomique asymétrique peut être résorbé par la mobilité des facteurs de production et notamment par des mouvements de main-d'œuvre. Par exemple, une montée du chômage au Portugal conduirait à des déplacements de main-d'œuvre vers d'autres pays de l'Union européenne. On s'accorde généralement à considérer que la zone Euro est plus éloignée de l'idéal-type de la zone monétaire optimale que les États-Unis par exemple (obstacles liés à la langue, à la différence des systèmes de protection sociale, aux traditions nationales, etc.). Dans ce contexte, d'éventuels chocs asymétriques ne peuvent être résorbés que par une action délibérée des États membres et/ou de l'Union elle-même. Or la faiblesse du budget européen rend difficile une action de l'Union. Certains auteurs proposent donc un fédéralisme budgétaire européen qui supposerait un transfert de compétences des États membres et, éventuellement, la création d'un impôt européen.
- Le troisième débat est de nature politique. Faute d'une intégration politique suffisante et d'une capacité à faire des choix politiques au niveau européen, les pays membres de la zone euro (et plus largement de l'Union européenne) s'en sont remis à l'application de règles (celles du Pacte de Stabilité et de Croissance notamment). Selon **J.-P. Fitoussi** (*La règle et le choix*, 2002) cette situation empêche l'Europe de faire les choix stratégiques qui s'imposent dans une économie mondiale en pleine mutation, elle prive aussi la zone euro d'une réactivité suffisante face aux turbulences financières, enfin elle sape la légitimité politique de la construction européenne dans la mesure où les citoyens ont le sentiment d'une certaine impuissance des responsables de la politique économique.

3 › La crise des dettes souveraines en Europe

En octobre 2009, le nouveau gouvernement grec annonce que le déficit public et la dette publique sont beaucoup plus importants que ce qu'avait annoncé le gouvernement précédent. Cette annonce marque le début d'une crise des dettes souveraines en Europe. Elle a affecté notamment l'Irlande, l'Espagne, le Portugal, l'Italie, mais menace aussi la France. C'est la question de la sortie de l'Euro de certains pays qui est posée, voire la question de l'éclatement de la zone euro.

Cette crise manifeste en premier lieu l'inefficacité du Pacte de stabilité et de croissance qui n'a pas empêché le dépassement par la plupart des pays membres des normes qu'il fixe en matière de déficit et la dette.

La question posée est donc celle du choix entre le renforcement de règles contraignantes pesant sur la politique budgétaire des États membres et la mise en place d'un véritable fédéralisme budgétaire :

- soit chaque pays accepte de contrôler strictement son budget, par un mécanisme contraignant de type « règle d'or », chacun subit alors des contraintes propres de financement mais conserve sa souveraineté budgétaire ;
- soit les pays européens acceptent de mutualiser leurs budgets dans une logique fédérale, en bénéficiant globalement de meilleures conditions de financement, mais au prix d'une perte de souveraineté. La crise de la dette européenne n'en est pas véritablement une en réalité, dans la mesure où des pays beaucoup plus endettés que la moyenne de la zone euro (le Japon, les États-Unis et le Royaume-Uni) ne connaissent pas une telle crise. La zone euro est donc confrontée à une crise de confiance liée à des questions institutionnelles.

Deux enjeux majeurs doivent être soulignés :

- D'une part, face aux situations d'urgence, les procédures de prise de décision en Europe sont trop lentes et les marchés financiers craignent que la solidarité entre pays européens soit insuffisante (voire remise en cause). Par exemple, face à la crise grecque, il a fallu de longs mois pour mettre en place un programme d'assistance financière, il a fallu créer de nouvelles institutions (le Fond européen de stabilité financière) et la politique de la BCE sur le marché de la dette souveraine a été hésitante et manifestement insuffisante. Alors que rien ne l'empêche d'acheter des titres de dette publique sur le marché secondaire, elle ne l'a fait que de façon modeste (surtout en comparaison des rachats massifs de la Réserve fédérale des États-Unis). C'est cette insuffisante crédibilité de la solidarité européenne qui conduit les opérateurs sur les marchés financiers à jouer les dettes de certains États contre d'autres. Par exemple l'Allemagne a réalisé certains emprunts à des taux nuls ou négatifs alors que les taux sur la dette grecque ou Italienne atteignaient des niveaux très élevés.
- D'autre part, l'intégration commerciale, financière et monétaire, loin de conduire à une convergence réelle des économies a amplifié des spécialisa-

tions productives qui conduisent à un déficit extérieur structurel des pays du Sud de l'Europe à l'égard des pays du Nord et notamment de l'Allemagne (spécialisée dans la production de biens industriels exportables). De ce fait, les pays du Sud de l'Europe ont un déficit extérieur qu'ils doivent financer en empruntant sur les marchés de capitaux. Lorsque cet endettement devient excessif, ils éprouvent des difficultés à contracter de nouveaux emprunts (et/ou ils le font à un taux prohibitif). Face à cette situation, au sein d'une union monétaire, il importe d'effectuer des transferts de revenus au bénéfice des pays en difficultés et de conduire des politiques structurelles visant à faire évoluer les spécialisations productives dans un sens plus favorable à l'équilibre des échanges extérieurs.

> II Les politiques structurelles

> A L'État au cœur des réformes

a › La question des prélèvements obligatoires

Dès le début des années 1980, un certain nombre de pays, dont la Grande-Bretagne et les États-Unis, se sont inspirés des théoriciens de l'**économie de l'offre** (***supply side économics***), pour considérer qu'il fallait une réduction des interventions de l'État et un retour général aux mécanismes marchands. Dans cette perspective un vaste programme de réduction des dépenses publiques et des impôts, de privatisation des services publics et des entreprises, et enfin de déréglementation fut mis en œuvre. À ces mesures concernant les interventions de l'État s'est également ajoutée une politique de flexibilisation du marché du travail (voir « Marché du travail et chômage », « Entreprise et système productif »).
Selon les théoriciens de l'offre comme **A. Laffer**, « trop d'impôt tue l'impôt ». L'augmentation du taux de prélèvement obligatoire jusqu'à un certain seuil génère une augmentation des recettes ; passé ce seuil, les recettes fiscales décroissent car les actifs vont préférer le loisir au travail. L'offre de travail et de capital décroît avec la hausse du taux marginal d'imposition. Il en résulte qu'il faut alléger les dépenses publiques et réduire le taux de prélèvements obligatoires.

➯ Un certain nombre de critiques ont été formulées à l'encontre de la **courbe de Laffer**. En premier lieu, aucune précision n'est fournie sur le niveau de taux d'imposition qu'il convient de ne pas dépasser. Par conséquent l'optimum fiscal se situe peut-être au dessus et non en dessous du seuil d'imposition actuel. En second lieu, ces analyses présentent un caractère trop général ; elles ne tiennent pas compte des spécificités fiscales nationales et des divergences d'appréciations des systèmes fiscaux par les populations nationales.

b › Plan et crise du plan

À la fin de la Seconde Guerre mondiale, sous l'influence notamment de **J. Monnet**, un plan de modernisation et d'équipement de l'économie française est mis en œuvre. En 1946, est créé le Commissariat général au plan (CGP) et en 1947, le Ier Plan (1947-1952) voit le jour. Ses objectifs concernent l'orientation de l'effort de reconstruction, la coordination de l'activité du secteur public et la distribution de la contrepartie de l'aide Marshall. Jusqu'à la fin des années 1950, les différents plans sont orientés essentiellement vers l'objectif de la reconstruction.

À partir du IVe Plan (1962-1965), une nouvelle orientation est donnée à la planification. Le Plan devient « une ardente obligation », un instrument essentiel de « **l'économie concertée** » en tant que « troisième voie » entre le collectivisme et le libéralisme. À cette époque, **P. Massé**, commissaire au Plan, assigne à la planification trois fonctions :

- le Plan « symbolise la conscience du développement » ;
- il assure la cohérence des interventions de l'État ;
- il est un « réducteur d'incertitude » dans la mesure où il s'agit de suppléer aux défaillances du marché en matière d'informations et de prévisions.

Le Plan définit les grands programmes publics, et pour le secteur privé, il est indicatif : il présente une évolution des possibles pour que cela déclenche des initiatives privées en vue de leur réalisation.

Durant les années 1960, on peut parler d'« âge d'or de la planification française », période durant laquelle « un impératif industriel » s'impose manifestement (réalisation de grands projets industriels : plan calcul, programmes aéronautiques, programme nucléaire, etc.), en tant que moyen d'affirmer la puissance et la grandeur de la France et le plus souvent à l'initiative des grands commis de l'État ; ce qui fera dire à **E. Cohen**, que le capitalisme français prend les formes d'un « **colbertisme high tech** ».

Mais à partir du VIe Plan (1971-1975), il y a un changement d'orientation manifeste, il s'agit désormais d'adapter le tissu économique aux nouvelles exigences de la concurrence internationale, il tend à se confondre au mieux avec une « stratégie industrielle », dans le cadre d'un abandon des politiques d'interventions directes de l'État, au pire à se confondre avec une simple « étude de marché généralisée ». Cette dernière fonction est également remise en cause, en effet, le Xe Plan (1989-1992) souligne les difficultés de la prévision à moyen terme. Il ne s'agit donc plus de fixer des objectifs chiffrés mais de déterminer des priorités en matière d'éducation et de formation, de recherche et d'innovation, de solidarité, d'aménagement du territoire et de modernisation des services et du secteur publics, au risque, selon **P. Massé** de « *priver le pouvoir d'une de ses armes contre la dictature de l'instant* ».

➾ En France, le Commissariat au Plan est supprimé en octobre 2005 et remplacé en 2006 par le **Centre d'Analyse Stratégique** (CAS). Le CAS a développé une activité importante depuis 2006 en organisant des colloques et des publications sur des questions importantes (la cohésion sociale par exemple). Il s'est engagé dans un exercice de prospective afin de tracer des perspectives d'évolution pour la France à l'horizon 2025. Il alimente le débat public par des publications sur les enjeux climatiques, technologiques, sociaux, etc.

c › L'aménagement du territoire national

En France, à partir de la fin de la Seconde guerre mondiale, de grands programmes d'aménagement du territoire sont lancés en liaison avec l'urgence de la Reconstruction (équipement hydro-électrique de la vallée du Rhône, équipement ferroviaire, etc.). Mais ces programmes restent marqués par une forte centralisation administrative et politique (tradition jacobine ou colbertiste) qui contribue à la pérennité et au renforcement des inégalités régionales. Dès les années 1960, face au constat d'une inégalité de développement entre régions (« *Paris et le désert français* »), d'une structuration géographique de l'espace (réseau routier, SNCF, télécommunications...) en toile d'araignée à partir du centre parisien et d'une inégale répartition de la population sur le territoire national; il existe une volonté de « déménagement du territoire » (politiques de désenclavement de la Bretagne et du Massif Central, développement de projets industriels dans le Sud : complexe pétro-chimique de Fos, chantiers navals de la Ciotat, etc.). Cependant cette volonté continue de s'inscrire dans des politiques d'aménagement du territoire qui, jusqu'au début des années 1980, laissent peu de place aux acteurs locaux, aux collectivités locales (régions, départements, communes).
Il faut donc attendre les lois de décentralisation de 1982, pour qu'une autre approche de l'aménagement du territoire s'impose. À partir de cette date, une planification régionale est mise en œuvre, reposant sur des initiatives en partie locales, coordonnées par la Délégation à l'Aménagement du Territoire et à l'Action Régionale (DATAR), donnant naissance aux contrats de Plan État/régions.

À ces nouveaux dispositifs, s'ajoutent également ceux de l'Union européenne qui favorisent les régions en retard de développement (régions en retard dans tous les secteurs, régions affectées par le déclin industriel et régions agricoles en perte de vitesse). Ces régions bénéficient de fonds d'aide au rattrapage (**fonds structurels européens**).
Cependant, malgré cette nouvelle orientation des politiques publiques, les inégalités de développement entre régions et la sous-occupation du territoire persistent, et ne sont pas sans poser des problèmes concernant le maintien d'un niveau minimum de services collectifs. Face à cela, deux stratégies en matière d'aménagement du territoire semblent possibles :

- un retour à une intervention de l'État central pour corriger les déséquilibres territoriaux;
- une activation des acteurs locaux, principalement les régions, afin qu'ils prennent en compte des impératifs nationaux de cohésion territoriale et de solidarité nationale.

⇨ La première stratégie (retour à une intervention de l'État central) semble se heurter aujourd'hui à une adhésion massive des élites politiques et administratives à une décentralisation sans contrainte, sans fixation d'objectifs nationaux. La seconde stratégie, celle justement d'une décentralisation sans contraintes et sans limites, génère un risque : voir « *les collectivités locales se livrer à une concurrence sans frein pour attirer les entreprises, sources de richesses et d'emplois, sans se préoccuper d'une rationalité d'ensemble du développement du territoire national* » (J. Donzelot, *L'État animateur*, 1994).
Au niveau européen, l'amplification des politiques visant à un développement équilibré des territoires apparait comme un enjeu majeur au vu de la crise des dettes souveraines.

> B Les politiques industrielles

a › La notion de politique industrielle

Une **politique industrielle** peut se définir comme étant l'ensemble des actions conduites par les pouvoirs publics en vue d'assurer le développement et la compétitivité des entreprises, et ce, généralement, sans considération de leur appartenance à tel ou tel secteur d'activités (primaire, secondaire, tertiaire).
Deux types de politiques industrielles existent.
L'un s'appuie sur des instruments directs d'intervention :

- nationalisations ou privatisations;
- aide aux secteurs moteurs ou en déclin (subventions, abaissement des charges fiscales et sociales...).

L'autre, d'inspiration plus libérale, touche à l'amélioration des conditions générales d'exercice de l'activité productive :

- réglementation ou déréglementation des activités économiques par rapport à des domaines comme l'emploi ou l'environnement; législation sur la concurrence, marchés publics;
- politique en matière de taxation du capital et du travail, politique en matière d'aménagement du territoire – dépenses d'infrastructures, politiques de recherche –, politique commerciale – droits de douane –, politique de change).

b › Les interventions directes de l'État

1 › Stratégie de créneaux et stratégie de filière

À partir de 1972-1973, face à la croissance du taux d'ouverture de l'économie, les pouvoirs publics, en France, cherchent à promouvoir les secteurs d'avenir, les **créneaux** porteurs (spécialisation serrée, adaptation à l'évolution de la demande mondiale), plutôt que de disperser leurs efforts dans un soutien général de tous les secteurs. Par ailleurs, de grands projets industriels sont mis en œuvre (le Concorde, le TGV, le programme électronucléaire).

Le changement de majorité politique en 1981 vient quelque peu modifier cette politique.

Une **stratégie de filière** dans le cadre d'un objectif de reconquête du marché intérieur vient se substituer à celle des créneaux porteurs considérée comme ayant sacrifié les secteurs du cuir, du textile et de l'habillement, des meubles, des jouets, etc. Une **filière** est une chaîne d'activités, de la matière première au produit fini, de relations de fournisseurs à clients entre des entreprises complémentaires. Cette stratégie de filière passait en premier lieu par la reconquête du marché des biens d'équipement (plan machine-outils) et de l'électronique mais elle se heurta à la contrainte extérieure. Dés 1983, les pouvoirs publics abandonnent l'idée d'interventions directes au profit d'une action sur leur environnement. Si l'aide aux industries en reconversion se poursuit durant un temps (acier, charbon, construction navale, chimie de base, automobile et textile), l'essentiel des interventions des pouvoirs publics va consister :

- à réduire la taxation du capital, le coût du travail (désindexation des salaires et des prix) ;
- à accentuer l'effort en matière de recherche dans les industries et technologies de pointe;
- à encourager l'épargne par la réforme des marchés financiers.

En 1988, une étude de l'OCDE souligne que les interventions publiques directes n'ont eu que peu d'efficacité en matière d'adaptation de l'industrie à l'évolution de la demande mondiale. Elle souligne que les aides aux secteurs en difficulté (sidérurgie, textile, construction navale...) n'ont pas permis d'éviter l'effondrement de l'emploi et que, les grands programmes visant à promouvoir des secteurs nouveaux, auraient généré des effets d'éviction (détournement de moyens financiers et humains de recherche pour des retombées faibles dans l'ensemble de l'industrie).
Les politiques d'aides directes à l'industrie sont aujourd'hui très critiquées (au nom du libre jeu de la concurrence) car elles sont génératrices d'un accroissement de la rente des oligopoles au détriment des consommateurs (voir « Marchés et prix »). L'idée de politique industrielle n'est pas pour autant abandonnée. Certes, comme le fait observer **J.-L. Gaffard** (OFCE 2006), la politique des grands projets industriels, (nucléaire, aéronautique, etc.) se prête mal au développement d'innovations tirées par le marché. Cependant la politique industrielle ne disparaît pas à partir des années 1980 : « *elle a emprunté de manière privilégiée d'autres canaux : politique de la concurrence, déréglementation, politique fiscale, commande publique, voire politique du change* », sans toutefois abandonner toute volonté de promouvoir des projets industriels précis. Ainsi l'Agence de l'innovation industrielle créée en 2005, à la suite du rapport de **J.-L. Beffa** « Pour une nouvelle politique industrielle », promeut autour de la constitution de réseaux d'entreprises le développement du nucléaire 4e génération, de l'automobile propre, du téléphone mobile 4e génération, du TGV nouvelle génération et de l'aéronautique du futur.

2 › Nationalisations et privatisations

En France, dès le XVIIe siècle, l'intervention directe de l'État se manifeste sous la forme du colbertisme qui se traduit par la création de manufactures royales en vue de concurrencer et de remplacer les importations en provenance des Pays-Bas. Mais c'est surtout en 1936, 1945 et 1982 suite à de vastes programmes de nationalisations, que le secteur public va prendre un poids conséquent dans l'économie française.
En 1936, le gouvernement du « Front populaire » nationalise entre autres les compagnies privées de chemins de fer; en 1945, conformément au programme du Conseil National de la Résistance, un certain nombre d'entreprises sont nationalisées notamment avec la création d'EDF-GDF.
En 1981-1982, les pouvoirs publics souhaitent, par les nationalisations, réaliser une série d'objectifs, notamment la modernisation de l'appareil productif en vue de faire des entreprises nationales le « fer de lance » de l'industrie vis-à-vis de la concurrence étrangère; 1/3 du chiffre d'affaires et 50 % de l'investissement de l'industrie proviennent désormais des entreprises publiques. Il s'agit aussi de transformer les rapports sociaux de production. À partir de

1986, à la suite d'un changement de majorité politique, un vaste programme de privatisations est mis en œuvre.

Depuis, les pouvoirs publics se comportent de plus en plus comme un état-major d'un grand groupe industriel : restructuration, cessation des actifs les moins stratégiques, concentration des ressources sur les métiers jugés prioritaires, stratégies d'alliances devant favoriser l'acquisition de nouvelles compétences, entretien de programmes de Recherche – Développement de plus en plus coûteux. Cela conduit à la poursuite de la privatisation des entreprises publiques, y compris par des gouvernements sociaux-démocrates, à la fois dans le but de trouver des capitaux et pour poursuivre le mouvement d'internationalisation des grands groupes publics (France-Télécom, EDF-GDF...).

La privatisation n'est pas sans créer un certain nombre de problèmes parmi lesquels on trouve :

- un inégal service des usagers, les gros consommateurs (d'électricité, de télécommunications...) bénéficient généralement de tarifs préférentiels ;
- une situation de concurrence renforcée qui conduit les services publics à abandonner leurs activités les moins rentables alors qu'ils se doivent de remplir des missions d'intérêt général (fermeture de lignes ferroviaires secondaires ou de bureaux de postes non rentables).

⇨ Ces politiques de privatisations ne sont pas le simple produit d'une vision libérale ; elles trouvent également leur source dans l'évolution des technologies et des produits qui remettent en cause l'existence même de monopoles naturels, notamment dans les industries de réseaux (voir « État et économie »).

C › Les actions sur l'environnement des entreprises

1 › Déréglementation et concurrence

La déréglementation est une politique menée en vue de supprimer les règles contraignantes pour laisser le marché et la concurrence jouer librement un rôle régulateur. C'est aux États-Unis que cette politique a vu le jour au cours des années 1970 dans le secteur des transports, des postes et télécommunications, de la télédiffusion ou dans le secteur financier. Ces secteurs étaient fortement réglementés dans la mesure où leurs caractéristiques favorisent la formation de monopoles naturels. Ainsi, le secteur du transport aérien a été déréglementé en 1977 (administration de J. Carter).

Réglementation, déréglementation et régulation
Selon **F. Lévêque**, il faut distinguer les termes de réglementation et de régulation : « *La langue française présente l'avantage sur la langue anglaise de disposer de deux termes : "réglementation" et "régulation". Le second a une portée très générale puisqu'il désigne le*

phénomène d'ensemble qui concourt à la bonne marche d'un organisme ou d'une économie; plusieurs forces, souvent contraires, sont à l'œuvre. En économie, la réglementation n'est que l'une d'entre elles. Même là où elle s'exerce puissamment, la technologie, les préférences des consommateurs ou la rivalité entre agents restent des forces actives. C'est donner trop d'importance à la réglementation que de l'assimiler à la régulation ». Le terme de déréglementation est alors contestable, en raison du fait que les processus en œuvre dans les services publics (comme la privatisation, la séparation entre gestion des infrastructures et gestion des services) donnent lieu en réalité à une nouvelle réglementation : « *(...) déréglementation ne signifie pas suppression de la réglementation (...) , l'ouverture à la concurrence des industries de réseau conduit à de nouvelles réglementations. Ce qu'il est convenu d'appeler déréglementation est en fait une réforme de la réglementation* ».

Il reste que la déréglementation peut constituer un objectif pour un certain nombre d'économistes. Pour **F. Lévêque** « *L'économie politique de la réglementation présente ainsi deux facettes. D'un côté, elle propose une démarche strictement positive – expliquer les réglementations –, qui intègre dans l'analyse économique l'action d'influence des agents réglementés et les motivations des autorités publiques. D'un autre, elle campe sur une position très critique à l'égard de la réglementation qui, selon elle, aboutit toujours à protéger les monopoles et à détourner les investissements des agents vers des dépenses improductives. L'économie politique de la réglementation retire alors toute qualité théorique au concept de "défaut de marché". Elle réduit ce dernier à une affabulation des économistes de l'économie publique pour justifier l'intervention de l'État* ».

2 › La gestion des externalités : un retour vers l'État ?

Même si les pouvoirs publics se veulent moins interventionnistes, ils se doivent de promouvoir la recherche et la formation génératrice d'effets externes positifs pour l'ensemble de l'appareil productif. L'intervention de l'État est ici indispensable dans la mesure où ces activités tendent à profiter à d'autres que ceux qui les financent. Ainsi, les pouvoirs publics gardent des possibilités de favoriser l'environnement des entreprises, par des actions en matière de recherche-développement, d'éducation et de formation de la main d'œuvre mais également en matière de développement d'infrastructures publiques, plus particulièrement en matière de transport (voir « La croissance économique »).

⇨ Aujourd'hui, l'enjeu de la politique industrielle se situe donc dans la capacité d'attirer les entreprises par la qualité de l'environnement offert (proximité des marchés, coût et qualité de la main-d'œuvre, ressources technologiques, sécurité des investissements, qualité des infrastructures de transport, de télécommunications et des services publics), tout en évitant d'accroître les charges fiscales et sociales.

C'est l'enjeu, depuis 2005, de la mise en œuvre des **pôles de compétitivité** qui se définissent « *comme la combinaison, sur un espace géographique donné, d'entreprises, de centres de formation et d'unités de recherche publiques ou privées, engagés dans une démarche partenariale destinée à dégager des synergies autour de projets innovants* ».

d › La politique industrielle de l'Union européenne

1 › La promotion de la recherche-développement

Une coopération en matière de politique industrielle semble s'imposer au niveau de l'Europe (voir « L'intégration économique »). La notion même de politique industrielle est explicitement reconnue à Bruxelles ; elle porte principalement sur la recherche-développement, la formation et les infrastructures.
En ce qui concerne la recherche-développement, des projets communautaires de recherche ayant des retombées sur l'ensemble des États membres sont financés (politique horizontale d'amélioration de l'environnement à distinguer d'une politique verticale qui cible des entreprises et des secteurs particuliers à développer).
Dans le cadre de la « stratégie de Lisbonne » définie en 2000 par le Conseil européen, la part des dépenses en Recherche et Développement dans le PIB en 2010 devra se situer à 3 %, afin de satisfaire à l'objectif de faire de l'UE « l'économie la plus compétitive et la plus dynamique du monde ».
Cette stratégie a manifestement été un échec puisque, en dehors de la Finlande, aucun pays n'a atteint l'objectif de 3 % du PIB pour la recherche développement. Il n'existe toujours pas de brevet européen.
Une **stratégie Europe 2020** a été lancée en mars 2010. Elle vise à promouvoir une croissance « intelligente, durable et inclusive », elle est organisée autour de 5 objectifs :

- remonter le taux d'emploi à au moins 75 % contre 69 % aujourd'hui ;
- consacrer 3 % du PIB à la recherche et au développement, au lieu des 2 % actuels, qui laissent l'Union loin derrière les États-Unis et le Japon ;
- réaffirmer les objectifs de l'Union européenne en matière de lutte contre le changement climatique ;
- proposer de réduire le taux de pauvreté de 25 %, ce qui reviendrait à faire sortir 20 millions de personnes de la pauvreté ;
- améliorer les niveaux d'éducation en réduisant le taux d'abandon scolaire à 10 % et en portant à 40 % la proportion des personnes de 30 à 34 ans ayant obtenu un diplôme de l'enseignement supérieur ou atteint un niveau d'études équivalent.

2 › Une politique de concurrence

En matière de politique industrielle, l'Union européenne souhaite maintenir un environnement concurrentiel. Cette politique repose sur deux volets :

- concernant les entreprises, le marché européen doit être ouvert le plus largement possible. Il y a donc interdiction des abus de position dominante et contrôle de la concentration des firmes. L'article 85 du Traité de Rome stipule que « *sont incompatibles avec le marché commun et interdits tous accords entre entreprises, toutes décisions d'associations d'entreprises et toutes pratiques concertées qui sont susceptibles d'affecter le commerce entre États membres et qui ont pour objet ou pour effet d'empêcher, de restreindre ou de fausser le jeu de la concurrence à l'intérieur du marché commun* ». L'article 86 du même traité interdit l'exploitation abusive « *de position dominante sur le marché commun ou dans une partie substantielle de celui-ci* ». Depuis 1989, il existe même une possibilité de contrôle a priori des concentrations d'entreprises par la Commission européenne.

– Concernant les interventions économiques des États membres, l'article 92 du Traité de Rome repris dans le Traité de Lisbonne de 2007, stipule que les aides d'origine publique qui affectent les échanges entre les États membres ou « *qui faussent ou menacent de fausser la concurrence* », sont incompatibles avec le Marché commun. Concernant l'existence de monopoles, l'Union européenne cherche à les ouvrir à la concurrence (libéralisation des services de télécommunications, remise en cause des droits exclusifs d'importation et d'exportation de gaz et électricité), tout en ne préjugeant de rien sur ce qu'il convient de faire en matière de nationalisation ou de privatisation des entreprises publiques. L'enjeu posé par la Commission porte sur les modes de fonctionnement des entreprises publiques, ceux-ci doivent être les mêmes que ceux des entreprises privées (voir « État et économie »).

⇒ L'Union européenne n'interdit pas toutes les formes d'aides publiques. Ainsi, la création de zones franches en 1996 en France, dans le cadre du pacte de relance pour la ville n'a fait l'objet que de quelques limitations de la part de la Commission. Précédemment, la crise de la sidérurgie, du textile et des chantiers navals, a donné lieu à des politiques de restructuration à une échelle européenne.

Pour en savoir plus

Initiation

- Aglietta M. (2011), *Zone euro. Éclatement ou fédération*, Michalon.
- Aghion P. et Roulet A. (2011), *Repenser l'État – Pour une social-démocratie de l'innovation,* Seuil, Coll. La république des idées.
- Artus A. et Gravet I.(2012), *La crise de l'euro*, A. Colin.
- Bassino J.-P., Leroux J.-Y., Michelena P. (2006), *Les politiques économiques*, Foucher.
- Brender A., Pisani F., Gagna E. (2012), *La crise des dettes souveraines*, La Découverte, Coll. Repères.
- Daniel J.-M. (2012), *La politique économique*, PUF, Coll. Que sais-je ?
- Fitoussi J.-P. (2002), *La règle et le choix*, Seuil, Coll. La République des idées.
- Letessier J.-Y., Silvano J. et Soin R. (2008), *L'Europe économique et son avenir*, A. Colin, Coll. Cursus.
- Montel-Dumont O. (dir.) (2010), *La politique économique à l'épreuve de la crise*, Les Cahiers français, n° 359, La Documentation française.

Approfondissement

- Aghion P., Cohen E., Pisanni-Ferry J. *et al.* (2006), *Politique économique et croissance en Europe, Rapport du Conseil d'analyse économique*, La Documentation française.
- Barthe M.-A. (2011), *Économie de l'Union européenne*, Économica.
- Benassy-Quéré A., Coeuré B., Jacquet P., Pisani-Ferry J. (2008), *Politique économique*, De Boeck, Coll. Ouvertures économiques.
- Montel-Dumont O. (dir.) (2011), *La politique économique et ses instruments*, La Documentation française, Coll. Les notices.
- Pisani-Ferry J. (2011), *Le réveil des démons. La crise de l'euro et comment nous en sortir*, Fayard.
- Prager J.-C., Villeroy De Galhau F. (2006), *18 leçons sur la politique économique. À la recherche de la régulation*, Seuil.

chapitre 17

La balance des paiements

En France, la **balance des paiements** est élaborée par la Banque de France en collaboration avec la direction du Trésor du ministère de l'Économie et des Finances. Depuis la nouvelle présentation de 1995, la balance des paiements en France est conforme aux conventions et aux principes énoncés dans le *Manuel de la balance des paiements* du Fonds monétaire international. La balance des paiements d'un pays est un état statistique, dressé à intervalles de temps réguliers, dont l'objet est de retracer sous une forme comptable l'ensemble des flux d'actifs réels, financiers et monétaires entre les résidents d'une économie et les non-résidents au cours d'une période donnée.

Sont résidentes :

- les personnes physiques qui ont leur domicile principal en France (France métropolitaine, DOM, TOM et Principauté de Monaco) ;
- les fonctionnaires civils et militaires en poste à l'étranger ou mis à disposition d'une organisation internationale ;
- les personnes morales telles que les entreprises qui sont prises en compte pour leurs seuls établissements situés en France (Usine Toyota en France).

Sont non-résidentes :

- les personnes physiques françaises ou étrangères qui ont leur domicile principal à l'étranger ;

– les fonctionnaires civils ou militaires étrangers en poste en France ;
– les personnes morales pour ce qui concerne leurs établissements situés à l'étranger (Usine Renault au Brésil) à l'exception des fonctionnaires civils et militaires étrangers en poste en France.

> I Structures de la balance des paiements

> A Méthode comptable et enregistrement des opérations

La balance des paiements obéit aux règles de la comptabilité générale, toute opération fait donc l'objet d'un double enregistrement en crédit et en débit et la balance des paiements est, par construction, équilibrée. Toute transaction courante ou en capital qui entraîne une recette en provenance d'un non-résident est un crédit compté positivement (exportation de marchandises, prise de contrôle d'une entreprise résidente par des capitaux non-résidents). Inversement, une opération qui se traduit par un paiement à un non-résident est un débit compté négativement (importation de marchandises, acquisition d'actifs financiers à l'étranger).
L'élaboration de la balance des paiements s'opère à partir de données hétérogènes – statistiques douanières, statistiques bancaires sur les règlements, enquêtes de la Banque de France auprès d'un échantillon d'entreprises et également sur les investissements directs étrangers en France et Français à l'étranger. Cette élaboration répond à une méthode qui consiste, dans un premier temps, à recenser les règlements avec le reste du monde, puis à prendre en compte le décalage existant entre les transactions et les règlements afin d'aboutir à une balance des paiements en termes de transactions. L'étude des relations économiques (**opération « autonome »**) est donc ici privilégiée plutôt que les mouvements monétaires que sont les règlements (**opération « induite »**). Par convention, la date d'enregistrement d'une opération est celle de la date de transaction, même si le règlement s'effectue plus tard.

La comptabilisation des importations et des exportations

Pendant longtemps, les services de douane ont enregistré :
- les importations de biens et de services à leur entrée sur le territoire national et donc sous **CAF** (Coût, Assurances, Fret compris) ;
- les exportations de biens et de service avant leur départ pour l'étranger et donc sous **FAB** (Franco A Bord, non prise en compte des frais d'assurance et du fret).

Il en résultait une majoration des importations qui fait que l'on pouvait considérer qu'il y avait équilibre des importations et des exportations si le rapport, en France, exportations FAB / Importations CAF (taux de couverture) se situait entre 95 et 97 %, le **taux de couverture** exportations FAB / importations FAB devant être égal à 100 % pour qu'il y ait équilibre. Depuis 1995, à la suite d'une harmonisation des normes comptables internationales, les exportations et les importations sont mesurées en FAB, les frais de transport étant comptabilisés à part. Cependant, les notions de prix CAF/FAB sont toujours utilisées pour certaines grandeurs, afin de favoriser la comparaison dans le temps en particulier.

> B Les comptes de la balance des paiements

a › Le compte des transactions courantes

Ce compte regroupe les opérations portant :
- sur les marchandises (importations et exportations de produits matériels) ;
- sur les services (services liés au commerce extérieur : assurance, transport ; services de communication ; services aux entreprises ; voyages : recettes touristiques ; négoce international : revenus tirés des opérations de vente et d'achat de biens réalisées par des firmes françaises hors du territoire national) ;
- sur les revenus (rémunération des salariés et revenus des investissements) ;
- sur les transferts courants (dons, aides publiques ou privées, transferts financiers à destination d'organisations internationales).

b › Le compte de capital

Ce compte regroupe les transferts en capital (remises de dettes des administrations publiques et des autres secteurs notamment par rapport aux PED), les acquisitions d'actifs non financiers (brevets, droits d'auteur, marques).

c › Le compte financier

Ce compte regroupe les opérations relatives aux investissements directs, aux investissements de portefeuille, aux autres investissements (crédits commerciaux et prêts notamment) et enfin les mouvements relatifs aux avoirs de réserve (or, devises, droits de tirage spéciaux, créances sur le FMI et la BCE).

Investissement direct et investissement de portefeuille
• Les **Investissements directs à l'étranger** (IDE) sont ceux qui conduisent à une prise de contrôle d'activités économiques (création d'unités de production à l'étranger, investissements immobiliers, acquisition d'au moins 10 % du capital d'entreprises étrangères cotées sur les marchés financiers), les bénéfices réinvestis et les prêts et crédits à long terme sont pris en compte dans les IDE. • Les **investissements de portefeuille** recensent les acquisitions ou les ventes d'actions, d'obligations, de bons de toutes sortes, de produits dérivés. L'acquisition d'actions ne doit pas déboucher sur la prise de contrôle des entreprises concernées (< 10 % du capital).

> C
Les soldes de la balance des paiements

La balance des paiements, par construction, est équilibrée. Cependant, afin d'analyser les relations économiques avec le reste du monde, on utilise des soldes ou balances intermédiaires. Le solde de la Balance commerciale est la différence entre la valeur des exportations et des importations de marchandises. Lorsque la valeur des exportations est supérieure à la valeur des importations, on parle d'excédent commercial et de déficit commercial dans le cas contraire. Le solde de la Balance des transactions courantes résulte à la fois de la prise en compte des opérations sur les marchandises (Balance commerciale) mais également de celles sur les services, les revenus et les transferts courants. Le solde global de la balance des paiements regroupe les transactions courantes, le compte de capital et le compte financier. La somme du solde des transactions courantes et du solde des transferts en capital permet de mesurer la valeur du besoin ou de la capacité de financement de l'économie nationale. De même, la somme du solde des transactions courantes, du solde des transferts en capital et du solde des mouvements de capitaux, à l'exclusion des mouvements imputables au secteur bancaire et au secteur officiel, permet d'évaluer la création monétaire imputable aux relations avec l'extérieur. On appelle avoirs de réserve le solde global de la balance des paiements, qui correspond à la variation des devises détenues par la banque centrale, c'est la contrepartie des soldes de capitaux et de transferts courants. S'il est positif, cela signifie que la banque centrale a cédé des devises contre de la monnaie nationale.

Il ne faut pas confondre équilibre comptable et équilibre économique (voir « la comptabilité nationale »). Une balance des paiements est toujours équilibrée sur le plan comptable, en raison de la méthode d'enregistrement, même si les relations économiques avec le reste du monde sont très déséquilibrées. Prenons le cas d'un pays dans lequel les exportations sont largement inférieures aux importations : ce déséquilibre économique se traduit par un déficit commercial, mais pour financer ses importations, le pays en question a pu s'endetter par exemple auprès du reste du monde, ce qui correspond à un mouvement de capitaux en sens inverse. Les déséquilibres de la balance commerciale et de la balance des capitaux se compensent donc.

> II Balance commerciale et balance des paiements en France

> A L'évolution de la balance commerciale en France depuis le début des années 1980

Du début des années 1980 jusqu'au début des années 1990, le solde du commerce extérieur français connaît des déficits répétés. Ils s'expliquent essentiellement par une incapacité à dégager des excédents avec les pays les plus industrialisés, y compris ceux qui connaissent des coûts de main-d'œuvre élevés (Japon, États-Unis, Norvège, Allemagne, Suède, Finlande), alors que la dynamique commerciale mondiale profite au commerce Nord-Nord plus qu'au commerce Nord-Sud (voir « Le Commerce international »). Contrairement aux idées reçues, pendant cette période, la France dégage des excédents commerciaux essentiellement dans ses échanges avec les Nouveaux pays industrialisés et les pays en développement.
À ces facteurs structurels, peuvent s'ajouter des variables conjoncturelles. Ainsi le déficit record de 1982 s'explique par la stimulation des importations qui résulte de la politique de relance menée alors par les pouvoirs publics (voir « Les politiques économiques »).
À partir du début des années 1990, le solde de la balance commerciale devient excédentaire tant avec les pays industrialisés qu'avec les pays du Tiers-monde. Cette situation s'explique :

- par des raisons conjoncturelles : la faiblesse de la croissance intérieure (1990-1997) a contribué au ralentissement des importations et à la stimulation des exportations ;
- par des raisons structurelles : accroissement durable de la compétitivité-prix (effet de la désinflation) et stratégie industrielle efficace (Airbus...).

À partir de la fin des années 1990, le solde de la balance commerciale connaît une période d'excédents. À partir de 2003, un retournement s'amorce, la balance commerciale redevient déficitaire, elle le reste jusqu'en 2012.

Ces soldes négatifs de la balance commerciale ne s'expliquent pas uniquement par le fait d'un « euro fort » ou par le surenchérissement de la facture pétrolière. L'économie française, dans ses exportations, est trop orientée :

- sur des types de production à moyenne valeur ajoutée et à degré de technicité également moyen, soumis par conséquent à une concurrence accrue de la Chine et de l'Inde ;
- sur des secteurs à faible élasticité revenu (biens de consommation finale, industries agro-alimentaires) contrairement aux exportations allemandes centrées sur des secteurs à forte élasticité (biens d'investissement) ;
- sur des zones géographiques en déclin relatif ou plus exactement en situation de « croissance molle », deux tiers des exportations françaises sont réalisées à destination de l'Union européenne, la moitié à destination de la zone euro.

Par ailleurs, selon **O. Montel Dumont**, « *Le tissu industriel allemand est plus propice aux performances à l'exportation : il se compose d'un plus grand nombre de PME innovantes et de taille suffisante pour se risquer à l'international. L'Hexagone souffre d'un déficit important en entreprises de 200 à 600 salariés. Ses performances en matière d'innovation sont des plus médiocres, comparées aux économies les plus développées, ce qui est à mettre en relation avec la faiblesse de l'effort en matière de recherche et développement. Or, dans un monde caractérisé par la globalisation des échanges et le durcissement sans limites de la concurrence, un tissu de PME innovantes, plus réactif aux mutations de la demande, constitue un atout solide* ».

Principaux partenaires de la France à l'importation en 2010	en milliards d'euros	Principaux partenaires de la France à l'exportation en 2010	en milliards d'euros
Allemagne	79,1	Allemagne	62,9
Chine[1]	37,4	Italie	31,5
Belgique	35,9	Belgique	29,2
Italie	34,8	Espagne	29,0
Espagne	28,3	Royaume-Uni	26,2
États-Unis	26,7	États-Unis	22,1
Royaume-Uni	19,8	Pays-Bas	16,2
Pays-Bas	19,3	Suisse	11,3
Russie	12,2	Chine[1]	11,0
Suisse	10,9	Russie	6,3
Japon	8,9	Turquie	6,3

Pologne	7,0	Pologne	6,0
Irlande	5,9	Japon	5,9
Suède	5,7	Algérie	5,2
Turquie	5,4	Suède	5,1
République tchèque	5,0	Singapour	5,0
Norvège	4,9	Hong-Kong	4,2
Libye	4,8	Portugal	4,2
Autriche	4,5	Maroc	4,0
Portugal	4,3	Arabie saoudite	3,9

(1) Non compris Hong-Kong.
Source : Direction générale des Douanes et Droits indirects.

Taux de couverture de l'ensemble des biens et services	
2000	103,6
2001	104,2
2002	105,9
2003	103,6
2004	101,6
2005	97,7
2006	96,3
2007	94,5
2008	92,8
2009	92,8
2010	91,6

Champ : France; prix courants.
Source : Insee, comptes nationaux - base 2005.

⇨ Le **taux de couverture** est le rapport entre la valeur des exportations et la valeur des importations. On constate ainsi que, à partir de 2005, la valeur des exportations est inférieure à celle des importations, et que ce taux de couverture ne cesse de diminuer depuis.

> B Quelques données statistiques sur la balance des paiements en France et dans les pays de l'OCDE

a › La balance des paiements en France

Balance des paiements (en milliards d'euros)

	2007 (r)	2008 (r)	2009 (r)	2010	2011
Compte de transactions courantes (r)	**−18,9**	**−33,7**	**−28,4**	**−33,7**	**−43,1**
Biens	−41,1	−59,4	−43,1	−53,7	−73,5
Services (r)	14,4	16,5	10,2	10,0	16,9
Revenus	31,2	33,4	31,6	36,5	40,9
Transferts courants	−23,4	−24,2	−27,1	−26,5	−27,4
Compte de capital	**1,9**	**0,7**	**0,3**	**0,0**	**0,1**
Transferts en capital	0,9	0,8	0,4	0,0	–
Acquisitions d'actifs non financiers (brevets)	0,9	−0,2	0,0	0,0	–
Compte financier	**30,3**	**18,3**	**41,1**	**18,2**	**67,8**
Investissements directs	−49,7	−62,0	−49,6	−37,9	−43,2
Français à l'étranger	*−120,1*	*−105,8*	*−74,1*	*−63,5*	*−73,9*
Étrangers en France	*70,3*	*43,8*	*24,5*	*25,6*	*30,7*
Investissements de portefeuille	−121,2	25,0	251,1	119,9	268,3
Avoirs (résidents sur titres émis par des non-résidents)	*−206,9*	*−98,3*	*−77,4*	*23,2*	*186,9*
Engagements (non-résidents sur titres émis par des résidents)	*85,8*	*123,3*	*328,5*	*96,7*	*81,4*
Produits financiers dérivés	41,9	−16,4	−16,9	34,3	3,3
Autres investissements	159,8	63,1	−147,4	−92,3	−166,1
Avoirs	*−195,8*	*53,6*	*58,1*	*−118,6*	–
Engagements	*355,6*	*9,5*	*−205,5*	*26,3*	–
Avoirs de réserve	−0,5	8,5	3,9	−5,8	5,5
Erreurs et omissions nettes (r)	**−13,2**	**14,8**	**−13,0**	**15,4**	**−24,9**

r : données révisées.
Champ : France (territoire statistique de la Balance des paiements).
Source : Banque de France.

b › L'évolution de la balance des paiements dans les principaux pays de l'OCDE

Balance des paiements courants pour les principaux pays de l'OCDE (en % du PIB)

Pays	1961-1970	1971-1980	1981-1990	1991-1995	1996-2000	2007	2011
États-Unis	0,6	0,2	−1,9	−1,1	−2,6	−6,1	−3,1
Japon	0,2	0,6	2,4	2,6	2,4	4,8	2,1
Allemagne	0,7	0,7	2,6	−1,2	−1,0	−6,7	5,7
France	0,2	0,3	−0,5	0,4	2,2	−1,0	−2,2
Royaume-Uni	−0,1	−0,6	−1,2	−1,6	−1,4	−3,2	−1,9

Sources : d'après *FMI & Alternatives économiques*, n° 215, juin 2003 et n° 7466, Hors série, 4e trim. 2007. Site OCDE pour 2011.

L'analyse de l'évolution des balances des paiements des principaux pays de l'OCDE conduit à distinguer trois grandes périodes.

- Durant les années 1960-1970, sauf la Grande-Bretagne, les principaux pays industrialisés ont un excédent de leur balance des paiements.
- Durant les années 1980, en raison du ralentissement de la croissance, de la concurrence de nouveaux pays, les États-Unis, la France, l'Italie et le Royaume-Uni enregistrent des déficits de leur balance des paiements courants. Seuls l'Allemagne (RFA) et le Japon, qui bénéficient d'une compétitivité structurelle élevée, connaissent de forts excédents de leurs échanges extérieurs. Toutefois, dès le début des années 1990, en raison du choc de la réunification (nécessité de financement par des capitaux étrangers), l'Allemagne (RFA + RDA) enregistre un déficit de sa balance des paiements.
- Du milieu des années 1990 à 2001, on peut relever que le Japon garde toujours sa capacité à dégager des excédents et que la France semble disposer de plus grandes marges de manœuvre (solde positif supérieur à 2 % du PIB). De leur côté, l'Allemagne et l'Italie oscillent entre équilibre et déficit dans des fourchettes raisonnables. En revanche, depuis 1999, la Grande-Bretagne, mais surtout les États-Unis, enregistrent des déficits records de leur balance des paiements. Dans le cas des États-Unis, ce creusement du déficit s'explique par une balance commerciale profondément déséquilibrée, non compensée par l'afflux de capitaux. De 1980 à 1998, les déficits cumulés de la balance commerciale des États-Unis représentent 2 632 milliards de dollars courants et ceux de la Grande-Bretagne 351 milliards de dollars. Sur la même période, la France, l'Allemagne et le Japon connaissent respectivement des excédents de 15 milliards de dollars, 960 milliards de dollars et 1 665 milliards de dollars.
- À partir de 2001, on peut relever l'accentuation du déficit de la balance des paiements courants des États-Unis, le maintien de soldes positifs élevés au Japon et en Allemagne, une nette dégradation de la situation de la France.

Pour en savoir plus

Initiation

- CEPII (2011), *L'économie mondiale 2012*, Coll. Repères, La Découverte.
- Deshayes A. (2011), *Le commerce international*, Bréal, Coll. Thèmes et débats.
- Rainelli M. (2009), *Le commerce international*, Coll. Repères, La Découverte.
- Raffinot M., Venet B. (2003), *La balance des paiements*, Coll. Repères, La Découverte.

Approfondissement

- Krugman P. et Obstfeld M. (2012), *Économie internationale*, De Boeck.
- Lemoine M., Madiès Th. et Madiès Ph. (2012), *Les grandes questions d'économie et de finance internationales*, De Boeck.

chapitre 18

Commerce international

Le **commerce international** regroupe l'ensemble des échanges de biens et de services entre agents résidents sur des territoires économiques différents.

Depuis la fin de la Seconde Guerre mondiale, le commerce international croît plus vite que la production mondiale, et le degré d'ouverture des économies progresse.

À partir de 1947, l'économie mondiale est caractérisée par une tendance au libre-échange, ce dernier reste cependant contesté, notamment en liaison avec le problème des inégalités de développement (voir « Économie du Développement »). Avec la création de l'OMC en 1995, la question d'une régulation du commerce mondial est de nouveau posée, dans un contexte de domination de la Triade (Union européenne, Amérique du Nord, Japon) qui assure 4/5e du commerce international. Cependant la montée en puissance rapide des pays émergents (et notamment de la Chine) suscite de nouveaux débats.

> I
Les théories du commerce international

> A
Le mercantilisme

Le **mercantilisme** est une doctrine économique qui associe puissance économique et puissance politique et qui considère que l'échange international est un « jeu à somme nulle » entre les nations : ce que les unes gagnent, les autres le perdent. Au XVIe et XVIIe siècle en Espagne, les mercantilistes considèrent que la puissance économique se mesure au stock d'or et d'argent que détient un pays, l'accroissement de ce stock exige un développement des exportations et une limitation des importations. De son côté, la Grande-Bretagne adopte une politique protectionniste dans le cadre de l'Acte de Navigation (1651), imposant l'usage de ses navires pour ses échanges avec l'Asie, l'Afrique et l'Amérique. En France, l'adoption de politique mercantiliste conduira l'État à intervenir pour le développement de l'industrie par la création de manufactures royales et par le relèvement des droits de douanes, notamment sous l'impulsion de J.-B. **Colbert** (1619-1683).

> B
L'approche classique

a › A. Smith et la théorie de l'avantage absolu

A. Smith (1723-1790), critique les conceptions mercantilistes considérées comme favorisant les monopoles du commerce (« commerce exclusif ») et le protectionnisme. Pour Smith, la spécialisation et l'échange commercial entre États font du commerce international un jeu à somme positive et, parallèlement, un instrument de pacification des rapports internationaux.
Chaque État a intérêt à se spécialiser dans la production et l'exportation de produits pour lesquels il dispose d'**avantages absolus**, c'est-à-dire de coûts de production plus faibles qu'à l'étranger.

b › D. Ricardo et l'avantage comparatif

D. Ricardo (1772-1823), comme A. Smith, considère que le commerce international est un jeu à somme positive. Selon lui, le libre-échange et la spécialisation permettent de retarder l'évolution de l'économie vers un état stationnaire. L'importation de biens de subsistance moins coûteux fait baisser le taux de salaire (« prix naturel du travail »), et donc favorise les profits et la croissance (voir « Les Revenus », « La croissance économique », « Fluctuations et crises »).

Pour **D. Ricardo**, la spécialisation s'explique, non pas par l'avantage absolu mais par **l'avantage relatif**. Il montre que le commerce international s'explique, non par des différences de coûts absolus, mais par les coûts relatifs, mesurés en temps de travail (raisonnement en termes de valeur travail évaluée en homme/année).

Considérons, à titre d'exemple, qu'il faut au Portugal 90 hommes et en Angleterre 100 hommes pour fabriquer x quantités de drap, et que, parallèlement, il faut au Portugal 80 hommes et en Angleterre 120 hommes pour produire y quantités de vin. Dans une telle situation, selon la théorie de l'avantage absolu d'**A. Smith**, il n'y aurait aucun intérêt à pratiquer le commerce international, le Portugal disposant d'un avantage absolu dans la production des deux biens. Or, Ricardo montre qu'il peut exister un avantage mutuel à se spécialiser dans le produit pour lequel on dispose d'un **avantage relatif** (ou **avantage comparatif**). Dans l'exemple donné, l'Angleterre devrait se spécialiser dans la fabrication de drap et le Portugal dans la production de vins. De cette spécialisation, il résultera un accroissement total de la production de vin et de drap et un avantage mutuel pour les deux partenaires.

En effet, le Portugal retirera 90 hommes de l'activité textile, lui permettant de produire 1,125 unité supplémentaire de vin (90/80) ; de même, l'Angleterre disposera, par son désengagement du secteur vinicole, de 1,2 unité de drap supplémentaire.

⇨ Le raisonnement de D. Ricardo repose sur les hypothèses suivantes :

- les coûts de transport sont nuls ou négligeables ;
- les facteurs sont immobiles au plan international et parfaitement mobiles à l'intérieur des pays ;
- les coûts relatifs sont différents (90/80 au Portugal ; 120/100 en Angleterre) à l'intérieur de chaque pays avant ouverture au commerce international ;
- il y a parfaite mobilité internationale des biens produits.

La théorie de l'avantage comparatif ne concerne pas seulement le commerce international. Elle montre, de façon générale, qu'un échange volontaire (au niveau des individus, comme au niveau international) conduit à un **gain à l'échange** mesuré par la somme du surplus du consommateur et du surplus du producteur. Cependant, rien dans cette théorie n'indique comment le gain à l'échange est partagé entre les co-échangistes. Ce partage peut être plus ou moins égalitaire... Ou très inégalitaire.

> C
Le protectionnisme éducateur

La création en 1834 du « **Zollverein** », union douanière entre les provinces allemandes et sa renégociation en 1841 sera marquée par des débats sur la nécessité de se protéger des échanges extérieurs et ce, notamment par l'instauration d'un tarif douanier commun. Dans ces débats, **F. List** (1789-1846) s'oppose à l'École anglaise libre-échangiste et se fait le porte-parole des industriels allemands. Pour lui, il y a nécessité, dans un contexte de développement économique, de protéger les industries naissantes en raison notamment :

- d'économies d'échelle insuffisantes ;
- de l'inexistence d'une main d'œuvre qualifiée ;
- de l'inexistence également, d'habitudes prises par le consommateur vis-à-vis des nouveaux produits nationaux.

F. List n'est en aucun cas contre le libre-échange, mais celui-ci doit être régulé en fonction du degré de développement des économies. Les mesures protectionnistes ne sont que « *des béquilles pour apprendre à marcher* » dans le cadre d'un objectif « *d'éducation industrielle de la nation* » concernée.

> D
L'approche néo-classique

a › Le modèle HOS

Les analyses de **E. Heckscher** (1879-1952) et **B. Ohlin** (1899-1979, prix Nobel 1977), s'intéressent principalement aux fondements de l'échange en reformulant la théorie ricardienne, sans référence à la valeur travail. L'intégration des pays dans les échanges internationaux s'opère suivant le **théorème de l'avantage comparatif**, (Heckscher-Ohlin). Selon ce théorème, les différences de rareté relative des facteurs de production déterminent des différences de prix relatif. Les prix de produits nécessitant l'utilisation intensive d'un facteur de production abondant seront relativement moins élevés que celui d'un produit nécessitant la mise en œuvre d'un facteur de production rare. Puisqu'un pays a tendance à se spécialiser dans la production marquée par une combinaison productive qui lui donne un maximum d'avantages ; il en résulte qu'il aura intérêt à exporter des produits intensifs en facteur de production abondant et à importer ceux qui sont intensifs en facteur de production rare.

Par la suite, **P. Samuelson** (1915-2009, prix Nobel 1970) apporte une contribution supplémentaire : le libre-échange conduit à une égalisation internationale des prix des facteurs de production (**théorème HOS** – Heckscher-Ohlin-Samuelson).

Le modèle HOS repose sur les hypothèses suivantes :

- existence d'une économie réduite à deux biens (non substituables, pas de différenciation des produits) et à deux facteurs de production (travail et capital, divisibles et substituables mais non mobiles entre pays) ;
- existence de fonctions de production à rendements d'échelle constants ; fonction de production identique dans les deux pays pour chaque produit ;
- absence de coûts de transport ou de droits de douane ;
- existence d'un plein emploi des facteurs de production ;
- existence d'une concurrence pure et parfaite sur le marché des biens et des facteurs de production.

b › Le paradoxe de Léontiev

W. **Léontiev** (1906-1999) a cherché une vérification empirique du modèle HOS à partir de l'analyse des échanges commerciaux des États-Unis. Partant de l'hypothèse que les États-Unis disposent d'une abondance de facteur capital et d'une relative rareté du facteur travail, les exportations américaines devraient être relativement plus intensives en facteur capital qu'en facteur travail. Or, Léontiev montre que les exportations des États-Unis utilisent davantage de facteur travail que de facteur capital, ce qui semble contradictoire avec le théorème de l'avantage comparatif (**paradoxe de Léontiev**). Léontiev ne réfute pour autant pas le modèle HOS, au contraire, il considère que la mesure en dotation de facteur de production est à affiner. À cet effet, il finit par considérer que la productivité du travail aux États-Unis, à **intensité capitalistique** identique, est beaucoup plus élevée que dans le reste du monde. Il en résulte que le facteur réellement abondant est le travail et non le capital.

> E
Nouvelles théories du commerce international

a › Les avantages technologiques

Le courant néo-technologique s'intéresse au coût et à la facilité d'accès à la technologie dans le cadre de marchés oligopolistiques.
À la fin des années 1950, **M. Porter** souligne qu'une économie nationale dotée d'un taux d'investissement élevé, est en mesure de mettre en œuvre de nouveaux procédés de fabrication qui conduisent à des situations de monopole. Ces écarts technologiques constituent de véritables barrières à l'entrée pour les concurrents.

L'**analyse néo-technologique** peut justifier une intervention des pouvoirs publics en faveur de la Recherche/Développement dans la mesure où celle-ci conduit les firmes à disposer, pour une durée certes limitée, d'un avantage absolu. La recherche/développement a une influence décisive sur les flux commerciaux. **P. Krugman** relève que « *dans beaucoup d'industries, l'avantage compétitif ne semble être déterminé ni par les caractéristiques nationales ni par les avantages statiques de production sur grande échelle, mais plutôt par les connaissances engendrées par les firmes au travers de la Recherche/développement et l'expérience* ».

b › Commerce international et concurrence imparfaite

Depuis le début des années 1970, les études statistiques soulignent l'importance croissante des **échanges « intra-branche »**, c'est-à-dire l'échange croisé de produits similaires. Cette croissance s'explique par l'existence d'un certain nombre de marchés de type oligopolistique (automobile, aviation...), qui nécessitent de forts investissements de départ. La rentabilisation de la production passe alors par des effets d'apprentissage et des économies d'échelle, en d'autres termes par un accroissement des quantités produites. Cela explique l'intérêt de l'échange croisé de produits similaires dans le cadre d'une concurrence axée sur la différenciation des produits plutôt que sur la compétitivité-prix.

La prise en compte du caractère imparfait du marché international a été développée, au début des années 1980, dans le cadre du modèle de **J. Brander** et de **B. Spencer**, justifiant le principe de « politiques commerciales stratégiques », de soutien et d'aide aux entreprises sur les marchés oligopolistiques.

P. Krugman a contribué à la popularisation du modèle de J. Brander et de B. Spencer tout en ne partageant pas leurs conclusions. Rejetant le protectionnisme, il considère qu'un État développé, marqué par une productivité, une technologie et une qualité de ses produits plus faibles que d'autres États, dispose toujours de moyens pour maintenir sa place dans le commerce international et l'équilibre, à long terme, de sa balance des paiements. Au nombre de ces moyens figurent le taux de change et la spécialisation. D'une façon générale, les théoriciens de la nouvelle économie internationale suivent les orientations de P. Krugman sur la nécessité de rester fidèle au libre-échange.

La **nouvelle théorie du commerce international** prend en compte l'existence d'**économies d'échelles** sur un certain nombre de marchés à l'image du marché des semi-conducteurs (Silicon Valley). Il peut exister deux types de marchés internationaux, l'un marqué par des rendements d'échelle décroissants, l'autre par des rendements d'échelle croissants. Dans ce dernier cas, la prime va au premier entrant et explique, par conséquent la relative permanence de la hiérarchie des puissances économiques et de leurs firmes. Les

« accidents historiques » dans la localisation des activités économiques ont des effets à long terme (**P. Krugman**, prix Nobel 2008).

La **nouvelle théorie du commerce international** prend en compte les stratégies de **différenciation des produits** dans l'analyse des échanges internationaux grâce aux apports de l'économie industrielle et à *La Théorie de la concurrence monopolistique* d'**E. H. Chamberlin** (1899-1967). Dans cette perspective, l'échange intra-branche s'explique par l'existence :
- d'une différenciation verticale de produits en termes de qualité (cas de voitures aux puissances différentes, effet de marque ou de publicité, justifiant des écarts de prix) ;
- d'une différenciation horizontale de produits (cas de la couleur des voitures).

Pour **J.-L. Mucchielli**, les nouvelles théories du commerce international mettent en évidence de nouvelles sources de gains à l'échange par l'apparition de quatre effets :
- un **effet pro-compétitif** : concurrence accrue restreignant le pouvoir de marché des producteurs ;
- un **effet d'économie d'échelle** : les rendements croissants conduisent à une baisse des coûts de production ;
- un **effet de rationalisation** : remplacement de certaines firmes au profit de firmes plus efficaces ;
- un **effet de variété** : accroissement de la variété des produits disponibles pour les consommateurs.

> II Histoire du commerce international

> A Les échanges internationaux au xixe siècle

a › Les puissances économiques au xixe siècle

Vers 1800, les échanges internationaux sont, pour l'essentiel, le fait de trois nations dominantes, les Pays-Bas, la Grande-Bretagne et la France. Les deux premières développent un capitalisme marchand et financier, la France s'appuie sur un capitalisme manufacturier. De 1800 à 1860, la Grande-Bretagne s'impose dans les échanges internationaux et assure, par exemple en 1860,

40 % de la production industrielle mondiale. La fin du XIXe siècle est marquée par le développement industriel de l'Europe continentale – l'Allemagne en particulier – et des États-Unis, qui rattrapent peu à peu leur retard. De 1830 à 1914, l'écart entre les nations les plus riches et les plus pauvres s'accentue du fait de l'expansion coloniale. La **division internationale du travail** a pris l'allure d'une opposition entre pays producteurs de biens manufacturés et pays producteurs de biens primaires.

b › Le développement des échanges

Les échanges internationaux par tête, de 1800 à 1913 sont multipliés par 25, alors que la production par tête ne l'est que par 2,2. En 1913, la part des échanges internationaux de marchandises dans la production est de 33 %. De 1830 à 1913, les **taux d'exportations** (rapport entre exportations et PIB en volume) des pays européens ne cessent de progresser.

c › Libre échange et protectionnisme au XIXe siècle

Quatre périodes peuvent être distinguées entre 1815 et 1913 :

- 1815-1846 : extension progressive du libre-échange au Royaume-Uni (l'agriculture reste protégée par le vote de la « *corn law* » en 1815, mais en 1842, les droits de douane sur les produits manufacturés sont fortement réduits), protectionnisme dans le reste du monde.
- 1846-1860 : Libre-échangisme du Royaume-Uni (abolition de la « *corn law* » en 1846, démantèlement des barrières douanières en 1860), protectionnisme du reste du monde.
- 1860-1880 : extension du libre échange entre les économies européennes (Traité de commerce franco-anglais en 1860), protectionnisme renforcé aux États-Unis suite à la Guerre de Sécession.
- 1880-1913 : retour et renforcement du protectionnisme en Europe Continentale (Loi Méline en France en 1892), libre-échange du Royaume-Uni, et renforcement du protectionnisme aux États-Unis (taux moyen des droits de douane est porté à 57 % en 1897).

⇒ Les effets de ces différentes politiques commerciales sont paradoxaux, la période d'extension des politiques de libre-échange (1860-1880) est marquée par une croissance économique et une expansion industrielle plus faible que durant la période de protectionnisme accrue (1895-1913). Les inégalités de développement se réduisent plus fortement durant les phases protectionnistes que durant les phases de libre échange. Ce constat ne doit cependant pas conduire à des conclusions hâtives, du fait des multiples causes de l'évolution des échanges internationaux. Ainsi, à la fin du XIXe siècle, la croissance des échanges internationaux s'explique en partie par l'abaissement du coût du transport maritime (diffusion de la machine à vapeur).

> B L'entre-deux-guerres : les « égoïsmes sacrés »

a › Les puissances économiques dans l'entre-deux-guerres

À la suite de la Première Guerre mondiale, la hiérarchie entre grandes puissances économiques est bouleversée, les nations qui ont participé aux quatre années de conflit se retrouvent largement dominées par les États-Unis, entrés tardivement en guerre et désormais premier créancier du monde. La division internationale du travail reste marquée par une inégalité de développement entre nations productrices de biens manufacturés et nations productrices de biens primaires. Ces inégalités ont tendance à s'accroître sous l'effet de la détérioration des **termes de l'échange** (indice de variation des prix des exportations/indice de variation des prix des importations) des produits primaires résultant de la crise de 1929.

b › Une faible croissance des échanges internationaux dans l'entre-deux-guerres

De 1913 à 1937, le taux de croissance des échanges internationaux est inférieur à celui de la production. Il en résulte que les taux d'exportations déclinent tout au long de cette période, faiblement de 1918 à 1929, très fortement par la suite.

Dans ce contexte, les économies européennes connaissent un repli plus marqué que les États-Unis dans les échanges internationaux : leur part de la production de biens manufacturés consacrée aux exportations est divisée par deux, cette part restant constante aux États-Unis. À la veille de la Seconde Guerre mondiale, 29 % des échanges internationaux de marchandises étaient le fait d'échanges intra-européens (incluant Europe centrale et orientale), contre 40 % à la veille de la Première Guerre mondiale.

Durant toute cette période, la nature des produits échangés entre pays industrialisés est bouleversée et explique en partie la montée en puissance de l'économie américaine au détriment du Royaume-Uni : par exemple le textile cède peu à peu la place aux biens d'équipement.

c › L'essor du protectionnisme dans l'entre-deux-guerres

L'entre-deux-guerres est marqué par le renouveau des politiques protectionnistes, plus particulièrement à partir de la crise de 1929.

Durant la Première Guerre mondiale (en 1915) mais surtout en 1921 le Royaume-Uni se convertit au protectionnisme, les États-Unis, de leur côté, renforcent leur protection vis-à-vis des pays producteurs de produits primaires et des pays européens. La Conférence Économique mondiale de 1927, à l'ini-

tiative de la Ligue des Nations, et le Traité de commerce franco-allemand ne changeront rien à cette conversion générale au protectionnisme des pays déjà industrialisés et des pays en voie d'industrialisation tels que le Japon.
Avec la crise de 1929, les États-Unis adoptent le « *Smoot-Hawley Act* » (juin 1930) qui renforce encore les protections tarifaires et qui va susciter en retour le même type de politique dans les pays européens. Dès lors, le commerce international n'est plus marqué du sceau du multilatéralisme et dès 1932, se multiplient accords bilatéraux (accord anglo-germain de 1934), accords de cartel sur les biens primaires (sucre, thé, blé, caoutchouc, cuivre) et accords régionaux (accords d'Ottawa en 1932 instaurant des préférences commerciales au sein du Commonwealth).

⇨ Pour un certain nombre d'économistes tels que **P. Bairoch** (1930-1999), **J.-M. Jeanneney**, **A. Lewis** ou **Ch. Kindleberger** (1910-2003), l'impact négatif du protectionnisme sur la croissance mondiale est à nuancer. Les politiques protectionnistes seraient venues en réaction à l'affaiblissement de la croissance et ne seraient donc pas une cause à ce ralentissement. Le débat a été relancé récemment en France à travers le débat sur la « démondialisation ». Certains économistes (J. Sapir, J.-L. Gréau) et un certain nombre d'essayistes et de journalistes (E. Todd) plaident pour un certain recours au protectionnisme. Cependant la grande majorité des économistes considèrent que, s'il serait contre-productif de remettre en cause le libre échange, il est en revanche nécessaire de répartir plus équitablement le gain à l'échange en taxant les bénéficiaires les plus importants afin d'indemniser les perdants de l'ouverture commerciale.

> C
1945-1975 : Le commerce international entre expansion au Nord et stabilité au Sud

Depuis la fin de la Seconde Guerre mondiale jusqu'au milieu des années 1970, le commerce mondial a progressé à un rythme plus rapide que celui de la production mondiale dans un contexte :
- de domination d'une vingtaine de pays riches dont les coûts de production sont comparables;
- d'ouverture internationale encore limitée;
- de stabilité des taux de change;
- et de croissance économique soutenue.

La division internationale du travail conduit à distinguer les pays industriels, spécialisés dans la production et l'échange de produits manufacturés, des pays

en voie de développement, spécialisés dans la production et l'échange de produits primaires (matières premières, énergie). La part des PED dans le commerce mondial reste stable sur la période 1945-1975 et représente moins de 30 %.
Dans ce contexte, les pays du Tiers-monde dénoncent la domination dont ils sont victimes et réclament l'établissement d'un nouvel ordre économique international (voir « Économie du développement »).

> D
La nouvelle division internationale du travail

a › Le commerce international entre 1975 et 2012

La période 1975-2012 est marquée par :

- La poursuite d'une croissance des échanges internationaux supérieure à la croissance du PIB mondial et une diminution des coûts de transport et d'information ;
- Une chute importante du commerce mondial en 2009 (- 12 %) à la suite du déclenchement de la crise des subprimes et de ses effets négatifs sur l'activité économique suivi d'une reprise vigoureuse en 2010 (+ 14 %).
- La montée en puissance des économies émergentes caractérisées par de faibles coûts de main-d'œuvre et une productivité élevée. La Chine par exemple est le premier exportateur mondial de biens et services en 2009 devant l'Allemagne et les États-Unis. La hiérarchie du commerce mondial connaît un profond bouleversement : l'Union européenne, qui représentait 46 % des exportations mondiales en 1967, est passée à 37 % en 2009. Au cours de la même période, l'Amérique du Nord passe de 20 % à 12 % des exportations mondiales. L'Asie de l'Est et du Sud Est passe par contre de 4 % à 21 % des exportations mondiales.

Quant au Japon, il représentait 10 % des exportations mondiales en 1991, mais ce chiffre est tombé à 5 % en 2009, retrouvant ainsi son niveau de 1967.

Évolution du commerce international et du PIB mondial (1967-2009)
(à prix courants, taux de croissance annuel moyen en %)

	1967-1977	1977-1987	1987-1997	1997-2009	1967-2009	2009 En milliards de dollars
Commerce international	17,8	8,3	8,3	8,3	10,3	14690
PIB mondial	12,2	8,6	6,1	6,7	8,2	58125

Source : CEPII, Panorama de l'économie mondiale, décembre 2011, www.cepii.fr/francgraph/bdd/chelem/panorama/panorama.pdf

- L'importance des échanges « intra-branches » et intra-firme : le commerce intra-branche représente environ 60 % du commerce mondial.
- La structure par produit du commerce mondial a évolué, mais sans connaître un bouleversement. Entre 1967 et 2009, le commerce mondial des produits primaires (mesuré à prix courants) a connu une croissance annuelle moyenne de 9,4 %. Sur la même période, le commerce mondial des produits industriel a connu une croissance de 10,5 % par an en moyenne et les services de 10,7 % en moyenne. En 2009, les produits primaires représentent 14 % du commerce mondial, les produits manufacturés 64 % et les services 22 %.
- La structure mondiale des échanges de services s'est beaucoup transformée. Les services de transports qui occupaient jadis une part importante des échanges de services ont vu leur part décliner (21 % du total des échanges internationaux de services en 2009 contre plus de 40 % en 1967). En revanche, le poste « autres services » est désormais largement majoritaire (59 % des échanges internationaux de service en 2009 contre moins de 30 % en 1967). Au sein de ces autres services, ce sont les services aux entreprises, les services liés à l'informatique, à la finance, aux brevets, qui occupent la part la plus importante. Cet essor des services permet aux pays développés de conforter leur domination sur les échanges internationaux, ce qui explique la recherche d'une plus grande libéralisation des marchés des services dans le cadre des négociations au sein de l'OMC. Cependant, cette domination de la triade, si elle reste forte, a tendance à s'éroder : en 1997, l'Union européenne, l'Amérique du Nord et le Japon réalisaient 70 % des échanges mondiaux de services, ils en représentent 68 % en 2009.
- La volatilité des taux de change et surtout le maintien durable de taux de changes qui ne correspondent pas à la parité des pouvoirs d'achats affectent le commerce mondial. En particulier la sous-évaluation du yuan chinois et du dollar et la surévaluation de l'euro (qui s'est atténuée à l'occasion de la crise des subprimes) ont des effets distorsifs sur la concurrence mondiale.

b › Le poids du commerce régional

L'essor des échanges internationaux est avant tout le résultat de progrès de la **régionalisation** du commerce.
Ce terme (à ne pas confondre avec celui de régionalisme) désigne la tendance des pays à commercer avec d'autres pays qui appartiennent à la même zone géographique (que cette zone soit organisée en union régionale ou non). Il existe donc une tendance à la concentration géographique des flux commerciaux. L'analyse économique permet de montrer que le commerce international entre deux pays est proportionnel aux montants de leur PIB respectif (effet lié à la taille des économies) et inversement proportionnel à la distance géographique entre ces pays. Par référence à la loi de Newton en physique on

parle d'un **modèle de gravité**. Ce modèle simple est très solidement corroboré sur le plan empirique. Pour mieux rendre compte du commerce international, il faut prendre en compte un « effet frontière ». Des études ont montré par exemple que les échanges étaient plus intenses entre régions voisines d'un même pays (par exemple les États des États-Unis situés le long de la frontière canadienne) qu'entre régions situées de part et d'autre d'une frontière. À distance égale, un État des États-Unis commerce davantage avec un autre État des États-Unis qu'avec une province canadienne.

Le **régionalisme commercial** repose sur la coopération – en matière économique et commerciale – entre États appartenant à une même aire géographique (voir « L'intégration économique »).

À la différence de la régionalisation (qui est lié à la proximité géographique) le régionalisme suppose une volonté politique et la mise en place d'institutions qui favorisent le commerce entre pays voisins. Depuis la fin de la Seconde Guerre mondiale, une centaine d'organisations économiques régionales ont été créées.

Pour **P. Jacquet**, le régionalisme commercial peut répondre à des objectifs et des motivations divers :

- « être l'expression plus ou moins forte d'une communauté d'intérêts politico-économiques ;
- relever d'une manœuvre plus diplomatique, visant à garantir l'implantation régionale d'une puissance grande ou moyenne ;
- ancrer de façon irréversible les choix de politique économique à l'intérieur par la contrainte institutionnelle de l'intégration régionale ;
- ou plus simplement, exploiter les économies d'échelle et les gains liés à la spécialisation au niveau régional ».

Pour cet auteur, **l'ALENA** répond au second des objectifs, les États-Unis cherchant à affirmer plus une « stratégie de puissance » qu'à réaliser une véritable « communauté d'intérêts ». La participation active de la Chine à l'APEC semble répondre davantage au quatrième objectif.

Quant à l'Union européenne, sa création répond au premier objectif, même si l'idée de créer des contraintes institutionnelles justifiant l'orientation des politiques économiques nationales menées plus ou moins conjointement, n'est pas étrangère à son développement.

De façon générale, le mouvement d'intégration régionale accompagne l'ouverture au commerce et il a souvent pour motivation une volonté des pays membres de chaque union de peser sur l'organisation de l'économie mondiale en faisant davantage entendre leurs voix dans les négociations internationales.

C › Le commerce international par grandes zones

L'analyse du commerce international permet de dégager l'existence de trois zones dominantes :

- une zone américaine structurée autour de l'Alena ;
- une zone européenne ;
- la zone asiatique.

La zone asiatique, et notamment l'Asie de l'Est et du Sud Est connaît une croissance très importante de sa place dans le commerce mondial

Matrice des échanges tous produits en 2009
En pourcentage du commerce mondial des biens en valeur
Zone exportatrice en ligne, Zone importatrice en colonne

	Amérique du Nord	Amérique du Sud	Union européenne	Autre Europe	CEI	Moyen Orient Maghreb	Afrique sub-saharienne	Japon	Asie de l'Est et du Sud-Est	Océanie et autre Asie	Monde
Amérique du Nord	5,9	1,0	2,2	0,3	0,1	0,4	0,1	0,5	1,7	0,4	12,6
Amérique du Sud	1,1	1,2	0,7	0,1	0,1	0,1	0,1	0,1	0,6	0,1	4,3
Union européenne	2,9	0,6	24,9	2,5	1,1	1,6	0,6	0,5	2,1	0,8	37,7
Autre Europe	0,4	0,1	2,4	0,2	0,1	0,3	0,1	0,1	0,3	0,1	4,0
CEI	0,2	0,0	1,7	0,3	0,7	0,2	0,0	0,1	0,4	0,1	3,8
Moyen Orient Maghreb	0,5	0,3	1,2	0,1	0,0	0,3	0,2	0,8	1,6	0,7	5,6
Afrique sub-saharienne	0,4	0,1	0,6	0,0	0,0	0,1	0,3	0,1	0,4	0,2	2,1
Japon	1,0	0,2	0,7	0,1	0,0	0,2	0,1	0,0	2,6	0,2	5,0
Asie de l'Est et du Sud-Est	4,4	0,7	3,8	0,4	0,4	1,0	0,5	2,0	6,8	1,6	21,5
Océanie et autre Asie	0,4	0,1	0,6	0,1	0,0	0,4	0,1	0,4	1,1	0,4	3,5
Monde	17,3	4,3	38,6	4,0	2,6	4,6	2,0	4,4	17,5	4,5	100,0

Source : CEPII, *Panorama de l'économie mondiale*, décembre 2011.

> III Les politiques commerciales

Les politiques commerciales déterminent le cadre d'intervention des pouvoirs publics sur les échanges extérieurs. Pour **J.-L. Mucchielli**, les politiques commerciales se définissent au regard de leur objectif de protectionnisme ou de libre échange. Seul ou en partenariat avec d'autres, un État peut prendre des mesures en faveur de ses exportations ou à l'encontre de ses importations.

> A Libre-échange et multilatéralisme

a › Multilatéralisme

Le **multilatéralisme** est un mode d'organisation et de négociation économiques et commerciales engageant la présence de plus de deux États (dans l'idéal, l'ensemble des pays du monde). Les négociations du **GATT** (*Général Agreement on Tariffs and Trade*), **AGETAC**, (Accord général sur les tarifs douaniers et le commerce) en constituent l'archétype. Les défenseurs du multilatéralisme considèrent que tous les pays doivent, simultanément, faire disparaître leur protection douanière. Ils s'opposent à l'existence d'accords bilatéraux et souhaitent une extension automatique à toutes les nations des avantages accordés par une nation à une autre (**clause de la nation la plus favorisée**).

Le multilatéralisme est à opposer :
- à l'unilatéralisme, c'est-à-dire à l'existence d'un État qui, tout seul, définit sa propre politique commerciale et se trouve en capacité de l'imposer ;
- au bilatéralisme, c'est-à-dire à un mode de détermination d'une politique commerciale, par accord entre deux États.

b › Du GATT à l'OMC : des institutions internationales favorables au libre-échange

En février 1946, le Conseil économique et social des Nations Unies organise une conférence mondiale sur le commerce et l'emploi. En mars 1948, cette conférence débouche sur l'adoption de la **Charte de La Havane** qui institue une **Organisation Internationale du Commerce** (l'**OIC**). Cette charte prévoit de mettre en œuvre une approche globale des relations économiques internationales s'appuyant sur les grandes organisations économiques, tout en prenant en compte les intérêts particuliers des pays en développement. Elle n'a eu aucune application pratique du fait de l'opposition du Congrès américain et du contexte international (« Guerre froide »). Dès lors le fonctionnement et l'organisation du commerce international dépendra d'une série d'accords multilatéraux et bilatéraux entre États. Dans cette perspective, le **GATT**, créé le 30 octobre 1947, a pour objectif de limiter l'usage d'accords bilatéraux au profit d'une logique multilatérale. Ainsi, 23 États se dotent des principes suivants en matière d'échange international :

- la non-discrimination qui se traduit par l'adoption de la clause de la nation la plus favorisée ;
- l'élimination des restrictions quantitatives (contingentement des importations) ;
- l'interdiction du dumping (vente à perte).

L'histoire du GATT est marquée par différentes avancées vers la libéralisation du commerce mondial grâce aux accords suivants.

- Le **Dillon round** (1962) : baisse moyenne de 7 % des tarifs industriels.
- Le **Kennedy round** (1964-1967) : baisse moyenne des tarifs industriels de 35 %.
- Le **Nixon round** ou **Tokyo round** (1973-1979) : réduction moyenne des tarifs industriels de 34 %. Le Tokyo round a abouti à l'idée que les PED pouvaient prendre des mesures de sauvegarde afin de réaliser des objectifs de développement.
- L'**Uruguay round** (1986-1994) concerne la libération du commerce des produits agricoles et l'intégration du commerce des services dans l'accord général. Il débouche sur la création de l'Organisation mondiale du commerce (**OMC**).
- Le 1er janvier 1995 est créée l'**OMC** à laquelle adhèrent alors 135 États (152 membres en 2008). L'OMC est une organisation internationale, contrairement au GATT qui ne résultait que d'une série d'accords internationaux. Cette organisation est désormais chargée de veiller à l'application des accords sur le commerce international et, le cas échéant, d'arbitrer les conflits commerciaux entre ses pays membres. À cet effet, elle dispose d'un Organe de règlement des différends (ORD), en charge de recevoir les plaintes de tous les pays. Les compétences de l'OMC se sont élargies au domaine des services et de la propriété intellectuelle en plus du domaine des échanges de marchandises.
- Après l'échec de la conférence de Seattle en 1999, c'est la conférence ministérielle de l'OMC de Doha en 2001 qui lance un nouveau cycle de négociations multilatérales. Baptisé « **Cycle de Doha pour le développement** », il est consacré au rôle que le commerce international peut jouer en matière de

développement. Il suppose notamment l'ouverture croissante des pays industriels aux produits en provenance des pays du Sud. En contrepartie, les pays industrialisés réclament l'ouverture des pays du Sud aux investissements étrangers, la transparence des marchés publics, la facilitation des échanges. Mais les discussions mettent en évidence de vives tensions entre pays du Nord et du Sud et conduisent à l'échec de la conférence de Cancun en 2003 (lié notamment aux enjeux agricoles). Même si la conférence ministérielle de Hong Kong (décembre 2005) permet d'obtenir certaines avancées, l'enlisement des discussions conduit le Directeur général de l'OMC, Pascal Lamy, à suspendre les négociations en juillet 2006. Les travaux reprennent en janvier 2007. En 2012, elles ne sont toujours pas terminées en dépit des appels répétés aux négociateurs lancés par Pascal Lamy, directeur général de l'OMC. Ce cycle de négociation devait initialement se terminer au 1er janvier 2005.

Les accords commerciaux préférentiels

Le rapport 2011 sur le commerce mondial de l'OMC porte sur les accords commerciaux préférentiels. L'organisation note l'augmentation du nombre de ces accords, mais fait observer aussi qu'une faible part du commerce mondial est concernée par des tarifs préférentiels (c'est-à-dire dérogatoires à la clause de la nation la plus favorisée). L'OMC considère que ces accords ne sont pas nécessairement contradictoires avec l'objectif d'ouverture croissante au commerce et elle propose de « multilatéraliser le régionalisme ».

> B La persistance du protectionnisme

Si le libre-échange s'est globalement imposé depuis 1945 en termes de réduction des barrières douanières, il convient de relever que le protectionnisme n'a pour autant pas disparu, loin s'en faut.

Il existe principalement deux types de politiques protectionnistes encore en vigueur aujourd'hui : le protectionnisme tarifaire et non tarifaire.

La politique protectionniste tarifaire consiste à frapper de droits de douane les produits importés. Il s'agit d'une forme de protectionnisme en recul, sous l'effet de l'application du principe de la nation la plus favorisée.

La politique protectionniste non tarifaire est nettement moins en recul et repose sur plusieurs instruments :

- le respect de normes sociales, sanitaires, d'hygiène et/ou de sécurité pour réduire les importations (principe d'une **clause sociale** ou environnementale) ;
- la décision unilatérale d'instaurer des quotas ou contingents (politique de contingentement aux importations). En cas d'entente entre les parties, on parle d'**Accord de commercialisation ordonnée** ou de **Restriction volontaire**

à l'exportation. Ce type d'entente s'est particulièrement développé au cours des années 1970 et 1980, notamment dans le secteur de l'automobile (séries d'accords de contingentement entre États-Unis et Japon, Europe et Japon) ou dans le secteur du textile (Accords Multi-Fibres visant à contingenter les importations des PED et devant disparaître en 2005).

- L'octroi de subventions aux producteurs nationaux de biens substituables aux biens importés (**politique de substitution aux importations**) ou aux producteurs nationaux exportateurs (cas de l'agriculture européenne).
- La pratique du dumping qui, au sens strict du terme, renvoie à une situation selon laquelle une entreprise exporte ses produits à un prix moins élevé que celui pratiqué sur le marché intérieur. L'OMC élargit cette notion à toutes formes de distorsion de prix. Au-delà du cas précédent, il y a dumping dès lors qu'une entreprise vend à perte ou encore s'il existe une différence de prix entre les différents marchés extérieurs vers lesquels elle exporte.
- La manipulation des taux de change qui permet, par une monnaie faible, de favoriser les exportations.

⇨ Des formes de protectionnisme passent notamment par une remise en cause du multilatéralisme et par la multiplication du nombre d'accords bilatéraux et régionaux. On en a compté 6 en 1970, 27 en 1990, pour en arriver à 100 en 2000 et à 204 en 2007. **J.M. Siroën** considère cependant que ces accords préférentiels servent de relais à l'ouverture aux échanges et prennent la forme d'un « minilatéralisme ». Pour lui, « *quasiment tous les accords préférentiels régionaux qui impliquent au moins un pays industriel – la grande majorité des accords – intègrent des dispositions qui resteront longtemps inaccessibles au sein de l'OMC. Une des formes du nouveau régionalisme est le "minilatéralisme" : aller au-delà de ce que permet aujourd'hui l'institution multilatérale, l'OMC, en la contournant par des négociations et des accords séparés* ». Ce « minilatéralisme » est également marqué par le fait que les accords préférentiels rassemblent des pays éloignés géographiquement au risque de donner aux pays développés un pouvoir de négociation plus conséquent qu'il ne l'est au sein de l'OMC du fait de la montée en puissance de la Chine, de l'Inde ou du Brésil.

> C Des politiques commerciales stratégiques

Depuis le début des années 1980, les politiques commerciales stratégiques se développent. Dans cette perspective, les États subventionnent leurs exportations, érigent des barrières douanières, protègent certains secteurs par des accords de restrictions quantitatives « volontaires » ou favorisent le développement et la sauvegarde de nouvelles industries, et ce au risque parfois, selon

P. Krugman, de reporter sur l'ensemble de l'économie nationale le coût de la protection de certains secteurs, branches ou entreprises qui sont, de fait, inadaptés à la concurrence internationale. Selon **B. Guillochon**, « *toutes les analyses de la Politique Commerciale Stratégique reposent sur un principe simple : en concurrence imparfaite, comme il existe des écarts entre prix et coûts marginaux, donc des rentes, certaines actions bien choisies de politique commerciale peuvent permettre à certains pays d'obtenir des rentes plus élevées que ce que permettrait le simple fonctionnement du marché* ». Mais ces politiques commerciales stratégiques soulèvent le problème de la régulation des échanges internationaux et du risque de guerre commerciale. Ces **politiques commerciales stratégiques** prennent en compte le caractère imparfait des échanges internationaux et l'existence de rendements croissants.

Dumping social, clause sociale et environnementale : quelle gouvernance mondiale ?

L'OMC semble défavorable à l'instauration de barrières douanières à l'encontre de pays ou d'entreprises qui ne respectent pas un certain nombre de normes minimales en matière de travail, de protection sociale (droit syndical, droit à la négociation collective, interdiction du travail des enfants et du travail forcé, absence de discrimination dans le travail, niveau de salaire et conditions de travail en rapport avec le nécessaire respect de la dignité humaine) ou d'environnement. En d'autres termes le principe d'une **clause sociale**, face aux pratiques de dumping social, est considéré comme :

- l'imposition d'une norme faussement universelle, celle des pays riches, prenant insuffisamment en compte les spécificités culturelles et économiques de certains PED ;
- un frein au développement de certains PED par restriction de leurs possibilités d'exportations en raison de la hausse des droits de douane ou en raison d'une hausse des coûts de production suite à la mise aux normes ;
- une cause de diminution de la concurrence au sein des économies développées et par conséquent une plus mauvaise allocation des ressources ;
- une source potentielle de développement du protectionnisme : les PED ne respectant pas les principes de cette clause pourraient réagir en élevant leurs propres barrières douanières.

Pour les défenseurs d'une clause sociale et/ou environnementale, ses effets négatifs sur les coûts de production dans certains PED, pourraient être compensés par l'affectation des recettes douanières à l'aide au développement durable. Ils soulignent également que l'instauration d'une clause sociale pousserait un certain nombre de PED à améliorer l'état sanitaire et social de leurs populations et le taux de scolarisation des enfants, porteurs d'une plus grande productivité de la main-d'œuvre. Par ailleurs, le PNUD relève qu'il y a capacité, dans le cadre d'une négociation multilatérale, à prendre en compte les spécificités de certains PED, notamment au regard du travail des enfants. L'adoption d'une clause sociale pourrait, au bout du compte, assurer le respect des droits de l'homme dans tous les pays et les conditions d'une concurrence loyale entre pays, la première étape, en la matière, serait que l'OMC intègre dans ses principes les normes de l'Organisation Internationale du Travail (OIT) (voir « La gouvernance mondiale »).

Pour en savoir plus

Initiation

- El Mouhoub Mouhoud (2011), *Mondialisation et délocalisation des entreprises*, La Découverte, Coll. Repères.
- Kébabdjian G. (1999), *Les théories de l'économie politique internationale*, Seuil, Coll. Points.
- Montel-Dumont O. (2011), *Les entreprises dans la mondialisation*, Les Cahiers français, n° 365, La Documentation française.
- Mucchielli J.-L. (2008), *La mondialisation*, Hachette.
- Paquin S. (2008), *La nouvelle économie politique internationale*, A. Colin, Coll. Cursus.
- Rainelli M. (2011), *L'Organisation mondiale du commerce*, La Découverte, Coll. Repères.
- Rainelli M. (2009), *Le commerce international*, La Découverte, Coll. Repères.

Approfondissement

- Allegret J.-P. et Le Merrer P. (2007), *Économie de la mondialisation. Opportunités et fractures*, De Boeck.
- Charlton A., Stiglitz J. (2007), *Pour un commerce mondial plus juste*, Fayard.
- Guillochon B., Kawecki A. et Venet B. (2012), *Économie internationale*, Dunod.
- Kebabdjian G. (2006), *La question politique en économie internationale*, La Découverte.
- Lemoine M., Madiès Ph., Madiès Th. (2012), *Les grandes questions d'économie et finance internationales*, De Boeck.
- Mucchielli J.L., Mayer Th. (2010), *Économie internationale*, Dalloz, Coll. Hypercours.
- Krugman P.-R. (2000), *La mondialisation n'est pas coupable*, La Découverte.
- Krugman P., Obstfeld M. (2012), *Économie internationale*, Pearson Education.
- Rodrik D. (2008), *Nations et mondialisation*, La Découverte.
- Salvatore D. (2008), *Économie internationale*, De Boeck.
- Sandretto R. et Abdelmalki L. (2011), *Politiques commerciales des grandes puissances. La tentation néo-protectionniste*, De Boeck.

chapitre 19

Multinationales et mondialisation

Une **Firme multinationale (FMN)** ou **société transnationale (STN)** est une entreprise qui possède au moins une filiale à l'étranger.

Face à la diversité des FMN, nombre d'économistes préfèrent alors raisonner en termes de **multinationalisation**. La multinationalisation d'une entreprise désigne alors un processus selon lequel :

- son activité se développe dans au moins un autre pays que son pays d'origine ;
- sa stratégie n'est plus centrée sur ce dernier.

Saisir le caractère multinational d'une entreprise nécessite une prise en compte de son degré de multinationalisation. Ainsi, la Conférence des Nations Unies pour le Commerce et le Développement (CNUCED) mesure celui-ci par l'**indice XNAL** (en %) ou **indice de transnationalité** qui représente la moyenne des trois indicateurs suivants :

- ratio des actifs possédés à l'étranger sur les actifs totaux (hors investissements de portefeuille) ;
- ration de l'emploi à l'étranger sur l'emploi total ;
- ratio des ventes réalisées à l'étranger sur les ventes totales de la firme.

Par ailleurs, la CNUCED calcule un indicateur de l'étendue géographique du réseau de chaque multinationale en pourcentage (Network Spread Index, NSI) qui consiste à saisir le nombre de pays où l'entreprise possède des filiales et à le rapporter au nombre de pays ouverts à l'investissement international.

La multinationalisation des firmes s'opère notamment par le biais des investissements directs à l'étranger (**IDE**) (voir « La balance des paiements »). Il y avait au début des années 1970 environ 7 000 firmes multinationales dans le monde, 37 000 au début des années 1990 et environ 82 000 au début des années 2000. Ces multinationales ont ensemble environ 810 000 filiales étrangères qui, selon la CNUCED, employaient 77 millions de personnes en 2008.

> I
Firmes multinationales et investissement direct à l'étranger

> A
Les firmes multinationales

L'internationalisation du système productif a véritablement débuté à la fin du XIXe siècle. Jusqu'en 1914, les Investissements directs étrangers (IDE) ont principalement pour origine le Royaume-Uni suivi par les États-Unis. Les grandes firmes multinationales relèvent essentiellement de l'industrie lourde et cherchent à maîtriser leur approvisionnement en matières premières, ce qui explique que les IDE se concentrent sur le secteur primaire (matières premières, énergie) et vers les zones géographiques qui correspondent aux pays en voie de développement de l'après seconde guerre mondiale.

Entre 1914 et 1939, dans un contexte difficile pour les échanges internationaux (voir « Le commerce international »), le stock d'IDE double et les multinationales américaines tendent de plus en plus à s'imposer, tandis que la domination du Royaume-Uni se fait moins forte (leur part dans le stock d'IDE passe de 45 % à 40 %).

De 1945 jusqu'au début des années 1970, les FMN originaires des États-Unis prennent une place dominante dans les relations économiques internationales.

À partir de la fin des années 1970, les pays européens ainsi que le Japon tendent à s'affirmer de plus en plus en matière d'internationalisation du système productif.

Globalement, et en dépit de la « Grande récession » consécutive à la crise des subprimes, la place des multinationales dans l'activité économique mondiale ne cesse d'augmenter. Selon le Rapport sur l'investissement dans le monde 2010 publié par la CNUCED, la valeur ajoutée totale des sociétés transnationales représente un quart environ du PIB mondial.

La production internationale sans participation au capital

L'internationalisation de la production et l'approfondissement de la division internationale des processus productifs ne passent pas seulement par les firmes multinationales et les investissements directs à l'étranger. Le rapport sur l'investissement dans le monde 2011 de la CNUCED, insiste sur l'importance de la production internationale SPC (sans participation au capital), qui désignent les relations contractuelles entre firmes indépendantes de pays différents, qui participent conjointement à la réalisation de biens ou services via des contrats d'externalisation, de sous-traitance de franchise, les contrats de licence ou de gestion, etc. Selon ce rapport, « *les modes de production internationale SPC sont relativement répandus de par le monde, et plus particulièrement dans les pays en développement. D'après les estimations, ils auraient représenté plus de 2 000 milliards de chiffre d'affaires en 2009. [...] Dans la plupart des cas, la croissance des modes de production SPC est plus rapide que celle des secteurs d'activité qui en font l'objet.*
Les modes de production SPC peuvent apporter une importante contribution au développement. Ils assurent l'emploi de 14 à 16 millions de personnes dans les pays en développement. En valeur ajoutée, ils représentent jusqu'à 15 % du PIB dans certains pays. Pour ce qui est des exportations, ils représentent de 70 à 80 % des exportations mondiales dans plusieurs secteurs ».

Il existe aussi des sociétés transnationales publiques. La CNUCED en dénombre 650 en 2010 qui contrôlent plus de 8 500 filiales étrangères. Elles sont présentes partout dans le monde, et, bien qu'elles ne représentent que moins de 1 % du total des STN, leurs flux d'IDE représentent environ 11 % des flux mondiaux d'IDE. On compte ainsi 19 STN publiques parmi les 100 premières STN mondiales.

a › Les firmes multinationales dans le monde

1 › La répartition géographique des FMN : la domination des multinationales nord américaines

Les multinationales restent majoritairement originaires des Pays développés à économie de marché : en 2010, 90 % des multinationales en sont originaires. Cependant, depuis les années 2000 on assiste à une augmentation du nombre de multinationales originaires des Pays en développement. Une part essentielle de la production et de l'emploi des multinationales est réalisée par les 100 FMN les plus importantes. Au sein de ce groupe, les FMN originaires des États-Unis et des autres pays développés restent très largement prépondérantes. Sur les 50 premières multinationales classées en fonction de leur chiffre d'affaire en 2009, 19 sont originaires des États-Unis, 6 de France, 5 du Royaume-Uni, 4 du Japon et 2 de Chine.

Les 20 premières firmes multinationales du secteur non financier en 2008
(classées en fonction de leurs actifs à l'étranger en millions de dollars)

Entreprises	Nationalités d'origine	Secteurs	Actifs à l'étranger	Actifs totaux
General Electric	États-Unis	Matériel électrique	401 290	797 769
Royal Dutch/Schell	Royaume-Uni	Pétrole	222 324	282 401
Vodaphone	Royaume-Uni	Télécommunications	201 570	218 955
British Petroleum	Royaume-Uni	Pétrole	188 969	228 238
Toyota	Japon	Automobile	169 569	296 249
Exxon Mobil	États-Unis	Pétrole	169 569	296 249
Total	France	Pétrole	141 442	164 662
E.on	Allemagne	Services collectifs (électricité, eau, gaz)	141 168	218 573
Électricité de France	France	Services collectifs (électricité, eau, gaz)	133 698	228 052
Arcelor Mittal	Luxembourg	Acier	127 127	133 088
Volkswagen	Allemagne	Automobile	123 677	233 708
Anheuser-Busch Inbedw	Pays-Bas	Alimentation, boissons, tabac	106 247	113 170
Chevron	États-Unis	Pétrole	106 129	161 165
Siemens	Allemagne	Matériel électrique	104 488	135 102
Ford	États-Unis	Automobile	102 588	222 977
Eni	Italie	Pétrole	95 818	162 269
Telefonika	Espagne	Télécommunications	95 446	139 034
Deutsch Telekom	Allemagne	Télécommunications	95 019	171 385
Honda	Japon	Automobile	89 204	120 478

Source : Site de la CNUCED.

Les 10 premières multinationales originaires des pays en développement en 2009
(classées en fonction du montant leurs actifs à l'étranger en millions de dollars)

Entreprises	Nationalités d'origine	Secteur	Actifs à l'étranger	Actifs totaux
Hutchison Whampoa	Hong Kong	Diversifié	70 762	87 745
CITIC	Chine	Diversifié	43 750	238 725
CEMEX	Mexique	Produits minéraux	40 258	45 084
Samsung	Corée du Sud	Équipements électriques et électroniques	28 765	83 738
Petronas	Malaisie	Pétrole	28 447	106 416
Hyundai	Corée du Sud	Automobile	28 359	82 072
China Océan Shipping	Chine	Transport maritime	28 066	36 253
Lukoil	Russie	Pétrole et gaz naturel	21 515	71 461

Vale	Brésil	Activités minières	19 635	79 931
Petroleos de Venezuela	Venezuela et Bolivie	Pétrole	19 244	131 832

Source : Site de la CNUCED.

2 › La répartition par secteur d'activités

Depuis les années 1970 mais surtout depuis le début des années 1980, on assiste à une multinationalisation croissante des services en liaison avec la mise en œuvre de politiques de déréglementation et de libéralisation des secteurs comme le transport aérien ou les télécommunications, mais surtout en raison de la baisse très importante du coût des communications en lien avec les mutations technologiques (internet, téléphonie mobile, etc.).

Actuellement (CNUCED, 2009), les services représentent la part la plus importante des IDE en termes de flux comme en termes de stocks. Ce développement des filiales consacrées à des activités de services est lié à la tendance des entreprises à segmenter internationalement la « chaîne de valeur », c'est-à-dire à localiser dans des pays différents les diverses étapes ou fonctions du processus de production. C'est ainsi que les centres de décision (sièges des entreprises), les activités de recherche-développement, les activités de production manufacturière, les activités de distribution, peuvent être situées dans des pays différents. Ce n'est donc plus seulement la production manufacturière qui fait l'objet d'une division internationale du processus productif.

Les 10 premières multinationales du secteur financier
(en fonction de leur degré d'internationalisation mesuré par le nombre de filiales et le nombre de pays hôtes)

Rang	Entreprise	Pays d'origine
1	Citigroup	États-Unis
2	Allianz	Allemagne
3	ABN Amro	Pays-Bas
4	Generali	Italie
5	HSBC	Royaume-Uni
6	Société générale	France
7	Zurich Financial Service	Suisse
8	UBS	Suisse
9	Unicredito	Italie
10	Axa	France

Source : Site de la CNUCED.

b › Les firmes multinationales françaises

Jusqu'à la fin des années 1970, il y a peu de FMN françaises. Les implantations françaises à l'étranger sont concentrées dans des pays limitrophes tels que l'Allemagne, l'Italie et la Belgique et dans des secteurs tels que la chimie, le textile-cuir, le commerce, les transports et l'électronique. Mais depuis le milieu des années 1980, il y a une accélération de la multinationalisation des entreprises françaises.

Selon une enquête pilote sur les filiales étrangères des groupes résidant en France, réalisée par l'INSEE en 2009, on comptait en 2007 plus de 800 groupes français, hors secteur bancaire, ayant au moins une filiale implantée hors Union européenne. Ils détenaient près de 25 000 filiales à l'étranger (y compris au sein de l'UE) qui ont réalisé dans l'année un chiffre d'affaires cumulé de près de 960 milliards d'euros et employaient près de 4 millions de salariés. Ces groupes internationalisés (hors secteur bancaire) comptent un peu plus de la moitié de leurs filiales en dehors du territoire national. Ces filiales étrangères réalisent 56 % du chiffre d'affaires consolidé de ces groupes et emploient 53 % de leurs effectifs.

Quant aux principaux groupes français du secteur bancaire, ils détenaient environ 1 000 filiales à l'étranger employant 200 000 salariés. Ces dernières réalisent 30 % de leur produit net bancaire (PNB) à l'étranger et y emploient 32 % de leur effectif. Les plus grands groupes réalisent une part très élevée de leur activité en dehors du territoire national : la centaine des plus grands groupes français, c'est-à-dire ceux dont l'effectif mondial est supérieur à 10 000 salariés ou dont le chiffre d'affaires consolidé est supérieur à 2 milliards d'euros, possèdent 60 % de leurs filiales hors de France.

L'Union européenne est la première zone d'accueil des implantations des groupes français internationalisés avec 53 % des filiales et du chiffre d'affaires et 44 % des effectifs. Le déploiement des groupes français s'effectue d'abord dans les pays voisins : le Royaume-Uni, l'Allemagne, l'Espagne et l'Italie arrivent en tête. Ils concentrent 50 % des filiales localisées au sein de l'Union européenne, 65 % du chiffre d'affaires réalisé dans cette zone et 55 % des effectifs. Les pays d'Europe centrale et orientale (Roumanie, Hongrie, République Tchèque, Slovénie, Slovaquie et Pologne) représentent 13,4 % des filiales européennes, 9,7 % des ventes et 20 % des effectifs. Parmi eux, la Pologne figure en tête, avec un effectif de 152 000 (soit 8 % des effectifs des filiales européennes) et un chiffre d'affaires de 21 milliards d'euros.

Hors Union européenne, les groupes internationalisés sont d'abord présents dans les autres pays développés notamment aux États-Unis. Mais la part des pays développés a tendance à se réduire ce qui profite aux pays émergents (Brésil, Russie, Inde, Chine), deuxième zone d'implantation en termes d'effectifs des groupes français à l'international. Les BRICS (organisation regroupant le Brésil, la Russie, l'Inde, la Chine et l'Afrique du Sud), concentrent 18 % des effectifs des groupes internationalisés à l'étranger, 9,4 % des filiales et 8 % du

chiffre d'affaires. Cette expansion s'explique surtout par le développement des implantations en Chine : entre 2007 et 2009, le nombre de filiales y a progressé de 45 % (1665 en 2009), le chiffre d'affaires de 50 % (29 milliards d'euros en 2009) et les effectifs de 60 % (363000). C'est le second pays en termes d'emploi, toutes zones confondues après les États-Unis (518000). Outre la Chine, le poids relatif des filiales des groupes français au Brésil et en Inde s'est également accru.
Une autre enquête, réalisée par la Direction générale du trésor et de la politique économique, montre qu'en 2006, le chiffre d'affaire des filiales à l'étranger des groupes français représentait plus du double des exportations françaises de la même année.

> B Les investissements directs à l'étranger (IDE)

a › L'évolution des IDE

Les **IDE** sont des investissements dont le but est de contrôler une entreprise hors du territoire national. On les oppose aux **investissements de portefeuille** qui ne sont que des placements financiers (voir « La balance des paiements »).

> La multinationalisation d'une entreprise ne s'effectue pas seulement au moyen d'IDE ; elle peut être également le produit d'une mobilisation de capitaux sur le territoire d'implantation ou de réinvestissement de capitaux d'une filiale déjà implantée sur un territoire étranger dans une nouvelle filiale située sur ce même territoire. Dans ces deux cas, il y a processus de multinationalisation, mais sans qu'il y ait d'IDE.

Depuis 1980, les IDE connaissent une croissance exponentielle
Sur la période 1991-1995, au niveau mondial, les IDE sortants se sont accrus au rythme annuel moyen de 22,5 %, ce rythme de croissance passe à 40,1 % sur la période 1996-2000. La période 2001-2005 se caractérise par un net ralentissement (+ 5,3 % par an en moyenne) et l'année 2009 par une chute brutale (–32,1 %). Cette chute, liée à la crise mondiale, est bien plus forte que la baisse de la production mondiale et du commerce mondial. On constate une reprise en 2010 et 2011 mais moins dynamique que celle du commerce mondial. Les opérations de fusions-acquisitions ont connu une évolution similaire, avec une croissance de leur montant total de 64 % entre 1996 et 2000, puis un très fort ralentissement entre 2001 et 2005 (+ 0,6 % en moyenne) et une baisse spectaculaire en 2009 (–64,7 %).

Top 10 des flux d'investissements directs étrangers entrants (2011)

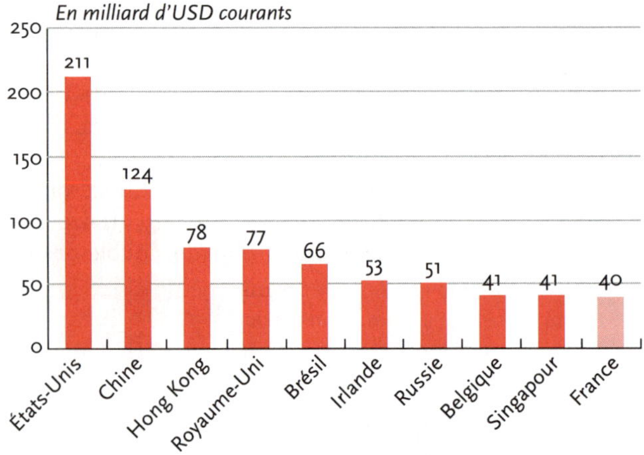

Source : Rapport de l'agence française pour les investissements internationaux.

Une part importante des investissements directs à l'étranger est réalisée par les pays développés dans d'autres pays développés, cela s'explique par le fait que les pays riches disposent de ressources abondantes en main d'œuvre qualifiée, en infrastructures et offrent de larges débouchés à la production. Les FMN ne cherchent donc pas nécessairement à vendre dans les pays riches tout en produisant dans les pays pauvres. La réalité est plus complexe : l'implantation de filiale ou la délocalisation d'activités dépendent de la nature des produits, de leur qualité. Lorsque ceux-ci exigent peu de savoir-faire, des phénomènes de délocalisations massives peuvent avoir lieu. Mais lorsque la production exige une forte intensité capitalistique et une main d'œuvre qualifiée, alors les phénomènes de délocalisation d'activités des pays riches vers les pays pauvres sont très limités. Selon cette logique, une firme peut donc choisir de délocaliser dans des pays à main d'œuvre peu qualifiée, et peu rémunérée, une partie de sa production qui ne nécessite guère de compétences techniques, et conserver les activités productives nécessitant un haut niveau de qualification dans les PDEM où la main d'œuvre est plus chère. Il faut être attentif aux évolutions rapides : dans les années 1980 les « dragons d'Asie » (Corée du Sud, Singapour...) étaient attractifs en termes de salaires, mais ce n'est plus le cas aujourd'hui. La Chine ces dernières années a été caractérisée par des salaires faibles et se montrait donc attractive de ce point de vue. Mais une mutation est en cours qui se manifeste par une tendance à la hausse des salaires en Chine. Les investisseurs à la recherche de bas salaires doivent se tourner vers d'autres destinations. Cependant, la Chine continue d'attirer beaucoup d'investisseurs car elle constitue un gigantesque marché potentiel surtout si sa croissance se réoriente vers la demande intérieure. En 2010, pour

la première fois, les pays en développement ont absorbé ensemble près de la moitié des flux mondiaux d'IDE. Par contre, les flux à destination de l'Afrique et des PMA ont diminué. On assiste donc au creusement des inégalités entre les pays en développement, dont les uns connaissent une « émergence » rapide et d'autres s'enfoncent dans les difficultés. Cela a un impact important sur les stratégies des investisseurs internationaux.
Par ailleurs, les IDE trouvent en grande partie leur origine dans des opérations de restructuration, de fusions ou d'acquisitions, conséquences des politiques de déréglementation et de libéralisation de nombreux secteurs d'activités tels que le transport, les télécommunications, l'énergie ou les services financiers dans les PDEM. Ainsi, la libéralisation du marché de l'électricité en Europe conduit EDF à multiplier les opérations d'acquisitions d'autres entreprises européennes.

b › Les IDE français à l'étranger et étrangers en France

Jusque dans les années 1970, la France est mal positionnée en matière d'IDE, qu'ils soient entrants ou sortants. À partir du début des années 1980 et durant toute la décennie qui suit, les IDE vont croître de façon exponentielle. Entre 1980 et 1990, les flux d'IDE entrants vont être multipliés par trois et les flux d'IDE sortant vont être multipliés par 12. Durant les années 1990, les flux IDE entrants restent globalement inférieurs aux flux d'IDE sortant.
Cette forte croissance des investissements français à l'étranger s'explique par l'adaptation du tissu productif au marché européen. Les investissements se réalisent essentiellement dans la zone euro.

Flux d'investissements directs entre la France et l'étranger en 2010 (en milliards d'euros)

	Flux des investissements étrangers en France	Flux des investissements français à l'étranger	Solde
1990	13,0	−30,1	−17,1
1995	18,0	−12,0	6,0
2000	46,9	−192,6	−145,7
2005	68,3	−92,5	−24,1
2006	57,3	−88,2	−30,9
2007	70,3	−120,1	−49,7
2008 (r)	43,8	−105,8	−62,0
2009 (r)	24,5	−74,1	−49,6
2010	25,6	−63,5	−37,9

r : données révisées.
Note : y c. les investissements immobiliers.
Champ : France.
Source : Banque de France.

En 2010, 62,3 % des investissements français à l'étranger sont réalisés dans l'UE à 27, 22,7 % dans les autres pays industrialisés (dont 10,3 aux États-Unis) et 15 % dans le reste du monde dont 6,3 au Brésil, 2,8 en Chine et 0,7 en Inde. La même année, 78,1 % des flux d'investissements étrangers en France proviennent de l'UE à 27, 21,6 % des autres pays industrialisés et 0,3 du reste du monde.

Stocks des investissements directs étrangers en France et français à l'étranger

	2005	2006	2007 (r)	2008 (r)	2009
Investissements étrangers en France					
Stocks(1) (en milliards d'euros)	(r) 325,10	(r) 348,70	386,2	395,3	394,2
Entreprises résidentes investies	11 450	12 074	12 377	13 109	13 205
Investisseurs non-résidents	12 736	12 070	12 540	13 218	13 340
Investissements français à l'étranger					
Stocks(1) (en milliards d'euros)	(r) 491,40	(r) 548,80	598,2	658,6	700,0
Entreprises non-résidentes investies(2)	4 687	4 141	4 529	5 152	5 307
Investisseurs résidents(2)	1 040	951	1 151	1 336	1 374

r : données révisées.
(1) : stocks en valeur comptable.
(2) : entreprises dont le montant des immobilisations financières au bilan est supérieur à 3 millions d'euros jusqu'en 2001 et 10 millions d'euros à partir de 2002.
Champ : France au 31 décembre.
Source : Banque de France.

> II Déterminants et impacts de la multinationalisation

> A Les déterminants de la multinationalisation

Comme le souligne **W. Andreff**, les FMN se situent à un « carrefour théorique » : les comprendre nécessite de mobiliser des connaissances issues de l'économie industrielle, de la sociologie de l'entreprise et de l'économie internationale.

a › Produit, marché et multinationalisation des firmes

1 › Multinationalisation des entreprises et cycle de vie du produit

Un certain nombre d'études s'appuie sur les analyses de **R. Vernon** pour rendre compte du processus de multinationalisation des entreprises. À chaque phase du cycle de vie du produit (nouveauté, croissance, maturité, sénescence) correspond une stratégie de la firme :

- durant la fin de la phase de nouveauté jusqu'à la phase de croissance, la firme privilégie l'exportation;
- durant la phase de maturité, face au développement de produits concurrents, la firme délocalise sa production à l'étranger dans le but de maintenir son avantage en matière d'innovation.

2 › Multinationalisation et « paradigme OLI »

Selon **J. Dunning**, la multinationalisation d'une entreprise s'explique en fonction de la détention ou non des trois séries d'avantages suivants (« **avantages OLI** », « **théorie éclectique** » essentiellement micro-économique) :

- avantage O (pour *ownership advantages*, propriété/technologie/information/capital humain/marketing), la firme détient un actif intangible, par exemple un droit de propriété sur une innovation;
- avantage L (pour *localisation*), avantage à se localiser à l'étranger en fonction de la distance entre ses marchés et en fonction des politiques publiques en matière de régulation des échanges extérieurs (droits de douane) et de taxation du capital;
- avantage I (pour *internalisation*), la firme dispose d'un intérêt à internaliser un certain nombre de ses activités.

Lorsqu'une firme dispose de ces trois types d'avantages, elle a intérêt à investir à l'étranger; quand elle ne possède que l'avantage O et I, elle a intérêt à assurer une conquête des marchés étrangers par l'exportation de ses produits; si elle ne dispose que de l'avantage O, elle a intérêt à vendre une licence. Selon J. Dunning, l'évolution des trois types d'avantages OLI peut expliquer l'évolution des IDE pour chaque pays.

3 › Structure des marchés : avantage monopolistique et effets d'agglomération

C.P. Kindleberger (1910-2003) considère que la multinationalisation d'une firme s'explique par le fait qu'elle dispose d'un **avantage monopolistique** qui prend sa source dans l'existence d'imperfections du marché (différenciation des produits, avantage technologique, économie d'échelle).
Dans la même perspective, **J.-L. Mucchielli** recense les avantages compétitifs dont doit disposer une firme lorsqu'elle cherche à se multinationaliser :

- l'obtention d'économies d'échelle et une courbe d'apprentissage importante (Voir « Entreprise et système productif ») ;
- des politiques gouvernementales qui favorisent leur implantation (recherche d'une plus grande attractivité du territoire, voir « Politiques économiques ») ;
- la détention d'une marque ;
- la maîtrise et l'avance sur une technologie, un savoir-faire ou un produit (le réseau de boutiques « Apple Store » dans le monde entier) ;
- un accès privilégié aux marchés du fait de la taille de la firme (possibilité de négociation de prix sur les marchés de capitaux, de matières premières...).

Il reste que l'ensemble de ces avantages n'est pas nécessairement transférable (détention d'une marque, courbe d'apprentissage).

Aux avantages compétitifs dont doit disposer une FMN, s'ajoutent des « **effets d'agglomération** », les FMN ont tendance à s'implanter dans des lieux ou figurent déjà des FMN. Cette concentration d'entreprises génère des externalités positives (formation de la main d'œuvre, infrastructures déjà existantes, technologie adaptée...) qui vont venir encore renforcer l'attractivité du territoire et par conséquent des implantations nouvelles d'entreprises étrangères. Selon **J.-L. Mucchielli**, la réussite industrielle de l'Écosse est due en grande partie à ces effets d'agglomération, « *à l'intérieur d'un couloir étroit qui relie Glasgow à Édimbourg, Hewlett-Packard, National Semiconductor, IBM, Bull, Compaq, JVC, NEC, Alcatel, Motorola, Texas Instrument, Hughes, et au total 500 entreprises en comptant les sous-traitants, se retrouvent dans cette vallée baptisée la Silicon Glen. Elle constitue la seconde concentration au monde sur ce secteur de l'informatique derrière la Silicon Valley californienne* ».

4 › L'analyse systémique de la multinationalisation

L'analyse systémique défendue par J.-L. Mucchielli, prend en compte à la fois les avantages comparatifs d'un maintien sur le territoire d'origine de la firme (coûts de production comparés, taille et dynamique des marchés) et les avantages compétitifs dont dispose une firme (économie d'échelle, différenciation des produits). Lorsque les avantages comparatifs sont forts et que les avantages compétitifs sont faibles, la firme a intérêt à exporter sa production, et dans la situation inverse – avantages comparatifs faibles, avantages compétitifs forts – la firme a intérêt à se multinationaliser.

b › Stratégies des FMN

Selon J.L. Mucchielli, « *en s'implantant à l'étranger, l'entreprise recherche de meilleures conditions d'offre : amélioration de ses coûts, sécurité de ses approvisionnements, accès à la technologie. Elle cherche également de meilleures conditions de demande : accès privilégié aux marchés, accroissement de ses parts de marché. Enfin l'entreprise souhaite acquérir une meilleure position concurrentielle face à ses rivaux* » (*Multinationales et mondialisation*, 1998).

La multinationalisation d'une entreprise peut donc se réaliser suivant quatre types de stratégies :

- Une stratégie d'approvisionnement qui consiste en ce qu'une firme décide de s'assurer de la régularité de ses approvisionnements en produits primaires (matières premières, énergie).
- Une stratégie de marché qui consiste en ce qu'une firme cherche à se rapprocher de ses principaux marchés par le biais de « **filiales-relais** » généralement spécialisées dans la commercialisation et la distribution.
- Une stratégie de rationalisation de la production selon laquelle une firme décide de l'implantation de « **filiales ateliers** » qui peuvent être en charge de la production de la totalité du produit ou d'un de ses composants. Ainsi, dans le domaine de la maroquinerie, Lancel exporte ses peaux découpées à l'île Maurice pour les faire coudre sur place et les réimporter vers l'Europe. Lorsqu'une filiale atelier a pour seule fonction le montage des différents composants d'un produit, on parle alors d'« **usine tournevis** ».
- Une stratégie technico-financière par laquelle une firme prend en compte non seulement les données technologiques et commerciales (qualité de la main d'œuvre, infrastructure, débouchés, transports...) mais également les données financières (taux de change, niveau de prélèvement obligatoires...), avant de s'implanter sur un territoire donné.

La multinationalisation d'une entreprise répond à une volonté de renforcement de sa position concurrentielle ; mais elle est, selon **F. Knickerboker**, à l'origine d'un « **effet de contagion** », d'une « **réaction oligopolistique** » : les concurrents se multinationalisent également.

Une entreprise qui dispose d'avantages compétitifs et qui s'interroge sur sa stratégie d'entrée sur un marché étranger a le choix entre l'exportation de ses produits ou la production de ceux-ci dans le marché étranger. Dans le cadre de cette option, elle a le choix entre cinq types d'implication :

- la fusion-acquisition d'entreprises sur le marché étranger ;
- la constitution d'un ***joint-venture*** (système de co-entreprises) qui met en commun des moyens humains techniques et financiers dans le cadre d'une filiale ; il s'agit donc d'un partenariat qui peut concerner aussi bien la commercialisation, la distribution de produits ou encore la recherche/développement ;
- l'implantation d'une filiale (création d'une usine, « usine tournevis ») ;
- la vente de licence, en d'autres termes la cession du droit d'utilisation de la technologie et éventuellement de la marque ;
- l'utilisation de sous-traitants.

c › Multinationalisation des entreprises et internalisation

J.-C. McManus, mais également **P.-J. Buckley** et **M. Casson** reprennent la théorie des coûts de transactions (voir « Entreprise et système productif ») pour l'appliquer aux FMN. Ils soulignent plus particulièrement que les activités nécessitant un haut niveau de savoir et de savoir-faire sont régulées imparfaitement par le marché. Il en résulte une nécessaire internalisation/multinationalisation de ces activités par les firmes. Ils relèvent que les FMN sont fortement présentes dans des secteurs où les dépenses de recherche/développement sont importantes.

⇨ Le processus d'internalisation permet également d'expliquer l'essor des accords entre entreprises (joint ventures) ou d'« **organisations intermédiaires** » entre marché et hiérarchie selon **K. Imaï** et **H. Itami.** Les **Keiretsu** japonais reposent sur un principe de fonctionnement qui relève des « organisations intermédiaires », ils sont constitués d'un groupe de firmes industrielles et financières qui coopèrent entre elles par la sous-traitance, elles sont dominées par une firme leader.

> B L'impact des multinationales

a › L'impact des multinationales sur la production mondiale et sur le commerce international

Le commerce international est largement déterminé aujourd'hui par les échanges intra-firme. On considère généralement qu'entre 1/5 et 1/3 des échanges internationaux proviennent du commerce intra-firme, c'est-à-dire des échanges entre les entreprises et leurs filiales. Cependant, il faut insister sur le fait que dans de nombreux cas, les multinationales créent des filiales pour produire et/ou vendre sur place. On estime que la production internationale des FMN (production des filiales implantées hors du territoire d'origine) est désormais supérieure au commerce international. Ce sont les orientations stratégiques des FMN, en termes notamment de localisation de leurs activités, qui, de plus en plus, modèlent les flux commerciaux. Les FMN contribuent largement à la croissance de la production mondiale et aux exportations.
Par ailleurs, on peut dire que si la délocalisation a des effets négatifs sur le niveau des exportations d'un pays et par conséquent sur l'équilibre de sa balance commerciale (effets positifs pour le pays d'accueil notamment lorsqu'il accueille des filiales ateliers, effet de plate-forme de réexportation), ces effets négatifs peuvent toutefois être compensés par un effet de complémentarité

direct : la production délocalisée peut stimuler la demande d'un produit et par conséquent renforcer à terme les exportations.
Enfin, si les délocalisations ont parfois un impact négatif sur le solde commercial, notamment si des produits assemblés à l'étranger ou des produits semi-finis sont réimportés. En revanche, ils peuvent être compensés lorsqu'une production sur le territoire national, désormais délocalisée, nécessitait l'importation de produits primaires. Il en résulte qu'il n'y a pas de lien macro-économique évident entre investissement direct à l'étranger et performances à l'exportation.

b › L'impact des multinationales sur l'emploi

Si les délocalisations sont très présentes dans l'opinion publique, leur ampleur réelle est très fortement relativisée par les travaux économiques existants. Au-delà des difficultés de définitions et de mesure (qu'est-ce qu'une délocalisation ? quel est l'effet net sur l'emploi ?) les travaux concluent à un effet limité des délocalisations sur l'emploi dans les pays industrialisés. Dans un rapport au Conseil d'analyse économique (2010), L. Fontagné et F. Toubal écrivent : « *l'implantation à l'étranger n'a pas d'impact négatif sur l'emploi en France de l'entreprise qui investit. Au contraire, cet effet est même positif quand il s'agit d'une entreprise appartenant à un groupe français. Au pire, il n'y a pas d'impact significatif quand il s'agit d'un investissement à l'étranger réalisé par une filiale française de groupe étranger* » (voir « Entreprise et système productif »). Les FMN sont en fait créatrices nettes d'emplois dans les pays industrialisés. C'est encore plus vrai si on se place au niveau de l'économie mondiale. En 2007 les FMN emploient plus de 70 millions de personnes dans le monde, cet effectif ayant été multiplié par 3 depuis 1990.
L'analyse des délocalisations amène donc à plus de nuances. Si celles-ci peuvent être dramatiquement vécues dans certaines régions ou secteurs des pays industrialisés, si elles affectent plus durement les salariés les moins qualifiés ; elles ont un effet global positif. L'effet direct de déplacement d'emplois peut être compensé par :

- des effets indirects de création d'emplois par stimulation des exportations lorsque les délocalisations consistent en l'installation « d'usines tournevis » ou de centre de distribution (grandes surfaces notamment) qui implique une exportation de matériel de production, de produits intermédiaires vers le pays d'implantation de la filiale, ce qui conduit à des créations d'emplois sur le territoire d'origine de la FMN ;
- des créations d'emplois d'encadrement, de recherche et d'accompagnement à l'implantation à l'étranger (services bancaires, services de consultants) dans les maisons mères.

C › L'influence sociale, culturelle et politique des multinationales

1 › Firmes multinationales et institutions publiques

Les FMN disposent aujourd'hui d'un grand pouvoir d'influence sur les États, dans la mesure où ces derniers cherchent désormais à les attirer au moyen de politiques de renforcement de l'attractivité de leur territoire (baisse de la fiscalité, mise en place d'infrastructures, formation de la main-d'œuvre). Comme l'ont relevé **M. Capron** et **E. Chiapello**, cette influence des FMN est également apparue lors de l'adoption de nouvelles normes comptables internationales. Celles-ci, en vigueur depuis le 1er janvier 2005 pour les sociétés cotées européennes, sont largement le produit de la volonté des FMN et en particulier de quatre grandes firmes anglo-saxonnes, spécialisées dans l'audit et le droit des affaires, que sont « Deloitte Touche Tohmatsu », « Ernst & Young », « KPMG », et « Pricewaterhouse Coopers ». Les nouvelles normes comptables tendent à imposer une représentation des firmes essentiellement orientée vers la rémunération des actionnaires.
Au niveau des organisations internationales, les FMN agissent de la même façon : elles ne cherchent pas à s'emparer des pouvoirs, ni à s'y opposer frontalement, mais bien plutôt à se mettre dans une position telle qu'elles puissent l'influencer fortement et durablement.

2 › Les firmes multinationales créatrices d'une culture mondiale unique ?

Selon un certain nombre d'auteurs, dont **S. Latouche**, les FMN, par la diffusion de leurs produits à l'ensemble de la planète participeraient d'une « occidentalisation du monde ». Ce phénomène serait renforcé par le poids des industries culturelles occidentales (télévision, cinéma, etc.), celles-ci assurant la promotion d'un mode de vie unique. Si cette analyse peut être en apparence corroborée par un certain nombre de données factuelles (hégémonie américaine dans le cinéma et la télévision, expansion des produits Coca-cola et McDonald's), il n'en reste pas moins qu'il existe encore une grande diversité des cultures et des productions nationales. Ainsi, les deux plus grands producteurs de films longs-métrages sont l'Inde et les Philippines.
Ceci explique pourquoi les FMN se préoccupent plus de saisir les spécificités de chaque pays où elles sont implantées que de diffuser des produits standards et universels. Ainsi, selon **K. Ohmae**, certaines FMN ont déjà opté pour une stratégie de « ***global localization*** » qui consiste à laisser une grande autonomie aux filiales implantées à l'étranger, à créer de véritables états-majors régionaux seuls capables de saisir les spécificités locales tant du point de vue de la gestion des ressources humaines que du point de vue de l'adaptation des produits aux spécificités culturelles. Cette stratégie de « **glocalisation** » a été notamment mise en œuvre par Sony en Europe ; en revanche Danone, en l'absence de cette stratégie, n'a jamais pu imposer sa marque aux États-Unis. Quant à l'implantation du parc Euro Disney, celle-ci ne s'est pas faite sans mal, les pre-

mières années ont été marquées par de grandes difficultés liées à la non prise en compte des spécificités culturelles européennes et françaises.

➾ La crainte de voir se diffuser un seul modèle de développement par le biais des productions transnationales est à l'origine d'une réaction européenne en matière de création artistique et plus spécifiquement en matière de création cinématographique. Il s'agit de défendre une exception culturelle française et européenne, de faire en sorte que le marché des produits culturels échappe aux règles classiques des échanges internationaux. À cette volonté de défendre des spécificités culturelles s'ajoute le plus souvent une critique d'un modèle de développement qui serait axé sur la marchandisation du monde.

Pour en savoir plus

Initiation

- Bourguignon F. (2012), *La mondialisation de l'inégalité*, Seuil, Coll. La République des idées.
- Cohen D. (2010), *Richesse du monde, pauvreté des nations*, PUF.
- Giraud P.N. (2012), *La mondialisation. Émergence et fragmentation*, Sciences Humaines Éditions.
- Mattelart A. (2010), *Diversité culturelle et mondialisation*, La Découverte, Coll. Repères.
- Mouhoud E.M. (2011), *Mondialisation et délocalisation des entreprises*, La Découverte, Coll. Repères.
- Mucchielli J.-L. (2008), *La mondialisation, chocs et mesure*, Hachette.

Approfondissement

- Adda J. (2012), *La mondialisation de l'économie*, La Découverte, Coll. Grands Repères.
- Allegret J.-P. et Le Merrer P. (2007), *Économie de la mondialisation. Opportunités et fractures*, De Boeck, Coll. Ouvertures économiques.
- Andreff W. (2012), *La mondialisation, stade suprême du capitalisme*, Presses de l'université de Paris X.
- Cohen et al. (2008), *La mondialisation immatérielle*, Rapport au CAE, La Documentation française.
- Fontagné L. et Toubal F. (2010), *Investissement direct étranger et performances des entreprises*, Rapport au CAE, La Documentation française.
- Fontagné L. (2012), *La nouvelle mondialisation*, PUF.
- Jacquemot P. (1999), *La Firme multinationale : Une introduction économique*, Économica.
- Krugman P., Obstfeld M., Melitz M. (2012), *Économie internationale*, Pearson.
- Lemoine M., Madiès Ph., Madiès Th. (2012), *Les grandes questions d'économie et de finance internationales*, De Boeck, Coll. Ouvertures économiques.
- Warnier J.-P. (2008), *La mondialisation de la culture*, La Découverte, Coll. Repères.

chapitre 20

Les relations monétaires internationales

Les économies nationales sont dotées de monnaies différentes. Dès lors qu'existent entre elles des opérations économiques (commerce international, mouvements de capitaux) des problèmes de règlement se posent entre les différents espaces monétaires, expliqués par l'existence d'opérations de change et donc d'un marché des changes.

Au cours de l'histoire contemporaine, les relations monétaires internationales ont connu diverses formes d'organisation : étalon-or, première forme de l'étalon de change or entre les deux guerres mondiales, système de Bretton Woods.

L'organisation des paiements internationaux est en crise depuis les années 1960. Cette crise n'est pas sans rapport avec le ralentissement de la croissance économique mondiale qui se manifeste à partir de 1974. Des projets de réforme existent et la coopération monétaire internationale se renforce depuis le milieu des années 1980, cependant l'économie mondiale est marquée par une instabilité monétaire récurrente qui se traduit notamment par des crises de change.

Les questions monétaires internationales sont d'autant plus aiguës qu'elles sont étroitement articulées au financement de l'économie mondiale (voir « La globalisation financière »).

> I Opérations de change et marché des changes

> A Le change et les opérations de change

a › Devises, taux de change et cotations

On appelle **devise** une créance libellée en monnaie étrangère. Une **opération de change** consiste à échanger des avoirs détenus en une devise (ou en monnaie nationale) contre des avoirs détenus en une autre devise. Les échanges de devises se réalisent sur le **marché des changes** (Forex en anglais, abréviation usuelle de *Foreign Exchange*). Ce marché n'a pas d'existence matérielle, il est constitué par l'ensemble des opérateurs (cambistes) qui sont connectés par des moyens informatiques. On peut considérer qu'existe aujourd'hui un marché des changes mondial, dans la mesure où les différents centres financiers sont reliés entre eux et où les opérations de change se réalisent en permanence (24 heures sur 24). Sur le marché des changes se déterminent les **cours du change** (ou **taux de change**) c'est-à-dire les prix de chaque devise exprimés en unités d'autres devises. La loi du prix unique joue sur ce marché : le cours du yen en dollar est nécessairement le même à Tokyo et à Chicago, si un écart intervenait, des opérations d'arbitrage se déclencheraient immédiatement pour acheter du yen là où il est le moins cher et le revendre là où il est le plus cher.

Pour analyser les cours du change, on peut prendre en compte différentes définitions des taux de change :

- Les **taux de change nominaux bilatéraux** sont ceux qui se forment sur les marchés des changes entre devises, aux prix courants.
- Le **taux de change effectif** d'une devise est son taux de change évalué au regard d'un panier de devises.
- Le **taux de change réel** exprime la valeur de la monnaie d'un pays A en termes de pouvoir d'achat de la monnaie d'un pays B.

⇨ Par conséquent on distingue les taux de changes nominaux et les taux de change réels d'une part, les taux de changes bilatéraux et les taux de change effectifs d'autre part. Le taux de change le plus révélateur est le **taux de change effectif réel** d'une monnaie.

Sur le marché des changes, comme sur n'importe quel marché, se confrontent des offres et des demandes. La cotation est l'opération qui consiste à fixer le prix (taux de change) qui résulte de cette confrontation. Il existe deux façons d'exprimer les cours du change :

- dans la **cotation au certain**, la base est exprimée en unité de monnaie nationale et la cote en devises. Par exemple, l'euro, depuis sa création, est coté au certain sur les places européennes. On détermine la cote d'un euro en yen, en dollar, en livre sterling etc. De même la livre sterling est cotée au certain à Londres.
- dans la **cotation à l'incertain**, on exprime la base en devise et la cote en monnaie nationale. Par exemple à New York on exprime le cours en dollars et en cents (côte) d'un euro, de 100 yens, etc. (base)

b › Le marché des changes : opérateurs et stratégies

On distingue deux catégories d'opérations de change :

- les opérations de **change manuel** qui sont opérées par les particuliers aux guichets des banques ou des bureaux de change et qui consistent à se procurer des devises sous forme de billets et de pièces.
- les opérations de **change scriptural** qui consistent à convertir des avoirs en compte-courant d'une devise en une autre. Par exemple un entrepreneur français qui doit régler une dette à un fournisseur à New York, va s'adresser à sa banque qui créditera le compte du créancier à New York en dollars et qui débitera le compte du débiteur français. La somme en euro qui sera débitée dépend évidemment du cours du change du dollar en euros au moment de l'opération.

Ce sont les opérations de change scriptural qui représentent l'essentiel des opérations sur le marché des changes.

Sur ce marché opèrent des **cambistes** qui interviennent pour le compte des banques commerciales, des cambistes qui travaillent directement pour des firmes multinationales qui se sont dotées de leur propre service de change afin de gérer leur trésorerie en devises et les cambistes des banques centrales.

Sur le marché des changes, les opérateurs peuvent adopter diverses stratégies. Pour préciser ces stratégies, il convient de préciser le concept de position de change.

La **position de change** d'un opérateur pour une échéance donnée est égale à la somme des devises possédées, plus les devises à recevoir, moins les devises à livrer.

Lorsque la somme des devises possédées et des devises à recevoir à une échéance déterminée est égale au montant des devises à livrer à la même échéance, on dit que la position de change est fermée. Dans ce cas, l'opérateur ne court aucun **risque de change**. Dans le cas contraire, la position de change est ouverte et l'opérateur court un risque de change car il ne sait pas dans

quelles conditions il pourra acheter les devises qui lui font défaut ou vendre les devises qu'il possède en excédent.
Certains opérateurs se préoccupent avant tout d'effectuer le règlement des transactions qui portent sur les marchandises ou les services. Pour eux, les opérations de change sont des opérations subordonnées aux opérations sur biens et services. Ils ont, en général, une **stratégie de couverture**, c'est-à-dire qu'ils cherchent à fermer leur position de change lorsque celle-ci est ouverte.
Les spéculateurs, sont ceux pour qui les opérations de change sont menées pour elles-mêmes. La **stratégie de spéculation** consiste à rester en position de change ouverte afin de tirer profit d'une évolution favorable (du point de vue du spéculateur) des cours du change. Le spéculateur accepte donc de courir un risque de perte afin de saisir une opportunité de gain. Les spéculateurs jouent donc un rôle utile dans le fonctionnement du marché. Ils prennent en charge les risques que d'autres refusent, ils animent le marché et permettent aux opérateurs qui ont une stratégie de couverture de trouver une contrepartie. Ce qui fait débat, par contre, c'est l'importance relative des opérations spéculatives par rapport aux autres types d'opérations.
Il existe un troisième type de stratégie, la **stratégie d'arbitrage**. Elle consiste à jouer sur les différences de cours entre deux marchés ou deux échéances différentes. Une opération d'arbitrage ne comporte pas de risque en dehors du **risque de contrepartie** (défaillance éventuelle du partenaire du contrat de vente ou d'achat de devises), alors qu'une opération de spéculation suppose un risque lié à l'évolution du cours du change. Le comportement des arbitragistes contribue à la réalisation de la **loi du prix unique** (à un moment donné et pour une échéance donnée, il ne peut y avoir qu'un seul cours du change pour une devise).

C › Les différents compartiments du marché des changes

Deux catégories d'opérations de change doivent être distinguées :

- les opérations « sèches », qui sont complètes par elles-mêmes ;
- les opérations « liées » (***swap***) qui impliquent le couplage de deux opérations de sens contraire. Par exemple, on peut acheter un montant déterminé de dollars aujourd'hui (achat au comptant) en prévoyant dans le contrat la revente de ces dollars à une échéance ultérieure (vente à terme).

Il existe, pour simplifier, quatre compartiments du marché des changes.

1 › Le marché des opérations de change au comptant

Les opérations de change au comptant se dénouent dans les deux jours ouvrables qui suivent leur conclusion. Par exemple, un entrepreneur français qui a encaissé une recette en dollars, peut décider de vendre au comptant ces dollars contre des euros. Cette opération est dénuée de risque car la banque indique le cours auquel se réalise l'opération : le montant en euro que recevra l'entrepreneur est certain.

2 › Le marché des opérations de change à terme

Dans une opération de change à terme, on fixe aujourd'hui les conditions d'une opération (cours et montant) qui ne donnera lieu à un règlement qu'à une échéance ultérieure (quelques jours, quelques mois ou, plus rarement, quelques années). Dès lors que le contrat est passé, il n'y a plus de risque de change puisque, à l'échéance prévue, l'acheteur devra payer les devises au taux prévu et le vendeur devra livrer le montant prévu. L'engagement est irrévocable. Une opération de change à terme peut être utilisée comme instrument de couverture et comme instrument de spéculation.

⇨ Le cours au comptant et le cours à terme d'une devise sont étroitement liés. Si le cours à terme est identique au cours au comptant, on dit que le terme est « à la parité » du comptant. Si le cours à terme est supérieur au cours au comptant, la devise est en **report**. Réciproquement, si le cours à terme est inférieur au comptant, la devise est en **déport**. La différence entre le cours à terme et le cours au comptant est liée aux anticipations des opérateurs sur l'évolution du cours des devises : si l'on anticipe une baisse le cours à terme sera inférieur au cours au comptant.

3 › Le marché des « contrats futurs » en devises

Les **contrats futurs** en devises (de l'anglais *futures*) constituent un « engagement d'acheter ou de vendre certaines quantités déterminées de devises à une échéance future mais à un prix fixé à l'avance » (**H. Bourguinat**). Il s'agit donc de contrats à terme, mais ils se distinguent des contrats traditionnels sur plusieurs points :

- les opérations portent sur des contrats, c'est-à-dire sur un montant déterminé de devises (par exemple 50 000 dollars), on achète ou on vend donc un certain nombre de contrats dont les montants sont standardisés ;
- les échéances sont elles aussi standardisées selon un calendrier fixé par les autorités de marché ;
- pour acheter un contrat futur, il suffit de verser un dépôt de garantie qui est généralement faible (moins de 3 % de la valeur du contrat). On peut donc acheter des quantités importantes de devises avec un faible versement (**effet de levier**) ;
- les contrats donnent rarement lieu à la livraison effective des devises. À l'échéance, les opérateurs qui ont réalisé un gain (la valeur de leurs contrats s'est appréciée) encaissent leur marge qui est versée par les opérateurs perdants ;

– les autorités de marché assurent la bonne fin des opérations. En particulier, elles procèdent à des appels de marge en cours de contrat pour s'assurer de la solvabilité des opérateurs.

En principe, les marchés organisés offrent plus de garanties (contre le risque de contrepartie notamment) et ils sont plus efficients puisque la standardisation des offres et des demandes permet une détermination du prix qui reflète correctement les conditions du marché.

4 › Le marché des options de change

Les **options de change** (ou options en devises) se sont développées sur les marchés de Chicago et de Philadelphie à partir de 1982. Pour comprendre ce développement, il faut partir de la volatilité du cours des monnaies et des problèmes qui sont ainsi posés aux opérateurs qui veulent se couvrir. Supposons qu'un opérateur français ait besoin d'un million de dollars dans trois mois pour régler un fournisseur américain (position de change ouverte), cet opérateur dispose de plusieurs stratégies :

– Il peut rester en position de change ouverte et acheter les devises nécessaires dans trois mois. Il spécule donc. Si le cours du dollar baisse, il sera gagnant, si le cours du dollar monte il sera perdant.
– Il peut acheter aujourd'hui les devises nécessaires dans le cadre d'une opération à terme sec. Dans ce cas il ferme sa position de change et il connaît avec certitude le cours auquel se réalisera l'opération (il s'agit du cours à terme de trois mois tel qu'il est fixé aujourd'hui sur le marché des changes). L'opérateur ferme ainsi sa position et si, entre-temps, le dollar monte, il sera protégé contre la hausse. Cependant, si le cours du dollar baisse, l'opérateur sera tenu de prendre livraison des devises au cours prévu par le contrat. Il subit donc un coût d'opportunité.

La technique des options de change permet de se garantir contre une évolution défavorable du cours d'une devise, tout en offrant la possibilité de bénéficier d'une évolution favorable.

H. Bourguinat donne la définition suivante : « *L'option est une convention entre deux parties par laquelle l'une (l'acheteur) se voit reconnaître par l'autre (le vendeur ou celui qui « écrit » l'option) le droit mais non l'obligation de lui acheter (vendre) à l'échéance un contrat en devises à un prix convenu à l'avance (le prix d'exercice) moyennant le paiement d'une prime (le prix de l'option)* ».

On peut donc acheter ou vendre une option d'achat (*call*) et acheter ou vendre une option de vente (*put*).

Plusieurs facteurs interviennent dans la détermination du prix des options. Le facteur le plus important est le suivant : toutes choses égales par ailleurs, plus la volatilité (passée et anticipée) de la devise concernée est forte, plus le prix de l'option sera élevé.

Le marché des options est fondamentalement asymétrique :

– Pour l'acheteur de l'option, le risque de perte est limité (paiement de la prime) et le risque de gain est illimité.
– Pour le vendeur de l'option, le risque de gain est limité (encaissement de la prime) et le risque de perte illimité.

Le marché des options de change ne peut donc fonctionner qu'en raison du fait que, face aux opérateurs qui cherchent à se couvrir, existent un grand nombre de spéculateurs qui pensent être en mesure de prévoir, mieux que les autres opérateurs, les évolutions du marché.

L'évolution des transactions sur les marchés des changes

Depuis 1992 la Banque des Règlements Internationaux (BRI) réalise tous les trois ans au mois d'avril une enquête sur les transactions sur les marchés des changes. Lors de l'enquête d'avril 2007, le montant quotidien moyen des transactions sur les marchés des changes était de 3 200 milliards de dollars en augmentation de 71 % (aux taux de change courants) par rapport à la précédente enquête de 2004 (1 880 milliards de dollars). Lors de l'enquête de 2010, ce montant quotidien était de 4 000 milliards de dollars. Une autre étude de la BRI (publiée en 2012) estime qu'en octobre 2011, le montant quotidien des transactions sur les marchés des changes était de 4 700 milliards de dollars. La hausse par rapport à l'enquête de 2007 est d'environ 20 %, soit une augmentation relativement modeste à mettre en relation sans doute avec la crise financière. Lors de la première enquête, ce montant quotidien était de 820 milliards de dollars. Le dollar reste de très loin la devise la plus utilisée dans les opérations de change (84,9 % du montant total des transactions, qui est de 200 % puisque chaque transaction met en jeu deux devises différentes) devant l'euro (39,1 %) et le yen (19 %). Les devises des pays émergents voient leur rôle s'accroître. L'enquête montre que les transactions de gré à gré (c'est-à-dire qui ne passent pas par des marchés organisées) ainsi que les transactions sur les marchés dérivés (options de change, accords de taux futurs, etc.) croissent encore plus vite. Le montant quotidien des opérations de gré à gré sur produits dérivés est passé de 1 200 milliards de dollars en 2004 à 2 100 milliards de dollars en 2007, le montant est à peu près équivalent en 2010.

> B La détermination des taux de change

Les théories relatives à la détermination des taux de change ne sont pas nécessairement contradictoires, elles sont même complémentaires et il est souvent utile de faire appel simultanément à plusieurs théories pour rendre compte de la dynamique observée des taux de change.

a › La théorie de la parité des pouvoirs d'achat (PPA)

La théorie de la **parité des pouvoirs d'achat** a été formulée initialement par l'économiste suédois **G. Cassel** (1866-1945) dans les années 1920. L'idée de base est la suivante, le taux de change entre deux monnaies a tendance à s'établir à un niveau tel qu'il compense le différentiel de pouvoir d'achat entre les deux pays. Autrement dit, avec une unité de monnaie du pays A on peut acheter, compte tenu du change, la même quantité de biens dans le pays A et dans le pays B.

Ce résultat est subordonné à des hypothèses contraignantes : libre échange, libre convertibilité des monnaies, structures de consommation identiques dans les deux pays.

On raisonne le plus souvent aujourd'hui en termes relatifs et on s'intéresse au différentiel d'inflation entre deux pays et non plus, comme Cassel, au différentiel de niveau général des prix. Le taux de change a donc tendance à s'établir à un niveau qui compense le différentiel d'inflation. Si l'on raisonne sur deux pays dont l'un a un taux d'inflation plus élevé que l'autre, la théorie de la PPA nous enseigne que le pays qui a le taux d'inflation le plus élevé verra sa monnaie se déprécier sur le marché des changes, alors que le pays qui a le taux d'inflation le plus faible verra sa monnaie s'apprécier.

La théorie de la PPA est assez bien corroborée à long terme, mais, à court terme, on observe d'importantes déviations du taux de change par rapport au taux qui devrait résulter de la parité de pouvoir d'achat.

b › La théorie de la parité des taux d'intérêt (PTI)

La théorie de la **parité des taux d'intérêt** a été formulée par **J.-M. Keynes** (1883-1946) en 1923. Il existe une relation inverse entre le taux d'intérêt sur une monnaie et le cours du change de cette monnaie. En effet, un taux d'intérêt élevé signifie que la confiance dans la monnaie considérée est faible et réciproquement. Si le marché des changes est parfaitement efficient, le différentiel de change est égal au différentiel de taux d'intérêt. Cette relation permet de comprendre pourquoi, lorsque le franc était une monnaie faible par rapport au mark, il fallait offrir des taux d'intérêt sur le franc plus élevés que les taux d'intérêt sur le mark. On comprend aussi pourquoi, pour défendre une monnaie qui a tendance à se déprécier, les autorités monétaires ont souvent recours à une hausse des taux d'intérêt.

Si la relation inverse entre taux d'intérêt et taux de change est assez bien corroborée, il faut souligner que des situations atypiques peuvent se produire. Par exemple, aux États-Unis au début des années 1980, le niveau élevé des taux d'intérêt (du fait du tournant de la politique monétaire de 1979) a attiré les placements en dollars et poussé le dollar à la hausse.

c › L'influence de la balance des paiements

Le solde de la balance des paiements est susceptible d'exercer une influence sur les taux de change par l'intermédiaire de variables monétaires (on parle d'une approche monétaire de la balance des paiements). Supposons qu'un pays connaisse un déficit de sa balance des paiements, sa monnaie sera davantage offerte (pour effectuer des règlements au bénéfice de non-résidents) que demandée et, par conséquent, le taux de cette monnaie se dépréciera.

Cette approche par le solde de la balance des paiements doit être nuancée. Pendant longtemps en effet, comme nous l'avons vu plus haut, les transactions courantes occupaient une place déterminante dans la balance des paiements. On pouvait donc considérer que les déterminants « fondamentaux » du solde des transactions courantes, avaient un impact sur le taux de change. Aujourd'hui, la financiarisation du taux de change et l'importance croissante des mouvements de capitaux dans la balance des paiements, changent les données du problème. Par exemple, la poursuite de la hausse du dollar entre 1981 et 1985, alors que les « déficits jumeaux » (déficit courant et déficit budgétaire) ne cessaient d'augmenter, apparaît comme contradictoire avec cette théorie.

Les approches évoquées jusqu'ici ne parviennent pas à rendre compte des fluctuations à court terme des cours du change. Plusieurs autres approches ont donc été développées au cours des dernières années.

d › La surréaction des taux de change

R. Dornbusch (1942-2002) a développé en 1976, une approche en termes de « surréaction » (*over-shooting*). Ce phénomène de réaction excessive s'explique par le fait que les prix sur le marché des biens et services sont plus rigides (ils mettent plus de temps à s'adapter) que les prix sur les marchés financiers (taux de change et taux d'intérêt). Supposons que, dans un pays, un choc monétaire non anticipé (hausse de la quantité de monnaie) conduise à une dépréciation du cours du change plus importante que ne l'exigerait la détermination d'un nouveau taux de change d'équilibre, ce n'est que dans un second temps, et de façon progressive, que le cours du change va revenir à son nouveau niveau d'équilibre. Si ce modèle offre un cadre d'interprétation aux variations erratiques du cours du change, sa portée explicative est réduite dès lors que l'on considère que les agents anticipent les évolutions de politique monétaire, ils peuvent alors adopter des comportements qui réduisent l'ampleur des phénomènes de surréaction.

e › Les bulles spéculatives

Les phénomènes de **bulles spéculatives** ne sont pas propres au marché des changes, mais l'instabilité des cours du change, les crises de changes qui se sont produites au cours des dernières années ont conduit les spécialistes du marché des changes à faire appel de façon croissante à ce type de modèle. On est en présence d'une bulle spéculative sur un marché (ici le marché des changes) lorsque le prix d'un actif (ici une devise) s'éloigne durablement et cumulativement de son prix d'équilibre. Le gonflement de la bulle implique un risque d'éclatement et de retour brutal à l'équilibre, voire de surréaction qui ferait baisser le cours du change bien en deçà de son cours d'équilibre.
On parle de **bulle spéculative rationnelle**, lorsque les agents, tout en sachant que la devise est surévaluée, considèrent que la hausse va se poursuivre et, en

conséquence continuent de spéculer à la hausse car les gains espérés compensent le risque pris. Si de très nombreux opérateurs pensent que la hausse va se poursuivre, on est en présence d'un phénomène de **prophétie autoréalisatrice** qui conduit à un paradoxe : sur un marché efficient et avec des agents rationnels, le prix de marché s'éloigne de son niveau d'équilibre au lieu de s'en rapprocher.

On parle de **bulle spéculative irrationnelle** lorsque les opérateurs (cambistes) prennent leurs décisions en ignorant ou en minorant l'importance des déterminants fondamentaux. Par exemple, entre 1981 et 1985, lorsque la bulle spéculative sur le dollar se gonfle, on peut difficilement admettre que les opérateurs traitent au mieux toute l'information disponible (déficits jumeaux, conséquences négatives sur l'économie américaine de la surévaluation du dollar, etc.). Dans un tel contexte, la rumeur l'emporte sur l'information et les comportements mimétiques se substituent aux calculs rationnels.

La distinction entre « bulle rationnelle » et « bulle irrationnelle » est discutable. En particulier, en situation de forte incertitude, il semble rationnel d'adopter un comportement mimétique, puisque le comportement des autres opérateurs est l'information la moins coûteuse et la plus accessible.

f › L'approche chartiste

Les analyses présentées ci-dessus, en particulier celles qui portent sur les bulles spéculatives, mettent l'accent, au-delà des déterminants fondamentaux, sur l'importance des comportements des cambistes (anticipations, comportements mimétiques etc.). Or, les cambistes ont souvent recours à la méthode chartiste (ou analyse technique). Le **chartisme** consiste à étudier des graphiques présentant l'évolution des cours des devises au cours du temps et à y repérer des figures caractéristiques qui sont censées se reproduire et à partir desquelles les opérateurs vont prendre des décisions d'achat ou de vente. Mais comme tous les opérateurs disposent des mêmes graphiques et des mêmes logiciels d'aide à la décision, on va observer une convergence des comportements qui conduit, là encore, à des prévisions autoréalisatrices. Bien que cette méthode graphique soit dépourvue de fondement solide sur le plan de la théorie économique, elle exerce une influence significative sur les comportements des opérateurs et donc sur les cours du change.

> II
Histoire des relations monétaires internationales

> A
Monnaie internationale et système monétaire international

Une **monnaie internationale** est une monnaie qui est acceptée en paiement dans le cadre des transactions internationales et qui est aussi utilisée comme instrument d'intervention par les États et les organismes monétaires internationaux.
Dans le cadre d'une définition de la monnaie par ses fonctions, **P. Krugman** propose la présentation ci-dessous.

Fonctions	Secteur privé	Secteur public
Moyen de paiement	Véhicule	Interventions
Unité de compte	Facturation	Ancrage
Réserve de valeur	Arbitrage	Réserves

P. Krugman : « The International Role of the Dollar : Theory and Prospects », in *Currencies and Crises*, MIT Press, 1991.

Du point de vue des agents privés, la monnaie internationale est donc un instrument véhiculaire (un moyen de paiement), un instrument de facturation (par exemple, les contrats comportent l'indication en dollar du montant de la transaction) et un instrument d'arbitrage (on peut détenir des liquidités en dollars et utiliser le dollar pour se procurer d'autres devises). Du point de vue des agents publics, la monnaie internationale est un instrument d'intervention (par exemple, les banques centrales peuvent utiliser des ventes ou des achats de dollars pour influencer le cours des devises sur les marchés des changes), un instrument d'ancrage nominal (par exemple, dans le système de Bretton Woods la définition officielle de la valeur des monnaies pouvait être exprimée en dollar) et un instrument de réserve (constitution de réserves de change par les banques centrales).
Cependant, sur le plan interne comme sur le plan international, l'approche fonctionnelle n'épuise pas le concept de monnaie. Il faut souligner, en particulier, que la monnaie est un bien collectif. On comprend dès lors que, sur le plan national, on ait assisté à l'instauration d'un monopole public de l'émis-

sion de monnaie. Sur le plan international, la situation est plus complexe, puisqu'il y a concurrence entre les différentes monnaies nationales pour accéder au statut de monnaie internationale. Dès lors, la question de l'organisation d'un système monétaire international se pose.
Selon **R. Solomon**, un **système monétaire international** est un « *ensemble d'accords, de règles, de pratiques et d'institutions dans le cadre desquels s'effectuent les paiements correspondant à des transactions franchissant les frontières* » (*Le système monétaire international*, 1979).
Selon **A. Benassy-Quéré** et **J. Pisani-Ferry**, un système monétaire international (ou régime monétaire international) articule quatre caractéristiques essentielles :

- les modalités de la convertibilité des monnaies et de la gestion des flux de capitaux ;
- les régimes de change ;
- les règles et les mécanismes assurant la fourniture de liquidités en cas de besoin ;
- la surveillance et la coopération monétaire.

Au cours de l'histoire, différents systèmes monétaires internationaux ont fonctionné, articulant différemment ces quatre caractéristiques.

> B
L'étalon-or

a › Le modèle théorique de l'étalon-or : un système autorégulateur

Le modèle théorique de l'**étalon-or** repose sur quelques règles « non écrites » simples. Chaque État doit donner une définition officielle de sa monnaie par un poids d'or et la Banque centrale doit assurer la libre convertibilité en or des billets de banque. Les États doivent aussi garantir la liberté des changes et la liberté d'entrée et de sortie d'or de leur territoire. De plus, les Banques centrales doivent s'interdire toute intervention discrétionnaire et s'en remettre au libre jeu de l'initiative individuelle sur le marché des changes.
Dans ces conditions, on montre que l'étalon-or assure à la fois la stabilité des changes et le retour automatique à l'équilibre des balances de paiements.
Par exemple, avant 1914, le franc était défini par 290,3225 mg d'or fin. À la même époque, la livre sterling correspondait à 7322,382 mg d'or fin. Le rapport du poids des monnaies permettait de connaître la parité (dite aussi « **pair métallique** ») : 7322,382/290,3225 = 25,21. La parité était donc de 25,22 francs pour une livre. L'étalon-or était donc un système de parités fixes.
Autour de ces parités, les variations des cours du change résultant des transactions en devises entre les banquiers et leurs clients étaient très limitées. En

effet, si le cours du franc baissait trop sur le marché des changes, les commerçants qui souhaitaient effectuer un règlement à Londres avaient tout intérêt à convertir leurs francs en or, à expédier cet or à Londres pour se procurer des livres et s'acquitter de leur dette. Les conditions auxquelles cette opération se menait étaient connues (le pair métallique était certain ainsi que la commission de la banque pour les conversions en or et les coûts de transport et d'assurance entre Paris et Londres). Chaque opérateur avait donc le choix de payer en devises (lettre de change tirée sur Londres) ou en or. Il n'acceptait pas de payer les devises à un prix supérieur au pair métallique augmenté des coûts de transfert de l'or à Londres. Cette limite constituait le **point de sortie d'or**. Réciproquement, on pouvait définir un **point d'entrée d'or**, c'est-à-dire le cours du change à partir duquel les commerçants anglais avaient intérêt à effectuer en or le règlement de leurs dettes en France. Ces points d'or constituaient les marges de fluctuation (très étroites) du cours du change autour du pair métallique. La stabilité des changes était donc assurée de façon automatique, sans intervention des États ou Banques centrales, du seul fait du comportement rationnel des agents.

De même, les entrées et les sorties d'or assurent le retour automatique à l'équilibre de la balance des paiements. Supposons en effet qu'un pays connaisse un déficit structurel de sa balance des paiements, la monnaie de ce pays va se déprécier et atteindre le point de sortie d'or. Cette sortie d'or conduit à une contraction de la circulation monétaire intérieure et donc, en vertu de la théorie quantitative de la monnaie, une baisse des prix. La baisse des prix améliore la compétitivité, stimule les exportations et freine les importations, ce qui pousse au retour à l'équilibre de la balance des paiements.

La régulation dans le cadre de l'étalon-or était douloureuse en raison des faillites d'entreprises, du chômage : c'est la « *régulation par la faillite* » selon l'expression de **J. Rueff** (1896-1978). Cependant, l'étalon-or imposait une discipline et faisait obstacle à la création de « ***faux droits*** » ainsi qu'à l'inflation (Voir « Monnaie et financement » et « Inflation, désinflation, déflation »).

b › Le fonctionnement réel de l'étalon-or : politique discrétionnaire et étalon-sterling

Le fonctionnement réel de l'étalon-or est assez différent de son fonctionnement théorique. Si l'étalon-or est en principe symétrique, c'est-à-dire que tous les pays subissent de façon identique la contrainte métallique, il n'en a rien été en réalité. La livre sterling a joué le rôle de monnaie internationale, intervenant dans les règlements et donnant lieu à la constitution d'avoirs en sterling hors de la Grande-Bretagne (« balances sterling »). De ce fait, la Grande-Bretagne bénéficiait d'un avantage indiscutable, puisqu'elle était le seul pays à pouvoir régler sa dette extérieure avec sa propre monnaie. Par ailleurs, la place financière de Londres jouait un rôle essentiel de régulation dans une situation caractérisée par une libre circulation internationale des capitaux. Enfin, la

Banque d'Angleterre a mené une politique discrétionnaire très active, utilisant en particulier le maniement du taux de l'escompte pour inciter à des placements sur la place de Londres lorsque les conditions l'exigeaient. La Banque d'Angleterre a aussi mené une politique de stérilisation des mouvements d'or : elle retirait des liquidités du marché pour compenser les effets potentiellement inflationnistes des entrées d'or et elle injectait des liquidités pour lutter contre les effets potentiellement déflationnistes des sorties d'or.
Dans la réalité, l'étalon-or n'a donc pas été le mécanisme autorégulateur que mettent en avant ses partisans.

c › Pourquoi l'étalon-or-sterling a-t-il cessé de fonctionner ?

On attribue souvent à l'étalon-or une longévité exceptionnelle. En réalité, il n'a fonctionné que de 1870 à 1914. Pendant cette période, la contrainte métallique a joué un rôle régulateur indiscutable, même si le système n'était pas conforme au modèle théorique.
La fin de l'étalon-or ne peut trouver une explication suffisante dans le déclenchement de la Première Guerre mondiale. Deux explications principales ont été avancées par les économistes.
Pour les uns (**J. Rueff** et **P. Salin** notamment) la fin de l'étalon-or est liée à l'absence de volonté politique, au refus de respecter les règles (vertueuses mais contraignantes) du système. Les responsables politiques ont préféré le laxisme monétaire plus « payant » sur le plan électoral. P. Salin insiste sur le fait que la thèse d'une insuffisance de liquidités (pénurie d'or) ne résiste pas à l'analyse car, pour lui, le système économique est parfaitement viable avec une lente **déflation** résultant d'une croissance du volume des biens à échanger plus rapide que la croissance de la masse monétaire.
Pour les autres (**J.-M. Keynes** et les économistes de la régulation notamment), le système de l'étalon-or n'était plus adapté à l'évolution du capitalisme. Keynes plaide pour la régulation consciente du capitalisme contre les automatismes de l'étalon-or. Les économistes de la régulation considèrent que le passage à l'accumulation intensive suppose le recours à la monnaie de crédit et exige donc de s'affranchir de la contrainte métallique.

> C L'entre-deux-guerres et l'étalon de change or

Au lendemain de la Première Guerre mondiale on assiste à un double mouvement :

- une tentative d'organisation de l'économie mondiale avec la **Conférence de Gênes** en 1922 et des efforts de coopération entre les banquiers centraux (États-Unis, Grande-Bretagne, France pour l'essentiel). La Conférence de

Gênes jette les bases de l'**étalon de change-or**. Les participants s'accordent sur la nécessité de réaliser des « économies d'or » et le dollar et la livre sont considérés comme des monnaies de réserve. En réalité, ce ***Gold Exchange Standard*** ne fonctionnera pas vraiment en raison des tensions, économiques, monétaires et politiques.

- des politiques nationales non concertées vont progressivement conduire à la montée du protectionnisme et au fractionnement de l'économie mondiale en zones monétaires.

Les différents pays tentent en effet de résoudre les problèmes économiques qu'ils rencontrent.

La Grande-Bretagne décide en 1925 le retour à l'étalon-or sur la base de la définition en or de la Livre d'avant-guerre. Cela conduit à une surévaluation de la livre qui a des conséquences très néfastes sur la compétitivité, la croissance et l'emploi. En 1931, la Grande-Bretagne est acculée à la dévaluation.

L'Allemagne est victime d'une crise d'**hyperinflation** (1921-1923) et adopte ensuite une politique déflationniste sévère. Ces événements, qui se produisent alors que la querelle des réparations fait rage, contribueront à la montée du nazisme.

En France, la spéculation à la baisse du franc qui accompagne l'arrivée au pouvoir du **Cartel des Gauches** (1924-1926) va conduire à la **stabilisation Poincaré** (1926-1928). La valeur du **franc Poincaré** est amputée des quatre cinquième par rapport à la valeur du **franc Germinal**. On s'accorde généralement à considérer que le franc était sous-évalué, ce qui retarde l'entrée en crise de l'économie française mais n'empêchera pas le gouvernement du Front Populaire d'être à nouveau acculé à la dévaluation.

Le déclenchement de la crise de 1929 aux États-Unis conduit à une dévaluation du dollar en 1934.

Au total, alors qu'en 1928 la Réserve fédérale des États-Unis considérait que la reconstruction monétaire du monde était pratiquement achevée, ce qui caractérise l'entre-deux-guerres, c'est l'absence d'un véritable système monétaire international.

Le facteur déterminant de cette situation de crise semble être lié à la question des « **devises clés** ». L'étalon-or n'a pu fonctionner qu'en raison du rôle de monnaie internationale de la livre, qui reposait sur la domination économique et militaire de la Grande-Bretagne. Or, à partir de la Grande Crise de 1875-1895, la Grande-Bretagne connaît un déclin relatif et on assiste à la montée de nouvelles puissances économiques : Allemagne et surtout États-Unis. Avec la guerre de 1914-1918, la suprématie économique des États-Unis s'impose. Mais les États-Unis ne sont pas encore en mesure d'imposer véritablement leur hégémonie : ils n'ont pas abandonné totalement la tentation isolationniste, ils ne se sont dotés d'une Banque centrale que depuis 1913. La Grande-Bretagne, par ailleurs, conserve une indiscutable puissance financière, même si la place de Londres est concurrencée par New York. Au total donc, la livre n'est plus en mesure d'assumer pleinement ses fonctions de monnaie internationale et le dollar n'est pas encore en mesure de la remplacer.

> D
Le système de Bretton Woods et sa crise

a › Le système de Bretton Woods

Le système mis en place à Bretton Woods en juillet 1944 repose d'abord sur la volonté d'éviter le retour aux errements des années 1920-1930. Les responsables des principaux pays sont d'accord pour favoriser le libre-échange et la croissance et ils considèrent que seul un système de taux de changes fixes est de nature à assurer un cadre monétaire propice à la croissance mondiale.
Le projet de **Keynes**, qui visait à créer une liquidité internationale (le **bancor**) émise par une véritable banque supranationale, se heurte à l'opposition des États-Unis dont le porte-parole, **H. White**, va imposer le point de vue.
Le système monétaire mis en place à Bretton Woods se caractérise par les traits suivants :

- C'est un système de taux de changes fixes mais ajustables. Chaque pays donne une définition de la valeur de sa monnaie par rapport à l'or ou au dollar. Le dollar lui-même est défini par rapport à l'or : 35 dollars pour une once d'or fin. Le rapport des définitions officielles permet de déterminer les parités des monnaies prises deux à deux. Autour de ces parités officielles existent des marges de fluctuation de plus ou moins 1 %. Chaque Banque centrale s'engage à défendre sa monnaie, c'est-à-dire à intervenir en vendant (en cas de hausse) ou en achetant (en cas de baisse) sa propre monnaie sur le marché des changes. Si la parité officielle se révèle structurellement inadaptée, au regard des évolutions macroéconomiques, les pays ont la possibilité de procéder à une **dévaluation** (ou à une **réévaluation**), sous le contrôle du FMI. Il s'agit d'éviter les dévaluations compétitives.
- C'est un système fondé sur la libre convertibilité des monnaies dans le cadre des transactions courantes. Il s'agit de favoriser le commerce mondial par la liberté des changes. Par contre, le contrôle des mouvements de capitaux est possible dans le cadre de Bretton Woods.
- C'est un système fondé sur la coopération internationale dans le cadre du **Fonds Monétaire International**. Chaque État membre souscrit à une fraction du capital du Fonds (un quart du capital souscrit doit être versé en or, le reste en devises convertibles). Les sommes ainsi collectées sont utilisées par le FMI pour venir en aide, sous forme de prêt, aux pays qui rencontrent des difficultés.

Le refus du **Plan Keynes** et de la création du **bancor** conduit à accorder de fait au dollar le rôle de monnaie internationale. Afin de renforcer la confiance de leurs partenaires, les États-Unis s'engagent à assurer la libre convertibilité en or du dollar au bénéfice des banques centrales des autres pays membres du FMI. C'est en fait un véritable système d'étalon-dollar qui se met en place à Bretton Woods.

b › La crise du système de Bretton Woods

1 › La « crise de l'or »

Le système a bien fonctionné dans les années cinquante. Il y avait alors une pénurie de dollars et les États-Unis octroyaient des prêts afin de financer la reconstruction de leurs alliés dans le cadre de la Guerre Froide. On considérait de plus, à l'époque, que le dollar était aussi bon que l'or (*as good as gold*). Mais, dans cette période, le système ne fonctionne pas vraiment puisque les monnaies européennes ne sont pas librement convertibles au sens de Bretton Woods. Ce n'est qu'en 1958 que le passage à la convertibilité s'effectue et dès le début des années 1960, des signes de dysfonctionnement du système de Bretton Woods se manifestent par des tensions sur le marché de l'or à Londres. La hausse de l'or est interprétée comme une défiance à l'égard du dollar. Cette défiance s'explique, pour l'essentiel, par le déficit de la balance des paiements des États-Unis. Certes, ce pays dispose d'une balance commerciale excédentaire, mais il connaît aussi d'importantes sorties de capitaux (investissements américains dans le reste du monde et notamment en Europe).

Pour défendre le dollar, les États-Unis suscitent en novembre 1961 la création du **Pool de l'or**. Les principaux pays industrialisés s'engagent à intervenir ensemble pour vendre de l'or sur le marché de Londres afin d'empêcher les cours de monter au-dessus du prix officiel de 35 dollars l'once. En mars 1968, le Pool de l'or cesse de fonctionner et on instaure un double marché de l'or :

- un marché où le prix se fixe en fonction de l'offre et de la demande ;
- un marché officiel qui ne concerne que les échanges entre les banques centrales où le dollar continue à être évalué sur la base du prix officiel.

2 › De la crise du dollar à la fin du système de Bretton Woods

Au printemps et à l'automne 1968 se produit la crise du franc français qui débouchera sur la dévaluation de 1969. Dans le même temps, la spéculation à la hausse du franc suisse, du mark allemand et du yen fait rage. Aux États-Unis, la situation macroéconomique se dégrade : au premier trimestre 1971, pour la première fois depuis la fin du XIXe siècle, la balance commerciale est en déficit. Le 15 août 1971, le Président des États-Unis (**R. Nixon**) annonce unilatéralement l'inconvertibilité du dollar en or et des mesures protectionnistes (surtaxe des importations). La crise ainsi ouverte sera partiellement résolue par les **accords du Smithsonian Institute** de Washington en décembre 1971 : le dollar est dévalué et les marges de fluctuations sont portées à plus ou moins 2,25 %. On espère pouvoir défendre plus facilement les parités officielles dans un « tunnel » plus large.

Ces mesures n'ont qu'un succès très relatif. En dépit d'une nouvelle dévaluation du dollar en février 1973, le passage au flottement généralisé des monnaies intervient en mars 1973. Un élément essentiel du système de Bretton Woods disparaît : la stabilité des taux de change.

On peut expliquer la crise de Bretton Woods par le déclin relatif des États-Unis ou, plus précisément, par le rattrapage progressif des États-Unis par leurs principaux concurrents européens et japonais. Cette explication pose cependant problème car sur le plan politique et militaire les États-Unis restent indiscutablement la puissance dominante, par ailleurs le dollar a conservé dans une large mesure son statut de monnaie internationale.

L'économiste belge **R. Triffin** (1911-1993) propose une explication qui semble plus pertinente. Pour lui, la situation dans laquelle la monnaie internationale est, en même temps, monnaie nationale de l'un des États du système n'est pas viable à long terme. En effet, pour alimenter l'économie mondiale en liquidités, la balance des paiements du pays émetteur de la monnaie internationale doit être déficitaire. Mais ce déficit sape progressivement la confiance dans la monnaie internationale. On se trouve confronté au « **dilemme de Triffin** » le pays émetteur de la monnaie internationale doit avoir à la fois une balance des paiements en équilibre (pour inspirer confiance) et en déficit (pour accompagner la croissance mondiale par la création de liquidités).

L'approche de Triffin permet d'interpréter la crise du système de Bretton Woods (crise de l'or, passage au flottement) et en même temps de comprendre que le dollar a pu rester monnaie internationale dès lors qu'il était libéré des contraintes de convertibilité.

> E

L'expérience du flottement des monnaies depuis 1973

Le passage au flottement des monnaies a été le résultat de l'échec des tentatives de réforme du système monétaire international. Au cours des années 1960, lors de toutes les conférences monétaires, les responsables du FMI, les ministres des finances et les banquiers centraux ne cessent d'affirmer leur attachement aux changes fixes. Mais si l'enchaînement des événements a conduit aux changes flottants, le contexte intellectuel s'est lui aussi modifié et les thèses flexibilistes gagnent progressivement en influence.

a › Le plaidoyer flexibiliste

Dès les années 1950, **M. Friedman** propose d'instaurer un système de changes flottants. Son argumentation peut se résumer ainsi :

- seul le marché est capable de déterminer les taux de change d'équilibre. Lorsqu'elles fixent unilatéralement la valeur officielle des monnaies, les autorités monétaires ne disposent pas nécessairement de toutes les informations nécessaires. Si des modifications de taux de change sont nécessaires pour des raisons structurelles, elles se produisent graduellement, alors qu'en changes fixes les gouvernements commencent en général par refuser la dévaluation avant d'y procéder (et parfois de façon excessive).
- dans un système de taux de changes flexibles, la spéculation est stabilisatrice. En effet, si le taux de change s'éloigne de sa valeur d'équilibre, les spéculateurs qui anticipent le retour à l'équilibre vont acheter (si la monnaie est sous-évaluée) ou vendre (si la monnaie est surévaluée) ce qui provoque le retour à l'équilibre.
- dans un système de taux de changes flexibles, l'équilibre des balances des paiements est automatiquement assuré. Par exemple, si la balance d'un pays est en déficit, sa monnaie va se déprécier ce qui pousse au retour à l'équilibre de la balance.
- dans un système de taux de changes flexibles, il y a « insularisation » des politiques économiques. C'est-à-dire que si un pays mène une politique monétaire laxiste, l'ajustement se réalisera par la baisse de son taux de change, alors qu'en système de changes fixes, les partenaires de ce pays devraient vendre leur propre monnaie sur le marché des changes (pour lutter contre l'appréciation) ce qui conduit à une contagion de l'inflation.

On le voit, l'argumentation de **M. Friedman** repose sur la conviction du caractère autorégulateur du marché. Pour que les mécanismes autorégulateurs puissent jouer, il faut que les États s'interdisent toute intervention sur le marché des changes (« flottement pur »).

b › La réalité contrastée du flottement

Le bilan du flottement est loin de confirmer la vision optimiste du plaidoyer flexibiliste.

En effet, depuis 1973, on a assisté à d'amples variations des cours du change et non à une stabilisation autour de taux de change d'équilibre.

Par ailleurs, l'équilibre automatique des balances des paiements n'a pas été assuré. Bien au contraire, on a connu des pays en déficit structurel (États-Unis pendant les années 1970 et 1980 par exemple) et d'autres en excédent structurel (Japon, Allemagne au cours de la même période). Les mouvements de taux de change, loin d'avoir un effet rééquilibrant, ont amplifié les déficits (cercle vicieux dc la monnaie faible) ou les excédents (cercle vertueux de la monnaie forte).

Enfin, l'interdépendance des économies, loin de se réduire, s'est accrue, notamment par l'intermédiaire des variables financières (taux d'intérêt, mouvements de capitaux). Par exemple, la hausse du dollar entre 1979 et 1985 a eu un effet négatif sur la croissance et l'emploi en Europe. Dans le même temps, les taux d'intérêt élevés résultant du durcissement de la politique monétaire américaine, ont eu un impact défavorable sur les pays du Tiers-monde (crise du Mexique en 1982).

Au total, le flottement des monnaies à partir de 1973, puis la libération presque totale des mouvements de capitaux au cours des années 1980 et 1990 ont transformé en profondeur le fonctionnement de l'économie mondiale.

Cette évolution se manifeste par des crises financières récurrentes (voir « La globalisation financière »).

C › Vers une réforme du SMI ?

Les autorités monétaires nationales et internationales ont mobilisé des moyens importants pour éviter une crise monétaire et financière généralisée. Ainsi, entre 1997 et 1999 plus de 170 milliards de dollars ont été mis à la disposition des pays d'Asie de l'Est (Thaïlande, Malaisie, Corée), de la Russie et du Brésil. En dépit de cette mobilisation, les problèmes fondamentaux demeurent : le FMI n'est pas un véritable prêteur en dernier ressort au niveau mondial, les règles prudentielles sont insuffisantes pour offrir un cadre juridique stable aux mouvements de capitaux et la logique spéculative continue à rester prédominante (voir « Monnaie et financement »). La crise des subprimes, puis la crise des dettes souveraines en Europe, a conduit le FMI à renforcer ses interventions et les autorités monétaires et financières à engager des réformes visant à la mise en place de règles prudentielles plus efficaces.

Deux approches peuvent être distinguées en ce qui concerne la réforme du SMI :

- Certains observateurs et responsables politiques, sans nier la gravité des crises successives des marchés financiers, soulignent que, depuis 1973, le SMI a accompagné des modifications considérables de l'économie mondiale (stagflation en Europe, apparition des pays émergents, crise du pétrole, effondrement du système soviétique, tensions protectionnistes etc.). La continuité des paiements n'a jamais été mise en cause et le financement de l'économie mondiale a été assuré. Ce diagnostic conduit à proposer que l'on maintienne le libre jeu des marchés financiers et des marchés des changes et que l'on se limite à renforcer les règles prudentielles. Dans cette première perspective, les États n'ont pas à se mêler du fonctionnement des marchés, il leur revient de donner aux marchés des informations claires et cohérentes sur l'orientation à moyen terme des politiques économiques.
- Une autre approche, plus radicale, considère que le marché n'est pas autorégulateur et, dans la lignée de Keynes, réclame la mise en place d'une régula-

tion consciente du système monétaire et financier international. La proposition formulée par **J. Tobin** (prix Nobel 1981), de taxer les opérations de change afin de limiter les mouvements spéculatifs fait l'objet d'un regain d'intérêt (**Taxe Tobin**). De même, **J. Williamson** a proposé la mise en place d'un système de « **zones cibles** » permettant une stabilisation des cours du change dans le cadre d'une organisation multipolaire du SMI (voir « Mondialisation et gouvernance mondiale »).

⇨ Le développement et l'aggravation de la **crise des *subprimes*** à l'automne 2008 ont relancé le débat sur la nécessité d'un « nouveau Bretton Woods ». En effet la crise des marchés financiers et les faillites bancaires, les défaillances des agences de notation, les prises de risque excessives des institutions financières, ont conduit à faire appel à l'intervention massive des États et à la coopération internationale. Dès lors, la question se pose d'une institutionnalisation accrue de la finance mondiale dont chacun s'accorde désormais à considérer qu'on ne peut la laisser gouvernée aux seuls mécanismes du marché.

Dans un rapport sur la réforme du SMI présenté au Conseil d'analyse économique en 2011, A. Benassy-Quéré et J. Pisani-Ferry soulignent qu'il existe un lien fort entre l'instabilité financière, qui s'est manifestée notamment à l'occasion de la crise des subprimes, et l'instabilité monétaire. La réforme du SMI s'impose également pour s'adapter à l'évolution de l'économie mondiale qui est caractérisée notamment par la montée des pays émergents, et en particulier de la Chine. Selon eux, on ne peut pas améliorer la stabilité financière si on ne réforme pas le système monétaire. Pour eux, le « non-système monétaire international » issu de l'effondrement de Bretton Woods comporte de nombreux défauts : volatilité excessive des taux de change, des déséquilibres externes persistants, une asymétrie entre les États-Unis et le reste du monde, une accumulation excessive de réserves de change dans les pays émergents. Pour eux, le passage d'un système hégémonique centré sur le dollar à un système multipolaire organisé autour du dollar, de l'euro et du yuan est inéluctable.
Selon eux, un système monétaire international doit répondre à trois exigences :

- l'efficacité économique, qui suppose notamment de minimiser les coûts de transaction et plaide donc pour un nombre limité de monnaies internationales ;
- la stabilité économique et financière, qui suppose notamment d'éviter les périodes d'excès ou de pénurie de liquidités internationales ;
- l'équité, qui suppose une symétrie des efforts d'ajustement.

Afin de favoriser la réforme visant à reconstruire un SMI respectant ces trois exigences, ils définissent quatre priorités :

- créer un cadre favorable à la flexibilité des taux de change des grandes monnaies. Cela suppose notamment de rendre le renminbi (ou yuan, la monnaie chinoise) flexible. Mais cette flexibilité doit être ordonnée grâce à des interventions concertées des autorités monétaires;

- créer un cadre de surveillance des contrôles de mouvements de capitaux opérés par les États. Cela suppose un renforcement des pouvoirs du FMI;
- améliorer les procédures de mise à disposition de liquidités dans une perspective contracyclique;
- créer un dispositif de gestion de la liquidité internationale grâce au renforcement et à la transformation des DTS.

Le Triangle de Rodrik

L'avenir des relations monétaires internationales peut être analysé à la lumière du Triangle de **D. Rodrik** (2000). Celui-ci considère trois pôles qui forment un **triangle des incompatibilités** comparable à celui de **R. Mundell** : intégration monétaire, souveraineté des nations, coopération politique et institutionnelle.

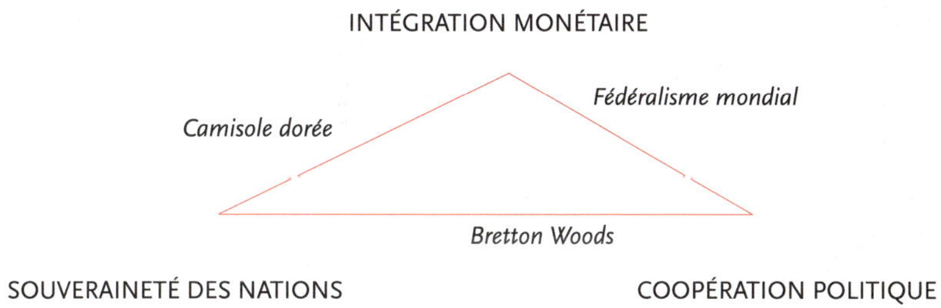

On peut articuler deux des pôles du triangle mais pas les trois. Le compromis de *Bretton Woods* reposait sur l'articulation entre la souveraineté des nations (contrôle des mouvements de capitaux, politiques économiques nationales volontaristes) et une coopération politique institutionnalisée dans le cadre du FMI. La globalisation financière conduit à une forme d'intégration monétaire (constitution d'un marché mondial unique des devises et des capitaux), elle éloigne nécessairement l'économie mondiale du compromis de *Bretton Woods*. Deux scénarii sont concevables :

- Une articulation de la souveraineté des nations et de l'intégration monétaire (que Rodrik désigne du terme « *camisole dorée* »). Dans ce cas, la coopération politique institutionnalisée au niveau mondial est limitée et inexistante, la liberté des mouvements de capitaux conduit à un dynamisme économique, mais la souveraineté des nations est contrainte par la libre circulation des capitaux (c'est la « *tyrannie des marchés financiers* » dont parle **H. Bourguinat**).
- Une articulation de l'intégration monétaire et de la coopération politique qui suppose un transfert de souveraineté des nations au profit d'institutions monétaires et financières internationales chargées de gérer l'espace monétaire et financier mondial (fédéralisme mondial).

Bien évidemment, le système monétaire international, tel qu'il fonctionne concrètement, se situe à l'intérieur du triangle et il évolue (au gré des rapports de force et du contexte économique) vers l'un ou l'autre des trois sommets du triangle. Il faut aussi prendre en compte l'hétérogénéité de l'économie mondiale. Par exemple, au sein de l'Union européenne, c'est le fédéralisme qui l'emporte alors qu'au niveau mondial on est plus proche actuellement de la « *camisole dorée* ».

> III
Histoire de l'Europe monétaire

> A
L'après-guerre : l'Union européenne des paiements

Au sortir de la guerre, les pays d'Europe occidentale se trouvent dans une situation économique difficile. S'ils adhèrent aux principes de Bretton Woods (libre échange, libre convertibilité des monnaies) ils ne sont pas en mesure d'y satisfaire vraiment. En dépit de l'aide Marshall, ils manquent de devises convertibles. Sous l'influence de **R. Triffin**, un mécanisme de compensation multilatérale est mis en place à partir de 1949 : l'**Union européenne des paiements (UEP)** regroupe les pays membres de l'Organisation européenne de coopération économique. Une unité de compte de l'UEP est créée et chaque transaction commerciale internationale dans l'UEP donne lieu à une créance en unité de compte inscrite dans les livres de la Banque des Règlements Internationaux. Réciproquement un pays qui importe contracte une dette. La BRI procède chaque mois à la compensation multilatérale des créances et des dettes et les soldes sont réglés grâce à un crédit de l'UEP. Cependant, pour éviter que des pays ne choisissent d'être structurellement en déficit, les montants qui peuvent être réglés en unités de compte de l'UEP sont limités, au-delà les pays doivent régler en or ou en devises. Afin de conduire progressivement les pays à la convertibilité, la part des dettes extérieures qui doivent être réglées en or et en devises convertibles augmente progressivement.

En 1958, la reconstruction étant achevée, les réserves en devises reconstituées, les pays d'Europe passent à la convertibilité des monnaies au sens de Bretton Woods et l'UEP cesse de fonctionner.

À travers l'UEP, les pays d'Europe occidentale ont fait l'expérience de la coopération, ce qui contraste avec la situation de l'entre-deux-guerres.

> B
L'Europe dans la tourmente monétaire : du Serpent monétaire au SME

a › Le Serpent monétaire européen

Après la signature du **Traité de Rome** (1957) et le passage à la convertibilité des monnaies (1958) la construction de l'Europe se réalise dans le cadre des

Accords de Bretton Woods. Les pays membres de l'UEP ont cependant décidé, lors du passage à la convertibilité, de s'imposer des marges de fluctuations plus étroites que celles prévues à Bretton Woods (plus ou moins 0,75 %).
La crise des monnaies de la fin des années 1960 et du début des années 1970 change la donne du problème. Les pays membres de la CEE sont persuadés qu'ils ne pourront poursuivre le processus d'intégration économique que dans le cadre d'un système de changes fixes. Il y a donc contradiction entre le projet européen et l'instabilité croissante des changes au niveau international.
Lorsque les marges de fluctuations passent à plus ou moins 2,25 % (accord de Washington de décembre 1971), les Européens réagissent par la mise en place du **Serpent monétaire européen**. Il s'agit d'un flottement concerté des monnaies européennes par rapport au dollar, de telle façon que l'écart maximum entre la monnaie la plus faible et la monnaie la plus forte soit de 2,25 % (et non de 4,50 % comme le permettrait l'accord de Washington). Tant que le Serpent restera dans le « Tunnel » (c'est-à-dire la marge prévue à Washington) la situation sera gérée sans trop de difficultés. Mais à partir de mars 1973, « le Serpent sort du Tunnel », puisque les monnaies européennes flottent sans limitation par rapport au dollar. Or, si certaines monnaies tendent à s'apprécier par rapport au dollar (le mark allemand et le florin néerlandais en particulier), d'autres monnaies sont plus faibles (le franc et la lire italienne notamment). Les tensions au sein du Serpent sont donc très fortes. Le mark est réévalué à plusieurs reprises. Le franc quitte le Serpent en janvier 1974, le réintègre en juillet 1975, le quitte à nouveau en mars 1976. Et ce ne sont là que quelques-unes des péripéties. Le Serpent se réduit bientôt à une zone mark.

b › Le Système monétaire européen

Un tournant politique se produit au Conseil européen de Brême en juillet 1978. Les pays membres de la CEE décident de mettre en place une zone de stabilité monétaire en Europe et pour cela créent le **Système monétaire européen** (SME) qui entre en vigueur le 13 mars 1979.
Alors que le Serpent était organisé autour du dollar, le SME est organisé autour d'une unité de compte européenne (European Currency Unit, ECU) qui est un « panier » de monnaie européenne. Chaque pays donne une définition de sa monnaie en Ecu (cours-pivot) d'où l'on tire une grille des valeurs des monnaies prises deux à deux (cours-pivot bilatéraux). Les marges de fluctuation sont de plus ou moins 2,25 % autour des cours-pivot bilatéraux. Le SME est donc un système de taux de changes fixes et ajustables, puisque des « réalignements de parités » sont possibles. Des mécanismes de coopérations sont mis en place : un **Fonds européen de coopération monétaire** (FECOM) est géré par la BRI et chargé de venir en aide aux pays qui doivent intervenir pour maintenir leurs monnaies au sein des marges de fluctuation. Les accords prévoient un système d'interventions concertées pour la défense de la stabilité des changes. L'histoire du SME sera marquée par des dévaluations et des réévalua-

tions, mais au total il constitue bien une zone de stabilité relative au sein du SMI et il offre aux pays membres de la CEE un cadre monétaire pour la poursuite de l'intégration (voir « L'intégration économique »).

> C Le passage à la monnaie unique en Europe

a › Convergence macroéconomique et mise en place de l'euro

Le succès même de l'intégration économique européenne, confronte l'Europe au **Triangle des incompatibilités** de **R. Mundell**. On peut résumer ainsi l'analyse de **Mundell** : les pays membres d'une zone monétaire ne peuvent pas disposer à la fois de la stabilité des changes, de la liberté des mouvements de capitaux et de l'autonomie des politiques monétaires. Or l'Europe a fait très tôt le choix des changes fixes, l'intégration économique a conduit à instaurer non seulement la libre circulation des marchandises et la libre prestation de services, mais aussi à assurer la libre circulation de la main d'œuvre et des capitaux. Dès lors, il n'est pas possible d'avoir des politiques monétaires autonomes. Pour résoudre ce problème, au prix de nombreux débats, l'Europe a fait le choix du passage à la monnaie unique.
En juin 1988, au Sommet de Hanovre, le Conseil Européen a confié à un groupe de travail présidé par **J. Delors** le soin d'étudier les conditions du passage à l'Union Économique européenne. Ce groupe a rendu son rapport en avril 1989, ce qui a conduit à la discussion et à la signature du Traité de Maastricht (février 1992) qui entre en vigueur (après ratification) en novembre 1993).

⇨ Le nom de la monnaie unique, euro, est adopté lors du Sommet de Madrid en décembre 1995.

Le **Traité de Maastricht** subordonne le passage à la monnaie unique au respect d'un certain nombre de critères de convergence nominale :

- taux d'inflation limité (un pays ne doit pas avoir un taux d'inflation supérieur de 1,5 point à la moyenne des taux d'inflation des trois pays où l'inflation est la plus faible) ;
- taux d'intérêt (2 points au-dessus de la moyenne des trois pays où les taux d'intérêt sont les plus faibles) ;
- déficit budgétaire (il ne doit pas être supérieur à 3 % du PIB) ;
- dette publique (elle ne doit pas dépasser 60 % du PIB) ;
- taux de change (il doit être stable au sein du SME au cours des deux années qui précèdent le passage à la monnaie unique).

Le Traité laisse au Conseil le soin d'apprécier le degré de convergence des différents pays (y compris en tendance).
La phase II du passage à la monnaie unique commence le 1er janvier 1994, elle suppose que les pays renoncent au financement monétaire des déficits publics et elle se caractérise par la mise en place de l'Institut Monétaire Européen (IME) qui prépare la mise en place de la Banque centrale européenne (BCE).
Le sommet de Cannes (juin 1995) fixe comme date butoir irrévocable du passage à la monnaie unique le 1er janvier 1999. Le sommet de Bruxelles (mai 1998) fixe la liste des pays qualifiés pour le passage à l'euro. Il s'agit de l'Allemagne, de l'Autriche, de la Belgique, de l'Espagne, de la Finlande, de la France, de l'Irlande, de l'Italie, du Luxembourg, des Pays-Bas et du Portugal. La Grande-Bretagne, le Danemark et la Suède ont décidé de repousser leur adhésion. La Grèce, qui ne satisfait pas, à ce moment-là, aux critères de convergence a rejoint la zone euro en janvier 2001.
Les pays qualifiés réussissent le passage à la monnaie unique le 1er janvier 1999. La disparition complète des monnaies des États membres et le règlement de l'ensemble des transactions en euro intervient le 1er janvier 2002.

b › La politique économique dans la zone euro

Depuis la mise en place de l'euro, il n'existe qu'une seule politique monétaire au sein de la zone euro, elle est conduite par la Banque centrale européenne dans le cadre du Système européen de banques centrales (SEBC). L'Europe a donc une banque de type fédéral : chaque banque centrale nationale met en œuvre sur son territoire la politique monétaire unique de l'Union (voir « Monnaie et financement » et « Politiques économiques »).
La mise en place de l'euro conduit à deux types de débats :

- Un débat sur l'avenir du SMI et la place que doit y occuper l'euro. La monnaie européenne est aujourd'hui la monnaie de la plus grande puissance économique du monde et de la première puissance commerciale. Elle peut donc prétendre à jouer un rôle essentiel d'autant que l'Europe dispose de puissantes places financières (Francfort, Paris et Londres si la Grande-Bretagne se rallie à l'euro). La crédibilité du passage à un système multidevises qui mettrait fin à l'hégémonie du dollar est donc renforcée par le passage à l'euro.
- Un débat sur la politique monétaire à mettre en œuvre en Europe. Avant le passage à la monnaie unique, beaucoup d'inquiétudes s'étaient exprimées. On craignait que la BCE, indépendante des gouvernements, ne mette en œuvre une politique d'euro fort exerçant un effet déflationniste sur l'économie européenne. On constate que, sur la base de la crédibilité acquise par le processus de convergence nominale, la BCE mène une politique assez pragmatique même si elle reste très orthodoxe en matière de lutte contre l'inflation.

⇨ Le fait que l'Union européenne, et plus particulièrement la zone euro, connaisse une croissance plus faible que l'ensemble de l'économie mondiale, fait l'objet de controverses. Pour certains, cette croissance lente de l'Europe résulte d'un défaut de coordination en matière de politique économique avec d'une part une politique monétaire unique qui privilégie la lutte contre l'inflation et d'autre part des politiques budgétaires nationales qui ne sont pas en mesure d'impulser vraiment une dynamique de croissance. Pour d'autres, l'atonie de l'économie européenne résulte d'une incapacité à opérer de véritables réformes de structures concernant le marché du travail, la protection sociale, etc.

c › De la crise des subprimes à la crise de la dette dans la zone euro

La crise des subprimes est marquée par la faillite de la banque américaine Lehman Brothers en septembre 2008. Il s'agit d'une crise financière qui éclate aux États-Unis en 2007 et dont l'origine réside dans un niveau excessif de dette privée : dette des ménages en liaison avec la bulle immobilière, dette des entreprises et dettes des banques et des organismes financiers. Cette crise a un fort impact sur l'économie réelle, avec la chute de la production et du commerce mondial en 2009, la hausse du chômage, la baisse du crédit et des investissements, etc.

Pour comprendre ses effets sur la zone euro, il faut distinguer les **chocs symétriques**, changements brusques de certaines variables qui affectent l'équilibre macroéconomique de l'ensemble des pays de la zone euro, et les **chocs asymétriques**, qui touchent seulement certains pays au sein de la zone. La crise de 2007-2008 constitue pour la zone euro un choc symétrique de grande importance, qui conduit à s'interroger sur l'avenir de la zone euro, en posant la question de la sortie de certains pays, voire de l'éclatement de la zone. Il a entraîné une baisse du cours de l'euro sur les marchés des changes. L'effet principal de ce choc macroéconomique est une crise des dettes souveraines qui se manifeste d'abord en Grèce, puis au Portugal, en Espagne, au Portugal, en Italie. Cependant, l'explication usuelle selon laquelle les pays de la zone euro seraient victimes d'un laxisme budgétaire ayant conduit à un accroissement excessif de la dette ne résiste pas à l'analyse. En effet, si la Grèce avait bien dissimulé une partie de son déficit et de sa dette, l'explication ne vaut pas pour tous les pays. L'Italie avait un **excédent primaire** de ses finances publiques avant le déclenchement de la crise, c'est-à-dire qu'elle était en excédent budgétaire si on met de côté la charge de la dette. La dette publique de l'Espagne ne représentait que 35 % de son PIB en 2007, niveau faible parmi les pays développés. Globalement, la zone euro a un déficit public total et une dette totale (en % du PIB) plus faible que celle du Japon, des États-Unis et du Royaume-Uni.

Comment expliquer que d'autres pays ne connaissent pas de crise de la dette, alors qu'au sein de la zone euro cette crise apparait comme très préoccupante ?

- La première explication vient du fait que la zone euro ne dispose pas d'une instance de décision politique correspondant à son importance économique. Certains opérateurs, surtout lorsqu'ils constatent la lenteur de réactions des instances européennes, pensent dans ces conditions pouvoir faire jouer certaines économies de la zone euro contre d'autres. Sil n'est plus possible par exemple de spéculer sur les monnaies, comme cela se faisait couramment au temps du SME, les spéculateurs se sont reportés sur les titres de dette, et donc sur les taux d'intérêt. Le Pacte de stabilité et de croissance, même réformé, s'est révélé inadapté pour assurer la gouvernance économique de la zone. Alors qu'aux États-Unis la politique budgétaire du gouvernement fédéral a été étroitement articulée à la politique de la Réserve fédérale, les deux agissant dans le but de soutenir la croissance et l'emploi, l'impossibilité du *policy mix* au sein de la zone euro est apparue particulièrement problématique en période de crise. C'est pourquoi beaucoup d'économistes soulignent qu'une sortie par le haut de la crise suppose un renforcement du fédéralisme. Selon la formule de M. Aglietta, la zone euro est confrontée à l'alternative suivante : fédéralisme ou éclatement. Le simple renforcement des règles budgétaires, y compris la mise en place d'une « règle d'or » des finances publiques, semble insuffisant (voir « Politiques économiques »).
- Le second facteur explicatif concerne l'évolution de la spécialisation des différents pays de la zone. Les concepteurs de l'Union économique et monétaire et de la zone euro étaient persuadés que l'intégration par le marché conduirait à un rapprochement des caractéristiques économiques des pays membres (à une homogénéité croissante de la zone). Or, conformément aux analyses de la nouvelle économie géographique, c'est le contraire qui s'est produit : la recherche d'**économies d'agglomération** a conduit à ce que les pays d'Europe du nord se spécialisent de plus en plus dans la production de biens industriels exportables et les pays du sud de la zone dans la production de services non exportables. On parle d'économies d'agglomération pour désigner les économies d'échelles et les externalités dont bénéficient les firmes quand elles s'agrègent au sein d'une même zone géographique. Cette dynamique de spécialisation asymétrique, dans un contexte où les échanges extérieurs des pays membres se réalisent essentiellement au sein de la zone euro, conduit à ce que certains pays accumulent les excédents extérieurs (particulièrement l'Allemagne, alors que d'autres (les pays du sud, y compris la France) creusent les déficits. De ce fait, en l'absence de transferts au sein de la zone pour compenser ces déséquilibres, les pays déficitaires sont de plus en plus endettés, ce qui se traduit, à terme, par une perte de confiance des prêteurs, une hausse des taux d'intérêts et des difficultés macroéconomiques croissantes. Au sein de l'euro, les pays qui accumulent les déficits extérieurs, ne peuvent pas jouer de la dévaluation. Dès

lors, ils sont confrontés à une alternative intenable : soit mener des politiques d'austérités très coûteuses en termes de baisse de production, de chômage, d'appauvrissement d'une partie de la population et en fin de compte de crise politique; soit sortir de l'euro pour dévaluer, mais le coût social et politique est lui aussi très élevé (augmentation de la charge de la dette libellée en euro, difficulté à se financer sur les marchés, augmentation du coût des importations, etc.). Pour échapper à cette alternative et sauver l'euro, la seule solution est, là encore, de renforcer le fédéralisme et notamment de réaliser des investissements dans les pays du sud pour y favoriser la compétitivité, croissance et l'emploi.

Ainsi, les deux explications fondamentales de la crise de la dette souveraine en Europe ramènent à la question du fédéralisme et donc à l'incontournable articulation entre le politique et le monétaire.

Pour en savoir plus

Initiation

- Aglietta M. (2008), *Macroéconomie financière*, La Découverte, Coll. Grands Repères.
- Artus P. (2008), *La crise financière. Causes, effets et réformes nécessaires*, PUF.
- Artus P. et Gravet I. (2012), *La crise de l'euro*, A. Colin.
- Benassy-Quéré A. et Coeuré B. (2010), *Économie de l'euro*, La Découverte, Coll. Repères.
- Brender A., Pisani F., Gagna M. (2012), *La crise des dettes souveraines*, La Découverte, Coll. Repères.
- Farvaque E. (2010), *Les produits financiers dérivés*, La Découverte, Coll. Repères.
- Jacquillat B. et Levy-Garboua V. (2011), *Les 100 mots de la crise financière*, PUF, Coll. Que sais-je?
- Jegourel Y. (2010), *Les produits financiers dérivés*, La Découverte, Coll. Repères.
- Lelart M. (2011), *Le système monétaire international*, La Découverte, Coll. Repères.
- Marteau D. (2012), *Les marchés de capitaux*, A. Colin, Coll. Cursus.
- Plihon D. (2012), *Les taux de change*, La Découverte, Coll. Repères.

Approfondissement

- Aglietta M. (2008), *La crise. Pourquoi on en est arrivé là? Comment en sortir?*, Michalon.
- Allégret J.-P. et Le Merrer P. (2007), *Économie de la mondialisation*, De Boeck, Coll. Ouvertures économiques.
- Allegret J.-P. (2008), *Monnaies, finance et mondialisation*, Vuibert.
- Artus P. et al. (2008), *La crise des subprimes*, Rapport du CAE, La Documentation française.
- Benassy-Quéré A., Pisani-Ferry J., Mistral J., Rey H. (2011), *Réformer le système monétaire international*, Rapport du CAE, La Documentation française.
- Bourguinat H., Teïletche J., Dupuy M. (2007), *Finance internationale*, Dalloz, Coll. Hypercours.
- Boyer R., Dehove M. et Plihon D. (2004), *Les crises financières*, Rapport du Conseil d'analyse économique, La Documentation française.

- Eichengreen B.J. (2011), *Un privilège exorbitant. Le déclin du dollar et l'avenir du système monétaire international*, Odile Jacob.
- Giraud P.-N. (2009), *Le commerce des promesses*, Seuil, Coll. Points.
- Lemoine M., Madiès Ph. et Madiès Th. (2012), *Les grandes questions d'économie et de finance internationales*, De Boeck, Coll. Ouvertures économiques.
- Mishkin F. (2010), *Monnaie, banque et marchés financiers*, Pearson.
- Mucchielli J.L., Mayer Th. (2010), *Économie internationale*, Dalloz, Coll. Hypercours.
- Pisani-Ferry J. (2011), *Le réveil des démons. La crise de l'euro et comment nous en sortir*, Fayard.
- Regards croisés sur l'économie (2008), *Comprendre la finance contemporaine*, n° 3, mars, La Découverte.
- Regards croisés sur l'économique (2012), *L'Europe après la crise*, n° 11, juin, La Découverte.

chapitre 21

La globalisation financière

La **globalisation financière** désigne la tendance à la constitution d'un marché mondial unique des capitaux. Le mouvement général de déréglementation financière des années 1980 a abouti à une grande liberté de circulation des capitaux qui se déplacent massivement d'une place à une autre, parfois pour des modifications très modestes des paramètres financiers (taux d'intérêt, taux de change), rendant les différents marchés complètement interdépendants. Par ailleurs, la plupart des gestionnaires de fonds ont fait de la diversification internationale de leur portefeuille un principe de base de leur gestion. L'interconnexion informatique des réseaux financiers a renforcé le phénomène en facilitant les transactions. Les différents marchés de capitaux (longs ou courts) sont donc de plus en plus intégrés : ils fonctionnent en permanence, compte tenu des décalages horaires, et le volume des échanges est de plus en plus important.

Cette globalisation suscite de nombreux débats. Certains économistes considèrent que l'ouverture des marchés de capitaux permet de financer l'économie mondiale dans de meilleures conditions alors que d'autres pensent que la financiarisation se développe au détriment de l'économie réelle (production, emploi). On s'interroge aussi sur l'instabilité des marchés financiers et sur les moyens de prévenir les crises financières. La crise des subprimes de 2007 et des conséquences a conduit à une réévaluation critique de la globalisation financière. Beaucoup d'économistes et de responsables politiques insistent sur la nécessité d'un renforcement de la réglementation.

> I Facteurs et étapes de la globalisation financière

> A Les fonctions de la finance

Selon **P. N. Giraud** (*Le commerce des promesses*, 2009) on peut distinguer cinq fonctions de la **finance**.

– Une fonction de transfert de richesse dans le temps.
Un agent économique qui épargne (ou qui gagne au Loto) souhaite disposer plus tard des sommes correspondantes pour consommer ou pour les transférer à d'autres individus (transmission du patrimoine par don ou héritage). Il est donc nécessaire que les fonds correspondants soient placés (et non thésaurisés) afin de produire un revenu qui doit, au minimum, assurer une compensation contre une dépréciation éventuelle. Ce revenu ne peut être produit que si les fonds ainsi placés sont utilisés par un agent économique qui va les utiliser pour produire des richesses nouvelles. Les débats actuels autour des fonds de pension et de la retraite par capitalisation renvoient à cette fonction de la finance.

– Une fonction de gestion des risques.
Lorsqu'un agent économique réalise un transfert de richesse dans le temps, il est soumis à un risque : le placement réalisé peut se révéler malencontreux (faillite du débiteur, baisse du cours des titres ou des actifs immobiliers etc.). De même, un agent qui prévoit d'acheter plus tard (de quelques jours à quelques années) un actif (par exemple des devises) court un risque lié à la variation du cours de cet actif. La finance permet de réduire le risque en le répartissant (fonction de mutualisation des risques). Elle permet aussi de le transférer à des agents qui ont une moindre aversion pour le risque.

– Une fonction de mise en commun des richesses.
La finance permet de mobiliser les capitaux nécessaires à la réalisation de projets qui dépassent les capacités d'épargnants individuels. Les sociétés (notamment les sociétés par actions) ont été créées depuis fort longtemps dans cette

perspective. Dès le Moyen Âge, des marchands génois ou vénitiens utilisaient cette possibilité. On assiste aujourd'hui à des opérations d'investissement de très grande ampleur qui nécessitent des capitaux considérables (les méga-fusions en sont une manifestation). Le recours aux marchés financiers est un moyen de se procurer ces capitaux par émission de titres (actions et obligations notamment).

– Une fonction d'information.

Les marchés constituent un processus de découverte et de diffusion de l'information qui est véhiculée pour l'essentiel par les prix. Cette information est publique (on connaît le cours des titres, les taux d'intérêt, les taux de change) et elle est utilisée par les agents pour prendre leurs décisions. Plus les marchés sont développés, plus l'information est abondante et représentative de la situation d'ensemble de l'économie. Le recours croissant à la finance de marché, la libéralisation des taux d'intérêt et des taux de change qui se manifeste dans l'économie mondiale depuis le début des années 1980 sont considérés comme un renforcement de la capacité des marchés à produire de l'information.

– Une fonction de règlement.

L'activité économique suppose de très nombreux règlements (dettes liées à des opérations sur marchandises, à des mouvements de capitaux, à des transactions sur les produits financiers, etc.) Ces règlements doivent être organisés, cela suppose des règles institutionnelles et des moyens techniques (informatiques aujourd'hui pour l'essentiel). Les places financières se font concurrence en particulier sur leur capacité à opérer de façon efficace les règlements.

> B
La globalisation financière : une longue histoire

a › Les mouvements de capitaux du XIXe siècle aux Trente Glorieuses

Dans un monde où les systèmes financiers seraient totalement fermés, l'investissement serait nécessairement égal à l'épargne au sein de chaque économie nationale (voir « Épargne et patrimoine »). Plus la corrélation entre taux d'épargne et taux d'investissement est élevée, plus les marchés de capitaux sont fermés et réciproquement.

Au XIXe siècle, sous le régime de l'étalon-or, les mouvements de capitaux étaient libres et des études du FMI confirment que la corrélation entre taux d'épargne et taux d'investissement était faible. Selon **J. Bouvier**, la Grande-Bretagne exportait près de 40 % de son épargne nationale et la France environ 20 %. Les pays « jeunes » sur le plan démographique comme sur le plan économique (États-Unis, Canada, Australie, etc.) mobilisaient l'épargne des pays plus « vieux » pour financer leur démarrage économique. On peut parler, avant 1914, d'une finance mondialisée. Cette mondialisation était cependant en grande partie maîtrisée par la domination de la livre sterling et de la place financière de Londres : la City assurait, dans une certaine mesure, une régulation privée de la finance mondiale.

Dans l'entre-deux-guerres, l'absence de système monétaire international (voir « Relations monétaires internationales »), la dépression des années 1930 et le contexte politique, conduisent à fragmentation de l'espace financier mondial. À partir de la Conférence de Bretton Woods, la liberté du commerce et la stabilité des changes s'accompagnent d'une relative fermeture des marchés de capitaux. Beaucoup de pays instaurent des systèmes de contrôle des changes et, au sein des systèmes financiers nationaux, la réglementation est forte et les marchés sont cloisonnés. Les études du FMI confirment, pour cette période et pour les pays industrialisés, une forte corrélation entre taux d'épargne et taux d'investissement. Du point de vue du **Triangle des incompatibilités**, la situation est donc caractérisée par la stabilité des taux de change, une faible mobilité des capitaux et une assez grande autonomie des politiques économiques.

b › Du choc pétrolier à nos jours : une nouvelle période de globalisation

Dès les années 1960, certaines composantes de la globalisation financière se font jour, notamment à travers le développement du marché de **l'Euro-Dollar**. Ces avoirs en dollars, détenus hors des États-Unis par des non-résidents américains, se constituent notamment en raison du plafonnement des taux d'intérêt aux États-Unis. Les détenteurs d'avoirs en dollars trouvent des placements plus rémunérateurs auprès des Euro-banques qui, à leur tour, prêtent les sommes collectées aux entreprises qui veulent réaliser des investissements internationaux.

Mais c'est surtout à partir des années 1970 que la globalisation financière prend son essor :

- Le passage au flottement des monnaies en 1973 a accru la volatilité des taux de change et conduit à des **innovations financières** destinées à assurer une meilleure couverture des risques mais qui ont aussi ouvert de nouvelles possibilités à la spéculation.
- Les chocs pétroliers de 1974-1979 ont mis à la disposition des pays exportateurs de pétrole des ressources considérables. Il a donc fallu organiser le recyclage de ce que l'on a appelé les « pétrodollars ». Les banques internationales ont joué un rôle considérable dans ce processus en collectant des dépôts et en accordant des prêts à des pays du Tiers-monde dont les besoins de financement devenaient considérables. Entre 1974 et 1982, l'encours de la dette publique des pays en développement augmente de 216 % et l'en-

cours de la dette privée augmente de 341 % (les ressources financières privées étant principalement levées sur les Euro-marchés).

- Toujours dans les années 1970 et au début des années 1980, le Japon et l'Allemagne qui ont des taux d'épargne élevés et des excédents extérieurs contribuent au financement de l'économie mondiale et réalisent des placements importants, notamment aux États-Unis qui doivent emprunter sur les marchés mondiaux pour financer le déficit fédéral.
- À partir de 1979-1980, les pays développés ont amplifié leur politique de **déréglementation**, de **décloisonnement** et de **désintermédiation** (la « **règle des trois D** » d'**H. Bourguinat**). Les marchés de capitaux ont été de plus en plus ouverts ce qui a favorisé l'intégration financière internationale. Peu à peu se constitue un marché mondial unifié des capitaux qui offre aux opérateurs la possibilité d'arbitrer entre les différents marchés. Les **investisseurs institutionnels** (fonds de pension, compagnies d'assurance, etc.) cherchent à jouer au mieux de ces nouvelles opportunités de placement.
- À partir du début des années 1980, les pays développés optent pour des politiques de désinflation, mais connaissent aussi des déficits publics et extérieurs importants (En 1985, pour la première fois depuis 1918, les États-Unis deviennent débiteurs nets du reste du monde). Les mouvements de capitaux (et notamment les investissements directs) concernent essentiellement les pays riches. La crise de la dette du Mexique, de l'Argentine et du Brésil confirme de façon spectaculaire la fragilité du système financier international et provoque un mouvement de désengagement des banques que les secrétaires d'État au Trésor des États-Unis s'efforcent d'enrayer (**Plan Baker** puis **Plan Brady**). En octobre 1987, la Bourse de New York, puis l'ensemble des bourses mondiales sont frappées par un krach financier.
- Dans les années 1980, on observe d'amples mouvements des cours du change et en particulier du dollar. L'année 1989 est celle de la chute du mur de Berlin : la réunification de l'Allemagne va conduire ce pays à emprunter sur les marchés de capitaux pour financer la transition au marché des Länders de l'Est. Dans le même temps, la mondialisation de l'économie se poursuit. Les investissements directs étrangers (IDE) progressent plus vite que les exportations mondiales à partir de 1985. Le stock d'IDE rapporté au PIB mondial double entre 1985 et 1997 passant de 6,4 % à 13,1 %.
- Dans les années 1990 et 2000, on assiste à l'essor des marchés émergents. La crise de la dette du début des années 1980 a été peu à peu résorbée et, surtout, on découvre des pays au fort potentiel de croissance qui offrent d'importantes opportunités de placement en même temps qu'ils libéralisent leurs économies et s'ouvrent au marché mondial. Une partie de l'épargne des pays émergents est désormais placée dans les pays riches. C'est ainsi que la Chine, notamment, contribue à satisfaire le besoin de financement de l'économie des États-Unis. Ce recyclage des excédents d'épargne de cer-

tains pays d'Asie et de certains pays exportateurs de pétrole permet de contre-balancer l'effet déflationniste sur l'économie mondiale de l'accumulation de réserves de changes qui résulte de leurs excédents commerciaux.

On peut dire, en résumant, que la mondialisation financière a été marquée, jusqu'ici, par deux étapes essentielles :

- de 1974 à 1982 : développement de flux Sud/Sud (via les euro-banques et donc un financement intermédié) ;
- de 1982 à la fin des années 1990 : essor des flux Nord/Nord qui passent pour l'essentiel par les marchés. C'est au cours de cette seconde phase que se réalise l'essentiel du mouvement de transformation des marchés financiers (Big bang de Londres puis de Paris, essor des produits dérivés, etc.).

À partir des années 2000, des flux de placement Sud-Nord s'ajoutent à l'intensification des placements Nord-Nord.

> II Globalisation et instabilité financières

> A La récurrence des crises monétaires, financières et bancaires

a › Les crises des années 1980

1 › La crise de la dette mexicaine

En 1982, la crise de la dette du Tiers-monde débute lorsque le Mexique annonce qu'il est dans l'impossibilité de faire face à ses engagements. Cette situation résulte de la politique de recyclage des pétrodollars qui a conduit un certain nombre de pays du Sud à s'endetter fortement. Lorsque, à la suite du retournement de la politique monétaire américaine de 1979, le cours du dollar et les taux d'intérêt s'envolent, certains débiteurs ne peuvent plus assurer la charge des remboursements. Il faudra l'intervention vigoureuse des autorités américaines, pour que cette crise de la dette soit progressivement résorbée. Dans un premier temps, pour éviter une crise majeure de liquidité, la BRI a accordé un crédit relais au Mexique. Puis des politiques d'ajustement structurel ont été mises en place sous l'égide du FMI afin de reconstituer la capacité de remboursement des pays endettés. Ces mesures se révélant insuffisantes, le Secrétaire d'État au Trésor des États-Unis, **J. Baker** lança en 1985 le plan qui porte son nom et qui visait à convaincre le FMI, la Banque mondiale, mais aussi les banques privées de faire de nouveaux apports de fonds aux pays en développement afin de favoriser la croissance. Cette politique fut complétée en 1989 par le Plan Brady (du nom du successeur de Baker au poste de Secrétaire au Trésor) qui organisa la transformation d'une partie de la dette en actions d'entreprises privatisées et en obligations (**mobiliérisation**). Ces deux plans eurent pour effet de réintégrer certains PED dans la communauté financière internationale, ce qui conduisit au début des années 1990, à de nouveaux afflux de capitaux.

2 › Le krach boursier de 1987

À la suite de la décision des pays du G5 de stabiliser le cours du dollar lors de l'accord du Louvre (22 février 1987), on pouvait espérer que « l'atterrissage en douceur » de la monnaie américaine était un succès. Mais l'apparition d'un désaccord entre les autorités américaines et allemandes quant à la politique monétaire à mettre en œuvre déclenche, en octobre 1987, une spéculation à la baisse du dollar. Les opérateurs revendent tout ou partie de leur portefeuille de valeurs mobilières pour vendre des dollars et acheter des marks, ce qui provoque une chute très importante de la Bourse de New York. Le premier jour de la crise, le 19 octobre 1987, les cours de Wall Street chutent de 30 %. La crise se diffuse sur les autres grandes places financières. Elle n'est jugulée que par la décision de la Réserve fédérale des États-Unis de refinancer sans limitation le système bancaire afin d'éviter une crise d'illiquidité et de solvabilité. Cet épisode est important car il montre que les marchés ne peuvent être maîtrisés que si les différentes autorités monétaires des grands pays agissent de façon concertée et cohérente. La spéculation s'engouffre dans toute brèche qui s'ouvre entre les Banques centrales. Le krach de 1987 montre aussi le rôle décisif du prêteur en dernier ressort pour éviter le déclenchement d'une crise systémique.
L'instabilité financière ne concerne pas que l'endettement et les changes, elle concerne aussi le système bancaire. Pendant les années 1980, les États-Unis, par exemple, ont connu de nombreuses faillites de banques et de caisses d'épargne. Pour faire face à cette crise, il a fallu dépenser en aides publiques et en assurance des dépôts 439,7 milliards de dollars.

b › Les années 1990 : la montée des périls

1 › La crise du SME de 1992-1993

En 1992 se déclenche une première vague de spéculation contre la livre sterling, la lire italienne, la peseta espagnole et l'escudo portugais. Ces pays rencontrent des difficultés en matière de compétitivité et les spéculateurs anticipent des dévaluations. De fait, la lire et la livre quittent le SME et flottent à la baisse tandis que la peseta et l'escudo sont dévalués. Les spéculateurs qui avaient vendu ces monnaies avant qu'elles ne soient dévaluées ou qu'elles ne se déprécient et qui les rachètent ensuite réalisent des gains de 10 à 20 % du montant total de leurs opérations.

En 1993 se déclenche une attaque contre le franc et la livre irlandaise que les fondamentaux de l'économie ne justifient pas. Pour les spéculateurs, la politique de convergence imposée par le Traité de Maastricht n'est pas politiquement et socialement soutenable. Ils craignent que les forces politiques qui, en France, sont favorables à une « autre politique » fondée sur la relance budgétaire et la dépréciation du franc ne soient en mesure de l'emporter. On a aussi mis en cause le comportement de certains groupes financiers anglo-saxons qui avaient l'intention de faire obstacle au passage à la monnaie unique en Europe. Les autorités européennes portent alors les marges de fluctuation du SME à plus ou moins 15 % (au lieu de plus ou moins 2,25 %), ce qui désarme la spéculation. Par la suite, les autorités françaises maintiendront le franc dans l'ancienne bande des plus ou moins 2,25 % afin de montrer leur volonté de le stabiliser par rapport au mark et de préparer le passage à la monnaie unique.

Cette double crise est révélatrice des problèmes posés par la libéralisation des mouvements de capitaux qui a été réalisée en Europe à partir de 1992 dans le cadre de l'achèvement du Marché Unique Européen.

En dépit de ces crises, la marche vers la monnaie unique s'est poursuivie. Si l'euro depuis sa création a eu quelques difficultés, il a mis l'Union européenne à l'abri des crises résultant d'évolutions divergentes des cours du change des monnaies : les spéculateurs ne peuvent plus jouer le franc contre le mark (ou l'inverse).

2 › La crise du Mexique de 1994-1995

La crise mexicaine résulte paradoxalement des conditions de la sortie de la crise de 1982. L'intervention du FMI et du Trésor américain avait permis de résoudre la crise de la dette. Mais plus fondamentalement, c'est la politique mexicaine qui a été modifiée en profondeur : privatisations, déréglementation, signature d'un accord de libre échange avec les États-Unis et le Canada (mise en place de l'ALENA en 1993), émission de bons du Trésor mexicains indexés sur le dollar... autant de facteurs qui donnent confiance aux investisseurs internationaux. Les capitaux affluent donc à nouveau au Mexique à partir du début des années 1990, ce sont pour l'essentiel (à plus de 75 %) des placements sous forme de titres. Entre 1990 et 1993, les réserves de change se gonflent et le gouvernement mexicain met en place une politique de réduction du déficit budgétaire. L'élément central de ce contexte macroéconomique, c'est l'ancrage du peso par rapport au dollar qui conduit bien évidemment à une surévaluation de la monnaie mexicaine. Le déficit commercial se creuse en raison de la moindre compétitivité des produits mexicains et d'un emballe-

ment de la demande intérieure qui résulte de la baisse du taux d'épargne. Ainsi, la situation macroéconomique était contrastée, mais jusqu'à la fin de 1994, les marchés financiers ne prennent pas en compte les éléments défavorables. À partir de janvier 1994, un certain nombre d'événements de nature politique vont modifier le climat (révolte des indiens du Chiapas, assassinat d'un candidat aux élections présidentielles). En outre, l'évolution de la politique économique du Mexique suscite un mouvement de vente du peso contre dollar qui pousse le gouvernement mexicain à une dévaluation jugée insuffisante par les opérateurs : le peso flotte à la baisse et se déprécie de plus de 60 %. L'inflation grimpe à 50 % en rythme annuel. Cette crise du change débouche sur une crise boursière et sur une crise bancaire qui affecte le secteur « réel » de l'économie. En 1995 l'investissement se réduit de 25 % par rapport à 1994 et le PIB chute de 6,2 %. L'économie mexicaine perd 1,7 million d'emplois entre janvier 1995 et juin 1996.
En fin de compte, la crise sera résorbée par une opération de sauvetage international de grande envergure : sous l'égide du FMI et du Trésor américain, ce sont 50 milliards de dollars qui sont mobilisés et mis à la disposition du Mexique (dont 18 milliards pour le seul FMI). À partir du milieu de l'année 1995, les investisseurs recommencent à effectuer des placements au Mexique.

3 › La crise asiatique de 1997

Pendant les années 1980, après la crise de la dette de 1982, les pays en développement ont versé plus d'intérêts et de dividendes qu'ils n'ont reçu de capitaux nouveaux. À partir de 1991, ils redeviennent importateurs nets de capitaux. En 1996, à la veille de la nouvelle période de crise, les pays émergents ont reçu 140 milliards de dollars de capitaux privés étrangers dont la moitié au bénéfice de cinq pays : la Chine, le Brésil, le Mexique, la Thaïlande et l'Indonésie. Ces placements en provenance de l'étranger sont favorisés par le développement de marchés financiers émergents.
Ce contexte financier se révèle particulièrement porteur pour l'Asie de l'Est qui est, à partir des années 1980, le pôle le plus dynamique de l'économie mondiale. Après les « Quatre dragons » (Singapour, Hong Kong, Corée du Sud, Taiwan) pays relativement peu peuplés et bénéficiant d'un contexte politique particulier, la croissance concerne des pays beaucoup plus peuplés (Indonésie, Malaisie, Philippines, Thaïlande). La Chine entre elle aussi dans une dynamique de croissance (en raison notamment de la création de zones franches). On assiste donc à un phénomène de rattrapage économique qui repose notamment sur un taux d'épargne élevé, des situations macroéconomiques relativement équilibrées (faible inflation, soldes budgétaires maîtrisés), une industrialisation par remontée de filière, une assez forte intégration économique régionale, etc. Ces pays ont été incités, notamment par le FMI, à ouvrir leurs marchés de capitaux dans un contexte de changes fixes (la

plupart des monnaies sont rattachées à un panier de monnaies où le dollar occupe une place prépondérante).
On va assister progressivement à une montée des risques financiers sous l'effet de deux mécanismes :

- les institutions financières des pays développés souhaitent effectuer des placements rémunérateurs dans une zone de l'économie mondiale marquée par une forte croissance ;
- les banques et les entreprises des pays d'Asie de l'Est s'endettent au-delà du raisonnable en raison de l'euphorie ambiante et d'une offre abondante de capitaux.

La crise s'amorce avec le creusement du déficit commercial de la Thaïlande à partir de 1996-1997. Un mouvement de défiance s'amorce, des faillites immobilières se produisent, les entrées de capitaux se ralentissent et cessent de compenser le déficit commercial. À partir de mai 1997, une spéculation à la baisse du bath se déclenche. Le 2 juillet 1997, le gouvernement laisse flotter le bath, les sorties de capitaux s'amplifient en dépit d'une hausse importante des taux d'intérêt. La bourse s'effondre, les banques et les entreprises deviennent insolvables, l'économie entre en récession notamment sous l'effet d'une contraction brutale du crédit. La contagion régionale est très rapide. Les capitaux fuient en effet les pays de la région qui présentent les mêmes risques que la Thaïlande. La Malaisie, les Philippines et l'Indonésie laissent flotter leurs monnaies. Le won coréen est attaqué en octobre 1997 et perd 50 % de sa valeur en deux mois.
Tous les pays de la région entrent en récession, le pouvoir d'achat des ménages baisse. Le FMI doit intervenir et accorder des financements sans précédent. Ces prêts sont assortis de politiques d'ajustement qui amplifient la récession (la consommation baisse de 20 % en Corée).
La situation commence à se rétablir au cours de l'année 1998 et la croissance reprend lentement en 1999 et 2000.
Les mécanismes à l'œuvre dans cette crise sont de même nature que ceux qui ont affecté le Mexique : afflux de capitaux puis retraits massifs provoquant une crise de liquidité et de solvabilité qui débouche sur une récession. L'ampleur des mouvements de fonds est bien plus considérable qu'au Mexique et les systèmes financiers beaucoup plus fragiles (faiblesses des règles prudentielles, corruption, liens entre les banques, les entreprises industrielles et le monde politique).

4 › La crise russe de 1998

La crise russe résulte pour une part d'un effet de contagion de la crise asiatique (retraits de fonds), mais d'autres facteurs sont à l'œuvre.
L'État russe est dans une situation très difficile : les rentrées fiscales sont très insuffisantes (corruption, marché noir etc.) et le gouvernement emprunte en

émettant des obligations dont les rendements sont assez élevés. Les opérateurs internationaux souscrivent car ils considèrent que le FMI et les États-Unis ne laisseront pas s'effondrer le système politique d'une puissance nucléaire. On est donc en présence d'une situation typique de risque moral : le débiteur (l'État russe) et les créanciers (banques internationales, fonds d'investissement, etc.) adoptent un comportement d'autant plus risqué que l'on compte sur un tiers qui assure la solvabilité du débiteur. Le 13 juillet 1998, le FMI accorde une aide de 22,6 milliards de dollars. Pour autant l'endettement de la Russie continue à augmenter. Le 15 août 1998, le gouvernement russe provoque une surprise sur les marchés : il annonce qu'il laisse le rouble se déprécier sur le marché des changes et qu'il restructure sa dette privée (il reporte dans le temps les remboursements) et il proclame un moratoire des engagements extérieurs des banques russes. Cette opération provoque une perte de plusieurs milliards de dollars pour les agents privés détenteurs de titres d'emprunts publics russes.

C › Les années 2000 : des crises financières d'un type nouveau ?

1 › La crise argentine du début des années 2000

À partir de 1991, et à la suite d'une inflation qui a sapé la confiance dans la monnaie et dans les autorités monétaires, l'Argentine a mis en place un système de ***Currency Board***. Il s'agit d'un système dans lequel la monnaie nationale est rattachée de façon rigoureusement fixe à une autre monnaie ou à un panier de monnaie (dans le cas de l'Argentine, le peso était rattaché au dollar des États-Unis). Dans un tel système, l'émission de monnaie est strictement déterminée par les réserves de change. Toute sortie de capitaux devant se traduire par une contraction de la circulation monétaire intérieure. Jusqu'en 1998, la situation a été relativement favorable (croissance forte, entrée de capitaux, inflation jugulée, etc.). Mais en janvier 2002, après 42 mois de récession, des sorties massives de capitaux, une contraction du crédit bancaire et une suspension de l'activité bancaire, le Currency Board est abandonné et le peso est dévalué de 400 %. Dès novembre 2001, les retraits dans les banques étaient contingentés et ils ont été gelés à partir de décembre en même temps que se mettait en place un contrôle des changes serré. Les effets de la crise ont été considérables : chute de la production de 15 % au premier semestre 2002, hausse des prix de 30 % au cours de la même période, taux de chômage de 25 % en juin 2002 et augmentation du taux de pauvreté (plus de la moitié de la population se retrouve en dessous du seuil de pauvreté). À la suite de ce choc, l'Argentine est parvenue à imposer à nouveau le peso comme monnaie nationale (alors que le scénario d'une dollarisation complète de l'économie était tout à fait envisageable). Ce « relatif succès », qui a vu notamment une reprise de la production et de l'activité bancaire, s'accompagne d'une accumulation de pertes en capital qui pose un problème de solvabilité de l'ensemble des agents.

2 › Entreprises et marchés financiers : crise de confiance et instabilité

À partir du début des années 2000, une chute des cours sur les principaux marchés financiers (notamment aux États-Unis) s'amorce. Il s'agit d'une sorte de krach rampant qui frappe notamment les marchés spécialisés dans la nouvelle économie. Cette crise ne s'explique pas principalement par l'attentat du 11 septembre 2001, mais plutôt par « *l'exubérance irrationnelle* » des marchés dénoncée dès 1996 par **A. Greenspan** (alors président de la *Fédéral Reserv Bank* des États-Unis). Dans ce contexte spéculatif, la faillite du courtier en énergie Enron en décembre 2001, a joué un rôle décisif d'autant qu'elle a été suivie par celle d'autres grandes entreprises (Worldcom en juillet 2002, United Airlines en décembre de la même année). L'affaire Enron révèle au grand jour des opérations qui visent à dissimuler aux actionnaires et aux opérateurs des marchés (banques, experts, etc.) les informations réelles sur la situation des entreprises. C'est ainsi qu'Enron avait créé plus de 3 000 sociétés écrans pour dissimuler son endettement. En novembre 2003, le scandale qui affecte la multinationale italienne Parmalat confirme une situation préoccupante. Cette entreprise avait dissimulé un endettement colossal (plus de 11 milliards d'euros) et lorsque, sous la pression de ses créanciers, elle invoque l'existence d'un dépôt de près de 4 milliards d'euros auprès de la *Bank of America* aux Îles Caïmans, le document se révèle être un faux. C'est donc le manque de fiabilité de l'information financière et la mauvaise qualité de la **gouvernance d'entreprise** qui nuit à l'efficience des marchés. Diverses mesures sont adoptées dans les années qui suivent pour modifier les règles comptables internationales et pour renforcer les contrôles des comptes des entreprises.

Les études sur les crises financières (crises de change et/ou crises bancaires) confirment en premier lieu qu'elles sont devenues plus fréquentes depuis la fin du système de Bretton Woods. On constate aussi, depuis la crise du Mexique de 1982, l'existence de crises de la **dette souveraine** (où ce sont les États eux-mêmes et non plus seulement les agents privés qui ne sont plus en mesure de faire face à leurs engagements). Les « crises jumelles » (crise de change liée à une crise bancaire) sont aussi plus courantes avec effet de contagion. Ces crises sont aussi fortement récessionnistes dans les pays les plus récemment ouverts aux mouvements de capitaux. Elles ont un coût budgétaire élevé pour les pays concernés. Ces divers constats conduisent à s'interroger sur les moyens de prévenir les crises et, plus largement, de mettre en place une nouvelle organisation du système monétaire et financier mondial.

d › 2007-2012 : crise des « subprimes », « grande récession » et crise des dettes souveraines en Europe

La crise financière déclenchée en août 2007 est généralement considérée comme la plus importante depuis 1929. Au point qu'on parle parfois de

« grande récession » (par référence à la « grande dépression » des années 1930). Elle a occasionné pour le système bancaire international des pertes considérables. De très grandes banques ont été mises en faillites (comme la Northern Rock en Grande-Bretagne qui a été nationalisée, Bear Stearns aux États-Unis qui a été absorbée par J.-P. Morgan, Lehman Brothers aux États-Unis qui a disparu en septembre 2008, etc.). Mais la crise bancaire dure bien au-delà du choc initial. La banque Dexia a été démantelée à l'automne 2011 et un plan de recapitalisation des banques espagnoles est mis en place en Europe au début de l'été 2012. Des dirigeants de grandes banques ont été contraints à la démission, des licenciements importants sont intervenus dans certains groupes financiers. En France, « l'affaire de la Société Générale » a résulté à la fois des pertes liées à la crise financière et de celles occasionnées par la gestion aventureuse de l'un des opérateurs de la banque.
Cette crise bancaire, qui est la conséquence d'une crise des dettes privées, a entraîné ensuite une crise financière, qui affecte les marchés financiers (et pas seulement les banques) et a eu des effets importants sur l'économie réelle. On est donc en présence d'un choc systémique, puisqu'une crise sur un marché particulier (le crédit immobilier aux États-Unis) a finalement affecté l'ensemble de l'économie mondiale.

L'économie mondiale 2006-2012
(taux de croissance en %)

	2006	2007	2008	2009	2010	2011	2012
PIB mondial	5,4	5,0	3,0	−0,7	5,1	3,9	3,5
dont Pays avancés	2,9	2,6	0,6	−3,7	3,1	1,6	1,4
dont pays émergents et pays en développement	8,1	8,0	6,0	2,8	7,3	6,2	5,7
Commerce mondial	9,2	7,2	3,0	−10,7	12,8	5,8	4,0

Source : FMI, Rapport semestriel sur les perspectives de l'économie mondiale (pour l'année 2012, projection FMI avril 2012).

La crise a pris sa source sur le marché du crédit hypothécaire aux États-Unis. Pendant le début des années 2000, dans un contexte de politique monétaire accommodante et de croissance soutenue de l'économie américaine, les banques ont accordé des crédits immobiliers à des ménages peu solvables. Ces crédits étaient à taux variables (faibles au début, puis fortement croissants ensuite) et ils étaient garantis par la valeur des biens immobiliers acquis. Dans la première moitié de l'année 2007, le boom de l'immobilier américain s'est interrompu, des défauts de paiements de plus en plus nombreux sont intervenus et ces crédits à risque (« **crédits subprimes** ») sont devenus des pertes potentielles pour les banques. On a alors découvert qu'une bonne partie de ces crédits avaient été titrisés, c'est-à-dire transformés en actifs financiers négociables et revendus à d'autres banques attirées par des rendements élevés. Si la **titrisation** permet en principe de répartir les risques (la banque qui a accordé les prêts en revend une partie à d'autres acteurs financiers) elle conduit aussi à disséminer ce risque. Plus grave, de nombreux opérateurs avaient acheté ces titres représentatifs de crédits hypothécaires américains sans connaître exactement la nature des actifs dont ils faisaient l'acquisition et sans mesurer exactement le risque pris (donc sans se couvrir). Le déclenchement de la crise a amplifié les pertes (immeubles saisis et vendus entraînant la baisse du prix de l'immobilier et donc la montée des risques). En dépit d'interventions vigoureuses des banques centrales (forte baisse des taux d'intérêt aux États-Unis, interventions concertées pour alimenter les marchés en liquidités), la crise de confiance a conduit à un fléchissement des cours boursiers, à un pessimisme des ménages et des entrepreneurs, à un resserrement du crédit des banques et à des faillites bancaires. Il n'y a donc pas eu de crise générale de liquidité ou d'effondrement général du système bancaire comme en 1929, grâce à l'action concertée des banques centrales, des gouvernements et des institutions financières internationales. Cependant, de l'avis général, cette crise conduit à une remise en cause du capitalisme financiarisé tel qu'il s'est développé à partir des années 1980 :

- D'une part, un lien a été établi entre le creusement des inégalités qui marque les années 1990-2000 (à des degrés divers selon les pays) et la montée de l'endettement qui a conduit à une bulle de crédit.
- D'autre part, la crise a mis en évidence une grave insuffisance de régulation du secteur financier. Les institutions financières ont mal contrôlé en interne les prises de risque et les autorités de contrôle prudentiel ont été défaillantes au niveau global. Elles ont d'ailleurs été renforcées et réformées au cours de la dernière période. Par ailleurs, les déséquilibres macroéconomiques (dus aux déficits publics à l'accumulation de déficits extérieurs – notamment aux États-Unis –, aux excédents extérieurs – notamment en Chine –, et à l'accumulation de réserves de change par les pays émergents), ont créé au final les conditions de l'éclatement et de la contagion de la crise.

C'est donc la question du pilotage de la globalisation financière dans son ensemble qui est posée : réforme de la surveillance des institutions financières et des marchés financiers, réforme du système monétaire international, coordination des politiques macroéconomiques. Si des mesures ont été prises (lutte contre les paradis fiscaux décidée par le G 20, adoption de la loi Dodd-Frank aux États-Unis en 2010, création d'une « union bancaire » en Europe en 2012), elles sont généralement considérées comme insuffisantes. En effet, la crise a accentué la concentration du système bancaire et donc le risque d'aléa moral : certaines banques sont, plus que par le passé, « trop grosses pour faire faillite » (*Too big to fail*) et les mesures prises sont souvent considérées comme insuffisantes ou trop lentes à se mettre en œuvre. Par exemple les nouvelles normes prudentielles de Bâle III ne s'appliqueront totalement qu'à partir de 2019.

⇨ Cette crise pose le problème de l'efficience des marchés et de la qualité des règles prudentielles. En dépit du renforcement de ces règles depuis le krach 1987 et du développement de l'activité des autorités de régulation, on a débouché sur une crise financière qui résulte de la mauvaise qualité de l'information et d'une grave insuffisance dans la gestion des risques tant au niveau de chaque banque ou institution financière qu'au niveau du système financier dans son ensemble.

> B Instabilité financière et risque de système

Les marchés financiers sont un moyen de gérer les ajustements nécessaires au sein de l'économie mondiale, l'essor de la finance peut donc être considéré comme une réponse à la montée des risques et à l'ampleur des ajustements rendus nécessaires du fait des évolutions macroéconomiques depuis le milieu des années 1970. Cependant, pour que les marchés remplissent une telle fonction d'ajustement, il faut qu'ils soient efficients.

La **théorie des marchés efficients** a été développée par **E. Fama** à partir de 1965. Pour cet auteur, un marché financier est dit efficient si et seulement si l'ensemble des informations disponibles concernant chaque actif financier côté sur ce marché est immédiatement intégré dans le prix de cet actif.

On distingue traditionnellement trois types d'efficience (qui correspondent à des fonctions différentes du marché) :

- l'**efficience allocationnelle** qui signifie que le marché est capable d'allouer les fonds vers les emplois les plus productifs. Le marché sélectionne les émetteurs de titres qui ont les projets d'investissements et les perspectives de développement les plus prometteurs. Les capitaux disponibles contribuent donc au mieux au financement de la croissance ;
- l'**efficience opérationnelle** qui signifie que le fonctionnement du marché permet aux offreurs et aux demandeurs de capitaux de se rencontrer au moindre coût ;
- l'**efficience informationnelle** qui signifie que toute l'information susceptible d'influencer le prix d'un actif financier est prise en compte par les opérateurs.

Ces trois types d'efficience sont liés entre eux et c'est l'efficience informationnelle qui joue le rôle essentiel car les deux autres types d'efficience en dépendent.

Pour que les marchés financiers soient efficients, il faut que plusieurs conditions soient réunies :

- Les opérateurs sur ces marchés doivent être rationnels, c'est-à-dire qu'ils doivent réagir de façon cohérente aux informations qu'ils reçoivent et ils doivent chercher à maximiser leur espérance de gain en prenant en compte les risques associés aux différents placements.

- L'information doit circuler librement, elle doit être disponible simultanément pour tous les opérateurs qui doivent pouvoir la traiter en temps réel.
- L'information doit être gratuite.
- Les coûts de transaction doivent être nuls, ce qui suppose notamment qu'il n'y a pas d'impôt de bourse.
- Le marché doit être atomistique, c'est-à-dire qu'aucun opérateur ne doit être en mesure par ses seules décisions d'achat et de vente de faire varier le cours des actifs.

Lorsque ces conditions sont réunies, le marché est efficient ce qui signifie que le prix des actifs ne peut s'éloigner durablement de la valeur qui correspond aux déterminants fondamentaux (par exemple pour le taux de change : inflation, balance des paiements, taux d'intérêt etc.). Dans ce contexte, la spéculation est stabilisatrice : si, pour une raison quelconque, le cours s'éloigne de sa valeur fondamentale, certains opérateurs vont acheter (si l'actif est sous-évalué) ou vendre (si l'actif est surévalué) ce qui ramènera le cours vers sa valeur d'équilibre.

Il est évident que toutes les conditions de l'efficience ne sont pas réunies sur les marchés tels qu'ils fonctionnent effectivement. La question posée est donc celle du degré d'efficience des marchés et de l'ampleur et de la durée des déviations des cours par rapport aux cours d'équilibre. Certains économistes considèrent que les marchés financiers sont globalement efficients, que cette efficience peut être renforcée par :

- des **règles prudentielles** qui assurent plus de transparence ;
- l'ouverture des marchés qui permet une plus grande liquidité et une plus grande atomicité des opérateurs.

Mais de nombreuses analyses se montrent moins optimistes et insistent sur l'existence d'une hétérogénéité des opérateurs.

Certains travaux insistent en effet sur l'existence d'agents « irrationnels » qui, loin de se déterminer en fonction des variables fondamentales, adoptent un comportement « moutonniers ». Ils privilégient le court terme et s'appuient sur l'analyse chartiste (voir « Relations monétaires internationales »). À côté des agents informés et rationnels existent donc des « *noise traders* » (« bruiteurs ») dont le comportement conduit à introduire des « bruits » et donc à réduire l'efficience informationnelle des marchés.

D'autres types de comportements affectent l'efficience des marchés. Par exemple, certains agents rationnels (en particulier les investisseurs institutionnels) ont tendance à adopter des comportements mimétiques : comme l'information n'est ni gratuite, ni parfaite, certains considèrent que l'on minimise les risques en adoptant le même comportement que les autres opérateurs. En particulier, les opérateurs des salles de marché, qui réalisent un très grand

nombre d'opérations quotidiennes, ont un horizon temporel très court : l'évolution à quelques mois ou quelques années du cours d'un titre ou d'une devise est sans intérêt pour eux, ils réalisent des gains ou des pertes sur quelques minutes, quelques heures ou quelques jours.
L'hétérogénéité des acteurs et l'existence de **comportements mimétiques** permettent de rendre compte de l'existence de **bulles spéculatives**, c'est-à-dire de situation où le cours d'un actif s'éloigne durablement et cumulativement de sa valeur d'équilibre.

Bulles spéculatives : l'exemple du concours de beauté

- La théorie des bulles spéculatives a pour fondement une analyse célèbre de Keynes à partir de l'exemple d'un concours de beauté. Les règles du concours sont les suivantes :
  - on présente aux lecteurs d'un journal un certain nombre de photos en leur demandant de voter pour désigner le gagnant (ou la gagnante) de ce concours de beauté,
  - on accordera un prix à celui qui aura fait le même choix que la majorité des votants (par exemple le tiercé gagnant).
- Dans de telles conditions, le joueur qui veut gagner ne doit pas exprimer ses propres préférences subjectives, mais il doit s'efforcer de deviner quelles seront les préférences de la majorité. Cependant, comme tous les joueurs ont le même comportement on se trouve en présence d'une situation qualifiée de spéculaire où chaque agent s'efforce d'imiter les autres qui sont en train de l'imiter.
- Transférons au niveau des marchés financiers ce type d'analyse, il en ressort que le marché ne converge pas vers une valeur d'équilibre stable, mais que, sous l'effet des comportements mimétiques, le cours de l'actif peut s'éloigner durablement et cumulativement de sa valeur d'équilibre reflétant les déterminants fondamentaux. On parle du gonflement d'une bulle spéculative qui reflète certes le comportement des agents irrationnels (qui suivent le marché en raison de leur comportement moutonnier) mais aussi le comportement des agents rationnels. En effet, même si ces derniers pensent que le cours de l'actif est surévalué (par exemple) ils vont se porter acheteurs s'ils pensent que le cours va continuer à monter parce que les autres opérateurs pensent que le cours va continuer à monter (situation auto-référentielle). En effet, à court terme, l'agent rationnel ne peut espérer gagner contre le marché.

En raison de ces comportements les marchés de capitaux (pris au sens large : marché des changes, marché monétaire, marché financier) sont donc fondamentalement instables.

Les marchés mondiaux de capitaux sont caractérisés par une dialectique paradoxale : chaque agent cherche à se protéger contre les risques et/ou à tirer profit de cette montée du risque en spéculant, mais le résultat c'est que le risque systémique s'accroît.
Pour **M. Aglietta**, le **risque de système** (ou risque systémique) « *est l'éventualité qu'apparaissent des états économiques dans lesquels les réponses rationnelles des agents individuels aux risques qu'ils perçoivent, loin de conduire à une meilleure répartition des risques par diversification, amènent à élever l'insécurité générale* ».
Ce qui caractérise le risque de système, c'est donc qu'il résulte de l'agrégation de comportements rationnels (même si les comportements irrationnels peuvent jouer un rôle dans le déclenchement de la réaction). Ces situations résultent notamment du jeu des **prophéties autoréalisatrices** : si des agents

croient qu'une banque va se trouver en faillite, ils vont se ruer au guichet pour retirer leurs avoirs et vont provoquer la faillite de la banque, même si le déclenchement du mouvement n'avait pas de base objective.

Hedge Funds, Private Equity, Fonds souverains

- Les **Hedge Funds** sont des fonds de placement spéculatifs (ce qui est contradictoire avec la traduction littérale de leur nom anglais puisque « Hedge » signifie « couverture »). Ils font appel à l'épargne publique et utilisent les fonds ainsi collectés pour mettre en œuvre une gestion dite « alternative » (c'est-à-dire risquée). Les gestionnaires de ces fonds opèrent surtout sur les marchés dérivés (options) et ils visent à assurer aux clients qui leur font confiance un rendement élevé de leurs placements. Ces fonds ont été critiqués pour leur manque de transparence lors de la crise de 1998 (faillite du fonds LTCM aux États-Unis), mais depuis leur nombre n'a cessé de s'accroître et les montants qu'ils gèrent ont connu une augmentation spectaculaire (1 300 milliards de dollars en 2006 contre 400 milliards de dollars en 2000).
- Les **Private Equity** sont des fonds d'investissement qui ne font pas un appel public à l'épargne mais mobilisent des fonds placés par des institutionnels et des particuliers. Ces fonds sont utilisés pour acquérir des actions d'entreprise, souvent en utilisant la technique du LBO (Leverage Buy Out), c'est-à-dire en ayant recours au crédit. Il s'agit de prendre des participations minoritaires dans le capital d'entreprises non cotées (ou retirées de la côte à la suite de l'intervention des Private Equity). Cette prise de participation relève souvent de la logique de « capital investissement » (prise de participation dans des entreprises jeunes et à forte capacité de développement). Les Private Equity ont donc soit un comportement d'actionnaires activistes qui cherchent à accroître la rentabilité d'une entreprise, soit un comportement de restructuration d'entreprises (revente d'une partie des actifs de l'entreprise achetée).
- Les **Fonds souverains** sont des fonds d'investissement contrôlés par des États. On considère que les premiers de ces fonds ont été créés dans les années 1960 par les pays pétroliers du Golfe afin de gérer leurs revenus et de préparer l'après-pétrole (création de Kuwait Investment Authority en 1960). La Norvège a créé son fonds souverain dans la même perspective. Les pays émergents d'Asie ont adopté la même technique pour gérer les réserves de change liées à leurs excédents commerciaux (création de Singapore Investment Corporation en 1981). Le Fonds d'investissement chinois créé en 2007 est intervenu à l'occasion de la crise financière en prenant des participations dans plusieurs groupes financiers américains en difficulté. La Chine est aussi intervenue en 2011 en apportant des capitaux au Fond européen de stabilité financière.

> C
À la recherche de la stabilité financière

La mise en évidence de l'instabilité des marchés financiers, la récurrence des crises financières a conduit au développement d'un débat sur la réforme du système monétaire international, voire, plus largement, sur la nécessaire mise en place d'une nouvelle architecture financière internationale.
Deux approches peuvent être distinguées :

- Certains observateurs et responsables politiques, sans nier la gravité des crises successives des marchés financiers, soulignent que, depuis 1973, le SMI a accompagné des modifications considérables de l'économie mondiale (stagflation en Europe, apparition des pays émergents, crise du pétrole, effondrement du système soviétique, tensions protectionnistes etc.). La continuité des paiements n'a jamais été mise en cause et le financement de l'économie mondiale a été assuré. Ce diagnostic conduit à proposer que l'on maintienne le libre jeu des marchés financiers et des marchés des changes et que l'on se limite à renforcer les règles prudentielles (par exemple, règles relatives à l'information des épargnants, règles concernant le contrôle interne et externe des établissements financiers etc.). Dans cette première perspective, les États n'ont pas à se mêler du fonctionnement des marchés, il leur revient de donner aux marchés des informations claires et cohérentes sur l'orientation à moyen terme des politiques économiques. Par contre les autorités de régulation prennent une importance cruciale et sont amenées à se coordonner au niveau régional (Union européenne) et international. Cette approche restrictive de la régulation des marchés est en forte perte de vitesse depuis la crise des subprimes et ses conséquences.
- Une autre approche, plus radicale, considère que le marché n'est pas autorégulateur et, dans la lignée de Keynes, réclame la mise en place d'une régulation consciente du système monétaire et financier international. La proposition formulée par **J. Tobin** (prix Nobel 1981), de taxer les opérations de change afin de limiter les mouvements spéculatifs fait l'objet d'un regain d'intérêt. De même, **J. Williamson** a proposé la mise en place d'un système de « zones cibles » permettant une stabilisation des cours du change dans le cadre d'une organisation multipolaire du SMI (voir « Mondialisation et gouvernance mondiale »). Dans une perspective encore plus ambitieuse, certains économistes proposent de mettre en place un prêteur international en dernier ressort, c'est-à-dire une institution financière internationale garante de la stabilité et de la liquidité du système monétaire et financier international. (Voir « Mondialisation et gouvernance mondiale »). Les propositions de réformes débattues au sein des G 20, comme au sein de l'Union européenne depuis la crise des subprimes, penchent en faveur d'une approche plus volontariste de la régulation financière. Le vote de la loi Dodd-Frank aux États-Unis en 2010, les projets de création d'une taxation des transactions financières internationales, le renforcement des autorités de contrôles des banques, des assurances et des marchés financiers en Europe, l'adoption des règles de Bâle III s'inscrivent dans une logique visant à limiter l'instabilité financière, à lutter contre les comportements d'aléa moral et contre les externalités négatives qui résultent de l'instabilité financière.

Pour en savoir plus

Initiation

- Aglietta M. (2010), *La crise. Les voies de sortie*, Michalon.
- CEPII (2012), *L'économie mondiale 2012*, La Découverte, Coll. Repères.
- Biasutti J.-P. et Braquet L. (2011), *Comprendre le système financier*, Bréal, Coll. Thèmes et débats.
- Couderc N. et Montel-Dumont O. (2009), *Des subprimes à la récession. Comprendre la crise*, La Documentation française.
- Jegourel Y. (2010), *Les produits financiers dérivés*, La Découverte, Coll. Repères.
- Marteau D. (2012), *Les marchés de capitaux*, A. Colin, Coll. Cursus.
- Montel-Dumont O. (dir.) (2011), *Comprendre les marchés financiers*, Les Cahiers français, n° 361, mars-avril, La Documentation française.
- Orléan A. (2009), *De l'euphorie à la panique : penser la crise financière*, Éditions Rue d'Ulm.
- Plihon D. (2010), *Le nouveau capitalisme*, La Découverte, Coll. Repères.

Approfondissement

- Aglietta M. (2008), *Macroéconomie financière*, La Découverte, Coll. Grands Repères.
- Aglietta M. et Rigot S. (2009), *Crise et rénovation de la finance*, Odile Jacob.
- Allegret J.-P. et Le Merrer P. (2007), *Économie de la mondialisation*, De Boeck, Coll. Ouvertures économiques.
- Allegret J.-P. (2008), *Monnaies, finance et mondialisation*, Vuibert.
- Artus P. (dir.) (2008), *La crise financière. Causes, effets et réformes nécessaires*, PUF/Descartes et Cie, Coll. Les Cahiers du Cercle des économistes.
- Artus P. et al., (2008), *La crise des subprimes*, Rapport du CAE, La Documentation française.
- Bastidon-Gilles C., Brasseul J., Gilles Ph. (2010), *Histoire de la globalisation financière. Essor, crises et perspectives des marchés financiers internationaux*, A. Colin, Coll. U.
- Bourguinat H., Teïletche J., Dupuy M. (2007), *Finance internationale*, Dalloz, Coll. Hypercours.
- Bourguinat H. et Briys E. (2009), *L'arrogance de la finance*, La Découverte.
- Boyer R. (2011), *Les financiers détruiront-ils le capitalisme ?*, Économica.
- Coeuré B. (dir.) (2010), *Le monde a-t-il encore besoin de la finance ?*, PUF/Descartes et Cie, Coll. Les Cahiers du cercle des économistes.
- Giraud P.-N. (2009), *Le commerce des promesses*, Seuil, Coll. Points.
- Glachant J. (2008), *Private equity et capitalisme français*, Rapport du CAE, La Documentation française.
- Jacquillat B. (dir.) (2008), *Hedge funds, Private Equity, marchés financiers : les frères ennemis ?*, PUF/Descartes et Cie, Coll. Les Cahiers du Cercle des économistes.
- Krugman P. (2000), *Pourquoi les crises reviennent toujours ?*, Seuil, Coll. Points.
- Mishkin F. (2010), *Monnaie, banque et marchés financiers*, Pearson.
- Pastré O. (dir.) (2011), *Les marchés sont-ils devenus raisonnables ?*, PUF/Descartes et Cie, Coll. Les Cahiers du cercle des économistes.
- Thesmar D. (dir.) (2012), *La fin de la dictature des marchés ?*, PUF/Descartes et Cie, Coll. Les Cahiers du cercle des économistes.

chapitre 22

L'intégration économique

L'**intégration économique** désigne le processus par lequel plusieurs nations s'accordent pour faciliter les échanges entre elles, afin d'unifier progressivement leurs marchés, et d'en tirer des avantages mutuels.

Selon **F. Perroux** (1903-1987), « l'acte d'intégrer rassemble des éléments pour former un tout, ou bien il augmente la cohérence d'un tout déjà existant » (*L'économie du xxe siècle*, 1969).

Il existe différents degrés d'intégration, qui conduisent à la formation d'espaces économiques constitués de plusieurs nations, liées par un traité attribuant aux membres de la zone des droits non accordés au reste du monde (suppression des tarifs douaniers par exemple). Ces espaces sont appelés **unions économiques régionales**, ou zones d'intégration régionales, et se multiplient à partir des années 1950.

L'intégration économique a suscité de nombreux débats, en raison de l'interprétation contradictoire que l'on peut faire de ce processus. En effet, le développement des unions régionales conduit à l'intérieur de la zone considérée à l'extension du libre-échange, mais il implique en même temps une légitimation du protectionnisme, vis-à-vis du reste du monde. D'où les débats sur l'opposition, ou au contraire la complémentarité, entre le régionalisme économique et le multilatéralisme préconisé par le GATT puis l'OMC, le premier favorisant les échanges avec les partenaires d'une zone donnée, et le second traitant à égalité l'ensemble des partenaires commerciaux (voir « Le commerce international »).

Il ne faut pas confondre l'intégration économique et la **régionalisation des échanges**, c'est-à-dire l'augmentation du commerce entre pays proches. Si la régionalisation des échanges est favorisée par l'existence d'accords régionaux, elle peut aussi résulter plus simplement des avantages provenant de la proximité géographique entre nations (coûts de transport, connaissance des marchés, etc.).

> I Le développement de l'intégration économique

> A Les formes d'intégration économique

a › Les degrés d'intégration économique

On distingue différents degrés dans le processus d'intégration économique, selon l'importance de l'unification des marchés, et selon la nature des accords entre les pays de la zone. Selon la « *Théorie de l'intégration économique* » (1961) de **B. Balassa** (1928-1991), il existe cinq degrés d'intégration.

- La **zone de libre-échange** se caractérise par une diminution ou une suppression des barrières douanières à l'intérieur de la région. Ce type d'accord laisse libre chaque membre de sa politique commerciale envers les pays extérieurs à la zone : le libre-échange reste intra-régional, ce qui préserve l'autonomie des États dans leurs politiques commerciales nationales. L'ALENA, zone de libre-échange entre les États-Unis, le Mexique et le Canada créée en 1992 en fournit un exemple. Par nature, la création d'une zone de libre-échange entraîne un risque de contournement par les importateurs des tarifs douaniers : pour importer dans le pays B où le tarif douanier extérieur à la zone est élevé, il suffit de faire transiter les marchandises par un pays A membre de la zone où le tarif douanier est plus faible. Afin d'éviter ce contournement de la politique commerciale, et les déséquilibres qu'il génère dans leur balance commerciale, les pays membres instituent généralement des **règles d'origine** : c'est la nationalité d'origine d'un produit qui fixe son niveau de taxation, pas le pays par lequel il a transité avant de pénétrer sur le territoire de la nation importatrice.

- L'**union douanière** est une zone de libre-échange dont les membres décident d'adopter une politique commerciale unique vis-à-vis du reste du monde, en fixant des tarifs douaniers extérieurs communs. Généralement, le passage à une union douanière nécessite de fixer des règles de partage des recettes douanières. Le Mercosur est organisé sur ce mode depuis sa création en 1991. On trouve des exemples d'unions douanières dès le XIXe siècle, comme le **Zollverein**, créé entre les États Allemands en 1834 (voir « Le commerce international »).
- Dans un **marché commun**, les pays membres ajoutent à l'union douanière la libre circulation des facteurs de production (capital, travail, brevets...). Cela suppose une harmonisation poussée des réglementations nationales, par exemple la fixation de règles communes concernant les diplômes et l'accès à des professions protégées par leur statut.

⇨ Après le Traité de Rome de 1957, l'usage était de parler de « marché commun » pour désigner ce qui constitue à cette époque une union douanière, au sens de Balassa. En revanche, le « marché unique européen » entré en vigueur en 1993 constitue bien un marché commun, en raison de la libre circulation des marchandises et des facteurs de production.

- L'**union économique** peut se définir par l'adoption d'objectifs de politique économique communs, ce qui conduit à une harmonisation progressive des politiques économiques dans la zone. Pour **B. Balassa**, cela inclut une politique monétaire commune.

⇨ Certains économistes distinguent l'union économique, qui entraîne uniquement l'harmonisation des politiques économiques, et l'**union monétaire** qui implique en outre une politique monétaire commune. Ainsi, l'Union européenne s'est engagée sur la voie de l'union économique et monétaire, définie en 1992 par le traité de Maastricht.

- La construction d'une véritable **fédération** d'États constitue le degré ultime d'intégration économique, ce que B. Balassa appelle « l'intégration totale » : à l'union économique et monétaire s'ajoute la constitution d'un pouvoir politique fédéral, avec l'harmonisation des politiques fiscales et sociales.

⇨ Il existe aussi des formes plus souples de coopération économique entre les États, qui n'incluent pas l'existence d'une **préférence commerciale** : aucun privilège facilitant les échanges commerciaux n'est réservé aux participants, comme une réduction des droits de douane par exemple. C'est le cas des **associations de coopération économique** qui regroupent des pays souhaitant mener des actions concertées dans le domaine économique. Ces accords ne sont pas exclusifs de la participation, pour chaque nation, à diverses formes d'intégration économique. On peut donner l'exemple de l'Organisation pour la coopération et le développement économique (**OCDE**) créée en 1960, qui regroupe actuellement une trentaine de pays et s'est ouverte aux pays émergents comme le Mexique et la Corée du Sud dans les années 1990.

b › L'intégration économique et les règles du commerce mondial

Depuis l'adoption de l'Accord général sur les tarifs douaniers et le commerce en 1948 (GATT), le développement du commerce international est fondé sur le **multilatéralisme** : chaque pays signataire applique les accords commerciaux à l'ensemble des autres nations, sans avoir besoin de négocier avec chacun un accord bilatéral. Ce principe favorise le développement du libre-échange, et repose sur des principes de non-discrimination, comme la **clause de la nation la plus favorisée**, qui étend immédiatement à toutes les autres nations les avantages accordés à un pays (voir « Le commerce international »).

Or, le principe même des unions régionales remet en cause les accords multilatéraux, et en particulier la clause de la nation la plus favorisée, puisqu'il s'agit d'**accords préférentiels** : des avantages commerciaux sont accordés aux seuls membres de la zone. Cependant, le GATT a prévu dès sa création des clauses dérogatoires, afin de permettre le développement du régionalisme économique, et l'article 24 de l'accord reconnaît qu'une union douanière ou une zone de libre-échange échappent à la clause de la nation la plus favorisée.

Aujourd'hui, l'**Organisation mondiale du commerce** (OMC) poursuit cette politique et considère que le régionalisme économique joue un rôle complémentaire par rapport au multilatéralisme, puisque tous deux participent à l'extension du libre-échange. Ainsi, lors de la création de l'OMC en 1995, tous les pays membres (sauf le Japon et Hong-Kong) déclaraient faire partie d'au moins un accord régional.

L'OMC joue un rôle important dans le régionalisme économique, dans la mesure où les accords préférentiels doivent lui être notifiés pour être valides. Une union régionale peut être reconnue comme un membre à part entière par l'OMC : actuellement c'est uniquement le cas pour l'Union européenne (UE).

En 2007, l'OMC comptabilise 204 accords régionaux en vigueur. On assiste à une multiplication d'accords bilatéraux entre nations lointaines ces dernières années, en particulier entre les principaux pays industrialisés et les pays émergents, de façon à mettre en place des règles préférentielles, qui permettent de contourner les difficultés rencontrées par l'OMC pour faire progresser les négociations multilatérales.

Plus généralement, les rapports entre l'intégration économique régionale et le multilatéralisme peuvent relever de deux logiques très distinctes :

- Certains accords régionaux, comme l'ALENA, ne sont pas voués à s'étendre au-delà d'un « multilatéralisme régional » selon l'expression de **J.-M. Siroën**.

Ils s'intègrent naturellement dans la démarche multilatérale de l'OMC, et ont vocation à disparaître à mesure des progrès du multilatéralisme mondial.

– D'autres accords régionaux, comme le montre le cas de l'Union européenne, sont basés sur la recherche d'une intégration économique très poussée, au service d'objectifs politiques communs, et du choix à terme d'une démarche fédérale. Dans ce cas, l'accord peut entraîner des conflits durables avec les négociations multilatérales, comme dans le domaine agricole par exemple en raison du caractère protectionniste de la Politique agricole commune (PAC).

> B Un développement du régionalisme économique

a › L'Europe, précurseur du régionalisme économique

Le processus d'intégration économique en Europe débute après 1945. Depuis ses débuts, l'intégration européenne ne répond pas uniquement à des objectifs économiques (favoriser la croissance au niveau régional), mais aussi à des objectifs politiques (garantir une paix durable en Europe par l'intégration des nations, avec des institutions communes).

L'intégration européenne n'est pas un processus uniforme et linéaire, qui conduirait l'Europe à suivre dans l'ordre les différentes étapes de l'intégration économique distinguées par **B. Balassa**. C'est au contraire un processus complexe, où les différentes étapes s'enchevêtrent. Par exemple, l'intégration monétaire débute très précocement, avec l'**Union européenne de paiements** qui, entre 1950 et 1958, dans un contexte de pénurie de devises, organise une coopération monétaire en Europe par un mécanisme de compensation des créances et des dettes. De même, il existe des éléments de politique économique commune dès la signature du Traité de Rome en 1957, comme la politique agricole, alors que la libre circulation des marchandises et des facteurs de production est pleinement réalisée avec la création du « marché unique européen » en 1993.

Chronologie de l'intégration économique européenne

- 9 mai 1950 : « plan Schuman », discours prononcé par R. Schuman (1886-1963) et initié par J. Monnet (1888-1979), qui propose la création d'une union douanière entre l'Allemagne et la France pour le charbon et l'acier, ouverte aux autres pays d'Europe, et la création d'institutions supranationales.
- 19 septembre 1950 : création de l'Union européenne des paiements.
- 18 avril 1951 : création de la Communauté européenne du Charbon et de l'Acier (CECA), qui regroupe les six pays fondateurs de la CEE : RFA, France, Italie, Belgique, Pays-Bas, Luxembourg.

- 25 mars 1957 : Traité de Rome, qui instaure la Communauté économique européenne (CEE) entre les six pays issus de la CECA.
- 1er janvier 1958 : entrée en vigueur du Traité de Rome, avec la mise en place progressive de « l'union douanière » entre les pays membres de la CEE, achevée en 1977.
- 14 janvier 1962 : création du Fonds européen d'orientation et de garantie agricole (Feoga), institution chargée de mener la Politique Agricole Commune (PAC).
- 1er juillet 1967 : fusions des institutions de la CEE; de la CECA et d'Euratom (énergie nucléaire) pour former la Communauté européenne (CE).

24 avril 1972 : création du Serpent monétaire européen, résultant de « l'accord de Bâle » signé par les six États membre de la Communauté européenne.

- 1er janvier 1973 : élargissement à la Grande-Bretagne, au Danemark et à l'Irlande.
- 13 mars 1979 : création de l'European Currency Unit (ECU) et entrée en vigueur du Système monétaire européen (SME).
- 1er janvier 1981 : élargissement à la Grèce.
- 1er janvier 1986 : élargissement à l'Espagne et au Portugal.
- 17 février 1986 : adoption de l'Acte Unique, qui prévoit la création du marché unique des personnes, des capitaux et des biens en 1993.
- 9 février 1992 : signature du Traité de Maastricht, prévoyant la création d'une union économique et monétaire, pour les pays respectant les « **critères de convergence** » : stabilité de la monnaie, contrôle de l'inflation, déficit public inférieur à 3 % du PIB et dette publique inférieure à 60 % du PIB.
- 1er janvier 1993 : entrée en vigueur du « Marché unique européen ».
- 1er novembre 1993 : après ratification par les États européens (sauf le Danemark), le Traité de Maastricht entre en vigueur, et la Communauté européenne devient l'Union européenne (UE).
- 1er janvier 1995 : élargissement à l'Autriche, la Finlande et la Suède.
- 2 septembre 1997 : adoption du Traité d'Amsterdam, qui instaure un « pacte de stabilité » fixant les contraintes budgétaires à respecter par les États membres de la zone Euro (les critères de convergence sont pérennisés).
- 1er janvier 1999 : Entrée en vigueur de l'Union économique et monétaire pour onze pays de l'UE (la Grèce n'a pas respecté les critères de convergence initialement, elle intègre la zone Euro en 2001 ; le Royaume-Uni, la Suède et le Danemark ont refusé).
- 11 décembre 2000 : Accord sur le « Traité de Nice ». encadrant l'élargissement de l'UE.
- 22 mars 2000 : Accord sur la « **stratégie de Lisbonne** », qui vise à faire de l'Europe d'ici 2010 « *l'économie de la connaissance la plus compétitive et la plus dynamique du monde* ».
- 1er janvier 2002 : mise en circulation des pièces et billets en Euros.
- 1er mai 2004 : entrée de dix nouveaux membres dans l'Union européenne (Chypre, l'Estonie, la Hongrie, la Lettonie, la Lituanie, Malte, la Pologne, la République tchèque, la Slovaquie et la Slovénie).
- 29 octobre 2004 : signature du projet de **Traité constitutionnel européen** à Rome.
- 29 mai 2005 : la France rejette par référendum le Traité constitutionnel européen, avec 54,6 % de votes négatifs. Elle est suivie par les Pays-Bas deux jours plus tard.
- 1er janvier 2007 : Élargissement à la Roumanie et à la Bulgarie.
- 13 décembre 2007 : signature du Traité de Lisbonne adoptant un « Traité simplifié » en lieu et place du Traité constitutionnel européen, qui est soumis à ratification par les États membres (entrée en vigueur le 1er décembre 2009).

- novembre 2009 : H. Van Rompuy est le premier président élu du Conseil européen.
- mars 2010 : Lancement de la stratégie Europe 2020.
- 10 mai 2010 : Création du Fonds européen pour la stabilité financière afin de venir en aide aux pays affectés par la crise de la dette.
- 7 septembre 2010 : Création du semestre européen de coordination (entrée en vigueur le 1er janvier 2011).
- 22 septembre 2010 : Création du Conseil européen du risque systémique et de trois autorités de surveillance concernant les banques, les assurances et les marchés financiers.
- 2 mars 2012 : Signature du Traité sur la stabilité, la coordination et la gouvernance (TSCG) qui institue notamment une « règle d'or » en matière de finances publiques (limitation du déficit structurel à 0,5 % du PIB) (entrée en vigueur prévue le 1er janvier 2013).
- 28-29 juin 2012 : Sommet de Bruxelles. Adoption d'un pacte de budgétaire de 120 milliards d'euros (y compris les « Project Bonds »), recapitalisation des banques par le MES, lancement d'une « Union bancaire » (supervision bancaire par la BCE).

L'originalité de l'intégration européenne peut être repérée à trois niveaux.

– Un élargissement progressif à un nombre toujours plus grand de nations. Passée progressivement de 6 à 15 membres de 1957 à 1995, l'Union européenne intègre en 2004 dix nouveaux membres (deux pays méditerranéens et huit pays d'Europe de l'Est), suivis de la Roumanie et de la Bulgarie en 2007. L'objectif d'extension implique depuis longtemps une intégration des nations à des rythmes différents (par exemple la monnaie unique ne concerne qu'une minorité d'États membre de l'UE pour l'instant; d'autre part le Traité de Schengen, établissant un contrôle commun des frontières, concerne seulement le Bénélux, la France, l'Allemagne et l'Italie). Il existe un débat à propos des modalités d'intégration européenne, qui passe soit par des règles communes à tous (ce que proposait le projet de Constitution de 2004), soit par la formation de groupes de pays dont l'intégration s'effectue à des rythmes différents (comme l'illustre par exemple la mise en place d'une force de défense franco-allemande), dans un cadre institutionnel plus souple. Le débat porte également sur les objectifs de l'Union européenne : s'agit-il d'aboutir à un État fédéral, ou bien l'UE doit-elle se contenter d'être une zone de libre-échange ?
– Deuxième caractéristique du processus d'intégration européenne, la mise en place, dès l'origine, de politiques communes, notamment pour favoriser le développement économique et compenser l'hétérogénéité de développement des territoires en Europe. Il s'agit de mener une politique structurelle d'aide aux régions les moins développées, afin d'éviter que l'intégration européenne n'aggrave les disparités régionales. Le choix d'une intégration s'appuyant sur la solidarité entre les nations européennes a conduit à développer des **politiques structurelles** non seulement pour l'aménagement du territoire, mais aussi pour soutenir les marchés agricoles, car ils sont très sensibles aux disparités régionales.

– Troisième caractéristique du processus d'intégration européenne, la création d'institutions politiques supranationales propres à l'union régionale, décrites sur le graphique ci-dessous.

Les institutions de l'Union européenne

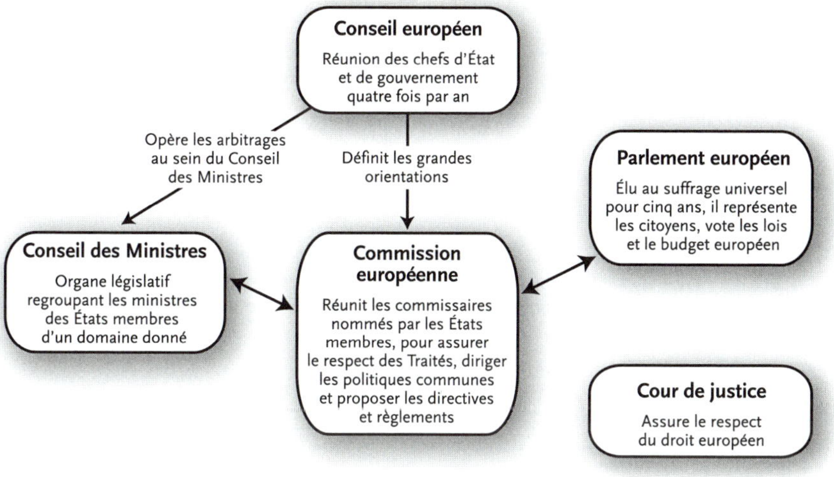

Source : d'après un document de la Fondation Robert Schuman.

Les politiques structurelles en Europe

Les dépenses budgétaires de l'Union européenne ont pour l'essentiel un objectif structurel : favoriser l'adaptation des structures économiques des différents États membres à l'intégration européenne.

- À l'origine, ces politiques structurelles (voir « La politique économique »), concernent essentiellement l'agriculture, en raison des très fortes disparités de productivité et de revenus dans ce secteur. Présente dès la création de la CEE, la **Politique agricole commune** (PAC) garantie la libre circulation des produits agricoles à l'intérieur de la zone, fixe un prix unique pour chaque produit dans tous les États membres, prix garanti grâce à un mécanisme de subventions assurées par le Fonds européen d'orientation et de garantie agricole (Feoga), créé en 1962. La PAC a été réformée en profondeur en 1992 (Réforme Mac Sharry) pour éviter que le soutien aux prix agricoles ne génère un excédent structurel de la production européenne. En 2003, une nouvelle réforme vise à rendre les aides aux agriculteurs indépendantes de la production, de façon à promouvoir une agriculture durable, et à réduire le soutien aux prix agricoles, source de déséquilibres commerciaux. Depuis 2006, la majorité des aides versées aux agriculteurs français sont découplées de la quantité produite.
- Deuxième composante des politiques structurelles en Europe, la **politique régionale** doit réduire les inégalités de développement entre les différentes régions de l'UE, par des programmes de subventions sur des projets concernant des domaines très divers comme la reconversion des régions industrielles en déclin, les infrastructures ou encore l'environnement. Cette politique s'appuie sur différents fonds structurels, dont le principal est le Fonds européen de développement régional (FEDER), créé en 1975.

- L'intégration de dix nouveaux membres en 2004 a nécessité un réaménagement important des politiques structurelles. En effet les États issus des **PECO** (pays d'Europe centrale et orientale) ont un important retard de productivité (estimé à 50 % dans le domaine agricole), mais des prix souvent avantageux compte tenu de leurs coûts inférieurs. La politique structurelle doit aider les PECO à améliorer leur productivité, ce qui au final bénéficiera à toute la zone, tout en évitant des déséquilibres commerciaux trop importants.
- Aujourd'hui, les politiques structurelles ne reposent pas uniquement sur le budget européen, mais passent aussi par la coordination des politiques nationales et des réformes menées par les États. Par exemple, les États européens se sont fixés dans le cadre de la « **stratégie de Lisbonne** » (mars 2000) des objectifs communs en matière d'emploi (réforme du marché du travail, élévation du taux d'emploi) et d'innovations (objectif de 3 % du PIB consacré à la recherche et développement). Il s'agissait pour l'Union européenne de devenir à l'horizon 2010 « l'économie de la connaissance la plus compétitive et la plus dynamique du monde, capable d'une croissance économique durable accompagnée d'une amélioration quantitative et qualitative de l'emploi et d'une plus grande cohésion sociale ». Cependant, cette stratégie a été un échec, les objectifs fixés n'ont pas été atteints. En mars 2010 a été lancée la **stratégie Europe 2020** qui reprend pour l'essentiel les mêmes objectifs (« *une croissance intelligente, durable et inclusive* ») et qui doit servir de cadre à la définition des Grands objectifs de politique économique adoptés chaque année par l'Union européenne.

b › Les autres Unions économiques régionales

Dans le reste du monde, le développement de l'intégration économique est très variable selon les zones. Il s'est globalement accéléré depuis la fin des années 1980, époque à laquelle les États-Unis adoptent à leur tour une démarche favorable au régionalisme économique.
Aujourd'hui, les principales unions régionales sont :

- L'Association de libre-échange nord-américain (**ALENA**), créant une zone de libre-échange le 1er janvier 1994 entre les États-Unis, le Canada et le Mexique. L'ALENA prend la suite de l'ALE, Accord de libre-échange entre les États-Unis et le Canada institué en 1988.
- Le **MERCOSUR**, créant un Marché commun du sud de l'Amérique en 1991 entre l'Argentine, le Brésil, le Paraguay, l'Uruguay, auxquels s'associent la Bolivie et le Chili en 1996 sous la forme d'un traité de libre-échange. La déclaration de Cuzco en 2004 vise à l'étendre à l'ensemble du Continent, et le Venezuela le rejoint en 2005.
- L'association pour la coopération économique en Asie-Pacifique (**APEC**), créée en 1989 est une sorte de forum – un simple cadre diplomatique – regroupant dix-huit pays de cette zone.
- L'**ANASE** (Association des Nations d'Asie du Sud-Est) regroupe les pays suivants : Myanmar (ex-Birmanie), Brunëi, Cambodge, Indonésie, Laos, Malaisie, Philippines, Singapour, Thaïlande, Vietnam. À l'origine en 1967, l'ANASE est une association à but politique : la lutte contre le communisme.

Un accord signé en 1992 prévoit sa transformation progressive en zone de libre-échange.

Ces accords sont de nature très diverse, mais contrairement à l'Union européenne, ils ne prévoient généralement pas une intégration économique poussée au-delà du « marché commun », et aucune institution supranationale. Seule exception, le Mercosur envisage une intégration économique forte, avec une démarche « confédérale » où les institutions supranationales sont très réduites, ce qui en fait une alternative au modèle européen.

⇨ Le mouvement de création d'unions régionales est une tendance lourde de l'économie mondiale. En juin 2012, par exemple, est créée l'Alliance Pacifique par le Chili, le Pérou, la Colombie et le Mexique. L'objectif est d'assurer à termes la libre circulation des marchandises, des hommes et des capitaux. Il s'agit aussi de favoriser la coopération avec l'ASEAN.

> II Les analyses de l'intégration économique

On peut distinguer deux types d'approches de l'intégration économique :

- Certaines théories de l'intégration raisonnent dans le même cadre que les modèles néo-classiques du commerce international. La démarche est fondée sur la **statique comparative** : on compare les gains et les pertes avant et après l'intégration économique, les autres caractéristiques de l'économie étant considérées comme identiques.
- En s'inspirant des nouvelles théories du commerce international, on peut privilégier l'étude des effets dynamiques engendrés par l'intégration économique : on observe comment ce processus modifie progressivement les structures de l'économie, en raison d'effets de taille de la production ou d'une modification du degré de concurrence par exemple.

> A L'analyse néo-classique de l'intégration économique

L'approche néo-classique du commerce international montre qu'un libre-échange appliqué à l'ensemble des nations permet une meilleure allocation des ressources (voir « Le commerce international »). Paradoxalement, la créa-

tion d'une union douanière, si elle permet une progression du libre-échange dans une zone régionale donnée, n'a pas systématiquement des effets favorables : le solde des gains et des pertes engendrés par l'intégration économique peut même s'avérer négatif.
En effet, la création d'une union douanière a deux conséquences sur la circulation des marchandises :

- la **création de trafic**, c'est-à-dire l'augmentation des échanges entre pays de la zone en raison de l'abolition des barrières douanières : en effet le prix régional de certains biens devient plus compétitif que le prix mondial, car ce dernier est taxé ;
- le **détournement de trafic** désigne au contraire la diminution des échanges entre une nation membre de l'union régionale et des pays non-membres de la zone en raison de l'intégration économique. En effet, le tarif extérieur commun accroît les prix des exportations en provenance de pays non-membres de la zone.

Création et détournement de trafic après création d'une Union douanière

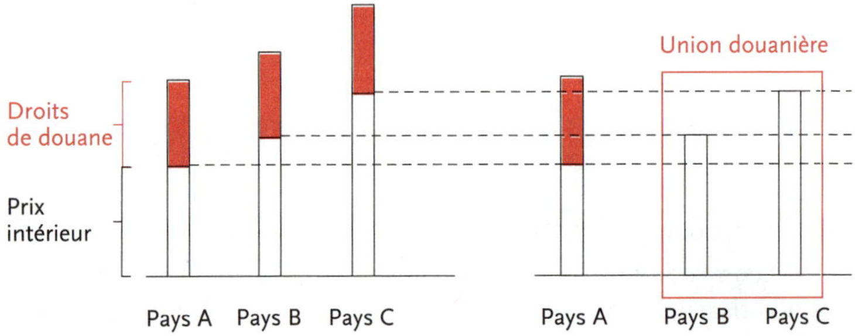

Protectionnisme avant intégration économique :
– les prix (droits de douanes inclus) avantagent le pays A, qui peut vendre aux deux autres.

Création d'une union douanière entre B et C :
– les prix du pays A ne sont plus avantageux et il ne peut plus vendre aux deux autres (**détournement de trafic**);
– le pays B peut vendre désormais au pays C, car il a les prix les plus avantageux (**création de trafic**).

Selon **J. Viner** (1892-1970), l'intégration économique ne bénéficie pas systématiquement aux nations participantes : il faut pour cela que la création de trafic soit supérieure au détournement de trafic, et donc que l'augmentation des échanges dans la zone soit supérieure à la diminution des échanges avec le reste du monde. De façon plus générale, l'intégration économique a d'autant plus de chances d'être bénéfique que les conditions suivantes sont respectées :

- plus le prix régional est proche du prix mondial, et plus le détournement de trafic est faible, et la création de trafic élevée ;
- plus le tarif extérieur commun est faible, et plus le détournement de trafic est limité, car on se rapproche d'une situation de libre-échange généralisé.

À l'intérieur de la zone régionale, la suppression des tarifs douaniers devrait entraîner une plus grande spécialisation des nations, conformément à la théorie néo-classique du libre-échange (voir « Le commerce international »).
Le modèle de Viner suppose que l'on se situe en concurrence pure et parfaite, et que les rendements d'échelle sont constants puisque la taille du marché régional n'a pas d'impact sur les prix.

⇨ Si la théorie néo-classique du commerce international montre que le libre-échange généralisé bénéficie toujours à l'ensemble des nations participantes (voir « Le commerce international »), en revanche un accord régional de libre-échange ne bénéficie pas à tous, car il pénalise le reste du monde. En effet, si les gains issus de la création d'une union douanière sont positifs dans la zone, alors le reste du monde est défavorisé, puisqu'il subit des détournements de trafic. Sous les hypothèses néo-classiques, ce résultat légitime donc la préférence du GATT, puis de l'OMC, envers le multilatéralisme intégral face au régionalisme.

> B Les effets dynamiques de l'intégration économique

a › Effets de taille et intégration économique

Pour expliquer la forte progression du régionalisme économique depuis les années 1960, les économistes ont mis en avant les gains dynamiques engendrés par l'intégration économique, qui reposent sur plusieurs facteurs :

- le principal élément d'explication est la présence d'**économies d'échelle**, qui entraînent une baisse du coût unitaire quand la taille du marché augmente. Par exemple, l'intégration économique permet de bénéficier d'économies d'échelle si le nombre d'entreprises sur un marché diminue (effet de concentration) quand leurs rendements sont croissants. Le consommateur bénéficie donc non seulement d'une diminution du coût des produits importés (du fait de la création de trafic) mais aussi d'une baisse des coûts des produits nationaux, dont le marché s'est élargi ;
- la **différenciation des produits** engendrée par l'intégration peut également être un avantage recherché par les consommateurs. Selon **P. Krugman**, l'intégration économique augmente la diversité des produits proposés dans une même famille de produits (le choix d'un modèle automobile allemand vient s'ajouter par exemple à un modèle français), ce qui améliore la satisfaction du consommateur, si l'on fait l'hypothèse d'une préférence pour la diversité : il a d'autant plus de chances d'augmenter sa satisfaction que la gamme de produits proposée est grande. Krugman montre que la création

d'unions régionales permet de diversifier la gamme de produits, tout en prenant en compte l'importance des coûts de distance (le commerce avec des pays lointains est plus coûteux) ;

- enfin, l'intégration économique réduit la présence de rentes de monopole, parce qu'elle accentue la concurrence sur tous les marchés : une entreprise en situation de monopole sur son marché national peut pratiquer des tarifs plus élevés qu'en concurrence pure et parfaite, et en tirer une rente de situation. Par suite, la création d'une union douanière met en concurrence les entreprises en situation de monopole, ce qui réduit les prix au bénéfice du consommateur. C'est la raison invoquée par la Commission européenne pour ouvrir à la concurrence certains marchés, gérés auparavant par des monopoles publics (télécommunications, énergie, etc.).

Cependant, l'intégration économique peut également avoir un impact dynamique défavorable, en raison de l'importance des **coûts d'ajustement**, c'est-à-dire des coûts engendrés par l'adaptation à un marché de plus grande taille. Ainsi, l'augmentation de la concentration peut entraîner une hausse du chômage, au moins à court terme.

Selon **J. Bhagwati**, le principal effet négatif de l'intégration économique est de réduire progressivement l'attractivité du multilatéralisme, alors que ce dernier représente la solution optimale pour l'ensemble des nations, dans le cadre d'analyse néo-classique.

b › L'intérêt stratégique de l'intégration économique pour les États

Les États jouent un rôle majeur dans l'intégration économique, puisqu'ils en maîtrisent le calendrier par la négociation des traités régionaux. Même dans le cas où l'intérêt économique du régionalisme est avéré, il représente pour les États une diminution de leur autonomie, et il risque de se heurter à une forte résistance des populations et donc des électeurs, par exemple pour préserver l'identité culturelle d'une nation, ou son modèle social. Le développement de l'intégration économique relève alors de deux logiques, pas nécessairement incompatibles :

- D'une part, certains agents économiques peuvent avoir suffisamment intérêt à l'intégration pour exercer une forte pression sur l'État. C'est l'explication donnée par **R. Baldwin** de « **l'effet de domino** » du processus d'intégration : la non-adhésion à une union régionale est d'autant plus coûteuse pour une nation, qu'elle se situe à proximité d'une zone existante, et que son intégration accentuerait les effets de taille dans cette zone. En effet, cette situation devrait inciter les industries d'exportation à exercer une forte pression en faveur de l'intégration économique, car elles en bénéficieraient fortement. De ce fait, la pression exercée sur les États pour rejoindre une zone régionale s'accentue de proche en proche. Dans le cas de l'Union européenne, l'effet de domino peut expliquer l'accélération des demandes d'intégration de la zone, puisque le nombre d'États membres a plus que doublé entre 1995 et 2007.

– D'autre part, l'intégration économique est le moyen de restituer une marge de manœuvre à la politique économique, par la mise en place de politiques communes dans le cadre d'une union économique ou monétaire. Les institutions communes peuvent alors espérer bénéficier à leur tour d'un « effet de taille » pour que la politique économique retrouve son efficacité : c'est le point de vue adopté par les économistes keynésiens comme **J.-P. Fitoussi**, favorables à des politiques de relance concertées au niveau européen, alors qu'elles sont devenues peu efficaces au niveau national.

⇨ La crise des dettes souveraines en Europe (voir « Les relations monétaires internationales ») a souligné l'insuffisance de la coordination des politiques économiques en Europe et l'insuffisance du fédéralisme budgétaire. Ces événements ont montré que le risque pour l'Europe ne résidait pas seulement dans d'éventuels **chocs asymétriques**, mais que, même dans le cas de chocs symétriques (cas de la crise des subprimes), rien ne garantit la convergence des réponses des États membres. Sous l'effet de la crise, diverses modifications institutionnelles ont été adoptées (création d'un Mécanisme européen de stabilité, adoption du Traité sur la stabilité, la coordination et la gouvernance en Europe, notamment). Cependant, un débat subsiste entre deux perspectives : celle, soutenue par l'Allemagne, qui met l'accent sur le respect des règles budgétaires (dans la tradition de l'ordo-libéralisme) et celle, soutenue notamment par la France, qui défend un renforcement de la solidarité et un renforcement des politiques communes en matière de croissance et de cohésion sociale.

Pour en savoir plus

Initiation

- Artus P. et Gravet I. (2012), *La crise de l'euro*, A. Colin.
- Benassy-Quéré A. et Cœuré B. (2011), *Économie de l'euro*, La Découverte, Coll. Repères.
- Betbèze J.-P. et Giuliani J.-D. (2011), *Les 100 mots de l'Europe*, PUF, Coll. Que sais-je?
- Dévoluy M. (2012), *L'euro est-il un échec?*, La Documentation française.
- Farvaque E. (2010), *La banque centrale européenne*, La Découverte, Coll. Repères.
- Figliuzzi A. (2008), *L'économie européenne*, Bréal, Coll. « Thèmes et débat ».
- Jamet J.-F. (2011), *L'Europe peut-elle se passer d'un gouvernement économique?*, La Documentation française.
- Letessier J.-Y., Silvano J., Soin R. (2008), *L'Europe économique et son avenir*, A. Colin.

Approfondissement

- Barbier-Gauchard A. (2008), *Intégration budgétaire européenne*, De Boeck.
- Barthe M.-A. (2011), *Économie de l'Union européenne*, Économica.
- Dévoluy M. et Koenig G. (dir.) (2012), *L'Europe économique et sociale. Singularité, doutes et perspectives*. Presses de l'université de Strasbourg.
- Fitoussi J.-P. (2002), *La règle et le choix*, Seuil, Coll. La République des idées.
- Pisani-Ferry J. (2011), *Le réveil des démons. La crise de l'euro et comment nous en sortir*, Fayard.
- Regards croisés sur l'économie (2012), *L'Europe après la crise*, La Découverte.

chapitre 23

La croissance économique

Selon **F. Perroux** (1903-1987), la **croissance économique** correspond à « *l'augmentation soutenue pendant une ou plusieurs périodes longues d'un indicateur de dimension, pour une nation, le produit global net en termes réels* ».
Elle se différencie du développement, phénomène plus qualitatif qui recouvre aussi les transformations de l'environnement social nécessaires à la croissance (voir « Économie du développement »).
Les économistes distinguent depuis les travaux de **R. Solow** (prix Nobel en 1987) l'analyse de la croissance, phénomène tendanciel de long terme, et l'analyse des fluctuations économiques, c'est-à-dire des variations conjoncturelles (voir « Fluctuations et crises »). Les objets d'étude et les méthodes propres à ces deux questions doivent être clairement distingués. Par exemple les ressources naturelles, les phénomènes démographiques ou l'influence du progrès technique sont des variables importantes dans les théories de la croissance car elles exercent une influence de long terme, tandis que les politiques économiques conjoncturelles concernent davantage les débats sur les fluctuations économiques.
Depuis la Révolution industrielle, qui marque les débuts d'une croissance durable et soutenue dans les pays capitalistes, les théories de la croissance se sont profondément renouvelées afin d'expliquer un phénomène dont l'ampleur a dépassé les prévisions des économistes. Elles ont progressivement

montré le rôle décisif du progrès technique, puis se sont interrogées sur les facteurs déterminant les variations de ce dernier. La perspective longue adoptée par les études sur la croissance est riche d'enseignement. Par exemple, on sait que la croissance des pays industrialisés a été exceptionnelle pendant la période 1945-1973 (4 % par an en moyenne aux États-Unis, 3 % au Royaume-Uni, 5 % en France, 5,6 % en Allemagne, 9 % au Japon), alors que dans la période 1870-1913, la croissance avait été beaucoup plus faible (1,6 % en France, 2,5 % au Japon, 2 % au Royaume-Uni, 3,8 % en Allemagne). De sorte que la croissance plus lente de ces pays industrialisés depuis la période 1973-1980 doit être relativisée : il s'agit finalement d'un retour au rythme séculaire antérieur à la période des Trente Glorieuses. L'analyse longue montre aussi que la part relative des différents pays ou zones dans la production mondiale se modifie au cours du temps. La période 1870-1913 voit la montée en puissance des États-Unis (qui connaissent une croissance moyenne de 4 % par an). Après la Seconde Guerre mondiale, on assiste à une convergence entre les pays d'Europe, le Japon et les États-Unis (les premiers connaissent une croissance de la production et de la productivité plus rapide que celle des États-Unis). De même, nous assistons aujourd'hui à la montée en puissance des pays émergents.

> I Qu'est-ce que la croissance économique ?

> A Définition et mesure de la croissance

a › Le choix de l'indicateur de croissance

Dans le débat public, la croissance est généralement assimilée au taux de variation du Produit intérieur brut (PIB), exprimé en pourcentage et désormais calculé dans un système de comptabilité nationale qui a été harmonisé au niveau mondial et précisé au niveau de l'Union européenne. Le choix de cet indicateur pose cependant une série de problèmes, qui tiennent à son mode de construction (voir « La comptabilité nationale ») et à la représentation qu'il donne de la croissance économique.
L'augmentation du PIB ne signifie pas nécessairement que la population bénéficie de richesses disponibles plus nombreuses. Cela dépend de plusieurs facteurs.

– Si le PIB augmente moins vite que la population alors la richesse disponible par habitant diminue, ce qui s'avère incompatible avec l'idée que la croissance augmenterait le bien-être de la population. C'est pourquoi les économistes choisissent souvent de retenir le PIB/habitant comme indicateur de croissance.

Taux de croissance du PIB par habitant en France (en %)
En moyenne annuelle par décennie

Années 1960	Années 1970	Années 1980	Années 1990	Années 2000
4,8	3,5	1,8	1,5	0,8

Source : INSEE.

– Le PIB ne mesure par définition que la valeur ajoutée produite par les agents résidents, et ne tient pas compte des transferts de ressources entre nations. Pour certains pays en développement, ces transferts représentent une part très sensible de la richesse nationale, et il est alors plus pertinent d'utiliser d'autres agrégats, comme le Revenu national disponible brut.

– Le PIB est un agrégat qui fait l'objet d'une construction statistique reposant sur de nombreuses conventions, indispensables pour évaluer l'ensemble, hétérogène par nature, des biens et services produits par une économie. Par exemple, l'économie domestique n'est pas évaluée dans le PIB (voir « La comptabilité nationale »). Cela rend délicates les comparaisons internationales ou en longue période, si les activités non évaluées ont un poids important.

– Les indicateurs bruts comme le PIB incorporent par définition la consommation de capital fixe (CCF), c'est-à-dire l'amortissement économique nécessaire au remplacement du capital fixe. Un agrégat net serait préférable pour mesurer la richesse nationale, mais l'évaluation de l'amortissement est très complexe et reste approximative, ce qui explique le choix par défaut d'un indicateur brut. Le problème concerne aussi l'investissement net, qui seul participe à la croissance.

b › L'évaluation statistique de la croissance

La croissance étant un phénomène de long terme, le taux de croissance du PIB d'une année à l'autre doit être complété par une étude de l'évolution tendancielle. On peut utiliser soit le taux de croissance global (G) sur n années (le taux de variation de l'année 1 à l'année n) soit le **taux de croissance annuel moyen** (TCAM) :

$$\text{TCAM sur n années} = (1 + G)^{1/n} - 1$$

Le TCAM s'interprète comme la tendance ou **trend** de la croissance pour une période donnée : c'est le taux de variation annuelle qui, appliqué pendant n années, accroît le PIB de sa valeur de l'année 1 à sa valeur de l'année n.

Le taux de variation du PIB d'une année à l'autre donne l'augmentation nominale du PIB, ou encore en valeur. La croissance économique se mesure de préférence en termes réels ou en volume, en déduisant l'inflation qui vient diminuer le pouvoir d'achat durant l'année. Pour obtenir un taux de croissance en volume, il faut construire un indice synthétique des prix, qui intègre les prix d'un grand nombre de biens, puis corriger le PIB à partir de l'évolution de cet indice. En France, l'INSEE utilise l'indice des prix à la consommation ou IPC (voir « Inflation, désinflation, déflation »). On peut alors corriger les indicateurs nominaux comme le PIB, en choisissant une année de référence pour les prix appelée année de base :

$$\text{PIB réel}_{\text{année n}} = \frac{\text{PIB nominal}_{\text{année n}} \times \text{IPC}_{\text{année de base}}}{\text{IPC}_{\text{année n}}}$$

⇨ Dans le système comptable utilisé actuellement, appelé SEC 95 (voir « La comptabilité nationale »), les indicateurs en volume des séries longues ne sont plus calculés par rapport à une base unique : cela permet de ne pas fixer la structure de l'indice des prix, alors que la consommation évolue sans cesse (nouveaux biens, déclin d'autres consommations). L'INSEE utilise désormais une autre méthode : la base change chaque année, et les indices des prix sont enchaînés de proche en proche. On parle d'indicateurs en prix de l'année précédente, chaînés, base 2005. Cette méthode donne de meilleurs résultats, mais l'équilibre ressources-emplois entre les différentes grandeurs corrigées n'est plus respecté (le PIB n'est plus égal à la somme de ses composants). L'année 2005 est la nouvelle année de base de la comptabilité nationale. L'INSEE a dû réviser progressivement toutes ses données statistiques pour produire de nouvelles séries statistiques en **base 2005**. Un tel changement est aussi l'occasion de réviser les données considérées comme stables entre deux changements de base (par exemple certains coefficients techniques), ou certaines conventions de mesure.

C › La croissance potentielle

L'un des objectifs majeurs des politiques macroéconomiques consiste à rapprocher le niveau réel de l'activité de ce que l'on pourrait atteindre en utilisant pleinement les facteurs de production disponibles, niveau appelé **croissance potentielle**. L'écart relatif (que les économistes anglo-saxons désignent sous le terme de « ***output gap*** ») entre PIB observé et PIB « potentiel » permet de mesurer la distance qui sépare temporairement une économie de ce niveau de référence.

Selon **S. Doisy** (2002), La croissance potentielle peut être définie comme « *la croissance maximale compatible avec une inflation stable* ». En effet, si la croissance effectivement observée dépasse la croissance potentielle, cela signifie que l'on cherche à utiliser davantage de produits que l'économie est capable de fournir, dans ces conditions les prix ne peuvent qu'augmenter devant une situation d'excès de demande par rapport à l'offre. La croissance potentielle est donc bien celle que l'on peut atteindre sans déclencher d'accélération inflationniste, qui dépend essentiellement des facteurs de production et de la technologie disponible.

Les facteurs qui jouent sur le niveau de cette croissance potentielle sont de deux ordres :

- *À court et moyen terme*, les principaux facteurs d'augmentation de la croissance potentielle sont le taux d'investissement (part de l'investissement dans la valeur ajoutée) et le taux d'emploi (part de l'emploi dans la population en âge de travailler) : en effet, un accroissement de l'effort d'investissement ou une augmentation de la durée d'utilisation des équipements, une baisse du chômage structurel ou une augmentation des taux d'activité permettent d'augmenter le niveau de la production nationale.
- *À long terme*, les évolutions technologiques et l'amélioration de la qualité des facteurs (par exemple la hausse du capital humain) sont les seules capables d'augmenter la croissance potentielle.

La croissance potentielle en Europe

On s'accorde généralement à considérer que l'Union européenne a une croissance potentielle trop faible, surtout si on la compare à celle des États-Unis qui ont connu de forts gains de productivité et une croissance plus forte dans les années 1990 et encore plus si on la compare au rythme de croissance des pays émergents.

La croissance potentielle est essentiellement un problème d'offre. Relever le rythme de la croissance potentielle suppose d'inscrire dans la durée une politique visant à agir sur les caractéristiques structurelles de l'économie. Dans cette perspective, le Conseil européen de mars 2000 qui s'est tenu à Lisbonne a considéré que l'objectif de l'Union européenne devait être de former « l'économie de la connaissance la plus compétitive et la plus dynamique du monde ». Cette « stratégie pour la croissance et l'emploi » supposait notamment un accroissement du taux d'emploi des seniors et du taux d'emploi des femmes, et de la part des dépenses de recherche-développement dans le PIB. Lors du Sommet européen de Göteborg de décembre 2001, l'Union européenne a précisé que ses objectifs de croissance se situaient dans une perspective de développement durable.

Cette stratégie consistait donc à accroître la croissance potentielle de l'Europe par une amélioration de l'emploi (hausse des taux d'emploi et baisse des taux de chômage) et par des progrès technologiques. Cela suppose une élévation du niveau moyen de formation de la main d'œuvre, d'où les objectifs en matière de taux de scolarisation.

Les objectifs de la stratégie de Lisbonne n'ont cependant pas été atteints. En 2010 a été lancée la stratégie Europe 2020 pour laquelle « *une croissance intelligente, durable et inclusive offre trois priorités majeures pour renforcer l'économie européenne : développer une économie basée sur la connaissance et l'innovation ; promouvoir une économie renouvelable, plus verte et plus compétitive et une croissance inclusive ; soutenir une économie créatrice d'emplois, de cohésion sociale et territoriale* ».

> B La croissance depuis la révolution industrielle

a › Les principales phases de la croissance mondiale

L'apparition d'une croissance durable et soutenue est un phénomène récent, qui émerge avec la Révolution industrielle au début du XIXe siècle. D'après les travaux économétriques qu'**A. Maddison (1926-2010)** a réalisé pour l'OCDE, la progression du revenu par habitant à l'époque moderne (1500-1820) serait trente fois inférieure à celle constatée entre 1820 et nos jours.
À partir de 1820 l'industrialisation entraîne un décollage économique dans plusieurs pays, et par la suite Maddison repère cinq phases dans son étude de la croissance mondiale de 1820 à 1898, comme le montre le tableau ci-après. Chaque phase désigne une période relativement longue où le trend de la croissance est régulier et les facteurs de croissance comparables.

- La phase 1820-1870 correspond à la mise en place du capitalisme libéral dans les pays développés. La croissance mondiale résulte pour les deux-tiers de la croissance européenne. Elle s'explique par la **révolution industrielle**, qui a commencé dès la fin du XVIIIe siècle en Angleterre : c'est le passage à des formes modernes de production, fondées sur le machinisme, le modèle de l'usine, la recherche de l'innovation et la relation salariale.

	1000-1500	1500-1820	1820-1870	1870-1913	1913-1950	1950-1973	1973-1998
PIB par habitant							
Europe de l'Ouest	0.13	0.15	0.95	1.32	0.76	4.08	1.78
Pays d'immigration européenne	0.00	0.34	1.42	1.81	1.55	2.44	1.94
Japon	0.03	0.09	0.19	1.48	0.89	8.05	2.34
Asie (à l'exclusion du Japon)	0.05	0.00	−0.11	0.38	−0.02	2.92	3.54
Amérique latine	0.01	0.15	0.10	1.81	1.42	2.52	0.99
Europe de l'Est et ex-URSS	0.04	0.10	0.64	1.15	1.50	3.49	−1.10
Afrique	−0.01	0.01	0.12	0.64	1.02	2.0	0.01
Monde	0.05	0.05	0.53	1.30	0.91	2.93	1.33
PIB							
Europe de l'Ouest	0.30	0.41	1.65	2.10	1.19	4.81	2.11
Pays d'immigration européenne	0.07	0.78	4.33	3.92	2.81	4.03	2.98
Japon	0.18	0.31	0.41	2.44	2.21	9.29	2.97

Asie (à l'exclusion du Japon)	0.13	0.29	0.03	0.94	0.90	5.18	5.46
Amérique latine	0.09	0.21	1.37	3.48	3.43	5.33	3.02
Europe de l'Est et ex-URSS	0.20	0.44	1.52	2.37	1.84	4.84	– 0.56
Afrique	0.06	0.16	0.52	1.40	2.69	4.45	2.74
Monde	0.15	0.32	0.93	2.11	1.85	4.91	3.01

Source : d'après A. Maddison (2001), L'économie mondiale : une perspective millénaire, OCDE.
(Les pays d'immigration européenne regroupent les États-Unis, le Canada, la Nouvelle-Zélande et l'Australie).

- L'accélération de la croissance mondiale durant la phase 1870-1913 s'explique par la conjonction entre la deuxième révolution industrielle, autour d'innovations majeures comme le moteur à explosion ou l'électricité, et le rattrapage des pays à industrialisation tardive comme l'Allemagne dans un contexte marqué par une « première mondialisation » des échanges et des marchés de capitaux, selon l'expression de **S. Berger**.
- La phase 1913-1950 est marquée par un ralentissement relatif de la croissance, alors même que les gains de productivités sont élevés du fait de l'extension de la production de masse (taylorisation), en raison du contexte historique – deux guerres mondiales et une crise prolongée en 1929.
- La phase 1950-1973 représente l'âge d'or de la croissance, la période avec le *trend* le plus élevé : ce sont les **Trente Glorieuses**, selon le titre du livre de **J. Fourastié** (1907-1990) paru en 1979. C'est une période exceptionnelle sur le plan mondial, par la durée et le haut niveau de la croissance.
- Par comparaison, la phase commencée en 1973 apparaît moins comme une période de crise qu'un retour à la normale, au *trend* observé depuis deux siècles. Ainsi le taux de croissance du PIB en Europe de 1820 à 1998 (+ 2,13 % par an) est quasiment identique au taux observé de 1973 à 1998 (+ 2,11 % par an).

b › La diversité des taux de croissance selon les nations

Depuis deux siècles, les différences de rythme de la croissance d'un pays à l'autre sont très sensibles. On parle de **convergence** lorsque la différence de taux de croissance entre deux pays est favorable à celui qui a le PIB le moins élevé, ce qui lui permet de rattraper le pays le plus développé grâce au niveau supérieur de son taux de croissance. À l'inverse, la **divergence** signifie que les écarts de richesse ne cessent de se creuser, car les pays les moins développés ont également le taux de croissance le plus faible.
Au XIXe siècle, l'industrialisation des pays développés est très progressive, d'où les différences observées dans les rythmes de croissance. Selon **W. W. Rostow**,

chaque pays passe par une série d'étapes similaires, et les écarts entre nations dépendent seulement du moment où s'effectue le décollage économique.

Rostow distingue **cinq étapes de la croissance économique**, selon le titre de son ouvrage publié en 1960 : la société traditionnelle, les conditions préalables au décollage économique, le décollage ou *take-off*, la maturité et l'ère de la consommation de masse. La croissance est quasiment absente de la première étape, elle apparaît lors de la deuxième quand des changements structurels interviennent, notamment dans l'agriculture où les gains de productivité s'élèvent. L'étape décisive est le ***take-off***, moment où la croissance économique devient un phénomène auto-entretenu. Le décollage est entraîné par la forte hausse du taux d'investissement (de l'ordre du doublement) ; par la mise en place d'institutions politiques et sociales favorables à l'expansion (par exemple, la remise en cause des corporations) ; enfin par le développement de **secteurs moteurs** dans l'industrie (tel le textile) qui ont un fort effet d'entraînement sur les branches en amont, et bénéficient d'une demande très dynamique. Durant les deux dernières étapes se développent la production puis la consommation de masse, et le taux de croissance continue de s'élever. Selon **Rostow**, le *take-off anglais* se situe entre 1783 et 1802, il intervient en France entre 1830 et 1860 et en Allemagne entre 1850 et 1873.

L'analyse de Rostow est contestée, car elle suppose l'existence d'un processus unique de croissance, valable dans tous les pays. L'historien **A. Gerschenkron**, spécialiste de la Russie, considère que plus un pays connaît un retard important par rapport au pays précurseur – l'Angleterre – plus les caractéristiques de son décollage économique s'éloignent du modèle britannique. Dans les pays d'**industrialisation tardive**, le taux de croissance observé est généralement plus important (comme aux États-Unis, en Allemagne ou au Japon à la fin du XIXe siècle) pour trois raisons.

- Les États s'engagent dans une politique volontariste pour combler un retard politiquement coûteux sur les autres nations.
- Ces pays bénéficient de l'avance technologique des pays précurseurs, car ils peuvent copier leur technologie.
- Ils font preuve d'une politique commerciale agressive pour profiter du pouvoir d'achat plus élevé des pays précurseurs, à qui ils vendent leurs marchandises tout en protégeant leur marché intérieur.

Ainsi un *take-off* tardif peut constituer un avantage, car il permet la mise en place d'une industrie moderne et homogène, bénéficiant de la technologie la plus récente dans tous les secteurs.

Depuis la fin des Trente Glorieuses, le rattrapage des économies développées par les PED est longtemps resté limité. Entre 1970 et 1998, seuls sept pays, essentiellement asiatiques, sont engagés dans une **convergence** rapide selon le FMI, la grande majorité des PED étant sur un trend de croissance inférieur ou égal à celui des pays développés. Les explications de ce phénomène sont nombreuses (voir « Économie du développement »), et mettent en jeu la diversité des facteurs de la croissance. En revanche, depuis le début des années 2000, la tendance semble s'inverser car la majorité des régions du monde connaissent, d'après la Banque mondiale, une situation de convergence grâce à une croissance du PIB/habitant supérieure à celle des pays développés.

Quelques exemples de taux de croissance
Taux de croissance annuel moyen (1960-2009)

Canada	France	Japon	États-Unis	Sénégal	Sénégal	Brésil	Chine	Corée du Sud	Inde	Thaïlande
2,1 %	2,3 %	3,4 %	2,0 %	0,3 %	0,1 %	2,4 %	4,4 %	5,4 %	3,1 %	4,2%

Croissance et inégalités des revenus

Les inégalités de revenus entretiennent des relations contradictoires avec la croissance. D'après l'étude comparative menée dans les années cinquante par **S. Kuznets** (1901-1985), la relation entre les inégalités de revenus et la croissance du PIB par habitant décrit une « courbe en U inversé », dite **courbe de Kuznets** : les inégalités ont tendance à s'accroître durant le processus de développement dans une première phase, puis elles ont tendance à décroître dans les sociétés développées. L'interprétation la plus classique est que les inégalités de revenus sont dans un premier temps inéluctables pour permettre l'accumulation du capital, quand l'épargne d'un petit groupe à revenus élevés est nécessaire durant la phase de décollage. En revanche dans les sociétés développées, la mise en place progressive de systèmes de protection sociale, et la dynamique de la société de consommation, ont tendance à réduire les inégalités tout en favorisant la croissance.
Depuis la fin des Trente Glorieuses, on constate cependant que la courbe de Kuznets n'est plus vérifiée dans l'ensemble des pays développés, les liens entre croissance et inégalités étant très variables selon les pays. Cela montre que la relation observée par le statisticien américain n'a rien de mécanique, mais dépend en fait du contexte institutionnel et politique.
C'est ce que confirme **J.L. Gaffard** (2012). Il observe que la période de forte croissance qui a suivi la Seconde Guerre mondiale s'est accompagnée d'une très forte réduction des inégalités. C'est ce que P. Krugman appelle « la Grande compression ». En revanche, dans la période récente, on assiste à un fort creusement des inégalités. S'agissant des États-Unis, J.-L. Gaffard écrit « *Entre 1993 et 2000, la croissance annuelle du revenu moyen a été de 4 %, la croissance annuelle du revenu du centile supérieur a été de 10,3 %. Entre 2000 et 2006, la croissance annuelle du revenu moyen a été de 2,9 %, la croissance annuelle du revenu du centile supérieur a été de 10,9 %. Ainsi, les 1 % de ménages les plus riches ont capté 45 % de la croissance dans la première période, 73 % dans la deuxième. Sur l'ensemble de la période, entre 1993 et 2006, ils ont capté 52 % de la croissance* ».

> C Croissance et environnement

a › Les limites de la croissance

À la fin des années 1960 et au début des années 1970, sous l'impulsion d'une institution privée de réflexion sur les transformations de l'économie et de la société, le **Club de Rome**, les économistes du Massachusset Institute of Technology (MIT), dirigés par **D. Meadows** vont exploiter les méthodes de la dynamique des systèmes mise au point par **J. Forrester** (né en 1918). Ils construisent un modèle du monde cherchant à faire apparaître les tensions sur les ressources naturelles disponibles.

Le premier compte rendu est publié en France en 1972 sous le titre provocateur, *Halte à la croissance?* Il annonçait l'épuisement à un rythme élevé des ressources naturelles.

Le deuxième rapport du Club de Rome, *Stratégie pour demain*, présente des moyens d'action appropriés à chacune des dix grandes régions du monde et le troisième rapport, *Nouvel Ordre économique mondial* (1976), connu sous le sigle RIO (Reshaping the International Order), traite de l'élimination des inégalités qui existent dans le système des relations actuelles entre nations et entre groupes sociaux (de nombreux rapports ont suivis depuis et ce club existe toujours).

Les publications du Club de Rome montraient que les ressources naturelles connues et disponibles à l'époque ne permettraient pas durablement de soutenir le rythme élevé de croissance des années d'après guerre. Les deux chocs pétroliers et le ralentissement sensible de la croissance qui caractérise les années 1980 et 1990 ont fait passer cette inquiétude au second plan, mais le discours a été repris par tous ceux qui de près ou de loin font de l'écologie une question politique.

Les débats initiés par le Club de Rome ont conduit les gouvernements des pays développés à chercher des solutions permettant de construire un développement durable c'est-à-dire un mode de développement conservant les possibilités du développement futur, en particulier préservant les ressources naturelles. Dans les années qui suivent, de nombreux événements catastrophiques vont alerter l'opinion mondiale : crise pétrolière en 1974, marée noire de l'Amoco Cadiz en 1978 au large de la Bretagne, explosion d'une usine chimique à Bhopal en Inde en 1984, explosion d'un réacteur de la centrale nucléaire de Tchernobyl en Ukraine en 1986. Parallèlement une prise de conscience s'opère à propos du réchauffement climatique et de l'augmentation du « trou » dans la couche d'ozone.

La question du « trou de la couche d'ozone » a été très largement résolue grâce à l'interdiction des CFC (Chloro-fluoro-carbones) qui étaient notamment utilisés dans les appareils frigorifiques. Depuis le début des années 2000, deux dossiers sont au centre des préoccupations : celui de la biodiversité et celui du réchauffement climatique. En dépit des conférences de Copenhague (2009), de Cancun (2010) et de Rio (2012), aucun dispositif contraignant prenant la suite du protocole de Kyoto (dont les engagements prennent fin en 2012) n'a pu être mis en place. Pourtant le rapport rédigé par N. Stern (économiste britannique, ancien vice-président de la Banque mondiale) soulignait que « *Le changement climatique menace les éléments de base de la vie pour des pans entiers de populations autour du globe à savoir, l'accès à l'eau, la production de vivres, la santé et l'utilisation des sols ainsi que l'environnement* » et il ajoutait que « *toute inaction (business-as-usual) face aux émissions entraînerait des risques croissants d'effets graves et irréversibles dus au changement climatique* ».

b › Développement durable, croissance soutenable et débats sur la décroissance

La question des rapports entre croissance économique et environnement n'est pas nouvelle en sciences économiques. La loi de population de Malthus et la marche vers l'état stationnaire de Ricardo (sous l'effet des rendements décroissants en agriculture) constituent déjà une prise en compte des contraintes naturelles qui pèsent sur la croissance. Plus tard au XIXe siècle S. Jevons consacre un ouvrage à la « question charbonnière » (*The Coal Question*, 1865) dans lequel il s'interroge sur les conséquences pour la Grande-Bretagne de l'épuisement des mines de charbon. En 1972 se tient à Stockholm une conférence des Nations Unies sur l'environnement humain qui met en avant le concept d'Éco-développement (qui sera popularisé notamment par Ignacy Sachs). En 1987, le rapport de la commission des Nations Unies présidée par **Gro Harlem Bruntland** est rendu public, et propose une définition du développement durable (traduction française de *Sustainable Development*) : « *le développement durable est un développement qui répond aux besoins du présent sans compromettre la capacité des générations futures à répondre aux leurs* ». Ce rapport servira de base à la Conférence de Rio de 1992 (Sommet de la Terre). Si le développement durable a une dimension écologique, il a aussi une dimension sociale en insistant sur l'équité intergénérationelle, mais aussi sur l'équité intragénérationnelle : la réduction des inégalités en est une composante. Dans cette perspective, la croissance est une composante du développement durable puisqu'elle doit permettre aux pays pauvres de sortir du sous-développement, de réduire les inégalités et de favoriser un progrès technique contribuant à réduire « l'empreinte écologique » de l'activité économique. La question qui est alors posée est celle de la définition de la soutenabilité (ou de la durabilité) de la croissance.

Le rapport Bruntland ne tranche pas entre deux conceptions de la soutenabilité :

- La **soutenabilité faible** considère qu'existent plusieurs types de capitaux, notamment le capital naturel, le capital humain et le capital physique. Ces trois types sont substituables. Les mécanismes de marché fondés sur les prix relatifs et les phénomènes de rente liés à l'épuisement des ressources naturelles, ainsi qu'une politique environnementale adaptée doivent permettre d'assurer la soutenabilité de la croissance. Il s'agit en particulier de mettre en œuvre les incitations appropriées, sous la forme d'un recours à un système de taxation, ou bien d'une réglementation des marchés, ou enfin de la définition de droits de propriétés afin de mettre en place un marché des « quotas d'émission ». Cette conception repose sur un certain optimisme et sur une confiance dans la capacité du progrès technologique à répondre aux défis écologiques. Cette approche optimiste s'appuie notamment sur « la courbe de Kuznets environnementale » selon laquelle en début de période de croissance la dégradation de l'environnement est corrélée positivement avec l'augmentation de la production, puis l'impact négatif plafonne et régresse ensuite quand la croissance se poursuit.

- La **soutenabilité forte**, conteste au contraire la substituabilité des trois types de capitaux. Elle met l'accent sur la spécificité du capital naturel et sur la nécessité de mettre en place des contraintes dans la gestion de ce capital. Par exemple, il faut limiter le prélèvement des ressources naturelles à leur capacité de régénération, il faut limiter l'émission de produits polluants à la capacité d'absorption de la nature et il faut limiter le prélèvement des ressources non renouvelable en fonction de la possibilité de les remplacer par des ressources renouvelables. Cette seconde approche se montre sceptique à l'égard du recours aux mécanismes de marché comme moyen de gestion du capital naturel. La marchandisation risquant au contraire de conduire à une utilisation excessive des ressources naturelles.

Cependant, en dépit de nombreux efforts, de multiples conférences, et de l'action des organisations non gouvernementales, l'évolution de la situation mondiale depuis le début des années 1990 ne semble guère favorable : les émissions de gaz a effet de serre restent très importantes, la déforestation se poursuit, des espèces vivantes continuent à disparaître à un rythme élevé, les populations sont confrontées à des pénuries d'eau qui se font plus nombreuses, etc.

Certains courants de l'opinion en viennent donc à contester l'idée même de développement durable et se prononcent en faveur d'une « **décroissance soutenable** » en se réclamant notamment des travaux de l'économiste américain **N. Georgescu-Roegen** (*La Décroissance. Entropie, écologie, économie*, 1995). Pour ces auteurs, il faut mettre en cause de façon radicale notre conception de la production et de la consommation, en finir avec le productivisme et mettre l'accent sur la qualité de la vie, plutôt que sur la quantité des biens et service que l'on peut acquérir. Ces positions sont cependant très minoritaires parmi les économistes qui soulignent qu'une part très importante de la population mondiale est privée de l'accès au logement, à la santé, à l'éducation et qu'une croissance négative ne serait sans doute pas le bon moyen d'apporter une réponse à ces exigences. Par contre, une transformation radicale des modes de croissance, des choix technologiques, des politiques publiques, est indispensable pour assurer à la fois une soutenabilité sociale et environnementale de la croissance. On peut même considérer que la conversion écologique des économies (réduction des émissions à effet de serre notamment) serait une source importante de croissance et d'emploi.

> II Les facteurs de la croissance

La croissance économique nécessite d'utiliser davantage de facteurs de production, mais ce n'est pas une condition suffisante pour une croissance durable. À long terme la qualité des facteurs varie considérablement, ce qui se traduit par une perte d'efficacité (cas de l'épuisement des sols ou des ressources naturelles par exemple), ou au contraire par une amélioration de l'efficacité des facteurs, sous l'effet du progrès technique par exemple.

Croissance et rendements d'échelle

On distingue usuellement la croissance extensive de la croissance intensive, selon le type de **rendements d'échelle** observés (ou économies d'échelle).

- La croissance **extensive** repose sur une augmentation du PIB proportionnelle à la hausse de la quantité de facteurs utilisée : pour doubler la production, il faut par exemple doubler la quantité de terre et de travailleurs nécessaire. Les rendements d'échelle sont alors constants puisque l'échelle de la production n'a pas d'effet sur son efficacité.
- La croissance est **intensive** lorsque les facteurs de production sont utilisés de façon plus efficace : la production augmente plus rapidement que la quantité de facteurs. Les rendements d'échelle sont alors croissants, et la croissance économique repose principalement sur les gains de productivité.

Pour donner un exemple historique, l'exceptionnelle croissance américaine durant la deuxième moitié du XIXe siècle s'explique par la combinaison d'une croissance extensive à l'Ouest (conquête de nouvelles terres et afflux de migrants) et d'une croissance intensive au Nord-Est (industrialisation rapide et économies d'échelle dues à la concentration).

> A Croissance et facteurs de production

a › Le rôle du facteur travail

À long terme, la croissance économique s'accompagne d'une augmentation de la population active (voir « La population active »). Les différences de rythme d'augmentation de la population active ne sont d'ailleurs pas sans lien avec les différents rythmes de croissance : ainsi la croissance française est plus lente avant les Trente Glorieuses que dans certains pays développés tels l'Angleterre où les États-Unis, plus dynamiques démographiquement.
Cependant, l'augmentation de la population active n'est pas suffisante pour entraîner une hausse du volume de travail disponible dans l'économie, car il dépend aussi de la durée du travail effectuée par chaque actif :

Quantité annuelle de travail = Niveau de l'emploi × durée annuelle du travail

La diminution de la durée annuelle du travail est très sensible depuis la fin du XIXe siècle : en France, elle est passée de 3 000 à 1 461 heures par an entre 1896 et 2004. Le passage aux 35 heures a accentué cette tendance séculaire, ainsi que le développement du travail à temps partiel, qui a un impact très sensible sur la durée annuelle moyenne du travail par salarié. La baisse de la durée du travail vient donc contrebalancer l'augmentation du nombre d'actifs en France depuis un siècle, et le volume total de travail fourni par la population active a en fait diminué d'un tiers au cours du XXe siècle.
La croissance ne s'explique donc pas à long terme par une hausse de la quantité de travail, mais par sa plus grande efficacité : ainsi la productivité horaire du travail a été multipliée par 16 entre 1896 et 1996.
L'efficacité supérieure du travail provient de différents facteurs, comme l'amélioration de l'organisation du travail, l'association avec un capital plus efficace, et la hausse du stock de **capital humain** accumulé par les travailleurs. Cette dernière notion est introduite par **T. W. Schultz** (prix Nobel en 1979) dans ses travaux sur le développement économique, puis précisée par les travaux microéconomiques de **G. Becker** (prix Nobel en 1992). Le capital humain désigne le stock de compétences valorisables économiquement, intégrées par les individus : connaissances acquises par l'éducation ou l'expérience, mais aussi les savoir-faire contribuant à améliorer la santé, et de façon générale l'efficacité productive.
L'élévation du niveau de formation est une source durable de croissance, d'autant que l'augmentation du stock de capital humain est un processus cumulatif : il est plus facile d'acquérir de nouvelles connaissances quand les savoirs de base sont déjà assimilés.

b › Le rôle du capital et des ressources naturelles

L'investissement, c'est-à-dire l'augmentation du stock de capital, est indispensable pour assurer une croissance durable : non seulement il augmente le volume de facteur capital disponible pour la production, mais il permet aussi de moderniser le stock de capital existant (mécanisation, machines plus récentes, etc.). Ainsi l'efficacité du capital de génération récente est supérieure, grâce aux investissements qui incorporent davantage d'innovations.
La définition du **capital** peut être plus ou moins large (voir « Capital et investissement »), selon que l'on considère le capital fixe, c'est-à-dire le stock de biens durables nécessaires à la production, que l'on intègre ou non les consommations intermédiaires (matières premières par exemple), ou que l'on considère les ressources naturelles comme un facteur de production distinct du capital.
En longue période, le volume de capital par travailleur ou **intensité capitalistique** a fortement augmenté : la croissance économique nécessite toujours davantage de capital par tête, donc d'investissement, ce qui entraîne une substitution du capital au travail.

⇨ Parmi les facteurs de croissance, les **ressources naturelles** jouent un rôle particulier : si elles sont indispensables pour disposer de matières premières, elles sont souvent non renouvelables comme les énergies fossiles par exemple. D'où les analyses mettant l'accent sur les dangers que la croissance fait peser sur les ressources naturelles :
- La réflexion sur le **développement durable**, à la suite du sommet de Rio en 1992 (voir « Économie du développement »), conduit à envisager une limitation de la croissance en fonction de son impact à long terme sur l'environnement.

Les analyses récentes de la croissance mettent l'accent sur l'existence de 4 types de capital :

- Le **capital naturel**, constitué de l'ensemble des ressources naturelles (renouvelables ou non) et plus largement des caractéristiques de la nature (paysages, biodiversité, etc.).
- Le **capital physique produit**, qui correspond aux machines, aux outils, aux bâtiments (c'est le capital fixe tel qu'il est analysé de longue date par les économistes de la croissance).
- Le **capital social et institutionnel** qui correspond aux relations sociales et aux institutions servant de cadre à l'activité économique.
- Le **capital humain** qui correspond notamment aux savoirs et savoir-faire que détiennent les individus et qui résulte de la formation et de l'expérience.

Ces quatre types de capital sont partiellement substituables. Par exemple on peut pallier par le progrès technique (accumulation de capital physique produit) la réduction du stock de capital naturel (les fermes aquacoles peuvent par

exemple fournir les poissons que la faune sauvage ne fournit plus). De même, le capital humain peut, au moins en partie, se substituer au capital physique produit.
Cependant, ces différents capitaux ne sont pas parfaitement substituables. On peut même considérer qu'il existe des éléments du patrimoine naturel (espèces naturelles, ressources en eaux, ressources minérales, etc.) dont la disparition produit des effets d'irréversibilité. Selon que l'on considère que les quatre espèces de capital sont plus ou moins substituables on se montre plus ou moins optimiste quand à la soutenabilité de la croissance.

> B Croissance et progrès technique

a › La contribution du progrès technique à la croissance

Le progrès technique est une notion très large, car il s'applique à l'ensemble des innovations entraînant une amélioration qualitative des facteurs de production mais aussi des méthodes de production, de l'organisation du travail ou des marchés. Dans tous les cas, le progrès technique améliore la **productivité globale des facteurs**, c'est-à-dire le rapport entre la production et le volume total de facteurs utilisé.
Pour les néo-classiques, le progrès technique désigne l'ensemble des éléments qui permettent d'augmenter la production à volume de travail et de capital inchangé. C'est un **résidu**, selon l'expression de **R. Solow** c'est-à-dire la part inexpliquée (résiduelle) de la croissance, une fois que l'on a pris en compte l'augmentation quantitative des facteurs de production. On parle encore de **progrès technique autonome**, car il intervient comme un troisième facteur, distinct du capital et du travail, indépendamment des comportements économiques des agents. Dans cette approche, le progrès technique est par définition inexpliqué, puisqu'il n'est pas tributaire des choix d'investissement ou de travail des agents. Ce **progrès technique exogène** est, selon l'expression de **M. Abramovitz** (1912-2000) « *la mesure de notre ignorance* ».
À l'inverse, le progrès technique est de nature endogène lorsque le modèle de la croissance intègre des variables économiques expliquant l'évolution du progrès technique. Le progrès technique est alors généré par l'activité économique elle-même.

Fonction de Cobb-Douglas et mesure du résidu

- La méthodologie utilisée pour mesurer la contribution du progrès technique autonome à la croissance a été mise au point en 1957 par **R. Solow** (prix Nobel en 1987). Elle s'appuie sur la fonction de production de Cobb-Douglas, du nom des mathématiciens qui ont décrit ses propriétés en 1928. Elle s'écrit :
$Y = L^{\alpha}.K^{1-\alpha}$ avec $0 < \alpha < 1$, Y la production, L le travail et K le capital.
- Cette fonction a des propriétés remarquables pour les économistes :
– les rendements d'échelle sont constants : il n'y a pas de progrès technique ;
– si on admet les hypothèses néo-classiques, alors α représente la part des salaires dans le PIB, et $1 - \alpha$ la part des profits (le taux de marge).

Pour mesurer le résidu (ou le progrès technique autonome), il suffit de comparer la croissance observée, et celle qui serait obtenue en l'absence de progrès technique, donnée par la fonction de Cobb-Douglas. On obtient pour chaque époque une valeur H appelée résidu, et la fonction de production devient : $Y = L^{\alpha}.K^{1-\alpha}.H$

b › L'apport du progrès technique varie selon les époques

Historiquement, le progrès technique a joué un rôle important dans la croissance de la production au XIXe siècle, par des innovations de produit (le textile), des innovations de procédé (la machine à vapeur), ou une organisation du travail plus efficace (la naissance des usines modernes). Cependant, l'histoire économique insiste aujourd'hui sur la lenteur de ces transformations. Par exemple la concentration industrielle reste faible au début du XXe siècle, avec un patron pour 4,3 ouvriers en France.
La croissance repose davantage sur le progrès technique au XXe siècle, avec la diffusion de nouveaux modèles d'organisation de la production, comme le taylorisme et le fordisme (voir « Entreprises et système productif »).
Durant les Trente Glorieuses, le progrès technique explique une large partie de la croissance. Une étude exemplaire est menée sur ce thème par **J.-J. Carré**, **P. Dubois** et **E. Malinvaud** en 1972 dans *La croissance française*. Ils reprennent la méthodologie économétrique définie par **R. Solow** et montrent que si la croissance s'expliquait par la seule hausse du volume de facteurs, alors elle aurait été de 1 % et non de 5 % en moyenne. Ils intègrent par ailleurs d'autres variables, comme le niveau d'instruction et l'âge de la main d'œuvre, ou le rajeunissement du capital, mais il reste encore un **résidu**, c'est-à-dire une part de la croissance non expliquée par la hausse du volume de facteurs, de 2,5 points, soit la moitié de la croissance totale.

⇨ Dès la fin des Trente Glorieuses on constate un ralentissement de la productivité globale des facteurs, et une diminution de la **productivité du capital**. Selon l'école de la régulation, le ralentissement des gains de productivité serait à l'origine de l'affaiblissement de la croissance. À l'inverse **P. Dubois** considère que le ralentissement de la croissance implique mécaniquement une diminution de la productivité du facteur capital, car le capital est un stock dont le renouvellement n'est pas soumis au même rythme que la conjoncture : de ce fait, la baisse de la productivité du capital ne signifie pas qu'il devient moins efficace du point de vue technique, mais qu'il est moins utilisé en période de récession.

À partir de la fin des années 1980, la question de l'impact des innovations sur la croissance s'impose dans un contexte de progrès technologiques rapides dus à l'informatisation et au développement des réseaux de communication. Or il s'avère qu'un rythme rapide d'innovations n'entraîne pas toujours une hausse de la productivité des facteurs, et donc de la croissance. Selon le **paradoxe de R. Solow**, énoncé en 1987 « *les ordinateurs sont partout, sauf dans les statistiques de productivité* ». On attribue aujourd'hui ce paradoxe à la lenteur avec laquelle une nouvelle technologie produit des effets macro-économiques, car l'organisation du travail doit être modifiée en profondeur pour en bénéficier réellement. Selon une étude de la productivité américaine menée par **P. Askenazy**, les différences de productivité des branches de l'économie américaine, depuis les années 1980, dépendent de leur capacité à combiner innovations et changements organisationnels.
Les débats concernant l'impact des nouvelles technologies sur la croissance ont mis en avant le rôle stratégique des efforts d'investissement, publics ou privés, dans la production de technologie, la formation dans l'enseignement supérieur, la recherche et le développement. Or les efforts consentis par les États varient du simple au double comme le suggère le graphique ci-dessous, et les écarts ont tendance à s'accentuer à partir des années 1990, ce qui peut expliquer les écarts de croissance observés. Par exemple, la Finlande a fondé sa croissance sur l'innovation, par une augmentation très sensible des dépenses de R & D, passées de moins de 2 % en 1990 à 3,49 % en 2003.

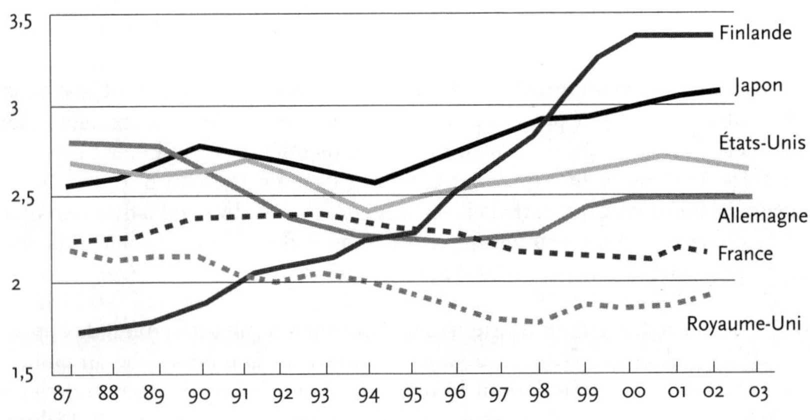

Source : Licht, 2004.

> III
Les analyses de la croissance

> A
Les limites de la croissance dans les analyses classiques et néo-classiques

a › L'économie tend vers un état stationnaire selon Ricardo

Selon **D. Ricardo** (1772-1823) l'économie tend naturellement vers un **état stationnaire**, c'est-à-dire vers un niveau maximal de la production, au-delà duquel le taux de croissance est nul. L'analyse repose sur la **loi des rendements décroissants** : l'augmentation de la production, pour faire face à l'accroissement de la population, oblige à mettre en culture des terres moins fertiles, ce qui diminue les rendements de la terre. Cela génère une augmentation de la rente prélevée par les propriétaires fonciers, ainsi qu'une hausse des salaires, conformément à la théorie ricardienne de la rente différentielle (voir « Les revenus »). La hausse des salaires entraîne une répartition des revenus défavorable aux profits, et progressivement la baisse du taux de profit se traduit par une diminution de l'investissement, financé par les entrepreneurs.
À terme, la croissance économique doit tendre vers zéro, car les opportunités d'investissement deviennent de plus en plus rares avec la diminution du taux de profit. Pour Ricardo, le déclin de la croissance est donc inéluctable ; une politique libre-échangiste peut le retarder en diminuant le prix naturel du travail (voir « Le commerce international »).
D'autres auteurs classiques ont une vision similaire de la croissance à long terme, comme **T. R. Malthus** (1766-1834), qui prédit également une diminution tendancielle de la croissance jusqu'à l'état stationnaire, en raison de la loi de population (voir « Épistémologie et histoire des sciences économiques »).

b › La possibilité d'une croissance indéfinie selon A. Smith

Parmi les classiques, **A. Smith** (1723-1790) fait à la fois figure de précurseur, et d'exception sur la question de la croissance. En effet, il ne sera pas suivi sur ce thème par les autres auteurs classiques, puisqu'il envisage la possibilité d'une croissance indéfinie. Son œuvre majeure, *Recherches sur la nature et les causes de la richesse des Nations* (1776) commence par une analyse des effets de la division du travail sur la croissance des richesses. La division du travail augmente les gains de productivité, et peut être une source de croissance durable. A. Smith évoque l'augmentation de la taille des marchés rendue possible par la baisse des coûts de production : un cercle vertueux peut s'engager, dans la mesure où l'extension des marchés incite les entreprises à investir et augmenter encore la division du travail pour y répondre. Contrairement aux autres classiques, A. Smith perçoit bien les gains apportés par le progrès technique, mais son analyse se limite au secteur manufacturier : rien ne s'oppose donc à une limitation de la croissance due aux rendements décroissants dans l'agriculture, comme le supposait **D. Ricardo**.

⇨ **A. Young** (1876-1929) étend l'analyse de Smith à la division du travail entre les branches d'activité. Le raisonnement repose sur l'apparition de nouvelles méthodes productives appelées *méthodes détournées de production*, qui divisent le processus productif en davantage d'étapes, par exemple en créant des marchés de sous-traitance. À chaque étape les coûts baissent, avec l'augmentation de la taille des marchés, source d'économies d'échelle. C'est un processus cumulatif favorable à la croissance : plus la division du travail augmente entre branches, plus apparaissent des opportunités de création de nouveaux marchés davantage spécialisés, donc plus efficaces. Young prolonge donc au niveau macroéconomique des relations inter-branches l'argument de Smith sur les avantages de la division du travail dans l'entreprise. Longtemps oublié, il passe aujourd'hui pour un précurseur des nouvelles théories de la croissance, car il a montré le rôle décisif des économies d'échelle.

C › Le modèle néo-classique de R. Solow

R. Solow élabore en 1956 un modèle de croissance qui fait figure de référence dans les études économétriques, car il permet l'intégration du progrès technique dans un cadre néo-classique. Il reprend l'idée propre aux classiques d'une convergence vers l'état stationnaire en l'absence de progrès technique. Les principales hypothèses du modèle sont les suivantes :

- le produit national est donné par une fonction de production de Cobb-Douglas à facteurs substituables ;
- les prix des biens et des facteurs sont flexibles ;
- les rendements d'échelle sont constants ;
- la totalité de l'épargne est investie ;
- la productivité marginale du capital est décroissante, donc la production croît moins vite que le stock de capital ;
- le progrès technique est exogène, c'est un résidu.

Sous ces hypothèses, **R. Solow** montre que la croissance présente deux caractéristiques :

- D'une part la croissance est stable et équilibrée, en raison des hypothèses de flexibilité des prix et de substituabilité des facteurs : les mécanismes du marché ajustent les prix aux quantités de facteurs disponibles.

– Si le progrès technique est nul, la population stable et le taux d'épargne constant, alors la croissance économique tend vers zéro. En effet, la production augmente moins vite que le stock de capital, or celui-ci se déprécie (amortissement) ; il faut donc consacrer une part toujours plus grande de l'investissement brut à amortir le capital, jusqu'à un seuil où la croissance est nulle car la totalité de l'investissement sert à l'amortissement.

Une économie peut reculer provisoirement le passage à l'état stationnaire en augmentant sa population, ou son taux d'épargne, mais cela ne modifie pas le mécanisme décrit. Seule une hausse continue du facteur résiduel, le progrès technique, peut expliquer que la croissance se maintienne durablement. Paradoxalement, une croissance durable s'explique par un facteur dont on ne connaît pas la cause : le progrès technique exogène apparaît donc comme une « manne tombée du ciel » dans l'approche de Solow.

> B
L'approche keynésienne de la croissance

J.-M. Keynes (1883-1946) étudie principalement l'équilibre de sous-emploi à court terme. Il faut attendre la fin des années 1940 pour que les hypothèses de Keynes soient reprises dans un cadre dynamique afin d'étudier la croissance, grâce au travail de deux économistes keynésiens, **R. Harrod** (1900-1978) et **E. Domar** (1914-1997).

a › La croissance équilibrée est improbable

Le modèle proposé par Harrod et Domar repose sur l'hypothèse d'une rigidité du coefficient de capital : il faut augmenter dans la même proportion la quantité de travail et de capital pour produire davantage, car les facteurs sont complémentaires. Cela traduit l'hypothèse keynésienne d'absence d'ajustement par les prix. Pour produire davantage, une hausse de l'investissement est nécessaire, mais elle a deux effets indépendants :

– un effet-revenu sur la demande, selon le principe du multiplicateur keynésien (voir « Capital et investissement »), qui dépend de la propension à épargner (ou à consommer puisque les deux sont complémentaires) ;

– un effet de capacité, c'est-à-dire une augmentation de l'offre dans une proportion fixée par le coefficient de capital.

Rien ne garantit à l'avance que l'augmentation de la demande et l'augmentation de l'offre se compensent, car le taux d'épargne et le coefficient de capital sont des variables indépendantes. On a donc toutes les chances d'observer une **croissance déséquilibrée**. Par ailleurs, le plein emploi est aussi improbable car il dépend d'une troisième variable indépendante, l'augmentation de la population active.

⇨ L'approche keynésienne de la croissance justifie donc l'intervention de l'État, indispensable pour maintenir l'économie au voisinage d'un sentier de croissance de plein emploi.

Croissance stable et croissance équilibrée
Il ne faut pas confondre la stabilité et l'équilibre de la croissance. La croissance est équilibrée si l'augmentation de la production est compatible à long terme avec l'équilibre macroéconomique (égalité de l'épargne et de l'investissement), et avec le plein emploi. Si on note g le taux de croissance de l'économie, n le taux de croissance de la population active, s le taux d'épargne et v le **coefficient de capital** (rapport entre le capital et la production) alors la condition d'équilibre s'écrit : $g = n = \frac{s}{v}$ selon **R. Harrod**. La croissance est stable s'il existe des mécanismes de retour à l'équilibre lorsque l'économie s'en éloigne : une croissance déséquilibrée n'est donc pas nécessairement instable.

b › L'instabilité de la croissance

D'après le **modèle Harrod-Domar**, la croissance est par ailleurs instable, car les déséquilibres ont tendance à s'accentuer. Par exemple, une croissance supérieure aux prévisions d'équilibre incite les entrepreneurs à investir d'avantage pour répondre à la demande imprévue, ce qui augmente encore la demande en raison de l'effet multiplicateur, et donc le déséquilibre initial. Selon l'expression d'Harrod, la croissance est donc « *sur le fil du rasoir* », car un léger déséquilibre a tendance à s'accentuer irrémédiablement.

⇨ D'après l'économiste keynésien **N. Kaldor** (1908-1986), l'instabilité de la croissance doit être relativisée. Il constate que le taux d'épargne global dépend du partage entre salaires et profits, car les salariés ont un taux d'épargne inférieur à celui des détenteurs de capitaux. Une faible croissance entraîne le sous-emploi, et une répartition des revenus plus favorable aux profits; cela augmente le taux d'épargne global, donc la croissance. À l'inverse une croissance trop rapide et inflationniste réduit la part des profits et donc le taux d'épargne global. L'État doit donc mener une politique des revenus judicieuse pour conduire la croissance vers son niveau d'équilibre et de plein emploi.

c › Le modèle AK

Le **modèle AK**, élaboré par **K. Arrow** et **M. Frankel**, est souvent présenté comme une version néo-classique du modèle Harrod-Domar.

Le stock de capital agrège le capital physique, le capital humain et le capital intellectuel. C'est un modèle néo-classique sans rendements décroissants. L'analyse d'Arrow repose sur « l'apprentissage par la pratique » : « *lorsque les individus accumulent du capital, l'apprentissage par la pratique crée du progrès technique qui tend à accroître la productivité marginale du capital* » (Aghion et Howitt, 2009).

De ce fait, la fonction de production est du type Y = AK, où A est une constante qui correspond à la productivité marginale du capital.
Dans la version de Frankel le modèle suppose une concurrence parfaite et une substituabilité des facteurs de production (comme dans Solow-Swan) et une croissance à long terme qui dépend du taux d'épargne comme dans le modèle Harrod-Domar. Dans ce modèle, la croissance est aussi liée aux externalités positives qui résultent des connaissances générées par les firmes à l'occasion de l'accumulation du capital. Si des externalités positives l'emportent sur les rendements décroissants propres à chaque facteur capital, on aboutit à une croissance explosive. Si les externalités positives sont inférieures à l'effet des rendements décroissants le taux de croissance à long terme est nul, et on aboutit aux mêmes conclusions que le modèle de Solow. Si l'effet des externalités de connaissance est égal à l'effet des rendements décroissants on retrouve le modèle Harrod-Domar, avec une croissance sur « le fil du rasoir ». À la différence du modèle Harrod-Domar, une hausse du taux d'épargne augmente le taux de croissance de façon permanente.

> C La croissance, un phénomène cumulatif

Les théories contemporaines de la croissance ont un point commun : elles insistent sur le caractère cumulatif de la croissance, qui dépend aujourd'hui des choix économiques faits par le passé. La théorie économique tente donc d'intégrer un constat historique : la précocité de la croissance des pays développés constitue un avantage durable, voire irrémédiable.

a › Les modèles de croissance endogène

Les modèles de « croissance endogène » expliquent la croissance par des variables internes au modèle, et non par une variable exogène « inexpliquée » comme le progrès technique autonome. Ces théories sont apparues dans les années 1980, du fait de la remise en cause du modèle de Solow par **P. Romer** et **R. Lucas** (prix Nobel en 1995). Elles conservent généralement un cadre d'analyse microéconomique néo-classique, et les agents sont supposés avoir des anticipations rationnelles. Mais ces théories rejettent l'idée d'un épuisement naturel de la croissance, qui tendrait vers l'état stationnaire. En effet, la croissance peut se poursuivre indéfiniment soit en raison de l'existence de rendements croissants, soit grâce à des externalités positives :

- Les facteurs de la croissance mis en avant par ces modèles, comme la technologie ou le capital humain, ne perdent pas leur efficacité au cours du temps, pas plus qu'ils ne « s'usent » contrairement au capital physique. Ils peuvent donc être accumulés, et ces facteurs gagnent en efficacité car ils ont des **rendements croissants** : il est plus facile d'acquérir de nouvelles connaissances si l'on possède déjà un stock élevé de connaissances. La croissance de pays au niveau technologique élevé et à la main d'œuvre qualifiée sera donc supérieure à celle de pays moins développés, ce qui expliquerait la divergence de la croissance au Nord et au Sud aujourd'hui.

- Les **externalités positives** apparaissent dans la croissance quand les investissements d'un agent bénéficient à d'autres agents sans que cet effet donne lieu à une relation marchande. Ainsi, les investissements publics dans la recherche ou la santé ont des externalités positives, car ils améliorent le capital humain et les connaissances utilisées par les entreprises.

Il existe trois catégories de modèles de croissance endogène, qui reposent sur la technologie, le capital humain ou les dépenses publiques.

- Selon **P. Romer**, la croissance repose sur le caractère endogène du progrès technique, généré par les investissements dans la recherche-développement. En effet, les découvertes réalisées grâce à la recherche bénéficient à tous, donc ces investissements sont une source d'externalités positives.
- **R. Lucas** met en avant l'accumulation de capital humain dans l'explication de la croissance endogène, car c'est un facteur dont l'efficacité est cumulative (les compétences ne « s'usent » pas), et qui est source de rendements croissants.
- Selon R. **Barro**, le niveau de dépenses publiques est une source de croissance endogène, puisque les investissements publics entraînent des externalités positives, comme l'avait déjà remarqué A. **Smith** (voir « L'État et l'économie »). Barro considère que l'État est inefficace pour agir sur la conjoncture économique par le déficit public (voir « Les politiques économiques »). En revanche une augmentation des dépenses publiques s'avère efficace pour améliorer la croissance, en fixant un niveau optimal tel que le budget soit durablement équilibré, et que les externalités positives engendrées par les dépenses publiques soient supérieures à l'impact négatif des prélèvements publics sur l'activité économique.

⇨ Paradoxalement, ces auteurs souvent issus du courant néo-classique sont donc conduits à réhabiliter le rôle de l'État. Si la politique conjoncturelle est inefficace à court terme, car elle se heurte aux anticipations rationnelles des agents, en revanche les politiques structurelles d'investissement dans la formation, la santé, la recherche ou encore les infrastructures favorisent réellement la croissance.

b › Croissance et innovations

Les modèles de croissance les plus récents mettent l'accent sur le rôle décisif de l'innovation.
Le modèle développé par R. Barro (1990) est centré sur la variété des biens. L'innovation provoque une croissance de la productivité en créant de nouvelles

variétés de biens (inputs intermédiaires notamment) qui conduisent à une spécialisation accrue des travailleurs. Les nouvelles variétés proviennent des investissements en recherche-développement induits par le souci de s'approprier une rente de monopole. En effet, les innovations sont considérées comme non rivales (elles peuvent être utilisées par tous) mais excluables en revanche (l'innovateur est rémunéré par les utilisateurs, d'où la rente de monopole).

Chaque innovation suppose des coûts irrécupérables, cela implique que les marchés ne sont pas parfaitement concurrentiels mais caractérisés par une concurrence monopolistique. Selon **Aghion** et **Howitt**, « *Le modèle formalise une idée ancienne qui remonte à* ***A.A. Young*** *(1928) à savoir qu'une spécialisation accrue provoque une croissance durable* ».

Le modèle développé par Aghion et Howitt (1992) est souvent qualifié de néo-schumpétérien, il est en effet centré sur le processus de destruction créatrice. Les innovations améliorent la qualité et rendent obsolètes les biens et les techniques de production antérieurs. Une croissance plus rapide implique généralement un taux de renouvellement des firmes plus élevé parce que le processus de destruction créatrice génère l'entrée de nouveaux innovateurs et la sortie des innovateurs précédents.

Le modèle prend en compte une diversité des secteurs et, dans chaque industrie, le bien est produit par l'innovateur le plus récent qui est un jour remplacé par un autre innovateur.

L'innovation a deux inputs : les dépenses d'innovation de l'innovateur privé et le stock de connaissances publiquement disponibles qui résulte de l'action des innovateurs précédents.

Le modèle intègre l'effet Gerschenkron en prenant en compte le fait que les pays qui sont loin de la frontière technologique mondiale obtiennent un gain plus important grâce aux innovations.

C › Les facteurs institutionnels de la croissance

Selon **J.-P. Touffut** : « la notion d'**institution économique** recouvre l'ensemble des organisations formelles et informelles et des législations qui encadrent le fonctionnement des marchés. Le marché se présente lui-même comme une institution lorsque les transactions privées sont insérées dans un réseau de conventions et de règles ».

Si le progrès technique joue un rôle central dans la croissance, les nouvelles découvertes ne font pas toujours l'objet d'une utilisation productive : cela dépend de l'institutionnalisation de règles marchandes, propres à favoriser l'exploitation économique des retombées de ces innovations. L'historien **D. Landes** montre par exemple que la civilisation occidentale a connu, à partir du XVIe siècle, un contexte favorable à l'exploitation économique des inventions, alors que d'autres civilisations avaient développé auparavant des compétences techniques supérieures comme la Chine par exemple.

D. North (prix Nobel d'économie en 1993), note que le développement d'innovations est plus rentable si leur exploitation économique est protégée par des brevets. Si la connaissance est un **bien non-rival** (elle bénéficie à tous), l'innovation qui en découle est facilitée si elle devient un **bien rival**, dont l'utilisation est exclusivement réservée à son propriétaire. Le développement technologique, et donc la croissance, dépend de l'adoption d'une « organisation efficiente » de l'économie, qui repose sur des innovations institutionnelles, comme l'adoption de brevets, la création de droits de propriété sur le capital, d'une fiscalité favorable, etc.

D. North est l'un des fondateurs de la Nouvelle histoire économique, dont la méthode appelée **cliométrie** combine analyses quantitatives de la croissance et recherches sur ses facteurs institutionnels. Par exemple, le décollage économique de l'Angleterre s'expliquerait par son avance institutionnelle, et l'adoption précoce de lois protégeant les droits de propriété : la première loi sur les brevets d'invention date de 1623, contre 1791 pour la France.

Aujourd'hui, le débat sur les facteurs institutionnels de la croissance a pris une nouvelle ampleur, lorsque les économistes ont constaté des écarts persistants de croissance entre des États qui ne se distinguaient pas par les variables envisagées précédemment. Pour **R. Boyer** par exemple, il existe deux modèles de capitalisme qui ont su rapidement tirer profit des nouvelles technologies de l'information et des communications : le capitalisme américain, grâce à la grande flexibilité de son marché du travail et au dynamisme de ses créations d'entreprise, et le capitalisme scandinave, grâce à un tout autre mécanisme, reposant sur la flexibilité interne des entreprises (reconversions négociées avec les partenaires sociaux, importance de la formation continue, etc.). Cela montre que les technologies n'imposent pas un mode d'organisation économique particulier, mais au contraire, que certaines configurations institutionnelles savent mieux en tirer parti que d'autres.

Pour en savoir plus

Initiation

- Cette G. (2010), *Productivité et croissance en Europe et aux États-Unis*, La Découverte, Coll. Repères.
- Gadrey J. et Jany-Catrice F. (2010), *Les nouveaux indicateurs de richesse*, La Découverte, Coll. Repères.
- Gaffard J.L. (2011), *La croissance économique*, A. Colin, Coll. Cursus.
- Guellec D. et Ralle P. (2005), *Les nouvelles théories de la croissance*, La Découverte, Coll. Repères.
- Guellec D. (2010), *Économie de l'innovation*, La Découverte, Coll. Repères.
- Petit P. (2005), *Croissance et richesse des nations*, La Découverte, Coll. Repères.

Approfondissement

- Abraham-Frois G. (2001), *Dynamique économique*, Dalloz.
- Aghion Ph. (2006), *Politique économique et croissance*, Rapport au Conseil d'analyse économique, La Documentation française.
- Aghion Ph. et Howitt P. (2010), *L'économie de la croissance*, Économica.
- Aghion Ph. et al. (2011), *Crise et croissance : une stratégie pour la France*, Rapport au Conseil d'analyse économique, La Documentation française.
- Blanchard O., Cohen D. (2010), *Macroéconomie*, Pearson éducation.
- Bosserelle E. (2010), *Dynamique économique*, Gualino.
- Maddison A. (2001), *L'économie mondiale, une perspective millénaire*, OCDE.
- Mankiw G. (2010), *Macroéconomie*, De Boeck Université.

chapitre **24**

Fluctuations et crises

L'instabilité des économies capitalistes a longtemps été la règle, jusqu'à masquer, au XIXe siècle, l'ampleur de la croissance aux yeux de nombreux contemporains (voir « La croissance »).
Avant la crise de 1929, les débats économiques portent sur la possibilité d'une crise généralisée et sur l'interprétation de la régularité des crises, alors qu'on assiste à l'émergence des théories des cycles.
La période des Trente Glorieuses laisse espérer la maîtrise des fluctuations économiques, avec la mise en place de politiques de régulation conjoncturelle d'inspiration keynésienne.
La crise des années 1970 remet en cause simultanément cette vision optimiste, et le « consensus keynésien » : d'où la grande diversité des analyses contemporaines des fluctuations et des crises, notamment d'inspiration libérale.
Enfin, la globalisation financière, depuis la fin des années 1980, et les crises financières qui suivirent l'essor des marchés de capitaux, ainsi que le retour de l'expansion à la fin du siècle après une longue récession, contribuent au regain d'intérêt pour les théories des cycles.
En pratique, les fluctuations se repèrent grâce à différents indicateurs, tels le niveau de richesse nationale, ou le niveau général des prix. Si on appelle « **fluctuations** » les variations de l'activité économique au cours du temps, quelles

que soient leurs causes ou leur ampleur, d'autres termes servent à en préciser les contours. **L'expansion** ou la **récession** traduisent l'accélération ou le ralentissement de l'activité économique, et on parle de **dépression** si le niveau de l'activité économique baisse, ce qui se traduit par un taux de croissance négatif de la richesse nationale. La **crise** est le moment de retournement de tendance de l'activité économique, qui met fin à l'expansion pour déboucher sur une récession ou une dépression. Les **cycles** économiques désignent des fluctuations régulières, qui proviendraient de la variation d'une ou plusieurs variables économiques.

> I Crises et cycles depuis la révolution industrielle

> A Les crises ont changé de nature depuis le XIXe siècle

a › Des crises traditionnelles aux crises modernes

L'existence de crises économiques est bien antérieure à la révolution industrielle, cependant les crises ont changé de nature avec le développement du capitalisme.

Sous l'Ancien Régime, les **crises traditionnelles** ont un caractère aléatoire : elles sont déclenchées par une pénurie alimentaire due à des accidents climatiques ou historiques (guerres...), suivie par une forte hausse des prix agricoles due à la sous-production. Les revenus sont alors absorbés par les dépenses alimentaires, ce qui prolonge la crise dans les autres secteurs, où la demande s'effondre. On parle également de crises d'autosubsistance ou de crises frumentaires (de « froment », principale céréale alimentaire).

⇨ Selon l'historien **E. Labrousse** (1895-1988) ces crises proviennent de l'organisation économique propre à l'Ancien Régime, car « *les économies ont les crises de leurs structures* ». Elles s'expliquent par le poids élevé du secteur agricole, qui représente l'essentiel de la demande, et le cloisonnement des marchés (barrières douanières, faiblesse des transports) qui accentue les risques de pénurie.

Ces crises persistent jusqu'au milieu du XIXe siècle, à travers les **crises mixtes**, qui débutent dans l'agriculture comme des crises traditionnelles, et se prolongent dans l'industrie.
Les **crises modernes** ou industrielles deviennent fréquentes à partir du milieu du XIXe siècle, et présentent des caractéristiques opposées aux crises traditionnelles, puisqu'elles se traduisent par une surproduction industrielle qui entraîne une chute des prix. Dans un premier temps, le ralentissement économique entraîne une crise financière (faillites de banques, krach boursier), car les comportements spéculatifs accentuent les effets des variations de la conjoncture. Les mouvements internationaux de capitaux favorisent ensuite la diffusion internationale de la crise d'une place financière à l'autre.
La crise de 1929 marque l'apogée des crises de surproduction, mais son ampleur et sa durée ont renouvelé l'interprétation des crises.

b › Les deux grandes crises du XXe siècle

Le XXe siècle est marqué par deux grandes crises économiques, souvent considérées comme des **crises structurelles**, en raison de leur durée, et de la nécessité d'une modification profonde des structures économiques pour sortir de la crise.

- La **crise de 1929** débute par le krach boursier américain du 24 octobre, le « jeudi noir » où les cours s'effondrent, entraînant de nombreuses faillites de courtiers puis d'établissements bancaires, une large part de la spéculation étant financée par le crédit. L'économie mondiale se retrouve plongée dans une crise durable de surproduction, et la demande industrielle puis agricole sont fortement affectées, ce qui se traduit par une dépression de longue durée et une importante baisse des prix ou **déflation**. Cette crise prend une ampleur sans précédent, par sa diffusion à l'échelle mondiale, par sa durée dans les années 1930, et surtout par l'importance du chômage, puisque l'on passe de 6 millions de chômeurs dans les pays développés en 1929 à 35 millions en 1932. La crise est aggravée par l'adoption de politiques protectionnistes et de politiques déflationnistes (réduction des dépenses publiques).
- La **crise de 1973** survient lors du choc pétrolier d'octobre, où le prix du pétrole est multiplié par quatre en raison de la réaction de l'OPEP à la guerre du Kippour. Contrairement aux crises précédentes, on assiste à une forte progression de l'inflation jusqu'au début des années 1980, et à une succession de récessions plus qu'à une dépression durable. La progression du chômage est lente mais durable, particulièrement en France où elle est quasi continue de 1973 à 1997. Contrairement à 1929, le commerce mondial continue de progresser plus vite que la production mondiale. Enfin, la crise a une durée et une ampleur très variable selon les pays, les États-Unis retrouvent une croissance continue et durable en 1992, tandis que l'Europe doit attendre la fin de la décennie, à l'inverse du Japon qui entre en récession dans les années 1990 seulement, mais connaît ensuite 10 années de croissance quasi nulle.

Certains économistes, comme **D. Cohen**, considèrent que les économies développées ont davantage été marquées par un ralentissement de la croissance que par une véritable crise, entre les années 1970 et 1990. En effet, les taux de croissance retrouvent à la fin d'une période exceptionnelle, les Trente Glorieuses, leur moyenne historique à long terme (autour de 2 %) ; d'autre part, l'augmentation de l'emploi se poursuit durant cette période, et les échanges internationaux connaissent un développement sans précédent.

c › Le retour des crises financières

Le passage d'une économie d'endettement, fortement encadrée par l'État, à une **économie de marchés financiers**, selon l'expression de **J. Hicks** au milieu des années 1980, a augmenté les risques de crises boursières et financières, en raison de la forte progression de la spéculation (voir « La globalisation financière »). Ainsi, la crise des caisses d'épargne américaines au début des années 1980 a obligé le gouvernement à injecter massivement des liquidités. Le krach boursier d'octobre 1987 en offre un autre exemple. Par la suite, les pays émergents sont durement touchés par les crises financières, en raison de leurs besoins de capitaux et de leur financement par les marchés : crise mexicaine en 1994, crise asiatique en 1997, ou crise russe en 1998. L'expansion retrouvée de l'économie mondiale au cours des années 1990, dans un contexte de relative stabilité des prix, crée paradoxalement les conditions de l'éclatement de la crise des subprimes de 2007-2008. Tout se passe comme si le système financier avait été victime du **paradoxe de la crédibilité** (voir « Politiques économiques ») : la confiance excessive dans les perspectives de croissance et dans la capacité des banques centrales à maîtriser l'inflation conduisent les banques et les agents non financiers à adopter des comportements plus risqués qui poussent les taux d'endettement à la hausse. D'où le gonflement d'une bulle de crédit et d'une bulle immobilière dont l'éclatement constitue un **choc systémique** qui affecte l'ensemble de l'économie mondiale.

> B Les différents types de cycles

a › Repérer les cycles

Pour repérer la présence d'un cycle, il faut d'abord disposer de données quantitatives à dates régulières, c'est-à-dire d'une **série temporelle** de la variable utilisée pour représenter l'activité économique. Comme pour l'étude de la croissance, il est préférable de disposer d'un agrégat de production en volume, tel le PIB (voir « La croissance économique »). Mais avant 1945 et l'apparition de systèmes comptables fiables dans les pays développés, le PIB ne peut être estimé que de façon approximative. Les économètres – dont l'objet est l'étude statistique des économies à l'aide de modèles – doivent alors trouver des séries temporelles alternatives. On retient fréquemment l'évolution des prix de gros, car ils traduisent bien les tensions sur le marché des biens : on suppose que les prix augmentent en période d'expansion, et baissent en période de récession. Ainsi, les études des cycles économiques jusqu'au début des Trente Glorieuses privilégient cet indicateur, en l'absence d'une Comptabilité Nationale fiable.

Les fluctuations des prix et de la production

L'utilisation de séries de prix pour évaluer les fluctuations repose sur l'hypothèse d'une relation stable entre la hausse des prix et la production.

- Certains économistes contestent la stabilité ou le sens de cette relation.
  - Selon **N. Kondratiev** (1892-1938), les mouvements de prix traduisent assez fidèlement les fluctuations de la production : les prix augmentent quand l'économie est en période d'expansion.
  - **F. Simiand** (1873-1935) estime que la relation entre les prix et la production n'est pas toujours parallèle : l'évolution des prix peut se distinguer de celle de la production, car les prix sont déterminés non par les lois du marché, mais par les représentations économiques des agents.
- Certains économistes suggèrent que les deux évolutions peuvent être indépendantes : selon **G. Cassel** (1866-1945) la production croit régulièrement, au XIXe siècle, alors que les prix connaissent une évolution cyclique en raison des variations de la masse monétaire au rythme des découvertes d'or, conformément à la théorie quantitative de la monnaie.

⇨ Il faut bien distinguer l'évolution cyclique et le trend de la croissance. Ce dernier est donné par l'ajustement linéaire des fluctuations observées, de façon à dégager une tendance continue comme le montre le graphique ci-dessous. Pour faire apparaître des cycles, on recherche des variations régulières à l'intérieur de la série temporelle étudiée. De nombreuses méthodes statistiques sont utilisées, la plus simple est la méthode des moyennes mobiles. Les cycles ne sont donc pas directement observables sans un modèle d'analyse.

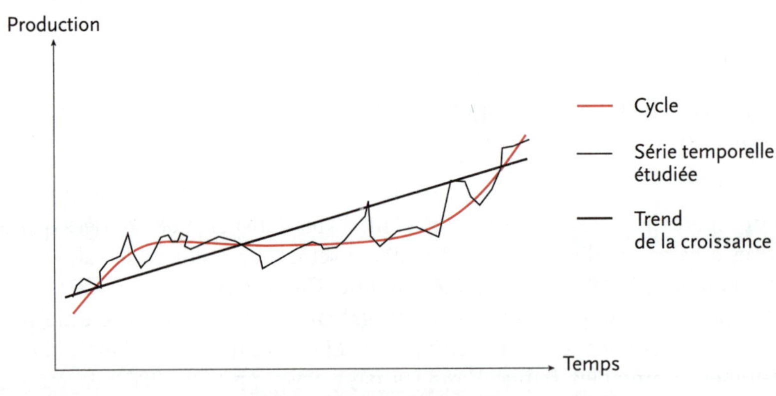

b › Des cycles d'une ampleur variable

J. A. Schumpeter (1883-1950) distingue trois types de cycles selon leur durée et leur ampleur, désignés par les noms de trois de ses précurseurs :

1 › Les cycles longs ou cycles Kondratiev

Ils ont une durée de 40 à 60 ans, et se caractérisent par des « vagues longues » de hausse puis de baisse des prix. Selon l'économiste soviétique **N. Kondratiev**, ces cycles sont liés à la nature même du capitalisme, fondé sur l'accumulation du capital : *« le fondement matériel des grands cycles est l'usure, le remplacement et l'extension des biens capitaux essentiels dont la production exige beaucoup de temps et d'énormes investissements. »*. Les cycles longs dépendent donc des contraintes d'ordre technique pesant sur la production, qui évoluent selon le rythme du progrès technique et de la durée de vie du capital.

➾ La distinction entre les phases A d'expansion et de hausse des prix, et les phases B de récession et de baisse des prix est due à **F. Simiand**.

On peut prolonger les analyses de **Kondratiev** et **Schumpeter** en repérant cinq cycles longs depuis le début de la révolution industrielle (alors que ces auteurs ne pouvaient repérer que les trois premiers cycles de leur vivant).

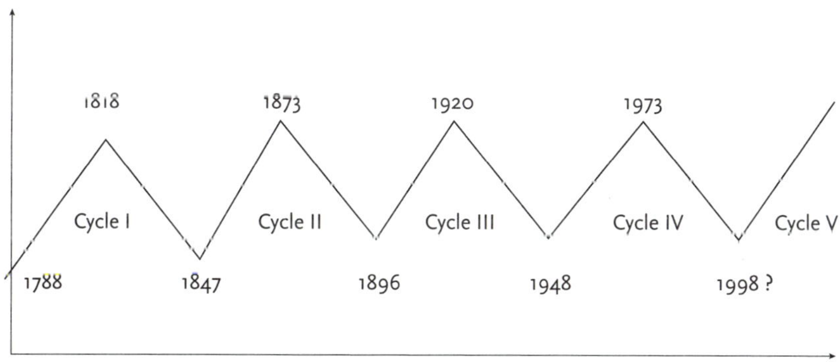

La datation est donnée à titre indicatif et varie d'un pays à l'autre.

2 › Les cycles majeurs ou cycles Juglar

Ils sont d'une durée comprise entre 6 et 12 ans, avec une périodicité moyenne de 8 ans selon **C. Juglar** (1819-1905), qui repère ces cycles en France, en Angleterre et aux États-Unis au XIXe siècle. Pour Juglar, les cycles proviennent d'un excès de confiance en l'avenir durant les périodes d'expansion. Ainsi, « *la crise naît de la prospérité* » : la spéculation augmente en période d'expansion, les banques accordent facilement des crédits, ce qui favorise la hausse des prix. Au moment de la crise, les agents ont besoin de nouveaux crédits pour se financer mais les banques ont pris conscience des risques spéculatifs et augmentent les taux. La crise survient lorsque les spéculateurs ne peuvent plus faire face à leurs engagements, et une nouvelle phase de récession s'engage accompagnée d'une déflation, jusqu'à ce que les banques et les autres agents retrouvent confiance en l'avenir. Pour Juglar, la crise est donc utile car elle a un rôle régulateur : elle élimine les agents dont les choix étaient les moins efficients (spéculateurs imprudents, etc.).

⇨ La notion anglo-saxonne de **cycle des affaires** désigne le même type de cycle, qui affecte l'ensemble de l'économie et le « climat des affaires », c'est-à-dire la confiance en l'avenir durant plusieurs années.

3 › Les cycles mineurs ou cycles Kitchin

Ils ont une durée approximative de 40 mois, et sont d'une ampleur moindre que les cycles majeurs. Ils sont liés selon **J. Kitchin** à la gestion des stocks : les entreprises accumulent des stocks en période d'expansion pour répondre à la demande, puis doivent déstocker par la suite, d'où la baisse des prix et de la production.

⇨ On peut distinguer d'autres types de cycles affectant l'économie, par exemple le « cycle politique des affaires » étudié par **W. Nordhaus** dans la lignée de l'école du Public choice. Il est dû à la périodicité des élections qui affectent les dépenses publiques et donc l'activité économique à cause des promesses électorales.

C › Cycles ou chocs macroéconomiques ?

Aujourd'hui, l'existence de cycles réguliers est remise en cause : la macroéconomie moderne considère que les arguments en faveur de l'existence de cycles réguliers sont limités. Il est difficile d'appuyer empiriquement l'idée selon laquelle l'activité économique connaîtrait des cycles d'une périodicité suffisamment constante, sauf à donner à cette dernière une amplitude qui en réduit finalement toute pertinence.
La macréoconomie moderne s'intéresse davantage à l'impact sur la conjoncture de chocs imprévisibles, qui modifient pour une période donnée les arbitrages des agents et la tendance suivie par l'économie. Un choc intervient lorsqu'une variable macroéconomique est modifiée de façon imprévisible, et bouleverse les choix des agents, et par voie de conséquence l'équilibre macroéconomique. Si l'investissement et l'épargne sont affectés par exemple, c'est toute la tendance suivie par la croissance potentielle qui se trouve modifiée, et avec elle l'activité économique au cours d'une période donnée.
À titre d'exemple, un **choc de productivité** est dû à une transformation rapide de la productivité des facteurs, comme l'introduction d'une nouvelle technologie numérique, qui conduit à une réaffectation des facteurs de production. Dans ces conditions, supposons que le travail est le facteur le moins demandé,

cela conduit à une baisse de sa rémunération, et à un changement des choix d'épargne et de consommation des ménages, donc à des fluctuations de la conjoncture.
Dans cette logique, l'économie peut connaître des fluctuations importantes sans qu'ils correspondent à des cycles réguliers.

> II Les théories des cycles et des fluctuations

> A Cycles et innovations

a › Le rôle des innovations selon Schumpeter

Dans *Business Cycles* (1939), **J.-A. Schumpeter** (1883-1950) intègre les trois types de cycles longs, majeurs et mineurs, dans un seul schéma théorique, plutôt que d'attribuer à chacun une cause indépendante. Les différents cycles s'imbriquent avec en moyenne six cycles Juglar dans un cycle Kondratiev, et trois Kitchin dans un Juglar. Cette régularité provient du fait qu'ils sont étudiés dans un cadre explicatif commun, basé sur la diffusion des innovations et le rôle du crédit.
Selon Schumpeter, l'économie capitaliste est caractérisée par la nécessité d'innover pour les entreprises, afin de dégager un profit temporaire lié au monopole d'exploitation de l'innovation. Il différencie l'invention, qui est le fruit d'une découverte scientifique, et **l'innovation**, qui en est l'application industrielle. Les innovations peuvent être de nature très variée, et Schumpeter en distingue cinq types : les innovations de procédé (dans la méthode de production), les innovations de produit, la découverte de nouveaux marchés pour un produit existant, l'utilisation de nouvelles formes d'organisation, ou de nouvelles sources d'énergie.

Économie dynamique, économie statique

- Selon Schumpeter, l'analyse néo-classique est de nature statique : elle s'intéresse à l'équilibre simultané, sur l'ensemble des marchés. La concurrence implique alors que les profits tendent vers zéro pour l'ensemble des entreprises, car aucune ne peut prendre avantage sur les autres en concurrence pure et parfaite. La fonction de l'entrepreneur est alors la recherche d'une allocation optimale des ressources, et conduit les entreprises à adopter les mêmes choix technologiques. De plus, la monnaie joue un rôle limité en raison de la **loi de Say** (tous les échanges ont lieu simultanément).

• Dans la *Théorie de l'évolution économique* (1912) **Schumpeter** montre au contraire que le capitalisme est de nature dynamique : il ne peut se concevoir qu'en mouvement, en raison de la recherche par les entreprises d'une innovation qui leur procure un avantage temporaire sur la concurrence. La fonction de l'entrepreneur est alors de rompre avec les méthodes de production routinières en innovant. La monnaie joue un rôle central dans une économie « évolutionnaire », car le crédit est nécessaire pour financer les innovations, en transférant l'épargne des agents routiniers vers ceux qui ont des besoins de financement.

L'apparition d'une innovation réduit les possibilités de profit des entreprises routinières, qui vont progressivement disparaître à mesure que l'innovation se diffuse. Cela entraîne un processus permanent de **destruction créatrice**, c'est-à-dire la disparition des activités anciennes remplacées par les activités nées de l'innovation. De ce fait l'économie n'est jamais stationnaire.
Le processus de destruction créatrice est caractérisé par une certaine régularité, ce qui explique l'existence de cycles économiques. En effet, les innovations ne sont pas toutes de même importance : il existe des **innovations majeures**, qui bouleversent l'organisation économique et sont à l'origine des cycles longs ; elles donnent lieu ensuite à une série d'**innovations mineures** qui se diffusent progressivement, et sont le fait d'imitateurs, qui réalisent des modifications secondaires. Par exemple, la mise au point de la machine à vapeur en 1785 a donné lieu à de très nombreuses innovations mineures pour l'améliorer et l'appliquer à l'ensemble de l'économie. Ainsi, apparaissent des **grappes d'innovations** par imitation des innovations majeures : c'est la raison pour laquelle le progrès technique et par suite l'activité économique sont de nature cyclique.
Le schéma explicatif de Schumpeter repose sur la diffusion de l'innovation, et la distinction entre les firmes innovantes et les firmes routinières : l'expansion s'achève quand la diffusion est complète et la production parvenue à maturité, ce qui provoque un niveau excédentaire de production face à une demande stagnante et une chute des prix, qui précipite la récession.
Schumpeter précise ensuite son schéma en distinguant quatre phases successives : la prospérité, la récession, la dépression puis la reprise. Si la diffusion de l'innovation est la cause principale des cycles, la succession de ces phases est liée au comportement des agents, qui en période d'expansion engagent des projets risqués, financés par le crédit, ce qui est indispensable à la réaffectation de capitaux dans les secteurs innovants, mais accentue la crise et conduit à la dépression lorsque les agents sont incapables de faire face à leurs engagements. **Schumpeter** insiste donc sur le rôle des banques et de la création monétaire dans l'explication des cycles.

⇨ Comme de nombreux théoriciens des cycles, Schumpeter considère que l'apparition des crises est un phénomène normal, la conséquence du renouvellement des entreprises : c'est pour lui le « *moment pathologique d'un processus physiologique* ».

b › Les débats sur les cycles longs

Suite aux travaux de Schumpeter, le débat s'est focalisé sur l'existence des cycles longs et le rôle des innovations majeures. Mais le contexte économique a changé après 1945 :

- D'une part les cycles longs ne peuvent plus être repérés par les mouvements de prix, en raison de la quasi-disparition des périodes de déflation depuis les Trente Glorieuses, au moins dans les pays développés. Au contraire, on assiste au développement de l'inflation en période de crise, comme dans les années 1970, contrairement au schéma habituel des cycles qui relie récession et déflation.
- D'autre part, les innovations majeures ont tendance à se développer durant la phase de crise, comme le note l'économiste néo-schumpeterien **G. Mensch**. Selon lui, les « innovations fondamentales » interviennent lorsque les entrepreneurs n'ont plus d'autres solutions pour espérer un gain, donc dans les périodes d'incertitude et de crise, et non dans les phases de croissance comme le supposait Schumpeter.

⇨ Après une longue phase de récession, le début d'une nouvelle phase de croissance dans les pays développés à la fin des années 1990, a donné une nouvelle actualité aux théories des cycles longs. Par hypothèse, les nouvelles technologies de l'information et de la communication pourraient être à l'origine d'un nouveau cycle long.

c › La théorie des cycles réels

Dans les années 1980, le développement de la **Nouvelle économie classique** (NEC) a donné lieu à une réinterprétation des fluctuations économiques, fondée sur les conséquences de **chocs exogènes** aléatoires, par nature imprévisibles, sur les comportements d'agents rationnels.

Selon la théorie des cycles réels, les agents ont des anticipations rationnelles, ils ne peuvent donc pas être trompés par la politique monétaire et ils raisonnent toujours en termes réels. L'équilibre est alors toujours réalisé sur tous les marchés, il résulte des arbitrages intertemporels des agents entre travail et loisirs, consommation actuelle et futures, etc.

Selon les travaux de **C. Prescott** et **F. Kydland**, les fluctuations proviennent de perturbations exogènes imprévisibles, causées par un **choc technologique**, c'est-à-dire une variation rapide de la technologie disponible, et donc de la productivité, due à l'introduction d'une innovation par exemple. Les agents modifient alors leurs arbitrages pour tirer tenir compte des nouvelles conditions, ce qui entraîne une offre de travail différente, et un nouvel équilibre.

Deux implications de cette analyse doivent être soulignées : d'une part, l'économie est fluctuante par nature, puisque les fluctuations viennent de l'adaptation rationnelle à des chocs extérieurs. D'autre part, plus un choc technologique est temporaire, plus les fluctuations qu'il entraîne sont importantes, car les agents doivent bouleverser leurs choix pour en tirer avantage (par exemple, une variation ponctuelle du prix du travail doit inciter un agent rationnel à modifier radicalement son offre de travail pour maximiser l'avantage qui en découle).

Les cycles réels sont donc dus à une série de chocs aléatoires, et leur amplitude est imprévisible. Ce modèle conduit les nouveaux classiques à souligner le caractère néfaste des politiques économiques contra-cycliques, qui viennent perturber des choix rationnels (par exemple une hausse temporaire du chômage volontaire), ce qui conduit à un équilibre sous-optimal. Dans ce cadre, l'augmentation du chômage conjoncturel serait le résultat d'une adaptation rationnelle aux chocs technologiques.

> B Cycles, monnaies et crédit

a › Cycles et création monétaire

La création monétaire dépend du niveau d'activité économique, puisque les crédits sont plus nombreux en période d'expansion. Par ailleurs, un niveau élevé de crédit peut fragiliser l'économie, et être à terme un facteur de récession. C'est la raison pour laquelle certains économistes attribuent à la création monétaire un rôle majeur dans l'explication des cycles.

Dans *Intérêts et prix* (1898) l'économiste suédois **K. Wicksell** (1851-1926) développe une analyse des fluctuations dans le cadre d'une « économie de crédit », où domine la monnaie scripturale d'origine bancaire. Le raisonnement de Wicksell repose sur la distinction entre le **taux d'intérêt monétaire** qui porte sur les capitaux prêtés, et le taux de profit anticipé (il l'appelle « **taux d'intérêt naturel** »). Quand le taux de profit est supérieur au taux d'intérêt, alors les entreprises sont incitées à investir grâce à des crédits : ce mécanisme est à l'origine de l'effet de levier (voir « Capital et investissement »). Un « processus cumulatif » de croissance s'amorce, qui s'accompagne d'une hausse des prix entraînée par les crédits. Les banques finissent par réagir à la diminution des taux d'intérêts réels qui affecte leur rentabilité en augmentant les taux d'intérêt nominaux, ce qui met fin à l'expansion et à la hausse des prix. Ainsi, les décisions des banques sont à l'origine des fluctuations économiques.

⇨ En insistant sur les effets de la variation des taux d'intérêt sur le comportement des agents, **Wicksell** préfigure les analyses keynésiennes.

b › La politique monétaire est à l'origine des fluctuations

En agissant sur la masse monétaire ou en fixant le niveau des taux d'intérêt, la politique monétaire peut être un moyen de réguler les fluctuations économiques : c'est l'objectif des **politiques contra-cycliques** d'inspiration keynésienne, qui préconisent une expansion monétaire en période de ralentissement, et une politique plus rigoureuse en période de croissance élevée.
Les monétaristes contestent l'efficacité de la politique monétaire d'inspiration keynésienne à long terme (voir « Les politiques économiques »), ils considèrent en revanche qu'elle peut être à l'origine des fluctuations économiques, en raison des perturbations des anticipations qu'elle entraîne. Selon **M. Friedman** (prix Nobel en 1976) les variations inopinées de la masse monétaire créent des fluctuations à court terme, et augmentent l'inflation à long terme.

⇨ Les monétaristes ne défendent pas systématiquement une politique monétaire restrictive, mais une politique de croissance à taux constant de la masse monétaire (**règle de Friedman**). Ainsi, les politiques déflationnistes durant les années 1930 auraient aggravé la crise aux États-Unis selon Friedman.
F. Hayek (1899-1992) considère également que la politique monétaire est responsable des fluctuations économiques, mais en développant une analyse très différente qui s'appuie sur la notion de « détour de production » (voir « Capital et investissement »). Une politique monétaire expansionniste entraîne une baisse des taux d'intérêt qui facilite l'investissement ; cela allonge le détour de production, puisque le financement des biens de production est moins coûteux. La part des biens de production augmente, alors que la part des biens de consommation est réduite au-delà de ce que souhaitaient les ménages : on assiste alors à l'émergence d'une épargne forcée des ménages (voir « Épargne et patrimoine »), et à une **crise de surcapitalisation**. La politique monétaire a donc artificiellement allongé la structure productive au-delà de ce qui était souhaité spontanément par les agents, ce qui entraîne une phase artificielle d'expansion puis une récession.

c › Cycles financiers et Nouvelle économie keynésienne

Depuis les années 1980, un certain nombre d'économistes keynésiens ont cherché à répondre aux critiques libérales en précisant les fondements microéconomiques des intuitions macroéconomiques de Keynes. La **nouvelle économie keynésienne** se propose de montrer que l'existence de rigidités ou l'imperfection des marchés est la conséquence des décisions d'agents ayant une information imparfaite, en raison de l'incertitude propre aux faits économiques, ou de l'existence d'**asymétries d'informations**. Les cycles économiques sont, dans ce cadre, de nature endogène : ils résultent des changements de comportement des agents face à la modification de leur environnement économique.

Par exemple, **J. Stiglitz** (prix Nobel en 2001) et **A. Weiss** expliquent le cycle des affaires par les asymétries d'information qui pèsent sur les banques. En effet, les banques prêtent sans avoir une parfaite connaissance de l'état des firmes et du risque de faillites de leurs clients (asymétrie d'information). En période de croissance, il suffit que les banques anticipent une augmentation des risques de faillite pour qu'un phénomène cyclique apparaisse, car elles vont limiter leur offre de crédit (hausse des taux d'intérêt par exemple) : les firmes les plus solvables vont privilégier d'autres financements que le crédit, et seules les firmes les plus fragiles vont rester sur le marché du crédit, selon le phénomène de **sélection adverse** repéré par **G. Akerlof** (voir « Éléments de microéconomie »). De fait, le nombre de faillites augmente effectivement, ce qui accentue le **rationnement du crédit** par les banques c'est-à-dire la fixation du volume de crédit offert à un niveau inférieur à la demande, jusqu'à ce qu'on assiste à un retournement des anticipations des banques, et à l'amorce d'une nouvelle phase d'expansion.
Pour la nouvelle économie keynésienne, l'activité économique est fondamentalement instable en raison de l'imperfection des marchés financiers : cela légitime l'intervention publique, soit pour réguler directement l'activité, soit pour imposer aux marchés financiers des « **règles prudentielles** » (voir « Mondialisation et gouvernance mondiale »).

> C
Fluctuations et investissement

a › Keynes et les fluctuations

Les analyses développées par **J. M. Keynes** (1883-1946) n'ont pas pour objet principal les fluctuations économiques, mais s'attachent plutôt à expliquer la présence d'un équilibre durable de sous-emploi. Cependant, l'œuvre de Keynes a renouvelé la macroéconomie et la modélisation des fluctuations, par l'introduction du multiplicateur, et par son analyse des anticipations. En effet, les anticipations des agents peuvent amplifier ou décaler dans le temps les effets de variables économiques comme l'investissement, ce qui est à l'origine des fluctuations.
Ainsi, Keynes explique les cycles des affaires par les variations de l'**efficacité marginale du capital**, selon le rendement actualisé des projets d'investissement attendu par les entrepreneurs. L'investissement n'est réalisé que si l'efficacité marginale du capital est supérieure au taux d'intérêt (voir « Capital et investissement »). Or le rendement attendu d'un projet d'investissement dépend avant tout de la confiance en l'avenir des entrepreneurs : élevée dans les périodes d'expansion, elle peut se retourner brusquement lorsque les taux d'intérêt augmentent, ce qui précipite la crise. Si les anticipations sont dura-

blement pessimistes, seule l'intervention de l'État permet de sortir de la crise (voir « Les politiques économiques »).

b › Accélérateur et oscillateur

Les modèles macroéconomiques utilisés pour expliquer les fluctuations par les variations de l'investissement peuvent combiner deux mécanismes, celui du multiplicateur et celui de l'accélérateur.

- Le **multiplicateur d'investissement** (voir « Capital et investissement ») décrit l'effet d'un investissement autonome sur le revenu global. Il a un effet stabilisateur car la hausse du revenu décroît dans le temps. Il s'exerce à condition que des capacités de production soient inutilisées de façon à pouvoir répondre à l'augmentation de la demande à court terme.
- **L'accélérateur** repose sur le mécanisme inverse : selon **J. M. Clark** (1884-1963) une augmentation de la demande génère des investissements induits, pour augmenter les capacités de production lorsque la totalité du capital existant est utilisé. Or les variations de l'investissement (I_t) sont supérieures aux variations de la demande (D_t), et cet effet d'accélération est d'autant plus grand que le coefficient de capital (v) est élevé : cela signifie que plusieurs unités de capital supplémentaires sont nécessaires pour produire une unité supplémentaire de bien. L'accélérateur s'écrit alors : $I_t = v\,(D_t - D_{t-1})$.

⇨ **A. Aftalion** (1874-1956) explique grâce à la métaphore du poêle à charbon l'effet d'accélération, à cause de la durée d'accumulation des biens d'équipement : pour augmenter rapidement la température, on tend à mettre un excès de charbon dans le poêle, il fait alors trop chaud et on ne l'alimente plus, ce qui relance les fluctuations de la température. Le même phénomène relie les fluctuations de l'investissement et de la production.

Les modèles à **oscillateur** initiés par **P. Samuelson** (prix Nobel en 1970) reposent sur une combinaison des effets multiplicateur et accélérateur. La combinaison des deux effets génère des oscillations cycliques de la production, dans la mesure où les vagues d'investissements induits par l'effet accélérateur ont aussi un effet multiplicateur sur les revenus, qui a leur tour implique des besoins supplémentaires en équipements. Les oscillations peuvent être explosives si l'effet d'accélération domine, ou amorties dans le cas contraire.

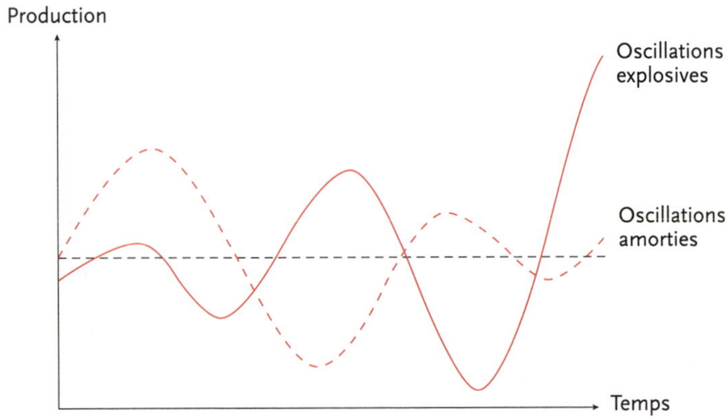

> III
Crises et dynamique du capitalisme

> A
La possibilité d'une crise générale de surproduction

Avant la crise des années 1930, et la démonstration par **Keynes** de la possibilité d'une crise durable de sous-emploi, la plupart des économistes approuvaient l'analyse des classiques concernant l'impossibilité de crises générales dues à la surproduction. Cette analyse repose sur la **loi des débouchés** de **J.-B. Say** (1767-1832) : la production de biens génère les revenus nécessaires à leur achat, et assure donc les débouchés dont les produits ont besoin (voir « Épistémologie et histoire des sciences économiques »). Par conséquent, la demande est toujours suffisante pour écouler la production, et seules des crises sectorielles sont possibles, en raison de mauvais ajustements dans l'allocation des capitaux entre secteurs. La loi des débouchés est défendue par les économistes classiques et néo-classiques. Cependant, certains économistes envisagent dès le XIXe siècle la possibilité de crises générales dues à une faiblesse de la demande, et préfigurent ainsi l'œuvre de Keynes.

a › Malthus et les crises de sous-consommation

Parmi les économistes classiques, **T. R. Malthus** (1766-1834) fait figure d'exception, car il soutient que des crises générales dues à la surproduction sont possibles. Les crises résultent d'un excès d'épargne, qui entraîne une sous-consommation. L'analyse de Malthus repose sur la distinction entre les biens de consommation courante et les biens de luxe. En raison de la faiblesse des salaires, les ouvriers ne peuvent acheter tous les biens de consommation, et surtout pas les biens de luxe qu'ils produisent. Alors, si les catégories aisées utilisent leurs revenus pour épargner plutôt qu'acheter des biens de luxe, cela conduit à accumuler les capitaux et à augmenter la surproduction, alors même que les biens de luxe sont produits en excès. L'excès d'épargne entraîne donc une sous-consommation des catégories aisées, à l'origine de la crise.

⇒ **Malthus** est un précurseur de Keynes, car il croit nécessaire de soutenir la demande en période de crise, par exemple en maintenant des droits de douane élevés pour le blé ce qui augmente la rente des propriétaires, et donc leur consommation. Mais ce n'est pas pour autant un philanthrope, puisqu'il propose de favoriser la consommation des catégories aisées pour sortir de la crise.

b › Sismondi et le décalage entre production et consommation

Selon **S. de Sismondi** (1773-1842), la **loi de Say** n'est pas vérifiée en raison d'un décalage temporel entre production et revenu : les revenus tirés en t de la production sont dépensés en t + 1 pour acheter la production de la période suivante. De ce fait, une crise générale est possible en cas de forte hausse de la production, car le revenu de la période précédente sera insuffisant pour l'écouler. De plus, les risques de crise croissent au cours du temps : pour augmenter la production, les entrepreneurs doivent accumuler du capital et donc la part des profits pour financer leurs investissements, et la faiblesse de la part des salaires à la période suivante accentue les risques de crise.

⇒ Sismondi propose des mécanismes sociaux de soutien des revenus comme la garantie de l'emploi, afin de stabiliser la consommation à un niveau suffisant pour éviter la crise. Si son œuvre est resté longtemps ignorée, le soutien des bas revenus qu'il préconisait est devenu une cause importante de l'atténuation des fluctuations économiques au xxe siècle (voir « L'État et l'économie »).

> B

Crises et contradictions du capitalisme selon Marx

Pour **K. Marx** (1818-1883) les crises sont à la fois inévitables car elles résultent des contradictions du capitalisme, et régulatrices car elles retardent momentanément les conditions qui conduisent le capitalisme à sa disparition.

Dans leur principe, les crises sont la conséquence inéluctable de la baisse tendancielle du taux de profit et de la paupérisation ouvrière (voir « Épistémologie et histoire de la pensée économique »). Pour freiner la diminution du taux de profit, les capitalistes tentent d'augmenter la plus-value en allongeant la journée de travail (**plus-value absolue**) et surtout en augmentant son intensité (**plus-value relative**) c'est-à-dire son efficacité, grâce à l'augmentation du capital utilisé par travailleur. Cela s'accompagne d'une dégradation des conditions de vie du prolétariat, ainsi que d'une concentration accrue des entreprises. Le capitalisme se développe donc en utilisant relativement plus de capital que de travail, ce qui entraîne selon **Marx** une « **surpopulation relative** » (et non absolue comme chez **Malthus**, car sa cause n'est pas la croissance de la population totale). C'est la constitution d'une « **armée industrielle de réserve** » des prolétaires non employés, qui créé sur le marché du travail une pression permanente à la baisse des salaires. La crise provient de la tendance à la surproduction, conséquence de la suraccumulation du capital, alors que simultanément la consommation tend à stagner, conséquence de la paupérisation ouvrière.

Par ailleurs, les crises qui affectent périodiquement le capitalisme ont un rôle régulateur, même s'il demeure temporaire. En effet, les crises industrielles au XIXe siècle entraînent une forte baisse des prix et de nombreuses faillites, qui augmentent « l'armée industrielle de réserve », et donc la surpopulation relative. Cela se traduit par l'élimination des entreprises peu rentables et par la diminution des salaires, et les deux phénomènes se conjuguent pour rétablir temporairement le taux de profit. La tendance à la suraccumulation du capital conduit alors à une nouvelle phase d'expansion, jusqu'à ce que la surpopulation relative diminue, ce qui entraîne la hausse des salaires et prépare les conditions d'une nouvelle crise, du fait de la baisse du taux de profit. Ainsi, Marx considère que « *les crises ne sont jamais que des solutions momentanées et violentes des contradictions existantes, qui rétablissent pour un moment l'équilibre troublé* ».

⇨ Les deux rôles des crises ne sont pas contradictoires : avec la suraccumulation du capital et ses conséquences (concentration, paupérisation, intensification du travail), les crises récurrentes devraient s'aggraver, jusqu'au point où la prise de conscience par les prolétaires de leur exploitation les conduira à mettre fin au capitalisme.

> C

Crises et théorie de la régulation

a › Les origines de la théorie de la régulation

La **théorie de la régulation** s'est développée en France à partir des années 1970, autour des travaux de **M. Aglietta**, **R. Boyer**, **J. Mistral** et **G. De Bernis**. La théorie de la régulation emprunte des éléments à la fois à la macroéconomie keynésienne, à la théorie schumpetérienne des crises et de l'innovation, ainsi qu'à la théorie marxiste de la dynamique capitaliste. Par ailleurs, elle insiste sur la dimension historique et sur les caractéristiques institutionnelles des systèmes économiques.

Selon l'école de la régulation, le capitalisme est caractérisé durant des périodes assez longues par son **mode de régulation**, qui désigne les mécanismes et les règles assurant la reproduction du système économique. Il combine un **régime d'accumulation** (en référence à la notion marxiste de rythme d'accumulation du capital, qui conditionne le rythme de la croissance), et des **formes institutionnelles** qui définissent les règles codifiant les rapports économiques et sociaux. On distingue cinq formes institutionnelles pour le capitalisme : le rapport salarial, les formes de concurrence, le rôle de l'État, celui de la monnaie et le mode d'insertion dans les échanges internationaux.

Les crises économiques naissent des difficultés progressives à réguler l'économie dans le cadre de formes institutionnelles données, comme le suggère le schéma suivant.

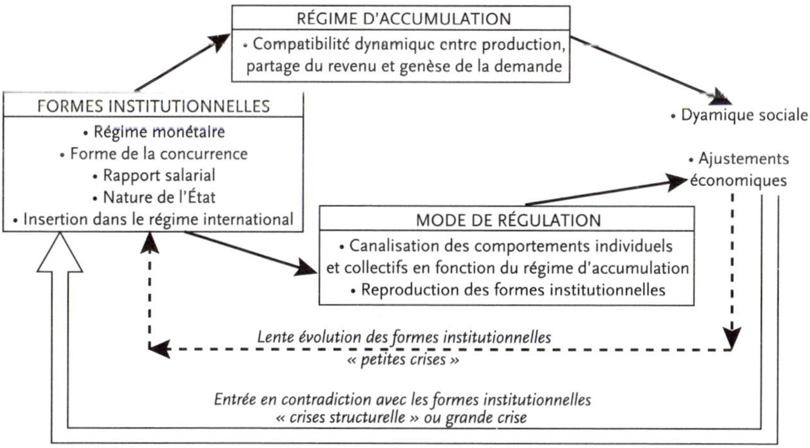

Source : Boyer R. (2004), *Théorie de la régulation, 1. Les fondamentaux*, La Découverte, Coll. Repères.

Ces concepts permettent de repérer, dans l'histoire du capitalisme, deux modes de régulation principaux avant la crise des années 1970.

- Le **mode de régulation concurrentiel**, défini par une accumulation extensive du capital et donc de faibles gains de productivité, ainsi que par des formes institutionnelles libérales. Il émerge avec la révolution industrielle et subsiste jusqu'à la crise des années 1930.
- Le **mode de régulation monopoliste** (ou « fordiste ») défini par un régime d'accumulation intensive source d'une forte croissance, et par des formes institutionnelles caractérisées par l'interventionnisme et la recherche de la stabilité sociale grâce aux négociations collectives. Ce mode de régulation entre dans une crise durable au cours des années 1970.

Au sein de chaque mode de régulation, il existe des crises de nature très différente.

- Les « crises dans la régulation » sont de « petites crises » qui se succèdent à l'intérieur d'un mode de régulation donné, sans en remettre en cause ses règles de fonctionnement. Ce sont par exemple les crises industrielles au XIXe siècle.
- Il existe aussi des « crises structurelles » plus profondes et plus durables, appelées « crises de la régulation », car elles remettent précisément en cause la manière dont le capitalisme gère ordinairement ses contradictions internes. Ces crises surviennent lorsque des transformations structurelles des régulations économiques sont devenues nécessaires, et peuvent durer aussi longtemps que de nouvelles règles ne se sont pas imposées. L'école de la régulation analyse sur ce modèle l'ampleur des crises de 1929 et de 1973.

b › Vers de nouvelles régulations ?

La théorie de la régulation ne constitue pas, aujourd'hui, un ensemble d'hypothèses et de méthodes unifiées. On peut retenir deux types de travaux, portant sur l'évolution de la régulation du capitalisme depuis les années 1970, dans un contexte marqué par l'accélération de la mondialisation des échanges et la globalisation financière.

- Certains auteurs considèrent qu'une nouvelle régulation se met progressivement en place depuis les années 1990. Pour **M. Aglietta**, on assiste à l'émergence d'un « **capitalisme patrimonial** » caractérisé par le primat du point de vue de l'actionnaire dans la gestion des entreprises (voir « Entreprises et système productif »), l'imposition de normes de gestion et de résultats à court terme privilégiant la logique financière, une transformation profonde de l'organisation de la production (responsabilisation, flexibilité, externalisation, etc.) et enfin de nouvelles relations salariales (individualisation de la relation de travail, et recul de la négociation collective). D'autres expressions sont parfois utilisées dans un sens très similaire, « capitalisme actionnarial » ou « nouveau capitalisme » par exemple. Le capitalisme patrimonial est d'inspiration anglo-saxonne, et tendrait à imposer sa logique, en raison de la globalisation financière, dans l'ensemble des pays, tout en rendant l'économie mondiale plus instable et propice aux crises, en raison de l'affaiblissement des contrôles collectifs (négociation sociale, pouvoir étatique, etc.), et en raison des risques entraînés par la logique spéculative et « court termiste » de ce mode de gouvernance.

– D'autres auteurs insistent sur la diversité des régulations capitalistes aujourd'hui, ce qui laisse ouverte la question des choix politiques au sein de chaque société, afin de promouvoir une forme de régulation plutôt qu'une autre. **R. Boyer** insiste par exemple sur la diversité des régulations capitalistes actuelles, selon la manière dont les institutions économiques propres à chaque pays se sont adaptées aux transformations liées à la mondialisation. Il propose de distinguer le modèle anglo-saxon du modèle scandinave (persistance d'un fort partenariat entre l'État, les entreprises et les syndicats), mais aussi du modèle étatiste qui domine dans l'Europe du Sud (France, Italie), et du modèle « congloméral » propre au Japon ou à l'Allemagne (poids important des grands groupes dans la vie économique). Ainsi, les crises économiques doivent être étudiées en accordant toute leur place aux dimensions institutionnelles propres à chaque forme de capitalisme (voir « Les systèmes économiques »).

Pour en savoir plus

Initiation

- Gazier B. (2011), *La crise de 1929*, PUF, Coll. Que Sais-je ?
- Hautcoeur P.-C. (2009), *La crise de 1929*, La Découverte, Coll. Repères.
- Jacquillat B. et Levy-Garboua V. (2011), *Les 100 mots de la crise financière*, PUF, Coll. Que sais-je ?
- Krugman P. (2012), *Pourquoi les crises reviennent toujours ?*, Seuil, Coll. Points.
- Marcel B., Taieb M. (2010), *Les grandes crises*, A. Colin, Coll. Cursus.
- Rosier B. (2003), *Les théories des crises économiques*, La Découverte, Coll. Repères.
- Trémoulinas A. (2010), *Comprendre la crise*, Bréal, Coll. Thèmes et débats.

Approfondissement

- Boyer R. (2004), *Théorie de la régulation, 1. Les fondamentaux*, La Découverte, Coll. Repères.
- Bosserelle E. (2010), *Dynamique économique. Croissance, crises, cycles*, Gualino.
- Chavance B. (2009), *Marx et le capitalisme*, A. Colin, coll. Cursus.
- Dostaler G. (2001), *Le libéralisme de Hayek*, La Découverte, Coll. Repères.
- Galbraith J. (2011), *La crise économique de 1929, anatomie d'une catastrophe financière*, Payot.
- Gilles P. (2009), *Histoire des crises et des cycles économiques : des crises industrielles du XIXe siècle aux crises financières actuelles*, A. Colin, Coll. U.
- Musolino M. (2011), *Fluctuations et crises économiques*, Ellipses.
- Petit P. (2005), *Croissance et richesse des nations*, La Découverte, Coll. Repères.
- Quiles J.-J. (1998), *Schumpeter et l'évolution économique*, Nathan, Coll. Circa.
- Sapir J. (2001), *Les fluctuations économiques*, Éditions de l'EHESS.

chapitre 25

Économie du développement

Le mouvement de décolonisation et la montée de l'influence des pays du Sud (**Conférence de Bandung**, 1955) provoquent une multiplication des études économiques sur les conditions du développement.

Selon **P. Guillaumont**, le **développement** est l'évolution au cours de laquelle les besoins fondamentaux de l'homme sont progressivement satisfaits.

À partir des années 1950 et jusque dans les années 1960, le développement de l'ensemble des pays est considéré comme inéluctable, dans la mesure où le sous-développement n'est que le produit d'un retard historique. À partir des années 1960 et dans les années 1970, une vision tiers-mondiste tend à s'imposer, elle se montre beaucoup plus pessimiste sur les chances des PED de rattraper les pays riches. À partir de la fin des années 1970, le constat d'échec d'un certain nombre de politiques économiques de développement bouleverse le climat idéologique. Dans les années 1980, une contre-offensive libérale s'impose peu à peu en théorie et en pratique. Des politiques d'ajustement structurels sont mises en œuvre sous l'égide des experts du FMI et de la Banque mondiale.

En dépit de ces débats relatifs à la question du développement, on assiste pendant longtemps à une dégradation de la situation des PED, des années 1960 à la fin des années 1990. Ainsi, le PIB moyen par tête (en parité de pouvoir d'achat) de l'Amérique latine était égal à 45 % de celui des pays industrialisés

en 1960, il se situe à 33 % au début des années 1990. Cependant, depuis cette époque, la forte croissance de certains pays du Tiers-monde (notamment la Chine et l'Inde) conduit à poser en des termes nouveaux la question des écarts de développement. On parle d'éclatement du Tiers-monde (terme dont l'usage tend à se marginaliser) et on met de plus en plus souvent l'accent sur l'essor des pays émergents, terme qui évoque une situation de rattrapage progressif des pays développés.
Le Rapport mondial sur le développement humain de 2007/2008, souligne que « les 40 % de la population mondiale vivant avec moins de 2 dollars US par jour reçoivent 5 % des revenus mondiaux. Les 20 % les plus riches rassemblent les trois quarts de ces revenus. La répartition des revenus exerce une influence sur le rythme auquel la croissance économique permet une réduction de la pauvreté. Plus de 80 % de la population mondiale habite dans des pays où les écarts de revenu s'amplifient. Par conséquent, davantage de croissance est nécessaire pour parvenir à une réduction de la pauvreté de la même amplitude. ».
Ce même rapport oriente également ses analyses sur la question des conséquences du changement climatique (émission de carbone en particulier sous l'effet de la croissance économique) sur les stratégies de développement. Cette question est devenue cruciale depuis le début des années 2000 : les pays développés demandent aux pays émergents de réduire leurs émissions de gaz à effet de serre (GES). Mais ces derniers voient dans ces positions une forme de protectionnisme qui vise à faire obstacle à leur dynamisme économique. La question de la « justice climatique » est donc posée, car les actuels pays développés ont, depuis le XIXe siècle, contribué plus que tous les autres au réchauffement climatique. Il ne faut donc pas simplement considérer les émissions actuelles de GES, mais les resituer dans l'histoire.

> I Qu'est-ce que le sous-développement ?

> A Développement et sous-développement

a › Croissance et développement

Selon **P. Bairoch** (1930-1999), le **développement** est l'ensemble des changements économiques, sociaux, techniques et institutionnels liés à l'augmentation du niveau de vie résultant des mutations techniques et organisationnelles de la Révolution industrielle du XVIIIe siècle. Le développement doit permettre « *l'amélioration des conditions générales de vie au-delà de la simple augmentation du niveau de vie* » (voir « La croissance économique »). Pour **F. Perroux** (1903-1987), le développement correspond à « *la combinaison des changements mentaux et sociaux d'une population qui la rendent apte à faire croître, cumulativement et durablement, son produit réel global* ». Il ne doit pas être confondu avec l'expansion ou la croissance. En effet, l'**expansion** est « *un accroissement temporaire et réversible dans une grandeur donnée* » ; la **croissance** correspond à « *un accroissement durable de la dimension d'une unité économique, simple ou complexe, réalisé dans des changements de structures et éventuellement de système et accompagné de progrès économiques variables* ». Ainsi, il peut y avoir croissance sans développement. Enfin **F. Perroux** considère que le développement doit déboucher sur le **progrès économique** en tant que « *propagation aux moindres coûts humains, à la vitesse la plus grande en première approximation (à la vitesse optimum dans une analyse plus approfondie), de la nouveauté, au sein d'un réseau d'activités économiques dont le sens, la signification devient accessible à tous* » (*L'économie du XXe siècle*, 1961).

b › Pluralité des situations de sous-développement et des classifications

Après la Seconde Guerre mondiale, on distingue habituellement les pays développés des pays sous-développés. Cette typologie a rapidement été remise en cause, dans la mesure où elle s'appuyait sur une vision ethnocentrique du développement selon laquelle les pays sous-développés relevaient d'une situation d'infériorité.

C'est pourquoi l'ONU adoptera finalement l'expression de **Pays en développement (PED)**.

Face à la diversité des situations en matière de développement, la Conférence des Nations Unies pour le commerce et de développement (**CNUCED**) distingue les « pays exportateurs de pétrole » et les « **Pays nouvellement industrialisés** » (**PNI**), des « **Pays les Moins Avancés** ». Les **PMA** sont caractérisés par un faible PNB par habitant et un faible niveau d'industrialisation et d'alphabétisation. Parmi les PNI, on trouve les « quatre dragons » ou « nouveaux pays industrialisés d'Asie » (Hongkong, Taiwan, Singapour, Corée du Sud), mais également les « **pays émergents** » ou « **économies émergentes** » (pays à fort potentiel de croissance, en voie d'industrialisation rapide, ayant amorcé leur décollage par leur ouverture sur les marchés mondiaux : Indonésie, Malaisie, Thaïlande, Philippines).

Les Tiers-mondes

Le concept de Tiers-monde a été forgé par **A. Sauvy** (1898-1990) en 1952. Évoquant la situation des pays pauvres, il écrit « *ce Tiers-monde ignoré, exploité, méprisé comme le Tiers état, veut lui aussi être quelque chose* ». Mais, face à l'existence de disparités énormes entre les pays, il est aujourd'hui difficile de concevoir une unité du Tiers-monde. Il n'existe plus un, mais des tiers-monde. En effet, les pays de l'Asie de l'Est classés comme PED jusqu'au début des années 1960, ont depuis connu un fort développement, relevant et figurant aujourd'hui parmi les Nouveaux Pays Industrialisés (NPI) ou les pays émergents. Les « dragons » asiatiques (Corée du Sud, Hongkong, Taiwan et Singapour) ont aujourd'hui rejoint le niveau de vie des pays riches. La part des BRICS (Brésil, Inde, Chine et Afrique du Sud) dans la production mondiale et le commerce mondial s'accroît à un rythme rapide, alors que les pays d'Afrique subsaharienne connaissent une croissance faible et des difficultés récurrentes (conflits armés, instabilité politique, etc.).

C › Le sous-développement comme non-satisfaction des besoins essentiels

Pour **F. Perroux**, l'une des caractéristiques essentielles du sous-développement est l'incapacité économique des PED à répondre aux besoins fondamentaux de sa population, « *aux frais fondamentaux du statut humain de la vie* », aux « *coûts de l'homme* » (alimentation, santé, éducation...).

F. Perroux souligne également que le sous-développement est marqué par :

- la dépendance technologique ;
- une absence de liaisons fortes entre les différentes activités économiques, à tel point qu'une croissance de l'activité dans une région du pays, peut n'avoir aucun effet d'entraînement sur l'ensemble du territoire national.

➾ La question de la satisfaction des besoins fondamentaux reste posée. Ainsi, selon le Rapport mondial sur le développement humain publié en 1998 par le Programme des Nations Unies pour le Développement (**PNUD**), « *largement plus de 1 milliard de personnes sont dans l'incapacité de satisfaire à leurs besoins essentiels de consommation. Sur les 4,4 milliards d'habitants que comptent les pays en développement, près des trois cinquièmes sont privés d'infrastructures sanitaires de base. Près d'un tiers n'ont pas accès à l'eau potable. Un quart ne disposent d'un logement correct. Un cinquième n'ont pas accès aux services de santé moderne.* [...] ».

Plus récemment, les travaux d'**A. Sen** mettent l'accent sur le fait que le développement suppose une extension des libertés des individus, c'est-à-dire de la possibilité effective pour les individus d'atteindre les situations et d'accomplir les actions qui sont nécessaires à la réalisation de leur conception de la vie bonne. Dans une perspective voisine, **E. Duflo** souligne que le développement consiste à faire reculer la pauvreté.

> B Les indicateurs du développement

a › Les indicateurs quantitatifs du développement

L'indicateur le plus couramment retenu est le PNB par habitant et plus précisément encore le **PNB par habitant** corrigé des parités de pouvoir d'achat.

Comparaisons internationales et parités de pouvoir d'achat

Lorsqu'on souhaite comparer la production ou le niveau de vie de deux ou plusieurs pays, il faut exprimer ces grandeurs économiques en une même unité monétaire (le dollar le plus souvent). La conversion aux taux de change courants n'est pas satisfaisante car ils fluctuent et ne sont pas toujours représentatifs des caractéristiques fondamentales des économies. Pour pallier ces inconvénients on utilise un taux de change calculé de telle façon que le pouvoir d'achat d'un dollar soit le même dans tous les pays, pour une année donnée. On dispose alors d'une mesure en parité des pouvoirs d'achat (ou corrigée des parités de pouvoir d'achat).

⇨ Selon **S. Kuznets** (1901-1985, prix Nobel en 1971), le sous-développement peut être évalué de manière relative en comparant sur le long terme les rythmes de croissance des différents pays.

	PIB courant en milliards de dollars 2010	PIB ppa* en milliards de dollars (base 2005) 2010	Population en millions d'habitants 2010	PIB ppa par habitant en dollars (base 2005) 2010	Croissance du PIB ppa, 2000-2010 moyenne annuelle en %	Croissance de la population 2000-2010, moyenne annuelle en %	Croissance du PIB ppa/hab. 2000-2010 moyenne annuelle en %
Monde	63258	67873	6853	9903	3,5	1,2	2,3
ALENA	17294	15887	456	34809	1,7	1,0	0,7
Amérique du Sud	3877	4417	473	9340	3,8	1,3	2,5
UE à 27	16269	13834	504	27424	1,4	0,4	1,0
Autre Europe	2057	1881	120	15740	3,1	1,0	2,0
CEI	1959	2850	277	10283	5,4	0,1	5,5
Moyen Orient	2247	3311	371	8925	4,5	1,9	2,5
Afrique Subsaharienne	1136	1701	863	1972	5,1	2,5	2,5
Japon	5498	3939	127	30893	0,8	0,0	0,8

NPI Asie	3119	4479	500	8961	4,5	1,2	3,2
Chine et Indochine	6231	9690	1455	6660	10,1	0,6	9,4
Australie et Nouvelle-Zélande	1401	942	27	35515	2,9	1,4	1,4
Autres Asie et Océanie	2171	4942	1680	2941	7,1	1,5	5,5

(*) ppa : parité de pouvoir d'achat.
Source, d'après CEPII (2012), *L'économie mondiale 2012*, La Découverte, Coll. Repères.

Ces données confirment que, depuis le début du XXIe siècle au moins, les zones géographiques qui correspondent aux pays en développement connaissent une croissance plus rapide que les pays anciennement industrialisés.
Sur la longue période, le jugement doit être relativisé. Par exemple, selon la Banque mondiale, sur la période 1966-2000, le taux de croissance annuel moyen des pays à haut revenu (États-Unis, Japon, Europe notamment) a été de 2,5 % par an, celui des pays à revenus bas ou intermédiaire a été de 2,2 %. Ce sous-ensemble de pays est très hétérogène puisque, au cours de la même période, le taux de croissance annuel moyen des pays de l'Asie de l'Est et du Sud Est a été de 5,5 % par an en moyenne et celui de l'Afrique subsaharienne a été de à 0,1 % en moyenne.
Il faut par ailleurs prendre en compte la persistance de l'inégalité mondiale et l'évolution très différenciée de la situation des régions du monde comme le montre le tableau ci-dessous :

Écarts internationaux de revenu par habitant en termes de parités de pouvoir d'achat
(États-Unis = 100)

	1950	2007
États-Unis	100	100
Europe de l'Ouest	48	69
Japon	20	73
CEI*	30	23
NPIA de première génération**	11	68
NPIA de seconde génération***	9	16
Chine	5	20
Amérique latine	26	22
Afrique du nord et Proche Orient	15	17
Afrique subsaharienne	9	4
Monde	22	24

* URSS en 1950, Communauté des États Indépendants en 2007 (dont la Russie et certaines ex-républiques de l'URSS).
** Corée du Sud, Hong Kong, Singapour, Taiwan.
*** Indonésie, Malaisie, Philippines, Thaïlande
Source : D'après J. Adda (2012), *La mondialisation de l'économie*, La Découverte.

b › L'Indicateur de développement humain (IDH)

En 1990, le PNUD a créé un nouvel indicateur de développement, l'**Indicateur de développement humain (IDH)**. Il s'agit d'un indicateur multidimensionnel qui évite de se fonder sur le seul PNB.

L'Indicateur de développement humain (IDH)

Cet indicateur composite prend en compte le revenu par habitant, l'espérance de vie à la naissance, le taux d'alphabétisation des adultes et le taux de scolarisation. Le calcul de l'IDH repose donc sur trois éléments perçus comme essentiels pour mesurer le développement humain : la santé, l'éducation et les revenus. Le calcul de l'IDH a été largement modifié en 2010, et repose désormais sur une moyenne géométrique et non plus arithmétique des trois dimensions, ce qui permet de mieux refléter les écarts de performance entre pays. La définition des différents indices a également changé.

À chacune de ces variables est attribué un indice entre 0 et 1. Pour chaque indice, la note maximale de 1 est, par convention, attribuée au pays qui réalise la meilleure performance mondiale, et la note 0 à celui qui a la performance la plus faible dans ce domaine.

- L'indice relatif à la santé est attribué en fonction de l'espérance de vie, la valeur maximale étant de 83 ans en 2010 (note de 1 pour le pays concerné) et la valeur minimale étant de 20 ans (note de 0).
- L'indice relatif est calculé désormais en associant les années de scolarisation escomptées pour un enfant d'âge scolaire aujourd'hui (soit le nombre d'années d'études qu'il peut s'attendre à faire) et les années de scolarisation préalables moyennes pour les adultes âgés de 25 ans et plus (soit le nombre d'années d'études que les adultes ont suivi en moyenne).
- L'indice relatif aux revenus est désormais calculé à partir du revenu national brut par habitant, ajusté en parité de pouvoir d'achat. Le passage du PIB par habitant au RNB par habitant permet de tenir compte des transferts de revenus entre pays (par exemple des aides internationales).

L'IDH est une moyenne géométrique de ces trois notes, il est lui-même compris entre 0 et 1.

Le PNUD distingue quatre catégories, chacune d'elles correspondant à un quart de l'effectif total des 187 pays étudiés en 2011:

- les pays à développement humain très élevé (par exemple Norvège, États-Unis, France, etc.) ;
- les pays à développement humain élevé (par exemple Cuba, Mexique, Brésil, etc.) ;
- les pays à développement humain moyen (par exemple, Algérie, Chine, Inde, etc.) ;
- les pays à développement humain faible (par exemple Gabon, Côte d'Ivoire, Afghanistan, Pakistan, etc.).

IDH moyen pour quelques groupes de pays en 2011

	IDH moyen
Pays à développement humain très élevé	0,889
Pays à développement humain élevé	0,741
Pays à développement humain moyen	0,630
Pays à développement humain faible	0,456
Pays les moins avancés	0,439
Monde	0,682

Source : PNUD, Rapport sur le développement humain 2011.

Pour mieux cerner les inégalités de développement, d'autres indicateurs ont été créés :

- un **indicateur de la pauvreté humaine** (IPH) décomposé en deux indicateurs, l'**IPH-1** à destination des PED pour mesurer l'accès aux moyens indispensables à l'existence (eau), au savoir (taux d'analphabétisme des adultes) et la longévité (probabilité de décès avant 40 ans) ; l'**IPH-2** à destination des pays riches mesurant la probabilité de décès avant 60 ans, le taux de pauvreté et le pourcentage de chômeurs de longue durée.
- Un **indicateur sexo-spécifique de développement humain** (**ISDH**), dont l'objectif est de mesurer les inégalités entre hommes et femmes, complété par l'indicateur de participation des femmes (**IPF**) mesurant la place des femmes dans les sphères décisionnelles politique, économique et sociale.
- Un **indicateur de développement humain ajusté aux inégalités** (IDHI), qui est d'autant plus faible (par rapport à l'IDH) que les inégalités sont plus fortes au sein du pays considéré pour chacune des trois dimensions du calcul de l'IDH. Selon le PNUD, « *la perte moyenne dans l'IDH au niveau mondial liée aux inégalités est d'environ 23 pour cent, allant de 5 pour cent (en République tchèque) à 43,5 (en Namibie). Les populations d'Afrique subsaharienne subissent les pertes les plus importantes dues aux inégalités dans l'ensemble des trois dimensions, suivie de l'Asie du Sud et des États arabes* ».

> II Théories du développement

Les théories du développement ont connu une évolution importante, qui a accompagné les transformations des problèmes rencontrées par les pays en développement, leur rattrapage ou leur non-rattrapage des pays développés, et l'histoire des relations Nord-Sud.

> A L'émergence de l'économie du développement

a › Suivre les mêmes étapes que les pays industrialisés : la voie du développement ?

Les économistes libéraux expliquent le sous-développement par l'accumulation de retards. Pour **W. W. Rostow** (1916-2003, *Les étapes de la croissance, un manifeste non communiste,* 1960), le développement passe nécessairement par les étapes suivantes :

- l'étape de la société traditionnelle dans laquelle, la productivité du travail est faible en raison d'un développement insuffisant des technologies. L'économie est essentiellement agricole et le système de valeurs n'est pas favorable au développement (**économie de subsistance**) ;
- l'étape de la constitution de « *préalables au développement* » : la recherche scientifique ; l'ouverture des marchés mondiaux ; la transformation du système de valeurs (développement de l'esprit d'entreprise) ; l'augmentation de l'investissement notamment dans les transports et enfin, la constitution d'un État centralisé se substituant au modèle seigneurial ;
- l'étape de **décollage** (***take off***) marquée par une transformation de la structure fondamentale de l'économie et de la société, « *de telle façon que le taux de croissance de l'économie pourra par la suite rester constant* » (voir « La croissance économique ») ;
- l'étape de « *marche vers la maturité* », caractérisée par une diffusion du progrès technique, l'émergence de nouvelles industries telles que la chimie ou l'industrie électrique, un relatif déclin des anciennes industries ;
- l'étape de la consommation de masse, caractérisée par le développement de la production de biens de consommation et de services, l'urbanisation, l'augmentation de la qualification de la main d'œuvre et le développement de la protection sociale. Pour stimuler le développement, il faut mettre en place rapidement selon Rostow les principes du libéralisme (ouverture des économies, développement de l'esprit d'entreprise…) pour que ces pays accèdent au même niveau que les pays développés.

Un certain nombre d'auteurs critiquent l'idée de l'existence d'une voie unique de développement, suivant le modèle des pays précurseurs de l'industrialisation, comme la Grande-Bretagne. Pour **A. Gerschenkron** (1904-1978), les pays à industrialisation tardive peuvent suivre une voie de développement spécifique (franchissement direct d'un certain nombre d'étapes) comme l'ont fait certaines nations développées à la fin du XIXe siècle, telle l'Allemagne par exemple. Ce modèle repose sur les traits suivants :

- une intervention massive de l'État pour compenser les limites de l'initiative privée ;

- un financement bancaire face à la faiblesse de l'autofinancement des entreprises ;
- un appel à l'épargne étrangère pour pallier l'insuffisance de l'épargne nationale ;
- l'importation de technologies.

La mise en œuvre de ce type de politique peut permettre, selon cet auteur, un développement très rapide (cas des Nouveaux pays industrialisés, NPI), facilité par le fait que les pays qui accèdent au développement emploient nécessairement les technologies les plus modernes leur permettant même de concurrencer immédiatement et efficacement les anciens pays industrialisés (« **effet Gerschenkron** »).

b › Les spécificités de l'économie du développement

Les deux fondateurs de l'économie de du développement sont **G. Myrdal** (1898-1987, prix Nobel en 1974) et **A. Lewis** (1915-1991, prix Nobel 1979). Comme **A. O. Hirschman**, ils considèrent que les pays en développement doivent trouver une voie spécifique pour se développer car ils ne rencontrent pas les mêmes problèmes que les pays industrialisés, dont ils ne peuvent donc s'inspirer.

Si les PED connaissent des difficultés, cela résulte du caractère dual de leur économie (**modèle dualiste**). Les PED sont marqués par l'existence de deux secteurs :

- un secteur capitaliste, caractérisé par un niveau de productivité élevé, qui dégage un surplus économique et par conséquent permet l'accumulation ;
- un secteur de subsistance, caractérisé par une productivité faible, qui pèse sur l'ensemble de l'économie mais qui constitue un véritable réservoir de main d'œuvre pour le développement du secteur capitaliste.

Selon **A. Lewis**, le sous-développement est à associer à une situation de sous-emploi rural (chômage déguisé) et le développement passe par une réduction du secteur de subsistance au profit du secteur capitaliste.

Il souligne également que les échanges internationaux peuvent provoquer une destruction des capacités de développement des pays les plus fragiles et que le marché n'assure pas forcément la meilleure allocation des ressources.

Enfin, A. Lewis en appelle à un renouvellement des approches économiques du développement par l'intégration au sein de la science économique des apports de l'histoire et de l'anthropologie.

G. Myrdal, considère que le sous-développement est le résultat de multiples facteurs (**analyse institutionnaliste**) et que l'on ne peut, pour analyser la question du développement, isoler le système économique du système de valeurs et des processus techniques. Il est également un partisan de la mise en œuvre d'un nouvel ordre économique international et de réformes radicales au sein des PED par un interventionnisme accru de l'État.

L'économie du développement : une approche spécifique

- D'après A.O. Hirschman, l'économie du développement se caractérise par :
– une forte critique des théories classiques sur les bienfaits des échanges internationaux en termes de réciprocité des avantages ;
– l'idée qu'il n'existe pas une voie de développement à caractère universel (mono-économisme).
- Ces deux présupposés de l'économie du développement peuvent servir à constituer une grille de lecture des théories du développement.

		MONOÉCONOMISME	
		AFFIRME	*NIE*
RÉCIPROCITÉ DES AVANTAGES	*AFFIRME*	LIBÉRALISME	ÉCONOMIE DU DÉVELOPPEMENT
	NIE	MARX	NÉO-MARXISME

Selon **A. O. Hirschman**, le développement est nécessairement déséquilibré : la croissance apparaît dans telle ou telle région, ou dans tel ou tel secteur, elle est une succession de déséquilibres qui incitent les acteurs économiques à investir pour y faire face, générant par là même de nouveaux déséquilibres. Comme il existe dans tous les PED des potentialités de développement à partir de ressources non utilisées, il convient de promouvoir un développement déséquilibré. L'État doit ainsi assurer le développement d'industries à forte intensité capitalistique, génératrices de goulets d'étranglement (en matière d'infrastructures, d'énergie, de matières premières...) qui vont entraîner de nouveaux investissements en aval ou en amont pour y faire face.

C › Développement et dégradation des termes de l'échange

Selon **R. Prebisch** (1901-1986), ancien secrétaire général de la **CNUCED** et représentant de la Commission économique pour l'Amérique latine (**CEPAL**, créée en 1948), l'Amérique latine connaît un certain nombre de difficultés du fait d'une spécialisation dans les produits primaires qui génère :

- une ponction importante du revenu national pour le paiement des importations en raison de la détérioration des **termes de l'échange** de ces produits ;
- une inégale répartition des revenus qui contribue au gonflement des importations de produits de luxe ;
- une forte dépendance technologique ;
- une orientation de l'agriculture vers des produits d'exportation, qui augmente la dépendance en matière de production vivrière.

Les termes de l'échange

- L'indicateur des termes de l'échange rapporte l'indice des prix des exportations d'un pays à l'indice des prix de ses importations. Si le rapport est supérieur à 1, il y a amélioration des termes de l'échange, si celui est inférieur à 1, il y a détérioration des termes de l'échange. Cet indicateur permet de mesurer les conséquences de l'évolution des prix relatifs sur le commerce extérieur.
- On distingue deux types de calcul des termes de l'échange :

l'indice net des termes de l'échange ; les termes de l'échange factoriels.

- L'**indice net des termes de l'échange** est le rapport entre l'indice de prix des exportations et l'indice de prix des importations (multiplié par 100). On suppose par exemple qu'un pays A importe des magnétoscopes en provenance d'un pays B et exporte des melons vers ce pays. Si le prix des melons au kilo augmente de 5 % entre 2011 et 2012, tandis que le prix des magnétoscopes augmente de 10 %, alors l'indice net des termes de l'échange est le suivant :

  105/110 multiplié par 100 = 95.45

  Cela traduit une détérioration des termes de l'échange pour le pays A de 4,55 %.
- Le calcul des **termes de l'échange factoriels** s'intéresse aux quantités de facteurs de production nécessaires (principalement de facteur travail) pour produire un bien ou un service concerné par un échange international. Si, pour le pays A, la production d'une tonne de melons nécessite 1 000 heures de travail, pour un prix à la tonne de 500 euros et qu'un magnétoscope représente 1 000 heures de travail pour un prix de 1 000 euros ; il fallait donc pour le pays A vendre 2 tonnes de melons pour acheter un magnétoscope, soit échanger 2000 heures de travail contre 1 000.

R. Prebisch, souligne que l'insertion des Pays en développement dans les relations économiques internationales fonctionne selon un système centre/périphérie (« **capitalisme périphérique** »). Le centre est constitué des pays développés et la périphérie des PED. Les pays développés ont la maîtrise de ce système, orientant la production de la périphérie pour la satisfaction des besoins du centre. Il considère qu'il existe une tendance séculaire à la dégradation des termes de l'échange au détriment des produits primaires et donc au détriment du tiers-monde. Il relève que les gains de productivité obtenus dans la production de biens primaires profitent aux pays riches et non aux salariés des PED et que les pays industrialisés s'organisent en oligopoles pour maîtriser les prix de leur production. Inversement, le Tiers-monde est divisé (concurrence interne) et se spécialise dans des productions qui excèdent les capacités d'absorption de ses marchés.

Face à cette domination du centre, les PED doivent mener des politiques d'industrialisation volontaristes plutôt que de compter sur leur insertion dans les échanges mondiaux. Il faut conduire des politiques protectionnistes modérées, une industrialisation par substitution aux importations (politique menée au Brésil notamment, dans les années 1960) et une réforme de leur politique agricole (développement de l'autosuffisance alimentaire).

⇨ Les thèses de **R. Prebisch** ne sont pas corroborées par l'analyse des échanges internationaux. En effet, les PED ne sont pas nécessairement spécialisés dans la production et l'exportation de produits primaires (riches en facteur travail), tandis que les pays industrialisés, de leur côté, exportent également des produits primaires (cas des États Unis ou de la France en matière notamment de production agricole). En 2007, les produits manufacturés représentent 82 % des exportations des pays d'Asie et 31 % des exportations des pays d'Amérique latine. Par ailleurs, les analyses de l'évolution des termes de l'échange conduisent à penser qu'il y a instabilité des termes de l'échange et non tendance séculaire à la dégradation.

d › Les théories néo-marxistes

L'analyse néo-marxiste relève que les causes du sous-développement résident essentiellement dans une mauvaise utilisation du surplus économique, accaparé par les classes dominantes dans les pays du Sud. **S. Amin** et **P. Salama**, ajoutent que le statut d'ex-colonies d'un certain nombre de pays explique leur sous-développement. La colonisation et le néo-colonialisme ont créé une situation de dépendance de ces pays à l'égard du centre et des échanges inégaux. Selon **A. Emmanuel**, les causes du sous-développement ne tiennent pas au fait que les PED seraient spécialisés dans la production de produits primaires – bien des pays industrialisés connaissent une insertion internationale par l'exportation de ce type de produits – mais bien plutôt à une surexploitation des travailleurs des PED dans les secteurs ouverts aux échanges internationaux. Celle-ci se traduit par des rémunérations largement inférieures à la productivité du travail, ce qui explique un appauvrissement général des PED par le biais du commerce international. Il parle alors d'« **échange inégal** » parce qu'une même valeur (produits vendus par les PED et les pays développés à prix égal) incorpore plus de travail dans les PED que dans les pays riches.

Les néo-marxistes préconisent pour les PED, une déconnexion des échanges internationaux (**S. Amin**, *L'Accumulation à l'échelle mondiale*, 1981), la mise en œuvre d'un mode de développement autocentré, dans une perspective socialiste. Ils soulignent également la nécessité de réformes agraires et de l'intervention économique et sociale de l'État.

⇨ Les analyses néo-marxistes sont remises en cause par l'essor des pays émergents. Cette transformation majeure de l'économie mondiale montre que les pays du Tiers-monde n'étaient pas condamnés au « développement du sous-développement » et l'ouverture aux échanges extérieurs est davantage un facteur de développement que les politiques auto-centrées.

Cependant, la perspective critique n'a pas perdu toute fécondité. De nombreux travaux mettent l'accent sur les conséquences néfastes de la mondialisation en matière d'inégalités et d'environnement.

> B Le renouveau des théories du développement

a › La théorie des besoins essentiels

Au cours des années 1970, à partir des travaux du Bureau international du travail (BIT), un nouveau courant en matière d'économie du développement émerge, qui insiste sur la nécessaire recherche des conditions locales optimales de développement. Le développement passe par une voie qui n'est ni celle suivie antérieurement par les pays industrialisés (étapes à rattraper en matière de développement), ni celle suivie par les pays « marxistes » (développement par l'industrialisation). Dans cette perspective, il s'agit de mettre en œuvre une stratégie de réponse aux besoins essentiels (***Basic Needs Approach***). Ce courant est à l'origine de l'adoption et de la généralisation d'indicateurs sociaux du développement (Indicateur de Développement Humain) à côté des indicateurs classiques (croissance du PIB).

⇨ Cette approche inspire l'action de nombreuses ONG. Il s'agit de tenir compte de la nature de l'économie des PED, d'abandonner les grands programmes d'industrialisation ou d'urbanisation, et de promouvoir les projets locaux réellement susceptibles d'avoir des effets d'entraînement sur une économie encore fondée sur une agriculture et un artisanat traditionnels.

A. Sen, Pauvreté, développement et démocratie

A. Sen, prix Nobel d'économie en 1998, a approfondi la théorie du bien être et du choix collectif. Il est à l'origine de l'indicateur de développement humain (IDH) utilisé par le PNUD et d'une approche en termes de « capabilités » (néologisme traduisant le concept de *capability*) illustrant « *les possibilités, les "chances", qu'a l'individu de réaliser ses objectifs* » ou encore de « choisir entre des modes de vie possibles ». Cette approche en termes de capabilités met ainsi l'accent sur les possibilités qu'ont les êtres humains de décider et de choisir effectivement (voir « Les Revenus »).

Dans son ouvrage *Un nouveau modèle économique*, il défend l'idée selon laquelle le développement dépend essentiellement de l'accroissement des « libertés positives » : « *les libertés sont l'objectif prioritaire du développement. (...) Les libertés politiques (...) favorisent la sécurité économique. Les opportunités sociales (...) facilitent la participation économique. L'ouverture économique (les possibilités de participer à la production et aux échanges) aide à améliorer le niveau de vie individuel ainsi qu'à dégager des fonds publics pour les services sociaux. Les libertés d'ordres différents se renforcent l'une l'autre* ».

Les **libertés politiques** concernent les possibilités, pour les individus, de choisir les gouvernants, « de contrôler et de critiquer les autorités, de s'exprimer sans restriction et de lire une presse non censurée, de choisir entre des partis politiques antagonistes, etc. ».

Les **opportunités sociales**, concernent notamment les dispositions prises par une société, en faveur de l'éducation ou de la santé : « *l'existence de tels services modifie la qualité de vie individuelle (suivi médical, prévention de la morbidité évitable et de la mortalité prématurée) et favorise aussi une participation plus effective aux activités économiques et politiques* ».

Les **facilités économiques**, enfin, concernent, « *les opportunités, offertes aux individus, d'utiliser les ressources économiques à des fins de consommation, de production ou d'échanges.*

La marge de manœuvre économique des personnes dépendra des ressources qu'elles possèdent ou de celles dont elles peuvent disposer, aussi bien que des conditions de l'échange, telle que les prix relatifs ou le fonctionnement des marchés. Tout accroissement du revenu et de la richesse d'un pays, à mesure du processus de développement, devrait se traduire par l'élargissement équivalent des facilités économiques de la population ».

Le développement doit ainsi avoir pour objectif l'extension des libertés, qui, à son tour, alimente le développement : « *(...) l'expansion des libertés constitue à la fois, la fin première et le moyen principal du développement, ce que j'appelle, respectivement le "rôle constitutif" et le "rôle instrumental" de la liberté dans le développement* ».

La démocratie est ainsi pour A. Sen un facteur de développement et constitue même une étape nécessaire : « *aucun pays démocratique, même le plus pauvre, n'a jamais subi de famines. La raison en est que la prévention de ce fléau ne présente aucune difficulté pour autant que les gouvernements aient la volonté de la mettre en œuvre. Bien entendu, une démocratie multipartite, dotée de médias libres et d'un système électoral, constitue, pour un gouvernement, une forte incitation politique à prendre les mesures préventives* ».

La définition du développement humain adoptée par le PNUD s'inspire directement de l'approche d'**A. Sen** : « *Le développement humain est l'accroissement des libertés et des capacités permettant aux personnes de mener une vie qu'elles jugent satisfaisante à juste titre. Il repose sur l'élargissement de l'éventail des choix disponibles. Les notions de libertés et de capacités vont au-delà de la satisfaction des besoins essentiels. La qualité de vie dépend de nombreux aspects, qui peuvent avoir une valeur intrinsèque autant qu'un intérêt concret : nous pouvons par exemple valoriser la biodiversité ou la beauté de la nature indépendamment de leur contribution à notre niveau de vie* » (Rapport sur le développement humain 2011).

b › Approche microéconomique de la pauvreté et expériences aléatoires

Les travaux de l'économiste française **E. Duflo** et de l'Indien **A. Banerjee** ont profondément renouvelé les théories du développement, au cours des années 2000. Ils cherchent à comprendre les facteurs qui maintiennent dans la pauvreté certaines populations, même quand elles bénéficient d'aide au développement : il ne suffit pas de distribuer une aide pour réduire la pauvreté, il faut donc en étudier précisément les mécanismes. Ils ont mis en place dans ce but une structure de recherche originale le Poverty action Lab (J-PAL) qui coordonne plusieurs centaines d'études dans le monde, et les efforts de plusieurs dizaines de chercheurs.

Ils s'appuient sur une démarche microéconomique, en faisant l'hypothèse que les échecs dans la lutte contre la pauvreté et le sous-développement peuvent être mieux compris si on saisit pourquoi les individus ne font pas les choix les plus favorables au développement. Pourquoi certains parents refusent-ils d'envoyer leurs enfants à l'école, ne les vaccinent pas alors que ces choix sont largement bénéfiques à long terme ?

Ils s'inspirent de l'approche d'**A. Sen** pour ne pas réduire la pauvreté à un manque de ressources monétaires, mais à un manque de capacité à les utiliser. Les pauvres peuvent par exemple manquer tout simplement d'informations pour prendre de meilleures décisions. Ils font des choix dans un univers économique très imparfait, ce qui les conduit fréquemment à prendre des décisions qui ne sont pas objectivement les meilleures, car ils ne peuvent pas toujours en percevoir l'impact. L'introduction d'une nouvelle information, d'une incitation monétaire ou non-monétaire ou d'un changement institutionnel peut alors les conduire à revoir leurs choix et à adopter un comportement qui leur donne plus de chances de sortir de la pauvreté.

Pour comprendre les facteurs de blocage du développement, ou évaluer l'efficacité d'un programme de lutte contre la pauvreté, il faut mener des études empiriques. **Duflo** et **Banerjee** ont adopté les méthodes d'**expériences aléatoires** inspirées des essais cliniques dans le domaine médical : on tire de façon aléatoire un échantillon de population-cible, qui bénéficie de la mesure que l'on souhaite tester, et on compare ses comportements à ceux d'une population identique en tous points, sauf qu'elle ne bénéficie pas du programme. La mise en place d'une étude efficace passe par une étroite collaboration avec les ONG présentes sur le terrain généralement.

Une des études des auteurs a porté sur 134 villages indiens de la région d'Udaipur. Elle cherche à comprendre pourquoi l'accès aux soins préventifs est si faible, même quand ils sont gratuits. L'expérience aléatoire permet de montrer que les soins demandent du temps, et engendrent donc une perte de revenu (coût d'opportunité), alors que ses avantages sont lointains et peu visibles, ce qui n'incite pas à se soigner. Dans ces conditions, une incitation monétaire modeste a des effets importants sur les comportements : le taux de vaccination est passé de 17 à 38 % en donnant aux mères qui vaccinaient leurs enfants un kilo de lentilles.

Dans la lutte contre la pauvreté, le diable se loge donc dans les détails, et une évaluation systématique de l'efficacité des dispositifs est nécessaire. Les travaux d'E. Duflo et A. Banerjee permettent de mieux comprendre les facteurs qui bloquent le développement, et ont eu déjà une influence sur de nombreux programmes gouvernementaux en matière de santé, d'éducation ou d'aide à la pauvreté.

Les objectifs du millénaire pour le développement
En 2000, l'ONU a adopté les objectifs du millénaire pour le développement. Il s'agit de huit objectifs qui devaient être atteints en 2015 : – Réduire l'extrême pauvreté et la faim – Assurer l'éducation primaire pour tous – Promouvoir l'égalité et l'autonomisation des femmes – Réduire la mortalité infantile – Améliorer la santé maternelle – Combattre les maladies – Assurer un environnement durable – Mettre en place un partenariat pour le développement

Chaque objectif est ensuite décliné en « cibles » quantifiées. Par exemple, pour le premier objectif l'une des cibles est « réduire de moitié la part des individus vivant avec moins de 1,25 dollars par jour ». Une autre cible est de « réduire de moitié la part des individus souffrant de la faim ». Les cibles concernent l'année 2015 comparée à l'année 1990.
Le rapport 2012 sur les objectifs du millénaire souligne que certaines cibles ont été atteintes par anticipation. Par exemple, l'objectif visant à réduire de moitié le nombre de personnes vivant dans l'extrême pauvreté a été atteint dès 2010. La parité entre filles et garçons dans l'enseignement primaire a été atteinte dès 2012 (3 ans avant l'échéance donc). Mais s'agissant d'autres objectifs, la situation est préoccupante. Le rapport indique : « *Les estimations les plus récentes de la FAO portant sur la sous-alimentation ont évalué que 850 millions de personnes dans le monde ont souffert de la faim durant la période 2006/2008, soit 15,5 % de la population mondiale. Ce niveau élevé ininterrompu montre l'absence de progrès contre la faim dans plusieurs régions, même si la pauvreté des revenus a décru. Le progrès a également été lent pour la réduction de la sous-alimentation des enfants. Près d'un tiers des enfants d'Asie du Sud souffraient d'insuffisance pondérale en 2010* ». Des difficultés importantes subsistent en ce qui concerne la santé et la mortalité des femmes, l'accès à l'eau dans les zones rurales. De même, l'emploi précaire n'a que faiblement diminué dans les pays en développement.

c › Éco-développement et développement durable

En 1987, la CNUCED, à la suite du rapport **G.H. Brundtland** « Our Common Future » propose de raisonner en termes de **développement durable (« *sustainable development* »)** qui repose sur les idées suivantes :

- le développement n'est pas une affaire nationale mais mondiale;
- le développement doit prendre en compte les besoins actuels des populations mais également ceux des générations futures. Il s'agirait donc de se soucier de l'environnement et du caractère épuisable des ressources énergétiques et des matières premières (voir « La croissance ») ;

Plus précisément, les objectifs stratégiques suivants sont fixés :

- favoriser la croissance tout en assurant la protection de l'environnement (préservation et mise en valeur des ressources naturelles, technologies propres) ;
- satisfaire les besoins essentiels ;
- maîtriser la démographie.

Cette approche a donné lieu à un certain nombre d'orientations et d'accords internationaux. Ainsi, la **Conférence de Rio** en 1992 a retenu l'idée de développement durable, avec les accords sur la forêt et sur le nécessaire maintien de la biodiversité, et les débats sur la préservation du climat. Par la suite l'accord de Kyoto a fixé en 1997 les objectifs dans la lutte contre les gaz à effet de serre, mais il n'était contraignant que pour les pays industrialisés. Ces objectifs n'ont pas été atteints et les États-Unis n'ont pas ratifié l'accord qui se termine en décembre 2012. Lors des conférences de Copenhague (2009), de Cancun (2010), de Durban (2011) et de Rio + 20 (2012), la communauté internationale n'est pas parvenue à se mettre d'accord sur un nouvel accord contraignant qui engagerait l'ensemble des pays du monde.

On sait pourtant qu'au cours du XXe siècle la température moyenne de la planète s'est accrue de 0,75 °C, et un accord très large des spécialistes considère que ce réchauffement est lié à l'activité humaine. Les trois facteurs principaux sont l'utilisation des combustibles fossiles (charbon et pétrole), la déforestation et la production de ciment.

L'augmentation de la production mondiale a pour effet, dans le cadre du modèle actuel de développement, d'accroître les émissions de gaz à effet de serre et donc le réchauffement climatique. On sait par ailleurs, qu'au-delà d'un réchauffement de 2 degrés par rapport à la période pré-industrielle, on entre dans un scénario catastrophe caractérisé par des événements météorologiques majeurs, une fonte des glaces, un relèvement du niveau des mers, des migrations climatiques, la désertification de certaines zones, etc.

Il est donc impérieux de réduire les émissions de gaz à effet de serre. La difficulté réside dans le fait que le rattrapage des pays en développement (et notamment des pays émergents) alimente le réchauffement. Il faut donc changer le modèle de développement et ne pas chercher à permettre à tous les habitants de la planète d'adopter le mode de vie des pays à haut revenu aujourd'hui. En effet, les pays pauvres seraient vraisemblablement les premières victimes du réchauffement climatique. Selon le PNUD, la poursuite des tendances actuelles en matière de réchauffement conduira, à l'horizon 2050, à une baisse de 8 % de l'indice de développement humain.

Plusieurs orientations sont mises en avant par les organisations internationales. La principale est le découplage entre croissance économique et consommation d'énergie, grâce au progrès technique notamment (voir « La croissance économique »). Parallèlement, le recours aux énergies renouvelables qui ne reposent pas sur les combustibles fossiles, et l'amélioration de l'usage des ressources (eau, forêts) par la production agricole sont une nécessité. Pour le PNUD, il faut associer la recherche de la durabilité et la recherche de l'équité. Le bilan des émissions de carbone est en effet très inégalitaire : « *Les pays à IDH très élevé, qui totalisent environ un sixième de la population mondiale, ont rejeté près des deux tiers (64 %) des émissions de CO2 entre 1850 et 2005. Depuis 1850, environ 30 % des émissions cumulées totales proviennent des États-Unis. Ils sont suivis par la Chine (9 %), la Fédération de Russie (8 %) et l'Allemagne (7 %). Les pays à IDH très élevé ont généré ensemble neuf fois plus de dioxyde de carbone par habitant que les pays à IDH faible, moyen et élevé* » (Rapport sur le développement humain 2011). Il faut donc un effort général de réduction des émissions de gaz à effet de serre, dans le cadre d'une politique qui prenne en compte la contribution de chaque pays ou groupe de pays.

Les biens collectifs mondiaux

Depuis la fin des années 1990, les organisations internationales soulignent la globalisation d'un certain nombre de risques et développent l'idée qu'il existe des « biens collectifs mondiaux » couvrant les domaines de la santé, de l'évolution du climat ou de la biodiversité. Selon **B. Badie, et M.C. Smouts**, ces biens collectifs mondiaux « *appartiennent à l'ensemble de l'humanité et doivent être considérés comme élément dont chacun est responsable pour la survie de tous* ».

En réalité, si le terme « bien public » s'est imposé à partir des documents des organisations internationales, il est préférable de parler des biens communs et des biens collectifs mondiaux (voir « État et économie »).

Les biens communs sont par exemple le climat, les réserves halieutiques, la biodiversité, les ressources en eau. Il importe de déterminer des règles quant à l'usage de ces biens communs. Le risque en effet est que les pays adoptent une stratégie non coopérative, chacun cherchant à prélever le plus possible de ces biens communs. Il faut par exemple réglementer la pêche, protéger les espèces menacées, etc.

Les biens collectifs étant non rivaux et non excluables, le risque est qu'ils ne soient produits par personne au niveau international (voir « Mondialisation et gouvernance mondiale »). Par exemple, la stabilité financière, la lutte contre le réchauffement climatique, la lutte contre les pandémies, sont des biens collectifs qui doivent être pris en charge soit par la société civile internationale (ONG), soit par des organisations internationales, soit par des accords intergouvernementaux.

> III Politiques de développement

> A La pluralité des stratégies et des politiques de développement

Depuis 1945, deux périodes peuvent être distinguées en matière de politique du développement :

- une période (1945-fin des années 1970) marquée par des politiques de développement plutôt protectionnistes (stratégie autocentrée) ;
- une période de plus grande intervention des institutions internationales (Banque mondiale et FMI) marquée par les thèses libre-échangistes (développement extraverti).

a › Les stratégies autocentrées

Les **stratégies autocentrées** (ou **développement autocentré**) reposent sur une priorité donnée au développement du marché intérieur et au refus de la spécialisation internationale.

1 › Les industries industrialisantes

La stratégie des **industries industrialisantes** repose sur le développement prioritaire des industries qui ont des **effets d'entraînements** sur l'ensemble de l'économie. Il y a effet d'entraînement lorsque le développement d'une activité entraîne celui d'une autre. Dans cette perspective, l'État joue un rôle majeur d'organisateur de polarisation des ressources en faveur de grands complexes industriels (généralement des industries lourdes). Ce type de politique a été mis en œuvre par exemple en Algérie, suite à sa décolonisation, durant l'ère Boumédienne (1965-1978).
Cette stratégie se heurte à un certain nombre de difficultés :

- l'inadéquation de la main-d'œuvre (d'origine rurale et peu qualifiée) aux exigences du projet industriel;
- le coût élevé des investissements initiaux;
- l'insuffisance de débouchés qui constitue au passage le principal obstacle au développement. En effet, dans cette stratégie, les difficultés surgissent moins d'insuffisantes capacités à produire que d'insuffisantes capacités à absorber la production.

2 › L'industrialisation par substitution des importations (ISI)

L'industrialisation par substitution des importations (ISI) est une stratégie qui repose sur :

- une déconnexion des PED vis-à-vis des PDEM par le développement d'une production nationale de produits qui se substitue aux importations;
- un protectionnisme élevé (contrôle des importations, réglementation des changes...) ;
- des subventions publiques aux nouvelles industries et la mise en œuvre de mécanismes de planification par l'État.

Ce type de stratégie a été adopté par l'ensemble des pays d'Amérique latine durant les années 1950 et 1960 (plus particulièrement au Brésil). Elle se heurte à l'existence d'une dépendance technologique en matière, plus particulièrement, de biens d'équipements qui génère un déséquilibre de la balance des paiements et, à terme, une dépendance extérieure accrue.

b › Le développement extraverti

1 › Le modèle asiatique, la valorisation des exportations

Entre 1960 et 1970, un certain nombre de pays du continent asiatique (Corée du Sud, Taïwan, Singapour, Hongkong) se sont engagés dans des politiques économiques volontaristes qui consistent :

- à modifier leur spécialisation initiale ;
- à conquérir, dans un premier temps, de nouveaux marchés dans les secteurs traditionnels des pays riches (production à fort contenu en main d'œuvre : textile, confection, sidérurgie) ;
- à développer, dans un second temps, des productions de biens et de services plus sophistiqués (matériel informatique, composants électroniques, électronique grand public, automobile...) par des **stratégies de remontée de filière**.

Ce changement d'orientation en matière de politique économique s'est opéré avec l'appui d'un appareil d'État puissant, souvent au mépris de la démocratie, et dans le cadre d'un protectionnisme éducateur (voir « Commerce international »).

Dès le début des années 1980, ces pays ont été suivis dans leur stratégie de développement par l'ensemble des pays de la zone Asie (ANASE, plus particulièrement par l'Indonésie, la Malaisie, la Thaïlande et les Philippines dans une moindre mesure), abandonnant donc les politiques de substitution aux importations au profit d'une politique d'industrialisation par le développement des exportations. Le contexte international a toutefois changé, dans la mesure où les interventions actives de l'État et les politiques protectionnistes sont largement remises en cause par les principes de l'OMC. Les stratégies de développement dans la zone Asie passent désormais par des développements extravertis qui s'appuient sur :

- une main-d'œuvre abondante (exode rural), relativement bien formée et faiblement rémunérée ;
- un recours à la technologie étrangère ;
- une ouverture du marché des capitaux pour attirer les Investissement Directs Étrangers (**IDE**) en vue de financer la croissance et plus spécialement le développement de la production de biens manufacturiers (voir « Multinationales et mondialisation ») ;
- un marché intérieur protégé.

⇨ Ce type de politique reçoit l'appui de la Banque mondiale qui considère qu'il existe là un modèle de développement exportable mais qui implique toutefois une nécessaire accumulation « primitive » de capital, une bonne affectation de celui-ci, une stimulation de la recherche de gains de productivité et une croissance qui profite à tous. **J. R. Chaponnière** relève que le succès des « quatre dragons » tient en partie à l'existence d'une répartition égalitaire des ressources qui favorise l'émergence d'une classe moyenne et par conséquent le développement du marché intérieur (**développement auto-entretenu**) et des capacités de financement des projets industriels (croissance de l'épargne intérieure).

2 › Sous-développement et ouverture aux échanges extérieurs

L'essor industriel des pays émergents contribue à la remise en cause du développement autocentré. Dès les années 1980, sous la contrainte des plans d'ajustement structurel ou par volonté autonome des pouvoirs publics, de nombreux PED se sont orientés vers le libre-échange. Aujourd'hui, ouverture et insertion dans les échanges internationaux sont considérées comme des catalyseurs de la croissance et du développement.

> B Politiques de développement et mondialisation

a › La coopération internationale

1 › Le rôle des institutions internationales : ONU, CNUCED, Banque mondiale, FMI

L'**ONU**, créée en avril 1945, cherche à promouvoir les idées de développement, d'égalité entre les nations et d'universalisme ont été mises en avant. Pour sa part la Banque Internationale pour la Reconstruction et le Développement (**BIRD** ou **Banque mondiale**), créée à Bretton Woods en 1944, est chargée :

- de l'octroi de prêts à des conditions avantageuses ;
- du soutien financier et technique pour des grands projets d'infrastructures ou pour des programmes sociaux (santé, éducation...) ;
- et, plus récemment, de la protection de l'environnement.

En 1964, à l'initiative des pays du Tiers-monde, est créée la **Conférence des Nations unies pour le commerce et le développement (CNUCED)** dont l'objectif est de promouvoir une organisation des échanges internationaux plus favorable aux PED. En 1968, à son initiative, un système de préférences tarifaires (**Système généralisé de préférence, SGP**) au bénéfice des pays du Tiers-monde est mis en place par dérogation aux principes du GATT. En 1976, la CNUCED propose un programme de stabilisation des cours des matières premières par un mécanisme de stocks régulateurs. Ce mécanisme n'a dans la réalité jamais véritablement pu contribuer à une stabilisation des prix des matières premières, en raison du faible nombre d'accords de produits (cacao, café, caoutchouc, étain, sucre), de la concurrence entre PED et de ressources insuffisantes.

⇨ Dans le cadre de l'Union européenne, les **conventions de Lomé**, prolongées par la **convention de Cotonou** (2000), exonèrent de droits de douanes, partiellement ou totalement un certain nombre de produits en provenance des **pays ACP** (Afrique, Caraïbes, Pacifique) et donnent des garanties à ces derniers en matière de recettes d'exportations.

Plus généralement, en 1974, l'ONU se prononce pour un Nouvel Ordre Économique International (NOEI) qui nécessite :

- l'élargissement de l'accès des marchés des pays industrialisés aux PED ;
- l'augmentation des aides publiques et privées au développement ;
- la stabilisation du prix des produits primaires.

Ces orientations seront reprises en 1980, dans le rapport Brandt intitulé « *Nord-Sud : un programme de survie* », qui insiste sur la nécessité de lutter contre la famine et la pauvreté et d'opérer des transferts de capitaux massifs vers les PED. Dans une perspective relativement semblable, le discours de Cancun d'octobre 1981 de F. Mitterrand, mettra l'accent sur l'impossibilité pour le Nord de bénéficier durablement de la prospérité, si le Sud reste à l'écart du développement.

Mais dès le début des années 1980, l'ensemble de ces orientations et de ces perspectives vont être remises en cause face notamment au problème du gonflement de la dette des PED nécessitant, aux yeux des experts du FMI, la mise en œuvre de **politiques d'ajustement structurel** d'inspiration nettement libérales.

2 › Les politiques d'aide publique au développement

L'aide publique au développement (APD), regroupe l'ensemble des ressources en provenance des organismes publics mises à la disposition des PED et des institutions internationales et qui prennent la forme de dons ou de prêts à long terme et à taux d'intérêt peu élevé. Au sein de cette aide, il faut distinguer l'aide publique bilatérale (majeure partie de l'aide publique) de l'aide publique multilatérale qui transite par des organismes internationaux tels que la FAO, l'UNICEF, le Programme Alimentaire Mondial, l'Organisation Mondiale de la Santé (OMS).

L'aide publique constitue une source de revenus indispensable pour un certain nombre de pays. Ainsi, elle représente près de 15 % du PNB des Pays les Moins avancés (PMA). Sans cette aide qui permet de financer des projets de développement et de réduire le déficit de la balance des paiements ; ces pays seraient soumis à la logique et aux aléas du marché des capitaux privés, marqué par une forte tendance au financement des seuls pays stables politiquement et financièrement, et déjà engagés sur la voie du développement. En moyenne, sur la période 2000-2005, l'aide publique au développement des pays membres du Comité d'aide au développement de l'OCDE représentait 0,25 % de leur revenu national brut.

Parmi les pays riches qui font le plus d'effort en matière d'aide publique, on trouve le Danemark (0,93 % du RNB), la Norvège (0,86 %), la Suède (0,82 %), les Pays-Bas (0,80 %).
Parmi les pays riches les moins donateurs, on trouve les États-Unis (0,15 %). L'efficacité des programmes d'aide au développement est parfois remise en cause, en raison de multiples facteurs, notamment de la corruption dans les pays aidés. Selon certains économistes comme E. Duflo, une évaluation rigoureuse par des méthodes scientifiques de son usage peut donc contribuer à la rendre plus efficace, et donc à en légitimer la nécessité.

⇨ Parallèlement à l'aide publique au développement, existe également l'aide privée regroupant tous les transferts financiers d'origine privée (banques, particuliers, **Organisations non gouvernementales, ONG**), sous forme de dons, de conseil technique, de prêts ou de prise de participation. Il en résulte qu'il est difficile de distinguer investissement de portefeuille, investissement direct à l'étranger de la notion d'aides privées.

3 › Investissements directs à l'étranger (IDE) et développement

Selon **W. Andreff**, il existe une corrélation positive entre rythme de croissance et degré de pénétration de l'IDE. Les PED qui connaissent des taux de croissance élevés, attirent les capitaux étrangers, c'est le cas notamment des NPI. En revanche, l'Afrique est marquée par la fuite des IDE, l'absence relative de FMN et par une faible croissance, confirmant l'idée de sa marginalisation croissante dans l'économie mondiale.
Il y a donc une inégale répartition du stock d'IDE concentré sur les PDEM et les NPI.
Aujourd'hui, pour les PED, l'enjeu n'est plus, comme dans les années 1950-1970 de dénoncer le néocolonialisme des firmes géantes, mais de les attirer par la création d'un environnement favorable en cherchant parallèlement à bénéficier de transferts de technologies par la constitution de ***joint-ventures*** (co-entreprise) et l'achat de licences étrangères. La majorité des firmes multinationales sont désormais originaires des pays en développement.

b › Dette des PED et politiques d'ajustement structurel

1 › Poids et crise de la dette

En 1974, à la suite du premier choc pétrolier, les PED rentrent dans une phase de gonflement de leur dette en raison de besoins de financement importants pour le développement industriel et de la détérioration du solde de la balance des paiements. Le point de départ de la crise d'endettement se situe symboliquement en 1982, lorsque le Mexique se déclare insolvable. Après avoir multiplié les rééchelonnements de dette et l'octroi de nouveaux prêts, les pays riches vont finir, dès 1988 (sommet de Toronto), par prendre des mesures plus radicales en termes d'annulations de dettes. En 1989, le **Plan Brady** (secrétaire d'État au Trésor américain) autorise les PED à racheter leur dette à des montants très inférieurs à leur valeur initiale en échange de titres (bons du Trésor américain, actions dans des entreprises nationales...) Mais cette crise d'endettement modifie la donne sur le marché des capitaux, les prêts privés à destination des PED (à l'exception des NPI d'Asie du Sud-Est), sont quasiment suspendus. Entre le milieu des années 1980 et 1990, les transferts nets en direction des PED deviennent négatifs du fait que le montant des capitaux affectés au service de la dette est supérieur au montant des capitaux perçus : le Sud finance donc le Nord.

En 2001, la dette des pays du Sud et de l'Est représente encore près de 40 % de leur PIB. L'Amérique latine représente à elle seule un tiers de cette dette, l'Asie du Sud-Est un quart, les pays de l'Europe de l'Est 16 % et l'Afrique subsaharienne 8 %. Depuis la fin des années 1990, la dette extérieure totale du Sud a légèrement régressé.

2 › Les politiques d'ajustement structurel

Les **politiques d'ajustement structurel** préconisées par le **FMI** et la **Banque mondiale** reposent sur l'idée que les obstacles au développement se situent du côté d'une trop grande intervention de l'État, d'une insuffisante mobilisation des initiatives privées et d'une confiance trop limitée dans les mécanismes du marché comme moyen de la régulation économique et sociale. Dans cette perspective il s'agit :

- de lutter, en premier lieu, contre le surendettement (dette extérieure et dette des administrations publiques) ;
- de libéraliser, en second lieu, l'économie (politique de privatisation des grandes entreprises nationales, de libre-échange, déréglementation...) et de la réorienter vers les secteurs d'exportations.

Il s'agit au fond de politiques de stabilisation consistant :

- à diminuer la consommation interne, et donc les importations, pour réduire le déficit de la balance des paiements ;
- à réduire le poids des administrations publiques (coupes claires dans les budgets sociaux).

⇨ Ces politiques sont fortement contestées en raison de leurs effets désastreux sur les conditions de vie des populations.

Depuis la fin des années 1990, la Banque mondiale entame un changement d'orientation. D'une part, l'intervention de l'État pour les PED, dans le cadre d'une politique de développement ne lui semble plus irrémédiablement illégitime ; d'autre part, à l'instar de certaines ONG, elle considère que l'objectif principal de toute politique de développement est la satisfaction de besoins essentiels (alimentation, santé, éducation, assainissement, transport, distribution d'eau potable...). Il ne s'agit donc plus de mener l'ensemble des pays vers le niveau économique et social des pays industriels, mais de tenir compte des situations particulières, notamment celles des Pays les moins avancés (PMA).

Pour en savoir plus

Initiation

- Assidon E. (2002), *Les théories économiques du développement*, La Découverte, Coll. Repères.
- Brasseul J. (2008), *Introduction à l'économie du développement*, A. Colin, Coll. Cursus.
- Copans J. (2006), *Développement mondial et mutations des sociétés contemporaines*, A. Colin, Coll. 128.
- Charnoz O. et Severino J.M. (2010), *L'aide publique au développement*, La Découverte, Coll. Repères.
- Duflo A. (2010), *Le développement humain*, Seuil, Coll. La République des idées.
- Duflo E. (2010), *La politique de l'autonomie*, Seuil, Coll. La République des idées.
- Raffinot M. (2010), *La dette des Tiers-monde*, La Découverte, Coll. Repères.
- Mancebo F. (2008), *Développement durable*, A. Colin, Coll. 128.
- Prager J.-C. et Thisse J.F. (2010), *Économie géographique du développement*, La Découverte, Coll. Repères.
- Sen A. (2006), *La démocratie des autres*, Payot.
- Treillet S. (2011), *Économie du développement. De Bandoeng à la mondialisation*, A. Colin, Coll. Cursus.

Approfondissement

- Adda J. (2012), *La mondialisation de l'économie*, La Découverte, Coll. Grands repères.
- Azoulay G. (2002), *Les théories du développement*, Presses universitaires de Rennes.
- Banerjee A.V. et Duflo E. (2012), *Repenser la pauvreté*, Seuil.
- Banque mondiale (2012), *Égalité des genres et développement*. Rapport sur le développement dans le monde 2012.
- Banque mondiale (2010), *Développement et changement climatique*, Rapport sur le développement dans le monde 2010.
- Bürgenmeir J. (2008), *Politiques économiques du développement durable*, De Boeck.
- Gazier B. (dir.) (2006), *L'avancée des biens publics. Politique de l'intérêt général et mondialisation*, Albin Michel.
- Greffe X. et Maurel M. (2009), *Économie globale*, Dalloz.
- Perkins D. H., Radelet S. et Lindauer D. L. (2008), *Économie du développement*, De Boeck.
- Ponthieux S. (2006), *Le capital social*, La Découverte, Coll. Repères.
- PNUD (2011), *Durabilité et équité*, Rapport sur le développement humain 2011.

- Rodrik D. (2008), *Nations et mondialisation. Les stratégies de développement dans un monde globalisé*, La Découverte.
- Sen A. (2000), *Un nouveau modèle économique*, Odile Jacob.

chapitre **26**

Mondialisation et gouvernance mondiale

Le terme **mondialisation** (ou **globalisation**) désigne un processus qui conduit à l'interdépendance croissante des économies en raison de la multiplication des flux de toute nature qui fait progressivement de l'économie mondiale un espace de plus en plus intégré. Si la mondialisation n'est pas un fait nouveau au regard de l'histoire longue du capitalisme, la période qui s'ouvre à partir du début des années 1980 conduit à une certaine déconnexion entre l'espace économique, de plus en plus unifié au niveau mondial et l'espace politique qui reste celui de l'État-nation. La mondialisation conduit à l'émergence de problèmes nouveaux qui ne peuvent être véritablement traités au niveau national : il en va ainsi par exemple des phénomènes de contagions financières, des mouvements migratoires, de l'effet de serre en matière écologique. Les gouvernements et les organisations internationales mettent de plus en plus souvent l'accent sur la nécessité d'une gouvernance mondiale. Le terme **gouvernance** (qui est un anglicisme comme le terme globalisation) désigne à l'origine le gouvernement ou les administrations publiques. Or, il n'est guère envisageable, au moins à court et moyen terme, d'envisager la mise en place d'un gouvernement mondial. Le néologisme « **gouvernance mondiale** » vise donc à penser une situation dans laquelle il faut gouverner en l'absence de gouvernement. Par gouvernance on peut entendre, avec P. Lamy « *l'ensemble des transactions par lesquelles des règles collectives sont élaborées, décidées, légitimées, mises en œuvre et contrôlées* ». **Z. Laïdi** et **P. Lamy** définissent la gouvernance mondiale comme l'ensemble des « *processus par lesquels les sociétés politique, économique et civile négocient les modalités et les formes d'arrangements sociaux planétaires sur la base du principe de coopération conflictuelle* ». Cette gouvernance mondiale passe par des institutions (FMI, Unesco, OMC, OCDE, etc.) mais aussi par des accords formels ou informels entre États (Sommets du G8) et l'action de la société civile internationale (actions de Greenpeace, d'Amnesty International, d'ATTAC, etc.).

> I Mondialisation et régulation étatique

> A La mondialisation et l'affaiblissement de l'État-nation

Selon **F. Rachline**, quatre grands types de flux caractérisent l'économie mondiale : des flux commerciaux (biens et services), des flux de capitaux (flux monétaires et financiers), des flux migratoires, des flux d'information. Pendant longtemps, ces flux se sont réalisés, pour l'essentiel au sein de territoires sur lesquels s'exerçait une souveraineté politique. La globalisation est caractérisée par le fait que ces flux sont désormais transfrontières. Par exemple, en matière de circulation des marchandises on n'assiste pas seulement à un développement du commerce traditionnel (une marchandise produite dans le pays A est vendue dans le pays B), c'est le processus de production lui-même qui est internationalisé (une marchandise assemblée en A, utilise des composants produits en B, C, D, etc.). Cette évolution réduit la capacité des États à maîtriser les flux : dans une économie globalisée, la mise en œuvre d'une politique industrielle nationale ou le contrôle des mouvements de capitaux s'avèrent difficiles voire impossibles. Les marges de manœuvres des États seraient donc réduites par la mondialisation. L'action des États serait même placée sous la « *tyrannie des marchés* » (**H. Bourguinat**). Toute politique publique considérée comme inadéquate par les opérateurs sur les marchés internationaux se traduirait par des « sanctions » (fuite des capitaux, chute du taux de change, etc.). Une politique économique unique (libérale) s'imposerait donc aux États du seul fait de la mondialisation. On assisterait donc à un déclin de l'État acculé au désengagement (privatisations, réduction de la protection sociale) et privé progressivement de ses moyens d'action (indépendance des banques centrales, orthodoxie budgétaire).

La « bonne gouvernance » est-elle nécessairement libérale ?

La réflexion sur la gouvernance ne concerne pas seulement l'économie mondiale. La « bonne gouvernance » au niveau national est considérée comme décisive en matière de développement économique. Il y a de plus une interdépendance évidente entre la gouvernance nationale et la gouvernance mondiale. Au sein des organisations internationales on définit généralement la « bonne gouvernance » par les critères suivants :

- la sécurité des citoyens doit être assurée et le respect de la loi garanti, notamment par l'indépendance des magistrats : c'est l'État de droit,
- les organismes publics doivent gérer de façon efficace et équitable les dépenses publiques,
- les dirigeants politiques doivent rendre compte de leurs actions devant la population,
- l'information doit être disponible et facilement accessible à tous les citoyens.

Ces principes ne semblent guère discutables : le refus de l'arbitraire et de la corruption, la démocratie et la transparence de l'information sont certainement souhaitables. Cependant, ces principes ne doivent pas être invoqués au service de la seule conception libérale des rapports entre État et économie. Par exemple, la bonne gestion des finances publiques ne doit pas conduire nécessairement au respect de l'orthodoxie budgétaire. De même, la référence à l'État de droit ne doit pas conduire à une défense du droit de propriété au détriment de la redistribution des revenus et des patrimoines.

> B
L'État-nation conserve d'importantes prérogatives

Une analyse attentive montre que l'État ne dispose pas de moins de moyens d'action économique et sociale que par le passé. Ces moyens sont cependant différents et font plus de place aux politiques structurelles qu'à l'action conjoncturelle (voir « Les politiques économiques »).
Selon **J.-F. Daguzan** l'État peut agir selon trois modalités.

- « L'État assureur-aplanisseur » contribue à offrir aux entreprises un environnement favorable à leur développement. Cela concerne en particulier l'attractivité des territoires pour l'implantation des firmes, mais aussi l'existence d'un cadre juridique stable offrant aux entreprises les conditions d'une concurrence loyale. Cette action de l'État concerne aussi la couverture de risques (par exemple ceux liés à l'exportation). La diplomatie joue un rôle important dans cette perspective puisqu'elle contribue à l'élaboration de règles au niveau international. Le rapport de force entre l'Europe et les États-Unis au moment de la mise en place de l'OMC (débat sur l'exception culturelle par exemple) illustre ce domaine important de l'action de l'État. Cette action de l'État est renforcée par l'intégration économique et politique régionale : on a pu dire ainsi que l'Europe avait sauvé l'État-nation en renforçant ses capacités d'action par la coopération régionale (voir « L'intégration économique »).

- « L'État courtier » contribue aux performances à l'exportation des entreprises situées sur son territoire. Dans de nombreux cas en effet les grands contrats d'infrastructure, d'aéronautique, d'armement, etc., sont liés à des considérations politiques où la diplomatie peut jouer un rôle décisif. Plus généralement, on considère aujourd'hui que les visites à l'étranger des chefs d'État et de gouvernement sont l'occasion de multiples contrats commerciaux grâce à la présence de chefs d'entreprises dans les délégations. On considère aussi que la politique culturelle internationale (en matière linguistique notamment) a un impact commercial non négligeable.
- L'État « maître des horloges » (selon la formule de **Ph. Delmas**) est en charge du long terme et de la prospective. Il intervient dans le domaine de la recherche, du développement technologique, de la formation, de la cohésion sociale, de l'intelligence économique. L'État éclaire donc l'avenir pour des entreprises qui sont souvent condamnées à s'en tenir au court terme dans leurs décisions de gestion.

⇨ Contrairement aux idées reçues selon lesquelles la mondialisation conduirait à un désengagement de l'État, des travaux convergents montrent qu'au sein des pays de l'OCDE on constate une corrélation positive entre degré d'ouverture des économies et part des dépenses publiques dans le PIB.

Quatre paradigmes pour l'économie politique internationale

L'**économie politique internationale** est un champ disciplinaire nouveau qui s'est constitué dans les années 1970 à l'intersection de l'étude des relations internationales (qui relève de la science politique) et de l'économie internationale (qui relève de la science économique). L'économie politique internationale vise à rendre compte de la façon dont s'organisent les relations économiques internationales en prenant en compte à la fois les relations de pouvoir (qui relèvent notamment, mais pas seulement des États) et les relations liées à l'intérêt (qui relèvent notamment mais pas seulement des entreprises et plus largement des agents économiques).

En s'appuyant sur les analyses de **G. Kebabdjian**, on peut distinguer quatre grands paradigmes au sein de l'économie politique internationale :

- le paradigme libéral considère que les agents économiques (et non les États) sont les agents principaux de l'économie politique internationale (individualisme méthodologique). Ces agents sont rationnels, ils cherchent à maximiser leurs gains en terme économique. Le politique est lui aussi analysé, dans cette perspective, comme le résultat d'une analyse coûts-avantages. Les États ont intérêt à élaborer des règles au sein desquelles l'activité économique des agents peut se dérouler dans des conditions favorables (par exemple des règles en matière monétaire, en matière de concurrence loyale etc.). Dans cette approche, il n'y a pas de fondement à des conflits irréductible entre les agents puisque les échanges économiques sont un jeu à somme positive (voir « Le commerce international »). L'approche néo-libérale de l'économie politique internationale fait appel à la théorie des jeux et montre que des formes de coopérations peuvent naître spontanément (par un processus de sélection naturelle) des relations entre États. L'approche néo-libérale accorde une grande importance au concept de **régime international** que l'on peut définir comme un ensemble explicite ou implicite « *de principes, de normes, de règles et de procédures de prises de décision autour desquelles les anticipations des acteurs convergent dans un domaine donné des relations internationales* » (S. D. Krasner, *International Régimes*, 1983) ;

- le paradigme marxiste met lui aussi l'accent sur le primat de l'économique et de la recherche de l'intérêt, mais, à la différence du paradigme libéral il fonde son analyse sur les classes et sur leurs intérêts contradictoires. Le paradigme marxiste dans le domaine international trouve son origine dans la critique de **F. List** (1789-1846) par **K. Marx** (1818-1883), puis dans les travaux de **R. Hilferding** (1877-1941) et **V. I. Lénine** (1870-1924) sur l'**impérialisme**. Dans la période contemporaine, les marxistes se sont attachés principalement à l'étude du Tiers-monde et des firmes multinationales (on peut citer en France les travaux de **G. Destanne de Bernis**, de **Ch. Palloix**, de **Ch. A. Michalet**...) ;
- le paradigme réaliste a longtemps été occulté par le débat entre libéralisme et marxisme, il est devenu dominant dans la deuxième moitié du xxe siècle et c'est autour de cette approche que s'est constituée dans les années 1970 l'économie politique internationale. Le courant réaliste considère que les États-nations sont les acteurs principaux de l'économie politique internationale, il met l'accent sur le caractère anarchique des relations internationales dans le sens où il n'existe pas d'autorité supérieure à celle des États capable de réguler les conflits. Le paradigme réaliste considère que les États sont en lutte pour affirmer leur puissance et qu'ils cherchent surtout à améliorer leur situation relative sur une échelle des puissances (par exemple, la France et la Grande-Bretagne, en défendant leur siège de membre permanent du Conseil de sécurité de l'ONU cherchent à défendre leur statut de grande puissance aux côtés des États-Unis, de la Russie et de la Chine). Ce monde fondamentalement conflictuel peut être caractérisé par une situation d'équilibre entre des États de puissance comparable (mais il s'agit d'un équilibre fondamentalement instable) ou par une situation de stabilité hégémonique liée à la domination d'une puissance sur tout ou partie du système mondial (**théorie de la stabilité hégémonique**) ;
- le paradigme constructiviste est plus récent et moins stabilisé que les précédents. Il met notamment l'accent sur les facteurs internes aux nations et aux États. Il insiste aussi sur le rôle de la culture, des normes et des valeurs collectives ainsi que sur les relations intersubjectives au sein des relations internationales. Par exemple, la mise en place et le maintien d'un dispositif d'aide des pays riches aux pays pauvres ne peut s'expliquer uniquement par des considérations d'intérêt ou de puissance mais aussi par le fait que les dirigeants des États ou des organisations internationales ont des croyances relatives à ce qu'est une société internationale « juste » et aux conditions de la paix par la coopération.

> II
Les enjeux de la gouvernance mondiale

> A
Les acteurs de la gouvernance mondiale

La **gouvernance mondiale** résulte d'une interaction complexe entre divers acteurs.

- Les États-nation adoptent à des degrés divers des stratégies de coopération. Les sommets du G8, puis du G 20 sont l'illustration la plus connue de cette volonté de coopération. Mais il en existe bien d'autres qui réunissent les pays arabes, les pays d'Afrique, les États francophones, etc.
- Les organisations régionales : Union européenne, ALENA, ASEAN, etc. (voir « *L'intégration économique* »).
- Les organisations internationales politiques ou économiques : ONU, FMI, OMC, Agence internationale de l'énergie, Organisation internationale du travail, etc.
- Les organisations non gouvernementales et plus largement la société civile internationale peuvent désormais, dans une certaine mesure, peser sur les décisions des États et des organisations internationales.

⇨ La crise des subprimes a été l'occasion d'un changement important. Les critiques du G 8 se sont accentuées (puisque la crise avait son origine aux États-Unis et dans les pays du G 8 et que l'on demandait aux pays émergents de participer au financement des mesures de réponse à la crise). La décision a donc été prise de donner un rôle central au **G 20** qui rassemble, outre les pays du G 8 (États-Unis, Japon, Allemagne, France, Royaume-Uni, Italie, Canada et Russie), l'Australie et la Corée du Sud, ainsi que 9 pays émergents (Afrique du Sud, Mexique, Argentine, Brésil, Chine, Inde, Indonésie, Arabie saoudite, Turquie) et l'Union européenne. En fait, le G20 existait déjà depuis 1999 car, en réaction aux crises financières, les ministres des Finances et les gouverneurs des banques centrales de ce groupe ont commencé à se réunir cette année-là. La nouveauté est la décision d'organiser (à partir du 15 novembre 2008) une réunion annuelle des chefs d'État et de gouvernement. Le G8 continue cependant à exister. En 2011, la France a cumulé la présidence du G8 et du G 20. À titre d'exemple, le Mexique préside le G 20 en 2012, et les États-Unis le G 8.

Un appel pour la gouvernance mondiale

« Nous devons faire face à une conjonction de crises d'envergure mondiale qui est sans précédent dans l'histoire : épuisement des ressources naturelles, destruction irréversible de la biodiversité, dérèglements du système financier mondial, déshumanisation du système économique international, famines et pénuries, pandémies virales, désagrégations politiques... Or, aucun de ces phénomènes ne peut être considéré isolément. Ils sont tous fortement interconnectés et forment une seule "polycrise" menaçant ce monde d'une "polycatastrophe". Il est temps de prendre la mesure systémique du problème, pour lui apporter enfin des solutions intégrées – premiers jalons pour redéfinir les principes qui devront inspirer à l'avenir la conduite globale des affaires humaines.

Parce que ces grandes crises du XXIe siècle sont planétaires, les hommes et femmes du monde entier doivent reconnaître leurs interdépendances multiples (entre continents, nations, individus). Catastrophes survenues et catastrophes imminentes : au carrefour des urgences, il est temps pour l'humanité de prendre conscience de sa communauté de destin. Point d'effet papillon ici, mais la réalité, grave et forte, que c'est notre maison commune à tous qui menace de s'effondrer – et qu'il ne peut y avoir de salut que collectif.

Leçon de la mondialisation par excellence, nul de nos États, aucune institution internationale n'est plus aujourd'hui en mesure de faire respecter un ordre mondial et d'imposer les indispensables régulations globales. La fin des tentations impériales, le glas de la seule domination occidentale et l'intervention croissante d'acteurs non-gouvernementaux marquent aujourd'hui les limites de la notion de souveraineté étatique et l'échec de son expression internationale : l'intergouvernementalisme.

Les intérêts nationaux ne peuvent être sauvegardés que par des mesures communes à tous, alors que trop souvent les égoïsmes locaux transforment la scène internationale en forum de marchandages souvent sordides.

Que ce soit en matière de protection de l'environnement ou de lutte contre le réchauffement climatique, de stabilisation des échanges de matières premières et produits de base, de planification des ressources énergétiques, de réduction des déséquilibres économiques et commerciaux, de régulation et de contrôle des marchés financiers, comme à propos des conséquences potentiellement déstabilisatrices des flux migratoires, de l'accroissement des inégalités ou des exclusions sociales, la sécurité collective se heurte à l'inévitable myopie des intérêts nationaux.

Dans ce jeu à somme nulle, chaque concession paraît toujours vécue comme une défaite. Même derrière la promotion de la multipolarité ne se dissimule trop souvent que l'équilibre précaire des aspirations nationales à la domination. Pour remédier à cet écueil, il convient d'élaborer des modèles d'organisation alternatifs à l'hégémonie, à la fois intégrés et pluralistes ».

Extrait d'un appel paru dans le quotidien *Libération* le 6 mars 2012.

Signé notamment par : M. Rocard, M. Delmas-Marty, F.H. Cardoso, R. Passet, S. Hessel, etc. au nom du Collegium international dont sont membres aussi A. Sen et J. Stiglitz.

> B

L'enjeu commercial

Les questions commerciales (échanges internationaux de biens et de services) sont aujourd'hui inséparables des questions relatives aux firmes multinationales. En effet, une part importante du commerce mondial résulte de l'activité de ces firmes, en particulier les échanges réalisés entre filiales d'une même firme (voir « Le commerce international » et « Multinationales et mondialisation »).

a › Organiser le libre-échange

En ce qui concerne les échanges de biens et de services, la question du libre échange et du protectionnisme reste posée. Certes, la mise en place de l'**OMC** constitue d'une part un renforcement du libre-échange et d'autre part exprime la volonté de faire respecter un certain nombre de règles du jeu. Mais de nombreuses sources de difficultés subsistent.

- Le renforcement de l'intégration régionale comporte un risque de repliement de chaque zone sur sa sphère d'influence et le déclenchement de guerres commerciales entre unions régionales. La volonté des États-Unis d'étendre à l'ensemble du continent américain la zone de libre échange constituée avec le Mexique et le Canada peut s'inscrire dans cette logique de confrontation.
- Les conflits à propos des mesures unilatérales pourraient s'étendre. Les États-Unis que l'on considère désormais comme la seule puissance mondiale, manifestent une nette tendance à prendre de telles mesures. L'application unilatérale de droits de douane discriminatoire à certains produits agricoles (dont le roquefort), les lois adoptées par le Sénat visant à appliquer des sanctions aux entreprises (même non américaines) qui commercent avec Cuba, constituent des exemples de ces mesures unilatérales. Une telle attitude est évidemment incompatible avec une gestion coopérative des questions commerciales internationales.
- L'une des difficultés majeures de l'Uruguay Round portait sur l'exception culturelle (voir « Le commerce international »). L'application exclusive d'une logique marchande aux biens culturels (presse, cinéma, édition, etc.) conduit à l'évidence à une domination sans partage des industries culturelles américaines. Interdire, au nom du libre jeu du marché, aux États européens ou du Tiers-monde de subventionner leurs producteurs de biens culturels, c'est, dans nombre de cas, les condamner à mort. En effet les produits américains pouvant être amortis par les ventes sur le seul marché domestique sont ensuite vendus sur le marché mondial dans des conditions très compétitives. La définition d'une exception culturelle est une exigence forte de l'Union européenne dans les négociations commerciales internationales.
- L'épidémie de l'ESB (« vache folle ») confirme la nécessité de réglementations rigoureuse en matière sanitaire. L'ouverture des marchés constitue en effet une opportunité de diffusion internationale des pathologies. Des législations laxistes dans un pays peuvent en effet produire des effets néfastes chez l'ensemble des partenaires commerciaux. La façon dont certains producteurs ont

écoulé à l'étranger des farines animales interdites sur leur propre territoire est de ce point de vue révélatrice. Les conflits entre l'Europe et les États-Unis à propos de la viande aux hormones ou de l'utilisation des organismes génétiquement modifiés (OGM) relèvent du même type de dossier.

- Le dossier le plus sensible est indiscutablement celui de la « clause sociale » en matière de commerce international. L'**Organisation internationale du travail** (**OIT**) s'est prononcée en faveur d'un dispositif qui consisterait à appliquer des droits de douane aux exportations de pays qui ne respectent pas les conventions internationales en matière de travail des enfants, de respect des libertés syndicales, de reconnaissance des droits sociaux etc. En effet la compétitivité prix de certains biens dont la production a été délocalisée dans le Tiers-monde est souvent liée à des normes sociales très insuffisantes. Les pays du Tiers-monde suspectent les pays riches (à travers la mise en place de la clause sociale) de vouloir reconstituer, sous prétexte d'action humanitaire, des barrières protectionnistes les empêchant d'utiliser leur avantage comparatif (ils sont abondamment dotés en main-d'œuvre peu qualifiée).
- Des débats importants concernent le projet d'**Accord général sur le commerce des services** (AGCS) et l'**Accord sur les Aspects des droits de propriété qui touchent au commerce** (ADPIC). Ces accords visent à étendre la logique du marché et de la concurrence aux activités de service (y compris celles qui correspondent dans certains pays à des services publics) et aux droits de la propriété intellectuelle (droits d'auteurs, brevets, etc.). La nécessité de protéger la propriété intellectuelle ou de lutter contre la contrefaçon n'est contestée par personne. Mais dans certains domaines, les limites de la logique marchande sont manifestement atteintes. Lors du Sommet de la terre de Johannesbourg de 2002, par exemple, les organisations non gouvernementales et certains gouvernements ont dénoncé le prix élevé des médicaments contre le SIDA dans les pays du Tiers-monde. L'attitude des firmes multinationales qui combattent la diffusion de produits génériques au nom de la protection des brevets a été stigmatisée. En juin 2006, l'assemblée générale des Nations Unies a adoptée une déclaration relative à la lutte contre le SIDA affirmant que l'ADPIC ne devait pas conduire à remettre en cause les politiques en faveur de la santé publique.

Le mouvement altermondialiste

Une des composantes de la société civile mondiale est constituée par le mouvement altermondialiste. Le choix de ce néologisme résulte du refus de l'appellation initiale (« antimondialiste ») jugée trop négative. Il s'agit bien de promouvoir une autre mondialisation. En 1994 est créé l'IFG (*International Forum on Globalization*) et en 1998 le mouvement ATTAC (Association pour la Taxation des Transactions Financières et l'Aide aux Citoyens). Créé en France, le mouvement ATTAC connaît par la suite une extension internationale, centré au départ sur la revendication de mise en place de la Taxe Tobin, il étend sa réflexion et ses actions à l'ensemble des questions liées à la mondialisation (commerce et OMC, libéralisation du commerce des services, environnement, etc.). En décembre 1999 la réunion de l'OMC de Seattle donne lieu à de gigantesques manifestations, pendant qu'au sein de la conférence les représentants des pays en développement s'opposaient au lancement d'un nouveau cycle de négociations. En janvier 2000, les altermondialistes perturbent le Forum Économique Mondial de Davos, lieu de rencontre des dirigeants économiques et politiques de la planète qui font, à l'époque, l'apologie de la « mondialisation heureuse ». En janvier 2001 est créé le Forum Social Mondial de Porto Alègre (Brésil). Il s'agit à la fois de ne pas en rester à une logique de dénonciation de Davos, d'offrir un cadre de rencontre et de formulation de contre-propositions aux diverses composantes du mouvement altermondialiste et d'attirer l'attention sur l'expérience de démocratie participative conduite dans cette ville du Brésil par le Parti des travailleurs. En 2003 un Forum Social Européen se déroule à Saint-Denis (France). En 2004, le Forum Social se déroule à Bombay pour souligner l'importance de l'Asie dans les débats relatifs à la mondialisation. Ces Forums sociaux sont l'occasion d'une convergence de mouvements très divers : organisations politiques d'extrême-gauche, associations caritatives chrétiennes, syndicats ouvriers, organisations paysannes etc. Le mouvement altermondialiste conteste aussi la prétention du G8, de l'OMC ou du FMI à gouverner la planète. En juillet 2001, les manifestations organisées pour protester contre la tenue du G8 à Gênes (Italie) donnent lieu à des affrontements marqués par la mort d'un manifestant. Lors du sommet du G8 d'Évian (2003), la manifestation reste pacifique, les autorités françaises s'efforçant de nouer un dialogue avec les représentants des mouvements contestataires.

Le mouvement altermondialiste est fortement impliqué dans la question climatique. En 2007 a été lancé à Bali le mouvement « *Climate Justice Now* ». Cependant, le mouvement altermondialiste est marqué par un affaiblissement des mobilisations, des conflits internes et des divergences importantes. Par exemple, le sommet alternatif sur le climat organisé en Bolivie (à l'initiative du président Evo Morales) en avril 2010 a suscité des critiques en raison des références aux « droits de la Terre-mère », formulation jugée trop mystique par nombre de militants altermondialistes.

Les observateurs de ce courant s'interrogent, certains parlent d'essoufflement de la mouvance altermondialiste, d'autres de reconfiguration.

b › Un code de bonne conduite pour les FMN ?

– Les firmes multinationales peuvent, dans une certaine mesure, se soustraire à l'influence régulatrice des États (voir « Multinationales et mondialisation »). Les FMN cherchent donc à mettre en place un « code de bonne conduite » qui serait le garant de conditions de concurrence loyale entre elles et qui serait de nature à améliore leur image auprès de l'opinion. C'est ainsi que des discussions, menées notamment au sein de l'OCDE, mettent l'accent sur l'obligation de ne pas chercher à remettre en cause les institutions politiques démocratiques. En 1991 à Rotterdam, les dirigeants des principales multinationales ont adopté une déclaration affirmant leur volonté de contribuer à défendre l'environnement. Certaines multinationales acceptent de se soumettre au contrôle d'Organisations Non Gouvernementales qui garantissent que les marchandises vendues ne résultent pas du recours au travail des enfants ou au travail forcé.

- L'**Accord Multilatéral sur l'Investissement** (AMI) élaboré au sein de l'OCDE visait à renforcer les prérogatives des FMN et à les protéger contre l'action des États (par exemple en matière de nationalisation). La publication de ce projet d'accord a déclenché une vive opposition de la part d'un certain nombre de médias, d'ONG, de mouvements politiques, de sorte que le projet a été abandonné en 1998.
- Les multinationales peuvent être considérées comme les vecteurs de l'uniformisation culturelle. Cela pose évidemment le problème de la constitution de firmes géantes dans le secteur de la communication, mais concerne plus largement les conséquences de l'action des FMN sur les comportements alimentaires ou vestimentaires. La volonté de mettre au point des « produits mondiaux » susceptibles de permettre des économies d'échelle importantes explique ce comportement des firmes qui se heurte cependant à une résistance des pratiques culturelles et à l'opposition d'un certain nombre de mouvements sociaux.

De la gouvernance des entreprises à la gouvernance mondiale

À partir des années 1980 s'est imposé dans l'économie mondiale le thème de la gouvernance d'entreprise (voir « Entreprise et système productif »). La volonté de soumettre les managers à un contrôle accru des actionnaires afin que la politique de l'entreprise maximise la création de valeur pour l'entreprise a eu de nombreuses conséquences pour l'économie mondiale. D'une part, ce capitalisme actionnarial, a donné une importance croissante aux fonds de pension et aux fonds d'investissements, contribuant ainsi à la financiarisation de l'économie mondiale. D'autre part, la recherche par les entreprises de la maximisation de la valeur actionnariale, a conduit à amplifier le mouvement de multinationalisation des firmes. Ces évolutions contribuent à poser ou à amplifier des problèmes mondiaux et posent donc des problèmes de gouvernance mondiale. Par exemple, le rôle croissant des marchés financiers suppose un renforcement des règles prudentielles ; de même l'impact écologique ou social (conditions de travail, rémunérations) des firmes multinationales appelle des réglementations. En retour, les préoccupations relatives à la gouvernance mondiale conduisent à infléchir la gouvernance des entreprises par exemple en mettant en avant le thème de la responsabilité sociale des entreprises ou de la responsabilité environnementale des entreprises.

> C
L'enjeu monétaire et financier

Les crises monétaires et financières internationales (voir « La globalisation financière ») comme l'instabilité des cours du change (voir « Les relations monétaires internationales ») posent la question d'une nouvelle architecture monétaire et financière internationale. Certains économistes, plutôt confiants dans le caractère régulateur du marché considèrent qu'il faut accompagner le fonctionnement actuel du système financier international, notamment par le renforcement des règles prudentielles. Pour d'autres, il s'agit de mettre en place un nouveau régime monétaire international cohérent pour pallier les insuffisances et le caractère déstabilisateur des marchés.

a › Renforcer les règles prudentielles et la coordination des politiques économiques

Cette approche est déjà engagée à travers l'activité de la **Banque des règlements internationaux** et du **Forum pour la stabilité financière**. Il s'agit de renforcer les **règles prudentielles.** Le Forum pour la stabilité financière a été chargé de réaliser des études pour renforcer le contrôle des fonds spéculatifs (*Hedge Funds*), pour assurer une meilleure surveillance des places financière *off shore*, pour étudier l'impact des opérations financières spéculatives. De même, la BRI met en place un travail actif de formation et de coordination des autorités chargées de la surveillance des marchés financiers à travers le monde. Il s'agit donc de limiter les risques (risque de contrepartie, risque de règlement notamment), de renforcer la transparence des marchés, de limiter les délits d'initiés etc. En bref d'œuvrer à la plus grande efficience possible des marchés financiers.

Dans le même temps, on peut envisager une plus grande coordination des politiques macroéconomiques afin de limiter les désajustements qui provoquent des mouvements de capitaux d'autant plus importants que les autorités des différents pays sont en désaccord sur les politiques à mettre en œuvre.

Cette première approche vise donc à maintenir la libre circulation des capitaux, mais en s'assurant autant que possible de la solidité des intermédiaires financiers internationaux et du bon fonctionnement des marchés. Elle maintient la flexibilité des changes ce qui est compatible avec une certaine autonomie des politiques monétaires nationales.

Depuis la crise des subprimes de 2007-2008, le renforcement des règles prudentielles est un axe important des politiques nationales et de la coopération internationale (voir « Monnaie et financement », « Les relations monétaires internationales » et « La globalisation financière »).

b › Mettre en place un système de zones cibles

Il s'agit d'assurer une plus grande stabilité des taux de change par une action plus volontariste des autorités monétaires des différents pays. Il existe trois modalités possibles d'un système de zones cibles.

- Des **zones cibles** muettes. Les pays se mettent d'accord sur des parités de référence et une bande de fluctuation, mais ne rendent pas public le détail de leurs décisions (ils affichent seulement leur volonté de coordination des politiques du change).

- Des zones cibles flexibles. Dans ce cas les pays rendent publiques les parités de référence et les marges de fluctuation souhaitables et relativement larges (plus ou moins 10 ou 15 %). Mais ils ne s'imposent pas une obligation d'intervention pour défendre ces marges. Les indications ainsi fournies sont un signal donné aux marchés.
- Des « bandes dures », c'est-à-dire des marges de fluctuations à l'intérieur desquelles les gouvernements s'engagent à conserver strictement les taux de change.

On voit que ces trois propositions pourraient être mises en œuvre successivement, les marchés étant de mieux en mieux préparés à interpréter et à prendre au sérieux les orientations des banques centrales. L'objectif n'étant pas de revenir à des changes fixes, mais à des ajustements de marché ordonnés autour de taux de change d'équilibre.
Ces propositions valent surtout pour les pays industrialisés. S'agissant des pays du Sud (et surtout des pays émergents) les expériences d'ancrage nominal ne sont guère concluantes car, si elles ont un succès à court et moyen terme en matière de lutte contre l'inflation, elles débouchent souvent sur des offensives spéculatives et des crises de change. La politique la plus souvent préconisée consisterait pour ces pays à renforcer le cadre institutionnel de leurs marchés financiers, à conquérir et à conserver une crédibilité de leur politique monétaire (en matière de lutte contre l'inflation principalement) sans renoncer pour autant à d'éventuels ajustements par le taux de change.

c › Instaurer une taxe Tobin

Le troisième niveau de coopération consisterait à mettre en place un dispositif inspiré de la proposition de **J. Tobin** (prix Nobel 1981) qui consiste à freiner les mouvements spéculatifs de capitaux par l'instauration d'une taxe sur les opérations de change. Cette proposition a fait l'objet de nombreuses controverses.

- Ses défenseurs soulignent qu'un grand nombre d'opérations de changes (qui portent sur des montants importants) sont déclenchées par des perspectives de gains unitaires limitées. Une taxe de 0,5 ou 1 % conduirait les spéculateurs à limiter le nombre et le montant d'opérations qui peuvent se révéler déstabilisatrices. Les ressources dégagées par cette taxe permettraient de plus de venir en aide aux pays les plus démunis de la planète.
- Ses détracteurs mettent l'accent sur la difficulté de sa mise en place (il faudrait un accord général de l'ensemble des places financières pour éviter des fuites de capitaux vers des marchés émergents n'appliquant pas la taxe). Par ailleurs, une taxe à un taux faible est de nature à freiner les mouvements de devises en période calme sur les marchés des changes, mais si les opérateurs anticipent des mouvements de taux de change de 5 ou 10 %, une taxe de 0,5 % n'est pas de nature à les dissuader d'opérer. On peut faire observer, s'agissant du premier argument, que l'instauration de la taxe Tobin sur les

marchés les plus importants (États-Unis, Japon, Union européenne, Suisse, Australie...) qui sont aussi les marchés les plus sûrs (compte tenu des règles prudentielles) et les plus sophistiqués sur le plan technique serait sans doute suffisante pour ne pas déclencher une fuite de capitaux vers des marchés plus étroits et moins réglementés. S'agissant du second argument, on peut souligner que la taxation vise précisément à éviter les crises de change de grande ampleur et que, en mettant en place une telle taxe, les autorités politiques donneraient aux marchés un signal fort quant à leur volonté de stabilisation des changes.

⇨ Le principe de la taxation des mouvements internationaux de capitaux a été adopté au sein de la zone euro. La question a aussi étudié lors du sommet du G 20 de Cannes en 2011.

d › Mettre en place un prêteur international en dernier ressort

La globalisation financière conduit certains à considérer qu'il est nécessaire de mettre en place un prêteur international en dernier ressort. Il convient tout d'abord de bien distinguer le refinancement de l'économie (qui partout dans le monde s'opère aujourd'hui principalement par le marché) et la fonction de **prêteur en dernier ressort**. Cette dernière est, pour reprendre une formule de **M. Aglietta**, « *exorbitante du droit commun* ». Elle consiste, pour l'institution qui exerce cette fonction, à suspendre les règlements, à sortir de la logique du marché pour éviter le déclenchement d'une crise systémique. Le Système de la Réserve fédérale n'a pas su exercer cette mission en octobre 1929. Par contre, après l'arrivée de **F. D. Roosevelt** au pouvoir, les banques ont été fermées, un moratoire sur les dettes a été déclaré ce qui a contribué à restaurer la confiance. Aujourd'hui, les Banques centrales exercent dans les différents pays cette fonction de prêteur en dernier ressort. Elles interviennent, généralement aux côtés des professionnels concernés, pour éviter la contagion des crises bancaires et financières. C'est ce qu'a fait la Banque de France face aux difficultés du Crédit Lyonnais. C'est ce qu'on fait les principales banques centrales à l'occasion de la crise des « *subprimes* » afin d'éviter le déclenchement de faillites en chaîne dans le système bancaire (voir « La globalisation financière »).
Mais cette fonction n'est assurée pour l'instant qu'au niveau des États-nation. Or, les opérations financières, comme l'activité des banques, sont de plus en plus internationales, les marchés sont de plus en plus interdépendants. La question de la mise en place d'un prêteur international en dernier ressort se pose donc, mais elle soulève plusieurs difficultés.

– La première difficulté est de nature politique. Au sein des États-nation, la fonction de prêteur en dernier ressort est, au moins indirectement lorsque les Banques centrales sont indépendantes, un attribut de la souveraineté. La mise en place d'un prêteur en dernier ressort au plan international suppose donc un transfert de souveraineté.

- La seconde difficulté concerne le choix de l'institution à laquelle serait confiée cette fonction. Actuellement, diverses structures sont chargées de tâches qui, à l'intérieur des systèmes nationaux, sont de la responsabilité des Banques centrales. Le **FMI** se charge à la fois des questions de liquidités et de financement à court terme, mais aussi de la gestion des politiques économiques et des dettes souveraines. La **Banque mondiale** a des fonctions de financement du développement. La **BRI** s'occupe activement des règles prudentielles et de la surveillance des marchés. Le **Club de Paris** s'occupe de la gestion des dettes publiques et le **Club de Londres** de celle des dettes privées. Deux solutions sont donc envisageables : la première serait de faire du FMI une véritable banque centrale supranationale assurant l'ensemble des tâches exercées au plan national par les Banques centrales. Cette solution semble actuellement peu crédible car elle supposerait un haut degré de coopération entre les États. La seconde solution consisterait à confier les fonctions de prêteur en dernier ressort à un consortium d'institutions rassemblant le FMI, la Banque mondiale, la BRI et un certain nombre de grandes Banques centrales. C'est sans doute vers une solution de ce type que l'on s'achemine... très progressivement.
- La troisième difficulté concerne la question de l'**aléa moral** lié à l'intervention du prêteur en dernier ressort. En termes simples le problème se pose ainsi : les crises bancaires et financières sont liées au fait que des opérateurs ont pris des risques auxquels ils sont incapables de faire face. Ces risques sont associés à des espérances de rendement élevés, si les opérateurs réussissent, ils réalisent donc des gains importants, s'ils échouent, ils sont assurés de voir leurs pertes limitées grâce à l'intervention du prêteur en dernier ressort. Exprimé en termes humoristiques on dira que la spéculation avec prêteur en dernier ressort est du type « face je gagne, pile tu perds ». Au total donc, les opérateurs adoptent des comportements plus risqués. Un prêteur international en dernier ressort devrait donc éviter de donner l'impression d'interventions systématiques créant un aléa moral.

> D L'enjeu écologique

Même s'il existe des précurseurs le débat n'est véritablement lancé que dans les années 1980, notamment à la suite du **Rapport Bruntland** (1987) qui popularise le concept de **développement durable** (voir « Économie du développement » et « La croissance économique »).
Progressivement, les responsables des États et des organisations internationales prennent en compte dans leurs réflexions des questions qui étaient mises en avant jusque-là par des organisations non gouvernementales. Les problèmes principaux portent sur les risques éventuels de la surpopulation,

sur les conséquences des choix technologiques, sur la pollution, sur la déforestation, sur les risques de pénurie d'eau, sur la production des gaz à effet de serre, sur le phénomène des pluies acides, sur la réduction de la couche d'ozone, etc.
Bon nombre de ces problèmes, notamment le réchauffement climatique lié principalement aux émissions de gaz carbonique ou les conséquences d'éventuels accidents nucléaires se posent directement à l'échelle planétaire. L'action isolée d'un ou de quelques États serait sans effet marquant. L'accent est donc mis sur le fait que la planète et son équilibre écologique constituent un bien commun de l'humanité pour lequel il s'agit d'agir collectivement.
En 1992, le **Sommet de la Terre de Rio** adopte une série de textes :

- Déclaration sur l'environnement et le développement
- Déclaration sur les forêts
- Convention sur le changement climatique
- Convention sur la biodiversité

En 1997, dans le prolongement du Sommet de la Terre, la conférence de Kyoto adopte un accord en vue de réduire les émissions de CO_2. Sous la pression de l'Europe, les États-Unis acceptent le principe de limitations quantitatives en contrepartie de l'introduction de mécanismes de « flexibilité » (**marché de quotas d'émission**). Il est admis à cette occasion qu'il appartient aux pays industrialisés de faire l'effort principal de réduction de leurs émissions. Mais cet accord est remis en cause après la victoire de G. Bush aux élections présidentielles de novembre 2000 aux États-Unis.
Il n'en reste pas moins que de nombreux travaux se poursuivent, notamment ceux d'un groupe d'experts internationaux chargés du suivi des évolutions climatiques.
Au-delà des questions strictement environnementales, le développement durable pose des problèmes politiques. Selon **L. Tubiana**, le développement durable « *établit donc la nécessité à la fois de l'équité et de la démocratie, car ni la raison scientifique, ni l'omniscience du marché, ni le décideur politique, même éclairé, ne peuvent décider de choix par essence collectifs. Des procédures nouvelles sont donc indispensables* [...] *Le développement durable ne se décrète pas, il se négocie, il est indispensable de trouver les médiations adaptées et les lieux adaptés à l'exercice de la démocratie* [...] *Le développement durable est autant – ou davantage – un opérateur de réformes, une nouvelle manière de gérer et d'organiser les activités humaines, qu'une référence éthique ou politique. C'est en ce sens qu'il peut être qualifié de nouveau mode de gouvernance* » (*Le développement durable et la politique extérieure de la France*, 1999).
Cette approche se retrouve dans la façon dont le Programme des Nations Unies sur le Développement (PNUD), présente le **développement durable** : « *le développement humain durable comporte 5 volets, qui ont tous des incidences sur la vie des pauvres et des personnes vulnérables.*

- **Responsabilisation** : *l'élargissement des capacités et des options offertes aux hommes et aux femmes accroît leur aptitude à opérer des choix sans souffrir de la faim, de pénuries, de privations, tout en améliorant leur possibilité de participer aux prises de décisions qui ont une incidence sur leur vie ou d'approuver les décisions qui sont prises.*
- **Coopération** : *le sentiment d'appartenance étant important pour l'épanouissement personnel, le bien-être et le sens des responsabilités et de l'action, le développement humain s'intéresse aux moyens permettant aux gens de travailler ensemble et d'agir de manière concertée.*
- **Équité** : *l'élargissement des capacités et des possibilités ne se limite pas aux revenus. C'est aussi une question d'équité, par exemple avec un système d'enseignement auquel tout le monde devrait avoir accès.*
- **Durabilité** : *il convient de couvrir les besoins de la génération présente sans compromettre le droit des générations futures d'être à l'abri de la pauvreté et du dénuement et de tirer parti de leurs capacités de base.*
- **Sécurité** : *en particulier la sécurité des moyens de subsistance. Les individus doivent être à l'abri des menaces telles que les maladies ou la répression, ainsi que des bouleversements soudains de leur vie qui sont nuisibles.* »

Croissance, environnement et développement durable
Repères chronologiques

1972 : La notion d'écodéveloppement apparaît lors de la conférence sur le développement organisée par l'ONU à Stockholm.
1972 : Rapport Meadows pour le Club de Rome (Halte à la croissance).
1979 : Première conférence de l'ONU sur le climat (Genève).
1987 : Rapport Bruntland qui popularise le concept de développement durable utilisé par des organisations de l'ONU depuis le début des années 1980.
1989 : Deuxième conférence de l'ONU sur le climat (La Haye).
1992 : Sommet de la Terre : Conférence de Rio (organisée par la CNUCED).
1995 : Conférence sur le développement social (Copenhague).
1995 : Conférence sur les changements climatiques (Berlin).
1995 : Conférence sur la protection de la couche d'ozone (Vienne).
1997 : Second Sommet de la Terre (New York).
1997 : Protocole de Kyoto (fixe comme objectif une réduction de 5,2 % des émissions de gaz à effet de serre en 2008-2012 par rapport au niveau de 1990).
2001 : Remise en cause par les États-Unis du protocole de Kyoto.
2005 : Sommet du G8 de Gleneagles (Écosse). Adoption d'une déclaration de tous les participants sauf les États-Unis en faveur de l'application du protocole de Kyoto. Au même moment, les membres du G5 (Brésil, Chine, Inde, Mexique, Afrique du Sud) affirment ensemble leur soutien à ce protocole.
2005 (16 février) : Entrée en vigueur du protocole de Kyoto après un long processus de ratification.
2006 : Publication du rapport de N. Stern sur les effets économiques du changement climatique. Le rapport montre qu'un investissement de 1 % du PIB mondial par an dans la réduction des émissions de gaz à effet de serre permettrait d'éviter une perte économique comprise entre 5 % et 20 % du PIB mondial chaque année.

2007 (septembre) : Signature de l'accord de Montréal sur l'élimination des substances chimiques appauvrissant la couche d'ozone.
2008 (12 décembre) : Adoption du « Paquet énergie climat » par le Conseil européen.
2009 (7-18 décembre) : Sommet de Copenhague sur le climat (15e conférence des parties signataires de la convention-cadre des Nations unies sur le climat). La conférence avait pour but d'organiser « l'après-Kyoto ». Le texte adopté réaffirme l'objectif de limitation du réchauffement climatique à 2 °C par rapport à l'époque pré-industrielle mais ne fixe aucun dispositif contraignant.
2010 (décembre) : Conférence de Cancun (16e conférence des parties à la CCNUC).
2011 (28 novembre-12 décembre) : Conférence de Durban 17e conférence des Nations unies sur le changement climatique.
2012 (juin) : Conférence Rio + 20. Pas de résultat significatif sur la question du climat.

> E
L'enjeu démographique

L'enjeu démographique est pris en compte de longue date par les institutions internationales. Il existe une division de la population au sein des Nations Unies qui a organisé notamment les Conférences internationales sur la population et le développement (Bucarest 1974, Mexico 1984, Le Caire 1994). Ces conférences ont affirmé la nécessité d'une prise en compte globale des problèmes de population à l'échelle de la planète et d'une coopération entre les différents États en matière de politique démographique.

a › La croissance de la population mondiale

On estime que l'effectif de la population mondiale était de 250 millions de personnes au début de l'ère chrétienne. Ce nombre double une première fois pour atteindre 500 millions en 1500. La population mondiale passe à 950 millions en 1800, 1,7 milliard en 1900, 3,3 milliards en 1965, 6 milliards en 1999 et 7 milliards en 2011. Les périodes de doublement sont donc de plus en plus courtes. Certes, les projections démographiques conduisent à envisager une stabilisation de la population mondiale à 10 milliards de personnes dans la seconde moitié du XXIe siècle et l'on assiste effectivement à un ralentissement du rythme de croissance démographique (l'indicateur conjoncturel de fécondité était de 6 enfants par femme en moyenne en 1960, il est de 2,5 enfants par femme en moyenne aujourd'hui). Nombre de commentateurs s'inquiètent cependant des conséquences de cette croissance de la population mondiale et se demandent si la capacité de charge de la planète n'est pas ou ne va pas être dépassée.

b › L'impact de la population sur le développement et l'environnement

Le lien entre population et développement a fait l'objet de nombreux débats lors des Conférences des Nations Unies sur la population. Assez classiquement un point de vue malthusien s'oppose à une conception populationniste. Lors de la Conférence de Bucarest (1974) par exemple, alors que les pays du Nord demandaient aux pays sous-développés de réduire leur fécondité pour assurer le développement économique, la Chine et de nombreux pays du Tiers-monde rétorquaient que le sous-développement n'était pas la conséquence de la surpopulation, mais de la domination des pays riches. Lors de la conférence du Caire (1994) les conditions du débat étaient différentes. De nombreux pays du Tiers-monde sont alors engagés dans le processus de la transition démographique. Par contre, pour des raisons religieuses les États-Unis, le Vatican et certains pays musulmans se montraient hostiles à la promotion de la contraception et à l'autorisation de l'avortement.

Il n'en demeure pas moins que si la politique démographique est une composante de la politique de développement, c'est bien en fin de compte l'élévation du niveau de vie, l'éducation des femmes et la baisse de la mortalité infantile qui constituent les facteurs essentiels de la baisse de la fécondité. Même si la croissance de la population mondiale tend à se ralentir, la question de l'impact écologique de cette population reste posée. Le débat oppose ceux (tels **L. Brown**) qui considèrent qu'il existe, du seul fait d'une population trop nombreuse, un risque pour l'environnement (utilisation de l'espace, destruction de ressources non renouvelables, production de déchets) et ceux (tels **H. Le Bras**) qui pensent au contraire que la surpopulation est un mythe et que les conséquences écologiques des évolutions démographiques sont généralement surestimées. Ces débats traversent évidemment les organisations et les conférences internationales.

c › Les phénomènes migratoires

En dépit des mesures adoptées par de nombreux pays développés pour freiner ou s'opposer aux mouvements migratoires à partir du milieu des années 1970, on constate que les flux migratoires se sont accrus surtout à partir des années 1980. Ces flux résultent pour partie de changements politiques, de troubles sociaux, de conflits armés. Par exemple les violents affrontements qui ont affecté l'ex-Yougoslavie, les changements politiques en Albanie, la répression dont sont victimes les Kurdes ont provoqué des flux migratoires. En Afrique, les conflits meurtriers du Congo, du Rwanda, du Soudan provoquent des déplacements de population au sein du continent mais aussi en direction de l'Europe et des États-Unis.

Aux facteurs politiques s'ajoutent des facteurs économiques : les populations se déplacent des zones pauvres vers les zones riches. Les tentatives des États-

Unis de faire obstacle à l'immigration en provenance du Mexique et de l'Amérique latine sont restées vaines. Ces mouvements migratoires sont un facteur plutôt défavorable pour les pays d'origine (ce sont souvent les éléments les plus dynamiques de la population qui choisissent l'aventure de l'émigration) et une source de tension dans les pays d'accueil (intégration des populations immigrées, reconnaissance de leurs droits etc.). Dès lors deux types orientations politiques sont mises en avant. Tout d'abord, certains pays riches (en particulier en Europe) vont devoir faire appel à l'immigration dans les décennies qui viennent pour pallier les conséquences du vieillissement démographique. La seule question qui est posée est celle de l'organisation de cette immigration. Cela suppose une coopération accrue entre pays d'origine et pays d'accueil. D'autre part, la réponse aux phénomènes migratoires ne peut pas consister dans la construction de barrières destinées à protéger les pays riches. La seule solution est le développement économique qui permettrait aux populations des pays pauvres de trouver de l'emploi et des moyens d'existence sur place. La création de l'ALENA constitue un élément de réponse pour le Mexique dans le cadre d'une politique d'intégration régionale (voir « L'intégration économique »). L'Union européenne accorde pour sa part une grande importance à la coopération euro-méditerranéenne et à ses relations avec l'Afrique dans le cadre des accords de Lomé notamment (voir « Économie du développement »).

SIDA et développement : une tragédie pour l'Afrique

L'Afrique est durement frappée par l'épidémie du SIDA. La maladie affecte en particulier la population des jeunes adultes, elle laisse de nombreux orphelins et affecte gravement les perspectives de développement économique. La plupart des spécialistes s'accordent à considérer que la mobilisation de la communauté internationale est très insuffisante. La mise en œuvre des moyens de prévention et des moyens thérapeutiques pour faire face à l'épidémie dépasse largement les capacités économiques des États africains, par ailleurs la responsabilité des laboratoires pharmaceutiques est engagée dans la mesure où leur politique tarifaire conduit revient de fait à exclure les malades du Tiers-monde (et les malades africains en particuliers) des progrès thérapeutiques. On est typiquement en présence d'une situation où la gouvernance mondiale n'est pas à la hauteur de l'enjeu. L'Organisation Mondiale de la Santé, en particulier, ne dispose pas des capacités d'intervention nécessaires et les moyens dont disposent les organisations non-gouvernementales sont insuffisants.

L'action conjointe de la société civile internationale (ONG), de certains gouvernements et des organisations internationales dans la gouvernance mondiale est bien illustrée par la campagne qui a été menée afin de contraindre les multinationales pharmaceutiques à accepter la production de médicaments génériques permettant de réduire le coût des traitements pour les malades des pays du Tiers-monde.

Pour en savoir plus

Initiation

- Abdelmalki L. et Mundler P. (2010), *Économie de l'environnement et du développement durable*, De Boeck.
- Berger S. (2003), *Notre première mondialisation. Leçons d'un échec oublié*, Seuil, Coll. La République des Idées.
- Bontems Ph. et Rotillon G. (2010), *Économie de l'environnement*, La Découverte, Coll. Repères.
- Graz J.-C. (2010), *La gouvernance de la mondialisation*, La Découverte, Coll. Repères.
- Giraud P.N. (2012), *La mondialisation. Émergence et fragmentation*. Sciences Humaines éditions.
- Kebabdjian G. (1999), *Les théories de l'économie politique internationale*, Seuil, Coll. Points.
- Paquin S. (2008), *La nouvelle économie politique internationale. Thèmes et enjeux*, A. Colin, Coll. Cursus.
- Lamy P. (2004), *La démocratie-monde. Pour une autre gouvernance globale*, Coll. La République des Idées, Seuil.
- Michalet Ch. A. (2004), *Qu'est-ce que la mondialisation ?*, La Découverte poche.
- Mistral J. (dir.) (2011), *Le G 20 et la nouvelle gouvernance mondiale*, PUF/Descartes et Cie, Cahiers du Cercle des économistes.
- Rotillon G. (2010), *Économie des ressources naturelles*, La Découverte, Coll. Repères.
- Vallée A. (2011), *Économie de l'environnement*, Seuil, Coll. Points.

Approfondissement

- Berthaud P. et Kebabdjian G. (dir.) (2006), *La question politique en économie internationale*, La Découverte, Coll. Recherches.
- Conseil d'analyse économique (2002), *Gouvernance mondiale*, La Documentation française.
- Cohen E. (2001), *L'ordre économique mondial*, Fayard.
- Dejammet A. (2012), *L'archipel de la gouvernance mondiale. ONU, G 7, G 8, G 20*, Dalloz.
- Gazier B. (dir.) (2006), *L'avancée des biens publics. Politique de l'intérêt général et mondialisation*, Albin Michel.
- Laurent E. et Le Cacheux J. (2012), *Économie de l'environnement et économie écologique*, A. Colin, Coll. Cursus.
- Ostrom E. (2010), *Gouvernance des biens communs. Pour une nouvelle approche des ressources naturelles*, De Boeck.

Liste des prix de sciences économiques en mémoire d'Alfred NOBEL

1969 Ragnar FRISCH (1895 -1973) et Jan TINBERGEN (1903-1994)

1970 Paul Anthony SAMUELSON (né en 1915)

1971 Simon Smith KUZNETS (1901-1985)

1972 Kenneth ARROW (né en 1921) et John Richard HICKS (1904-1989)

1973 Wassily LEONTIEF (1906-1994)

1974 Friedrich August HAYEK (1899-1992) et Gunnar MYRDAL (1898-1987)

1975 Leonid Vitalievich KANTOROVICH (1912-1986) et Tjalling Charles KOOPMANS (1910-1985)

1976 Milton FRIEDMAN (1912-2006)

1977 James MEADE (1907-1995) et Bertil OHLIN (1899-1979)

1978 Herbert Alexander SIMON (1917-2001)

1979 William Arthur LEWIS (1915-1991) et Théodore W.SCHULTZ (1902-1998)

1980 Lawrence Robert KLEIN (né en 1920)

1981 James TOBIN (1918-2002)

1982 George J. STIGLER (1911-1991)

1983 Gérard DEBREU (1921-2004)

1984 John Richard Nicolas STONE (1913-1991)

1985 Franco MODIGLIANI (1918-2003)

1986 James McGill BUCHANAN (né en 1919)

1987 Robert M. SOLOW (né en 1924)

1988 Maurice ALLAIS (né en 1911)

1989 Trygve HAAVELMÖ (1911-1999)

1990 Harry MARKOWITZ (né en 1923), William SHARPE (né en 1934), Marton MILLER (1928-2000)

1991 Ronald COASE (né en 1910)

1992 Gary BECKER (né en 1930)

1993 Robert William FOGEL (né en 1926) et Douglass C. NORTH (né en 1920)

1994 John F. NASH (né en 1928), John C. HARSANY (1920-2000) et Reinhard SELTEN (né en 1930)

1995 Robert E. LUCAS (né en 1937)

1996 James A. MIRLEES (né en 1936) et William VICKEY (1914-1996)

1997 Robert C. MERTON (né en 1944) et Myron S. SCHOLES (né en 1941)

1998 Amartya SEN (né en 1933)

1999 Robert A. MUNDELL (né en 1932)

2000 James J. HECKMAN (né en 1944) et Daniel L. McFADDEN (né en 1937)

2001 Georges AKERLOF (né en 1940), Michael SPENCE (né en 1943) et Joseph STIGLITZ (né en 1943)

2002 Daniel KAHNEMAN (né en 1934) et Vernon SMITH (né en 1927)

2003 Robert F. ENGLE (né en 1942) et Clive W. J. GRANGER (né en 1934)

2004 Finn E. KYDLAND (né en 1943) et Edward C. PRESCOTT (né en 1940)

2005 Robert J. AUMANN (né en 1930) et Thomas SCHELLING (né en 1921)

2006 Edmund PHELPS (né en 1933)

2007 Leonid HURWICZ (1917-2008), Eric MASKIN (né en 1950) et Roger MYERSON (né en 1951)

2008 Paul KRUGMAN (né en 1953)

2009 Elinor OSTROM (1933-2012) et Oliver WILLIAMSON (né en 1932)

2010 Peter DIAMOND (né en 1940), Dale MORTENSEN (né en 1939) et Christopher PISSARIDES (né en 1948)

2011 Thomas SARGENT (né en 1943) et Christopher A. SIMS (né en 1942)

Index analytique

> B

> C

> D

> E

> F

> G

> H

> I

> N

> O

> P

> Q

> R

> S

> T

> U

> V

> W

> Z

Index des noms cités

> C

> D

> E

> F

> G

> H

> I

> J

> K

> L

> M

> N

> O

> P

> Q

> R

> S

> T

> V

> W

> Y

> Z

Photocomposition CMB Graphic
44800 Saint-Herblain

Achevé d'imprimer sur les presses de

LTV

LA TIPOGRAFICA VARESE
Società per Azioni
Varese

Dépôt légal : octobre 2012
708488 - 710966 (I) – OSB - T 60g – CMB – (JOE)
Imprimé en Italie